世界传世藏书

【图文珍藏版】

# 历史知识大博览

赵征⊙主编

第六册

线装书局

## 戈林自杀之谜

纳粹头目戈林二战期间大肆屠杀犹太人，犯下了滔天罪行。二战后，他受到了应有的审判，可就是在执行死刑当天，他服毒自杀，是谁给了他致命的毒药呢？

赫尔曼·戈林是法西斯德国"响当当"的人物，他长期追随希特勒，深得希特勒的信任和赏识，在德国纳粹党中他的地位也是仅次于元首希特勒。1939年，希特勒亲自将他定为自己的接班人，1940年，又授予他"帝国元帅"的称号，可谓是权倾一时。

二战爆发后，戈林不仅亲自指挥空军作战，还制定了对犹太人的种族迫害政策，犯下了滔天罪行。1945年，失宠的戈林被希特勒以"叛国罪"的名义逮捕，投进了监狱。

盟军占领德国后，戈林5月21日被押送到卢森堡边境的蒙道尔夫美军战俘营，9月又被押到纽伦堡监狱。在纽伦堡审判中，戈林顽固坚持法西斯立场，一再否认自己的罪行。1946年10月1日，法官劳伦斯勋爵代表国际军事法庭宣读对戈林的判决，确认戈林犯有策划战争罪、破坏和平罪、战争罪和违反人道罪，判处绞刑。

戈林被俘后，由于他的身份特殊，监狱采取了严密的看守措施。狱守彻底搜查了他的全身，除了卫生用品和必需的衣物以外的几乎一切东西都被没收了。戈林屋内的床是被固定在地上的，窗户上的玻璃是有机玻璃，室内不留一根电线和金属物。室内的灯整夜亮着，看守透过门上的监视镜监视他的一举一动，防止他自杀。在这种情况下，戈林几乎是被完全与世隔绝了。

尽管看管措施非常严密，然而意外还是发生了。1946年10月15日夜间，在即将执行纽伦堡国际军事法庭死刑判决——执行绞刑的前两小时，戈林突然服毒自杀。消息传开，立即引起了不小的震动。这位大名鼎鼎的纳粹战犯显然不愿意在众目睽睽之下被送上绞架，罪有应得的他没有得到应该属于他的死亡方式。经过法医鉴定，戈林是服下了剧毒化学物氰化钾自杀的。谁能想到，戈林居然能在连一个蚊子都不能自由进出的情况下从容地服毒自杀，逃避全世界人民对他的审判。问题是，他的毒药是从哪儿来的？是看管的哪个环节出了纰漏呢？

为了弄清楚这个问题，调查人员检查了戈林在囚室中的私人物品，最后在他的奶油罐中发现了毒药瓶。这个发现令大家目瞪口呆。这意味着戈林在整个关押期间一直藏有毒药，可是这个奶油罐早已被没收，放在监狱的储藏室中，根本没有在戈林身边。那么，在如此严密的监视下，戈林是如何把毒药顺利取出来的，到底是谁帮了他？问题是显而易见的，怀疑范围也应该是狭小的，问题出在内部的几个人身上。调查在继续进行着，可是却没有任何的结果。

所有的高层纳粹头目在战争末期都得到了毒药瓶，里面是氰化钾，然而戈林私人东西中的毒药瓶在他刚到蒙道尔夫时就被发现了。那么，他自杀用的氰化钾又是从哪儿来的呢？人们推测，很有可能是掌管行李间钥匙的惠利斯中尉帮助了戈林，因为他一直对戈林很友好，还曾接受过戈林送给他的小礼物。惠利斯负责戈林在囚室里存放的个人物品的保管，监狱里的普留凯尔医生几次"确认"毒药是从监狱贮藏室中取得的。他记得囚犯们进出那里都有美国军官陪着，在执行死刑的前几天戈林有可能去过行李间，最可能的是军官中某个人在最后几天里曾陪他去过，其中就有惠利斯，他要做的只是当戈林在取毒药时把眼光转向别处几分钟。

戈林的妻子埃米·戈林在戈林死后多年向外界说："此事一定是一位美国朋友所为。"她在1946年7月最后一次探视戈林时曾问过他有胶囊没有，戈林立即回答说没有。1991年，戈林的侄子克劳斯·里格尔承认，是惠利斯中尉把毒药给了戈林。但是这些都只是一种猜测，没有任何证据证明是惠利斯中尉帮助了戈林，何况惠利斯中尉也早已去世，死无对证了。

也有人说毒药是藏在戈林的陶土制的烟斗里的，在要被处决的那天戈林将烟斗剖开；也有人说他将毒药藏在肚脐里；也有人说戈林吞服了缓慢释放毒素的毒药……总之关于毒药来源的猜测多种多样，但这仅仅是猜测。

戈林自杀后，他的尸体与其他被绞死的纳粹战犯放在一起被火化，美军把火化后的骨灰倒进了一条小溪里，从此这个罪恶的战争犯灰飞烟灭。虽然戈林已死，但是他是如何弄到毒药自杀的却一直是一桩悬而未决的谜案。

## 斯大林死因之谜

斯大林是苏联重要的领导人之一，他对二十世纪的俄国和世界产生了深远的影响。斯大林逝世虽然已有半个多世纪了，但对于斯大林死亡之谜这个重要历史悬案目前仍无定论。

二战开始后，在欧洲战场上，面对希特勒的疯狂进攻，法国、英国纷纷败下阵来。这时候，斯大林的一声怒吼，使世界又看到了一位巨人。红场阅兵之后，勇敢的苏联人用火炮击碎德国人的坦克。斯大林为反法西斯战争的胜利做出了巨大的贡献，然而20多年后，这位巨人却死得不明不白。关于他的死因，至今仍是一个谜。

1953年3月6日清晨6点，莫斯科还处于黎明前的酣睡中。这时，广播电台传来了著名播音员列维坦缓慢、低沉和悲哀的通报："列宁的战友和列宁事业的天才继承者，共产党和苏联人民英明的领袖和导师约瑟夫·维萨里昂诺维奇·斯大林的心脏停止了跳动。"这一消息立即通过无线电传遍苏联，传向全世界。

苏联、东欧、中国人民都为这一消息所震惊，各国上下笼罩在一片沉重的哀思之中。东西方国家政府都迅速召开会议，商讨斯大林的去世造成的时局变化。与此同时，许多人开始怀疑斯大林死于谋杀。这种观点最初在斯大林卫队及其服务人员中流传。接着在斯大林的故乡格鲁吉亚，这种说法也开始广泛流传。斯大林的儿子瓦西里更是在抢救斯大林期间破口大骂，认定他的父亲是被毒死或者是被杀害的。

斯大林的逝世的确留下了一个历史之谜。在斯大林逝世后，在他病重期间照顾他的医生撰写了《1953年3月2日－5日，约·维·斯大林病史》，记述了从医生们3月2日到达斯大林的别墅，直到3天后斯大林去世这段时间的病史。这份报告直到1953年7月才完成，整整写了4个多月。从苏联内务部档案看，这份稿子至少修改了两遍，而且两份草稿在许多重大问题上都不相同。这份病史被盖上"绝密"的印章，提交给苏共中央委员会。50多年来，两份草稿都保存在那里，没有发表，也没人能读到。

从现存的治疗记录来看，斯大林是死于中毒。1953 年 3 月 5 日子夜前，第一批血液和尿样分析结果一出来，就把医生们吓了一跳。此时毒素已进入斯大林体内，不可逆转地损害了斯大林的心脏和整个血液循环系统，包括特别危险的地方——大脑。这时再采取措施为时已晚。

据医生分析，斯大林中的很可能是天然蛋白质有机物毒药。这类天然毒药存在于蛇、蜘蛛和蝎子的毒液内，甚至在一些植物和细菌中也有。它们可以破坏呼吸和血液循环，损伤淋巴结、眼睛和大脑等，并在某种情况下致死。斯大林死后，医生对其遗体进行了解剖，更加证实了"克里姆林宫医疗管理局中央临床诊断实验室"的各种检验报告。

关于事实的真相，关于斯大林身死的秘密，在当时进行了隐瞒，理由是"这属于斯大林家庭的私人秘密，75 年之后才允许解密，即要等到 2028 年"。

1976 年，流亡西方的苏联学者、被西方誉为"克里姆林宫学家"的阿夫托尔哈诺夫认定，当时的苏联领导人之一贝利亚是导致斯大林死亡的主谋，赫鲁晓夫、马林科夫、布尔加宁都是加速斯大林死亡的帮凶。这种观点在当时引起了全世界的广泛注意。

后来，直到赫鲁晓夫时期，一直有这样一种传说流传着：斯大林并不像正式公告所宣布的那样死在克里姆林宫里，他是在近郊别墅去世的。这不过也是传说而已，在找到确凿证据之前，斯大林的死亡之谜仍然不能定论。

## 拉宾遇刺之谜

1995 年 11 月，以色列前总理拉宾在参加一场集会时被一个反和平的极右青年刺杀。凶手被当场抓获，他对自己的罪行供认不讳，然而事实上案情没有那么简单……

以色列前总理拉宾曾经参加了抗击法西斯的斗争，是以色列的一代英雄。他于 1974 年和 1992 年两次出任工党领袖和内阁总理。1994 年，为表彰拉宾在推动中东和平进程所做的努力，诺贝尔奖委员会授予他诺贝尔和平奖。然而就是这样一个崇尚和平的人，却因为和平而被刺身亡，成为历史的遗憾。

1995 年 11 月 4 日星期六，正值犹太教的安息日，也是以色列的法定假日。然而，这一天对拉宾来说却是一个灾难日。当天，拉宾参加了在特拉维夫举行的一个 10 万人的和平集会。晚上 7 时 50 分，拉宾演讲完毕，在众人的簇拥下健步走下主席台，准备乘车离开广场。当他走近轿车正要抬腿迈入车内时，人群中突然窜出一个犹太青年，掏出手枪从拉宾的背后连开数枪，拉宾随即身体前扑倒在地上。在医院急诊室，大夫们尽一切努力挽救拉宾的生命，但他终因伤势过重，经抢救无效身亡。终年 73 岁，成为以色列建国后第一位被国内反对势力暗杀的总理。拉宾死后。中东的和平进程也随之戛然而止。

刺杀拉宾的凶手阿米尔被当场抓获，他对自己的罪行供认不讳，说是站在拉宾身后两米，向他背部连开了 3 枪。许多善良的人都以为，本案到此已大白于天下，可以"盖棺论定"了，然而招供本身并不完全等于罪证，拉宾的遇刺并没有那么简单。和 1963 年美国前总统肯尼迪遇刺一样，拉宾遇刺案也存在着各种矛盾，引起人们的很多猜测。

事后的调查也让我们相信这不只是一起简单的刺杀案件。奄奄一息的拉宾被急送到医院后，医师对他的伤势曾进行了仔细的检查。当天的尸检报告上注明拉宾身上的致命子弹是从胸口进入，穿透心脏，又经背部，从第五根和第六根肋骨之间射出。也就是说，这致命的一枪，应该是有人用枪口直抵拉宾的胸口开枪射击的。以色列警方在提交给法庭的报告中也说："死者体内留有大量火药粉，上衣有很长的缺口。由此可以断定，杀手是用枪口直抵拉宾的胸口开枪的。"

然而在场的人都看见阿米尔是从背后射杀拉宾的，而且还有一个叫凯普勒尔的业余摄影爱好者，用摄像机摄下了案发现场。而阿米尔的确是从拉宾的背后对拉宾连击了三枪，他根本没有在拉宾的前面开枪。况且，当时广场人山人海，阿米尔根本不可能接近拉宾，再说他也没有必要这样做。那么，逼近拉宾射击的究竟是谁呢？

同时，据拉宾的保镖说，刚听到枪声，他就把总理压在了身下，可是遇刺现场并没有发现任何血迹。事实也的确如此，这不免让人疑窦丛生。更令人不可思议的是，凶案发生的时候，凶手一边开枪，嘴里还一边喊着："没事，这不是真子弹。"如此看来，在表面凶手阿米尔的背后可能还有一个真正凶手，而且，即使阿米尔开枪打中了拉宾，伤势也肯定不太重，因此，杀死拉宾肯定是另一个人所为。那么，这个神秘的杀手又是谁呢？为什么能够如此近距离地行刺？

拉宾死后，有报纸揭露说早在当年7月就有人向政府举报过阿米尔有刺杀总理的企图，但是不知为何没有引起重视。这是故意放纵还是无意忽视呢？案发后还获悉，阿米尔曾先后五次企图刺杀拉宾，但由于种种原因，此前的计划全都泡了汤。

更奇怪的是，拉宾的司机当天表现也十分反常。这位赛车手出身的职业保镖，居然用了20分钟才把总理送到医院，实际上那段路开车5分钟就能到。他声称是一时迷了路。而在汽车到达医院时，连一个及时迎诊的医生都没有！于是有人怀疑拉宾是在驱车去医院的路上被第二次暗杀，他们认为阿米尔确实参与了暗杀拉宾，但他没有打中拉宾，真正的凶手躲在拉宾车子的后座。阿米尔的枪响后，保镖把拉宾推进车子，这个不知名的凶手开枪打死了拉宾。

一系列不正常的事情让我们怀疑拉宾遇刺案的真相是什么。这位受人尊敬与爱戴的人去世已经十多年了，可谋杀他的真凶何日才能缉拿归案呢？整件事情已经笼上了重重迷雾，不知以后能不能彻底解开。

## 古罗马政治家苏拉隐退之谜

古罗马执政官苏拉出身社会底层，费尽心血登上权力的最高峰以后，却突然宣布辞职，以一个普通公民的身份，隐居到了他的一座海滨别墅里。

谁不想拥有最高的权力而获得至高无上的荣誉？谁不想居万人之上，君临天下？然而，在古罗马就有这样一个与众不同的人，他急流勇退，放弃了权力。这个人就是古代罗马著名的政治家、军事家苏拉，他在通过奋斗夺得最高权力以后，却又自愿放弃，归隐海滨，成为一介平民。苏拉的突然引退，一直是千百年来人们感兴趣的问题。

公元前138年，苏拉出生于古罗马的一个破落贵族家庭，他自幼喜爱文艺，善于交际，拥有远大的志向，可是一直怀才不遇。30岁之后，他的人生时来运转，经济状况大为好转。后来，他投身军队，参加战争。由于勇敢善战，又富有谋略，他立下了赫赫战功，成为民族英雄。

在苏拉50岁的时候，东方的本都国王反叛，元老院决定出兵东方，但在军队统帅人选一事上，苏拉与马略竞争激烈。苏拉在元老院的支持下当选为执政官，后又经过与马略的两次斗争，终于建立了他的独裁统治。苏拉的权力欲很强，为了终身掌握国家的最高权力，他不惜践踏民主传统，强奸民意，威慑元老院，最后终于取得终身独裁官职位，集立法、行政、司法、经济、军事等大权于一身，达到了人生辉煌的顶峰。苏拉为了确保自己的终身独裁统治，进行了种种"宪政改革"。他取消了民众大会的否决权，削减了保民官的权限，把自己的大量亲信安插在元老院。可以说，在这个时候的罗马，苏拉就是一切，整个国家都是他的。

然而，令人不可理解的是，苏拉在取得终身独裁官的第三年，突然宣布隐退，放弃了一切权力，最后竟以一个普通公民的身份回到他的一座海滨别墅隐居，从此与世无争，成为一个谜一样的人。他曾经为争夺最高权力赴汤蹈火，甚至不惜以道德的堕落、国家的灾难和人民的生命为代价，而正当他的权势如日中天的时候，他却自愿放弃了这种最高权力，这是为什么呢？

关于引退的原因，苏拉本人没有说，他只是静静地隐居在了海滨。据说，当他决定放弃最高权力的时候，曾在广场上发表过一次演说。他在演说中提出，如果有人质问他的话，他愿意说明辞职的原因。可是，在那种情况下，绝不会有人敢冒着生命的危险去质问他。苏拉辞职以后，一个青年曾当面辱骂他，苏拉竟然默默忍受了这个青年的辱骂，但他说过这样一句话："这个青年将使以后任何一个掌握这个权力的人都不会放弃它了。"

由于苏拉本人并没有说明引退的原因，人们纷纷猜测。有人说他在三年独裁统治后突然良心发现，还政于民是明智之举；有人说他是由于改革遇到阻力，成功无望而急流勇退；有人说是他在满足权力欲望后厌倦战争、厌倦权力、厌倦罗马而向往田园生活，才归隐海滨的；更有人认为是他患了严重的皮肤病，无法亲理朝政而无可奈何地放弃了政权。种种原因只是人们的猜测，真正答案只有苏拉自己清楚。他既然放弃了权力，就不想再做任何解释了。

苏拉从一个权倾一时的最高权力者到默默无闻的平民，从钩心斗角的宫廷到与世无争的海滨，这究竟是一种什么样的人生转变呢？这其中的滋味只有他自己才能体会了。公元前78年，苏拉因肠出血而死去，永远地带走了事情的真相，给后人留下了一个说不完的话题。

## 罗马城是被尼禄所烧吗？

尼禄是历史上有名的暴君，他不仅弑母杀兄，还曾经烧毁了罗马城，然而据他声称，自己并没有犯下如此罪行，可是人民相信他的话吗？

公元64年7月18日。对罗马城来说是个灾难的日子。这天傍晚，在罗马城内圆形竞技场附近，突然发生了一场大火。大竞技场位于台伯河的东岸，在罗马城的西南部，堆满了帐篷等易燃物品，因此火势一发不可收拾。再加上起火的这几天刮西南风，更是助长火势。当火神吞没大竞技场之后，竟然又往左右延伸出两股火势，其中左边一股向凯旋大街烧去，接连着的凯旋门、布匿战争与高卢战争纪念牌坊及神殿等，都在刹那间化为乌有。而右边的这股火势，则是烧毁了帝国政府官衙以及其他高楼大厦，那些四通八达的街道、商店及民房，也都化为灰烬。结果全城几乎陷入一片火海之中，就这样大火一连烧了六天七夜，结果罗马全城皆为焦土。

这一场大火的真正原因一直都是千古的历史疑案，然而大多数的人都相信，这是一场人为纵火的案件，而其中暴行尼禄皇帝又因而成为最大的嫌疑者。作为罗马帝国的皇帝，他为什么要放火烧掉自己的城邦呢？这实在让人有些不能相信，但从大火发生时尼禄的所作所为来看，他的确是唆使纵火的最大嫌疑者。

据当时流行的传闻说，这次大火是尼禄下令放的。尼禄是罗马历史上的一个臭名昭著的暴君，他骄奢无度，弑父杀母，纵情享乐、挥金如土，致使罗马国库积存耗损一空，财政枯竭，同时还任意搜刮、没收富人的财产，使得帝国各地和各阶层都对他很不满。

据说尼禄不喜欢罗马城旧的建筑和那些曲折狭窄的旧街道，想按照自己的意图来重新建造罗马城，扩建自己的皇宫。然而都城皇宫的周围都住满罗马平民，因此几乎难以开工建造，因此尼禄命人乘着夜深人静的时候去纵火，以遂其所愿。据说当罗马变成一片火海时，有些人甚至看见他站在高塔上穿着戏装，面对下面一片火海，弹奏着里拉琴，演唱他那关于特洛伊陷落的民谣。

火灾之后，尼禄大兴土木，为自己建造了金碧辉煌的"黄金之屋"。在这座"金屋"里，除了宫廷建筑中必不可少的金堆玉砌之外，还有林苑、田园、水榭、浴场、水池和动物园，以便让人领略独特的湖光水色、林木幽雅的景物风情。整个宫殿内部用黄金、宝石和珍珠装饰，餐厅的天花板都是用象牙镶边，尼禄对此十分满意。

火灾发生后，整个罗马城义愤填膺，开始把矛头指向尼禄。尼禄听闻有人怀疑是他本人暗地纵火，为了不使传言扩大，他便宣称这场灾难是基督徒阴谋纵的火。于是他下令逮捕基督徒，公开地将他们残酷折磨——钉十字架、披兽皮让恶狗咬死、将他们钉上柱子作为蜡烛，但是尼禄残酷屠杀基督徒的行为最终引起罗马人民的反对。

尼禄在火灾后的言行，非但不能使人信服，反而把更多的纵火疑点集中在他一个人身上。对于尼禄是不是罗马大火的纵火者，历史学家们有着不同的看法。

古罗马历史学家塔西佗认为是尼禄放火烧了罗马城，他描写道："当大火吞噬城市时，没有人敢去救火，因为有一些人不断发出威胁，不许人们去救火；还有一些人公然到处投火把，他们说自己是奉命这样做的。"这些在大火中行为怪异的人很可能就是尼禄的亲信。另一位历史学家则记载："几位前任的执政官在自己的庄园上，发现尼禄的侍从拿着麻屑和火把，根本不敢上前捉拿他们。"古罗马的史学家们几乎一致指控是尼禄为了重建罗马城而纵火焚城的。

还有人认为罗马城的火灾只能是一次天灾，不能因为尼禄是一个品行很差的皇帝，就认为他是罗马大火的纵火犯。

公元68年6月9日，在众叛亲离的情况下，尼禄自杀身亡。随着尼禄的死去，罗马城的大火成了一个永远也解不开的谜了。或许将来有一天人们能从历史的陈迹中找到新的线索，从而解开这个谜。

## 彼得大帝遗嘱是真是假？

彼得大帝在临死之前拟定了一份俄国发展的蓝图，可是这份遗嘱究竟真的是彼得大帝的临终旨意，还是有人杜撰出来的呢？

彼得一世（1672—1725），俄国历史上最伟大的沙皇，马克思曾称他"雄才大略"。他在俄国历史上被尊称为"大帝"。在他执政时期（1689－1725），大力倡导改革，积极仿效西欧，使在经济、文化和军事等方面非常落后的俄罗斯，取得了突飞猛进的发展，为俄罗斯帝国建立了无数的丰功伟绩。

彼得大帝

彼得大帝去世于1725年，几乎从他去世之日开始，欧洲一直谣传他曾经立下了一份长篇的遗嘱，指示他的继承者和子孙们继续他的未竟事业，特别指明了俄国在未来的数个世纪里，在对外关系和军事用兵方面应该注意的问题。

1836年，法国人德奥出版了一本回忆录。这本回忆录的问世在当时引起了一阵骚动，而引起骚动的原因则是书中所披露的一份所谓的《彼得大帝统治欧洲的计划》。计划大致是这样的：1、使俄国长期保持战争状；2、罗致人才；3、参与欧洲事务；4、瓜分波兰；5、征服瑞典；6、王室联姻；7、与英国结盟通商；8、沿黑海、波罗的海分向南北扩张；9、挺进君士坦丁堡与印度；10、对奥地利行使某种保护；11、挑动奥地利与欧洲各大国作战；12、全面统治希腊；13、利用法奥中的一个制服另一个；14、征服日耳曼和法国。

德奥为什么能拿到彼得大帝的遗嘱呢？原来他是伊丽莎白女皇最宠爱的男人，因此在俄国的宫廷内部享有相当大的特权。他不仅可以随意进出皇宫，还可以任意翻阅历代沙皇的机密档案。据德奥在回忆录中记述：有一年夏天，他在圣彼得堡沙皇别宫内的档案文件中，意外地发现了《彼得大帝统治欧洲的计划》。据说，这份计划书是彼得临终时当作遗嘱而留下的。德奥欣喜若狂，马上一字不漏地抄录了一份。1757年，德奥将该抄录件呈献给法王路易十五。这份文件极具价值，然而路易十五却没有把它公之于世，不知原因何在。后来德奥回忆录的出版，才使它为世人所瞩目。

可是这份遗嘱究竟真的是彼得大帝的临终旨意，还是德奥杜撰出来的呢？当事人已经去世，答案也无从知晓。

一般认为，所谓的"彼得大帝遗嘱"只是杜撰出来的。据史料记载，1724年冬，彼得大帝在巡视完芬兰湾后，得了急性肺炎，一病不起。第二年的1月7日下午，彼

得大帝预感不久于人世，就想留下遗嘱传位，可仅仅提笔写了"将一切传位"这几个字，他便昏迷过去，于次日凌晨与世长辞。既然他都来不及指定新的皇位继承人，又怎么可能写下这么长的一份有条不紊的文件呢？

在俄国的有关历史记载中，也从未提到过彼得大帝留有任何遗嘱。在德奥披露"计划"后，俄国的历史学家遍寻历代沙皇的档案，始终未能找到"计划"的原件。另据记载，在德奥将《彼得大帝统治欧洲的计划》呈献给路易十五的40年后，一个流亡法国的波兰将军也曾向大革命时期的法国政府提交一份名为《俄罗斯扩张计划概要》的文件，而文件的内容与德奥呈献给路易十五的完全相同。这是偶然的巧合，还是另有蹊跷？

如果彼得大帝泉下有知，能否为他的后代们揭开这个秘密呢？然而彼得大帝已经故去了，遗嘱的谜底将是永远无法揭开的。

## 充满疑问的"加尔各答黑洞事件"

由于政治因素的影响，加尔各答黑洞事件中究竟死了多少英国人，至今还是一个谜，阳光什么时候才能照亮这个"黑洞"呢？

加尔各答黑洞是座法国于1756年6月间在孟加拉仓促建立的监狱，专门用来监禁英国俘虏，据说它只是一间环境极为恶劣普通小土牢。

1756年4月8日，印度莫卧儿帝国孟加拉省纳瓦布阿拉尔瓦迪汗年迈病逝。由于他死后无子，由其外孙西拉杰·乌德·道拉继任纳瓦布之职。道拉对英国东印度公司商人在孟加拉的种种违法行径深感不满，为维护其尊严和权力，打击周围的亲英势力，他决定把一批英国商人驱逐出境。

6月4日，道拉亲自率兵占领了科辛巴萨的英国商馆。翌日，他又进军加尔各答。6月20日，道拉率兵攻到加尔各答城下，加尔各答东印度公司负责人德雷克和威廉堡守军长官霍威尔稍做反抗后即弃城投降。道拉轻而易举地占领了加尔各答，并俘虏了一批英国人。当时道拉曾下令，在黎明到来之前不得随意处置任何一个俘虏。然而，道拉手下怀有强烈民族感的印度士兵将俘获的146个英国人，全都关进一间黑房子里。第二天凌晨，英国殖民军官克莱武和沃尔森就率领一支3000人的队伍从马德拉斯出发，重新攻占了加尔各答。当他们打开那间关押着英国俘虏那只有一扇小窗、潮湿阴暗的房门时，发现被俘的146名英国人中有123人因窒息死亡。消息很快传到英国，在英国国内引起了轩然大波，被征服者的"野蛮"与"残忍"引起了国民强烈的愤怒。

1757年6月23日，也就是大约离"黑洞"事件一年后，在孟加拉发生了著名的"普拉西战役"。当时英国殖民者克莱武率领3000名英印士兵与道拉5万大军在离加尔各答83公里的普拉西地方进行交战，结果克莱武竟然以少胜多，一举打败了道拉的大军。其实这并非出自克莱武的军事天赋，而是纳瓦布道拉的陆军总司令被英人收买，在战场上倒戈所致。普拉西战役是印度沦为英国殖民地的开端，此战之后，不列颠人带给印度的灾难是远非"黑洞悲剧"中英国人所遭受的生命损失能相提并论的。

有关"加尔各答黑洞"事件的传说，在英国和印度学者撰写的印度历史著作中可谓众说纷纭，莫衷一是。在这一事件中。英国人到底死了多少，或者是否存在这一回事，至今仍然是一个谜。

英国历史学家一般的看法是：死于黑洞悲剧的总人数是 123 人，但是这一说法并无确凿证明。根据当时的一位当事人——加尔各答东印度公司负责人德雷克的说法，被俘的英国人只有 39 人，其中有 16 人在那天晚上死亡。很显然，"黑洞事件" 只是英国人侵孟加拉的一个借口，他们以此作为幌子，对南亚次大陆无所顾忌地大行侵略，当时的殖民军军官克莱武甚至公开在英国议会下院炫耀自己的强盗行为。

英国著名的史学家珀西瓦·斯皮尔在其所著《牛津印度现代史》一书中，表达了自己的看法。他认为黑洞事件未必可信，更不应将此事的责任归咎于道拉一人，因为全部事实的经过，只是根据当事人霍威尔一人之说。

印度和巴基斯坦的一些史家也不赞同传说中的加尔各答黑洞事件，在辛哈和班纳吉两人合著的《印度通史》一书中说，事发的那天晚上不可能有多达 146 个欧洲人留在加尔各答，真正的人数大概只有 60 人，后来之所以夸大到死了 123 人，很可能是出自那位 "爱好虚荣的霍威尔" 想以此来表现自己。巴基斯坦学者拉希姆等人写的《巴基斯坦简史》中在提及这一事件时说："按照德雷克的说法，总数为 39 人，其中 16 人在夜间死去"。不管是 60 人也罢，16 人也罢，他们究竟是如何死去的实在难以断定。由于当时加尔各答局势混乱，没有确凿可信的证据来说明究竟有多少英国人被俘和死掉。众所周知，当时适逢英法七年战争爆发之际，一方面，英国人耀武扬威，准备与法国殖民者争夺南印度霸权；另一方面，孟加拉人对英国 "生意人" 的横行霸道深恶痛绝，所以当道拉率军攻打加尔各答城内威廉堡时，英国人肯定是孤立无援的，在混战中英国死掉一些人也是完全有可能的。霍威尔之所以夸大其词，只不过是想唆使英国人反对道拉政府。后来霍威尔本人因祸得福，在死里逃生后，一度擢升为孟加拉省督。

加尔各答黑洞事件中另一个疑问在于关押英国俘虏的 "黑洞" 到底有多大，能够使一夜之间在 146 人中竟有 123 人窒息而死。一般认为，这 146 人被关在一间 20 平方英尺的房间内，四周漆黑，只有一扇小窗供通气，所以到第二天一早闷死这么多人。据印度文献目录学家夏尔马所编《印度争取自由斗争百科词典》的有关 "黑洞" 条目的论述，它仅仅 18 平方英尺大。如果真是如此，那是绝不可能容纳下这么多人的。由此可见，霍威尔的口述言过其实，令人难以置信。很显然，霍威尔的说法是别有用心的。事后，英国人果真采取了报复手段，一度重新夺回加尔各答。

由于政治因素的影响，加尔各答黑洞事件中究竟死了多少英国人，至今也还是一个疑团。

## 法国大革命领袖丹东叛国之谜

丹东为法国大革命做出了巨大的贡献，就是这样一个政府要员，最后却以 "叛国罪" 被送上断头台，其中的缘由谁又能说得清？

法国大革命时期，欧洲政治局势复杂，诸多不安的因素威胁着新生的资产阶级政权。一批波旁王朝的流亡贵族更是勾结国外封建反动势力，伺机颠覆新政权。对此，法国共和政府始终对此保持高度的警惕，组建了著名的公安委员会和革命法庭，镇压敌人内外勾结的破坏活动，保卫法兰西共和国的安全。

在国家安全问题没有得到彻底解决的情况下，国内的政治斗争却日益尖锐。在复杂的党派政治斗争中，为了彻底打击政敌，执政党对凡持有不同政见的人动辄就扣上"通敌"的帽子。到1793—1794年雅各宾派专政时期，这种政治斗争更是走到了极端，甚至连雅各宾派自己的领袖人物也难以幸免，乔治·雅克·丹东便是其中的牺牲品。

1759年10月26日，丹东生于奥布河畔阿尔西镇一检察官家庭。由于学习法律，丹东早年曾是一位律师。1798年法国大革命爆发后他开始参加雅各宾俱乐部，后来被选入议会，曾任著名的科尔得利俱乐部主席、共和政府的司法部长等职，与马拉、罗伯斯庇尔一起并称为雅各宾派的"三巨头"，为拯救共和国做出了巨大贡献。

1793年6月雅各宾派取得革命政权后，丹东主张对内实行法治，对外休战议和，提倡宽大和人道。他的这些主张引起了激进派罗伯斯庇尔、圣茹斯特等人的不满和反对，致使雅各宾派走向分裂。由于与罗伯斯庇尔派的严重分歧，丹东逐渐变成雅各宾派的右翼，被排挤出救国委员会，回归故里，不久再次复出。

丹东极力攻击以罗伯斯庇尔为首的公安委员会和社会保安委员会，因此，吉伦特派分子乘机利用丹东势力准备发动政变，阴谋推翻雅各宾派政权。1794年3月30日夜，丹东与德穆兰等人被救国委员会逮捕，被指控勾结米拉波，从王室领取贿金、图谋劫持国王路易十六外逃，与吉伦特派结盟、主张对敌人和解与宽容、与可疑的外国人勾搭、个人财产急剧膨胀……4月5日，丹东以"阴谋恢复君主制颠覆共和国"罪被送上断头台，时年35岁。

丹东一案可说是疑团重重，扑朔迷离，那么他为什么会被判处通敌叛国的罪名呢？这可能与他在法国大革命时期急剧膨胀的个人财富有着密切的关系。

法国大革命时期，为了颠覆新兴的资产阶级政府，英国政府出钱包庇法国的流亡贵族及特务在法国从事间谍活动，偷取国家机密。早在1798-1790年有人诬陷马拉一案时，丹东就被称为"密探""英国间谍"、甘愿"把自己卖给任何一个想收买他的人"等。后经科尔得利俱乐部向各区及制宪会议、市政厅发出为丹东辩解的陈情书，流言蜚语才稍微平息。然而，丹东大批的私人财产却始终为人所怀疑。在1790年底他还债台高筑，到1791年不仅偿还了所有债务，还购置了大片田产及新的住宅，与之前形成鲜明的对比。据说，丹东被捕后，在他的文件中发现了英国外交部给当时在巴黎从事阴谋活动的银行家别尔列格的指令信，要他向信中指定的一些人支付欠款，以作为效忠英国的报酬。人们怀疑丹东即是领取钱款者之一，否则信件怎么会在他手上呢？因此，有人猜测，法庭在最后审判丹东时，认为他曾经与英国勾结，妄图颠覆政府，最终判处他通敌叛国罪。

热月政变后的1803年，一位保皇党人潜回巴黎时被拿破仑当局抓获，他在供词中称丹东曾经参与劫持路易十六外逃的密谋，并以此向英国人索取高额酬金。后来另一名保皇党人的回忆录中也有类似于此的记录。1851年公布的米拉波与王室代理人马克公爵的通信中曾提到"丹东收到3万里弗尔"，这更加使丹东的名声蒙上了一层阴影。

但是，差不多与此同时，也有人在为丹东辩解。1848年革命前夕，史学家韦尔奥梅精心收集资料，试图证明丹东的财产是取之有道的。著名史学家米什莱在自己的著作——《法国革命史》中称丹东是"大革命的天才""法国人民的象征"。后来的第二帝国和第三共和国的一些历史学家也纷纷著书撰文来证明丹东是一位伟大的革命家。丹东的形象大大改变了，他又重新成为人们心目中的英雄。

丹东究竟是不是英国的间谍？他究竟是否领取过效忠英国的报酬呢？事情已经过去两百多年了，可能许多证据已经遗落他处了，这或许将是一段永远无法了结的谜案。

## 扑朔迷离的营救尼古拉二世的计划

也许尼古拉二世至死都在谋划逃跑的方案，可是保皇分子一次次的营救，为何都以失败告终呢？

1917年3月15日，俄国末代沙皇尼古拉二世被迫签署了退位诏书。同日，彼得格勒苏维埃执行委员会下达了关于逮捕尼古拉及罗曼诺夫家族其他成员的命令。3月21日，沙皇夫妇被捕，他们被押解到皇村，沦为阶下囚。1918年7月16日深夜，乌拉尔州肃反委员会成员尤罗夫斯基奉命将末代沙皇尼古拉二世及其妻子、五个儿女还有四个仆役全部枪杀在监所。

从1917年3月21日正式逮捕沙皇到1918年7月16日将他处死，其间整整经历了16个月。在此期间，从俄国的保皇分子到临时政府的头面人物，以及一些外国使节一直在想方设法营救尼古拉二世。

就在沙皇刚刚被捕之际，临时政府的司法部长、负责领导警卫沙皇工作的克伦斯基便开始同英国大使布坎南进行秘密接触，传闻他们已经商定将尼古拉二世送到摩尔曼斯克搭乘英国军舰出国。后来又是克伦斯基作主将尼古拉二世转移到托博尔斯克的，有人认为把沙皇从这里送境外不那么惹人注目。十月革命胜利后，克伦斯基一伙作鸟兽散

官方出面搭救尼古拉二世失败后，民间保皇分子的营救活动却更为活跃了。早在沙皇身陷囹圄之初，就有一个名叫马尔科夫第二的人网罗人马，策划闯入皇村劫狱救驾。

尼古拉二世

沙皇被转移到托博尔斯克以后，当地大主教格尔莫根与陆续尾随而来的前宫廷人员、军官及一些外国人策划新的阴谋，据说一直停泊在城外河中的"圣玛丽亚号"帆船就是供沙皇出逃乘坐的。但是未等河面解冻，沙皇就被押送到叶卡捷琳堡去了。尼古拉二世被押到叶卡捷琳堡以后，叛军集中兵力围攻该城，当地苏维埃抢在叛乱者救出"皇上"之前执行了死刑，营救沙皇的行动就这样无果而终。

为什么一次又一次的营救计划全都落空了呢？苏联方面一直强调人民群众在其中的重要性。他们指出，临时政府就是在人民得知消息后群情激愤的情况下放弃送尼古

拉二世经摩尔曼斯克出国的计划的。在托博尔斯克，看守的士兵自觉地加强了戒备，后来他们怀疑潘克拉托夫勾结阴谋者，便主动撤了他的职。在情况紧急时，鄂木斯克一支武装赤卫队赶到了托博尔斯克，对此，参加营救活动的前宫廷法语教师、瑞士人日里亚尔叹息不已。

其实，在整个监禁期间并非完全无希望营救尼古拉二世。当时俄国政局极其混乱。看守卫队几经更换，而长期负责警卫的科贝林斯基和潘克拉托夫对沙皇一家十分同情，只要有人活动，他们很可能会卷入营救行动。即使在苏维埃政权建立后，监禁也相当松弛。可是16个月过去了，保皇分子为什么连一次尝试性的营救行动也没有呢？

很多人都认为民间保皇分子中有很多人是投机分子，主要是借救驾一事捞取名利，所以不敢冒风险，结果一事无成。可是事实上也有不少死心塌地的保皇派，比如许多人不惜花费重金，甚至冒生命危险千里迢迢尾随沙皇来到托博尔斯克，最后却毫无动静，个中缘由，显然有待人们彻底揭开。

于是有人认为症结在囚犯本身，责怪尼古拉二世优柔寡断，态度消极，甚至被关在皇村时就曾给劫狱的马尔科夫第二传过话，要他暂缓行动。沙皇想由政府安排出国，因为那样既体面又安全，后来他又一直坚持要选择绝对稳妥可靠的方案。然而这也是人们的猜测，实际上缺乏确凿的证据。

虽然保皇分子曾经尝试过营救尼古拉二世，但他最终还是死在枪口下，营救活动也就成了历史陈案，至于营救行动为什么没有成功，也就不得而知了。

## 列宁遇刺之谜

伟大的列宁造就了强大的苏维埃政权，就是这样一个国家之父，竟然被本国人刺杀，这其中隐藏了什么秘密呢？

1918年8月30日，列宁在做完演讲后离开位于莫斯科谢尔普霍夫卡大街上的米海尔松工厂，他穿过人群，走向自己的汽车，工人和水兵们簇拥着领袖，高声叫喊着他的名字。突然，响起一阵枪声，列宁捂着胸口倒下了！……

俄《共青团真理报》报道称，当晚11时左右，列宁来到大街上，暮色已经很深，周围一片嘈杂声，因此，枪响的时候根本没人听见，只是当列宁倒下时，人群才一下子被恐惧所凝固。片刻之后，人们开始四处逃散，只有一个人十分沉着冷静——苏维埃步兵师政治委员助理巴图林。巴图林后来说："向列宁开枪的人我没有看见。当时我喊：'抓住凶手！'我看到我后面有个样子古怪的女人，就搜了她的口袋，夺了她的提包和伞，叫她跟我走。这时，人群中有人指认她就是向列宁开枪的人。"这个女人就是芬妮·卡普兰。

列宁纪念馆也有俄罗斯学者对当时刺杀现场的描述："卡普兰犯下了一个错误，也许她是想就此献身。当时她站在那里，一动不动地靠在一棵树上，异常冷静地看着喊叫的人们从米海尔松的大门里跑出来，狂奔出来的都是水兵和年轻的工人，他们高声喊道：'抓住她，别让她跑了！'这个时候，卡普兰先是在原地整理了一下自己的鞋子，后来又像一个高度近视眼的人那样眯缝起眼睛朝黑暗的地方望去。冲到她面前的人们看了看她，然后大声喊道：'就是她！就是她开的枪！'"卡普兰就这样被逮捕了。

卡普兰在被逮捕后三天遭枪决。行刑的现场就在克里姆林宫内，当时开来一辆轻型卡车，执行的枪声被卡车马达的轰鸣声掩盖了。卡普兰死后，她的尸体没有掩埋，而是被塞进一个铁桶里浇上汽油焚烧了。女刺客卡普兰在行刺后被逮捕，迅速遭到处决又是为什么呢？研究卡普兰在刺杀列宁未遂后境遇究竟如何，与俄罗斯那一段历史究竟有何内在联系？

卡普兰的全名是芬妮·耶菲莫芙娜·卡普兰，她 1890 年出生在乌克兰沃伦省一个犹太人家庭。

俄国 1905 年革命以后，卡普兰开始接近无政府主义者，并且参加他们的各种活动，她在革命者圈子里活动的时候用"多拉"的化名。卡普兰第一次参加恐怖活动是 1906 年，她策划组织参加对基辅行政长官的暗杀，但是没有成功，她被捕后被判为

列宁

终生苦役。因此，年纪轻轻的卡普兰很早就开始品尝铁窗生涯的沉重和痛苦。俄罗斯解禁的历史资料披露说，她当时几乎完全失明，她后来虽然被送往教会医院就医才恢复健康，但是，她的视力依旧没有恢复，无法正常开枪射击，至于是否真的就是刺杀列宁的枪手很值得商榷。

而且，在诸多证词中并无指认者的姓名。因为，疑凶还有两名：一名中学生和一名戴水兵帽的人。列宁中弹后见到他的司机吉尔就问："抓住他没有？"列宁指的是男性，而不是"她"。吉尔起先说只看见一只拿手枪的手，后来才说是卡普兰。被认为属于她的那支枪，是 4 天后找到的。1922 年德国大夫从列宁颈部取出的子弹，经检验不是从那支枪射出的。

绝大多数人认为卡普兰就是刺杀列宁的真凶，是右翼社会革命党委派的恐怖分子。但是，卡普兰的审讯记录也未能使情况明了。社会革命党人的惯例是，任何恐怖行动都应作为执行该党判决而公布，然而，该党声明，并未插手谋刺列宁。

另有一些学者认为视力很差的卡普兰并未直接参加刺杀列宁的行动，背后另有其人。这些学者甚至还提出了大胆的假设和推理：刺杀列宁的行动成为后来"克里姆林宫大审判"的导火索！但是不论如何，正由于发生了卡普兰刺杀列宁事件，此后与之相关的事件也都成了苏维埃政权延续了将近一个世纪的高档机密，以至于最终成为"20 世纪的黑洞"，俄罗斯历史永恒的谜团。

## 希特勒的情妇吉莉·拉包尔因何而死？

1931 年 9 月中下旬，一个爆炸性新闻突然在德国纳粹党内迅速传播开来：希特勒

的情妇、外甥女，年方 23 岁的吉莉·拉包尔开枪自杀了。顿时，整个纳粹党内沸沸扬扬，议论纷纷。

　　阿道夫·希特勒是德国法西斯纳粹党头目，第二次世界大战的头号战犯，以他为首的纳粹德国在二战中给许多国家的人民带来了空前的灾难。希特勒的一生给人们留下了无数的谜题，其中他与自己的亲外甥女吉莉·拉包尔的关系以及最后吉莉的离奇死亡，更是谜题中的谜题，至今仍未被解开。

　　吉莉·拉包尔是希特勒同父异母的姐姐安吉拉·拉包尔的大女儿，比希特勒小整整 20 岁。1928 年夏天，希特勒在巴伐利亚邦靠近奥地利边境的上萨尔斯堡租用了瓦亨菲尔德别墅，请了他异母姐姐、孀居的安吉拉·拉包尔从维也纳来替他管家。拉包尔太太带来了她的两个女儿，吉莉·拉包尔和弗莉德尔。吉莉年华双十，一头金发，面容俊秀，声音悦耳，性格开朗，很讨男人的欢心。希特勒为吉莉的美貌所倾倒，不久就爱上了她。为博取吉莉的欢心，希特勒绞尽脑汁地讨好她。1929 年，希特勒在慕尼黑最时髦的摄政王大街租用了一套豪华公寓，他特地将 9 个房间中的一间单独留给了她。在慕尼黑和整个南德的纳粹党人士中间不可避免地传开了党的领袖和他外甥女的流言蜚语。一些人劝希特勒不要再在公开场合携带他的年轻情人，希特勒非常生气，有一次因此而发生争吵，他竟解除了伍尔登堡纳粹党区领袖的职务。

　　从当时看希特勒是打算同他的外甥女结婚的，但由于希特勒对她的控制欲太强，不准她同任何别的男人一起在公开场合出现，禁止她学音乐，学戏剧等等她喜欢的事情，两人经常发生争吵。至于双方的隔阂究竟因何而生，至今仍有多种不同的说法。有人说，这是由于两人相互妒忌，彼此胡乱猜疑的缘故。吉莉对希特勒注意其他女性，尤其是温尼弗雷德·瓦格纳深感不满。希特勒则怀疑吉莉同他的卫士艾米尔·莫里斯关系暧昧，总是限制他们来往。当发现吉莉听任艾米尔·莫里斯向她调情求爱时，希特勒醋性大发，对吉莉暴跳如雷，从此禁止她与异性有任何交往。

　　1931 年 9 月 1 日，人们在奥地利维也纳的郊外发现了艾米尔·莫里斯的尸体。据维也纳警方传来的公报说他是被人用冲锋枪残忍的打死的，身上一共有二十一个枪眼。得到这个消息后吉莉·拉包尔彻底地崩溃了。当天她就准备去维也纳，结果被希特勒蛮横的拒绝了。

　　1931 年 9 月 17 日早晨，希特勒有事要去汉堡。临行前，他与吉莉在摄政王大街公寓内发生了一场激烈的争吵，但争执很快就平静下来。于是，希特勒按原计划前往纽伦堡参加一个竞选集会。谁知刚过纽伦堡，他就接到赫斯的电话，说吉莉已中弹死在自己的房间里。于是他火速赶回慕尼黑，在半路因超速行驶，而受到一张罚款单。希特勒公寓的佣人回忆说，希特勒冲出拉包尔的卧室时神情沮丧，别的事他们一概不知。

　　那么，吉莉到底是自杀还是他杀？事发后，巴伐利亚邦检察官对此案进行了认真的调查。法医在验尸时发现，吉莉躺在地板上，靠近睡椅，旁边放着一支 6.35 毫米口径的手枪，一颗手枪子弹穿透了她的左前胸，直入心脏。经过现场调查，没有发现吉莉鼻子被打断的现象，也没有发现她死前受过强奸，因而判定吉莉是自杀身亡，排除了希特勒的嫌疑。不过整件事情看上去并不是那么简单，特别是艾米尔·莫里斯的死。有人说，是希特勒派人下手杀掉这位情敌。

不过，并不是所有的人都相信检察官的判断。在吉莉死后的许多年中，慕尼黑一直流传着若干吉莉被谋杀的说法。有的说她是被盛怒之下的希特勒枪杀的，有的说是被希姆莱打死的。他们之所以杀死吉莉，目的是要把希特勒和纳粹党从困境中解脱出来。因为希特勒与其外甥女的暧昧关系曾在纳粹党内惹起了不少流言蜚语，并已对纳粹党的团结及其领袖的个人声望产生了影响，不仅是希特勒，而且整个纳粹党的处境都非常尴尬。要摆脱困境，唯一的办法是将吉莉杀害。不过，上述说法只是一种逻辑推论，缺乏有力的证据。

即使是那些与希特勒和吉莉都很熟悉而又相信吉莉是自杀的人，他们对吉莉自杀的原因也有不同的解释。希特勒的摄影师霍夫曼认为，吉莉另有所爱，她之所以自杀是因为她受不了希特勒的专制。希特勒的管家温特尔太太则认为，吉莉是爱希特勒的，她的自杀是失望或灰心丧志所致。也许只有吉莉本人才清楚她究竟因何而死，也许还有希特勒。但即使这些人心中有秘密，他们也早已将它带进了坟墓。

转眼 60 个春秋过去了，希特勒也早已成为千古罪人。但吉莉之死至今尚存疑窦种种，令人困惑不解。吉莉果真是自杀吗？如果是的话，那她为什么要自杀？如果不是，那又是谁杀害了她？为什么要杀害她？除非发现确凿有力的证据来说明吉莉之死，否则，历史学家们仍将无法对这一悬案做出符合实际的解释。

## "国会纵火案" 之谜

1933 年 2 月 27 日晚，坐落在柏林共和广场西侧的国会大厦突然起火，这就是轰动世界的 "国会纵火案"。那么究竟是谁潜入帝国议会大厦并把它付之一炬呢？

在 1932 年 11 月的德国选举后，希特勒出任政府总理，但纳粹党在选举中并未获得压倒多数的选票，只占有议会 32% 的席位。希特勒想实行魏玛共和国宪法规定的《授权法》，重新进行选举。在魏玛共和国的历史上，《授权法》只在 1923 年经济危机时启用一次。因此希特勒上台后立即要求总统解散议会，定于 1933 年 3 月 5 日进行重新选举。

当时德国共产党是议会中第二大党，占有 17% 的席位，并且坚决反对启动《授权法》。希特勒要想占有议会多数席位，必须将共产党打下去，因此他大力宣传德国正处于共产党发动革命的关键时刻，只有启动《授权法》才能制止共产党发动革命，否则德国就会处于共产党的恐怖统治中。

国会大厦纵火事件发生后，以希特勒为首的法西斯就以此为契机，嫁祸于共产党人。案情发生仅半小时，希特勒的得力干将、国会议长兼内务部长戈林就驱车赶到现场，并穷凶极恶地宣称这是共产党发动革命的信号。随后希特勒也赶到出事地点，并滔滔不绝地对记者说："这是共产主义者干的!" 随着希特勒的一声令下，早有准备的冲锋队员冲进现场，当场抓住了 "纵火者" 范·德尔·卢贝。

范·德尔·卢贝经过严刑拷打后，承认国会大厦是他纵的火，是为了反对纳粹党。经过和德国共产党领袖同时进行的审讯，根据《国会纵火法令》，希特勒于 3 月 1 日宣布共产党意图暴动，因此为非法。第二天，希特勒党徒按照早已拟定好的名单开始了大搜捕。3 月 3 日德国共产党的领导人台尔曼被捕，3 月 9 日共产国际西欧局负责人、保加利亚共产党主席季米特洛夫等人被捕。紧接着，希特勒又颁布了紧急法令，勒令解散除法西斯党以外的一切政党，取缔工会及一切结社、集会。霎时间，白色恐怖笼罩了整个德国。

1933 年 9 月至 12 月间，"国会纵火案"在莱比锡展开公审。但是"纵火犯"卢贝在法庭上当众表明：他从不认识季米特洛夫，也从未与其有过任何联系。还有三个抓住卢贝的警察也否认在卢贝身上搜出共产党员的党证。审判的幕后策划者们无可奈何，只好叫纳粹头子戈林和戈培尔出庭作证，但也无济于事，最后不得不宣布季米特洛夫等四人无罪释放，但判处卢贝死刑。不管怎样，纳粹嫁祸于共产党的阴谋还是宣告破产了。

后来，经过专门调查，"国会纵火案"原来是纳粹党人为寻找打击共产党人的借口而导演的一出丑剧。冲锋队长恩斯特等人事前从戈林住宅通向国会大厦的地下秘密通道里运进了汽油等易燃物，再唆使卢贝向国会大厦放火。同时，纳粹分子也从秘密通道进入国会大厦，在议会大厅点燃了易燃品，顿时，浓烟四起。就当卢贝在国会大厦内四处乱窜的时候，被当作纵火的替罪羊而被抓获，并被诬陷为共产党指派的纵火者。

德国国会纵火案的真相似乎已经清楚了，几乎所有人都相信这是纳粹分子诬陷共产党的阴谋。但是在 1962 年，一位名叫弗里茨·托比亚斯的法学家在一本名叫《帝国议会大厦纵火案——神话和事实》的书中提出，放火焚烧国会大厦是荷兰青年卢贝一个人单枪匹马干的，他既与纳粹党无关，也与共产党无瓜葛，他是一位无所事事的无政府主义者。在事发的那天晚上，他悄悄地潜入国会大厦，用几根木炭点燃了这座高大的建筑物。在书中，托比亚斯做出这样的结论：这不是一个精心策划的政治预谋，我们必须承认这一令人吃惊的事实：帝国议会大厦纵火案纯属偶发事件，是一个谬误掀起了这轩然大波，并导致了以后的迫害浪潮。

托比亚斯的结论引起了轩然大波，史学界人士对此议论纷纷。英国、美国、荷兰、联邦德国的一些史学家对此观点表示赞同，而瑞士、法国、联邦德国的一些史学家则对此结论持否定态度，长期以来两派史学家争论不休，风波一直没有停息。

由于两派都没有向对方妥协，所以，谁是国会纵火犯的问题一直悬而未决，但是无论怎样，纳粹分子利用国会纵火案诬陷共产党的阴谋已是不争的事实了，历史也还了德国共产党一个清白。

## 法国总统密特朗枪击案之谜

有人竟然刺杀法国总统，此人一定是胆大妄为，可是如果刺杀总统是他本人呢？密特朗真的是这样的人吗？

弗朗索瓦·密特朗，1981 年至 1995 年间任法国总统，是法国历史上伟大的政治家之一，同时也可以算得上是法国政坛上的常青树。他的一生跌宕起伏，其中天文台公园枪击事件，就是他的政治生涯中影响至深、却又扑朔迷离的一段经历。

1959 年 10 月 15 日《巴黎新闻》头版头条披露了一条耸人听闻的消息：极端殖民主义分子准备暗杀一批主张谈判解决阿尔及利亚问题的人士，悲剧有可能在明天发生，杀人凶犯别动队已经越过西班牙边境，黑名单已经确定。

当天夜里，当时还是国会参议员的密特朗同几个朋友用完餐后开车回家。路上，一直有一辆黑色轿车跟着他。为了防止意外，他把车快速开到参议院南边的天文台公园，然后从车上跳下来，躲在路边公园的花草丛中。正在这时，他的汽车遭到袭击，事后在汽车上找到了至少七颗弹眼。

弗朗索瓦·密特朗

第二天各大报纸都报道了密特朗遇刺一事，人们认为密特朗一定是极端分子所要暗杀的首要人物。一时间，许多人纷纷对他表示慰问，密特朗也因此成了"英雄"。

然而，事情只过了一个星期，就发生了翻天覆地的变化，天文台枪击事件竟成了密特朗的一桩政治丑闻。前右翼议员罗贝尔·佩斯凯向记者宣称，这起枪击案是密特朗自己策划、由他一手执行的。他是在核实密特朗已不在车内之后，才让他的同伙阿贝尔·达于龙开枪的。佩斯凯还说，行动前，他曾于10月7日、14日和15日分别三次会见密特朗，共同策划，商定行动路线和方式方法。在佩斯凯的描述之下，天文台事件分明成了密特朗沽名钓誉的"苦肉计"。

而此时此刻作为当事人的密特朗，除了矢口否认外，拿不出任何证据来证明自己的无辜。密特朗说，事发前佩斯凯确实三次悄悄见过他，但佩斯凯是来告诉他，从可靠消息得知，暗杀名单中密特朗名列榜首，叫他平日要小心提防。佩斯凯还出谋划策：一旦发现汽车被盯梢，千万别往家门口开，因那里无处躲藏，还是逃往天文台公园比较安全。佩斯凯还要密特朗保守秘密，因为他透露的是机密情报，一旦发生什么事，请求密特朗不要向警察局报告。所以发生枪击事件后，密特朗真的信守诺言，事先没有告诉任何人，事后也没有告诉警方。因此，现在的密特朗是有苦难言，百口莫辩。

于是，密特朗顿时从一个受害者、"英雄"变成了一个政治骗子，成为政敌攻击的目标。由于密特朗的政治主张一直与戴高乐相对立，在1959年1月戴高乐就任第五共和国总统之后，密特朗的政治生涯转入低谷。他先是丢掉了在前七年间历任不同部长的优势，然后还在国民议会选举中丢掉了连选连任11年的议员席位，在1959年4月他虽然再次当选为参议员，但其政治影响显著变小，这时候出现的"天文台事件"丑闻几乎断送了密特朗的政治前程。

这起离奇古怪的天文台公园枪击案，迄今一直是个没有解开的谜。密特朗认为有人即便不想置他于死地，至少是想使他名誉扫地。佩斯凯的口气也变来变去，他于1959年11月4日，被指控参加议会爆炸案遭逮捕后几年，坦白天文台事件的幕后策划者是戴高乐派头面人物。不过，他拿不出真凭实据，一般人都不相信他的说法。但同情密特朗的人都认为，此案是戴高乐派的情报部门操纵的，目的在于从政治上消灭第四共和国时期留下来的最危险的对手，而密特朗是首当其冲的人员。

坚强的密特朗并没有向逆境妥协，经过短暂的歇息，他又开始向戴高乐政权提出挑战了。在 1962 年 11 月法国的立法选举中，他终于击败戴高乐派的候选人，再次当选为国民议会议员。经过奋斗，1981 年，密特朗终于又登上了总统宝座，实现了自己的政治夙愿。1988 年，他再次击败对手，蝉联法国总统。年逾 70 的密特朗，经历了 40 多年的宦海沉浮，终于登上了他政治生涯的顶峰，并为自己奠定了在法国历史中的独特地位。1995 年，密特朗下台，1996 年 1 月 8 日病逝。

## 格瓦拉出走之谜

切·格瓦拉曾被西方媒体称为"红色罗宾汉""共产主义的堂吉诃德""拉丁美洲的加里波第""尘世的耶稣"，究竟他为何要离开待他不薄的古巴和有着非凡人格魅力的卡斯特罗呢？

切·格瓦拉出生于阿根廷，后来参加古巴革命，成为古巴革命和社会主义建设的主要领导人，后来离开古巴前往非洲和拉美开展游击战，最后在玻利维亚遇害。格瓦拉牺牲三十多年来。逐渐成为全球青年的时尚偶像，成为理想主义、革命和激情的象征。

格瓦拉 1928 年 6 月 14 日出生在阿根廷罗萨里奥，后来参加了卡斯特罗领导的革命运动。1959 年古巴革命胜利后，格瓦拉被政府宣布为古巴公民，先后担任土地改革委员会工业部主任、国家银行行长和工业部长等重要领导职务，在国际国内享有很高的声誉。

1965 年 3 月初格瓦拉在长时间出国访问之后回到古巴，3 月 15 日，他向工业部工作人员汇报自己国外之行的有关情况，这是他在古巴公开场合的最后一次演讲。此后，他就神秘地消失了。一时间国际上众说纷纭，有善意的解释，也有恶意的攻击。直到几个月之后，卡斯特罗在一次古巴共产党中央委员会成立大会上宣读了格瓦拉的告别信之后，谜团才逐渐解开。原来，格瓦拉在 1965 年 4 月 1 日秘密前往刚果，重新开始自己的游击队战士生涯。后来转战玻利维亚，直到 1967 年 10 月被玻利维亚政府军和美国中情局杀害。

格瓦拉在出走之前，担任古巴的重要领导职务，可谓地位显赫。他却为何放弃这一切名利，甘愿投入艰巨而且生死未卜的革命事业中呢？这个问题长期以来一直困扰着许多格瓦拉的崇拜者以及研究他生平的学者们。虽然人们对他的出走原因进行了长期的探讨，但仍然众说纷纭，莫衷一是。

有人认为格瓦拉之所以出走是因为他与古巴其他领导人在经济建设和思想建设路线上存在着严重分歧。自新政府成立后，古巴在经济建设和思想建设路线上一直存在着争论。有的人主张不要过度集中，应该给国营企业一定的自主权，而格瓦拉则强烈主张实行严格的中央集权路线。卡斯特罗虽然一直避免参与这方面的争论，但他的观点却十分矛盾。他有时赞成精神鼓励，有时赞成物质刺激，实际上卡斯特罗默认和支持的是中央集权路线，因此格瓦拉对此大失所望。从实际情况看，格瓦拉认同的经济体制在实践中也陷入困境，面对古巴经济的严重困难，他拿不出切实可行的措施，便产生了愤怒和失望情绪。

有些学者认为，苏联对格瓦拉政策的反对是迫使他出走的因素之一。当时中苏关系破裂，格瓦拉对苏联在一些问题上的做法十分不满。1960 年 11 月格瓦拉访问莫斯科之后便访问了中国。他在中国期间，对中国采取了友好态度，并赞扬了中国的革命经验，赫鲁晓夫对此表示十分不满。另外，赫鲁晓夫不同意格瓦拉和卡斯特罗直接参与拉美各国开展武装革命斗争的政策，并要求卡斯特罗和格瓦拉从拉丁美洲革命中撤出来。不过，无论卡斯特罗，还是格瓦拉，都没有听从赫鲁晓夫的意见。1965 年 2 月，格瓦拉在阿尔及利亚发表了震惊整个社会主义阵营的著名演讲，几乎公开谴责苏联。1965 年 2 月古苏签订贸易协定，古巴在经济上从属于苏联，尽管苏联援助增多。但古巴又回到单一经济的老路，格瓦拉的工业化和农业化彻底失败。这一切让格瓦拉更加失望，最终导致了他的出走。

此外，也有人认为格瓦拉的革命思想是促使他出走的决定性因素。格瓦拉是个理想主义者，有着"大陆革命"的理想。他的理想是在拉美的某个地方组织一个阵线，以解放整个拉美为己任。从古巴革命胜利开始，他就主张输出革命，并且他认为能担任这个革命实践的领导人只有他自己。另外，与所有的理想主义者一样，格瓦拉为了理想的实现可以不惜放弃一切甚至自己的生命，所以他才放弃一切名利，毫不犹豫地离开古巴，前往生死未卜的战场。

对于格瓦拉出走的原因，人们仍然只是猜测，真正的原因可能只有他本人才能解释，可惜他已经离开人世了。

# 战争烟雾

## 史前核战争之谜

史前也有核战争？这似乎是不可能的事情，可是考古学家的确发现了爆炸的现场，这又如何解释呢？

在地球诞生至今的 46 亿年的演化过程中，地球上的生物经历了 5 次大灭绝，生生死死，周而复始。因而有人推断，地球上曾出现过多次高级文明社会，但不幸的是这些文明都毁灭了。亿万年的自然变迁几乎抹去了一切痕迹，只有少数证据得以保存。这些文明的毁灭原因究竟是什么呢？

1972 年，在非洲加蓬共和国发现了一个 20 亿年前的铀矿——奥克洛铀矿。在矿里还发现了一个不可思议的史前遗迹：一个古老的核反应堆。它是由六个区域的大约 500 吨铀矿石组成，运转时间长达 50 万年之久。面对这个保存完好、结构合理的核反应堆，人们不禁要问：是谁留下了这个核反应堆？要知道，人类掌握核能技术，建立第一座核反应堆，只是 20 世纪 40 年代的事情。许多学者研究后指出：史前文明毁灭于一场规模浩大的核战争。

有一部著名的古印度史诗《摩诃波罗多》，写成于公元前 1500 年，距今有 3400 多年了。书中记载了居住在印度恒河上游的科拉瓦人和潘达瓦人、弗里希尼人和安哈卡人两次激烈的战争，战争的残酷程度为史所罕见，有点类似核战争的场面。

书中的第一次战争是这样描述的："英勇的阿特瓦坦，稳坐在维马纳（类似飞机的飞行器）内降落在水中，发射了阿格尼亚（可能类似火箭武器），它喷着火，但无烟，威力无穷。刹那间，潘达瓦人的上空黑了下来，接着，狂风大作，乌云滚滚，向上翻腾，沙石不断从空中打来"。"太阳似乎在空中摇曳，这种武器发出可怕的灼热，使地动山摇，大片的地段内，动物倒毙，河水沸腾，鱼虾等全部烫死。火箭爆发时声如雷鸣，敌兵烧得如焚焦的树干"。

第二次战争描写更令人毛骨悚然，胆战心惊："古尔卡乘着快速的维马纳，向敌方三个城市发射了一枚火箭。此火箭似有整个宇宙力，其亮度犹如万个太阳，烟火柱滚升入天空，壮观无比"。"尸体被烧得无可辨认，毛发和指甲脱落了，陶瓷器碎裂，盘旋的鸟在天空中被灼死"。

看到此惨状，人们会立刻联想到原子弹爆炸后产生的威力。因而，不少学者正在探索一个谜，那就是在人类早期历史上是否爆发过核大战？后来考古学家在发生上述战争的恒河上游发现了众多的已成焦土的废墟。这些废墟中大块大块的岩石被黏合在一起，表面凸凹不平。要知道，能使岩石溶化，最低需要 1800 度。森林，大火或火山爆发出来的热量，远远达不到这个水平，能达到这个温度的，只有原子弹爆炸所释放的热量。

在德肯原始森林中，人们还发现了更多的焦化废墟。废墟城墙被晶化，光滑如同玻璃，不仅建筑物表面晶化，连建筑物内的石制家具表层也被玻璃化了。

古印度人在时间上使用两种奇怪的概念——"卡尔帕"和"卡希达"。"卡尔帕"相当于 42 亿 3200 万年，"卡希达"相当于 1 亿分之 3 秒。在自然界里，要用亿年或百万之几秒的时间来量度的，只有放射性同位素的分解率。例如铀 238 的一半寿命为 45 亿 1000 万年，而 K 介子的半寿命只有百万分之一秒，这与"卡尔帕""卡希达"的概念较为相近。那么，是不是可以从这个古印度人使用的时间概念上来推测，古印度人已经拥有了量度核物质和次核物质的技术。那么，他们很有可能已经掌握制造核武器的技术，生产出原子弹来。

令人更饶有趣味的是，类似核战争的废墟，不仅在印度被人发现，在巴比伦、撒哈拉沙漠和蒙古的戈壁滩上都被人发现有史前核战的废墟，废墟中的"玻璃石"与今天核试验场合中的"玻璃石"十分相像。

《摩诃婆罗多》所记载的事件距今至少 5000 年。那么在距今 5000 多年前的史前究竟是否爆发过核大战？尽管已有不少学者从文献记载或考古发掘上做了许多推测，至今仍然还是个谜。

### 汉尼拔为何没能征服罗马？

战争初期，汉尼拔节节胜利，眼看即将攻占罗马，可就在此时罗马人奇迹般地扭转了战局，汉尼拔就此跌入了人生的低谷。

汉尼拔生于公元前 247 年，是迦太基著名的军事统帅、古代杰出的军事家。他小时候随父亲哈米尔卡·巴卡进军西班牙，并在父亲面前发下一生的誓言，要终身与罗马为敌。公元前 221 年汉尼拔任西班牙的迦太基统帅后，着手进行征服罗马的战争准备。

公元前 218 年，第二次布匿战争爆发，汉尼拔率领迦太基军队开始对意大利的大规模军事远征。当汉尼拔越过险峻的阿尔卑斯山，突然出现在北意大利时，犹如神兵从天而降，整个罗马被恐慌不安所笼罩。

尔后，汉尼拔率军直捣意大利中南部，在特拉西美诺湖、坎尼等会战中巧妙运用计策（地形、兵种及天气变化）引诱，多次大败罗马军队，尤其是坎尼战役后，罗马可谓已陷入绝境，汉尼拔几乎就要实现其征服罗马的梦想了。

然而好景不长，不久罗马人就扭转了战局，逐渐夺回意大利南部的要塞。公元前 204 年，罗马人在大西庇阿的率领下入侵迦太基本土，迫使汉尼拔回到非洲。公元前 202 年，大西庇阿于扎马战役击败汉尼拔，汉尼拔最终未能完成其征服罗马的夙愿。

公元前 195 年，在罗马人的施压下，汉尼拔出走东方，流亡到塞琉西王国，直到公元前 189 年，罗马打败安条克三世，并要求引渡汉尼拔，汉尼拔才逃到小亚细亚北部的比提尼亚王国。即使如此，罗马人仍然不放心汉尼拔，一直争取把他引渡到罗马受审，终于逼至汉尼拔在公元前 183 年服毒自尽。

有人认为，汉尼拔之所以未能征服罗马，是因为共和制罗马当时正处于蓬勃发展时期。尽管它是一个贵族共和国，作为统治阶级的贵族和平民之间存在着矛盾，但是平民在经过两个多世纪的斗争获得一定的政治权益之后，阶级矛盾得以缓和，国家政治生活暂时比较安定，这些为罗马战胜汉尼拔的进攻提供了重要的政治和社会前提。

同时，在与迦太基作战的问题上，罗马奴隶主统治阶级内部是比较一致的。罗马进行战争的主要工具是组织严密的军团，这些军团由罗马公民组成，平民特别是农民是罗马军团的中坚力量。由于他们希望从战争中获得一份土地，因此作战特别尽力。虽然罗马在布匿战争过程中屡遭失败，但在每次失败之后又可以迅速得到人力、物力的补充，直到最后取得胜利。

相比之下，迦太基在许多方面远不如罗马。迦太基在征服北非土地之后统治阶级内部明显分为两派：一派代表大土地所有者的利益，另一派为商业集团。两派之间一直进行着尖锐的斗争，时常此起彼伏，影响和左右了迦太基的对外政策。汉尼拔代表的主要是商业集团的利益，主要活动基地和据点是西班牙的新迦太基城。汉尼拔转战意大利期间一直没有得到过迦太基政府的支援，原因就在这里。汉尼拔虽然具有杰出的军事才能，但是统率的是一支孤立无援、与本国几乎断绝关系、主要由雇佣军组成的军队，而且是在他国领土上作战，处境是十分困难的。加之汉尼拔为把一切反罗马力量团结起来的伟大计划又由于东方各国君主间的矛盾和相互妒忌而失败。

也有人认为，汉尼拔之所以在罗马战败，其致命错误就是在战略上没有适时地将打击重点放在攻占罗马城上。当汉尼拔取得一系列胜利后，罗马军的主力已不复存在，整个半岛的大部地区已摆脱了罗马的控制，罗马城几乎成了孤城。如果汉尼拔能抓住这个时机给予罗马城一击，攻占罗马城的可能性极大。然而他错过了这个机会，给了罗马人喘息的机会。汉尼拔在战略上犯的这一错误是无法弥补的，因为在以后的岁月中，类似坎尼战役以后所出现的那种良机就再也没有出现过。此外，汉尼拔的极端复仇思想与盲目自信情绪禁锢了迦太基军的行动，坐视罗马军队由弱变强，从而导致了自己的失败。

总之，迄今为止，还没有一种使人完全接受的观点。汉尼拔为何没能征服罗马仍是个未解之谜，有必要进一步探究。

## 斯巴达克改变北上计划之谜

在斯巴达克打赢罗马的两个执政官后，为什么没有立即跨越阿尔卑斯山而是转而率领大军又杀回罗马？是什么原因让他放弃回自己的故乡色雷斯而是选择继续和罗马作战呢？是什么原因导致他做出如此大的策略失败呢？

斯巴达克（？—公元前71）为色雷斯人，他是古罗马奴隶起义的领袖，可以空手打死野兽。在反抗罗马征服的战争中负伤被俘，沦为卡普阿角斗士训练学校的角斗奴，从事残忍血腥的角斗表演：角斗士们手握利剑、匕首，或相互拼杀或与猛兽对垒。在充斥危险且毫无尊严的生活中，斯巴达克选择自己掌握命运。

公元前73年初夏，斯巴达克为争取自由，率70名奴隶起义，占领附近的维苏威山，得到各地逃亡奴隶和破产农民的响应，不久便扩至数千人。他所率义师得到奴隶和贫民的广泛拥护，队伍不断扩大。这就是世界古代史上最为壮阔的奴隶大起义——斯巴达克起义。

公元前72年初。斯巴达克军队已增到6万人。他将部队开向阿普利亚和路卡尼亚，在那里人数达到12万（据有些史料记载为9~10万）。被起义的巨大规模震惊的罗马元老院，于公元前72年年中派遣以执政官楞图鲁斯和盖里乌斯为首的两支军队讨伐斯巴达克。这时，起义军内部产生了分歧。大部分奴隶，其中包括斯巴达克，根据敌我双方力量对比，认为在意大利本土建立政权比较困难，主张离开意大利，冲过阿尔卑斯山，进入罗马势力尚未到达的高卢地区，摆脱罗马统治，获得自由，或者返回家乡。而参加奴隶起义运动的当地的牧人和贫农则不愿离开意大利，希望继续与罗马军作战，以夺取失去的土地。由于这种意见分歧，3万人的队伍脱离了主力部队，在伽尔伽努斯山下（阿普利亚北部）被罗马军队击溃（死2万人）。斯巴达克闻讯赶来救援，已经来不及了。

公元前72年，斯巴达克的军队沿亚得利亚海岸穿过整个意大利。在齐扎尔平斯高卢省（北意大利）的摩提那会战中，斯巴达克的军队击溃了卡西乌斯总督的军队，起义军士气高涨。战后，斯巴达克曾经拟订了一个北上计划："全军向阿尔卑斯山前进，越过高山，北上出境，返回故土。一些人回色雷斯，一些人回高卢。"历经20多天的激战，起义军终于抵达阿尔卑斯山脚下的穆提那城，打开了渡过波河通向阿尔卑斯山的道路。北上出境的计划此时只要一声令下就可完成。但就在这个时候，斯巴达克突然放弃原来的计划，下令全军调头南下，返回意大利，从一边绕过罗马，向南方进军。

罗马元老院竭力想尽快地将起义镇压下去，分别从西班牙和色雷斯将庞培的大军和路库鲁斯的部队调来增援克拉苏斯。为了不让罗马军队会合，斯巴达克决定对克拉苏斯的军队发起总决战。他用急行军快速将部队开向北方，迎击克拉苏斯。在阿普里亚省南部的激战中，斯巴达克军队虽在数量上比罗马军队少得多，但他们仍然英勇战斗。在罗马军队的疯狂围攻下，6 万名起义者战死，斯巴达克也壮烈牺牲。约 5000 名斯巴达克起义军逃往北意大利，不幸在那里被庞培消灭；6000 名俘虏被罗马人钉在从罗马城到加普亚一路的十字架上，起义遂告失败。

究其失败原因，在众多脉络之中，有一个疑问始终困扰研究者，即为什么斯巴达克放弃了自己的北上出境计划？斯巴达克是色雷斯人，他的部下许多也跟他一样，曾经是罗马境外的自由人，因种种原因不幸沦为角斗士。返回故土、重获自由，这是多么大的双重诱惑！多少世纪过去了，这个问题至今还是个谜。

有的学者认为，起义军内部分裂是一个原因，由于起义军中不少人源于地缘亲情，不想离开本土前往斯巴达克的家乡色雷斯，几方面争执不下的结果就是不断分兵，最终被罗马军队各个击破。而这种不断被内部人强调的本土意识，不得不让本已制订明确北上计划的斯巴达克踌躇。

还有的研究者认为，斯巴达克计划的改变缘于客观形势的变化。起义之初，敌强我弱，斯巴达克感到很难对付罗马官军，不宜久留罗马，所以他拟订北上计划，先在敌人力量比较薄弱的北部地区发展自己，争取早点翻越阿尔卑斯山返回故土。但北上途中的节节胜利，尤其是起义军将罗马执政官克劳狄乌斯、名将楞图鲁斯和盖利乌斯的围剿接连挫败之后，声势大振，敌我力量对比出现了一点变化。起义军因此变得自信起来：觉得可以留在罗马"与敌人决一死战并战而胜之"。

也有人认为是阿尔卑斯山的恶劣条件改变了起义军北上翻越山岭的计划。他们提出，阿尔卑斯山平均海拔 3000 米左右，是欧洲最高的山峰，许多山峰终年积雪，山上气候千变万化。12 万起义将士到达阿尔卑斯山脚下时，身上的单衣无法御寒，再加上起义军给养不足，没有办法，只好取消了北上计划。还有人认为，斯巴达克改变北上计划是因为想到缺乏意大利北部农民的支持，才迫使斯巴达克的军队最终选择了一条不归路。

斯巴达克之所以放弃北上出境计划，想必是经过一番考虑的，那么他究竟是出于什么原因呢？这个谜的最后解开还依赖于史料的进一步发掘。

## 谁打响了莱克星顿的第一枪？

莱克星顿的枪声打响了美国争取独立的第一枪，是美国独立战争的序幕。然而这一枪究竟是英军开的，还是美国人开的呢？

莱克星顿是波士顿西部一个很小的城镇，不过在美国历史上却有着非常显赫的地位。1775 年，在莱克星顿打响了"美国独立战争第一枪"后，世界史上最显著的一次独立运动拉开了序幕。

自从哥伦布发现新大陆以后，西班牙、法国、英国的殖民地逐渐在北美建立起来。从 1607 年到 1733 年，英国在北美大西洋沿岸先后建立了 13 个殖民地，经过 100 多年的开拓，北美的经济发展起来了：北部殖民地工商业十分发达，其产品足以同英国竞争；中部则成为北美的粮仓；南部盛行大种植园经济，成为英国重要的原料产地。

然而英国希望北美永远成为其原料产地和商品市场，因而极力压制北美工商业的发展。同时，为了填补与法国交战引发的国库亏空，英国政府想方设法加强掠夺北美殖民地民众创造的财富，巧立名目，不断征收苛捐杂税。英国的高压政策不断激起北美人民的反抗，他们到处抵制英货，袭击收税官吏。英国于是向北美大陆派去大量军队，控制民众反抗的局面。1770 年 3 月 5 日，英军在波士顿向手无寸铁的市民开枪，当场打死 5 名市民，打伤了 6 人，制造了震惊北美的"波士顿惨案"。反英的怒火在殖民地人民心中燃烧，一场争取独立和自由的战火即将在北美大陆上燃烧。

1773 年，英国政府又决定在北美殖民地实行"茶叶税法"，激起了北美人民的强烈反抗，他们到处抵制英货，费城、纽约、波士顿等港口也拒绝给运英国茶叶的货船卸货，那些船只好停在港口里。1773 年 12 月 16 日夜里，波士顿的 50 名青年潜到垄断北美茶叶贸易的英属东印度公司的船上，将价值 18000 英镑的茶叶全部倒入海中。"波士顿倾茶事件"招致了英国的严厉报复，先后通过了四项强制性的法令，但波士顿人并没有屈服，他们反而储藏弹药，准备以武力抗衡。

1775 年 4 月，马萨诸塞总督兼驻军总司令盖奇得到一个消息：在距波士顿不远的康科德镇上，有"通讯委员会"的一个秘密军需仓库。盖奇立即命令少校史密斯率 800 名英军前往搜查，并试图偷袭列克星敦和康科德两地民兵的军械库。工兵保尔·瑞维尔得知消息后，星夜疾驰，通知各个村庄的民兵组织起来，迎击英军。

19 日清晨，天刚蒙蒙亮，800 名英国轻步兵，在史密斯的带领下，乘着薄雾，偷偷地来到离康科德 6 英里的小村庄——莱克星顿村边。他们正要摸进村子，忽然发现村前的草坪上列队站着几十个村民。这些人个个手握着枪，怒视着英国人。这时候英军军官要求民兵放下武器，可能由于当时颇有些剑拔弩张的气氛，民兵们的解散进行得非常缓慢，当然也没有一个人放下武器。正在这个时候，突然响了一声枪响！于是，英军士兵不顾其军官的阻止而随意扫射，民兵也开始还击，直到军官重新控制了局面，8 名民兵在冲突中丧生。究竟是谁打响了第一枪. 为什么打响第一枪？取证从当时就已经展开，但是现场的参与者以及目击证人众说纷纭，于是制造了这个千古之谜。

第一枪并没有引起进一步的冲突，英军继续向西进发，当天的战事从康科德爆发。在英军向波士顿返程的路上，被各地集结而至的民兵组织围追堵截，死伤 200 多人，直到波士顿的英兵援军赶到。之后，民兵包围了波士顿，双方发展为军事对抗。

莱克星顿的枪声揭开了北美独立战争的序幕。因此。在美国建国的历史进程中，波士顿具有不可磨灭的作用。"莱克星顿的枪声"也不仅仅是枪声的意思，而是转变成一个事件的代名词，即美国独立战争的开始。这一仗，北美民兵共打死打伤英国士兵 247 人，取得辉煌的战绩。莱克星顿的枪声，揭开了北美独立战争的序幕。第一枪的打响非常突然，甚至很可能是枪支走火造成的，但这一枪所触发的是双方多年敌对造成的紧张神经，这枪声像信号一样，很快传遍英属北美 13 个殖民地。从此，反对英国殖民统治的战火燃遍了北美大地。

独立战争胜利后，人们把莱克星顿当作美国自由独立的象征，赞誉它是"美国自由的摇篮"。美国人民还在莱克星顿镇中心区树立了一座美国独立战争纪念碑。碑座上是一尊手握步枪，头戴草帽的民兵铜像。碑下刻着一段铭文："坚守阵地。在敌人没有开枪射击以前，不要先开枪；但是，如果敌人硬要把战争强加在我们头上，那么，就让战争从这儿开始吧！"

莱克星顿的第一声枪响，无论是英国人开的火，或是美国民兵的自卫，都是具有非凡的历史意义的，扣动开关的那根手指，也揭开了美国历史新的一页。这一声枪响的来源或许已经永远无法追查了，但莱克星顿的这一枪，将永远被美国人民所铭记。

## 英军火烧华盛顿之谜

美国白宫在 1792 年始建时是一栋灰色的沙石建筑，被称作"总统大厦""总统之宫"。那么它因何成为今天的样子呢？又为何名为"白宫"呢？

白宫的基址是美国开国元勋、第一任总统乔治·华盛顿选定的，1792 年 6 月，一位名叫詹姆斯·赫本的年轻人到费城拜见乔治·华盛顿，希望能参与总统官邸的设计工作。20 天后，赫本拿出了设计草图。10 月，总统官邸动工修建，1800 年交付使用。但在当时，这座建筑并不叫"白宫"。从 1800 年起，它是美国总统在任期内办公并和家人居住的地方。在 200 年岁月中，白宫风云深深影响了整个世界的历史，白宫建筑群也成了历史性建筑。

既然白宫最初建成的时候是灰色的，为什么现在成了"白宫"呢？这其中还有一段鲜为人知的故事。

1783 年独立战争胜利后，美国开始了拓疆运动。1803 年，美国用 1500 万美元从法国手中购入了路易斯安那，使美国国土面积扩大了一倍。英国政府对此甚为恐慌。为了防范领土面积不断扩大的美国，英国开始袭扰美国的海上贸易，美英矛盾不断加剧。

1812 年 6 月 1 日，美国国会通过了麦迪逊总统的对英宣战提议。1812 年 6 月 18 日，美国向英国宣战，第二次美英战争爆发。

1814 年英国人分兵三路进攻美国，其中第二支是由罗伯特·罗斯统帅的 4000 名士兵组成的队伍。这支队伍于 1814 年 8 月 19 日在亚历山大·柯克兰因和乔治·科伯恩两位将军的具体指挥下在马里兰登陆，直奔首都华盛顿。美军集中正规军和民兵 7000 人迎击，但英军 300 人的先头部队一发起冲锋，美军便溃不成军，英军因此攻占了华盛顿附近的小村布拉登斯堡。麦迪逊总统及政府成员仓皇逃往弗吉尼亚山区，临走时，机智的总统夫人多莉还不忘从墙上摘下了华盛顿的肖像，带走了《独立宣言》的原件和一批历史档案。

1814 年 8 月 24 日黄昏时分，英军轻而易举地占领了华盛顿。为报复当年美军焚烧多伦多市国会大厦，英军也放火焚毁了白宫、国会大厦等政府建筑。在英军士兵对白宫点火之前，英军海军上将科伯恩拾取一顶美国总统的帽子和麦迪逊总统的坐垫作为纪念品；他还与其部下享用了为麦迪逊总统和夫人准备的晚餐。大火将官邸的墙壁熏得黝黑，只是由于暴雨突至，白宫才没有化为灰烬。

不管对首都华盛顿被英军无情的焚烧一事的原因做何解释，美国总统麦迪逊及其人民似乎得出了应有的教训。麦迪逊总统从避难地返回华盛顿的白宫时，白宫昔日歌舞升平的情景不见了，只留下了大火焚烧后黝黑的墙面。总统的官邸像国家本身一样，遭到蹂躏和耻辱，成为美国人心中永远的痛，他们把华盛顿被焚视为难以忍受的侮辱。

战争之后，麦迪逊请来当年的设计者赫本，重修白宫。为掩盖被大火烧过的痕迹，赫本用白色油漆将官邸粉饰一新。后来再次重修总统府时，人们干脆用白色的大理石来装饰它，使它成了真正的"白宫"。1901 年，总统西奥多·罗斯福决定用"WHITE HOUSE"（白宫）一词正式命名这座建筑，"白宫"后成为美国政府的代名词。

究竟是什么原因致使华盛顿遭受如此浩劫呢？长期以来，历史学家虽然苦心寻求其答案，但获得的材料甚少，即使已做出了一些答案，但也众说纷纭，很不一致。

## 古罗马军团为何能横行欧亚？

公元 6 世纪末起，罗马人赶走了伊鲁特人，成立罗马人自己的国家，后来，欧洲以至西亚和北非地区的格局都因罗马帝国的崛起而发生了变化。这一影响当时世界格局的帝国拥有一支十分强大的部队，这支军队在最初仍然继续使用他们的统治者伊鲁特人曾经用过的希腊风格的重甲方阵。重甲方阵是由用圆形盾牌和投矛武装起来的重甲步兵组成，此后不久，他们就开始着手建立他们现代化的部队。

伊鲁特逐渐衰落后，在与拉丁同盟和意大利半岛其他部族继续进行的战争中，重甲方阵的内在局限性日益暴露出来。意大利的地势凸凹不平，这对于那个庞然大物的调遣来说极为困难，而且它的侧翼常常会被毫无约束、没有固定战争风格的部族士兵所攻击。所以，公元前 4 世纪初，更为灵活的军事组织——军团逐渐取代了方阵。而成为新的战争方式。军团的人数视条件而定，但它主要战术结构保持不变。步兵根据年龄和经验排成了列。第 1 列称"哈斯塔迪"；第 2 列是"普林斯朴斯"，他们一般是年龄稍长、大约 30 岁左右、服役 7 年的士兵；最后一列"特瑞阿瑞"是久经沙场的老兵，他们的老练和成熟有助于鼓舞士气。

只有第 3 列久经沙场的士兵使用长矛，第 1、2 列士兵使用重标枪，又称"皮鲁姆"，长大约 2.075 米，软铁头和矛柄连接的地方较细。枪尖在用力过猛时就会弯曲，枪头也常常折断，因而使对方无法再次使用。此外，矛头也往往能够嵌入到敌人的盾牌和盔甲中，令对手行动不便。第 1 列队伍在投掷完他们的标枪之后，就立刻挥剑冲入敌阵，近身肉搏。如果第 1 轮进攻失利，幸存者就会马上退向第 2 队列，由第 2 列接着发动更为猛烈的进攻，如果两次进攻都不幸失败了，幸存者将会退到第 3 列的后部，第 3 列就会收缩队形，举起长矛。提供一道安全的屏障保护部队安全撤退。

可以说，人力的优势、灵活的战术和特殊用途的武器都对他们的战绩都做出了很大贡献。但是所有的因素中，罗马所依靠的最大的力量那就是军团将士的素质和忠诚。正像公元前 200 年希腊将领色诺芬回忆他的军队时所说，当他们面对敌人的武器和战马时，总是表现得极为沉稳，"这样的人在战场上无往而不胜"。

后来，军团的主要战斗武器是西班牙剑，估计可能是由在西班牙与迦太基人作战的军队带回意大利的。西班牙剑是宽身利刃剑，长约 70 厘米，主要为刺东西而设计，这也是令罗马敌人恐惧的一件武器。

公元前 197 年，罗马人在色萨力的锡诺赛佛拉打败了菲利浦五世的马其顿方阵，从而显示出了一种新的迹象：一个以新的方式指导战争的、新的大帝国正在崛起。

战术结构的优越性，是必须在实战中才能得以验证的。当时军队的作战方式受希腊风格重甲方阵影响较大，古罗马军团的战术结构的发明者是谁？他又以怎样的军事理论或政治手段使古罗马朝廷接受了新的作战方式？由于古罗马时代距今时间久远，又缺乏翔实的资料记载。所以至今都是一个未解之谜。

## 古罗马远征安息的大军流落何处？

在现实生活中，一个人的神秘失踪已经让人惊奇不已了，6000余人一起神秘失踪的事情就更让人觉得是天方夜谭了，然而，这样的事确确实实地发生了。

公元前53年，古罗马"三巨头"之一的克拉苏率军远征安息（今伊朗），出师不利，兵败卡雷城，克拉苏本人被杀。他儿子率领的第一军团6000余人拼死突围成功。但突围之后却杳无音信，罗马人几番寻找也得不到他们的影踪，他们去了哪里？2000年来留给人们一个难解之谜。

据《汉书·陈汤传》记载，公元前36年，北匈奴郅支单于征战乌孙、大宛，威胁我国西域地区。汉武帝派都护甘延寿和都护副校尉陈汤出兵至康居，剿灭郅支单于。汉军在康居见到一支奇特的军队，"土城外有重木城"拱卫，"步兵百余人，夹门鱼鳞阵，讲习用兵"。西汉军队把这支军队降服后，又将俘虏的士兵全部收编。后来，西汉政府又在祁连山下设立骊靬县安顿了这批俘虏的士兵。

经过研究后，历史学家认为，只有古罗马军队采用构筑"重木城"防御工事和用圆形盾牌连成鱼鳞形状的防御阵式。所以这支军队可能就是卡雷战役中突围而出的普布利乌斯领导的罗马第一军团的残部。

澳大利亚专家戴维·哈里斯也对此进行了深入分析，推断这支奇特军队就是克拉苏东征部队的残部。当年他们从帕提亚的卡雷突围之后，辗转各地。后来又突破安息东部防线，进入中亚，被郅支单于收编为雇佣军。在公元前36年西汉与郅支之战中被陈汤收降，带回中国。他还根据材料推断，骊靬城旧址就在甘肃省永昌县境内。

另外，中国、澳大利亚和苏联的一些史学家也对此进行深入研究，他们找到一张公元前9年绘制的地图，根据地图指示，确认骊靬县就是现在的焦家庄乡者来寨。

但是也有一些持不同意见的人否定戴维·哈里斯的推断。他们说，"重木城"和"鱼鳞阵"并非是完全属于罗马人的军事艺术。在中国，编木或夯土为城古已有之，外城为郭、内城为城是中国古代通制。而且，《左传》中记载，中国古代也曾使用"鱼鳞阵"，当时其正式名称叫"鱼丽阵"。

因为在对骊靬古城遗址发掘过程中没有取得什么有价值的成果，所以人们推断骊靬古城可能早已深埋地下，成为城下之城。

还有一些学者认为，即使当初罗马人的确曾到过此地，经过与当地居民2000年的通婚、融合，面貌恐怕早已大大改变，不再具有当初的特征。

另外也有人认为，这个地区外来人口一直比较复杂，很难依据现在那些地区存在酷似欧洲人的居民这一事实判定罗马人后裔生活在这里。

俗话说："人过留名，雁过留声。"这一群6000人的军队却无声无息地失踪了，他们到底去了哪里呢？看来只有当事人自己知道了。

## 西班牙"无敌舰队"覆灭之谜

顾名思义，"无敌舰队"就是天下无敌。然而，西班牙的"无敌舰队"却上演了一出"以多负少"的悲剧,"天下无敌"变成了"人尽可欺"。

为了争夺海洋霸权,西班牙和英国于1588年8月在英吉利海峡进行了一场举世瞩目、激烈壮观的大海战。这次海战,西班牙实力强大,武器先进,战船威力巨大,且兵力达3万余人,号称为"最幸运的无敌舰队"。而当时英国军队规模不大,整个舰队的作战人员也只有9000人。两军相比,众寡悬殊,西班牙明显占据绝对优势。但是,出人意料的是这场海战的结局以西班牙惨遭毁灭性的失败而告终,"无敌舰队"几乎全军覆没。从此以后西班牙急剧衰落,海上"霸主"的地位被英国取而代之。

为什么强大的"无敌舰队"竟然在寡弱对手面前不堪一击,一战而负呢?大致有三种意见。

一是基础说。西班牙的强盛,只是表面上的暂时的虚假繁荣。西班牙国王腓力二世加强专治统治,搜刮民财,连年征战,专横残忍,挥霍无度,激起了广大人民的愤恨,国内危机四伏。这次战争根本是不得民心的。

二是指挥失当说。另有学者认为,"无敌舰队"的惨败是由于国王用人不当造成的。1588年4月25日,国王在里斯本大教堂举行授旗仪式,任命大贵族西顿尼亚公爵为舰队总司令,率领舰队远征。西顿尼亚出身于名门望族,在贵族中有较高威望,深得国王信赖,所以被任命为舰队统帅。但是他本来是一名陆将根本不懂海战,对指挥庞大的舰队在海上作战毫无经验,而且晕船。对这项任命他始料不及,根本没有任何思想准备和信心指挥这场战争。他也曾要求腓力二世另请高明,但未被获准。试想,这样的将领指挥海战,哪有不败之理?

三是天灾说。这种说法认为"无敌舰队"遇上了天灾,而不是人祸。它首先遇到的对手,是非常可怕而又无法战胜的大西洋的狂风巨浪。这是进军时机选择不当造成的。在"无敌舰队"起航不久即遇到大西洋风暴的袭击。"无敌舰队"许多船只被毁坏,淡水从仓促制成的木桶中漏出,食物大量腐烂变质,水手们疲惫不堪,大多数步兵也因为晕船而失去战斗力。"无敌舰队"还没有与英国交战先折兵,战斗力大大受到削弱。不得已,西顿尼亚带着这样一支失去战斗力的舰队与英军开战,从而导致厄运的发生。回国时,在苏格兰北部海域,再次遇到大风暴,一些舰船又被海浪吞噬或触礁沉没。至此,"无敌舰队"几乎已全军覆没。

虽然"不以成败论英雄",但胜者为王,败者为寇。看来,"无敌舰队"覆亡的原因值得所有的军事家深思。

## 拿破仑在滑铁卢惨败另有原因吗?

拿破仑能够创造神话,其本身即是一个神奇的创造。1815年3月20晚上9点钟,令人难以置信的是,"大势已去"的拿破仑居然不费一枪一弹,在短短19天之内从地中海到巴黎,赶走了波旁王朝,再度称帝。

但拿破仑比谁都更清楚地知道,他马上就要面临着一场严酷的战争,欧洲对他这一次的突然出现一定会想尽一切办法进行打击。

6月14日,拿破仑入侵比利时战争开始。

6月17日傍晚,拿破仑带领军队向高地进发,与英军相遇。

6月18日清晨拿破仑与威灵顿开始战斗，当时拿破仑大约有7.2万个士兵，威灵顿有7万。拿破仑和威灵顿都在等待援军的到来，前者等的是元帅格鲁布，后者等待的则是布吕歇尔。

法军继续着对英国军队左翼的进攻。一个半小时后，拿破仑看见圣兰别尔东北方有军队向这边赶来，他认为这一定是格鲁布，遗憾的是：来的军队是布吕歇尔而不是格鲁布。布吕歇尔从格鲁布的追击下逃脱并且绕过法国元帅的视线赶到了这里。拿破仑并没有因此而想到撤退，他认为格鲁布应该会很快到达。

很多的法国骑兵死在了战场上，但剩余的士兵们毫不因此恐惧。

黄昏时，拿破仑相信格鲁布马上就能赶到，所以他仍旧带领着近卫军向前猛攻。但很快大批英国骑兵冲向了法国近卫军，近卫军伤亡惨重。这个时候，拿破仑仍在等，格鲁布仍没来！

排成了方阵的近卫军一面抵抗着英军的进攻，一面保卫着拿破仑慢慢撤退。离开了滑铁卢，拿破仑得知几十万英军主力已准备向法国进攻，而几十万俄军也咄咄逼人，即将到来。这些让拿破仑彻底绝望了。格鲁布迟迟未到毁灭了法国军队。

滑铁卢惨败，拿破仑对未来充满了绝望。然而事实真如人们所言：拿破仑的惨败完全在于格鲁布元帅的迟到吗？如果格鲁布元帅没有迟到而是准时到达救援地点那是否又意味着拿破仑会一如既往地雄霸欧洲呢？

我们只有到不可重演的历史中去找寻答案。

## "黄色计划"的神秘魔力

说起"黄色计划"，不得不提起一个人：弗里茨·埃里希·冯·曼斯坦因。"1945年受到我讯问的德国将军们一致认为曼斯坦因元帅业已证明是德国陆军中能力最强的指挥官，他们曾经期望此人出任陆军总司令。"军事历史学家利德尔·哈特如是说。

1939年9月，德国实施"白色计划"，闪击波兰。曼斯坦因在波兰战争中担任德国南方集团军群（司令为伦德斯泰特）司令部参谋长。波兰战争结束之后，德国陆军总司令部根据10月9日的希特勒批令而制订发布"黄色计划"。

曼斯坦因在深入研究"黄色计划"的内容和全面分析作战双方的情况之后，认为"黄色计划"有模仿"施利芬计划"之嫌，难以出奇制胜，故而主张：西线攻势的目标应该是陆地寻求决战；攻击的重点应该放在A集团军群方面而不应该放在B集团军群方面，A集团军群应从地形复杂却能出敌不意的阿登地区实施主攻，挥师直指索姆河下游，这样才能全歼比利时的盟军右翼，并为在法国境内赢得最后胜利奠定基础；B集团军群的兵力应由2个集团军增到3个集团军，此外还需增加强大的装甲部队。此即著名的"曼斯坦因计划"的要旨。曼斯坦因的主张得到A集团军群司令伦德斯泰特的赞同。从1939年10月到1940年1月，A集团军群司令部先后以备忘录的形式6次向陆军总司令部提出上述建议，仍未得到同意。直至1940年2月17日，在希特勒的副官施蒙特的帮助下，他才"得以当面向希特勒陈述我们的意见"，并得到希特勒的完全同意。2月20日，陆军总司令部颁发包含曼斯坦因建议的作战计划。结果，德军在战争发起后的6个星期内横扫西欧诸国，大败盟军。然而，这个"黄色计划"从一开始到最后实施并非一帆风顺。

对于发生的这场战争，美国参议员威廉·鲍瑞（Willam Boran）称其为"虚假的战争"，英国首相张伯伦称之为"模糊的战争"，而对德国人来说，它是"坐着的战争"。自从阿道夫·希特勒的强大战争机器在1939年9月消灭了波兰，英法联军就一直无所事事地待在马其诺防线，与在塞哥弗雷德的德军对峙，直到德军突然发起奇袭之前，英国和美国的很多报纸专栏作家都预言这场虚假的战争将会褪色，最终将以各回各的老家收场，各方都不会有任何人员和财产损失，盲目乐观的情绪彻底地笼罩住了盟军的心。

1940年1月10日，一架德国轻型飞机沿着比利时边界飞行因引擎故障在比利时境内紧急迫降。飞机上的两个人侥幸活了下来。他们穿着便服，但他们实际上是德国军官。后来，他们被带到了附近的比利时军队总部。

被带走的两人其中一个是德军少校瑞恩伯哥。哨所的房间火炉烧得很旺，随着时间推移，比利时士兵开始松懈了。突然，瑞恩伯哥少校跳起来，将藏在大衣口袋里的一沓纸扔进了炉火。这时，比利时的地方长官艾米利奥·罗致上尉飞快地跑到火炉边伸手将已经开始燃烧的纸卷拿了出来，他的手被严重烧伤。

没有说一句话，瑞恩伯哥冲上去抢罗致的左轮手枪，俩人在地上扭打起来。紧接着，其他比利时士兵冲进来制服了这个发疯的德国少校。"我完了，"瑞恩伯哥叫道，"我永远也不能原谅我所做的！我不是想杀你，我是想自杀。"

被火烧焦的纸片被比利时的情报机构拼了起来，上面写着"德军行动命令"，接着是"西线的德军将在北海和摩泽尔河之间发动进攻……"以及一些诸如荷兰堡垒、第七飞行集团军、坦克团的字眼。这不正是一份关于德国进攻法国和低地国家（指荷兰、比利时、卢森堡——译者注）的秘密计划吗？比利时的将军们简直不敢相信自己的眼睛，这些纸片究竟是个什么样的阴谋？

为了弄个水落石出，比利时情报机构允许瑞恩伯哥与德国驻布鲁塞尔的武官文赫·威林戈少将通话，并在隔壁进行窃听。电话里瑞恩伯哥向威林戈汇报说自己已经成功地将"黄色计划"烧掉，威林戈少将显然被这个厚颜无耻的谎言骗了过去。由此，比利时人确信，这个计划确有其事。

柏林，狡猾的希特勒陷入狂怒之中，因为他根本不相信瑞恩伯哥所说的一切。希特勒的密友陆军将军威海尔姆·凯特尔说，"他唾沫横飞，使劲地用手擂墙，几乎疯了似的咒骂手下人鲁莽和愚蠢的行为。"这次失误几乎使他的西进计划夭折，也难怪他会发疯。

直到德国的情报机构汇报说，英法两军的部署没有任何变化时，希特勒才放下了心，命令"黄色计划"按原样进行。

1940年1月12日，罗马，意大利王子的妻子玛丽·朱丝打电话给外长——墨索里尼的女婿西亚诺伯爵。她带着哭腔告诉他，德军将要进攻她的祖国比利时。西亚诺是一个秘密的反纳粹主义者，他向玛丽·朱丝透露了进攻的消息，并建议她应毫不犹豫地立即通知比利时国王雷鲍德。

在其他方面，叛逃的德国间谍偷窃了德军记载有"黄色计划"的文件；英法的侦察飞机也发现德国步兵和装甲车在德国边界大规模集结。更重要的是，英国最秘密的密码破译机构截获并破译了数百个德军的无线电信号，这些信号表明，"黄色计划"即将实施。

以上的这些大量信息都证明从1940年初，希特勒正在谋划着在西线对英法联军进行大规模的进攻。并且盟军，特别是比利时人得到了诸多的直接或间接的消息。

此外，一个名叫约瑟夫·穆勒的著名律师4月30日这一天从慕尼黑到达罗马。穆勒是一个虔诚的天主教徒，他此行是来执行一个他一生中最重要的使命：尽力通知英国和法国希特勒要实施"黄色计划"，他带着"黑色管弦乐队"（以铲除希特勒为目的的严密组织）的领导们精心准备、措辞严谨的文件，文件中明确表示希特勒很快将在西线发动进攻。文件被穆勒交到了他的老朋友雷伯教父手里。接着，雷伯教父迅速通知了耶稣会士默耐斯牧师，并联系到了比利时驻罗马大使利文霍，然而这位大使竟然对文件的内容不以为然。但奇怪的是，第二天，也就是5月2日，大使又改变了主意，他立刻向布鲁塞尔发出了警报。

5月9日，250万德国军队分成102个师，其中9个装甲师，6个摩托化师，集结在法国、比利时和荷兰边界。荷兰使馆武官金伯特·塞斯得到希特勒已经下令实施"黄色计划"的消息后，也曾经打电话给比利时驻德国使馆武官和总部设在海牙的荷军总司令部，用预先安排的代码告诉他的上级，"明天黎明绷紧弦"！进攻时间定在第二天也就是1940年5月10日的凌晨3：30。塞斯发出警报几个小时后，德国军队如雪崩般地向森林密布的南部城市亚琛（Aachen）集结。

5月10日凌晨，不到两小时，大批斯图卡式俯冲轰炸机、德国步兵和装甲车一起冲过了边界，横扫中立的比利时和荷兰。事先得到的许多关于进攻的情报丝毫没有帮助盟军减轻慌乱和手足无措。德军战斗进程之迅速和战果之巨大令很多人感到吃惊。

在接下来的6周中，德军把英国军队赶出了欧洲大陆，征服了法国、比利时、卢森堡和荷兰。英军在慌乱中几乎把所有的武器装备和运输工具都留在了敦克尔刻。

对于这次盟军的溃败很多人都十分不解，为什么盟军的高级将领对德国实施"黄色计划"的反应如此迟钝且毫无准备呢？难道是"黄色计划"有什么特殊的魔力让那么多人都对其视而不见吗？这仍是二战中的一个难解之谜。

## 希特勒发动"巴巴罗萨"空战战果如何？

战争狂人们一向目空一切，好大喜功，纳粹头子希特勒更是其中的"典范"，在公开"巴巴罗萨"空战的结果时，希特勒与斯大林也唱起了对台戏。

1941年6月22日夜，希特勒一手制订"巴巴罗萨"作战计划。俄罗斯人民正沉浸在和平、甜蜜的午夜之梦中。凌晨3点15分，成千上万颗绰号为"恶魔之卵"的球形炸弹带着刺耳的啸叫落下来，夜空的宁静被打破了，随着剧烈的爆炸声，到处升腾起冲天的火光。苏联再也不能平静下去了，战争恶魔向他们伸出了巨手。

苏联空军蒙受了巨大损失，那么在"巴巴罗萨"空战中损失的飞机到底有多少？这必然是个不小的数目，据德军4个航空队向德国空军总司令赫尔曼·戈林报告说：德国空军轰炸机炸毁了来不及起飞的苏军飞机1489架。此外，德军战斗机及高炮部队击落了升空的飞机 322 架，共计 1811 架。德军自己也不敢相信在如此短的时间内竟能获得如此的战绩。与此同时，戈林密令空军总司令部的军官们分别到各个已被占领的苏军机场依据飞机残骸进行一次统计调查。调查进行得很快，一份秘密调查报告呈送至戈林面前："巴巴罗萨"空战的战果不止 1811 架，而是 2000 架以上。报告说，准确的数字已无法核实清楚，但肯定在 2000 架以上。

因为戈林没有对此事展开进一步深入调查，所以人们都对此战果的报道持怀疑态度。而且，在"巴巴罗萨"空战以后，苏联空军并没有公布损失飞机的数字。战争结束以后，苏联国防部出版社发行了 6 卷本的《苏联伟大卫国战争史》。该书称，苏联空军在"巴巴罗萨"空战的第一天损失飞机 1200 架，其中单在地面上被炸毁的就有800 架。

苏联与德国公布的数字相差非常多，竟达 600~800 架，这差不多是一个中等国家整个空军的实力，令人奇怪的是，苏、德双方对于升空后被击落 400 架飞机的数字，出来的统计结果是相同的。数字的出入在于地面飞机的损失，而地面飞机的损失数字说什么也比空中击落飞机数字易于统计。

斯大林在当天早晨曾命令西部军区将所有飞机均加以伪装。但是斯大林的命令并没有得到执行。苏联空军的新旧飞机均未加任何隐蔽，整整齐齐地排列在跑道上，就像接受阅兵似的。大部分飞机来不及升空便被炸毁了。

尽管在这场偷袭战里，被炸毁的飞机到底有多少还是不得而知，但我们能肯定的是，即使希特勒大获全胜，也没能改变其最后彻底失败的命运。

## 星条旗上的耻辱：珍珠港事件内幕

1941 年 12 月 7 日，美国在西太平洋的海军基地珍珠港突然遭到日本海军的袭击，在短短的时间里，美国在这里苦心经营几十年的成果化为乌有，太平洋舰队几乎全军覆没。正所谓几家欢喜几家愁，当这一事件发生后，日本人的狂喜、美国人的悲哀、德国人的愤怒、英国人的窃喜，一切都显得那么不可思议。由于美国迅速宣布加入第二次世界大战，当时的局面逐渐发生了根本的改变，而德、意、日法西斯的末日也从此日益临近了。尽管 60 多年过去了，对于这一悲剧性的事件为何能够发生，日本人的阴谋如何会轻易得逞，人们仍有太多的疑问。那么，事件发生的背后，是否真有什么玄机？

### 美国历史上最悲惨的一天：日本成功偷袭珍珠港

1941 年，第二次世界大战已经进行到第三个年头了。在亚洲，中国人民为抗击日本法西斯的侵略，已展开了 10 年的浴血奋战；在欧洲，德国纳粹的铁蹄正无情地践踏着英国、苏联。当时，几乎所有的目光都集中到了美国身上。拥有世界上最强大经济实力的美国，理应果断地加入世界反法西斯阵营中来，为世界的和平做出自己应有的贡献。实际上，当时日本已将魔爪伸向了美国在亚太地区的势力范围，极大地损害了美国的利益。1937 年 7 月 7 日，日本发动了全面侵华战争，严重损害了英、美在华的政治、经济利益；1939 年 9 月 2 日，德、意、日签订三国轴心同盟。作为回应，美国随即宣布 1940 年 1 月 26 日到期的《日美通商航海条约》将不再续约；1940 年 5 月，总统罗斯福命令结束年度例行演习的太平洋舰队不返回美国西海岸，而是留驻珍珠港，实施威慑；1941 年 7 月 2 日，日军在印支南部登陆后，美国立即宣布中止美日贸易，冻结日本在美国的所有资产，不久又宣布对日本实施全面石油禁运。这对于资源极为缺乏的日本而言，无疑是致命的。为了获得战争所急需的石油、橡胶、锡、铁、铝、大米等资源，日本决定对美不惜一战。

遗憾的是，美国国内长期盛行的"孤立主义"极大地束缚了白宫的行动。与此同时，已经杀红了眼的日本，却已将侵略的直接目标指向了美国。为此，日本开始积极策划向美国发动突然袭击的军事阴谋，而美国却似乎还被蒙在鼓里。最终，日本将袭击目标指向了美国在太平洋的海军基地——珍珠港。

珍珠港建于夏威夷群岛，该群岛位于北太平洋，东距美国西海岸约 3800 公里，西距日本约 6000 公里，距菲律宾约 7000 公里，战略地位十分重要，素有"太平洋心脏"之称。夏威夷群岛的主岛是瓦胡岛，而珍珠港就位于瓦胡岛的核心区域，是一个天然良港，因盛产有珍珠的牡蛎而得名。1909 年，美国开始在此建设海军基地，经过几十年的努力，珍珠港已成为美国在太平洋上的主要海军基地。自 1940 年 5 月起，美国太平洋舰队常驻珍珠港。太平洋舰队在珍珠港停泊的舰艇包括 3 艘航母、9 艘战列舰、20 艘巡洋舰、69 艘驱逐舰和 27 艘潜艇。也正因如此，日军如欲南进，首先就要拔去这根刺。

在策划袭击珍珠港的过程中，时任日本联合舰队司令的山本五十六担任了最高指挥。尽管在起初，对美国的经济和军事潜力有着极为深刻的了解的山本曾极力反对向美国开战，但当日本大本营与美开战的战略方针确立后，他便一改初衷，竭尽全力策划组织对美国的作战方针。作为海军航空兵专家的山本，首先提出以突袭手段在开战初期就一举全歼或重创美国太平洋舰队，确立起日本的军事优势，并不断对美国实施主动进攻，使其无法积蓄起足够与日本对抗的力量，从而赢得战争的胜利。

1941 年 1 月 7 日，山本正式向海军大臣提交了突袭珍珠港设想的《战备意见书》。4 月 10 日，该计划草拟完毕并上报大本营。几经周折，在计划直接呈交到天皇那里后，才最终使得大本营于 1941 年 10 月 19 日批准这一计划，此时距珍珠港之战仅有 50 天的时间了。应该说，山本的计划制订得非常周密。在兵力编成上，既要求具备强大的突击威力，又要避免编队过于庞大而被发现。最终确定为航空母舰 6 艘、战列舰 2 艘、重巡洋舰 2 艘、轻巡洋舰 1 艘、驱逐舰 9 艘、潜艇 3 艘、油船 8 艘，共计 31 艘舰船，舰载机 423 架。为了确保成功，日军还广泛搜集美军情报，先后派遣 200 多名间谍到珍珠港活动，从各方面打探美军在珍珠港的部署。为了确保偷袭的突然性，日军还采取了一系列无耻的外交欺骗。日本先后任命素有亲美派之称的野村吉三郎、来栖三郎等人为和平特使，赴美谈判。直到开战前一天，这种谈判仍在进行当中，极大地麻痹了美国。

1941 年 12 月 7 日，当地时间为星期日，日军已悄悄逼近珍珠港，准备发动一场震惊世界的突袭。总指挥山本发出动员令："帝国兴衰在此一举，我军将士务必全力奋战。"7 时 49 分，日军的攻击正式开始。当天，停泊在珍珠港的军舰有 8 艘战列舰、8 艘巡洋舰、29 艘驱逐舰和 5 艘潜艇，加上其他舰艇和辅助舰艇共 94 艘。在日军飞机突如其来的猛烈轰炸下，美军猝不及防，飞机、大炮等根本来不及投入作战就被炸成了碎片。几分钟后，负责轰炸的日军指挥官就急不可耐地向总部拍发胜利密码：虎！虎！虎！

在持续约两小时的袭击当中，日军共消耗鱼雷40条，各种炸弹556枚，损失飞机32架，1艘大型潜艇和5艘袖珍潜艇，损失133人。美军方面，被炸沉4艘战列舰、1艘巡洋舰、2艘驱逐舰，伤4艘战列舰、4艘巡洋舰、1艘驱逐舰、8艘辅助舰；飞机被毁188架，伤159架；人员死亡2403人，失踪255人，伤1178人。尽管日军偷袭的主要目标美国太平洋舰队的3艘航空母舰及22艘其他军舰不在珍珠港，而且油库、造船厂未遭破坏，但是此次偷袭作战，因其组织周密，行动果敢，代价小而战果大，堪称突袭战例的经典之作。从军事意义上讲，日军偷袭珍珠港，一举消灭了美国的太平洋舰队，取得了在东南亚的制空权和制海权，为日军横扫东南亚奠定了基础。珍珠港事件，也是美国历史上最耻辱的军事失败。

12月7日当晚，美国总统罗斯福召开内阁紧急会议，商讨对策。次日，罗斯福向参众两院发表战争咨文，由于情绪激动，罗斯福总统竟从轮椅上站了起来，坚持站着发表了简短而感人的演讲，要求对日宣战。罗斯福说："昨天，1941年12月7日——一个遗臭万年的日子——美利坚合众国遭到了日本帝国海空军部队突然和蓄谋的攻击"，并愤怒地谴责日本人"通过虚伪的声明和表示希望和平而蓄意对合众国进行了欺骗"，使许多美国士兵丧失了宝贵的生命。因此，罗斯福要求国会宣布："自1941年12月7日星期日——日本进行无缘无故和卑鄙怯懦的进攻时起，合众国和日本帝国已处于战争状态。"在雷鸣般的掌声中，美国会一致通过罗斯福的提案，宣布从此美国正式参战。

### 难道是罗斯福的"苦肉计"？

珍珠港事件为何能发生，综合实力上落后于美国的日本，竟能从几千公里之外成功地突袭成功，这实在让人难以理解，难道其中另有隐情吗？对于这起美国历史上最惨痛的失败，长期以来，各国历史学家有着不同的说法。其中，有相当一部分研究者提出一个惊人的观点：珍珠港事件之所以发生，其实是美国总统有意设计的"苦肉计"！

第二次世界大战结束以后，由于不断有一些当事人将一些内幕公之于众，越来越多的人相信，其实美国早已获知日军的偷袭计划。他们认为，罗斯福之所以设计这一"苦肉计"，也确实出于无奈。因为当时美国国内孤立主义思想非常严重，使得罗斯福总统很多援助英、苏、中等国的计划受到掣肘。而作为极富远见的杰出政治家，罗斯福很清楚，如果不及时援助正在艰苦奋战的英、中、苏等反法西斯国家，等到轴心国确实控制了欧亚大陆后，美国将无力独自抵抗已经根基牢固的德、意、日轴心国。尽管从历史的选择看，美国早参战比晚参战有利，但国内的孤立主义只图眼前利益，不愿参战。所有这些因素逼迫罗斯福不惜以珍珠港为代价，来唤起民众的正义感，也粉碎孤立主义的幻想。

首先，从现有材料看，美国人当时已破译了日本的外交密码和至关重要的海军密码。早在1941年初春，美国人在一艘日本油轮上截获了一套完整的日本海军密码本。因此，在珍珠港事件之前，已经掌握了日本海军密码的美国高层决策者，不可能对日本的海军行动一无所知。很多人因此深信，罗斯福事先肯定知道了日本要偷袭珍珠港的情报。据说，有一位叫劳伦斯·萨福德的美国海军情报官，当时就破译了日本海军部海军军令部的密码，他们第一时间探听到日本的联合舰队正向珍珠港方向开进，并将这个情报通过美国海军作战部长斯塔克海军中将，送到了罗斯福那儿，而罗斯福看了这个情报后只说了一句知道了，就再没有下文。1941 年 12 月 6 日，华盛顿方面曾破译了一份由 14 部分组成的电文的 13 部分。在读完了这 13 部分的内容后，罗斯福马上找来了他的首席顾问哈里·霍普金斯说："这就意味着战争。"事实上 1941 年时，美军的密码专家威廉·弗里德曼所领导的机关"魔术"，已能截获并破译出绝大多数日本人用九七式打字机发出的"紫色密码"外交电报。这些电报中就包括许多有关珍珠港的情报，例如：1941 年 9 月 24 日，日本海军通过外务省致电檀香山总领事馆，要求了解美军太平洋舰队军舰在珍珠港的停泊位置；11 月 15 日，日本外务省要求驻檀香山总领事馆每周至少报告两次珍珠港美军军舰的动向；11 月 18 日，日本驻檀香山总领事馆向外务省汇报了美军军舰进珍珠港后航向变化角度和从港口到达停泊点的时间；11 月 28 日，日本外务省要求檀香山总领事馆销毁密码和密码机；12 月 2 日，日本驻檀香山总领事馆用低级密码继续报告美军的一举一动等等。随后，"魔术"就将最重要的情报由特别信使及时递交给总统、陆军部和海军部的部长、作战部长、情报局长、国务卿等军政首脑，而其他人极少能接触到这些情报。

还有一些说法认为，英国方面也早就破译了日军企图偷袭珍珠港的密电，但英国首相丘吉尔却有意扣留了情报，而其目的就在于迫使美国参战。最有力的证据就是，英国首相丘吉尔在得知珍珠港遭偷袭后的日记里写道：这是一个好消息！

当时，在掌握了日本舰队正在驶近夏威夷的情报后，罗斯福和他的顾问班子面临着 3 种选择：一是向全世界公布日本特遣舰队已经驶近，这样日本舰队调头退回日本；二是通知太平洋美军，命令他们做好战争准备；第三就是保密，让日本舰队继续驶向珍珠港偷袭。而罗斯福等最终选择了第三种，就是因为一方面他们相信驻防珍珠港的美军太平洋舰队能够抵抗日本人的进攻，而另一方面会刺激那些孤立主义者的神经。于是，华盛顿方面并没有将情报通知太平洋舰队司令金梅尔海军上将和夏威夷基地司令肖特陆军中将。对此，金梅尔将军后来在接受调查时曾指责海军部扣下了珍珠港将可能遭受袭击的有关情报，直接导致了 1941 年 12 月 7 日的灾难。

其次，事件发生之前，美国高层所下达的一系列奇怪的命令让人生疑问。一是在 1941 年初，将太平洋舰队包括 1 艘航空母舰、3 艘战列舰、4 艘巡洋舰、17 艘驱逐舰在内的作战力量调拨给了大西洋舰队。此外，海军部还把舰队中素质最好的指挥官和水兵也成批调往大西洋舰队。为此，金梅尔曾多次向海军作战部长斯塔克陈述加强太平洋舰队实力的重要性。他在 1941 年 9 月 12 日写给斯塔克的信中言语恳切地说："一支强大的太平洋舰队，无疑是对日本的威慑，而弱小的舰队也许会引来日本人。"但海军部却丝毫不理会金梅尔的呼吁。更奇怪的是，当日本飞机对珍珠港狂轰滥炸时，太平洋舰队的主力——3 艘航空母舰恰巧全部外出，因此逃过劫难。二是事变前美国方面曾向珍珠港紧急调集医务人员和药品。1995 年 9 月 5 日，当时的美国总统克林顿曾收到一位名叫海伦·哈曼女士的来信。信中称，曾在二战中任美军后勤部副主管的父亲向她讲述过一些关于珍珠港事件的惊人内幕：珍珠港事件爆发前不久，罗斯福总统紧急召开了一个由极少数军官参加的秘密会议。总统在会议上透露了一个惊人的消息：美国高层已经预见到日本海军将要偷袭珍珠港，可能造成大量人员伤亡和财产损失。他命令与会者尽快准备将一批医务人员和急救物资集结到美国西海岸的一个港口，随时待命启运。罗斯福总统特别强调禁止将会议内容向外透露，包括珍珠港的军事指挥官和红十字会的官员。面对与会官员的惊讶与不解，罗斯福解释说，只有当美国本土遭到攻击时，犹豫不决的美国民众才会同意他宣布投入战争。为了查证该女士的说法是否属实，美国红十字会夏威夷分会的工作人员对该会1941年至1942年财政年度报告的影印件和有关国家档案进行了查阅，结果也意外发现，美国红十字会和美军后勤医疗部队在珍珠港事件前一两个月确实曾进行过非常规的人员和储备物资紧急调动。这批额外补给，在偷袭珍珠港事件后的急救工作中发挥了重要作用。有关人员还从夏威夷红十字分会会长阿尔弗雷德·卡瑟尔的弟弟威廉·卡瑟尔的日记中发现，12月6日，夏威夷分会的全体人员奉命战备值班。这封信在当时引起了很大轰动，但由于哈曼不是当事人，而她父亲史密斯也已于1990年去世，所以人们对这一材料还有所怀疑。

另外，一些相关当事人的回忆，似乎也在向人们昭示这事情的真相。约翰·莱尼夫，一位荷兰退役海军上将，在其临终前曾向人们透露了他所知道的珍珠港事件内幕。1941年12月2日，时任荷兰流亡政府派驻华盛顿上尉武官的莱尼夫去找美国海军情报局的朋友聊天，闲谈中，一位美国海军情报军官指着墙上的一幅地图对他说："这里是日本特遣舰队正在东进的地方。"这使他大吃一惊。6日下午，莱尼夫再次来到海军情报局打听情况时，一名军官将手指指向墙上宽大的海图上，告诉他日本人正在离檀香山约400英里的地方。第二天，战争就爆发了。

人们还得知，就在珍珠港事件发生的前一天晚上，面对迫在眉睫的战争阴云，美国海军部长诺克斯、海军作战部长斯塔克、陆军部长史汀生、陆军参谋长马歇尔和商务部长霍普金斯以及总统罗斯福等人，竟少见地聚在白宫，一同消磨时光！以上种种疑点，再结合当时罗斯福等人的表现，使所谓"苦肉计"的猜测变得更加可能。因为在珍珠港惨败的消息传到华盛顿后，罗斯福立即召集阁僚开会讨论，而多年后人们在整理当年的纪录影片时竟发现：当陆军部部长史汀生走进白宫时，嘴角竟流露出一丝得意的微笑。

除了美国的一些研究者坚持这样一种观点之外，尤其是战争的发动者日本人，似乎也更倾向于相信这一说法。为了推卸战争责任，很多日本人坚信是美国人为了参加二战，故意引诱日本人发动珍珠港事件的，《大东亚战争全史》的作者服部卓四郎和《偷袭珍珠港前的365天》的作者实松让就是其中的典型代表。

### 有关"雪计划"的说法

关于罗斯福"苦肉计"的猜测还没有定论时，不久前，美国一份名为《洞察》的杂志，又提出了让人更为震惊的说法：珍珠港事件是苏联人一手"制造"的！那么，美日之间的战争，怎么又和苏联扯上了关系呢？该杂志认为，由于当时苏联担心日本从东线发动进攻，使自己陷入东西两线作战的困境，于是启用早已安插好的庞大间谍网（据说苏联在美国政府内至少安插了329名间谍），操纵美国和日本提前开战，珍珠港事件因此爆发。为了进一步证实上述结论，该杂志首次披露了众多秘密。

就在几年前，美国著名的苏联情报专家赫伯特·罗梅斯汀推出了他的新著《维诺纳的秘密》，这本书是罗梅斯汀与美国国会前调查员、资深记者埃里克·布伦迪尔合著的。该书向人们宣示了一大秘密：为了掌握日本的军事动向，苏联在日本培植了一个庞大的间谍网，确保苏联不受到日本的进攻；相反，日本主动向美国发动进攻，那是苏联求之不得的事。为了实现自己的计划，苏联在美国政府内部安插了一名高级特工，正是这名特工为日本空袭珍珠港做好了铺垫工作，这名特工就是指导美国"新政"的经济学家、罗斯福总统最信任的经济顾问之一：亨利·迪克斯特·怀特。最新的证据表明，身为苏联间谍的怀特曾从苏联高层那里得到指令，负责向罗斯福提出大量针对日本的政策性建议，从而成为美国与日本开战的关键因素。

直到1946年，美国情报部门才开始察觉怀特的间谍身份。当时的联邦调查局局长胡佛便向总统杜鲁门写信，认为怀特是一名不可小视的苏联间谍。1948年，美国众院也曾就怀特是不是间谍的问题举行过听证会，但不久怀特就去世了，事情也就不了了之。又过了几十年，直到20世纪90年代中期，美国解密了一批文件，其中包括截获的苏联政府的大量秘密电文，结果人们惊讶地发现，怀特的名字就多次出现在这些秘密电文中，这才使怀特的间谍身份最终被确认。经过对解密文件的研究，学者们终于发现，有足够的证据证明怀特一直在与苏联情报部门合作，而苏联同意为怀特上私立学校的女儿支付学费，并给他一家送过贵重礼物。

不久，又一位美国前情报官向外界透露：怀特敦促美国政府对日本采取强硬政策，实际上是苏联一份秘密计划"雪计划"的重要组成部分。由于当时日本正向西太平洋诸国发动进攻，因此苏联担心日本可能会从远东地区向自己发动进攻。众所周知，在1941年前后，日本国内正为"北上"还是"南进"而犹豫不决，高层内部为此而争论不休。所谓"北上"，就是从远东进攻苏联，沿西伯利亚一路西进，最终与德国军队汇合；所谓"南进"，就是占领整个西太平洋，控制印度支那、东南亚及澳大利亚等地，然后经印度、伊朗、中东与德国会师。曾经有一段时间，日本内部主张"北上"的势力一度占据了优势，从而使苏联感到非常紧张。1995年，曾任苏联秘密情报机构克格勃的前身NKVD的美国部副部长的维塔利夫·帕夫洛夫在一篇情报杂志上发表文章，他承认自己曾在1941年交给怀特一张便条，上面列出了苏联的外交政策要点，敦促怀特向美国政府"推销"这些政策，其中就包括美国应敦促日本立即全部从中国撤军。在怀特的努力下，国务卿果真曾给日本政府高层打电话，敦促其从中国撤军。然而具体到外交交涉中，美国政府向日本提出这种要求，不但不会得到同意，反而会进一步激化两国之间的矛盾，招致日本人的嫉恨，果然，不久日本人就偷袭了珍珠港。

研究者认为，虽然不能肯定这些苏联间谍一定影响到了罗斯福的决策，但他们把罗斯福以及其他高官的想法传给了苏联却是事实。至于如果美国不强烈敦促日本从中国撤军，美国和日本是否真的可以避免战争，他们认为，至少美国会有一段宝贵的备战时间，珍珠港事件中也不会损失那么多人。二战结束后，马歇尔将军在国会听证时也承认，如果当初不是珍珠港遭到空袭，美军可能会等到1942年1月1日才对日宣战。

另一方面，苏联也加紧了在日本的此类努力。在数年的时间里，苏联在日本建立了一个间谍网，随时了解日本的动向，其领导人就是装扮成纳粹德国记者的理查德·索奇。据有关档案记载，早在 1941 年 9 月，索奇向苏联高层汇报，日本正准备进攻美国，而不会进攻苏联。苏联高层才终于松了一口气，并决定将部署在远东地区的 40 个陆军师迅速调到斯大林格勒，与德军决战，并最终取得胜利。同时，苏联从来没有把掌握的"日本准备进攻美国"的情报透露给美国。不管怎么说，珍珠港事件的发生对于苏联而言，的确是一大"幸事"，随着美国的正式参战，来自日本的威胁总算真正消除了。

### "缅因"号战舰为何突然爆炸？

为了运送侨民，美国将"缅因"号军舰停泊在古巴港口，然而它却"意外"地被炸沉，是谁导演了这场事故呢？

1898 年 1 月 24 日，一艘美国巡洋舰停泊在古巴首府哈瓦那港。这艘名为"缅因"（Maine）号的军舰，是美国政府借口保护自己在古巴的利益和侨民的安全，才驶抵这个备受西班牙殖民主义者奴役的国度。

当时，古巴是西班牙的殖民地。为了争取民族的独立和国家的自由，古巴人民掀起了反对西班牙殖民者的起义，全国处于一片混乱之中。古巴的混乱局势给新兴的美帝国主义提供了一个可乘之机。他们对古巴垂涎已久，早在 1805 年，美国总统杰弗逊就赤裸裸地表示，一旦同西班牙作战，首先要占领古巴。后来，美国多次企图收买或用武力夺取古巴，都因为西班牙殖民者不愿放弃自己既得利益而未得逞。

1895 年，古巴独立战争爆发后，美国采取隔岸观火的态度，并未直接援助古巴。然而到了 1898 年初，形势突变，正当古巴人民解放战争取得决定性胜利的时刻，美国却以"帮助古巴革命"为幌子，以保护自己的侨民为借口，首派"缅因"号军舰，抵达哈瓦那港，向西班牙施加压力。

1898 年 2 月 15 日晚，哈瓦那港口一片宁静。在静静的港湾里，美国的"缅因"号巡洋舰停泊在海面上，甲板上的美国海军士兵正在自娱自乐，丝毫没有感觉到危险的来临。突然，"轰隆"一声巨响，"缅因"号剧烈地震颤一下，顿时浓烟滚滚、火光冲天，整个军舰变成一个火球。官兵们不知发生什么事情，高呼乱叫，四处逃命。几个镇定的士兵刚拿起水龙头准备救火，紧接着又是一声巨响，整条军舰慢慢地向右边倾斜。船员纷纷跳海逃生，船上 350 名船员只有有 90 人死里逃生。

"缅因"号爆炸事件很快轰动了整个美国，各大报纸以头条位置报道这个事件。一时间，美国的街头巷尾，都在谈论这件事情，但人们议论最多的是"缅因"号被谁炸掉的。

"缅因"号在爆炸前没有一点前兆，真可谓突然爆炸。不久，美国有关方面公布了调查结果，声称这艘军舰是西班牙人用水雷炸沉的，干脆利索而又毫不迟疑地将责任归在西班牙政府头上，并利用"缅因"号事件大做文章，在全国上下制造反西班牙的气氛。

战争的阴云一下子笼罩了加勒比海地区，美国和西班牙的关系到了一触即发的局面。4 月 20 日，美国向西班牙发出最后通牒，逼其全部撤出古巴。西班牙政府断然拒绝，并据理力争，也随即公布自己的调查结果，声称这次爆炸来自军舰内部，与他们无关。4 月 25 日，美国正式向西班牙宣战，美西战争就这样爆发了。"缅因号事件"终于成了美西战争的导火线。

历时 3 个月的美西战争，以西班牙彻底失败而告终。1898 年 12 月，美国和西班牙在巴黎签订和约，西班牙让出了古巴和菲律宾以及它在加勒比海的另一块殖民地波多黎各。

美西战争早已成为世界历史上一个事件，而"缅因"号战舰突然爆炸沉没的真相至今不明。当时美西两国都组织了力量进行调查，但双方调查的结论显然不同。

美国是在拒绝西班牙联合调查的建议后而单方进行调查的，调查报告断定："附在舰身上的一枚水雷引起舰前部弹药库爆炸，但不知水雷系何人所放。"实际没有查出真实原因，只是最后断言系水雷炸沉的。然而人们对此一直持怀疑态度。1911 年"缅因"号残骸被打捞上来后，人们发现舰身的整个前半部被炸毁，申板和舷侧都被炸掉了，这正是船上弹药库和锅炉所在的部位。在船的这一部分，约 1/2 的船底仍然在原来的位置，主要在右舷一边。这不正是对美方的调查报告的否定吗？

西班牙在美方拒绝联合调查后，也对这次事故进行了调查，而且还对若干曾目睹或耳闻爆炸的证人进行了较详细的讯问。西方调查报告认为"缅因"号爆炸是内部原因引起的。这与 1911 年将该舰打捞上来所检验的情况相接近，但也难说其准确的程度，疑点仍然存在。

许多人认为这次爆炸很可能是美国故意制造的，为了占领古巴，美国故意制造美西冲突，煽动国内舆论反对西班牙而自行炸毁了"缅因"号，以此作为出兵的借口。当然，这都是根据美国当时的战争狂热行为进行推理后得出的看法，有些道理，但证据提不出来，也难以解除疑问。

诚然，"缅因"号为何突然爆炸，到底是其本身发生的故障引起还是人为破坏，将永远是个谜。

## 英国童子军参战之谜

为了抵抗法西斯德国的侵略，英国付出了巨大的民族牺牲，可是在这场战争中，英国军方竟然招募"童子军"，许多少年因此夭折在残酷的战场上。

在一战爆发 90 周年之际，英国隆重推出了一部名为《英国童子军》的纪录片爆出一个惊人的事实：一战期间，英国军方招募了 25 万名不到参军年龄的童子军，其中近一半人最后伤亡。而且，多年来，英国政府对这个"丑闻"一直刻意隐瞒，所以很少有人知道真相！这件事是真的吗？

英国一战历史学家理查德·凡·埃姆登为这部纪录片进行了大量研究，提供了详尽的历史资料。他透露说，英国是 1914 年 8 月 14 日宣布参加一战的，从那以后，在许多"你的国家需要你"等文字的宣传和鼓动下，不到两个月。英国军方就招募到了 75 万名志愿参战的士兵，赶赴血雨腥风的欧洲战场。

这些"男孩士兵"的年龄全都低于法定的服役年龄——18 岁，其中，还包括 25 万名年龄只有十来岁、根本不到 18 岁的男孩，而且有的甚至只有 14 岁！他们一腔热血。希望参加战斗保卫祖国，所以不顾一切地渴望加入军队。尽管当时的英国首相阿斯奎

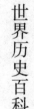

斯和他的内阁明知道许多征召入伍的男孩都未达到法定服役年龄，但为了招募到足够多的兵力，全都睁一只眼闭一只眼。在战场上，几乎一半左右"男孩士兵"阵亡或负伤。

当年参战的一名幸存者、今年 106 岁高龄的威瑟斯透露说，当时他只有 17 岁，但在政府的鼓动下一心想参战，于是他没有告诉父母，自己独自在征兵处虚报了姓名、年龄以及家庭住址，负责招募的人什么都没有多问，也没有核实，就让他加入了军队。威瑟斯说："当时很多只有 15 岁左右的男孩都谎称自己有 19 岁或者 20 岁。"

据悉，一战期间，几乎每天都有数百名甚至数千名英国士兵阵亡。面对异常残忍的战争，不少英国士兵心生胆怯、畏惧，所以不时有士兵临阵脱逃、抗拒上战场或开小差。为稳定军心，迫使军队死守战壕，与德国兵血战到底，英国军队最高统帅部强化了行刑队的执法，凡被军事法院判处死刑的开小差的士兵，一律由行刑队快速处决。而"童子军"如果在战场上发生开小差当逃兵的行为，同样要被行刑队处死。东伦敦男孩亚伯拉罕·贝维斯泰因就是其中不幸的一个。1914 年 9 月他应召入伍时只有 16 岁。1915 年 2 月，贝维斯泰因在吉旺希的一场战役中后背中弹受伤，被送往一家医院接受治疗。在即将返回前线时，一枚手榴弹在他身边不远处爆炸，饱受惊吓的贝维斯泰因不愿再回到战场去。后来他又拒绝服从长官的命令，于 1916 年 3 月 20 日遭到了处决。当时他的死亡记录显示他有 21 岁，然而事实上，他当时只有 17 岁。

据悉，英国当时自由党议员亚瑟·马克汉姆对这些年轻孩子的生命安全感到忧虑。愤怒地指责英政府采用欺骗性的手段骗这些孩子入伍。为了让军方下令撤回这些只有十来岁的童子军，他一直以各种方式奔走、呼吁、请愿，试图说服英国战争办公室负责人、陆军大臣基奇纳将"童子军"从欧洲战场上平安撤回。然而，英国政府对马克汉姆的呼吁置若罔闻，在当时的情况下，他的声音也显得微不足道，所以他的这些努力最终全是徒劳。

1916 年 8 月，50 岁的马克汉姆死于心脏病突发，直到临终，他也没能看到英国军方在招募士兵时加强对年龄的管制，所以说，他是带着遗憾走的，从此再没有人为"童子军"参战一事向英国政府表达抗议了。

## 谁击落了里希特霍芬的飞机

曼弗雷德·冯·里希特霍芬在第一次世界大战中共击落 80 架飞机，位居德国飞行员之首，同时也是一战中世界王牌的第一位，然而他最终命丧谁手却一直是一个未解之谜。

1918 年 4 月 22 日，在第一次世界大战激战不已的法国战场上，一架英国飞机飞到德国防线上空，投下一个铁筒。筒里装的是一张照片和一封信。照片拍的是一个摆满鲜花的坟墓。信上写道："致德国飞行团：贵军上尉冯·里希特霍芬男爵在空战中阵亡，已按军礼安葬。"署名为英国皇家空军。

这一消息很快传遍德国，举国为之震惊。德国军人纷纷传告着这个可怕的消息，士气低沉，因为里希特霍芬是第一次世界大战中最著名的空军飞行员。他曾在空战中击落了 80 架敌机，击毙了 87 名飞行员，是这次大战中飞行员击落敌机的最高纪录。

1892 年 5 月 2 日里希特霍芬出生于普鲁士西里西亚的一个贵族家庭，从长辈那里继承了男爵爵位。1915 年他进入了航空队，但由于天资并不太好，学完飞行后，被分到东线充当后坐侦察员。经过他的一再要求，里希特霍芬终于改为战斗机驾驶员，调往战事正酣的西线。凡尔登战役开始候，里希特霍芬被选入了一位名叫奥斯瓦尔多·波尔克的天才飞行员领导的第二狩猎小队，1916 年 9 月，里希特霍芬投入了第一次空战，旗开得胜，击落了一架英国飞机。仅 1917 年 4 月一个月中他就击落了 21 架敌机，因而名声大噪，英国的王牌飞行员霍克就是丧命在他手中。印有他头像的明信片在全德国出售，因为他的飞机被漆成血红色，所以被称之为"红色男爵"。

1918 年 4 月 21 日，这是一个难忘的日子，作为曾击落协约国飞机 80 架的王牌飞行员，他的纪录终止了。然而对他的死却存在争议，英国皇家空军和澳大利亚军队都认为是他们击落了里希特霍芬的飞机。

按照英国方面的说法，这一天在皇家空军服役的加拿大人罗伊·布朗上尉率领第 209 飞行队驾驶一队骆驼飞机飞往前线。途中，他们遭遇了里希特霍芬率领的 9 架福克飞机，一场血战不可避免地展开。战争后期协约国的飞机性能和飞行员素质都有了较大的提高，混战中德军飞机一架一架被击落，杀红了眼的里希特霍芬紧紧咬住一架敌机不放，布朗看到危险，立即赶来对准这架红色三翼战斗机的尾部进行了干扰性攻击，激动的里希特霍芬转过头来就撞向布朗，布朗急忙向右避开。二人翻翻滚滚地缠斗在一起，旗鼓相当，不一会双方的飞机都负了伤，但未丧失战斗力。聪明的布朗且战且退，将空战引入己方上空，里希特霍芬紧追不舍，在 100 米的高度上，协约国地面士兵用步枪和机枪对他猛烈射击，这突如其来的攻击命中了里希特霍芬，他头部中弹，飞机坠毁在战壕里。

而澳大利亚方面对此持有异议，认为飞机是被布置在协约国防线的澳大利亚炮兵击落的。当时正巧里希特霍芬的飞机飞到了澳大利亚第 4 师第 24 机关炮连的阵地上空。里希特霍芬的飞机被布朗击中后只是受了点轻伤，他驾机下滑返航。澳大利亚炮兵的猛烈炮火击中里希特霍芬飞机的前部。飞机摇摇晃晃，旋转而下，重重地摔在炮兵阵地附近，起落架摔坏。澳大利亚炮兵连忙爬上飞机，发现里希特霍芬已经断气。澳大利亚方面坚持认为，这架飞机是被地面炮火击落的，是被炮手波普金和韦斯顿击落的。

尽管英国和澳大利亚为是谁击落的里希特霍芬而争吵不休，但他们还是共同为这位带来深重灾难的敌人举行了隆重的葬礼，以示对他的尊敬。然而直到今天，也没有人知道，是谁杀死了这位第一次世界大战最伟大的王牌飞行员。

## 斯大林为何对德军突袭不设防？

二战发生后，人们认为苏德爆发战争是迟早的事，并且苏联业已获得了德国可能发动袭击的情报，可是斯大林为何不事先预防德军的突袭呢？

1940 年 6 月 22 日，法国投降后，希特勒称霸西欧大陆，威逼英国，不可一世。他认为他蓄谋已久的计划已经实现，在欧洲和全世界建立法西斯德国霸权的时候已经来到。此时，苏联是希特勒称霸欧洲和世界的主要障碍。因此，希特勒决定把其战略重心由西方转向东方，把侵略矛头指向苏联。

　　1940 年 12 月 18 日，希特勒发布第 21 号指令，正式下达了代号为"巴巴罗萨"的侵苏计划。该计划主要内容有：一、在对英作战结束之前，以一次快速的战役，在一个半月到两个月的时间内打垮苏联；二、先以突袭的办法歼灭苏联西部各军区的部队，使其无法退往内地，然后以坦克部队为先导，并辅之以空军支援，分三路向苏联腹地进攻，占领莫斯科、列宁格勒和顿巴斯。

　　面对德军咄咄逼人的气势，苏联并非毫无警觉。但是，考虑到自身应变措施还不够充分，苏联希望尽可能避免或延缓苏德关系的破裂，以便争取更多的时间进行战争准备。为此目的，苏联极力表白自己的和平诚意，继续遵照两国贸易协定交货，并在广播上驳斥那些预告苏德之间即将开战的预言。

　　1941 年 6 月 22 日，德国突然不宣而战，190 个师又三个独立旅、共约 550 多万人，47000 门火炮、4500 架飞机、4500 辆坦克，分北方、中央、南方三个集群在漫长的战线上对苏联发起突然袭击，德军就像在进行军事演习一样，十分顺利地实施着"巴巴罗萨计划"，而苏联方面毫无防备。战争初期，苏军损失惨重，一个师一个军整建制地被德军消灭或俘虏。入侵后一个月，德军占领的苏联领土相当于法国领土的两倍。

　　在经历了短暂的心理震荡之后，苏联迅速采取了一系列有力的措施。6 月 30 日成立了以斯大林为首的国防委员会，掌握全国政治、经济和军事指挥权；8 月 8 日成立了以斯大林为最高统帅的武装部队最高统帅部。在苏联共产党和政府的领导下，苏联军民奋起抵抗法西斯的侵略，逐步摆脱了战争初期的被动局面。

　　不过，据后来披露的内幕显示，在苏德战争爆发前，苏联最高领导人斯大林曾从多个渠道得知德国将发动进攻的消息。其中一些情报准确地告知了德军的规模和战争开始的时间。按 1973 年的统计，斯大林至少获得过 84 份类似的报告，但它们都被红军情报总局归入了"可疑情报来源"。斯大林为什么没有做出应有防范呢？

　　斯大林一直相信德国会遵守《苏德互不侵犯条约》，刚愎自用的个性使他无法接受任何逆耳的属下建议。在 1941 年春季，斯大林的情报机关不断的发出德国即将展开侵略的警告，但都没有被斯大林重视，并且在战争爆发前一天气急败坏地下令枪毙了一个反叛到苏联的德军士兵。尽管斯大林和其幕僚也体认到攻击的可能性，但由于斯大林对于红军实力的迷信，苏联决定避免挑衅希特勒。当德军的大规模闪电战开始后，斯大林仍认为这是不可能的，所以没有及时下达反击的命令，结果令苏联红军在战争开始付出了极为惨重的代价。

　　许多人指责斯大林在如此众多的警报下，居然还会轻信希特勒。但也有人认为，斯大林并没有相信希特勒，也没有完全忽视情报的存在。对此最有说服力的事实是：在庞大的德国战争机器缓缓向东部移动的同时，苏联的军事机器也在发动之中。

　　1941 年以后，德军在进境地区的集结已经越来越明显，苏军为此也做了一些准备。3 月至 4 月间，朱可夫向斯大林报告：根据计算，苏联西部边境地区的部队不足以抵抗德军的突击，必须从内地军区紧急动员若干个集团军，在 5 月初调到边境地区。5 月 13 日，总参谋部下令从内地军区向第聂伯河和西德维纳河开进并编入基辅、西部特别军区。另外，第 20、24、28 集团军也做好了变更部署的准备。到 6 月，苏联在边境地区已经集结了 290 万人，1500 架作战飞机，1800 辆坦克。为了隐蔽企图，上述部队的转移是在部队野营训练的伪装下，不改变铁路正常运行时刻表而隐蔽地进行的。但是，希特勒的纳粹军向来以"闪电战"著称，苏联还是晚了一步。先发制人，后发制于人，苏联因此吃了大亏。

苏联在苏德战争初期遭受的巨大损失并不能说是斯大林一个人的责任，虽然斯大林的错误判断是导致德军"闪电战"得逞的重要原因，但此后斯大林领导的苏联红军为抵抗德国的侵略和取得反法西斯战争的胜利做出了巨大的牺牲和贡献，他们的历史功绩应该得到人们的肯定和赞扬。

## 诺曼底登陆之谜

诺曼底登陆对盟军来说是一次十足的军事冒险，然而，冒险成功了。诺曼底登陆是二战的一个重要转折点，它胜利地开辟了欧洲第二战场，加速了德军的失败。

自 1941 年德国入侵苏联后（巴巴罗萨作战），苏联红军便一直单独地在广大的欧洲大陆上与德军作战，斯大林向丘吉尔提出在欧洲开辟第二战场对纳粹德国实施战略夹击的要求。

1943 年 5 月，英美华盛顿会议，决定于 1944 年 5 月在欧洲大陆实施登陆，开辟第二战场。盟军立即开始制定登陆计划，首先确定登陆地点，根据历次登陆作战的经验教训。登陆地点要具备以下三个条件：一要在从英国机场起飞的战斗机半径内，二航渡距离要尽可能短，三附近要有大港口。几经权衡比较，盟军选择了诺曼底。

诺曼底虽然距离英国较远，但诺曼底登陆也有许多对盟军有利的条件。当时德国潜水艇已经基本被肃清；盟军空军已经赢得了制空权；由于法国抵抗组织的破坏，法国北部已经成为"无铁路区"。另外，德国对盟军可能从什么地方登陆琢磨不清。英国成功地对德国实施了疑兵之计，他们集结了一支假的"舰队"，同时还发出大量电讯，造成盟军司令部在肯特的假象。此外，美国著名将领巴顿也引人注目地出现在肯特，让德国情报认为他已经受命指挥装甲部队进行主攻。

终于，德军西线司令部小心翼翼地上了钩，德国最高统帅部判断盟军最有可能选择狭窄的多佛尔海峡登陆，而诺曼底行动只是佯攻。这就导致了德军在西线的大部分兵力、兵器被浪费在加莱地区，而在诺曼底则因兵力单薄无法抵御盟军的登陆。战后缴获的文件表明，希特勒倒还没有完全上钩，出于外人无法理解的直觉，他反复叫嚷，要注意诺曼底！

1944 年 6 月 5 日夜晚，一支由英国、美国、加拿大海军组成的强大舰队从英格兰南海岸起航出海了。这支舰队包括 143 艘英国和加拿大战舰，46 艘美军战舰，11 艘其他盟军海军战舰。为舰队打头阵的，是数百架英国皇军空军重型轰炸机。这支部队共有两万三千名伞兵、滑航和运载的突击部队、紧随舰队的五千艘其他各种船只装载着十七万六千人的进攻部队、两万多辆军车，这只联合舰队将决定纳粹德国的命运，它预计在 48 小时内渡过英吉利海峡，登上法国诺曼底海岸。

6 月 6 日，联军在诺曼底海岸登陆，完全出乎德军的意外，对德军的指挥和行动造成了极大混乱。德军未能及时向装甲预备队下达向登陆场开进的命令，预备队开进时又受到联军空军阻挠，丧失了有利时机，组织不起来强有力的反击。至 6 月 12 日，诺

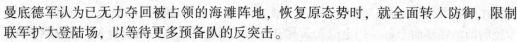

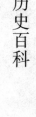
曼底德军认为已无力夺回被占领的海滩阵地，恢复原态势时，就全面转入防御，限制联军扩大登陆场，以等待更多预备队的反突击。

诺曼底登陆的胜利，宣告了盟军在欧洲大陆第二战场的开辟，意味着纳粹德国陷入两面作战，减轻了苏军的压力，加快了第二次世界大战的结束。

诺曼底虽然以盟军的胜利告终，但那次战役中究竟牺牲了多少人仍然是一个谜。据英国媒体报道，当时的战斗情形相当混乱，那些被炮弹和炸弹炸得支离破碎的尸体永远都不可能得以辨别。很多士兵落水失踪了，那些负责清点伤亡人数的士兵也被打死了，一切记录都已经不可靠了。

根据官方给出的数据，此役，盟军共伤亡 12.2 万人，其中美军 7.3 万人。海军损失 1 艘战列舰，3 艘巡洋舰，8 艘驱逐舰，3 艘护卫舰和 48 艘其他舰船。德军伤亡 7.3 万人，被俘 4.1 万人，共损失 11.4 万人。历史学家表示，最为权威的死亡人数统计是永远不可能得到的，即使是现在，这一片曾经发生过激烈战斗的土地仍然时不时发现一些战士的遗体。

对于联军伤亡人数的估算不尽相同，但是大都估算有 2500 人至 5000 人在那天牺牲。英国朴次矛斯的诺曼底登陆历史博物馆的网站上记载：据估计，有 2500 名联军士兵牺牲；位于美国战争历史中心的纪录是：有 6036 名美国士兵伤亡，其中包括失踪的和受伤的；而华盛顿的遗产基金会的统计是：有 4900 人死亡。

为了削弱德军的防卫，同时还有超过 1.9 万名的诺曼底平民在联军的大规模炮火中丧生。根据诺曼底历史博物馆的记载，为了给诺曼底行动铺平道路，联军在 1944 年的 4 月和 5 月损失了大概 1.2 万人。统计德国人的伤亡更加困难。诺曼底登陆历史博物馆表示，虽然数目不知道，但是估计有 4 万人至 9 万人。

诺曼底登陆的胜利是以巨大的人员牺牲为代价的，逝去的人已经永远逝去了，他们的贡献将永远被铭记。

## 二战中德国为何未能造出原子弹？

纳粹德国为什么没能造出原子弹？几乎所有关心二战史的人都问过这个问题。德国原子弹计划负责人海森堡是伟大的物理学家，为何海森堡没有为希特勒成功地开发出原子弹？

在二次世界大战中，纳粹德国曾企图研制和使用原子弹。此举引起英、美等盟国领导人和科学家们的极大惊恐。有幸的是，德国研制原子弹的企图最终未能实现，世界人民因此得以避免一场法西斯的原子弹灾难。

第二次世界大战爆发之前，德国就拥有庞大的核物理研究机构和许多杰出的物理学家，全世界获得诺贝尔奖奖金的学者数德国最多。在核裂变研究方面，德国物理学家更是远远跑在美国的前面。早在 1938 年 3 月，德国著名物理学家奥托·哈恩和弗里茨·斯特拉斯曼就在柏林威廉皇帝研究所成功地进行了用中子轰击铀原子核的实验，终于出现了物理学界期待已久的裂变效应。铀裂变的发现震惊了科学界。从原子核裂变中获得无比巨大能量的实验已突破，哪一个国家能够首先把它转为实用，就有可能利用核裂变制成威力无比的原子弹。

1939 年 4 月，德国纳粹召集六位最出色的核物理学家，在柏林秘密讨论利用原子科学成果制造核武器。同年夏季，德国政府未加任何解释，突然禁止铀矿从它占领下的捷克运出，并且下令封锁一切有关铀的新闻；同时，从苏黎世传出消息：德国正在进行一项秘密的"化学工程"，由德国铀学会的物理学家指导，直接对柏林陆军武器部负责。

种种迹象表明，希特勒德国正在着手研制原子弹。如果数百万的德国队装备上当时绝无仅有的核武器，希特勒就能统治世界或者毁灭世界。为了抢在希特勒的前面赶制出第一颗原子弹，1939 年 8 月 2 日，爱因斯坦上书罗斯福，提请美国当局注意正在日益逼近的来自法西斯德国的原子弹威胁。罗斯福总统采纳了爱因斯坦的建议，组织制订了著名的"曼哈顿计划"，命令全力以赴研制原子弹。

1944 年底以前，同盟国的科学家普遍认为，德国在原子实验方面远远走在其他国家的前面。匈牙利核物理学家爱德华·特勒在一篇文章中说，按照德国当时的科技发展水平，德国人本来在 1942 年就应该能够造出原子弹。

然而，出乎意料的是，1944 年 11 月 23 日当乔治·佩顿将军攻克德国重要的核研究基地——斯特拉斯堡时，美国执行"阿尔索斯"行动的原子谍报人员直奔斯特拉斯堡大学新建的实验室。经过仔细搜查，他们发现了隐匿于此的纳粹德国的铀计划和铀学会有关铀研究最完整的档案。获得的情报资料十分确切地表明，在 1942 年就有人把制造原子弹的可能性告诉了希特勒，但直到 1944 年底，纳粹德国在原子弹方面的研制工作仍停留在实验室阶段，比之美国洛斯阿拉莫斯中心的研究人员要落后两年。这使美国领导人确信，来自德国的任何突然的核袭击的可能性几乎是没有的，这时才彻底消除了当时美国人的忧虑。

那么究竟是什么原因，纳粹德国在核军备竞赛中，由先进变为落后，而始终未能造出原子弹呢？由于法西斯当局推行种族歧视政策，残酷迫害有独立思考的人，尤其是犹太人，希特勒竟然把整个物理学讥讽为犹太物理学，任意下令逮捕持不同政见的科学家，致使像哈恩、施特拉斯曼、迈特纳、爱因斯坦、赖纳、弗里施这样出类拔萃的科学家纷纷离开德国，逃亡国外。

在原子能研究方面，德国缺乏全面的指导和统一的目标，各单位之间缺少协作。教育部、陆军部、邮政部各搞一套。希特勒满以为胜利在望，对要花长时间的新武器研制不感兴趣。他把相当大的科技力量用来研制"V-2"型导弹，在某种程度上，也影响对原子弹的研制。

同盟国加紧对德国进行空袭，实行闪电般的地毯式的轰炸，迫使德国的研究小组总是不断地搬家，试验设备常常是装上又拆，拆了又装，很难找到一个绝对安全的角落。1942 年 11 月，美国空军大规模空袭了德国在挪威的生产重水的里尤坎工厂，迫使该厂迁移。在前往柏林的途中遭到游击队的袭击，生产重水的贵重设备和大部分重水彻底破坏。很显然，这场空袭使德国原子弹的研制工作遭到了巨大困难。

此外，美国研制原子弹的计划是在严格保密的情况下进行的，甚至严格到连当时的副总统杜鲁门和国务院的高级官员事前竟毫无所知。新闻检查相当严格，禁止报纸和电台以任何方式泄漏有关原子能的消息。因此，希特勒被蒙在鼓里，完全不了解美国研制原子弹的情况。希特勒的军需部长阿尔风特·施佩尔战后在纽伦堡被判为战犯。他曾后悔地说，要是他当时得知美国在进行"曼哈顿计划"，他就是上天入地也要想方设法赶上美国人。

正是在以上诸原因的共同作用下，法西斯德国才未能研制成功原子弹。否则，欧洲的版图，甚至西半球的版图将会大不一样。

## 失踪了的第三颗原子弹

二战中，美国在日本的广岛、长崎投掷了两颗原子弹，这似乎已经是不争的事实。然而，据说美国在日本投掷了三颗原子弹，那么这消失了的第三颗原子弹到哪里去了呢？

为了震慑邪恶势力，迫使日本投降，1945 年 8 月 6 日和 9 日，美国分别向日本的广岛和长崎各投下了一颗原子弹，造成了惨重的人员伤亡，日本也迅速宣告投降。

长期以来，几乎所有的人都认为美国在日本投掷了两颗原子弹，可是有人透露，其实美国向日本投了三颗原子弹，光长崎就两颗，一颗没有爆炸，最后神秘失踪。如果美国在长崎投下两颗原子弹，那么这第三颗原子弹到哪里去了？

半个世纪以来，人们一直试图弄清事情的真相。近年来，真相似乎一点点浮出了水面。其中，美国原子弹研制和生产的组织者、美国退役陆军中将格罗夫斯在其回忆录中所透露的细节无疑最具有权威性。

1945 年 7 月 24 日，格罗夫斯在给马歇尔的报告中，就提出了对日本的 4 个原子弹轰炸目标，它们是广岛、长崎、小仓和新潟。到 7 月底，确定了其中的 3 个目标。格罗夫斯在他的回忆录中明确写道："广岛是第一目标，小仓兵工厂和小仓是第二目标。长崎是第三目标。"为此美国从一开始就准备了 3 颗原子弹。

8 月 6 日早晨 8 时，2 架 B-29 轰炸机从高空进入日本南部工业和军港城市广岛上空，其中一架装载了一颗 5 吨重的原子弹——"小男孩"。9 点 14 分，装载原子弹的美机对准了广岛一座桥的正中，原子弹从被打开的自动投弹装置落入空中。45 秒钟后，原子弹在离地 600 米的空中爆炸，广岛上空立刻出现强烈的白色闪光，发出天崩地裂的爆炸声。整个广岛顷刻间变成了人间地狱，25 万人几乎同时丧命。

8 月 9 日，美机又按计划对九州的海岸港口城市小仓实施原子弹轰炸。凌晨 3 点 49 分，执行投掷原子弹任务的 B-29 两架轰炸机和两架侦察机从美国提尼安空军基地的跑道上起飞。当它们到达小仓上空时，由于天空中有大雾，能见度低，肉眼根本看不到目标，于是决定放弃轰炸小仓，然后飞向第三目标长崎。长崎上空同样是云雾重重，但是这一次飞机是不可能带着核弹返回的，于是临时决定采用雷达轰炸。当飞机做好了投弹预备的时候，空中的云雾忽然散开了，天空中出现了一个清朗的大洞，轰炸员果断地把两颗核弹投了下去……

事后，美国战略轰炸统计局估计长崎约有 3.5 万人死亡，6 万人受伤。格罗夫斯在事后听到伤亡人数时说："这个数字比我们原来估计的要少得多。"许多人由此认为，原子弹是投下了，但它们落地之后的情况却是许多人都没有想得的：这两颗原子弹中只爆炸了一颗。

当时日本长崎的防空报告准确地记录下了这一情况："本日 10 时 50 分 B-29 两架，自熊本县天草方向北进，经岛原半岛西部橘湾上空入侵长崎市上空，11 时 2 分投下附有降落伞新型炸弹 2 个。"这说明当时确实投掷了两颗原子弹。由于爆炸的这颗原子弹偏离目标约 2000 米，所以另一颗未爆炸的原子弹并没有受到损害。接到报告后，日军大本营立即派人将这颗没有爆炸的原子弹严密看管起来。由于日本注定将成为战败国，而且帝国大学的原子加速器已遭到了美国飞机轰炸的破坏，因此日本无法研制原子弹。后来，日本人从关乎民族利益考虑，决定将原子弹交给苏联。

由于苏联已经从参加过美国原子弹试验的英国科学家法拉奇那里得到了美国原子弹试验过程中重要的科技情报，又从日本人手里得到了这颗没有爆炸的原子弹的实物，很快就在 1949 年 8 月 29 日 4 时，爆炸成功了苏联第一颗原子弹。

苏联原子弹爆炸的消息震惊了美国总统杜鲁门，他觉得这是不可思议的事情。因为自从 1938 年底，德国科学家哈恩和斯特拉曼用中子轰击铀而发生了裂变之后，美国、英国、法国和逃到美国的德国科学家，经过了 7 年努力，才造出了第一颗原子弹，为此美国动用了 50 万人，花费了 23 亿美元。这样巨大的开支，对于刚刚在战争中恢复过来的苏联，显然是难以承受的。因此美国预言苏联至少需要 20 年才能造出原子弹。

至此，美国才知道，为什么当初在长崎死于原子弹爆炸的人数与他们预先估计的有如此大的出入，为什么苏联这么快就可以研制出原子弹与他们抗衡……然而一切都晚了！

## 是谁烧了"诺曼底"号？

1941 年的深秋，法国巨轮"诺曼底"号静静地停泊在纽约港的 88 号码头，这个码头在哈得森河上，离繁华的 42 街不远。"诺曼底"号长达 313.8 米，仅比英国的"伊丽莎白皇后"号短 0.61 米。1939 年 9 月 1 日，当它在公海上航行时，德国发动了对波兰的进攻，但它还是安全地驶进了纽约港。

"诺曼底"号在港口停泊一天就要花掉船东 1000 美元，因此，船上只保留了极少数船员以保养马达等重要设备。没有人想到会有人对该船进行破坏或纵火。"诺曼底"号的设计师魏德米·亚克维奇（Vladimir Yourkevitch）甚至认为，该船是有史以来建造的船只里防火性能最好的一艘。

在德国，希特勒的德军早就盯上了这只法国船。1940 年 6 月 3 日，法国向德国投降。在这之后的两周，德军反情报机构的头目卡拉瑞斯的间谍机构阿勃韦尔就向纳粹在美国的间谍发出了命令："严密注意'诺曼底'号！"希特勒和他的高级将领明白，美国一旦加入对德战争，这艘法国巨轮一次就能够运输 12000 名美国海军士兵到欧洲参战。

纽约市沿海地区和新泽西的港口城市是纳粹分子活动的温床。在一间间凌乱肮脏的小客栈里，住着从世界各地来的海员，其中有许多纳粹间谍和纳粹同情者。这些地方中最臭名昭著的一家是新泽西"高速公路客栈"，另外两家是曼哈顿的"老牛肉"酒吧和新泽西的"施密德的吧"。"施密德的吧"里的一个侍者是德国间谍，他每次都伸长耳朵贪婪地听海员在喝多了酒后所泄露的海上消息。

1941 年 12 月 7 日，日本偷袭了珍珠港。4 天后，希特勒让德国议会不经表决就通过了对美国开战的宣言。他对他的副手叫嚣说："我们总要首先开战！我们要永远打响第一枪！"

就在同一天的晚些时候，希特勒的密友、意大利独裁者墨索里尼也对美国宣战。

就像希特勒和他的高级将领所担心的那样，美国海军立即征用了"诺曼底"号，并对它进行了改装。许多人都热烈支持将该舰改装成军用运输船，大约有 1500 名民工像蝗虫一样涌向该船进行改装工作。

改装任务非常紧迫，必须在 1942 年 2 月 28 日以前完成。完成后，该舰将在舰长罗伯特·考曼德的率领下，驶离纽约港去波士顿。在那儿，它将要装上 10000 名士兵和他们的武器装备去大西洋沿岸的某个地方——毫无疑问，它的目的地将是英国。

但是，2 月 9 日下午 2 时 34 分，"起火了"的喊声突然从船上响了起来。这时候，距"诺曼底"号远征欧洲只有 3 周的时间了。人们匆忙扑上船去灭火，但是，当天是一个大风天，火势很快就失去了控制，人们眼睁睁地看着火漫过了甲板，不到一个小时，整个船就变成了火的海洋。

火势不断蔓延，将近 3000 名民工、船员、海军士兵和海岸警卫队成员爬过"诺曼底"号的船舷，吊下绳子，顺绳子跳到码头上，有的干脆直接跳到踏板上逃生。纽约市的消防队员发誓说，这是他们见过的最猛烈的大火。

大约有 3 万纽约市民聚集到第 12 街观看这场大火。在他们中有一个头发花白个子矮小的老头，他就是"诺曼底"号的设计师魏德米·亚克维奇。他的脸上布满了愁容。因为他浓重的口音，警察没有让他通过警戒线到船边。实际上，就是魏德米·亚克维奇也对大火中自己的杰作无能为力。凌晨 2 时 32 分，"诺曼底"号终因灌水太多、倾斜过度而翻了过去，就像一条搁浅的大鲸鱼，躺在哈得森湾的水面上。

在每一条船都显得非常重要的时候，美国失去了一条最大的船，并有 1 人死亡，250 人受了擦伤、扭伤、摔伤以及眼睛和肺部的灼伤。

美国政府立即成立了几个调查组以查明这起备受公众关注的大事故，联邦调查局和福兰克·霍根律师盘问了 100 多位证人。与此同时，海军也成立了以退休海军少将莱姆·雷黑（Lamar Leahy）为首的调查组。两个月后，国会海事委员会成立的调查组发布结论说："起火的直接原因应归结于民工的疏忽和管理上的疏漏。"

然而，广大的美国人并不买政府的账。为什么一个如此巨大的海轮，在有大量防火设施的情况下，能够爆发大火，并在几小时内变成一堆焦炭？是不是有纳粹破坏分子渗透到船上，为了不可告人的目的，纵火烧毁了这条船？如果是这样的话，有 1500 名民工散布在船的每一个角落，为什么没有人发现有人纵火呢？或者是两个以上的纳粹或纳粹同情者共同完成了这项破坏性的工作？

"诺曼底"号的烧毁是否是纳粹所为，已经伴随着这场大火造成的重大损失成为一个巨大的谜团。

## 山本五十六是谁击毙的？

"伊号作战"结束后，山本五十六决定利用一天时间视察巴拉尔、肖特兰和布因等前线基地，以激励士气。让日军想不到的是，有关山本视察的详细日程安排的机密电报不仅被美国截获，而且他们引以为豪的极难破译的五位乱码只用数小时时间就被美军专家破译了，这份电报在无形之中也就成为山本的催命符。这也是美国军事情报领域在无线电破译方面继中途岛战役破译日军作战计划之后的又一辉煌成就。

美国太平洋战区总司令兼太平洋舰队司令切斯特·尼米兹清楚地知道，按照安排山本将进入瓜岛机场起飞的战斗机作战半径，正是干掉他的绝佳机会，如果干掉他，将给日本士气民心沉重打击。因为他不仅是日本海军中最出类拔萃者，而且由于他在偷袭珍珠港中的指挥得力，在日本政界和军界成为仅次于天皇和东条英机首相的第三号人物，被日本海军誉为"军神"。可是他没有因为兴奋而得意忘形。因为干掉山本不仅仅是军事行动，还牵涉到诸多的政治因素，因此一向谨慎的尼米兹仍不敢轻易拍板，而是请示华盛顿。

美国总统罗斯福在仔细征求了海军部长诺克斯和海军作战部长金海军上将的意见之后，授意可以干掉山本，但是为了维护美国的大国风范，一定要对截获日军情报的事情保密，制造伏击的假象。

驻瓜岛的第339战斗机中队承担了此次任务，4月18日凌晨时分，兰菲尔等6人的攻击组和米歇尔亲自指挥的12人作掩护组出发了，为避开日军雷达，他们必须绕道，选择总共飞行两小时，总航程627千米的方案。18架P-38全部加装了大容量的机腹副油箱，处于超负荷状态，因此飞行员不得不使用襟翼来增加升力，尽管如此，飞机还是几乎要滑行到跑道尽头才离地升空。

远在800千米外的山本也早早起床，准备行装开赴这场死亡之旅。

9时44分，山本以他一贯的守时作风，准点来赴这次死亡之约。几乎是大海捞针一样的长途伏击，竟然成功了！此时山本座机正准备降低高度着陆，突然一架零式战斗机出列，向右急转——远处十多架P-38正向北飞来，随即6架零式急速爬升，与米歇尔的掩护组缠斗起来。在接下去的短短三分钟时间，双方经历了一场你死我活的激战。

此时的卡希利机场上已经尘土飞扬，显然日军飞机正在起飞，中队长米歇尔不敢恋战，下令返航。返航途中，兰菲尔就迫不及待地向瓜岛报告："我打下了山本！"

兰菲尔最后一个着陆，着陆时燃料已经全部消耗干净，他是以滑翔方式落地的，他还没爬出座舱，机场的飞行员和地勤人员就一拥而上。作为击毙山本的功臣兰菲尔中尉提前晋升为上尉，并获得最高荣誉国会勋章，但为了不暴露破译密码的机密，兰菲尔被立即送回国，直到战争结束才公开了他的战功。其他参战人员都被警告如果将战斗详情泄露出去，将受到军法审判。

山本座机被击落的两天后，日军搜索小队发现了他，他坐在飞机坐垫上，手握军刀，姿态威严，胸口佩戴着勋章的绶带，肩章上是三颗金质樱花的大将军衔，不用查看其口袋中的笔记本，单从左手缺了两个手指，就明白无误的证明这正是山本五十六。经医护人员检查确定，一颗子弹从颧骨打进从太阳穴穿出，另一颗从后射入穿透左胸，山本在飞机坠毁前就已身亡，之所以还保持着威严的姿态，那是飞机坠地后唯一的幸存者高田军医摆放的，高田最终也因伤势严重又无人救护而亡。

4月18日注定是美国人的纪念日，一年前的1942年4月18日，杜立特尔率领的B-25轰炸机轰炸了东京，一年后的1943年4月18日，日本海军最出色的统帅山本被击毙。战后，击落了山本座机的话题随着1960年美军相关机密文件获准解密而被再次提起。认定由兰菲尔击落的理由是他在战斗结束后上报的战斗报告，而这份报告当时因出于保密原因一直没有公开，他的战友对此一无所知，一经美国国防部公开，究竟是谁击落山本的问题随之展现。

除了托马斯·兰菲尔的回忆之外，更多的证据显示，兰菲尔的僚机雷克斯·巴伯才是真正击落山本座机的英雄。山本的尸检报告显示，从后方射来的子弹使其致命，与兰菲尔从右攻击的说法出入较大。柳谷谦治为山本护航的零式战斗机飞行员中唯一在世者，也指出了兰菲尔报告的诸多疑点。其中最有力的说法是，在低空的两架P-38在双方机群遭遇之后，兰菲尔的飞机向左，迎战零式；巴伯的飞机才是向右紧追山本座机猛烈开火的那一架。如果是兰菲尔击落了零式之后再掉头攻击山本座机的话，时间根本来不及，至少需要40秒，而山本座机从遭到攻击到被击落，不过区区30秒。日本东京航空博物馆在1975年的实地考察也显示，山本座机的两个机翼完好无损，与兰菲尔的报告完全不符，倒是与巴伯从后攻击的说法比较吻合。

以美国"王牌飞行员协会"为首的众多的民间人士和组织，对此进行了细致的研究和不懈的努力，查阅了大量相关资料，在很多专家学者的认可下，于1997年3月认定，巴伯一人击落了山本座机。如今生活在俄亥冈州特瑞邦农场的巴伯过着恬静平和的晚年。谈起击落山本的争论，他很平静，"没有兰菲尔左转攻击前来救援的零式，也不可能击落山本。而第339战斗机中队中队长约翰·米歇尔，具体策划并亲自指挥了此次战斗，才是最大的功臣。"

然而，自1991年美国战绩评审委员会正式要求美国海军最后判定到底是谁击落了山本以来，今日美国官方仍没有明确答复。至此，关于击落山本的公案成了永远的谜。

## 谁营救了墨索里尼？

1943年7月24日深夜，意大利法西斯党最高委员会正在召开会议。这个会议对于本尼托·墨索里尼来说，是他作为独裁者生涯中，第一次因为把国家引入灾难而成为猛烈抨击对象，这个夜晚他将终生难忘。会议从一开始就已经注定了结果——委员会最终以19票对8票通过了一项决议：恢复有民主议会的君主立宪制；军队的全部指挥权重新交还给国王。

所有的一切对于墨索里尼还只是个开始，噩梦刚刚上演。第二天，一切如所意料地发生了，墨索里尼被告知他被撤除一切职务，紧接着他被装进一辆救护车，几经周转被押送到了大萨索山。到此，他才如梦方醒似的明白自己成了阶下囚。

然而，事情的发展再次超出了这位纳粹首领的意料之外。希特勒迅速实施了名为"橡树计划"的营救行动，派出一支精锐的突击队，以迅雷不及掩耳之势，制服了意大利宪兵警卫队，用一架小型飞机把墨索里尼救出，创造了营救史上的一大奇迹，他就这么得救了！

回想一下短短的几个月时间所发生的一切，就连墨索里尼这样的人物也会不寒而栗。1940 年 6 月 10 日，意大利决定站到轴心国一边，对英法宣战是因为见当时的英法联军明显处于劣势，以致到了 10 月 28 日时又决定进军希腊，尽管政府和军方大多数人提出过"准备不足"的忠告，终于遭到了希腊军队的顽强抵抗，损失惨重。1941 年欲重振国威又出兵苏联，也还是没有取得理想的成果。到了 1943 年 5 月成了最关键的时期，突尼斯战役中德国损失 30 万大军，英美联军占领北非。7 月 9 日夜，英美联军骗过了希特勒的最高统帅部后在西西里成功登陆，兵锋直指意大利。此时，盟国空军也对意大利本土发动了猛烈轰炸，各地接连发生闹事事件，失败主义情绪笼罩全国。意大利国王埃曼努尔三世对内外局势忧心忡忡。此时，法西斯党内部有人开始指责墨索里尼领导不得力，要解除他的职务。具有代表性的就是陆军总参谋长安布罗西奥将军，他认为要想把意大利从崩溃中拯救出来，只有更换元首。最终，保皇主义者策动的政变发生了。

7 月 25 日夜，身处柏林总理府的希特勒听到罗马的消息后震惊异常，但是希特勒很快就又镇静下来，随后的几分钟内他冷静地做出判断，下令立即从德国和法国南部迅速集结一个德国师，由精悍的隆美尔指挥，占领意德边境和意法边境阿尔卑斯山的所有山口，随时准备开进意大利。然而事情到了 7 月 27 日又发生了变故，从罗马传来了最新的消息：新任首相的马德里奥宣布解散法西斯党，实行全国戒严，战争结束前禁止一切政治活动。得知这一消息后希特勒惊呆了，因为如果意大利没有法西斯政府，德国军队将面临巨大压力，无人帮助他们保卫那条很长的供应线，帮助他们防止意大利游击队的骚扰。

面对突如其来的情况，希特勒召集纳粹军政要员，迅速通过了"橡树计划"——派突击队营救墨索里尼，使其重掌意大利政权。接着的问题就是，由谁来担任这史无前例的艰巨任务呢？接下来的紧急的准备时间中，一个身材高大魁梧的人，奥托·斯科尔兹尼进入了希特勒的视线。当时，奥托·斯科尔兹尼与朋友正在开怀畅饮，秘书突然来电说，希特勒正在大本营等着他！必须立即到达。

共有 6 名军官到达希特勒办公室，希特勒注视了他们一会儿之后，突然提问："谁对意大利比较熟悉？"而唯一回话的人就是最年轻的斯科尔兹尼："我去过意大利两次，驾驶摩托车一直跑到那不勒斯。"希特勒满意地点了点头说，其他的人可以离去。他要单独与斯科尔兹尼上尉谈话。随即，希特勒开门见山地说："有一项极重要的任务要你去执行。墨索里尼被囚禁起来了……我命令你去完成这一项任务，你可以使用任何手段。这么一来，不怕不会成功的。不过，我要再三叮嘱你，那就是保守这项使命的秘密。细节方面，请你和陆军空降部队司令修多登将军当面洽商。"在简要地介绍了情况之后，这位 35 岁的上尉就立即投入到营救的准备之中了。

1943 年 9 月 10 日突击队驾驶着 12 架 DFS-230 滑翔机迫降在海拔 2000 多米的大萨索山顶，斯科尔兹尼带领着他的属下们迅速制服了已经目瞪口呆的意大利警卫，随后，斯科尔兹尼看见了旅馆二楼窗子后面正在张望的墨索里尼，整个营救过程结束得非常快，第 6 号和 7 号滑翔机刚刚着陆，所有事态都已经平息了。随后，斯科尔兹尼选择使用轻型飞机直接从大萨索山顶载运墨索里尼飞离。最后，还是在斯科尔兹尼的陪同下，墨索里尼安全抵达维也纳。到那儿没多久，斯科尔兹尼意外地接到希特勒亲自打来的电话："今天，你完成了一项具有历史意义的行动，元首感谢你！"

时至今日，人们都要把这个大胆而且成功的冒险行动作为研究特种作战的一个范例。斯科尔兹尼被提升为少校，并获得铁十字勋章，经过德国宣传部的极力渲染，斯科尔兹尼成为德国著名的战斗英雄。此后他奉命指挥党卫队特种作战部队和新组建的党卫队第500伞兵营，又完成了制止匈牙利独裁者霍尔蒂背弃轴心国的"铁拳"行动，阿登反击战中，斯科尔兹尼指挥一个装甲旅，派遣突击队员伪装美军渗入盟军后方大搞破坏，影响极大，以至于丘吉尔称斯科尔兹尼为"欧洲最危险的罪犯"。

二战结束后，斯科尔兹尼的传奇依然继续着，当隐藏在巴伐利亚山区的他得知盟军正在搜捕他时，他竟然直接去自首，并被指控有罪，但滑稽的是法庭却并不认同，于是，斯科尔兹尼在1948年被无罪释放。一波未平一波又起，紧接着他又被盟军交给西德当局，他再次被指控有罪，这次斯科尔兹尼可不耐烦了，他再次以自己的行动给世人留下了一段谈资，他成功地从关押他的集中营中逃脱，后经意大利到西班牙和阿根廷。在阿根廷，他成了铁腕人物庇隆夫妇的座上宾，于是安然地做起了水泥生意。同时，他还担任起替庇隆培训秘密警察和贴身警卫的任务。据说，斯科尔兹尼还成了奥德萨组织——传说中的纳粹幸存者协会的重要成员，并一直为仍然在欧洲的前纳粹分子提供逃脱追捕的帮助。斯科尔兹尼的后半生在西班牙度过，成为一名机械工程顾问，1975年7月7日，在饱受病痛折磨后死于西班牙马德里的寓所里。

## 诺曼底登陆成功的背后英雄有多少？

丘吉尔曾说过这样的话："战争中真理是如此宝贵，要用谎言来保卫。"此话一语中的，泄露了第二次世界大战期间盟军诺曼底登陆计划取得成功的又一"天机"。就让我们以那些在看不见的战线上活动的幕后英雄的故事来探讨一下其中的奥妙吧！

第一个故事以一位代号为"宝贝"的双重女间谍为主人公。她的本名叫纳萨莉·萨久依安。她在俄罗斯出生，后来加入法国籍。二战爆发后，成为德国情报部门的一员。她被派往马德里，一位她在那里结识的美国朋友改变了她的命运。这位朋友建议她效力于盟国，并帮她联系上了英国使馆。本来纳萨莉和纳粹德国的头目赫尔曼·戈林关系很好，哪知一踏上英伦三岛，纳萨莉就背叛了纳粹德国，开始秘密地为英国"军情五处"办事。英国人通过纳萨莉，获得了纳粹德国的大量情报。

整个二战期间，谍报战线的形势异常复杂，可谓我中有敌，敌中有我。有时为了达到某个目的，可谓想破了头。而有时绞尽脑汁也使不出诡计的，却又轻易地得到了。冒牌的"蒙哥马利"就是其中的一个例子。

1944年5月26日，希特勒仔细地端详着一张照片。照片上的人是英国陆军元帅蒙哥马利。这张照片是德国间谍于当天拍摄的。希特勒疑惑不解，蒙哥马利为什么要来这里。不久，又从密探那里获悉，蒙哥马利又去了阿尔及尔，并带来印有他名字缩写的手绢。苦苦思索的希特勒立即下令召集高级将领会议。会上，大家表达了各自的意见，最终取得共识：盟军即将在法国南部的加莱地区登陆。

然而，这一切都是盟军精心设置的"铜头蛇"行动的一部分，它其实是一个圈套。所谓"铜头蛇"行动，是由英国情报部门在诺曼底登陆战前夕进行的一场秘密情报战。

其内容是在诺曼底登陆作战之前，找一个与英国陆军元帅蒙哥马利长相酷似的人冒充他进行一系列掩人耳目的活动，以便以证据确凿的"事实"向德军表明，英国登陆作战最高指挥官蒙哥马利元帅已经到了非洲的直布罗陀和阿尔及尔而不在英国，从而使德国人相信：盟军的登陆地点不是法国北部的诺曼底，而很可能是法国南部的加莱地区。

假戏真做的布律蒂斯也在盟军登陆诺曼底计划顺利实施过程中扮演了重要的角色。

1944 年初，驻扎在法国的德军兵力要比英美两国登陆部队的总兵力雄厚得多。如果德军将主要兵力集中于诺曼底，盟军的登陆行动计划肯定会受到很大的阻碍。为确保成功，盟军还决定同时采取"霸王行动"。这一行动主要是阻止德军的主力向诺曼底转移，使德军把与英国东南部仅一水之隔的法国加莱地区错认为登陆地点。"计划"虽好，但是实施起来并不容易。这时，英国人想到了"德国间谍"布律蒂斯，决定通过他假传情报，迷惑德军。

盟军为了执行这一庞大的冒险计划，也做了大量的准备工作，以配合布律蒂斯向德军传送假情报，例如派出飞机对加莱地区的德军兵营进行轰炸，制造出要在加莱同德军决一死战的架势；派出装有电台的汽车在这个地区迂回，发出几千封电报供德军监听。

这一切假象做得天衣无缝，致使德国人完全上了当。他们认为，依靠布律蒂斯这个优秀的间谍人员识破了盟军的入侵计划。于是，德军将最精锐的部队和庞大的坦克群集结在法国北部加莱地区……

当然，除了我们已知的几位幕后英雄外，还有许多不为人知的地下英雄都为这次登陆做出了巨大的贡献。正是借助他们的力量，1944 年 6 月 6 日，一批神兵在诺曼底从天而降，而此时希特勒的重兵却还集结在加莱地区待命。

## "东方马其诺防线"为何土崩瓦解？

乌苏里江边的虎头枢纽据点是日本关东军精心设计并驱使 1 万多名中国劳工耗时 6 年修筑的坚固要塞，号称"东方马其诺防线"。

1945 年 8 月 8 日 22 时 50 分，苏联向日本宣战。8 月 9 日 0 时，苏地面部队在对日作战最高司令官华西列夫斯基的指挥下从 3 个方向向关东军展开了猛烈进攻，同时空军对中国东北的主要城市和日军的主要防御设施实施了大规模的空袭，空降部队则在长春、沈阳等城市实施机降，像一把尖刀插向了日军的腹部。日本关东军被分割成数块，南北不能相顾。

在随后的战斗中，日本关东军大多一战即溃，但在一些局部战斗中，日军仍负隅顽抗，其中尤以虎头要塞之战最为激烈。当时有 1900 余名日军在此坚守。苏军久攻不下，便改换战术，先用训练有素的哥萨克狙击手封锁日军的火力点，在控制了要塞的洞口和通气孔后，将汽油灌入地下工事，用燃烧弹点着，使不少日军被烧死或窒息而死。苏军还将自动火炮开到要塞的坑道口边，近距离用火炮直接对洞口内连续轰击。最后，虎头日本守军除约 70 人逃跑外，其余全部被击毙。

战前苏军统帅部估计，结束对日作战短则两三个月，长则需要半年以上。因为，日本关东军虽然在兵力和武器装备上较之苏军处于下风，但他们毕竟有近百万之众，在中国东北已经营14年，熟悉当地的地形、民情，还建造了大量坚固的防御工事。可事实上交战仅13天关东军就土崩瓦解，1945年8月22日，在长春关东军演习场，关东军山田乙三司令官率97名将领向苏军投降，个中缘由令人深思。

其实就在1945年4月德国宣布投降后不久，苏联便开始着手对日作战的准备。为了达到突袭成功的目的，苏联军方可算是煞费了一番苦心。由于苏联在远东的铁路线距离边境只有2~4千米，苏军在运输过程中实施了周密的伪装，在靠近边境地区，白天只少量增加运输车次，夜晚进行"饱和"运输；为了不让日军发现战略意图，苏军部队到达集结地域后，严格保持无线电静默，并控制人员的户外活动，一切的准备工作都在秘密的进行之中。

但是，如果把所有的成功都归结于苏军的保密措施，隐蔽作战企图，似乎并不能彻底解释在关东驻扎了14年的日本军队溃败的原因。的确有军事研究人员曾对此提出过质疑：关东军怎么可能对其3个多月的大规模兵力调动毫无察觉？

根据新近公开的日本军方秘密档案显示：造成日军疏忽的主要原因是，日军在战略判断上出现了失误。日军一直将美军视为盟军对日作战的主力，特别是美国投下原子弹后，日军将美军可能对日本本土的登陆行动作为防御的重点。对于苏军是否会攻击日本，虽然也考虑过，但最终认定苏联没有把握在两个月（8~10月）之内击败关东军，因为10月份以后中国东北就要进入冬季，他们是不会选择在天寒地冻的环境下对日作战，所以即使苏联红军发动全面进攻也应该是在来年春季以后。基于以上的判断，日军非但没有对苏军的秘密部署有所察觉，没有任何准备，就在苏军利用雨夜发动全面进攻的时候，关东军司令官山田乙三甚至还在丹东找歌舞伎寻欢作乐。

人们不妨假设一下，如果日军能够对苏军行动提前有所判断的话，恐怕苏军很难在半个月之内就击溃关东军。未来高技术战争具有突发性、节奏快、初战就是决战的特点，这对战略判断提出了更高的要求。指挥员在做出判断时，应将科学的定性分析方法和定量分析方法有机结合，充分运用信息技术手段，对战略形势、敌我力量对比、敌军可能的行动等诸多因素进行由此及彼、由表及里的动态分析，从而为正确决策奠定坚实的基础。

对于"东方马其诺防线"的失陷，还可以听到这样的一些声音：在苏联军队的大举进攻下，日军只在个别防御地段做过一些顽抗，而且只是处于一种被动挨打的消极防御水平，根本没有主动的反击，这才是他们失败的必然原因。

然而事实是不是这样呢？据曾经参加过这场战争的日本退伍老兵回忆，当时日本关东军在东北全境层层布防，并在一些险要地段精心构筑坚固防御堡垒，形成数道防线，希望以分兵把口、分层狙击的战术手段抵抗苏军的进攻。但是，当时苏军来势汹汹，以机械化部队进行快速的大纵深作战。"他们先是在日本关东军的薄弱防御地段打开缺口，然后立即扩大突破口，高速向纵深推进，再以空降部队的纵深机降，使日军的防御体系彻底瓦解。"

就此观点，克劳塞维茨也曾指出："纯粹的防守同战争的概念是完全矛盾的，在战争中防守只能是相对的。"

无论是因为战略上的判断失误，还是因为没有处理好进攻和防守的关系，"东方马其诺防线"的失陷依然成为日本法西斯军队彻底失败的标志性战役,这一战役留给人们的也不仅仅是战斗本身,究竟日军的失败是必然还是偶然都将由后人来评说。

## 谁编制了神奇的"无敌密码"?

第二次世界大战中,英国倾全国之力,破译了德国的"谜语机"密码,为战胜纳粹德国做出重要贡献;美国则破译了日军密码,由此发动空袭,击毁日本大将山本五十六的座机。丘吉尔说,密码员就是"下了金蛋却从不叫唤的鹅"。

《孙子兵法》云:"知己知彼,百战不殆。"破译敌军密码,始终是交战双方梦寐以求的捷径。同时,如何保证自己的密码不被敌人破译也让交战双方费尽了心思。二战中美国曾经有一套"无敌密码"就创造了这样一个不可破译的神话。

那些沉默了半个多世纪的"特殊密码员"终于从美国总统布什手中接过了美国政府最高勋章——国会金质奖章。当年,正是他们编制的"无敌密码",为盟军最终胜利立下了汗马功劳。

攻占硫磺岛是美军在太平洋战争中打的一场经典战役,美军把旗帜插上硫磺岛的照片,成为美国在二战中浴血奋战的象征。硫磺岛战役结束后,负责联络的霍华德·康纳上校曾感慨地说:"如果不是因为纳瓦霍人,美国海军将永远攻占不了硫磺岛。"当时,康纳手下共有6名纳瓦霍密码员,在战斗开始的前两天,他们通宵工作,没有一刻休息。整个战斗中,他们共接发了800多条消息,没有出现任何差错。

攻占硫磺岛战役中"无敌密码"大显了身手。而编制这种"无敌密码"的人又是谁呢?

一个叫菲利普·约翰逊的白人提议用纳瓦霍语编制军事密码。约翰逊的父亲是传教士,曾到过纳瓦霍部落,能说一口流利的纳瓦霍语,而在当时,纳瓦霍语对部落外的人来说,无异于"鸟语"。这种语言口口相传,没有文字,其语法、声调、音节都非常复杂,没有经过专门的长期训练,根本不可能弄懂它的意思。极具军事头脑的约翰逊认为,如果用纳瓦霍语编制军事密码,将非常可靠而且无法破译。因为根据当时的资料记载,通晓这一语言的非纳瓦霍族人全球不过30人,其中没有一个是日本人。

1942年初,该建议由约翰逊提出,他说,如果用纳瓦霍语编制密码,可将用机器密码需要30分钟传出的三行英文信息,在20秒内传递出去。

美国太平洋舰队上将克莱登·沃格尔接受了约翰逊的建议。1942年5月,29名纳瓦霍人作为第一批密码编译人员征召入伍,在加利福尼亚一处海滨开始工作。不久,根据纳瓦霍语创建的500个常用军事术语的词汇表制作完成。由于没有现代军事设备的专门词语,因此代码中经常出现比喻说法和拟声词。

此后的太平洋战争期间,420名纳瓦霍族人加入了密码通讯员的行列,他们几乎参加了美军在太平洋地区发动的每一场战役。用纳瓦霍语编制的密码被用来下达战斗命令,通报战情,为最终打败日本军国主义者起到重要作用。

除了纳瓦霍语外,在欧洲战场,美军在二战中使用的另一种印第安语——科曼切语密码也大显身手。据说现年78岁的查尔斯·希比蒂是目前唯一在世的科曼切语密码员,目前居住在俄克拉荷马。根据老人回忆,当年报纸上的征兵广告说"征召年轻的科曼切人。要求未婚、无家庭拖累、会说本族语。"特别是在语言方面要求极为严格，必须十分流利。

在科曼切语创建的由250个军事术语组成的词汇表里，轰炸机成了科曼切语中的"怀孕的鸟"，一天，一个黑发、留着卓别林式的胡子、表情严肃的德国男子的照片送到希比蒂手中，"我们需要给这个人起一个代号。"希比蒂看了看照片想起了他看过的欧洲新闻短片，于是说："'疯了'怎么样？或者'疯狂'？"最终，真的决定用"疯狂的白人"来称呼这个元首，而此人就是希特勒。

1944年1月，诺曼底登陆战役中，当希比蒂登上犹他滩时，指挥官命令他："通知总部我们成功登陆了，现正准备占领敌方阵地。"顶着炮弹掀起的沙子和海水，希比蒂掏出无线电发报机，迅速用科曼切语发出了这条信息。科曼切密码通讯员希比蒂发出了第一条登陆诺曼底的信息。海滩上，炮弹和曳光弹不断在头顶上爆炸，一阵静电干扰之后，无线发报机传来信息："收到。守住滩头阵地，弄清敌人方位。增援部队很快抵达。完毕。"

在诺曼底滩头大显神通之后，对于这种密码，纳粹德国的情报部门也绞尽了脑汁，始终未能找到破译的方法。

无论是纳瓦霍族密码员还是科曼切族密码员都没有因为他们的巨大贡献在战时或战后获得表彰。因为当时的五角大楼认为这些密码员在接下来的冷战中可能再派上其他重要用场，因而不宜暴露，并命令他们严格保守秘密。但是，随着密码技术的进步，这些古老的密码已经完全成了古董，于是密码员们才终于获得了迟到的荣誉，但他们当中的大多数都已经默默无闻地离开了人世。

对这迟到了半个世纪的表彰，布什也不胜感慨。他说："他们勇敢地工作，出色地完成了自己的任务……他们对国家的贡献值得所有美国人尊敬和感谢。"当年的29名印第安纳瓦霍族人，编制出了这套"无敌密码"，现在，其中25人已离开人世，这些人的名字将永远消失在历史的长河中，就像他们未曾来过一样。

## 谁是世界上身价最高的间谍？

沃尔夫冈·洛茨是继伊利·科恩之后以色列情报机构摩萨德又一著名间谍。他幼年在德国生活，后移居巴勒斯坦，二战爆发后进入军队，1962年被阿穆恩（以色列军事情报局）派往埃及。

沃尔夫冈·洛茨以一名德国旅游者和育马人的身份，踏上了埃及的国土。洛茨仅用了6个多月的时间，便结识了当地社会的精英人士。他尤其注意与埃及军官建立友谊，陪他们一起喝酒、打牌，在吃喝玩乐中得到了不少有价值的情报。

在法国期间，洛茨在火车上认识了一位德裔美国女子，名叫瓦尔特劳德，两人一见钟情，仅仅两周时间，便双双坠入情网。

当洛茨带着漂亮的妻子回到埃及后，每天早晨，洛茨总是站在一个5米高的塔楼上，手持高倍望远镜观察驯马，但他真正注意的并不是他的马。他只要把手中的望远镜稍稍向右移动一下，便可将军事基地内的一切活动尽收眼底。

洛茨夫妇的朋友极其广泛，除了骑士俱乐部的尤素福将军及年轻军官们之外，还

有军事后勤专家阿卜杜勒·萨拉姆·苏来茫将军、军事反间谍局的福阿德·奥斯曼将军和穆赫辛·赛义德上校，乃至埃及共和国的副总统侯赛因·沙菲。他们都把洛茨视作值得信任的前纳粹军官，因此往往在不经意中吐露出许多宝贵的情报来。

一次宴会畅饮之后，洛茨恰好坐在阿卜杜勒·萨拉姆将军身边。将军负责陆海空三军的调动和弹药运输，因此，听他的谈话极为重要。

"近来忙吗？好久没见了。"洛茨客气地问候道。

"喔，是的，非常忙。我们的一个步兵旅从此地调到了运河地区，所以我就得去苏伊士几趟。"

"阿卜杜勒，有件事只有你能帮我。如果要打仗的话，请事先告诉我一声，这样我好买下足够的威士忌藏在这儿呀。"

"哦，你不用太着急，还得再等一段时间。足够的武器和弹药可以帮我们占领整个中东，但是光靠这个不行。军队的现状眼下十分糟糕。"

"什么？不会吧。"洛茨假装不解地说。

"当然，我们的精锐部队只是少部分。我们的士兵还缺乏训练，士气也不怎么高。"

"不过据我所知，你们有外国顾问帮忙，而且军队在苏伊士战争中也积累了实战经验。"

"的确如此，世界上最好的军事专家在为我们工作。但 5 分钟后，我们的人就开始指挥起他们了，自以为是的埃及人总是这样！而且，军队之间没有配合，或是完全失去了指挥，或是发出的命令相互矛盾。现在，我们所追求的是数量而不是军队的质量。如果继续这样下去，我们就要付出更大的代价。"

"依你看，战争会在什么时候开始？"洛茨问道。

"下星期或下个月肯定不会打，但肯定是要打的。"阿卜杜勒将军笑着说。

当晚，沃尔夫冈·洛茨从马靴里取出了微型发报机，在卫生间里向特拉维夫总部发回了搜集到的重要情报。就这样，沃尔夫冈·洛茨在推杯把盏之中轻而易举地搜集到一些情报，并将它们源源不断地发回到阿穆恩总部。

1965 年春天，洛茨夫妇和瓦尔特劳德的父母在一次出游之后，一家人驱车返回开罗，刚到家门口，6 名大汉把他们全部用手铐拖走了。

随后，埃及安全机关检察长萨米尔·哈桑亲自审问了洛茨。原来，沃尔夫冈·洛茨也和在叙利亚的间谍伊利·科恩一样，是被测出发报位置而暴露的。埃及安全机关甚至录下了 3 年来洛茨收发的全部电讯号。事已至此，洛茨只得承认一切，说自己是德国人，只是图谋金钱才替以色列搜集情报。埃及人对此深信不疑，因为他们早已掌握了洛茨是前纳粹军官的铁证。

此外，洛茨还咬定所有活动都是他一人进行的，被捕 12 天后，埃及安全机关安排洛茨夫妇接受电视台的采访，洛茨想这正是一个告诉以色列情报机关这里到底发生了什么的好机会。

在采访中，洛茨承认自己当了间谍，是个见财如命的德国人。采访最后，记者问他是否想对德国的亲人说点什么时，他趁机说道："如果以色列今后还派间谍来的话，它应当去找自己的公民，而不要再收买德国人或者其他外国人了。"埃及当局显然并没有意识到，以色列军方已经明白了洛茨的意思：我的假德国人身份还没有暴露，请设法据此采取营救。

1965年7月27日，埃及法庭对洛茨夫妇进行了公开审判，洛茨被判终身苦役。

1967年6月5日，第三次中东战争爆发。从监狱中可以听见以色列飞机在监狱附近投下炸弹的爆炸声，洛茨分析他们攻击的目标很可能是由自己提供情报的赫勒军工厂的位置，为此他心中暗暗感到高兴。

1968年2月3日，第三次中东战争即"六日战争"之后，洛茨被叫到副官办公室，监狱副官通告了释放洛茨的决定。当时，洛茨听到自己获释并没有之前想象的那么兴奋，反而内心平静得出奇。在开罗机场洛茨等待回国的班机。突然，领事神秘地告诉洛茨，在他被释放的背后有过一场特殊的较量。

战争结束后，以色列开始同埃及就交换战俘的问题谈判，以色列情报机构长官梅厄·阿米特坚持要将洛茨列入战俘交换之列。自从科恩被叙利亚人绞死之后，阿米特就一直对没能营救这位间谍王子而感到自责和沮丧。但是以色列政界却不愿意公开承认洛茨是本国间谍。直到阿米特以辞职相威胁，最终才使洛茨得以逃出囹圄。最终，以色列政府表示，埃及释放在押的洛茨和瓦尔特劳德夫妇，以色列就可以释放包括9名埃及将军在内的5000名埃及战俘。洛茨听后大吃一惊，几乎不敢相信自己竟有如此之高的身价。这样大的代价换取两个人的性命，的确价值不菲，但究竟是不是身价最高的间谍我们不得而知，只是这样高昂的代价足以说明，一名优秀的间谍可以给他的主人带来的恐怕还不知是这些的多少倍！

## 有几个蒙哥马利？

1944年1月14日傍晚，伦敦沉浸在一片战争气氛中，艾森豪威尔走马上任。英国著名战将蒙哥马利任英军地面部队司令。罗斯福和丘吉尔把他们最王牌的干将组成盟军中坚。随时准备横跨英吉利海峡，给德军以毁灭性的打击。

万事俱备，只欠东风。联军指挥部经反复研究，决定把登陆的日期代号定为"D日"。然而，从什么地方突破？登陆时间选在什么时候？以及登陆的突然性等，都是事关全局和盟军官兵命运的大事，一着不慎，全盘皆输，盟军的战将们深谙此理。

巨幅军用地图前，将军们在苦苦思索：横隔在法国和大不列颠之间的英吉利和多佛尔海峡，总长约560千米，西部宽达220千米，最窄处在东部的加莱，只有33千米宽。登陆点选在什么地方呢？多佛尔海峡深度为36至54米，而英吉利海峡西端深达105米，且风强浪猛，暗礁林立。从地理上看，多佛尔海峡明显占着优势。

然而，兵不厌诈，熟谙海峡地理的艾森豪威尔及其幕僚，却出乎意料地把登陆地点选在法国西北部塞纳海湾的诺曼底地区，横渡英吉利海峡。至于登陆日期，艾森豪威尔认为6月5、6、7日潮水和月色均为适当。"D日"方案一经敲定，"坚忍"计划随即出笼。英国政府采取了有史以来规模最大、不同寻常的保密安全措施。

不过，精心策划的"坚忍"计划的最得意之作，还要数詹姆斯中尉冒名顶替英国指挥登陆作战的总司令官蒙哥马利元帅。在德国人的眼里，蒙哥马利是英军的象征，只要他不在前线，英军就不可能马上进行登陆作战。其实，德国人的判断没有错，错的是他们错认了"元帅"，把陆军中尉詹姆斯当成了蒙哥马利。

詹姆斯中尉长相酷似蒙哥马利元帅，由于连年征战，使他略显苍老，而这为他扮演"元帅"创造了条件。战前，詹姆斯是一家剧团的职业演员，由于他的天赋，无论扮高层人物还是演黎民百姓，都演得活灵活现。在两名军官的具体指导下，他一遍遍地琢磨报上的蒙哥马利照片和新闻影片中的一举一动。还熟记了"元帅"生活中成千上万的细节，以至连蒙哥马利吃饭时麦片粥要不要放牛奶和糖等都了如指掌。最后，还特意安排詹姆斯到元帅身边生活了几天，进行实地模仿。詹姆斯扮"元帅"特别投入，进步也很快，以致最后连警卫员也难辨真伪。

5月15日，这位"蒙哥马利元帅"搭乘首相专机开往直布罗陀和阿尔及尔，与此同时，英军故意放风说有可能在法国南部海岸登陆，蒙哥马利元帅去直布罗陀和阿尔及尔的重要使命就是组编英美联军。德国开始半信半疑，派两名高级间谍去侦查，由于詹姆斯的表演逼真，使德国间谍深信不疑。

不仅如此，英国还煞有介事地派人前往中立国去收购加莱海岸的详细地图。盟军又假装将一支兵力达100万人的集团军，驻在英东南沿海一带，佯装准备进攻加莱。其实蒙哥马利的第21集团军，早已秘密地隐伏在英国南部海岸，等候渡海进攻诺曼底了。一系列假象最终骗过了希特勒，他以为盟军在英国东部已经集结了92个师的兵力，准备在7月份进攻加莱，因此，他把德军最精锐的第15集团军集中在加莱地区，而诺曼底只有一个装甲师驻防。英美盟军以假隐真，迷惑住敌人，终于达到了目的。

詹姆斯主演的这出以假乱真、冒名顶替的好戏，对盟军反攻欧洲大陆发挥了重要作用："蒙哥马利元帅"视察非洲，使德军最高统帅部关于盟军登陆地点本来就很混乱的争执变得更加混乱不堪。于是，德军把防守诺曼底地区的两个坦克师和6个步兵师抽调到加莱地区，大大减少了盟军在诺曼底登陆时的压力。

在诺曼底登陆的前两天，詹姆斯的假冒元帅做到了头。英国情报机关指令他乘飞机抵达开罗，隐姓埋名，直到诺曼底登陆结束为止。对于他在直布罗陀和阿尔及尔的"演出"，英国情报机关给予了极高的评价。据称，局外人士没有一个人怀疑他是蒙哥马利的替身。

詹姆斯在直布罗陀和阿尔及尔之行中，出尽了"元帅"风头，但他也差点惹来杀身之祸。从战后缴获的纳粹文件中得知：柏林在获悉"蒙哥马利元帅"飞赴非洲一线视察的情报后，德军统帅部曾制订了一个计划，要在途中击落"元帅"座机，如截击不成，便立即派出刺客，伺机行刺。在这危急关头，倒是希特勒认为应首先查清是否是蒙哥马利本人，如果确认是元帅本人，首要的目的是弄清他此行的目的，而不是干掉他。希特勒的一念之差，让詹姆斯捡了一条命。

6月6日凌晨，英吉利海峡狂风怒号，波涛汹涌，英国皇家空军轰炸机队1136架飞机对塞纳湾德军炮兵阵地投掷了近6万吨炸弹。拂晓前，美国陆军第八航空队又出动1083架轰炸机，再次把1763吨炸药倾泻在德军阵地上。尔后，盟军各种飞机，轮番出击，对各个预定目标实施了毁灭性打击。凌晨6时30分，英军第一批登陆部队踏上塞纳湾海岸，突破了希特勒狂妄吹嘘的"大西洋壁垒"。

正当英军突破防线之时，担负防守任务的德军B集团军司令官隆美尔，正在为他夫人生日做准备呢。当他被急电告知"盟军在诺曼底登陆"时，不由大惊失色，一束准备献给妻子的鲜花失落在地毯上……

迟了，一切都迟了。詹姆斯以他成功的冒名顶替为诺曼底登陆成功立下了赫赫奇功。

### 隆美尔真那么神奇吗？

从诸多的军事资料看，德军统帅隆美尔被描绘成一个极为出色的战术家，他所著的《步兵攻击》是二战时许多国家军队的必修书籍。在北非战场上，他曾把英军打得狼狈而逃，辉煌一时。但又有评论说他不是一个好的战略家，而且恰恰就是因为这一点，他才被蒙哥马利打回突尼斯的。那么隆美尔究竟是否可以称得上二战最优秀的陆军将军呢？

曾经有军事评论家评出二战最强悍的5位陆军将军，他们依次是：隆美尔、古德里安、朱可夫、巴顿和曼斯坦因。在这5位当中，如果从规模和对全局的重要性来看，北非战场远远比不上东线的苏德战场，从这一点说隆美尔称不上最优秀的，其作用比不过古德里安和曼斯坦因。更有好事者这样比喻："世界足球先生"一定来自取得了欧洲杯、世界杯冠军的那支球队，弱队里的球星再耀眼，都只有望其项背……从这个原理推论，谁是"二战最强的陆军将军"呢，结论只有一个：朱可夫！用宣传家的口气说，这叫作"在关键的地方发挥了关键的作用"。

持以上观点人的另外一个根据是，隆美尔虽然贵为元帅，但指挥的部队最高级别为师级，没有指挥过军级、集团军级的部队，这似乎与他的元帅军衔不太相配，由于运输和供给困难，北非战场并非德军的主要战场，虽然战略意义十分重要。所以隆美尔并没有像龙德施泰特、曼斯坦因、莫德尔、古德里安那样指挥千军万马进行大规模的战役，也许从战术上讲他技高一筹，但从战略上讲就差了些，战功上就更无法和其他元帅相比了。因此，二战最强陆军将军非朱可夫和巴顿莫属，前者屡屡力挽狂澜，号称消防队长；后者攻无不克，战无不胜。隆美尔能力确实也不错，但名气与英方的吹捧不无关系，东线的曼斯坦因当数德军二战中最优秀的将军。

既然隆美尔因为在北非战场被蒙哥马利打回突尼斯一役被彻底排斥，那么我们就来看看这场让隆美尔抱恨终生的战斗吧！

1941年2月12日，隆美尔受希特勒委派去解除北非意大利军队的困境，飞抵利比亚首都的黎波里。他一直渴望找到这样一个独立的战场，他是战场的主宰，北非战场正是这样一个好地方：绵延数千千米，堆积厚厚黄沙的开阔区域，没有障碍物和天然防线，自然也就没有政治阴谋、游击队、抵抗组织、难民等问题的干扰。一切军需均从外部运入，指挥官可以在流动的战场上任意设计自己的战争。

隆美尔借助坦克的高度机动性，在缺少制空权的条件下，采用兵不厌诈的手法屡屡奇袭得手、以少击众、出奇制胜，其中最著名的当数以机动战术攻占划兰尼加地区一役。接着攻克托卜鲁克要塞，并多次击退英军反攻。1942年5月，在比哈凯姆坦克会战中，隆美尔把英军逐回埃及境内，取得了重大胜利。隆美尔因战绩卓著而连升两级，成为德军中最年轻的元帅。

然而，从一开始就注定了隆美尔命运的是，德军统帅部对隆美尔一次次的劝阻，希特勒要求他只发动"有限的攻击"，因为纳粹的头子们根本没有足够的精力来顾及角落里的非洲战场。即使希特勒后来受到隆美尔巨大成功的激励，大力支援隆美尔，隆美尔实际得到的也只是杯水车薪。他没有足够的坦克装甲车，没有足够的粮食油料，也没有制空的能力。所有战场的损失，他都无力补充。"超人"的意志变得无济于事。

另一方面，1942 年 8 月，当蒙哥马利来到开罗时，他带来的是崭新的美制"谢尔曼"式重型坦克、俯冲轰炸机和大口径榴弹炮。以丘吉尔为代表的全英国也在大力支持蒙哥马利，丘吉尔甚至还为他争取到了美国的帮助。而强弩之末的隆美尔却只能一天几次地为意大利军队的懦弱怯战发脾气。有人戏称，这是重量级和轻量级拳手之间的搏斗，是一次不对等的战斗。

在如此优劣悬殊的情况下，隆美尔依然首先于 1942 年 8 月 31 日发起阿拉姆哈勒法战斗，但他的攻势连连受阻，直到坦克里只剩下一天的燃油时，隆美尔不得不下令全线撤退，行程 3200 多千米，隆美尔率领"非洲军"奇迹般地逃脱了蒙哥马利一次又一次地追截，终于遁入突尼斯山区。次年 5 月 13 日，疾病缠身的隆美尔回国养病两个月，"非洲军"在突尼斯被盟军全部歼灭。北非沙漠中的大败摧毁了他的意志与自信。到 1943 年底，当希特勒再次起用他做西线 B 集团军司令时，隆美尔已从骨子里变成了一个"悲观主义者"，体现着"超人"意志的疯狂进攻精神消失了。"大西洋壁垒"海岸防御工事任务中隆美尔受到假情报的误导，上了艾森豪威尔的当。1944 年 6 月 6 日凌晨，盟军万舰齐发在诺曼底登陆时，正在家中为妻子庆祝生日的隆美尔得知消息，犹如晴天霹雳，顿时呆若木鸡。

1944 年 10 月 14 日，隆美尔因希特勒被刺事件受牵连。摆在隆美尔面前的只有两种选择：要么按叛国罪接受军事法庭的审判，被钢琴弦吊死；要么服毒自尽，为他保密，举行体面的国葬。隆美尔在极度痛苦中选择了后者。

对于隆美尔在军事上的优缺点，英国元帅卡弗在他主编的《现代世界名将》中评论道："隆美尔在战场上获得的成功更多是出于战术天才，而非战略创见。他对德国的军事战略贡献不大。德国军事史上其他伟大的人物，如格纳森诺、克劳塞维茨、毛奇、施利芬等等，都处在普鲁士和德国重大战略的伟大传统的中心。隆美尔虽然也身处同列，但其成就完全在战术方面。同上述人物相比，他只能身处其侧。"英国军事理论家 B. H. 利德尔哈特将隆美尔作战文书编辑成册，名为《隆美尔文件》，其中有关"沙漠战争规律"等论述，对后世产生了巨大影响。至于隆美尔究竟是不是二战中最优秀的将军恐怕只能任世人评说了。

## 海湾战争中伊拉克战机为何外飞

伊拉克战机未曾战斗便飞赴近邻伊朗，是为保存实力，还是空军的叛变呢？萨达姆没有做出明确的解释。

1991 年 1 月 17 日，海湾战争打响后，以美国为首的多国部队，每天出动 7000 架次飞机对伊拉克军事战略目标进行狂轰滥炸，号称是"世界上第五支最强大的军队"和拥有 700 多架先进战机的伊拉克空军却按兵不动，被动挨炸。不仅如此，从 1 月 26

日开始，先后有 100 多架飞机，纷纷飞往邻国伊朗。

海湾战争的帷幕刚拉开不久，伊拉克空军就演出这场战机东南飞的"好戏"，真使人感到迷惑不解。对此情况，伊拉克当局却一直守口如瓶，保持缄默，从而更增添了一层神秘的色彩。人们不禁要问，在这战火猛烈燃烧之际，伊拉克战机为何不迎头起飞，痛击敌机，却远走高飞，这究竟是"阳谋"，还是"阴谋"？是"出逃"还是"避难"？是"厌战"还是"保存实力"？到底有多少架飞机外飞？它们的最终命运如何？至今这一系列疑团尚徘徊于人们的脑海之中。

这支自诩为"世界上第 5 支最强大的军队"到底搞什么鬼？西方新闻媒体曾对伊军战机外飞事件大肆报道，真真假假，扑朔迷离，令人难辨真伪。

根据当时许多西方观察家的猜测和判断，这可能是伊拉克当局保持战斗实力所采取的一种韬晦之计。由于两伊战争刚刚结束，双方的敌对关系有所缓和。因此，把一部分先进的战机转移到邻国伊朗境内保存起来，较之留在国内用钢筋水泥修筑的地下掩蔽体内更为安全。故而战机纷纷外飞。然而，伊朗驻法国大使阿哈尼先后两次向外界否认两伊有过这样的默契或协议。

也有一些人猜测伊拉克国内的一起未遂政变可能是伊拉克机外飞的直接原因。长期以来，美国一直把伊拉克萨达姆政权视为眼中钉，肉中刺。伊拉克入侵科威特和海湾战争爆发后，美国更是盼望伊国内发生内讧或政变，以此推翻萨达姆政权。据西方媒体猜测，在海湾战争初期，多国部队对伊拉克和伊占科威特的空袭取得了成功，摧毁了 36 枚飞毛腿导弹和多达 300 架飞机，这使萨达姆总统大为恼火，他以"防空不力"为理由处死了一名空军司令和一名防空司令。于是，效忠这两位司令的伊拉克空军将军和一些飞行员，发动了一场未遂政变。东窗事发后，这些飞行员纷纷寻找机会，驾机出逃，飞往伊朗，寻求避难。

还有消息宣称，海湾战争期间，除向驻科伊军投放大量的收音机以及传单之外，多国部队还在美国示意下向伊本土投放了数以百万计的传单，规劝他们弃械投降。这一伎俩多多少少收到了一些效果。可以说，心理战虽谈不上所获颇丰，但毕竟还是有一定成效的。据说，沙漠风暴开始后，美国空军诧异地发现，他们几乎遇不到任何伊拉克战机的拦截。故而许多西方人士认为伊空军有可能是开小差，临阵脱逃，以免多国部队"以石击卵"，做无谓的牺牲。

伊拉克战机接二连三飞往伊朗一事使对执行沙漠风暴的美军心情十分复杂，一方面他们看到数以百计的伊军战机受制于多国部队的狂轰滥炸，致使伊空军无法发挥应敌效应，只能外逃。而同时，他们也意识这些外飞的战机日后有可能东山再起，后发制人，使美军腹背受敌，这对多国部队是一大威胁。但是，这一担忧是多余的，因为事后证明，伊军战斗机并没有做出这一"惊人之举"。

那么到底有多少飞机飞往伊朗呢？它们的结局又是如何？据西方军事观察家分析，海湾战争爆发前夕，伊拉克拥有各种类型飞机 1300 余架，其中作战飞机 700 余架。虽有一定的实战能力，但与以美国为首的多国部队强大的空军优势对垒，力量仍是相差悬殊。因此，战争一开始，由于美国掌握绝对的制空权，使伊拉克空军难以起飞作战。起初，只有 50 多架外逃远飞，后来增至 100 余架，截止 1991 年 2 月 10 日，已多达 145

架。其中包括米格-27、米格-29歼击机和幻影 F-1 战斗轰炸机等性能最好的战机，还有少数民航客机等。

对于这批飞来的财富，伊朗政府最初的态度是，将把这批战机连同其飞行员一起扣留到战后再归还伊拉克。但事后不久，伊朗当局又改口说，由于两伊战争中伊拉克对伊朗负有战事责任，有可能考虑将这批飞机作为战争赔偿。然而海湾战事早已结束，伊拉克究竟是否索回了飞跑的战机，依然是个不解之谜。

"出逃"抑或"避难""阴谋"抑或"无计""厌战"抑或"保存实力"……至今这一系列疑团仍萦绕于人们的脑海中，引起多方揣测，但无人知晓其中真正的动机。

## "双面娇娃"玛塔·哈丽

玛塔·哈丽曾是巴黎红得发紫的舞星，后来在德国军官的"赏识"下开始间谍生涯，并最终成为双面间谍，被后人称作"谍海女王"。

1917 年，第一次世界大战进入了最后的阶段，德军疯狂进攻，法国军队节节败退。此时，一场秘密而特别的审讯正在法国的杜莱斯宫悄悄进行，被告是巴黎红极一时的舞星玛塔·哈丽。法国反间谍部门却指控哈丽帮助德国窃取情报，并给法国带来巨大损失，造成 5 万名士兵死亡。10 月 15 日，玛塔·哈丽因叛国罪被执行枪决。从此玛塔·哈丽这个名字也被写入世界超级间谍的史册，甚至被后人称作"谍海女王"，跻身历史上"最著名的 10 大超级间谍"之列。

1876 年 8 月 7 日，玛塔·哈丽出生在荷兰北部莱瓦顿市附近的一个小镇，她原名叫玛嘉蕾莎·吉尔特鲁伊达·泽利。1904 年，孤身一人的泽利不名一文地来到了花都巴黎。为了生计，她不得不去做舞女，并取了一个艺名——"玛塔·哈丽"，意即"马来人的太阳"，成了职业舞娘的哈丽从此越跳越红，是当时巴黎红得发紫的舞星。

1914 年，第一次世界大战爆发后，德军统帅部的军官巴龙·冯·米尔巴赫在看到哈丽的表演时，认为她是一块难觅的间谍好料。于是，就派人私下出价 2 万法郎诱她下水。从此，玛塔·哈丽利用自己的身体从那些贪图欢乐、迷恋女色的大臣、将军的口中源源不断地套取情报。可是历史学家菲利普·考勒斯经考证后却认为，哈丽虽然收下了那 2 万法郎，也曾多次引诱法国高级军官上床，可是从未向德军出卖过任何有价值的情报。

但德国人不知道的是，哈丽已经被英国情报部门跟踪。最先发现哈丽与德军"有染"的，是潜伏在巴黎的英国秘密情报人员，由于当时英法两国同属协约国阵营。因此英国方面立即将这一重要情报通报给巴黎当时负责法国情报工作的乔治·劳德克斯上尉。劳德克斯上尉当机立断，招募哈丽为双料间谍，以德国间谍的身份为掩护秘密为法国服务。1916 年，玛塔·哈丽与劳德克斯上尉见了面。她接到的第一个任务就是前往中立国西班牙，引诱德国特使卡伦上校。此后，德国方面的情报通过玛塔·哈丽源源不断地从西班牙传回法国。

后来，法国情报部门截获了一封由马德里发往柏林的电报："通知 H21 速回巴黎待命。克雷默将付给其 15000 法郎的支票。"综合其他相关情报，法国情报部门认定 H21 就是玛塔·哈丽，她极有可能为德国方面提供了大量情报。1917 年 2 月 13 号，玛塔·哈丽刚刚抵达法国边境，就以间谍罪被逮捕。

当初将哈丽招进门的法国情报部门首脑劳德克斯上尉，一看哈丽已经失去情报价值，为了挽救法国情报机构的名誉，做出了牺牲玛塔·哈丽的决定。在哈丽被捕受审期间，劳德克斯上尉刻意夸大她在一战初期为德国充当间谍刺探法国情报的罪行，却只字不提 1917 年她反过来向法国提供德军情报的真相。

据说，哈丽最终被推上刑场，全因她被捕后的主审法官埃尔·波查顿的坚持所致。但让人不解的是，法官波查顿历来都被认为是一位秉公执法、受人尊敬的大法官，可是为何面对哈丽辩护律师据理力争提交上来的哈丽曾为法国窃取德军情报的事实却视而不见呢？

多年之后，他的重外孙、历史学家菲利普·考勒斯在详细查阅了家庭档案后，惊讶地发现，自己的外曾祖父皮埃尔·波查顿发现外曾祖母"红杏红墙"之后，对所有的女人都恨之入骨，这种憎恨在他的私人信件和日记当中随处可见。而曾经长期混迹于巴黎社交圈的红舞星玛塔·哈丽自然成了波查顿报复的首选。考勒斯据此推论：玛塔·哈丽之所以"有罪"，就是因为她追求自由放纵、奢华享受，这便是她"冒犯"法官波查顿的全部原因。

颇具讽刺意味的是，1999 年，英国情报部门公开的 20 世纪初的情报档案显示，其实当年英国情报机构并没有掌握玛塔·哈丽犯有间谍罪的真凭实据。

玛塔·哈里被处死后，她的头颅一直被保存在巴黎阿纳托密博物馆，经过特殊的技术处理后仍保持了她生前的红唇秀发，像活着时一样。2000 年，玛塔·哈里的头颅不翼而飞，博物馆的人说，可能是被她的崇拜者盗走了。

在玛塔，哈丽死后的几十年中，她的生平被多次搬上银幕。特别是 1931 年 12 月 31 日，由著名影星、无声电影皇后葛丽泰·嘉宝主演的《玛塔·哈丽》首映，再次轰动了整个欧洲。

然而，人们一直存在一个疑惑：玛塔·哈丽到底是"叛国者"还是"爱国者"？是英雄还是叛徒？也许只有历史可以解答这个问题了。

## 谁揭秘了希特勒"复仇武器"？

如果没有这位富有正义的德国科学家，也许二战的结果会改变。究竟是谁揭秘了希特勒的"复仇武器"呢？他又是如何获得这些高级情报的呢？

1939 年 9 月 1 日清晨，5 支德国军队在一群轰炸机的掩护下，越过波兰边境从三个方向向华沙挺进。9 月 3 日，希特勒拒绝了英国首相张伯伦要求德军撤出波兰的最后通牒，英法随之对德宣战。第二次世界大战爆发。

战争爆发后，由于英法对战争并未做好准备，只能眼睁睁地看着波兰军队在短短的 27 天内被击溃，希特勒的"闪电战"一战成名。

由于德国蓄谋已久，而英法一直以为战争不会爆发，所以对法西斯德国的军备情况了解不多，只能眼睁睁看着德国吞噬一个又一个地区，对此却束手无策。

在德国占领波兰的三周后，1939 年 10 月 17 日，英国驻挪威使馆武官鲍易斯海军准将在奥斯陆接到参谋送来的一个包裹，里面是一封很普通的匿名信。信中说，如果

英国想获得德军最新武器的情报，英国只需在 BBC 广播公司对德国广播的开头加上"你好。这里是伦敦"。接到信后，英国方面开会探讨了此事。有人认为它是第三帝国的情报组织放的烟幕弹，是一种心理战术。其他人不以为然。最后，在英国军情六处的要求下，决定按信中所说，将 BBC 对德广播的开头语改为"你好，这里是伦敦"。就这样，二战中最具神秘色彩的事件发生了。

1939 年 11 月 4 日，在 BBC 对德广播改动后的一个星期，英国驻奥斯陆使馆的卫兵正在暴风雪中巡逻，忽然，他看见了一个放在石阶上的包裹，包裹是用牛皮纸包着的，捆着结实的绳子，约 80 毫米厚，上面写着"鲍易斯将军收"。这名士兵不敢怠慢，赶紧把包裹交到了鲍易斯将军手中。鲍易斯打开包裹，周围的人都惊呆了：里面装的竟然全部都是有关德军武器设计制造的说明图表和许多德文文件，其中包括巨型火箭的设计图纸，还有一张署名"一个好心的德国科学家"的字条。这太让人意外了，是不是个圈套？鲍易斯不能确定。于是，立即将这些文件送回伦敦。

36 小时后，这份被称为"奥斯陆报告"文件的复印件被分发到几个英国科学家和情报专家的手中。这是一份惊人的文件，在大量的军事技术情报中，有关于声纳鱼雷、夜间轰炸系统、德国新近研制的维尔茨堡雷达和弗雷亚雷达等的诸多机密资料。最令人惊讶的是，德国正在波罗的海的皮奈蒙德岛试验发射大型远程火箭。如果报告属实，那么盟军就掌握了希特勒的核心武器计划。可是大多数专家都持否定态度，有几个人甚至认为文件是假的，是德国人抛出的一项别有用意的计划，目的是为了诱使英国浪费宝贵的资源去进行并不存在的技术研究。

此间，不断有关于德国远程火箭的报告送到英国情报局，后来在法国对布律瓦尔村的偷袭中确实缴获了一部维尔茨堡雷达，这部分证实了"奥斯陆报告"的真实性，但由于各种情报来源的不确定，英情报局一直将那些有关德国远程火箭的资料尘封着，直到 1943 年 3 月 17 日。当时，被俘的隆美尔非洲兵团的德军将领托马和克鲁维尔聊天时无意透露了曾参观过巨型火箭发射试验。这让英国人大吃一惊。

就像"奥斯陆报告"所说的那样，希特勒研发的正是大型远程火箭。德军在斯大林格勒和阿拉曼等地节节败退后，希特勒就把扭转败局的希望寄托在原子弹和大型远程火箭这两件"秘密武器"上，但由于铀资源和时间所限，希特勒决定先研制大型远程火箭，并将其命名为"复仇武器"。

后来，英国经过侦查，确定了德国的火箭制造厂位于距皮奈蒙德和赞宾沿岸数公里的地方。于是，英国摧毁德国"复仇武器"的序幕随即拉开了。1943 年 8 月 17 日夜，英国空军紧急出动 600 架轰炸机奇袭皮奈蒙德，轰炸重点就放在技术人员居住区。730 名与"复仇武器"生产有关的人员被炸死，其中包括 2 位关键人物——科学家提尔和瓦尔特。这次突然的袭击打了希特勒一个措手不及，重创了其"复仇武器"计划。希特勒将伦敦夷为平地的梦想也最终化为了泡影。

在英国军方大受"奥斯陆报告"其益的时候，这个送来神秘包裹的人的身份一直是人们讨论的话题。这个所谓的"德国科学家"是如何收集到这么多德国的尖端机密的，甚至包括详细的图纸？是如何通过如此大胆而机敏的方式将这些秘密文件送给英国人的？他为何如此希望阿道夫·希特勒征服梦的破灭？不论他是谁，他都对二战的胜利做出了巨大贡献。

## 哑谜机密码之谜

德国的哑谜机密码保密原理异常复杂，曾经是牢不可破的神话，可是在盟军解码专家的努力下，德军的"哑谜"变成了"明码"。

1939 年 7 月 25 日，第二次世界大战爆发一个半月后，在华沙市郊外莫洛科密林深处一个地下室里，波兰情报官员把第三帝国的无价秘密交给英国情报人员。那是一台复杂到不可思议的机器，名叫"哑谜"，可以用来编制和译解德国的全部军用密码。第二天，哑谜机便被运往英国。英国政府对此非常重视，立刻在一所名叫布特奇利园的乡村大宅内成立了专门的研究中心。

哑谜机又名恩尼格玛密码机，是一种用于加密与解密文件的密码机。它形如电动打字机，用电池供电，携带方便。按动键盘上任何一个键，由 3 个轮子组成的复杂系统马上运转，每个轮子边上刻有一套字母。机内有 26 个小灯泡，分别与不同的字母相对应，按一个字母键，就会亮起相应的灯泡，表示这个字母的代码。密电的收发双方，每次通讯前都要先根据一种特定的方法，定出机器里的一种代码法。这样，任何一句话能够编制出千百万种组合形式，纵有非凡的智能，也无法破译。这就是"哑谜"机的保密原理。

为了破解德国的密码，盟军集结了当时世界上一流的解码专家，包括当时最卓越的数学家杜林。他发明了一台机器，能够高速测试"哑谜"机所编制的密码字母组合。一次能细查 17576 种组合。而德国人经常在通讯中使用某些词语，例如"奉元首之命""司令官"等，这在无意中也帮了英国专家的忙。这类词一旦在一次密电中译出来，就能够为分析同类词语的其他密电提供重要线索。

"哑谜"机并不是密不可破的，它本身也有缺陷，最明显的是一个字母不能用作本身的代码。英军便利用这一缺点来帮助自己译解密码。他们派轰炸机去炸一个无关紧要的目标，暗中截取德国哑谜机发出的空袭报告，然后选出那些未出现的原来地名中所含的字母加以测试，就不难找出那个地名的代码。弄懂了"哑谜"机发出的密电，布特奇利园就把德方的轰炸计划、潜艇位置、陆军兵力等一一转告战场指挥官，结果往往使德军损失惨重。比如德军空军空袭还未展开，英军战斗机早已在目标附近集结待命。

1940 年，希特勒取消进攻英国的"海狮行动"。英国人从"哑谜"机的密电里获取了情报，迅速把兵力转向其他方面。1941 年，英军依靠"哑谜机"密电，事先获悉隆美尔元帅的计划，派轰炸机轰炸了载兵到北非的运兵船"卑斯麦号"。1944 年，盟军又靠哑谜机之助。得悉德国误以为 6 月 6 日盟军大举反攻的主要登陆地点是法国的加莱而不是诺曼底，因而准确预知诺曼底德国军队的防守兵力，轻而易举地攻占了诺曼底，为开辟第二战场，最终战胜德国法西斯立下了大功。

盟军对"哑谜"机的保密是极其严格的，即使高级将领也不知道那些准确情报是怎样得来的。而德军指挥部却以为有内奸通敌，把潜艇战失利的原因归于盟军侦察技术有了改进。德国人的这个错误一直延续到大战结束。破译"哑谜"机的内情，一直到 1970 年以后才为世人所知。直到现在，许多有关的技术、设备还未公开。哑谜机在二战中的作用是不可忽视的，盟军破译了德国的密码，使二战的胜利提前了两年。

## 007 的原型是谁？

007 的原型到底是谁呢？虽然故事是虚构的，可现实中应该有其原型。可惜 007 的作者伊恩·弗莱明从来没有明确表示过，从而引起了人们的猜测。

自从 1962 年登上银幕以来，在无数斗争中叱咤风云的英国军情六处（MI6）特工"007"詹姆斯·邦德，在现实中的原型人物到底是谁，就一直是人们猜测的话题。"007"系列小说的作者伊恩·弗莱明，对此也是讳莫如深。由于弗莱明在二战期间有从事情报工作的经历，许多人认为他就是邦德的原型。不过，弗莱明本人从来没有承认这一点，尽管他声称"小说中 90% 的情节都是依据真实经历创作出来的"。

1962 年 10 月，伊恩·弗莱明在《泰晤士报》上撰文称："詹姆斯—邦德是一位真实间谍的传奇版本，那个人也许就是威廉·史蒂芬森。"第二次世界大战期间，这位绰号"无畏"的加拿大人是英国情报机构在整个西半球的最高代表，他还帮助美国人成立了中央情报局的前身"战略情报局"。

1896 年 1 月 23 日，威廉·史蒂芬森出生在加拿大的温尼伯湖地区。第一次世界大战期间，他志愿加入加拿大陆军，后来被调到英国皇家陆军航空队。由于作战英勇，战友们送给他一个绰号"无畏"。战争结束后史蒂芬森下海经商，由于业务关系，他在许多国家都结交了朋友，这些人脉成为他日后重要的情报来源。

二战打响后，史蒂芬森受命于英国政府，丘吉尔将其派往纽约秘密建立"英国安全协调局"。该机构实际就是英国情报机构在西半球的"总代理"。到战争结束时，"英国安全协调局"已经成为负责整个南、北美以及加勒比海地区的间谍情报活动的总办事处。史蒂芬森作为英国情报机构在西半球的最高代表，丘吉尔对他极其信任。

战争期间，史蒂芬森在加拿大成立了"X 训练营"，这是北美地区第一所培训战时秘密行动人员的学校。在 1941 至 1945 年前，约有 2000 名英、美、加等国的特工在此接受过培训，他们为盟军取得最终胜利做出了巨大贡献。巧合的是，伊恩·弗莱明也在"X 训练营"进修过。007 系列小说《金手指》中有一个抢劫诺克斯堡金库的情节，据说它的灵感就来自史蒂芬森一个大胆的计划：盟军派遣特工潜入法属殖民地马提尼克岛，盗取法国傀儡政府储藏在那里的巨额黄金储备。

由于在许多"007"影片中，詹姆斯·邦德都展示了高超的潜水本领，因此除了威廉·史蒂芬森外，许多人也认为英国皇家海军最著名的"蛙人"、王牌特工莱昂内尔·克莱伯就是"007"的原型之一。

莱昂内尔·克莱伯于 1909 年出生在伦敦，他家境贫寒，四处打工为生。二战爆发后，克莱伯加入英国陆军，1941 年，他又加入英国皇家海军。事实证明，他是个天生的潜水专家，很快就被提升为皇家海军驻意大利北部的总潜水官，排除了利沃诺和威尼斯两个港口的大量水雷。由于身手出众，战友们送给他一个绰号"巴斯特"，意为"破坏者"。战争期间，他还荣获过"乔治勋章"和"帝国勋章"等多项至高荣誉。1947 年退役后，克莱伯继续在民间从事潜水活动。1956 年苏联领导人赫鲁晓夫乘军舰访英期间，军情六处曾派克莱伯秘密潜近"敌舰"侦察。不想，他入水后便神秘失踪，从此再无踪迹，成为一桩悬案。

除了一身过硬的水下功夫外，克莱伯的装束也与银幕上的"007"颇为神似，他总是光彩照人，一副十足的绅士派头，一身名牌西服、一副眼镜和一根文明棍。因此很多人待他当作007的原型。

此外，达斯科·波波夫也被许多人认为是007的原型。达斯科·波波夫是纳粹德国最信任的间谍之一，是英国军情五局最成功的双重间谍。同时，他又是英国谍报史上最著名的"风流间谍"。许多专家认为，詹姆斯·邦德周围围绕着那么多漂亮的"邦女郎"以及他身上那种令女人无法抵挡的魅力就取自波波夫这个原型。

1940年，达斯科·波波夫加入纳粹间谍机构。后来，他偷偷加入了英国军情五局，为抵抗纳粹德国而战斗。在德国人那里他的代号是"伊万"，在军情五局他的代号是"侦察兵"。波波夫作为谍报人员无疑是非常成功的，凭借英国给他提供的一些交给德国人的情报，波波夫深得纳粹的信任，甚至被誉为"元首的最好特工"，希特勒对他笃信不疑。从1940年起到1944年间，波波夫为盟军提供了大量有价值的情报，也向德军方面提供了众多虚假的报告，导致德军日后在战略上的失误，可谓是居功至伟。波波夫为二战的胜利做出了巨大的贡献，二战结束后，波波夫被授予大英帝国勋章。

007的原型到底是谁呢？这个问题的答案只有伊恩·弗莱明知道了，可惜他从来没有明确表示过，从而引起了人们的猜测。也正因为如此，007的经典形象才长久不衰，成为许多人的最爱。

## "福克斯谍案"之谜

苏联成功爆炸原子弹后，美国怀疑苏联窃取了原子弹的秘密，为此在核武器研究部门进行了一场反间谍行动，福克斯就是美国中央情报局抓获的一名"苏联间谍"。

在复杂的政治斗争中，总是充满了各种各样的间谍，二战结束以来，"福克斯"一直是国际核间谍的代名词，"福克斯谍案"还被无数报刊转载过，以福克斯为原型的人物出现在许多部影视片中。福克斯何许人也？为何如此出名呢？

1911年12月29日，克劳斯·福克斯出生于德国黑森一达姆施塔特公爵领地的小城吕瑟尔斯海姆。福克斯早在中学时代就在数学和物理学方面表现出了极高的天赋。1930-1932年，福克斯在莱比锡大学学习，后来来到基尔大学学习。1932年加入德国共产党，成为其所在大学支部的负责人。希特勒上台后，福克斯转入地下活动，后来移居巴黎，再从巴黎前往伦敦。

1940年底，由于英国政府决定开始建设铀-235生产工厂，克劳斯·福克斯经人推荐进入鲁道夫·派耶斯教授的试验室工作。在这里，克劳斯·福克斯解决了一些明确原子弹基本参数所必需的重要数学问题。不久，克劳斯福克斯获得英国国籍同，从而被准许接近秘密的"巨大"项目工作。同时，克劳斯·福克斯在原子能理论领域所具有的声望使其被吸收入英国科学家小组，前往洛斯—阿拉莫斯与美国同行在"曼哈顿工程"（美国原子武器计划代号）框架内共同工作。

1945年7月，美国成功地进行了原子弹试验，拥有了新的超级武器。然而仅仅四年后，1949年8月29日，苏联试验了他们的第一颗原子弹。这使美国大为震惊，于是怀疑有人向苏联泄露核机密，甚至疑心克格勃早已渗入研制核武器的关键部门，因而严令中央情报局调查在核岗位上工作的所有可疑分子。情报局大量精明强干的反谍专家经过无数个不眠之夜的苦思冥想，动用了许多最先进的侦破仪器，进行了大量的逐一跟踪、试探、排队分析，怀疑圈越缩越小，最后集中于福克斯这名核心机构的科研人员身上。

1949年9月，美国国家安全局自称成功地破译了苏联驻纽约情报机构的一些电报。其中提到了克劳斯·福克斯是苏联情报部门的间谍。美国特工部门将此情况通报了英国反间谍机构军情五处，后者立即开始对克劳斯·福克斯进行审讯。

据当时记载，1950年2月3日，克劳斯·福克斯在坦白后被逮捕。英国当局指控他向苏联提供了关于"巨大"项目的情报。1950年3月1日，伦敦中央刑事法庭开始审理克劳斯·福克斯间谍案。克劳斯·福克斯认罪后被判处14年监禁。当地媒体称其为"最危险的世纪间谍"。服刑9年后，福克斯被释放，随后便加入了民主德国国籍。在德国，他继续全身心投入科学研究，直到离开人世。

福克斯间谍案披露后，在世界上引起了轩然大波，福克斯一夜之间成了举世闻名的热门人物，东西方"冷战"因此急剧升温。然而，令人惊讶的是，1990年1月15日，美国两家富有影响的新闻杂志《时代》和《新闻与世界报道》同时载文指出：据谍界权威人士透露，经核查，当年福克斯一案纯属错案，正如福克斯当时一再申辩的那样，他给俄国人的是错假失效的"迷惑情报"。不少人还进一步指出，其实谍海的"福克斯现象"并不罕见，只是许多情报机构怕丢脸而严守秘密，将错就错，其原因不少，许多是出于政治上的需要。为福克斯"平反"的消息再一次轰动了美国与世界。许多人指责道：美国中央情报局何以会造成冤假错案？在公认的叛国巨谍中究竟还有多少人是冤枉的？那么，福克斯到底是不是苏联的间谍呢？

福克斯早年曾加入德国共产党，为共产党大国提供情报是极有可能的，而且福克斯晚年时又去了苏联，这一切都不是偶然的。据有关人士透露，福克斯其实是著名的"原子间谍网"的成员，一直都在为约瑟夫·斯大林效命，不断向苏联提供有关原子弹研制进度的情报。从1943年开始，福克斯不断把绝密的分子式、方程式和炸弹模型，秘密交给一位名叫哈里·戈德的苏联情报员，把掌握的美国的原子机密毫无保留地透露给了冷战对手。

然而，这毕竟是人们的推测和一些幕后消息，事情的真相到底如何，恐怕只有当事人和美苏政府知道。但是政治斗争总是与谜案联系在一起的，作为普通人是无法知道真相的。

## 谁是英国内阁的真正间谍？

在战争期间，间谍与反间谍是永不停息的较量，在饱受德国空军摧残的英国，究竟是谁有如此大的神通隐藏在内阁中呢？

1939年9月1日二战爆发后，德国采用闪电战的战术，节节胜利，在战争爆发后的十个月内，希特勒已经完全统治了西欧。英国人知道，在希特勒占领了欧洲之后，在英国爆发战争是迟早的事，所以，为了抵抗德国蓄谋已久的进攻，英国加紧了备战。

然而，出人意料的是，希特勒并未发动跨海侵略战争。8月1号，他签署了第17号令，命令刚晋升的赫尔曼·戈林只用空中力量使英国屈服，于是英国遭到了一次又一次的轰炸，许多人因此失去了生命。

1940年2月，德国对伦敦发动了大规模的空袭。为了保卫英国国土的安全，许多勇敢的飞行员献出了宝贵的生命。烈火、刺耳的警报弥漫在英国全境和英吉利海峡上空达4周之久。借助先进的雷达技术和无线电控制系统，英国皇家空军司令赫兹·道林元帅能够提前知道德军的目标和战术，这使得英国皇家空军能够在恰当的时间布置他们的中队，在适当的地点和高度集中力量进攻德军，从而避免了一味追击敌人的假目标或次要目标，从而造成对本已经十分薄弱的皇家空军力量的无谓消耗。在这场被丘吉尔称为"不列颠之战"的战役中，英军截获的情报发挥了至关重要的作用。

然而，在二战期间，间谍行为往往是双方同时进行的斗争。在道林元帅对戈林的总部进行监听时，德国人也有一条直接从英国战争内阁获得信息的渠道。尽管戈林和他的指挥官们并不知道英军的具体战术，也不知道道林截获了他们的情报，但是，希特勒和德军高级军官却能在英国政府做出极其秘密的决定之后数小时内即获知其内容，从而调整轰炸策略，加大对伦敦的打击力度。

1940年上半年，英国安全机构已经清楚秘密情报被泄露给德国，那么，谁是英国政府部门中的纳粹间谍呢？在1940年惨烈的不列颠之战中，在英德通讯中断的情况下，这个人是如何把包括最关键而且相当长的战争内阁会议记录传给柏林的？这个人的动机是什么呢？难道这个人不仅要提供绝密情报给纳粹，而且还要颠覆英国政府吗？

很多人将怀疑的目光投向了具有纳粹情结的美国人泰勒·肯特。肯特受过良好的教育，他非常好学，会说5种语言。但他坚信纳粹的宣传，认为是犹太人将世界推进了战争。尽管肯特的思想非常极端，他依然得到了约瑟夫·肯尼迪大使（美国总统约翰·肯尼迪的父亲）的充分信任。1938年10月，也就是战争爆发后一个月，肯特来到伦敦的美国驻英国使馆，并被派到最机密的使馆密码室工作。在那里，肯特得以接触到肯尼迪大使和美国国务卿科德霍尔之间的来往函电和其他驻欧公使派来的使馆官员，他们用伦敦通讯设施进行联络。更重要的是，肯特掌握了灰码———一种政府部门认为不会被破译的密码系统，罗斯福总统和丘吉尔首相就是通过该密码系统进行联络的。从各种情况分析，肯特是德国间谍的可能性很大，于是英国情报部门采取了行动。

通过复杂缜密的调查，英国情报部门追查到了肯特。1940年5月20日上午10点，肯特被苏格兰场的侦探逮捕。侦探发现肯特有一套钥匙，能够打开大使存放密件的保险柜。尽管肯特否认自己是个间谍，侦探还是从肯特的寓所里搜出了1500份机密文件。得知这一消息，美国政府部门立即将肯特开除了。由于他不再享有豁免权，英国法院对他进行了审判并定罪，将他在英国最严酷的监狱监禁了7年之久。

自从1940年5月20日肯特被捕以后，他不可能再将战争内阁的情报通报给柏林。此时据不列颠之战开始还有三个月，然而，战争开始后，这条通往柏林的情报线并没有断，难道说肯特还有同伙？或者说肯特根本就不是向德国提供情报的那个间谍，真正的向希特勒提供英国战争内阁情报的间谍根本就没有被查出来呢？这件事情到现在也没有揭晓。

## 隐藏在美国国徽中的金唇

最危险的地方往往也是最安全的地方，最贵重的礼物往往暗藏着最玄妙的杀机。

1933 年 11 月 16 日，苏联与美国正式建立外交关系。从这一天起，克格勃特工便从未停止过对美国驻苏使馆的监听与监视。1938 年，为了更详细具体地了解美国使馆的内情，克格勃开始向美国使馆放飞"燕子"。那些克格勃的职业"燕子"们装扮成国家芭蕾舞剧院演员，凭着沉鱼落雁的美貌轻而易举地飞进了美国外交官的卧房。与此同时，那些负责守卫使馆大楼的苏联女兵也不断向热情潇洒的美国男士抛送秋波。"燕子"们探明，美国使馆大楼顶层是其"要害"所在，会议室、武官处、密报室及大使办公室都设在这层楼上。

1943 年，德黑兰会议结束后，斯大林责令当时苏联克格勃领导人贝利亚，要不惜一切代价、动用一切手段对美国大使阿维列拉·卡里曼的办公室进行窃听。贝利亚与其手下高参开始绞尽脑汁，设计窃听使馆心脏部位的行动方案。

1943 年 12 月 17 日，贝利亚向斯大林报告说，针对美国使馆专门设计的窃听设备已顺利通过检验，其性能"无与伦比"，功效"令人称奇"。

这种特制"窃听器"被命名为"金唇"。将其安放到美国大使办公室的行动被命名为"金唇行动"。

"金唇"窃听器在当时的确代表了世界顶级水平，它不需要电池，也不需要外来电流，从而使当时的反窃听设备不可能捕捉到任何信号。"金唇"可以接收到 300 米以内大耗电量振荡器所发出的微波脉冲，其工作寿命可以无限延长。从外表看，这种窃听器就像一个带尾巴的蝌蚪。

苏联特工机关将微波振荡器及蓄电池安装在美国使馆对面居民楼的顶层，并将那里的居民全部换成克格勃工作人员。家家户户的阳台上经常挂着"家庭主妇们"的劳动成果，每逢星期天，克格勃的女中士们都要在阳台上抖落和晾晒地毯及被褥，她们非常自然地将灰尘一样的"蝌蚪"撒到美使馆大院内。

但是将"金唇"安放到大使办公室却并非易事。为此，克格勃特工人员费尽了心机。他们曾精心在美国使馆内设计了一起火灾，但是那些扮成消防队员的特工人员却始终没有机会进入卡里曼大使的办公室。几经周折后，克格勃的高参们最终想出将窃听器放在礼品中送给美国大使这一妙计。于是，二十几种木制及皮制的贵重工艺品送进了克格勃高官的会议室，经过精心筛选，黑色檀木制成的斯基泰盾牌、两米长的猛玛象牙、瑞典国王送给尼古拉二世的象牙电话机及用象腿骨制成的一米高纸篓被确定为"金唇"载体。贝利亚特地请来窃听器研究权威、苏联科学院院士贝尔格和伊奥费对选定的礼品进行最后检验。两位专家检测后一致认为，这些礼品无法胜任运载"金唇"的使命，最佳选择是根据"金唇"的特殊性能制作相应礼品。贝利亚接受了两位专家的意见，并指示礼品制作与窃听器安装工作要同步进行。

1945 年 2 月，世界三大政治巨头斯大林、罗斯福和丘吉尔在雅尔塔会面。克格勃认为这是实施"金唇"行动的绝好时机，关键问题是如何将美国大使卡里曼从莫斯科引到克里米亚。苏联特工制定出一整套诱引方案。2 月 9 日，苏联宣布在黑海之滨举行

"阿尔台克全苏少先队健身营"开营典礼，并以苏联少先队员的名义向罗斯福总统及丘吉尔首相发出敬请光临的邀请。少先队员们在请柬中用尽动听的词句，诚挚感谢两位政治家在战争期间对苏联人民的帮助。克格勃预想，宣扬"平等与博爱"的美国人绝对不会拒绝孩子们的邀请，但是百忙之中的美国总统和英国首相又不可能应邀而来，委派其他官员前来参加孩子们的活动也并不合适，最合适完成这一使命的非两国驻苏大使莫属。果然不出苏联特工所料，美国大使卡里曼与他的英国同行如期从莫斯科赶到黑海之滨出席开营典礼。

乐队奏响了美国国歌，苏联少先队员用英语合唱美国国歌，开营典礼进入了高潮。卡里曼大使完全沉浸在孩子们纯真稚嫩的歌声中，应有的戒备与警惕早已被欢歌笑语所淹没，恰恰在这一时刻，四名苏联少先队员抬着一枚精美绝伦的巨大木制美国国徽走到卡里曼大使面前。斯大林私人翻译瓦列里·勃列日科夫马上向贵宾们翻译这枚国徽的做工及用料是如何讲究：这枚美国国徽是由名贵的紫檀木、黄杨木、红杉木、柔美棕、波斯帕罗梯木、红木及黑木拼装而成。苏联工匠高超精湛的制作工艺使这位见多识广的美国外交官情不自禁地发出惊叹："天哪！我简直不敢相信自己的眼睛。我把它放哪儿最合适呢？"勃列日科夫不失时机地低声对卡里曼说："就把它挂在您的办公室，英国人肯定会嫉妒得发疯。"

自1945年2月，从这枚内藏苏联克格勃"金唇"窃听器的美国国徽被悬挂在卡里曼办公室的那一刻起，克格勃窃听美国大使的代号为"自白"的行动便开始启动。这一行动共持续了八年。八年间，"金唇"送走了四任美国大使。最令人惊奇的是，每一位新大使到任后从墨水瓶到地板块全部更换一新，就是从未动过这枚美国国徽。它无与伦比的艺术美感赢得了四位美国大使的钟爱，甚至大使办公室的窗帘及家具色调也相应做了些改变，以与这枚国徽相匹配。

美国中情局在发现"金唇"窃听器后，始终没有勇气公开他们的"耻辱"。直到1960年5月，苏联击落由巴乌埃尔森驾驶的美国U2高空侦察机后，华盛顿才公开"金唇"的秘密。虽然美国特工和英国特工曾多次试图制作同样的窃听器，但却都是枉费心机，"金唇"的秘密技术无法破译。如今，克格勃的"金唇"仍旧陈列在美国中情局的博物馆内。

## 美军的"无敌密码"

土著语言的使用范围非常狭小，然而这恰恰符合情报密码的条件，是谁发现了美国的土著语言，并将其演变成美军的"无敌密码"呢？

在战争中，为了使己方的情报能够准备无误且不被敌方破解，战斗的双方往往要在情报密码上下很大的工夫。毫不夸张地说，打赢了情报站，就相当于战争获胜了一大半。

二战中，为了破译德国的"谜语机"密码，英国倾尽了全国之力，这也大大加速了二战的进程。在太平洋战场上，美军破解了日军密码，由此发动空袭，击毁日本大将山本五十六的座机，情报密码的重要性可见一斑。

战争期间，为了编制一套安全的密码，美国费尽了心机，尝试了很多方案，但都不能尽善尽美。后来，一个叫菲利普·约翰的人逊给军方提供了一个绝妙的建议。

约翰逊的父亲是传个教士，曾到过纳瓦霍部落，能说一口流利的纳瓦霍语，而在当时，纳瓦霍语对部落外的人来说，无异于"鸟语"。极具军事头脑的约翰逊认为，如果用纳瓦霍语编制军事密码，将非常可靠而且无法破译。因为这种语言口口相传，没有文字，其语法、声调、音节都非常复杂，没有经过长期专门的训练，根本不可能弄懂它的意思。另外，根据当时的资料记载，通晓这一语言的非纳瓦霍族人全球不过 30人，其中没有一个是日本人。根据约翰逊的实验，用纳瓦霍语编制的密码可以在 20 秒内将三行英文信息传递出去，而同样的信息用机器密码却需要 30 分钟。

1942 年初，约翰逊向美国太平洋舰队上将克莱登·沃格尔提出了这个建议并得到认可。1942 年 5 月，第一批 29 名纳瓦霍人被征召入伍，并被安排在加利福尼亚一处海滨编制密码。他们根据纳瓦霍语共创建了有 500 个常用军事术语的词汇表。由于纳瓦霍语没有描述现代军事设备的词语，因此他们经常使用比喻说法和拟声词。这些纳瓦霍族人参加了美军在太平洋地区发动的每一场战役。他们用密码下达战斗命令，通报战情，紧急时还参加战斗。他们的英勇献身，为最终打败日本军国主义者起到了重要作用。

除了纳瓦霍语外，美军在二战中还曾使用另一种印第安语——科曼切语作为密码。纳瓦霍语主要在太平洋战场使用；而科曼切语则在欧洲战场大显身手。美军根据科曼切语创建出包括 250 个军事术语的词汇表。在这个词汇表里。轰炸机成了科曼切语中的"怀孕的鸟"，自动化武器由于发出时断时续的声音而被称为"缝纫机"，而希特勒则被称为"疯狂的白人"。

1944 年美军登陆诺曼底成功后，时任话务员的查尔斯·希比蒂迅速通过无线电发报机用科曼切语发出了登陆成功的信息。这似乎只是历史上一个微不足道的瞬间，但美国陆军竟在近半个世纪的时间里，一直拒绝公开承认这个事实：科曼切密码通讯员希比蒂发出了第一条登陆诺曼底的信息。继在诺曼底滩头大显神通之后，希比蒂又被派往法国，亲眼目睹了盟军在巴黎的军事行动。

对于这种密码，纳粹德国的情报部门也绞尽了脑汁，甚至他们在确认这是一种语言之后，也始终未能找到破译的方法。迄今为止，希比蒂使用的这种密码仍是人类军事史上唯一尚未被破译的通讯密码。

到底是谁想出来让印第安人用他们的科曼切语传递密码信号，一直众说纷纭。据说它起源于第一次世界大战。当时一名美国情报官员听到了一群印第安士兵的谈话。他一句也听不懂，但却突然想到，鲜为人知的语言如果用作密码将具有巨大的军事价值。后来因为一战双方签订了停战协议，科曼切语没能用上。二战爆发后，有人重新想起了这种土语，于是古老的语言发挥了它重要的作用。

1945 年，德国投降后不久，希比蒂和其他科曼切人就光荣退伍了。但他们并没有因作战勇敢或为国服役而获得表彰。恰恰相反，五角大楼命令他们死守秘密。当时的五角大楼出于冷战的考虑，认为这些密码员可能再派上其他重要用场，因而不宜暴露。几十年后，当曾经的密码员大都默默无闻地离开了人世后，他们才获得了迟到的荣誉，但是他们已经无法接受这份荣誉了。

## 从空而降的"马丁少校"

假作真时真亦假，真真假假的情报，让德军不知所措，连连失手。

1943年，英国"马丁少校"从伦敦飞往北非执行任务过程中，因为飞机失事在西班牙韦尔港而溺死。英国领事馆为"马丁少校"举行了葬礼，他的未婚妻帕姆送来了花圈和哀伤卡片。驻西班牙的英国大使馆人员则在此前后频频分批前往哀悼。同时，在英国《泰晤士报》公布的由海军公证司伤亡处提供的阵亡将士名单上，马丁少校的名字赫然其中。这是怎么回事？马丁少校是谁呢？飞机因何而失事？

在二战中，西班牙表面上是中立国，但与希特勒德国有着千丝万缕的联系，于是，马丁少校的尸体被发现后，连同他的公文包一起被交给了德国。英国驻西班牙大使塞缪尔·霍尔爵士当即向西班牙提出交涉，要求尽快归还尸体和公文包。德国人很快就把尸体和公文包还给了英国大使。

英国大使收到马丁少校的公文包后，立刻把它送往伦敦，海军情报局17F科科长尤恩·蒙太古中校拿到从西班牙送回的公文包后，立即送技术侦察处检查，结果很快出来了，文件已经被用专业技术拆开过了，也就是说，文件中的军事机密全部被德国知晓了。知道这一结果后，蒙太古终于松了一口气。原来，整个"马丁上校"是为了蒙蔽希特勒而精心设计的一个诱饵，盟国的目的就是让他带着假情报让德国搞不清盟军在意大利登陆的地点。这就是"肉馅计划"。

在二战中，所有稍微具有军事常识的人都非常清楚，当盟军肃清了北非的轴心国之后，盟军在地中海战区的下一个目标毫无疑问就将是西西里岛，正如英国首相丘吉尔所说的："傻瓜都知道下一步是西西里岛！"

希特勒当然不是傻子，所以，为了对付盟军，当时德意军在西西里岛已经部署了约三十万的兵力等待着盟军的到来，这使盟国的登陆战役面临巨大的困难。如果不能让希特勒分散兵力，如果不能让希特勒放松西西里岛的防御，那么登陆作战将会面临失败，即使取得胜利，也必将付出惨重的代价。

所以，现在盟军的主要任务就是让不是笨蛋的德国最高统帅部相信，登陆将在其他地点进行。但盟军司令部并没有对此抱有太大的希望，他们计划只要能让德国人怀疑西西里是盟军登陆作战的目标就足够了。因为这样，他们就有可能分散守卫部队，使攻打西西里的登陆部队少遇到些阻碍，也使盟军减少伤亡。

这个艰巨的任务就落在了谍报部门的肩上，而"马丁少校"则成了这次任务的主要执行者。这个计划是英国谍报人员乔治中尉构思的。当初，在讨论如何欺骗希特勒的过程中，方案一个个被蒙太古否决，最后乔治中尉突发奇想，把一个尸体装扮成总参谋部的一名意外死亡的参谋人员，在其随身携带的公文包里装上一份明确表示打算进攻西西里以外的某一地点的级别较高的文件，将尸体抛入大海，利用潮汐把他送到德国人手里，让德国人上当。

1943年4月17日，"马丁少校"的尸体装入了印有"光学仪器"标签的金属圆筒。在苏格兰格里诺克军港被运上英国海军"六翼天使"号潜艇。4月19日，担负着特殊使命的"六翼天使"号潜艇从苏格兰格里诺克军港起航。第二天拂晓，"六翼天

使"号潜艇在西班牙韦尔瓦附近浮出水面，一名艇员给"马丁少校"的救生衣吹足了气，将公文包用铁链系在手腕上，然后放入海中，顺着潮汐向海滩漂去。天亮后，尸体被潮汐推上了海滩，很快就被渔民发现并被交给了德国。

一切似乎天衣无缝，但对于如此重要的情报，德国人怎么会轻易相信呢？虽然德国军事情报局鉴定"马丁少校"所携带的文件全部是真实的，希特勒还是命令必须对此进行调查。

五月中旬，德国的王牌间谍对出售马丁穿着内衣的商店、发出欠款信的银行以及女友住处都进行了细致的调查，在英国间谍机构的精密安排下，一切都毫无破绽，这样，终于使德国情报机关相信"马丁"是真的！

1943年5月14日，希特勒在会见墨索里尼时，向他透露了"马丁"信件的内容，并且说："我想这的确是真的！在我们举棋不定时，这个情报太重要了。"当墨索里尼提出质疑说："我总有一种预感，盟军还是要进攻西西里岛，"希特勒说："直觉并没有情报重要，我们得到了可靠的情报！情报！"

在第二天召开的最高统帅部作战会议上，希特勒命令："所有与地中海防御有关的德军指挥部迅速密切协同，集中全部兵力和火器，在6月30日前完成对撒丁岛和伯罗奔尼撒的集结和部署。"

按照希特勒的部署，隆美尔元帅被派往希腊，组织一个集团军群，会同随后从法国南部调来的第一装甲师，在希腊东部的爱琴海域设下三道防线，希特勒又从苏德战场抽出两个装甲师，命9天内抵达希腊。同时，他又把党卫旅派往撒丁岛，从西西里岛抽出装甲部队加强科西嘉岛的防卫。而在盟军要登陆的真正地点——西西里岛，其防御力量却较弱。

奉希特勒的命令，当隆美尔元帅把他的大本营搬到希腊时，盟军集中主力于1943年7月9日夜在西西里岛登陆了，以假乱真的"肉馅"行动计划帮助盟军成功地攻占了这个具有战略意义的岛屿。此战，德意军队伤亡及被俘22.7万余人，而英美军队仅伤亡2.1万余人。

## 谁杀了丘吉尔生日宴会上的间谍？

为了暗杀盟国领导人，纳粹间谍盯上了丘吉尔的生日宴，可惜道高一尺魔高一丈，间谍被成功破获，真正的英雄却隐藏起来了。

1943年11月，第二次世界大战已经进入了十分微妙的阶段，德军已经露出了失败的迹象。巧合的是，11月30日是英国首相丘吉尔的六十九岁寿辰，为了彻底摧毁世界法西斯联盟，丘吉尔以庆祝生日的名义，邀请了美国总统罗斯福和苏联统帅斯大林等34位贵宾前往埃及开罗召开德黑兰会议，共商大事。

1943年11月12日，丘吉尔搭乘英国"里纳翁"号战舰离开不莱茅特港踏上赴开罗的旅途。蒋介石夫妇、埃西莫夫将军和罗斯福总统也同一天抵达开罗。贵宾们到处于战时紧急状态下的开罗后，纳粹的特务们也迅速云集这座古城，企图暗算盟军领导人。"德黑兰会议"在苏联使馆举行。会议进行了几天，讨论了许多重大的问题。敌人在会议期间企图制造混乱，但被挫败了。

眼看 11 月 30 日渐渐临近，丘吉尔决定在生日当天举办一场隆重的生日庆祝宴会，而庆祝会的安全工作则由丘吉尔的侍卫长汤普森负责。汤普森命令情报机构严格排查，仔细调查每一个来宾的详细情况，遇有可疑之处，再重点调查，绝不放过一个可疑之人。

不久，情报机构查到罗斯福总统新聘的私人秘书霍克似乎有问题，这人虽然年轻有为，但他的经历太复杂了。情报机构查到他在瑞士曾与德国纳粹的特务有过接触。来到伦敦后，他又两次单独上街，把情报机构派去盯梢的特工也甩掉了，去向不明。汤普森立即去找丘吉尔首相，对建议明天的庆祝会不让罗斯福的新任秘书霍克参加。丘吉尔认为没有确凿的证据而不让霍克参加庆祝会是说不过去的，可能会影响反法西斯同盟。

于是，汤普森找到罗斯福的侍卫长鲍杰，把他拉到密室，将自己的怀疑告诉了他。但是鲍杰却不以为然，认为如果霍克是德国间谍的话，那么可能早就刺杀了罗斯福，何必等到现在呢？无奈之下，汤普森又找到斯大林的卫队长米雅夫，婉转地提醒他明天的庆祝会要格外小心，可能有人要谋害盟国的领袖们。

第二天，丘吉尔首相的生日庆祝会准时举行了。汤普森的目光一刻也没离开霍克，他是与罗斯福总统同车到达的，手上拎着一只精致的小包。汤普森趁霍克在寻找座位时，将小包拿出大厅检查。包里是一只金钟，钟面上镶嵌着钻石，显得十分昂贵。这显然是送给丘吉尔的生日礼物。汤普森仔细地检查了金钟，没有发现问题，又将其放了回去。

晚会开始后，丘吉尔首相春风满面，跟罗斯福总统快活地交谈着。在他的左右，坐着首相的女儿和美国大使，斯大林坐得稍远一点，显得有点心事重重。而他的卫队长米雅夫神色更是紧张，他的右手插在裤袋里，不停地在斯大林周围转来转去，仔细打量着每一个走近的人。与米雅夫相反，罗斯福总统的侍卫长鲍杰却一脸馋相，怡然自得地吃着美餐，丝毫不在乎可能发生的事故。

而在这时，霍克与其他秘书们坐在一起，显得安分而又不惹人注意。但是，汤普森注意到，每当有侍者在门口出现时，他都要抬起头，仔细端详一番。汤普森断定霍克在等人，立刻警觉了起来。

宴会的菜肴一道道上来了，似乎没有什么异样。这时，餐厅的南门突然开启，一个侍者手托一只大盘子出现在门口。盘子里放满布丁和盛有冰淇淋的杯子，看上去堆得很高，也很重。汤普森还来不及思索，却发现那个侍者脸上露出了惊恐痛苦的表情，脚步踉跄，摇晃着要跌倒下来。而霍克似乎也发现了异常，他站起来，双手抖动着，不知如何是好。

正在这时，罗斯福总统的侍卫长鲍杰也挤了过来，像是要挑些什么可口的东西。突然，侍者摇晃着倒在他的身上，盘子里的布丁和冰淇淋也跟着倾倒在鲍杰身上，弄得他浑身上下白一块红一块，非常滑稽。来宾们听到侍者栽倒的响声，看见鲍杰浑身涂满冰淇淋，情不自禁地笑了起来。

突然，餐厅里断电了，四周一片漆黑。汤普森立刻叫道："抓住那个侍者！"这时，枪声响起来了，碗碟的碎裂声、桌椅的翻倒声和来宾的惊叫声混成一片。保卫人员很快亮起了备用手电筒，丘吉尔、罗斯福和斯大林三人安然无恙，被他们的警卫人员团团围住。然后，在警卫的保护下，三位领袖马上被转移到另一房间。

汤普森赶上前去，发现美国总统的新秘书霍克头部中弹，鲜血淋淋地倒在椅子上，他的身旁掉落了一把手枪。那个侍者也倒卧在地上，身体已变得冰凉，他的喉管上被人吹中了一根毒针。

汤普森检查侍者的盘子后发现，它的底部被装上一枚小型定时炸弹，指针指在12点上，而这时离爆炸时间还有三分钟。在场的人都吸了一口冷气，如果那枚炸弹准点爆炸，餐厅里的人都难免一死。

然而，在三十几位客人中究竟是谁打死了霍克和侍者，是故作糊涂的鲍杰呢，还是一直紧张的米雅夫呢？迄今仍是个谜。

## 阻止希特勒 V-1 发射台实施的土豆情报

是谁破坏了希特勒袭击伦敦的计划？是谁透露了希特勒的天机？是谁指引了盟国的轰炸？

霍拉德在二战前是一名工业设计师，当德国人占领巴黎，霍拉德的老板开始为德国人工作时，霍拉德辞掉了他的工作以示抗议。为了拯救自己的祖国，他变成一名间谍。他建立了一个叫"行动网"的间谍组织，最后这个组织发展到120人。在他递交给英国政府的军事情报中，曾经非常精确地描绘出纳粹德国在法国的秘密机场和海岸炮兵群的位置，甚至报告整个德国师团的调动情况，而最有价值的当然是土豆情报。

"我要在伦敦扔下50000枚V—1火箭！"希特勒狂妄地叫嚣着。为了实现这一计划，希特勒在法国的被占领地上，沿海岸线修筑一批绝密工程，从那里可以向伦敦发射新型的V—I火箭。很快，在一条长200公里、宽30公里、大致与海岸线平行的带状地区，104座特殊的建筑建成了。在这些建筑里，都有一条长约50码的水泥槽，上面还有用蓝色油漆描成的笔直的指示线，它的方向发现它正好指向海峡另一端的伦敦！这就是希特勒用来发射V-1火箭的发射架。所有的工程已经接近尾声，伦敦危在旦夕。而要拯救伦敦，必须炸毁这些发射台。而阻止这一切发生的最关键的人就是霍拉德。

霍拉德之所以能够探明自动控制的V-1导弹的秘密，源自一次偶然。有一次，他的同伴无意中听到了两个建筑承包商在谈论一项德国人正在搞得很不寻常的基建。那项建筑需要的水泥数量大得惊人，这引起了霍拉德的注意。为了查明真相，他打扮成牧师的模样进入了建筑工地。

他发现，工地上几百名工人正在浇灌混凝土。他还注意到了一条长约50码的水泥槽，上面还有用蓝色油漆描成的笔直的指示线，他取出随身的罗盘，发现它正好指向海峡另一端的伦敦！德国人一定又在搞什么阴谋。

他立即把他的发现向英国报告。盟军的领导人对这个消息十分重视。原先，情报部门发现德国人似乎正在制造一种"无人驾驶飞机"。另外，一个丹麦人曾经发现有一种显然是从天上掉下的某种奇怪武器的残骸。一切迹象表明，德国正在研制一种新的闪电式武器。在这种情况下，霍拉德的报告引起了强烈反响。英国方面通知霍拉德放下其他所有的工作，全力探寻那种神秘的建筑物。

历史之谜

霍拉德和他手下4个人骑着自行车开始到法国北部进行一次周密细致的旅行。时间越来越紧迫，但由于这些秘密基地大都隐藏在深山老林之中，寻找起来特别费力，同时还不得不应付德国人的严密盘查。经过不懈的努力，3周后他们发现这种神秘基地竟有100多处。后来，一个巧合让霍拉德毫不费劲地获得了V-1火箭发射台分布总图。

这一天，在卡利的一个基地已经竣工，4个德国工程师进行了验收。霍拉德驾驶一辆小汽车，远远地跟踪到了一座灰色的二层小楼。幸运的是，他发现自己的一位朋友就在这栋楼里工作。几天以后，在霍拉德的精心安排下，一份复印的V-1火箭发射台分布总图便到了他的手里。

霍拉德还不放心，他将所有零碎的资料拼凑起来，与图纸进行了比较，证明这就是自己想要的希特勒最有威慑力的新武器——V-1导弹发射基地的图纸。

霍拉德随后又乔装打扮，发现了德军藏在位于诺曼底奥菲村一个火车站的包装箱中的大量V—1导弹。随后，他把这些情报放在土豆，迅速送给盟军设在瑞士的间谍机构，间谍机构又迅速把情报送到伦敦，不久，伦敦方面发回电报"土豆收到"。

根据霍拉德提供的情报，在希特勒开始轰炸伦敦日期的前夕，盟军的轰炸机就开始了对V-1发射台准确的集中地轰炸，并且这种轰炸持续不断地进行了5个星期，发射基地几乎被破坏殆尽，纳粹企图炸毁伦敦的宏伟计划破产了。虽然希特勒最后还是向伦敦投射了导弹，但只有2500枚而不是5万枚，当然也没有形成预想"炸毁伦敦"的破坏力。

英国陆军中将布赖恩·霍罗克斯爵士说："谁都不会怀疑，霍拉德完全有资格在勇敢方面获得最高荣誉勋章。可以毫不夸张地说，他是一个拯救了伦敦的人。"

2004年4月，一辆来往于英法两国之间的"欧洲之星"列车在伦敦滑铁卢车站以迈克尔·霍拉德的名字冠名，当时，英国外交部欧洲事务大臣麦克谢恩、霍拉德的儿子文森特等人都前往出席了火车冠名典礼。

## 是英国出卖了荷兰间谍吗？

在无声的间谍战斗中，究竟是谁在充当沉默的炮灰呢？

二战期间，纳粹德国轻而易举地逮捕了56名为英国效力的荷兰间谍，并将他们中大多数人秘密处死。对此，当时的英国却无动于衷。那么纳粹情报部门当年究竟是如何得知这些荷兰间谍身份的呢？英国方面又为何对此无动于衷呢？

1942年3月，纳粹逮捕了一名为英国效力的荷兰间谍胡伯·劳沃斯。纳粹逼迫胡伯假借"英国特别行动处"的名义"唤醒"那些秘密潜伏着的荷兰间谍，根据胡伯提供的线索，并综合了其他各方情报之后，纳粹一举将56名为英国效力的荷兰间谍擒获，他们中大多数人后来送入纳粹集中营中被折磨而死或者秘密处决。就这样，英国在荷兰苦心建立起来的间谍网络一夜之间几乎被摧毁殆尽。

在胡伯被捕之后，纳粹情报机构指示他必须若无其事、一如既往地往伦敦发送有关德国的情报。出于无奈他向纳粹提供了一些情报，但他给伦敦方面发送的电报中，暗中掺杂着一些密码，以期暗示伦敦"英国特别行动处"总部引起注意，自己已经处在德国人的掌控之中。可是他的这番苦心似乎全被英国方面当成了耳边风。

胡伯认为，他和他的同伴是被英国政府出卖了。"早在我们当初在英国南部地区接受间谍培训之时，就被告知我们当中95%的人将来总有一天会被捕。教官当时告诉我们。被捕之后可以向德国人提供情报，可是在任何情况下都必须坚守一个保密底线——任何时候都不可以泄露用于与组织联络的秘密信号。"他认为英国情报机关当年是将计就计，以牺牲荷兰间谍为代价，蒙骗纳粹德国，让后者误以为荷兰便是盟军大举反攻的对象，胡伯认为："秘密终究还是秘密。英国政府永远不会解开这个谜底。"

不过，荷兰间谍当年是否被英国刻意"出卖"给纳粹德国，二战历史专家也为此一直争论不休：有人认为这只是"英国特别行动处"的一个不应有的疏忽，更多的荷兰历史学家却认为，"英国特别行动处"明知自己培训的荷兰间谍已经落网的消息，可是假装视而不见，以便使德国相信荷兰正是盟军大举反攻的焦点所在。

研究"英国特别行动处"战时行动多年的英国历史学家福特则坚持认为，英国培训的荷兰间谍"素质低下"，所以才导致接连落网。

然而究竟孰是孰非，事情的真相如何恐怕只能永远是个谜了。因为"英国特别行动处"保存在其伦敦贝克街总部的大量战时档案已经于1946年毁于一场莫名的大火之中。当年那些"英国特别行动处"的关键人物在收山之后从未有人出版回忆录，披露二战期间的那段秘闻。

## 罗斯福公布的神秘地图之谜

当美国的中立主义在一战时吃到甜头，是什么促使美国在二战来了个180度的大转弯呢？

第一次世界大战时，美国开始保持中立，进行军火贸易，发了大财。1917年，在同盟国败局已定的情况下，它参加协约国一方作战，取得了战胜国的地位。

第二次世界大战开始时，美国想故伎重演，仍对战争持观望态度。一直置身于战争之外，不愿介入欧洲的战事。德国法西斯侵占了波兰，消灭了欧洲一些小国，征服了法国，向英国发起了"不列颠之战"。英国遭到德国猛烈轰炸、损失惨重、处于危急之中时，"唯一能够帮助英国摆脱厄运的国家只有美国，唯一能改变欧洲乃至二战命运的也只有美国"。基于这种认识和现实考量，英国政府和丘吉尔首相紧急通过各种渠道和方式不间断地向美国请求支援，丘吉尔甚至警告罗斯福总统，如果不能得到及时援助，大英帝国就很可能要在他这届政府手中覆灭。但这时的美国国会仍然无动于衷。

而此时的斯大林也频频请求美国对苏联的卫国战争给予紧急援助，但美国华盛顿的国会却"岿然"不为所动，几乎所有的国会议员们都被"孤立主义"情绪所笼罩。

虽然此时美国总统罗斯福意识到战争已逼近美国，但他仍说服不了国会。他提出的援助英国的议案一再遭到否决。

不料，1941年10月的一天，国会的态度发生了180度的大拐弯。10月27日，在庆祝美国海军节的午餐会上，罗斯福突然宣布，美国情报部门获得了一幅希特勒德国新绘制并附有说明的中南美洲地图。这幅地图明确地将中南美洲的14个国家的疆界重新划分。其中委内瑞拉、哥伦比亚和巴拿马被合并成为一个受希特勒控制的名叫"新西班牙"的国家，与美国利害攸关的巴拿马运河以及整个拉丁美洲都被纳入纳粹德国的势力范围。这意味着，纳粹德国已把刺刀插进了美国的后院。德国的轰炸机将随时飞临美国的上空进行轰炸。

这幅地图一公布，美国人感到问题严重了，战争就在身边，对他们来说已不再遥远了。于是，群情激愤，纷纷谴责德国纳粹的罪恶行径，要求美国国会和政府放弃孤立主义政策，参与战争，打击法西斯，以确保美国的安全。

在强大的社会舆论的压力下，11月，美国国会参众两院废除了1935年通过的《中立法案》，授权罗斯福总统在北大西洋对德国潜艇进行公开的战争行动，并为英国的运输船队护航。

当丘吉尔在得知希特勒进攻苏联和美国向英国提供大量军事援助的消息时，曾高兴地说道："这是上帝赐予的最好的礼物。"

许多熟知这一历史细节的专家学者在回顾第二次世界大战历史时说，是一幅地图拯救了英国和整个欧洲。

然而希特勒当时为什么要绘制这么一幅刺激美国人的地图？这不是自找麻烦、引火烧身吗？战后，两位美国历史学家在查阅了大量英国情报部门的文件后，发现这幅地图可能不是纳粹德国绘制的，而是英国情报部门根据丘吉尔的指示绘制的。那么美国总统罗斯福是真的相信了那幅地图，还是假装不知，以借此来推行自己的参战政策？

## 月亮女神在行动

伸手不见五指的黑夜，月亮女神的行动又开始了，她这次行动的目标又会是谁呢？

她的肉体让无数男人失魂落魄，她的智慧与勇敢更让无数男人自惭形秽。她用"爱情"换取情报；她奉献肉体挽救生命。没有人能够用所谓的道德对她进行谴责，因为事实确实如她所说的："单靠一些'体面'的办法无法赢得战争。"

1942年11月，英美联军兵不血刃地完成了在北非的登陆，成功地开辟了北非战场。1942年6月，盟军顺利地占领了马达加斯加，接着，顺利地在阿尔及利亚和摩洛哥登陆。盟军之所以能够势如破竹地在北非展开攻势，美国战略情报局的海德·蒙高利将军曾经有这样一段解释："我们的辛西娅是个改变战争进程的最伟大的女间谍！她是个空前的女英雄！因为正是由于她成功地盗取了维希政府驻华盛顿使馆的密码，才使战争进程变得如此顺利。"

辛西娅，间谍中的"月亮女神"，原名贝蒂·索普，她的母亲是美国海军陆战队的少校，父亲是海军陆战队的少校。19岁时结识并嫁给了比她大二十多岁的英国大使馆二等秘书阿瑟·帕克。长期担任外交官夫人，锻炼了她的优雅风度与超众的交际才能，最终踏入谍海。西班牙内战前夕，辛西娅通过与一名西班牙高级军官的一段艳史，为英国获取了重要的军事情报。1937年，她随丈夫调往华沙。根据伦敦的命令，她从波兰外交部部长助理手中获取了大量机密文件。辛西娅的谍报成果引起了她上司的注意，英国谍报机关负责人威廉·斯蒂芬森说服她到美国首都华盛顿，并给她起了个化名，叫辛西娅。1942年，辛西娅接到另一项更为艰巨的任务：窃取维希政府驻华盛顿使馆的密码。

这是一项危险而艰巨的任务，维希法国在他们驻美大使馆安插了秘密警察，一旦他们内部发现了间谍便格杀勿论，而美国联邦调查局和警察都不会保护辛西娅。

为了打入维希法国的使馆，辛西娅做了精心的准备。辛西娅决定躲开众目睽睽的华盛顿，动身去纽约寻找目标。在那里，她终于获得了自己想要的信息。她知道了大使加斯顿·亨利同一个有夫之妇通奸。由于辛西娅是以记者身份出现的，所以她还打听在使馆中由谁主管新闻事务。她打听到是查尔斯·布鲁斯，他原是法国空军的战斗机驾驶员，上尉军衔，风流倜傥，很喜欢英国。作为现役军官，他忠诚于维希政府。但对德国无好感。辛西娅意识到布鲁斯是一条大鱼，她的工作就要从他身上进行突破。于是，她决定首先去采访大使，因为这样就有机会结识主管新闻的布鲁斯了。

辛西娅对自己进行了精心的打扮，她本来就长得娇丽漂亮、体态丰盈、性感撩人，一番打扮之后，更显得风姿妖娆。辛西娅的苦心没有白费，布鲁斯一见她就被吸引住了。辛西娅欣喜万分，她感到初战已告捷。果然，第二天，辛西娅便收到了布鲁斯送来的一束玫瑰花，很快两人便相拥上床，辛西娅成功地把他发展成英国间谍。

但当布鲁斯了解到辛西娅的任务是搞到维希法国海军的密码时，布鲁斯大为光火，他认为这简直就是胡闹，因为这种密码本是由沉甸甸的好几大本组成的，而且这些密码本都藏在机要室的保险柜里，连他自己都不可能接近。面对这些困难，辛西娅并没有放弃。

她进一步了解到大使馆内能接触密码本的只有大使和机要科科长，于是，她决定在机要科科长身上下功夫。

机要科科长是一个比较年轻的外交官，叫孔德，与其妻关系不好，于是辛西娅在他妻子不在家的一个下午拜访了他。这位机要科科长很快就进行了回访，他来到辛西娅的住处并成了她的床上客。但他很坚决地拒绝了辛西娅偷盗密码的要求，并威胁说要告发辛西娅。看来，要顺利完成任务，就必须搬开孔德这只拦路虎，于是，布鲁斯向大使告发孔德，说他散布大使与别人通奸的艳闻，做贼心虚的大使一怒之下免去了孔德的一切职务。

拦路虎搬掉了，但是要获取藏在大使馆机要室中的法国海军密码还是困难重重，英国情报机关决定，由辛西娅带一名撬锁专家冒险进入使馆，由布鲁斯为内应，争取在三小时内取出密码并完成拍照的任务。情报局找了一个外号叫"佐治亚大盗"的加拿大人，他是一个撬保险柜的老手，布鲁斯把保险柜的样子对"大盗"进行了详尽的描述。"大盗"根据描述说撬开它得花55分钟时间。

但怎样才能把"大盗"带进使馆去呢？使馆戒备森严，晚上巡夜的人都是荷枪实弹，高度警惕，还有凶猛的警犬协助巡逻。看样子只有从巡夜人身上打开缺口了。为了麻痹巡夜人，布鲁斯想出了一个点子：布鲁斯告诉巡夜人，这几天晚上他都得在使馆工作到很晚，并希望他不要声张出去，因为还有一个女朋友将陪着他，他不能把她带到旅馆里去，因为他妻子已经有所怀疑了。巡夜人同意了，当然，巡夜人因此还得到一笔十分可观的小费。

虽然摆平了巡夜人，但盗窃密码的工作还是一波三折。

第一次，布鲁斯在巡夜人喝的香槟酒里加了安眠药让巡夜人睡了五个小时。就在"大盗"刚把保险柜撬开，准备给密码本拍照时，巡夜人醒了。没有成功。第二次，辛西娅按照"大盗"口述的撬柜办法，没有成功，只好再请"大盗"亲自出马。当辛西娅和布鲁斯带着"大盗"刚入使馆时，巡夜人正在巡逻。辛西娅立即对布鲁斯说："快，快，把衣服脱了！"

巡夜人转回来时，他的灯光正好照着赤身裸体紧紧搂在一起的两个人。见此情景，巡夜人满脸通红，连声道歉，转身回避，再也没来打扰他们。剩下的工作比较顺利，"大盗"进屋，只用了几秒钟的时间，就打开了保险柜。他们立即取出密码本，交给隐藏在花园里的特工人员，特工人员迅速把密码本逐页拍了下来。照片拍完，密码本被放回原处，没有留下丝毫痕迹。

密码本很快送到了英国总参谋部。这些密码为揭开德国、意大利及维希法军的密码起到了巨大的作用，也为二战的胜利铺平了道路。

## "东方魔女"川岛芳子的死亡真相

在日本对华侵略史上，有一个最成功、也最臭名远扬的女间谍，她就是川岛芳子。她是日本侵略者的得力干将，也给我们留下了许多不解之谜。

川岛芳子以女扮男装、放荡不羁、美艳绝伦而闻名于世，在日本谍报史上，取得了从来未有过的成绩，为日寇侵华立下了"汗马功劳"。不过，川岛芳子留给人们的谜也实在太多、太多……

川岛芳子，原名爱新觉罗·显玞，汉名金碧辉，是肃亲王善耆的第 14 位女儿，生于 1906 年。她 6 岁时给策划满蒙独立的日本人川岛浪速做养女，取名为东珍。第二年随其养母赴日本，又称良子，因日语中良与芳同音，久而久之人们便称她为川岛芳子。日本侵华后，川岛芳子曾替日本长期做间谍，她参与了皇姑屯事件、九·一八事变、满洲独立等秘密的军事和政治活动，并亲自导演了震惊中外的上海一·二八事变和转移婉容等祸国的活剧，她还曾在热河组织定国军骑兵团，成为日本谍报机关的"一枝花"，受到特务头子田中隆吉、土肥原贤二等的大加赞赏。

随着二战的结束，"东方魔女"川岛芳子的末日也临近了。在北京，作为重要战犯之一的川岛芳子终于在抗日战争结束两个月后的一天被投进牢房。并于 1946 年被起诉，在河北的法院接受法庭调查。作为第一号女汉奸被捕不久后，川岛芳子即被转到北京监狱。经过多次审讯，1947 年 10 月 22 日，河北省高等法院以汉奸、间谍罪判处川岛芳子死刑。

1948 年 3 月 25 日早晨 6 点 40 分，川岛芳子在第一监狱西南角的场地上秘密枪决。在行刑前她给养父和典狱长等人写了遗书，并曾要求穿黑上衣，白绸裤子，但未得到准许。行刑官核对了姓名，宣布她的上诉被驳回，并宣读了死刑执行书。行刑官令其跪下。第一声枪响，出乎意料的是，扳机居然没有扣响。行刑官再次扳枪，子弹便从两眉之间穿入。她左眼圆睁，右眼紧闭，满脸的血污已不能辨认。后来尸体由住在北京东单观音寺胡同 20 号的日本济宗妙必寺古川大行长老、日善后联络班广赖和川岛芳子堂姐金幼贞领尸火化处理。

在川岛芳子行刑前，法院本来通知各报记者都可以到现场采访，但执行死刑时，只允许美籍美联社记者一人参观，全体中国新闻记者均被拒之门外。事后在第一监狱后门的自强路停放一女尸，头发散乱，满脸血污，面目无法辨认。由此人们对川岛芳子的枪决真相议论纷纷，闹得满城风雨。

川岛芳子

许多人认为川岛芳子并没有死，被处死的只是她的一个替身。传闻最多的是一位名叫刘凤玲的女犯作了川岛芳子死刑的替身，其代价是 10 根金条。据说当时囚犯刘凤玲在监狱里得了重病，医生诊断没有治好的希望。监狱官员便找了刘凤玲的妈妈，说要其女儿为某个身份很高的人作枪决的替身，如答应可换来 10 根金条，若不答应，母女二人性命难保。刘凤玲的母亲万般无奈之下只好答应了，但当时她只领了 4 根金条为定钱，剩余 6 根待执行死刑后去取。当母亲按约定的日期去领金条时，就再也没有回来。女囚刘凤玲的妹妹刘凤贞便向当局要母亲，并向报界公开揭露了此事的始末。此事的真假如何目前还无法判断，但是川岛芳子死刑现场却有许多可疑之处。为什么最为关键的行刑场面搞得如此神秘？无视惯例，把新闻记者都赶出了现场？为什么将被处决者的脸部弄得那么多血污和泥土，以致难于辨认人的面目？为什么单单选择看不清人面孔的时间行刑？

此外，还有人说川岛芳子本人早已潜返东瀛，还有人说川岛芳子已去美国，甚至传闻说某国民党权贵因迷恋芳子的绝代风华，不惜违犯国法，用偷龙换凤的手法，耗费重金买通狱吏将芳子救出，将芳子秘密纳为外宠……诸多传言，不胫而走。但证据都不充分。所以川岛芳子之死仍是一个疑团。

不管事实的真相到底如何，川岛芳子犯下的滔天罪行是无可置疑的。直到今天，日本国内某些极端势力仍赞颂她为二十世纪不可多得的"巾帼英雄"，这不能不让人厌恶。无论她有过多么耸人听闻的经历，川岛芳子劣迹斑斑、罪恶累累的罪恶史早已盖棺论定，无法更改。

## 柏林墙下的秘密

冷战象征柏林墙已被推倒了十多年了，然而墙下仍有一个令人震惊的秘密迄今未被解开——墙下有美军的监听隧道。如今墙已经倒了，间谍活动终止了吗？

二战以后，德国和柏林被苏联，美国，英国和法国分成四区。1949 年，苏联占领区包括东柏林在内成立德意志民主共和国，首都定在东柏林，而美英法占领区则成立德意志联邦共和国，首都设在波恩。

最初柏林市民是能在各区之间自由活动的，但随着冷战紧张气氛的提升，1952 年东西柏林的边界开始关闭。1949 年到 1961 年大约有 250 万东德人逃入西柏林。为了制止东德居民包括熟练技工大量流入西德，1961 年 8 月 12 日~13 日夜间，东德（民主德国）在东、西柏林的界线上修筑了柏林墙。柏林墙原为铁蒺藜围成的路障，后改筑成

两米高、顶上拉着带刺铁丝网的混凝土墙，全长154公里，墙高3.6米。此外，东德还在正式的交叉路口和沿线的观察塔楼上设置警卫。

柏林墙修筑以后，苏联和美国的间谍部门就此在柏林摆开了战场，当时的美国中央情报局局长是希伦科特，此人足智多谋，是一位间谍老手，他认为柏林是东西方的结合点，是从事间谍活动最理想之所在。在经过深思熟虑后，希伦科特脑海里形成了一项注定将载人间谍史的庞大计划——对苏联展开大规模陆上窃听。

经过认真研究，美国军事专家们发现，苏联军事设施有地下通讯电缆通往东德和东欧各国，中情局完全可在这方面做文章。希伦科特决定迅速在苏军通讯电缆附近秘密挖掘隧道，沿线窃听。这项计划只有中情局少数领导人知晓。后来，希伦科特又将英国间谍机构军情五处拉拢到这个计划中来。

英国间谍提出，如果从西柏林建窃听隧道穿过勃兰登堡门，再向东或西伸延进入东柏林，截听苏联军事通讯将易如反掌，而且隐秘性极高。窃听隧道计划实施后，整个工程由美军工兵部队负责。美国人在地下5米开挖，直指苏联的地下通讯电缆。后来东德修筑的柏林墙反而成了间谍活动的掩体。但苏联和民德领袖们被英美人蒙在鼓里，他们一直得意于柏林墙这一杰作，却不知道，墙下有耳。

1953年12月，艾伦·杜勒斯接任中情局局长，他全力支持这项计划的加速实施。窃听隧道于1955年2月竣工，这条秘密隧道以西柏林南面一处美军设施为起点，伸延至东柏林，主段长500多米，其中一段直通到索恩法尔德公路下面，竟然接通了苏军总部的电话通讯电缆。隧道之内设有数百个监听器和数百台录音机，能清楚地截听到苏军的电话和密码信息。

为了迷惑苏联人，中央情报局还在西柏林隧道起点处兴建了伪装的仓库和雷达站。当时苏联间谍也曾对此产生过怀疑，当得知是建仓库和雷达站后也就不再在这里浪费精力了。

1954年8月，柏林窃听隧道开凿后不久，监听设备开始试验截听苏军的电话，第一个重要信息于1954年年底截获：苏联军方传达克里姆林宫指示，要求驻东德苏军保持良好纪律，不可破坏和谐气氛，配合政府同联邦德国（西德）改善关系。果然，1955年1月，苏联宣布与西德结束战争状态，9月13日双方建交。

窃听隧道正式运作后，重要情报源源不断地流向中情局。他们凭借这条隧道，掌握到苏联夸大了在东德的驻军实力。同时中情局还获知，苏军在东德筑建了特殊的武器库，从而有效地掌握了苏联的欧洲战略和意向。

然而，好景不长，1956年4月被苏联驻东德的通信兵发现，当时一条由东柏林通往莫斯科的电话线失灵，通信兵进行检修时，发现地下电缆有一段被人搭线破坏。经过进一步检查，通信兵终于发现了这条窃听隧道。苏军突击队员火速赶到，用烈性炸药炸开隧道攻入里面。几名美国情报人员还在里面秘密作业，惊闻爆炸声后慌忙逃入密室，返回西柏林。由于密室入口迅速自动堵塞，苏军难以进入，也就无法知道里面的详情。

1961年8月柏林墙建成后，苏联重新检查了通讯电缆。但美方情报人员事后透露，苏联人所发现的仅是隧道其中的一段，尚有隐秘支线一直未被发现，继续长期运作，直至柏林墙被推倒。

1989 年下半年，东欧各国政局剧变。民主德国在德国西部移民浪潮的冲击下，于同年 11 月 9 日，将存在 28 年零 3 个月的柏林墙推倒，促进了德国的统一。

柏林墙倒塌后，曾经的中情局地下设施便成了一个谜，那么这条隧道现在还在使用吗？美国的间谍活动是否停止了呢？

## "王牌蛙人"克莱伯失踪之谜

克莱伯曾是二战时反意大利水雷战术的潜水英雄。复员后，他仍与英国情报组织联系密切，同时与苏联间谍也有交往。随后，他神秘地失踪了。有人说他是在前往侦察苏联巡洋舰时落在了苏联人手上，也有人说他被弃尸大海……

1956 年 4 月，已从英国皇家海军退役的莱昂内尔·克莱伯被派遣执行一项秘密任务——侦察来访的苏联巡洋舰"奥尔忠尼启则"号。当时，苏联领导人赫鲁晓夫正率代表团乘三艘军舰访问英国，准备在朴次茅斯港与英国首相艾登举行会谈。克莱伯接受了这个任务。4 月 19 日凌晨，克莱伯穿着潜水服潜入停泊在朴次茅斯港的两艘苏联军舰之间，可没想到，他下水后就再也没有上来，从此神秘地失踪了。这件事轰动全世界，克莱伯究竟受谁之命潜入苏联军舰附近？他是死了，还是活着？这一系列问题都被罩上了神秘的面纱。

克莱伯于 1909 年出生在伦敦，他家庭贫寒，靠给别人打短工糊口。二战爆发后，他加入英国陆军，1941 年他进入到英国皇家海军，后来被派往直布罗陀海峡排除意大利安放在盟军船底的水下炸弹。事实证明，克莱伯是个天生的潜水专家，由于能力突出，他很快就被提升为皇家海军驻意大利北部的总潜水官，排除了利沃诺和威尼斯两个港口的大量水雷，被称为"巴斯特"意为"破坏者"。战争期间，他还荣获过"乔治勋章"和"帝国勋章"等多项至高荣誉。战后，他在海军部研究所当潜水员，干些临时性工作。1951 年担任英国海军水下武器及其对策研究机关潜水队队长，1955 年因超龄而被解职。

由于克莱伯执行的是绝密任务，皇家海军一直不敢展开搜救行动，以免计划曝光。但 10 天后，英国报纸称"王牌蛙人在朴次茅斯港海底失踪"，随后便引起了轩然大波。4 月 29 日，英国海军部发表声明说：克莱伯系在试验水下仪器时失踪的，据说已经死亡。但人们根本不信，对此产生怀疑，因为克莱伯在进行潜水作业时，既没有带英国海军特别的呼吸器，也没有带助手。苏联方面也声称，事发当天，"奥尔忠尼启则"号的水兵在军舰附近看到过一个蛙人，苏联政府就克莱伯为获取"奥尔忠尼启则"号秘密而从事间谍活动一事，提出强烈抗议，并要求英国外交部予以澄清。

后来，英国首相艾登向苏联政府承认，苏方亲眼所见大概正是在进行"潜水试验"的克莱伯，并对此事表示遗憾。不久，英国军情六处处长辞职，媒体认为是军情六处派克莱伯侦察苏联军舰的，而按照英国法律，未经首相批准，军情六处不能在国内进行间谍活动。从首相态度看出，首相对此事事先肯定是一无所知，只是事后才了解到"奥尔忠尼启则"号军舰下发生的秘密。

那么，克莱伯在"奥尔忠尼启则"号底下究竟干什么？据说是为了偷取苏联战舰的秘密。当年苏联非常重视发展潜水艇和"斯维尔德洛夫"号级轻型巡洋舰，据说该巡洋舰具有不同寻常的优良性能。1953年为庆贺伊丽莎白女王加冕典礼，"斯维尔德洛夫"号曾访问英国，当时进入朴次茅斯港蜿蜒曲折、易于迷失复杂的航道时，该舰在没有领航员为其导航的情况下，仍以相当高的速度行驶，并准确无误地在指定的停泊处抛锚了，这使在场的英国海军目瞪口呆，惊叹不已。1953年秋"斯维尔德洛夫"号再次访英，仍然停靠朴次茅斯港。英国的潜水员在水下偷偷地对该舰舰底装置拍了照，不料风声走漏，弄巧成拙。"奥尔忠尼启则"号是"斯维尔德洛夫"号的姊妹舰，首次在英国亮相，英国人想了解它底下又增加了什么新的装置，于是派克莱伯前去查看。但是，执行这项任务的克莱伯到底是受谁指使，他又是怎样失踪的呢？

有些人说。克莱伯不是死于苏联人之手就是被他们抓走了，但是有人指出：如果克莱伯真的已落入苏联人的手中，不管是死是活，苏联都应对这一事件保持沉默才合乎逻辑。也有些人说，克莱伯在浮出水面时，被苏联驱逐舰上的监视哨兵发现后，即潜水逃走，从此隐居民间或被英国政府"保护"起来。还有人猜测是某个试图一鸣惊人的英国民间组织，或某些低层次的官员用钱收买了克莱伯，让他去冒这样一次险。

然而，克莱伯终究是失踪了，他或许已葬身鱼腹，或许是被苏联发现而杀害了，总之，没有人知道他去了哪里，让这起离奇案件增添了更多神秘。

## 科索沃战争中"特遣部队之鹰"计划缘何流产？

战火燃烧的1999年3月，美国迟迟未向科索沃派遣地面部队，受到北约其他国家的广泛质疑。

美国的妙计是什么呢？是"特遣部队之鹰"。原来，为了赢得各成员国民众的支持，并在战争中最大限度地减少飞行员的伤亡，北约专门制订了所谓"捕获-22"战略计划，对南联盟的军事目标发动有限的空中打击。对此，美国国防部的高级官员和北约最高司令克拉克将军多次向白宫提出警告：企图靠几天的空袭使米洛舍维奇屈服是不现实的，飞机不可能摧毁南联盟的武装。对此，白宫无从回答。因为按照白宫的设想，这个任务属于"阿帕奇"。

但是，在所有的一切都准备好了之后，美国当局突然下令撤回"阿帕奇"。就这样，耗资数亿的"阿帕奇"在没发射一枪一弹的情况下，便领命按原路返回了。为什么要取消原定计划？为了探得其中的缘由，《今日美国报》资深记者达娜·普里斯特对驻欧美军40多位飞行员和指挥员以及包括7名四星上将在内的华盛顿高级国防官员进行了几个月的采访。2001年1月2日，答案终于水落石出：最终导致白宫不让"阿帕奇"参战的是拉尔斯顿等人估计出的令人沮丧的伤亡人数。

"特遣部队之鹰"司令约翰·亨德利克斯和克拉克早就告诉美国政府，任何伤亡估计都是不足信的，但在这场特别注重飞行员安全的空袭战中，最敏感的问题还是伤亡。

到了今天，一些北约和美国的军官仍然愤愤不平，要是"阿帕奇"能够及时派上场，战争早就解决了。美国陆军部长卡尔迪拉谈及流产的"特遣队之鹰"计划时愤愤不平地说："某些人形成了一种奇怪的思维：在训练中死多少人都是可以接受的，战争中却绝对不能死人。他们给士兵们设立了一种错误的标准。"然而，按照美国参谋长联席会议的一些成员和五角大楼官员的说法，之所以取消计划，并不是过于担心人员伤亡，他们的理由是："特遣部队之鹰"存在许多问题，它太脱离常规了，抵达阿尔巴尼亚太慢了，它不可能消灭足够多的敌方目标，从而彻底使战争进程改变。何况5月中旬，A-10飞机已经参战，"阿帕奇"就更没有参战的必要了……

不管怎样，"特遣部队之鹰"终于胎死腹中，留给美国的是一肚子的牢骚和不平，也许还有其他……真可谓是：机关算尽太聪明，反误了卿卿性命。

# 政事谜踪

## 英国成为海上霸主之谜

19世纪，谁拥有制海权，谁就是强大者；谁失去制海权，谁就要受制于人。那么，英国是如何夺得制海权，得以开创"英国的世纪"及"日不落帝国"的呢？

19世纪之所以被称为"英国的世纪"，主要是因为英国在那个"谁拥有制海权，谁就是强大者；谁失去制海权，谁就要受制于人"的时代牢牢抓住了制海权，从而得以积累下大量的财富，并在世界各地拓展殖民地，当时的英国也因此得名"日不落帝国"。

众所周知，最先开始航海运动的是西班牙和葡萄牙，作为后起之秀的英国究竟是如何从强大的西班牙手中抢得海上霸权的呢？这要从英国击败西班牙的无敌舰队说起。

无敌舰队，就是最幸运的舰队或不可击败的舰队的意思，是西班牙为远征英国而组建的舰队，是由西班牙国王腓力二世在1588年派出的，包括130艘兵船与运输船、7000船员与水手、2~3万名步兵。

1588年5月，无敌舰队在梅迪纳·西多尼亚公爵佩雷斯·德·古斯曼的率领下进入英吉利海峡，与英国海军交战。无敌舰队之役是英西战争中最大的战役之一。在朴次茅斯海面附近，无敌舰队与英国海军上将霍华德及海军中将德雷克率领的英国舰队相遇。海盗出身的英国海军将领豪金斯，为了迎战西班牙舰队，将英国战舰进行改进，增加了舰的长度，去掉了船楼结构，把许多火炮装在舷窗内而不是装在甲板上，使它的火力强度和准确性大大提高。

此外，英国舰队还尽量避免与西班牙舰队近战，而采用远距离炮击。相比之下，西班牙军舰既高又大，行动缓慢，自然成了英军"小船"炮击的靶子。西班牙开炮向英舰射击，却不能命中英舰，英国舰只尽可能避免进入西班牙火炮射程之内，在远处灵活闪避，活动自如。这种远距离炮战使西班牙舰队的步兵和重炮不能充分发挥作用。激烈的炮战持续了一整天，直到双方弹药用尽，轰击才告终止。"无敌舰队"被打得七零八落，两只分舰队的旗舰中弹、撞伤，一个分舰队司令被俘。剩下的西班牙舰只好乘着风势向北逃窜，准备绕过苏格兰、爱尔兰回国。狼狈逃窜的西班牙舰队弹尽粮绝，更倒霉的是在海上接连遇到两次大风暴，有的船只翻沉了。不少士兵、船员被风浪冲到爱尔兰西海岸，被英军杀死。到1588年10月，"无敌舰队"仅剩43艘残破船只返回西班牙，以近乎全军覆没的结局惨败。而英舰没有损失，阵亡海员水手只有百人左右。

从此，国势鼎盛的西班牙一蹶不振，英格兰则成就了海上霸权，开启了伊丽莎白一世的盛世。而英国之所以能够取胜，与英国先进的谍报系统的工作是分不开的。1587年，弗朗西斯·沃辛汉爵士在英国海岸附近展开大规模海战的前夕，获得了3月22日西班牙海军元帅圣克鲁斯呈报给西班牙国王的《关于海军的总报告和具体报告》的抄件，完全掌握了西班牙无敌舰队的部署计划和军力等具有重要价值的军事情报，从而为击败西班牙无敌舰队奠定了基础。自那时起，各国的作战计划就成了极为重要的秘密和对方极力想盗取的目标。

## 拿破仑和亚历山大密谈之谜

第一次世界大战中，法俄关系一度紧张，开战不断。但是，当时的法国皇帝拿破仑和沙皇亚利山大一世也曾友好会谈过，并最终导致两国签订《提尔西特和约》。但对于这次密谈，学术界却一直存在争论。

1805年12月2日，被誉为"三皇之战"（法国皇帝拿破仑·波拿巴、俄国沙皇亚历山大一世、奥地利皇帝弗朗西斯二世）的奥斯特里茨战役最终以法国的胜利落下了帷幕，这标志着第三次反法同盟的瓦解，也充分体现了拿破仑的军事才能。此次战役之后，拿破仑成为欧洲的霸主。

俄国军队退入波兰，1807年6月法军又在波兰大败俄国军队，年轻气盛的俄国沙皇亚历山大一世再次受到沉重打击，选择了和拿破仑和谈。于是，1807年6月25日这一天，拿破仑与俄国沙皇亚历山大一世在俄国与普鲁士边境的提尔西特（又译蒂尔西特，即今苏联加里宁格勒州苏维埃茨克市）附近的涅曼河的一个木筏上进行私人会晤。

有人猜测，在会谈中，拿破仑在亚历山大面前表现出了他极高的表演天分，对亚历山大表现出一种兄弟式情意的亲密感情，想方设法打动亚历山大，抨击英国是欧洲一切纠纷的制造者，并以他拉丁人奔放的想象力使亚历山大神魂颠倒，最终蛊惑住了这位年轻气盛、经验不足的沙皇。但到底拿破仑是如何说服亚历山大的，没有人能给出明确答案。

在拿破仑和沙皇亚历山大这次秘密会谈之后不久。1807年7月7日，法俄双方就签订了《提尔西特和约》，宣告法兰西帝国和俄罗斯帝国结成了反对英国的同盟。

对于拿破仑与亚历山大的密谈，我国作家张慧剑在其民国时期的著作《辰子说林》一书中描述道：

一八〇七年，俄皇亚历山大在拿破仑军威之下，与拿氏成立一种不正常的友好关系，欧洲史上所谓"的尔西特之会"是也。

拿氏彼时以惊人之坦率接待俄皇，一再表示对俄无领土野心，且愿予俄皇以对付芬兰、土耳其之充分自由，拿氏所要求于俄者，仅合作打倒英国之大陆势力而已，俄皇亦欣然以此诺之。

史谓俄皇当时情不自禁，竟向拿氏发问："欧洲究在何处？"

拿破仑答曰："你与我联合起来不就是欧洲吗？"（一译"欧洲不就是在你我之

间吗?")

不幸此光辉灿烂、热烈缠绵之美梦,未及五年即瓦解冰消,紧接而有一八一二年拿破仑征俄之举,亚历山大对拿氏此一军事冒险切齿痛恨,辄申申詈曰:"拿破仑独夫,汝不讲信义,终必自食其果!"

客观之历史批评家曰:"无论如何,亚历山大多少总是上了拿破仑的当!"

为什么要说"亚历山大多少总是上了拿破仑的当"呢?这是因为尽管法俄同盟在表面上维持了五年,但俄国却没有从中获得太多的利益,亚历山大很快就发现了:他在这个同盟中赢得的不是和平,而仅仅是时间。

和拿破仑签订《提尔西特和约》,并没有使俄国丧失什么土地,反而获得了普鲁士割让给它的别洛斯托克地区。但是,亚历山大一世必须承认法国在德国占领的地方和拿破仑在那里所修改的疆界,以及拿破仑对伊奥尼亚群岛的统治权,同意成立华沙大公国(这是法国在俄国边界上的一个进攻基地)。法国还要求俄国与土耳其进行和平谈判,如果和谈未成,法国将帮助俄国进攻土耳其。此外,法国要求俄国参加对英国的封锁(即所谓大陆封锁),正是此举导致了欧洲大陆和平的崩溃。

其实,在签订完《提尔西特和约》之后不久,年轻的沙皇亚历山大就感觉自己上了拿破仑的"当",尤其是到了 1810 年 12 月 31 日,沙皇也深深地感觉到,参加大陆封锁严重损害俄国的贸易,于是选择对中立国的船只开放了俄国的港口。为此,拿破仑的附庸华沙大公国对俄国给予威胁,可此时的沙皇亚历山大已不再是当初那个"毛头小子",毅然决绝地无视法国的威胁,这直接促使法俄同盟的最终解体。拿破仑于 1812 年 6 月入侵俄国。

亚历山大在提尔西特时表现的软弱和后来对抗拿破仑的强硬态度形成了鲜明对比,人们不禁猜想,在拿破仑和亚历山大那次涅曼河上木筏中的会谈到底发生了些什么呢?拿破仑到底是凭借什么说服亚历山大低头为从的呢?这仍旧是个谜。

## 是谁放火烧了莫斯科

当法俄之间的和平关系不再,拿破仑毅然选择了对他昔日的盟友开炮,并迅速攻占了沙俄首府莫斯科。然而,拿破仑刚开始享受在沙皇宫殿的生活,一场莫斯科全城的大火吓得他落荒而逃。到底是谁放的这场大火呢?

尽管 1807 年法国皇帝拿破仑与沙皇亚利山大一世签订了《提尔西特和约》,宣告法兰西帝国和俄罗斯帝国结成了反对英国的同盟。但没过多久,年轻的亚利山大一世就发现他上了拿破仑的当,在这场法俄的同盟中他并未获得多大利益,他赢得的只是时间,而非和平。因此,他很快改变了对拿破仑的忍让策略,开始强硬起来,并与英国重新建立起联合抗法的同盟来。

对于沙俄的"背叛",拿破仑十分愤怒,同时也为了真正实行他对欧洲大陆的统一,拿破仑在对英国的战略进攻失败后,意识到只有打败俄国才能打败英国,因此他于 1821 年 6 月 24 日对俄国不宣而战。

面对突如其来的法军,俄国由于没有防备,非常被动,俄军很快溃败,国土大片丧失。1821 年 8 月 9 日,在经过一场血战之后,法军占领了斯摩棱斯克。两天之后,当时的俄国沙皇亚历山大一世任命"天才统帅"米·伊·库图佐夫为俄军总司令，带领俄军抵抗法国的入侵。8月26日，库图佐夫指挥20万大军，与法军在莫斯科西郊展开了著名的"博罗迪诺会战"，双方死伤无数，损失惨重。库田佐夫为了保存实力进行反击，决定放弃莫斯科，莫斯科城里的居民也随同军队一起撤离。

就这样法军攻占了莫斯科，拿破仑也住进了沙皇的皇宫之中。但是侵略者几乎没有过上一天太平日子。9月17日早晨，拿破仑从睡梦中惊醒。他透过克里姆林宫的窗户向外眺望，只见莫斯科全城烈焰腾空，一片火海。这位法国皇帝顿时惊得面如土色，连声叫道："多么可怕的景象！"实际上，从法国军队侵入莫斯科的第一天—9月15日深夜起，莫斯科就已经起火。16日晚到17日，由于狂风大作，火势更加猛烈。克里姆林宫附近、莫斯科河南岸一带和索良卡等地，火逐风飞，烟焰满天。最后，连克里姆林宫的特洛伊茨塔也燃起了呼呼的火苗，拿破仑和他的随从人员只得狼狈逃出。这场来势凶猛的大火整整烧了一个多星期，当大火熄灭后，昔日风光绮丽的莫斯科变成了一片令人心悸的废墟。

由于莫斯科的被烧，法军无法从莫斯科取得补给，同时由于法军挺进太深，后方援助不能及时到达，法军的粮草供给非常紧张，在不得已的情况下，10月19日，拿破仑被迫从莫斯科撤军。

得知法军撤退的消息后，俄军在沿途不断予以狙击，迫使拿破仑不得不随时改变撤退路线。到12月，拿破仑才终于撤出了俄境，虽然逃离了俄国，但损失惨重，军力损失达47万余人。

对于拿破仑这次军事冒险的失败，人们不足为奇，可对于莫斯科当时那场罕见大火的起因，多少年来，却一直争论不休。

更多的人认为，当时的那场大火应该是莫斯科人自己放的。当年由于敌强我弱，库图佐夫决定放弃莫斯科，莫斯科人民也决定随俄军一起撤退。为了不给入侵者留下任何有用的东西，莫斯科居民忍痛放火烧了莫斯科城。拿破仑就一直认为"放火烧城"是莫斯科军政总督罗斯托普金蓄意谋划与部署的。因为当法军企图救火时发现，偌大的莫斯科城内居然没有一件消防水龙头和灭火工具，显然是事先有人把它们都运走了。另外，城里城外同时起火，显然也是有计划、有部署的预谋。而当时法军逮捕了一些纵火嫌疑人也交代是罗斯托普金指使他们这样干的。据说，罗斯托普金在后来也曾说过，是他命令放火烧城的。

从战略的角度看，放火烧城的决定虽然代价惨重，但却十分正确。这是一次十分勇敢的"焦土政策"，它表明了俄国人民不惜一切代价抗击侵略者的决心。若真正追究放火的元凶，应该是法国人，正是由于他们的入侵，才迫使莫斯科人民不得不烧毁自己美丽的家园。

也有人认为，这场大火是莫斯科人和法国人共同所为，更为激进的说法则是法国人蓄意纵火。苏联的一位历史学家就在他的论著中这样写道："看到莫斯科大火的俄国人证明，拿破仑是事先有计划地来焚毁和破坏莫斯科的。"

然而，无论是谁放的火，都让莫斯科城遭到了一场空前浩劫，战争带给莫斯科人民深沉的伤痛。

## 沙俄贱卖阿拉斯加之谜

阿拉斯加这块不毛之地下面埋藏着丰富的石油、天然气、金、铜、铂、银等地下宝藏，也是盛产鲑鱼和大比目鱼的世界著名渔场。无论从哪方面来看，它都是一块宝地，然而，多年以前，沙俄政府却选择了将这块宝地拱手让给了美国，这是为什么呢？

美国自1766年正式建国以后，就一直热衷于扩充自己的领土。1803年从法国购得西路易斯安娜，1819年迫使西班牙让出佛罗里达，1845～1853年夺占墨西哥多块领土，1898年吞并夏威夷……在这些金钱加大棒的领土扩张战略中，1867年美国花720万美元从沙俄购买了占美国领土面积1/6的阿拉斯加一事却颇受争议。

19世纪，英美俄法各国都忙着扩张领土，为什么沙俄会将自己辛辛苦苦开发的殖民地——阿拉斯加贱卖给美国呢？

之所以说是贱卖，因为阿拉斯加是有着丰富资源的一块宝地。尽管阿拉斯加1/3的面积位于北极圈内，气候严寒，除南部沿岸外，年平均温度在0℃以下，可这块"不毛之地"却拥有丰富的地下宝藏：石油、金、铜、铂、银等。特别是北极地区滨海凹陷地带为石炭纪以及三叠纪和白垩纪地层，石油和天然气储量极大。此外，太平洋东北部暖流使阿拉斯加南部沿海峡湾岛屿成为世界著名渔场，盛产鲑鱼和大比目鱼。它的价值远远超出720万美元的价格。

根据历史记载，在这场领土买卖中，沙俄方面似乎比美国方面更加急切。例如当时的沙俄重臣康斯坦丁·尼古拉耶维奇就在1857年3月写信给沙俄新上任的外务大臣亚·戈尔恰科夫公爵，特意建议出卖阿拉斯加，他在信中写道："这种出让是完全合乎现代要求的。我们不必欺骗自己，而应有所预见：美利坚合众国想要整个地统治北美，肯定会攫取我们这些领地，而我们又无法把它们藏掖起来。再说，这些领地带给我们的好处微乎其微，出卖它们似不会引起过分的反响……"对此提议，沙皇更是御笔批示："此议值得考虑。"因此，沙俄的权臣们自发组成了一个密谋集团，开始悄悄筹备出卖阿拉斯加一事。

康斯坦丁·尼古拉耶维奇大公作为密谋集团的主将，除经常在皇上耳边吹风外，还把财务大臣赖滕拉入圈内。而驻美公使斯捷克利男爵一开始就是此集团的干将，十年内为出卖领土奔走于俄美之间，不遗余力，甚至准备了使俄国蒙辱的条约文稿。"十年磨一剑"，密谋集团开始分头行动：大公负责打通外务部，重新向外务大臣提出这个问题；财务大臣以金融危机来逼压沙皇，建议向西方贷款；驻美公使则加紧同美国政府磋商。

1866年12月16日中午，密谋集团的全体成员以参加"日祷"活动的名义来到外务大臣家，沙皇本人也来了。他明确表示同意出卖阿拉斯加。没有正式记录，只是亚历山大二世的日记中有两行文字："中午1时，戈尔恰科夫公爵就美洲公司之事举行了会议，决定卖给美国。"沙皇的日记表明出卖阿拉斯加已成定局，可此时罗斯大臣会议和国务会议对此一无所知。

就这样，密谋集团避开外务部，指定驻美公使斯捷克利男爵全权负责谈判和签约。可是，作为全权代表的这位公使先生手上竟没有任何政府的书面指示或授权书，只是财务大臣叮嘱了一句："要 500 万美元。"

就这样，斯捷克利男爵同美国的谈判成了一场不折不扣的卖国丑剧。条约正文是由美方口授笔录的。七项条款中有五项讲的是美方的权利，即签约后美国政府应得到什么。其余两项是有关付款问题，但对付款过程中违约的责任和惩罚只字未提。

1868 年 8 月斯捷克利男爵交给俄罗斯国库一张"720 万美元全部收讫"的凭据，并称钱已转入纽约某银行，可据该银行向美国国会作证时确认汇入银行的钱只有 703. 5 万美元。不用说，16. 5 万美元已装进外交代表的腰包。

这位男爵的最后命运更为这场领土买卖谜上加谜。据记载，1869 年 5 月，斯捷克利男爵曾写信给外务部的友人，说希望得到两年的休假，信中充满了恐惧和忧伤。从此，这位男爵就失踪了。

## 《田中奏折》是真是假

《田中奏折》是反映日本法西斯主义侵略扩张野心的一份文件，它一经公布，就引起了世界各国的注意。但日本政府却一致否认这份奏折的真实存在。这到底是为什么呢？

每一场浩大持久的战争中都可能存在一些神秘莫测的重大事件，日本对中国的侵华战争也不例外。比如，日本侵华史上著名的《田中奏折》事件，就是一个当时在国际上引起强烈震动而几十年来却仍然是扑朔迷离、难明真相的"历史公案"。

19 世纪末，日本经过明治维新，迅速崛起，发展成为一个资本主义强国。但因其国土狭小、资源贫乏使日本经济的发展受到极大制约，急于走上殖民扩张的道路。而作为日本邻国的中国由于自身资源的丰富以及国力的衰弱，不可避免地遭受到日本帝国主义的觊觎。

1929 年 2 月，南京出版的《时事月报》刊出一条让世人震惊的新闻：《惊心动魄之日本满蒙积极政策——田中义一上日皇之奏章》。《田中义一上日皇之奏章》亦即历史上所称的《田中奏折》。

《田中奏折》明确表示"过去的日俄战争实际上是中日战争，将来如欲控制中国，必须首先打倒美国势力，这和日俄战争大同小异。如欲征服中国必先征服满蒙；如欲征服世界，必先征服中国。倘若中国完全被我国征服，其他如小亚细亚、印度、南洋等地异服的民族必然会敬畏我国而向我投降，使全世界认识到亚洲是属于我国的，而永远不敢侵犯我国。这是明治大帝的遗策，也是我大日本帝国存立的必要大事……"《田中奏折》全文 6706 字，分 5 大章节和 1 个附件，从军事行动、经济、铁路、金融、机构设置等方方面面，对侵略行动做了详细的安排部署，字字句句无不彰显日本帝国主义武力侵吞中国及整个亚洲的狼子野心。

《田中奏折》一经披露，立即引起了世界范围的哗然和震动，各国舆论纷纷表示惊讶和谴责，中国各地举行了声势浩大的示威游行，抗日浪潮席卷全国。

尽管日本当局立即否认有此奏折，并对外一致声称《田中奏折》为伪造之物，旨在污蔑大日本帝国。日本当局许多的当事人还都先后出面发表谈话声称从未见过此奏折。日本的学者也跟着推波助澜，叫嚣《田中奏折》纯属伪造。

**日本方面否认的理由依据主要是：**

1.《田中奏折》书写形式不符合日本惯例

日本政府认为，当时中国方面所公布的《田中奏折》从内容到形式均存在许多错误，不符合日本书写和呈送奏折的惯例。从上奏的形式上来说，奏折一般不写收件人的姓名，而是通过宫内大臣向上呈递的。但这个奏折不仅写了收件人，而且写的是宫内大臣。

2. 奏折内容存在失实、错讹之处

日本政府还指出：奏折内容有失实、错讹之处，如：奏折里提到山县有朋参加了解决有关"华盛顿九国公约"的对策会议，但是1922年2月6日缔结此条约时，山县有朋早在五天前就死去了。奏折说这个时期田中义一被派到欧美去了，实际上他去的是菲律宾。在奏折里有"福冈师团"的称谓，但事实上在福冈并没有师团。吉梅线的竣工日期是1929年5月间的事情，而1927年7月写成的奏折，却说它已经竣工了。奏折中还使用了"帝国主义"等不相称的用语。

那么《田中奏折》到底是真是假呢？既然它是田中义一递给天皇的秘密奏折，中国方面又是如何得知确切内容的呢？这就不能不谈到田中奏折事件的两个关键人物：一个是在日本亲手抄录《田中奏折》的当事人蔡智堪，另一个是得到《田中奏折》抄本并加以翻译和发表的当事人王家桢。

蔡智堪，中国台湾人，曾经旅居日本多年，正是他通过当时任日本宫内大臣的牧野伸显的帮助，扮作补册工人进入皇室书库，得以将《田中奏折》抄录带出，并亲自赶赴沈阳交给时任张学良秘书的王家桢。王家桢将其翻译后未敢擅自向外界公布，将它交给当时的中国外长王正廷，最终得以让《田中奏折》曝光。

如果说《田中奏折》是伪作，那为何日本政府在《田中奏折》公开的第二天，就将当时书库的官员全部免职，蔡智堪也遭到拘捕，身陷囹圄，财产损失殆尽。而日本自1927年以后采取的一系列侵略扩张行为，则与《田中奏折》中所做的战略规划如出一辙，没有丝毫偏差。这又做如何解释呢？

半个多世纪过去了，关于《田中奏折》真伪的争论一直没有间断过。其实，无论日本承认与否，历史已经有力地证明了日本帝国主义者想要征服中国乃至称霸全世界的狼子野心，即使在历史上真的从未出现过《田中奏折》一事，也不能改写日本帝国主义的罪恶历史。

## 佛朗哥为何没参加第二次世界大战

在二战的法西斯独裁者中，德国法西斯头子希特勒服毒饮弹自杀了，意大利法西斯头子墨索里尼被人吊死谋杀了，日本法西斯头子东条英机被远东军事法庭处以绞刑，而西班牙法西斯独裁者佛朗哥却安然无恙地活到了83岁的高龄，于1975年11月20在西班牙首都马德里因冠心病复发而寿终正寝。他是法西斯独裁者中唯一寿终正寝之人。

为什么佛朗哥能把世界上最后一个法西斯独裁政权维持近40年？人们普遍认为最大的原因是：佛朗哥在第二次世界大战中保持了中立态度。那为什么佛朗哥没有参加第二次世界大战呢？是这位独裁者"爱好和平"，还是他"能掐会算"，早知轴心国必败？否则，作为欧洲三大法西斯国家之一，且又和德、意在刚刚结束的西班牙内战中结成了非同寻常的关系，西班牙为什么不和德意同步而却独树一帜呢？

1939 年的欧洲，战争一触即发。和希特勒和墨索里尼意图征服世界的野心不同，佛朗哥却认为：发动一场全面战争是无意义的。因此，当 1939 年 9 月 1 日德军进攻波兰，9 月 3 日英、法对德宣战，同在 9 月 3 日这一天，佛朗哥公开呼吁使战争局部化。他声称，愿意和其他国家一起来商讨结束一场有可能导致"亚洲式的野蛮残暴"的战争。9 月 4 日，西班牙即宣布在二战中的"中立"态度。

对于佛朗哥中立态度背后的原因，众说纷纭。

一种说法认为，佛朗哥不参战是因为国内经济、政治危机。当时，西班牙内战刚刚结束，国民经济濒于停滞状态，食品严重不足，灾荒频繁，人心浮动。必要的进口工业材料和设备供给不足，黄金、外汇储备十分短缺。

政治方面，共和派、君主派右翼集团和共产主义者左翼集团依然保有不可忽视的社会力量和影响。佛朗哥领导长枪党内部也酝酿着的种种不和、猜忌、争斗又削弱了党的独裁统治能力。故而佛朗哥首要解决的问题是发展国民经济、稳定政局、确保独裁统治。

对于这种说法，有人提出质疑：国内危机并非佛朗哥不参战的可靠理由，这是因为历史经验告诉人们，转移政治危机、缓解经济危机的最快捷而有效的办法，往往正是对外战争。

第二种说法认为，佛朗哥不参战是因为同盟国的利诱、拉拢。西班牙和直布罗陀、丹吉尔特殊的地理位置使盟国担心，一旦西班牙加入轴心国作战，直布罗陀海峡必为其控制，大西洋与地中海航路中断，后果不堪设想。为此，1940 年 3 月，英国同意向西班牙提供 200 万英镑的贷款，并允许它从盟国进口某些禁运的工业原材料，英国还从阿根廷快速运送一批食品到西班牙以解决其燃眉之急。1941 年初，美国以红十字会的名义援助西班牙价值 150 万美元的食品和药物。随后，罗斯福又设法让国会同意放松美国商人向西班牙输出石油的控制。

但这种说法的软肋在于：人所共知，希特勒和墨索里尼在佛朗哥建立政权之余给予了大力支持，说希特勒和墨索里尼是佛朗哥的大恩人也不为过，三者更是形成了"兄弟式"的亲密关系。而且，德国一直在对西班牙提供军事援助，希特勒更是对佛朗哥许以重诺，可佛朗哥却终究不为利所动。

第三种说法认为，佛朗哥并不仇视英、法、美等其他西方国家，他反对的只是苏联。因为苏联是支持西班牙国内左翼力量的后台。佛朗哥曾经说过，西班牙和西方世界的真正敌人是苏俄，西方国家之间的任何战争都不过是为俄国人"火中取栗"。1941 年 6 月，德国进攻苏联，佛朗哥立即表示支持德国的军事行动，并很快组织了 1.7 万人的长枪党志愿军，称为"蓝色师团"，参加对苏作战。佛朗哥强调，"蓝色师团"只表明西班牙抵制苏俄的一贯立场，这并不等于参加轴心国一方作战。

然而，这种说法也存在疑点，那就是 1943 年德军失去对苏优势后，佛朗哥为什么要落井下石似的撤回"蓝色师团"呢？而且佛朗哥与各国的交往表明，他是一个讲求实际的人，不会因为反对苏联而放弃参战可能带来的利益。

更让人疑惑的是，面对佛朗哥坚决的中立态度，当时在欧洲势力正盛的希特勒却一再容忍，甚至当佛朗哥拒绝他进攻直布罗陀海峡的提议后，也并未对西班牙开战。然而，这其中的种种疑惑，也随着佛朗哥的逝世最终尘封在了历史长河之中。

## 巴尔干的政治纠纷之谜

在巴尔干这块政治、军事要地，自古以来就积聚着欧洲各大国的垂涎目光。二战中，巴尔干也不例外地成为轴心国和同盟国的争斗目标，再次引发了一场轰轰烈烈的巴尔干政治纠纷，这一切都源于保加利亚君主保罗斯三世的离奇死亡。

自古以来，巴尔干地区就是欧洲大国争夺的焦点，它不仅有着重要的政治地位，更有着极其重要的军事地位，因此所有这些矛盾、特别是列强之间的矛盾使巴尔干半岛地区经常发生纠纷、冲突和战争。而在二战中巴尔干地区发生的政治纠纷则是一个至今未解开的谜团。

巴尔干对希特勒来说不仅是其第三帝国的东部前线，而且由于其丰富的自然资源尤其是战略资源——石油，使它显得尤为重要。同时，巴尔干的保加利亚、罗马尼亚和匈牙利还为德军提供了好几万的士兵。

然而，苏联领导人斯大林也密切关注着巴尔干地区的局势：这块土地太适合共产主义传播了。而且，这里丰富的自然资源无疑将为斯大林的战争机器提供巨大的帮助。英美更是一直在散布谣言，迫使希特勒相信盟军将要进攻巴尔干重地保加利亚，这样就使希特勒调集军队到保加利亚，从而减轻了盟军在西欧的压力。

由此可知，巴尔干地区在当时具备了极其重要的军事地位和政治地位。从地理位置来看，保加利亚位于黑海之滨，南临希腊，北临罗马尼亚，长 370 英里，最宽处 185 英里，是一个山地国家，具有极其重要的军事战略地位。而从政治上来看，保加利亚君主保罗斯三世一方面在珍珠港事件后不久对英美宣战，一方面却又尽量避免与苏联发生冲突。保罗斯三世这种截然相反的作战态度实在让人不解。

1943 年年中，希特勒在他的东普鲁士的指挥所得到消息说，保罗斯三世暗中纵容将该国从轴心国分裂出去的行为。希特勒顿时警觉起来，1943 年 8 月 28 日，希特勒在他巴伐利亚的行宫中紧急召见了保罗斯三世。在希特勒一阵暴风雨般的咆哮后，保罗斯三世同意保加利亚继续留在轴心国。然而，正是这场会面拉开了一场有名的政治纠纷的序幕。

当保罗斯三世同希特勒经过不愉快的会面，回到首都索菲亚几天后，这位一国之君就暴毙宫中，从发病到死亡不过一个小时。在柏林，纳粹的宣传部长戈培尔博士宣布，保加利亚君主保罗斯死于一种罕见的毒，可能是蛇毒。

无可置疑，有人谋杀了保罗斯三世。但谁是谋杀者呢？德国人、英国人、美国人、苏联人都有可能，甚至可能是保加利亚本国人。而且，一个保卫森严的皇宫里怎么可能出现毒蛇呢？皇帝奇怪的死亡在保加利亚国内引起了不安和骚动。

保罗斯三世死后，他年仅 6 岁的儿子西蒙二世登上了王位，为了辅佐新君，皇叔和其他两位大臣组成了摄政委员会，派人到开罗与英美接触以求和平。就在这时候，斯大林害怕保加利亚加入西方阵营，于是宣布对保加利亚宣战。保加利亚为了免遭苏联人的进攻，反戈一击，于 9 月 8 日对德国宣战。保加利亚派出了 10 个师中的 5 个师，开到前线与德国作战，这几个师完全是由希特勒装备的。在这两个前盟国开战的同时，保加利亚的摄政委员会在莫斯科与英国、美国和苏联签署了停战协定。

然而，斯大林却对保加利亚的行为毫不领情，停战协定上的墨迹未干，斯大林就派乌克兰第三方面军进入保加利亚。保加利亚共产党接管了政权，摄政委员会的成员被逮捕并处死。接着，保加利亚全国范围内掀起了清算所谓叛国者的高潮。似乎就是在一瞬之间，保加利亚政局就风云突变，几易其主，昔日平和的景象不复存在，保加利亚人民开始了在苏联共产主义引领下的并不平静的生活。

在这场政治风云中，如果要究其发生的根源，众人无疑都会将其指向保加利亚君主保罗斯三世的离奇死亡。然而，直至今日，也没有人能够揭秘保罗斯三世谋杀案的真相。但许多人认为，在所有嫌疑犯中，莫斯科、柏林、伦敦的嫌疑最大。

## 日本天皇二战后逃脱审判之谜

第二次世界大战结束以后，远东军事法庭对日本法西斯的众多战犯进行了公开审决，东条英机更是被视为日本罪行最大和最疯狂的战争狂人被远东军事法庭处以绞刑。然而，作为日本最高统治者的日本天皇却蹊跷地逃脱了这场审判，原因何在？

在第二轮的审判过程中，我们得到无数的证据，足以证明他（日本天皇）即使不是日本侵略战争阴谋的发起人之一，至少他是一个消极的阴谋的参加者。这一点，即足够构成他从犯的罪名。

——梅汝璈在 1948 年 11 月 30 日《申报》的谈话

在中国人看来，尽管远东国际军事法庭确立了若干正确原则，但那仍然如参加远东国际军事法庭的中国法官梅汝璈所说的："一场差强人意的审判，留有众多遗憾"，而其中最大的遗憾在于让日本天皇裕仁逃脱了战争责任的追究。

众多周知，在侵华时期的日本政府中天皇具有至高无上的权利，《大日本帝国宪法》第一章第四条明文规定："天皇为国家之元首，总揽统治权，并依本宪法之条例行使之。"而众所周知，日本是发动第二次世界大战的三大轴心国之一，而在二战的中国战场上日本军队更是对中国人民犯下令人发指的滔天罪行。那么为什么日本许多战犯比如东条英机等人被送上了国际军事法庭接受世界的审判，而作为当时日本最高统治者的裕仁天皇却没有对战争罪行负责？在众多日本战犯被处决的同时，当时的裕仁天皇又身处何处呢？更令人吃惊的是，尽管后来日本实行民主选举制，却并未废除日本天皇，这一系列事情实在是十分蹊跷。

1945 年 8 月 15 日，日本裕仁天皇《终战诏书》的播出向日本民众乃至世界正式宣布日本无条件投降。日本投降后，日本国内部分民众、一些受害国、国际仲裁机构乃至裕仁本人都认为天皇对战争应负起责任。日本国内一些进步群众团体的领袖以及部分深受战争创伤的同盟国呼吁：裕仁作为战争期间的国家元首是发动战争的元凶，理应作为头号战犯接受国际法庭的审判与惩罚；并再三提出应废除日本天皇制，改变日本现存的政治体制。为清算法西斯余孽，重建世界和平与公正，战后在东京设立了远东国际军事法庭。澳大利亚法官威廉·韦伯作为军事法庭的审判长也认为："如果不审

理天皇，战犯一个也不能处以死刑。为了维护法律的公正，他应在国内或国外受到拘禁。"甚至裕仁本人也感到理亏，难以面对愤怒的世人，他觉得应理所当然地负起战争的所有责任。

然而，这个众人似乎已经预知的结果却因为一个历史性的会面而改写，它不仅改变了裕仁天皇的命运，也给二战的历史增添了一丝神秘。

1945 年 9 月 27 日上午 9 时，裕仁头戴大礼帽，身穿燕尾服，亲自正式地晋见了美国五星上将麦克阿瑟将军，当时这位声名显赫的将军是盟军驻日占领军的最高官员。在这次具有特殊意义的会见中，裕仁表现得体、态度坦然，勇敢地承认"对于日本政府的每一个政治决定和军事行动……我是唯一的责任者"。也正因如此，裕仁天皇给麦克阿瑟留下了非常好的印象，若干年后这位上将回忆起裕仁时曾说："在当时，我感到我面对着日本第一个当之无愧的有素养的人。"作为盟军驻日占领军总司令，麦克阿瑟指示裕仁否定日本注定统治世界的"大东亚"观点，维护世界和平，肃清国内黩武精神，另外否定天皇的神圣性，天皇由神回归为人。裕仁都一一照办。

在对日本天皇坦荡磊落的认罪态度表示钦佩的基础上，麦克阿瑟处于通盘考虑美国国家利益和盟军面临的形势，在随后向美国总统杜鲁门的汇报中声称："不能把日本昭和天皇作为战犯逮捕"。原因很简单，美国要利用天皇在日本的特殊地位及对日本民众的影响来牢牢控制住日本。

尽管中国等在二战中遭受日本侵略严重的国家对此表示强烈的不满和抗议，但远东国际军事法庭审判员仍以表决的形式做出了裁决：凡涉及日本天皇的各类起诉，均不予受理。就这样，日本裕仁天皇获得了美国给他的一面"免死金牌"。由此可知，日本天皇在二战中逃脱审判的原因不是历史的错误，也并非天意，而是美国处于全球战略考虑而制作的人为阴谋。正是这个阴谋，让战后历届日本政府都敢于拒绝正视那段侵略历史。

## 布什家族与本·拉登家族的"恩怨纠葛"

本·拉登制造 9·11 事件之后，布什领导的美国政府进行了全世界范围内的反恐行动，他也因此获得了极高的群众呼声。但也因此引发了人们的猜测：布什家族与本·拉登家族究竟存在怎样的"恩怨纠葛"呢？

2001 年 9 月 11 日早晨，19 名恐怖分子劫持的飞机撞击美国纽约世贸中心和华盛顿五角大楼，共造成 2974 人死亡，这被认为是美国有史以来最大的灾难。紧接着，美国政府在总统布什的领导下在全世界范围内实施了全面的反恐战略，9·11 事件的策划者本·拉登领导的基地组织更是成为布什的眼中钉、肉中刺，阿富汗战争、伊拉克战争随之而生。

尽管布什对本·拉登及其基地组织表现出了深恶痛绝的仇视，尽管人们还沉浸在对 9·11 事件中死者的沉痛缅怀中，美国新闻媒体却在 9·11 事件后不久扔出了一个重磅炸弹：布什家族与拉登家族有着长达 25 年的亲密友好关系。

一时之间，众说纷纭，总统布什身陷舆论疑云之中。美国著名导演迈克尔·摩尔更是针对此种猜测筹拍了纪录片《华氏 911》，犀利而深刻地记录分析了布什家族在迈克尔·摩尔曾以犀利的口吻采访布什："9·11 发生时，你呆滞的表情是什么意思？"为什么摩尔要如此尖锐地提问？这是因为当飞机撞上纽约世界贸易中心时，布什正在佛州的布克小学。几分钟之后，布什身边的人告诉他美国受到攻击。摩尔注意到，这时布什没什么表情，好像是被麻醉了。接下来的 7 分钟里，布什就那么毫无表情地坐着，任何事也没有做。摩尔问布什："难道你在想，我真应该认真地对待中情局一个月前提交的报告。要不，你是被吓呆了？或者说，为什么是我遇上了这事，为什么不是我爸？也许，你正在想你那些沙特的朋友，想你与他们的关系会不会让美国人猜疑？"

那到底布什家族和拉登家族存在怎样的亲密关系呢？

据悉，布什家族是靠战争财起家，二战时通过与德国纳粹的生意往来博得了"第一桶金"，随后主要从事石油产业，因而与许多中东石油大亨有着密切关系。而拉登家族作为沙特阿拉伯仅次于沙特王室的第二大家族，其政治、经济实力之强大可想而知，因此，布什家族免不了和拉登家族打交道，从而建立起了亲密的"友谊"。

他们这种亲密"友谊"的最大证据就是：美国一间名为"卡莱尔"的投资公司，因为成员多曾出任政府高职，自 1987 年成立以来一直受传媒关注。老布什曾出任该集团的亚洲顾问委员会主席，他的亲信国务卿贝克是大股东之一，也曾出任高级顾问，前国防部长卡拉奇曾出任董事长，前白宫预算主任达尔曼也曾担任顾问。

值得注意的是，"卡莱尔"的其中一名股东就是拉登家族，他们至少在集团投资了 200 万美元。该集团通过旗下的 21 个基金，管理着 160 亿美元的资产，投资领域涉及国防和航天、通信、媒体、消费品、医疗保健等，为投资者赚取每年平均高达 34% 的回报率。

再明显不过，"卡莱尔"其实是政要富人俱乐部，布什家族通过"卡莱尔"跟友好要人享受巨额的投资回报，而拉登家族得以参与成为股东之一，可见他们之间的关系不浅。"卡莱尔"是两个家族可知的关系，不可知的则无从稽考。"9·11"恐怖袭击后，出于政治考虑，"卡莱尔"才结束了与拉登家族的投资关系。

9·11 事件之后，尽管布什内阁一直在对外声称"要对恐怖资金一查到底"，但事实上却并没有真正彻底地贯彻。从这一点来看，对于"9·11"的调查其实早在恐怖袭击事件发生以前就已经注定了将不会有什么结果。而这一切都与布什家族与本·拉登家族长期隐秘的商业关系有关。

然而，布什家族与拉登家族的恩怨纠葛的内幕，对于外界仍是个谜。

## 古代日本人到唐朝"留学"仅是为了学习吗？

今天，"出国留学"已成为国人谈论的一个热门话题，而距今 1000 多年前，"大唐朝"却常常要迎接大批的来自周边各国的"留学"人员，尤其是地理位置优越的日本使节和商人。

公元 618 年，唐朝取代隋朝。日本人凭借地理位置优势，络绎不绝地前往唐朝，天皇政府正式派出的"遣唐使"数目也大大增加，达到了空前频繁的程度。唐太宗李世民在即位初以犬上御田秋为首的日本第一次遣唐使到达长安。从此，日本连续不断地派遣遣唐使。从公元 630～894 年的 200 余年间，日本政府共向唐朝派出 19 次遣唐使，其中有两次受阻而未成行，有 1 次是为了迎接前次遣唐使回国，有 3 次为护送唐朝使节回国，所以，实际算来日本正式委派并到达唐朝的遣唐使应为 13 次。即使这样，也可看出日本遣唐使的频繁，那么，日本为什么要向唐朝派遣这些人员呢？

中国古代经济文化在唐朝发展到了空前鼎盛时期，南洋、中亚、波斯、印度、拜占庭、阿拉伯各地大小国家纷纷派遣使节和商人前往唐朝学习唐朝的先进文化，经营中国的丝绸、瓷器及各种工艺产品。

相比之下更有地理优势和进取精神的日本人更不会落后，为了学习中国的治国经验和文化制度，天皇政府才派大批使臣、学者到中国参观学习，在日本史书上遣唐使又称"西海使"或"入唐使"。遣唐使团初期规模较小，通常每次仅有一两艘航船，每艘航船大约载 120 人左右，后来使团的规模逐渐扩大，每次使用 4 艘航船，团员多达 500 余人。因为遣唐使团通常都是 4 艘航船一起拔锚起航，又一起扬帆归来，所以日本的文学作品往往把遣唐使称为"四舶"。遣唐使团由政府使官、学习访问人员和航海工作人员组成。

日本政府对派遣遣唐使极为重视。所有使团人员均由精挑细选而出，凡入选使团者一概予以晋级，并赏赐衣物。政府还对留学生给予优厚待遇，一般的船员免除徭役，使团官员予以一定程度的资助，希望他们学有成就，回国效力。在使团起航前夕，要举行隆重的"拜朝"典礼谒拜天皇，天皇向正副使节赐予"使节刀"，接下来举行饯别宴会，甚至有时会专门准备唐朝筵席。

日本遣唐使极大地促进了中日之间的经济文化交流，但当时经济文化主要是唐朝流向日本。唐朝的工艺美术、生产技术、文史哲学、天文数学、建筑学、医药学、衣冠器物、典章制度等都陆续传到了日本，近几年来还曾在日本发现数万枚"开元通宝"。日本受中国文化影响很深，至今，日本民俗风情和生活习惯中仍然保留着浓厚的中国古代文化痕迹。

值得注意的是，日本遣唐使到中国的目的仅仅是为经济文化交流和"学习"吗？日本对中国的野心由来已久，有人认为日本对中国窥探就是从遣唐使时开始的；还有人认为遣唐使与元、明时期的倭寇有联系，因为当时限于本国实力和惧怕唐朝国力而由"寇"转为"使"，冠冕堂皇地出入中国，也许这些人是无中生有，也许确有依据。

## 法国圣女贞德从火刑台上逃走了吗？

法国历史上著名的民族女英雄贞德于 15 世纪被教会以"女巫"和"异端信徒"的罪名处以火刑。1431 年 5 月的一个早上，贞德被烧死在卢昂一个公众广场上，这个形体纤小、被宣判为异端信徒和女巫的少女在一万多人的注视之下，很快被熊熊烈焰吞噬。很多围观者都听到她高喊耶稣的名字以及那些激励她率领义军把英军逐出法国的圣徒名字。烈火烧了很长时间，她仍旧没有断气，最后她在低吟一声"耶稣"后，便辞别了人世。围观者亲眼看到行刑者扒开火堆后，一具烧焦的尸体露出来。行刑人向周围观者展示贞德烧焦的尸体之后，又一次点燃烈火，将尸体烧成灰烬，之后把这些

灰烬撒入塞纳河。不过，当时观看行刑的人，此后曾说起焚烧贞德尸体那时的神奇的景象，一名英国士兵说他亲眼看到在贞德的灵魂离开肉身时，一只白色鸽子从火堆里缓缓向高空飞去，嘴里还有着动听的鸣叫声。一些人说看到火焰中有"耶稣"的字样出现，那分明是贞德灵魂没有散去。不久，有传说说贞德的肠脏和心没有给烧掉，仍然保持完整。又过了不久，又有人说贞德仍然活在人间，火焰根本没有伤及她。不过在很长一段时期内，一个传闻言之凿凿，大多人都很相信这一说法：贞德并没有被烧死在火刑台上，那被烧死在火刑台上的，并不是贞德本人。

贞德的两个兄弟就抓住了法国人乐于相信这位女英雄仍活在世间的心理，从中牟利，精心布置了一个令人心寒的骗局，并因贞德的声望而尽享富裕生活。在贞德死后5年，即1436年，两人又一次渲染了贞德仍在人间的传闻。兄弟俩人带着一个披甲策马的年轻女子突然在奥尔良的街头出现。他们宣称此女子就是贞德，被施以火刑的不是贞德，而是另一个女子顶替的。实际上，那披上盔甲的女子名叫安梅丝，是个女骗子。在假冒贞德之前，她曾在意大利教皇的军队中服过役，有过一段军旅生涯，当时，她的娴熟的马术和威武的外形，深受群众喜爱，使见到她的人理所当然地相信她就是贞德。法国人既然失去了民族英雄，这也属人之常情。

对贞德两位兄弟的说法，奥尔良市民深信不疑；甚至把自贞德牺牲后一直为她举行的纪念仪式也废止了。贞德的两兄弟以及女骗子的骗局最初是无往不利，处处得逞。在奥尔良及其他法国城市广受尊敬，并享尽美酒盛筵，但好景不长，他们的骗局在4年后终于被揭穿了。安梅丝于1440年在巴黎原原本本供认出由她参与的骗局。不过，假冒贞德的事件已产生了深远影响；虽然关于贞德在卢昂一个公众广场逃出的谣传，已被确认为无稽之谈，但是部分法国人仍旧相信这种说法，这种传闻以后又在法国民间流传了数百年之久。

后来，法国国王查理七世在15世纪中叶基本完成了统一大业。贞德的两名兄弟及其母亲为洗脱贞德的罪名而积极奔走；最后终于使贞德的名声得到了恢复。但尽管如此，贞德到底有没有死的问题仍没有确切的答案，四五百年后的今天，人们已无从知晓贞德的命运到底是怎样的了。

## 希特勒血洗冲锋队之谜

杀人狂希特勒草菅无辜并不奇怪，但是1936年6月30日凌晨，曾为混世魔王希特勒上台执政立下汗马功劳的冲锋队在一串机关枪的猛烈扫射之后随即在"世间蒸发"，遭受到了同样的噩运。以参谋长罗姆为首的冲锋队对希特勒来说不可不算是自己人。那么对自己人为何还要下此毒手？对此研究者们进行了不少考察，大致归纳出以下一些原因：

其一，冲锋队已经完成了它的历史使命。所以，无论用什么途径，冲锋队必然会从历史舞台上退出去。

其二，希特勒与罗姆之间存在着相当大的矛盾，既可以说是患难之交，但两人同时又有很大分歧。

罗姆在希特勒上台后，不仅加紧发展冲锋队，而且叫嚷着进行"二次革命"，建立真正的"民族社会主义"国家。他的这些企图使纳粹政权无法容忍，希特勒便考虑着如何把冲锋队解决掉。

其三，冲锋队与党卫队的斗争。于1925年成立的党卫队，即黑衫党，原是冲锋队的下级组织，作为希特勒铁杆卫队的党卫队，在冲锋队膨胀的同时亦迅速发展壮大。在争权取宠的竞争中这两支政治力量必然会发生矛盾冲突，特别从1929年希姆莱担任党卫队全国首领后，双方的矛盾更为激化。

其四，冲锋队不被国防军所容。德国军队在一战后受到限制，在冲锋队成立之初陆军方面出于使德国武装起来的目的，对冲锋队采取的是扶持态度，把它作为后备军。但随着罗姆想要取代国防军的意图的日益暴露，军界意识到其特权受到了威胁。部长勃洛姆堡强烈要求希特勒对冲锋队给予一定的限制，把冲锋队排斥在武装部队之外，只把国防军作为"武器的唯一持有者"。希特勒在决定如何取舍二者的过程中，按理说应较为偏袒他的发迹资本冲锋队，但这样做有两大棘手的问题：一是若保留庞大的冲锋队，他将很难向欧洲各国做出恰当解释，他的外交将因此而陷入难堪境地；二是如果把国防军得罪了，继承危在旦夕的兴登堡的总统职位的野心就难以达到。所以，经再三权衡希特勒最后决定让冲锋队牺牲掉。事实上在血洗冲锋队之前，希特勒已得到了军界将支持他继任总统的承诺。

于是希特勒便以冲锋队阴谋"二次革命"为借口，顺水推舟地将除掉惹是生非的冲锋队和取悦资产阶级这两个目的在政治清洗中"毕其功于一役"。毫无疑问，上述四点都是事件背后的原因，但最后真正促使希特勒下定决心、付诸行动的又是由何事直接引发的呢？火药桶之导火索何在？由何人直接引爆？历史学家们还在孜孜不倦以求之。

## 二战时的《苏德互不侵犯条约》附有秘密议定书吗？

英国《曼彻斯特卫报》于1946年5月30日登了这样一则让人震惊的新闻：1939年《苏德互不侵犯条约》附有一项秘密议定书，而且对其内容予以了披露。

不少西方学者推测1939年《苏德条约》附有秘密议定书。例如英国著名学者阿诺德·托因比等人编的《大战前夕，1939年》一书载有《苏德互不侵犯条约》的秘密议定书的主要条款。法国当代著名史学家让·巴蒂斯特·迪罗塞尔在其《外交史》中断言：《苏德条约》存在着元可争议的秘密议定书。原纳粹德国上将蒂佩尔斯基希在其《第二次世界大战史》一书中叙述了关于希特勒将部分波兰领土划给苏联、对与苏联接壤的东欧小国不表示兴趣的问题，他实际上谈到了西方国家公布的《苏德条约》的秘密议定书的一些内容。英国学者艾伯特·西顿在其《苏德战争，1941～1945年》一书也有《苏德条约》附有一份草率拟就、措辞模棱两可的秘密议定书的叙述。美国学者威廉·夏伊勒在其名著《第三帝国的兴亡——纳粹德国史》中还对《苏德条约》的秘密附属议定书的主要内容予以列举。奥地利的布劳恩塔尔也对《苏德条约》附有秘密议定书的说法持肯定态度。

中国一些学者近年来也认可《苏德条约》附有秘密议定书；有些学者还在书中介绍了西方国家公布的《苏德条约》的秘密议定书的内容。

但是，有关《苏德条约》的秘密附属议定书在苏联的出版物中至今尚未见到。

1948 年 2 月，苏联情报局在题为《揭破历史捏造者（历史事实考证）》的文件中对英、美单方面公布德国外交文件予以反对。收入《苏联对外政策文件汇编》第四卷的苏德互不侵犯条约中没有涉及秘密附属议定书的条款。阿赫塔姆江等人的《苏联军事百科全书》在谈到《苏德条约》时对秘密议定书没有提及。鲍爵姆金领导编写的《外交史》第三卷和维戈兹基等人编著的《外交史》第三卷也只字未提秘密附属议定书。萨姆索诺夫主编的《苏联简史》也持同样说法。曾参与 1940 年苏德谈判的别列日柯夫在其回忆录中不仅没有提《苏德条约》附有秘密议定书，而且认为："对 1939 年苏德条约问题，虚假报道堆积如山。"德波林主编的《第二次世界大战史》引用了 1939 年 8 月 24 日苏联《消息报》所发表的《苏德条约》的条款，不但对秘密附属议定书一点儿也没提到，而且批评说："资产阶级世界有人陷于伪造的泥潭而不能自拔，继续就条约和苏联的目的撒谎。"

中国学术界在有关苏联对《苏德条约》的秘密议定书的问题上有两种不同的说法：一种是认为苏联并未否认其存在；另一种是认为苏联否认其存在。

这样，1939 年《苏德条约》是否附有秘密议定书的问题就成为人们争议的一个热点问题。弄清这个问题对于正确评价战前国际关系、深入了解第二次世界大战史具有十分重要的意义。

## 克里普斯在二战期间为何突然访印？

正当世界人民的反法西斯战争正在如火如荼地进行，作为反法西斯的主力国的英国的下院领袖、掌玺大臣克里普斯却在 1942 年春，带着解决印度问题的《宣言草案》（亦称《克里普斯方案》），风尘仆仆地飞往新德里访问。在大战关键时刻，英国当权人物为何要采取这一行动？他们又有什么目的呢？会谈为何失败？谁该负责？

英国战时联合内阁为什么要派遣克里普斯访印呢？目前，在国内外学者和史学家的著述中，大致有四说。一曰"丘吉尔决定说"。一般认为，是丘吉尔本人做出的这一决定。而这一决策又同当时战局关系重大。日本于 1941 年 12 月 7 日偷袭珍珠港，太平洋战争爆发，为了实现"大东亚共荣圈"的迷梦，日本加速了侵略步伐。1942 年春，日本先后占领了新加坡、仰光，并且威胁到了南亚次大陆的安全。印度的东大门——孟加拉和马加拉斯也随时有沦陷的可能。素以维护大英帝国利益而著称的丘吉尔首相，为了维护自己的印度殖民地免受日军蹂躏，当机立断，派遣克里普斯访印，以此来加强英国的地位。

第二种是"罗斯福干预说"。美国一些学者并不完全同意上述说法。持此说者认为，美国总统罗斯福的影响和干预促成了这一行动的实施。因为，太平洋战争爆发后，英美两国同日本对南亚次大陆的争夺更加激烈了。当时，中美两国政府首脑考虑到盟国的共同利益以及印度所处战略地位，曾多次要求丘吉尔早日解决印度问题，以争取印度人民尽快投入反法西斯战争。

第三种是"工党压力说"。众所周知，战时英国联合内阁中，在对印度政策问题上存在意见分歧，工党内出现一股势头，要求丘吉尔改变以往的政策，放弃僵硬政策，缓和矛盾，争取让印度也加入战争中来，特别是克里普斯，力主改善英印紧张关系。

丘吉尔害怕内阁分裂，在工党的压力下，被迫做出上述决定。

第四种是"印度呼吁说"。第二次世界大战爆发后第 3 天，即 1939 年 9 月 3 日，林利思戈总督没经各党派的同意，就擅自宣布印度参战。全印度人民奋起抗议他的这一决定，反英反战情绪高涨，印度自由派一些人士萨普鲁等人也联名上书，直接呼吁丘吉尔本人要求英国采取实际行动，以缓和日趋尖锐的英印矛盾。

然而，不论克里普斯访印的真实原因如何，这件事和它那不可解释的原因连在一起，只是在历史的长河中投下了一颗小石子，泛了泛水花，便悄无声息了。

## 猪湾事件是美国中情局策划的吗？

在一个静悄悄的黎明，1400 名装备精良的古巴流亡分子，从猪湾的吉隆滩和长滩登陆，向古巴发起了猛烈的攻击，制造了猪湾事件。这件事发生在 1961 年 4 月 17 日。40 年后，2001 年 3 月 22 日上午 9 点，古巴政坛的"常青树"——卡斯特罗坐在哈瓦那一家五星级宾馆的会议桌边，与昔日曾多次谋划置他于死地的敌人平心静气地讨论猪湾事件。这次会议由美国史学家、学者组织，为期 3 天，参加此次会议的除了卡斯特罗和其他古巴官员外，还有 4 名参加猪湾入侵的古巴流亡分子、2 名美国前中情局官员以及前总统肯尼迪的亲信阿瑟·施莱辛格和理查德·古德温。

据美国与古巴双面的解密档案显示，猪湾事件完全由美国中情局一手策划。中情局为了给干涉古巴事务找到冠冕堂皇的借口，甚至故伎重演，借鉴 1954 年颠覆危地马拉政府时的经验，有意识地推动古巴与苏联结盟，"接下来，中情局就有事可干了"。其他国家的解密文件也有令人吃惊的内容。古巴政权也在秘密加强自己的防卫能力。

中情局决定策划一次入侵活动，推翻卡斯特罗政府。1960 年 3 月，美国中央情报局局长艾伦·杜勒斯向白宫递交了一份计划，提出把聚集在佛罗里达的古巴流亡分子组织起来进行训练，并在古巴内部开展秘密活动，以此推翻卡斯特罗政府。艾森豪威尔总统表示同意，并表示美国将对这些反卡斯特罗游击队"援助到底"。

肯尼迪上台后不久，获悉中情局有此项计划，对此也表示支持。杜勒斯向他保证，入侵计划比当年推翻危地马拉政府的计划"前景更好"。

1961 年 4 月 17 日黎明，中情局制定的代号为"猫鼬行动"的入侵活动拉开帷幕。猪湾事件在历史的舞台上上演。

卡斯特罗时年 34 岁，虽大敌当前，仍丝毫不慌，指挥若定，仅仅用了短短 72 小时就挫败了这次入侵活动，共击毙 114 名，俘虏 1189 名流亡分子。

那么，为什么有强大的美国政府支持的入侵行动会失败呢？关于这点，长期以来众说纷纭。在美国国内，有些人把失败归因于中情局犯了轻敌的毛病，对古巴国内会响应入侵的反卡斯特罗政权的人数过分乐观。

中情局一向做事谨慎，在准备不周的情况下，为何会匆匆策划这次入侵？况且肯尼迪曾在战斗爆发的第二天表示，"我们的克制是有限度的"，"如果必要，就单独行动"，以"保卫自己的安全"。那么肯尼迪政府为何又食言撤回了空中支援，使古巴流亡武装陷于孤立无援的境地？苏联在此事件中又扮演了什么角色呢？

## 苏联击落美国 U-2 飞机之谜

螺丝钉能战胜原子弹？不管你信还是不信，一个小小的螺丝钉在某些时候却能做得比原子弹更好，至少在 1960 年 5 月 1 日是这样的。那一天正是美机 U-2 飞机被苏联击落的日子。

不要小看这枚微不足道的螺丝钉，正是因为它，苏联才将当时的"黑衣女谍"U-2 从高空请下，否则则国难当头。

冷战期间，为了尽快弄到一架 U-2 飞机，克里姆林宫下了一道死命令给克格勃。于是，一个间谍偷偷进入了 U-2 飞机所在的巴基斯坦某美军空军基地。不久，他假冒一名因病不能上班的清洁工混进了机场。为了能接近飞机，他又将机场空军食堂的一名服务员给收买了，最后他打听到 U-2 飞机近期将做一次远程侦察的巡航。

这名间谍在接下来的几个晚上，用红外望远镜在停机坪附近窥视，终于找出了美军防范中的漏洞。

这天，他开始实施预定计划。时近凌晨 2 点，一群在外胡作非为的美军士兵前来换岗，他们像平常一样在飞机右舷兴致勃勃地谈笑风生，吹嘘他们刚才在外寻欢作乐的趣事。这时，已潜伏多时的间谍抓住了这个机会，迅速地避开了士兵的视线，神不知鬼不觉地钻进了飞机驾驶舱。很快找到了仪表上高度仪的外罩，然后飞快拧下右上角的一颗螺丝钉，随即换上了一颗自己携带的不同一般的螺丝钉。

原来，这是一颗磁性极强的螺丝钉，由苏联克格勃特别研制，当飞机上升到几千米高空后，这颗螺丝钉产生的强大磁力场将高度仪的指针吸引过去，而显示出已达到 2 万米高度的数字。美国人考虑到了对该机资料的保密措施，也想到苏联会用新型导弹对飞机进行拦截，却没有想到克格勃会用违背常规思维的不寻常方式下手，把用炮火轰击、飞机拦截都得不到的 U-2 型高空侦察机给击落了。

不管苏联最终是如何直接击落 U-2 飞机的，导弹抑或是米格飞机。如果没有了那枚被换包的小小螺丝钉，所有的一切都将举步维艰。因而，千万不要小瞧相比之于导弹可说是一文不值的螺丝钉。

## 美国政治丑闻：水门事件真相

水门，一座位于美国首都华盛顿的综合大楼。1972 年 6 月 17 日清晨，据称是共和党所指派的 5 名"暗探"，闯入了数十年来一直设在此处的民主党全国总部办公室，在他们企图窃听民主党参加大选的情报时被发现，随后遭到逮捕。事件一经发生，美国舆论顿时哗然。这一事态最终导致时任美国总统的共和党人尼克松辞职，从而也使其成为美国有史以来任期未满而被迫辞职的第一位总统，这就是曾震惊全世界的"水门事件"。不过，作为美国历史上最为严重的政治丑闻，该事件显然隐藏有种种内幕，而绝不可能像表面上看起来那样简单。

### 举世震惊的水门丑闻

理查德·米尔豪斯·尼克松，美国共和党人，在 1968 年的美国大选中，他击败民主党人汉弗莱和独立竞选人华莱士，当选为美国第46届总统，1972年又连任第47届总统。对于中国人民来说，尼克松是一位非常特殊的美国总统。1972年2月，为了打破中美之间数十年的坚冰，尼克松毅然决定访华，成为访问中国的第一位美国总统。访华期间，他受到了中国人民的热烈欢迎，并与毛泽东、周恩来等进行了历史性的会见。2月28日，中美联合发表了著名的《上海公报》。尼克松的这一大胆举动立即震惊了世界，同时也为打开中美关系大门及改善和发展中美两国关系做出了重要贡献。退出政坛后，尼克松一直过着隐居式生活，并从事政治著作的写作，先后出版有《尼克松回忆录》《1999：不战而胜》《超越和平》等著作。1994年4月22日，尼克松因突患中风，在纽约康奈尔医疗中心逝世，享年81岁。

然而，中国人眼中的杰出政治家，在美国心目中，却因为轰动一时的"水门事件"而使其形象大受影响。1974年8月，正是由于这一事件，迫使正在任期中的尼克松狼狈地宣布辞去总统职务，这在美国历史上可是绝无仅有的。

1972年，时任美国总统的尼克松为了在下一届总统竞选中获得连任，成立了专门的"争取总统连任委员会"，并任命自己的好友、司法部长约翰·米切尔担任主席。委员会为这一次竞选制定了一整套的行动方案，其中就包括偷拍文件和窃听。在执行窃听计划时，委员会安全顾问麦科德雇用了4名古巴流亡者当自己的助手。民主党全国委员会总部设在水门大厦六楼，这里理所当然地成为他们窃听的目标。1972年5月30日，麦科德等实施了第一次窃听行动。但意想不到的情况使第一次窃听毫无结果：安装在民主党总部两部电话上的窃听器，一个不知因何故障失灵，一个虽然窃听了200个电话，却没有丝毫价值。

1972年6月17日，麦科德又开始行动了。他在水门大厦对面的旅馆安排了负责望风和窃听的人，又在水门大厦二楼的某个房间安置了指挥联络人。午夜零点左右，麦科德和4个古巴人进入大厦。为了方便出入，麦科德用透明胶布粘住了大厦门锁的锁舌。他万万没有料到就是这块小小的胶布让他的行动毁于一旦。大厦的门卫发现了被粘住的锁舌然后打了报警电话。就在麦科德和4位助手在民主党总部办公室里忙着安装窃听器、四处翻阅和拍摄文件时，一辆没有任何标记的车停在了水门大厦门前，3名便衣警察进入了大厦。对面旅馆望风的人虽然看到了他们，却没有意识到他们是警察。当警察破门而入时，麦科德等人还在全神贯注地工作着。

事情发生后，水门事件与白宫还没有联系到一起。"争取总统连任委员会"立刻发表声明：麦科德只是被雇用来协助委员会装置安全系统的，此外再没有其他使命。委员会还强调：麦科德等人"既不是为我们干的，也不是经我们同意的"，"我们绝不会允许或纵容这类活动"。但他们没有料到的是，一位化名"深喉"的知情人将一条重要线索透露给了《华盛顿邮报》的两位记者鲍勃·伍德沃德与卡尔·伯恩斯坦：被逮捕的古巴人随身携带的通讯本上有白宫官员的名字和电话号码。随后他们又查知，尼克松的竞选官员曾将25万美元的竞选费用转到了在水门被当场抓住的其中一个古巴人的账户上。于是，一篇篇揭秘文章在《华盛顿邮报》刊出，顿时引起了举世震惊。不论约翰·米切尔如何表白，许多人认定"夜闯水门"与白宫必定有牵连。总统本人对此事究竟是否知情呢？

眼看局面对自己越来越不利，尼克松无奈之下同意了手下提出的一个方案，即让涉案中的一人承担全部罪名，以使局势暂时缓和下来。不料在此紧要关头，尼克松的亲信米切尔却后院起火。米切尔夫人为了让丈夫摆脱政治羁绊，以便有更多的机会和时间在家里陪着她，宣称她那里有一本手册，里面详细记载着"夜闯水门"的预定计划，而她本人也了解整个事件的全部细节等。此言一出，米切尔果然于1972年7月1日辞去了"争取总统连任委员会"主席的职务。

面对种种打击和挫折，尼克松使出了浑身解数来摆脱水门事件给他制造的麻烦。1972年7月，美军终于从越南撤军，基本上结束了美国无限期地卷入越南的武装冲突；接着尼克松采取果断措施，成功制止了因越南战争而引起的持续性通货膨胀，在控制国内工资和物价的同时，为了阻止美元外流，又降低了美元与外币的兑换率。这一系列措施无疑给尼克松带来了巨大的好处，让他得以扳回劣势。在1972年11月7日举行的大选中，尼克松获得了决定性的胜利，连任第38届美国总统。轰动一时的水门丑闻似乎就这样不了了之了，美国民主党也只能吞下这颗苦果。当场被捕的那些人，也在开庭之后分别以1~5万美元的保释金取保释放。

不久后，尼克松连任后对内阁进行的改组激怒了他的政治对手，使得水门事件再一次成为大家关注的焦点。1973年1月8日，"夜闯水门"的那些人被重新收审。3月20日，麦科德写信给联邦法院承认："被告们都曾受到政治压力，要他们承认有罪，并保持缄默。我担心有人向我的家人采取报复措施。"这封信一公布就引起了轩然大波，公众对此事也兴趣大增。不久白宫法律顾问、国内事务助理约翰·迪安向司法部门自首，并在1973年6月25日水门事件委员会的听证会上作证：尼克松曾亲自参与掩盖"夜闯水门"一事。

1973年7月16日，尼克松的前助手亚历山大·巴特菲尔德向参议院特别调查委员会透露，从1970年以来，尼克松就在白宫的办公室里安装了录音装置，以便把自己同所有人的谈话都录下来。于是水门事件的检察官考克斯要求尼克松交出录音以供检查，但遭到拒绝。1974年7月24日，美国最高法院以8比0通过裁决：尼克松无权扣留刑事诉讼中的证据，并下令总统必须交出录音带。无奈之下，尼克松只得将录音带交给了法官。随后法官发现，有一盘录音带上的18分钟的录音被人为地洗掉了！而这盘录音带正好录自水门事件发生后的第三天，即1972年6月20日，谈话人是尼克松和他的办公厅主任。于是最高法院又一次下令，要求尼克松将其所有的录音带全部交出。这一次法官们在录音带中找到了尼克松参与掩盖水门事件真相的直接证据：在1973年6月23日的一盘录音带中，尼克松同办公厅主任讨论如何"让中央情报局压倒联邦调查局，使这次调查不能进行"，总统甚至粗暴地嚷道："我才不在乎发生了什么呢！我要求你们给我保密……不管是掩盖事实还是其他什么手段，只要能保住密，就那样干！"情况的发展已经使尼克松别无选择，为了避免弹劾，1974年8月8日上午11点，尼克松在白宫宣布辞职。美国设置总统职位185年以来，还是第一次出现现任总统任期未满而在如此不光彩的情况下被迫辞职的情况。

30多年后，一位尼克松总统昔日的高级助理透露：正是尼克松本人下令闯入水门大厦进行窃听活动的。这位名叫杰布·斯图尔特·麦格鲁德的昔日白宫高级助理，当年曾经指证下令闯入水门大厦内窃听和偷拍情报的是约翰·米切尔，并因涉嫌在揭穿"水门丑闻"中密谋作伪证而被判入狱 7 个月。根据麦格鲁德的说法，他曾在 1972 年 3 月 30 日同米切尔会面，并与 FBI 的一名特工戈登·利迪讨论了闯入民主党总部，窃听其主席布瑞恩电话的计划。米切尔随后与总统通了电话，虽然麦格鲁德没有听到尼克松讲的每一个字，但却听到了"最重要的"——"约翰……我们需要获得有关布瑞恩的信息，而我们唯一的办法就是按照利迪的计划行事，我们需要那样做。"由于尼克松说话的声音非常独特，所以他相信自己听到的绝对是总统本人的声音。挂了电话之后，米切尔让他通知毛利·斯坦丝（尼克松的商业秘书，后来出任金融委员会的委员长，负责为尼克松二次竞选筹集资金）给利迪 25 万美元。照他所说，尼克松自始至终都对"水门丑闻"了如指掌，而不仅仅是事后掩盖，但这一新说法却遭到一些历史学家的怀疑。研究尼克松白宫录音带的专家斯坦利·库特勒把这称为"一个可疑人物所说的可疑的话"。他是研究尼克松白宫录音带的专家，而这些录音带正是 1974 年白宫司法委员会建议投票对总统尼克松进行弹劾的重要证据，在那次投票以后尼克松就被迫辞职。库特勒说，如果尼克松和米切尔之间确实有麦格鲁德所说的那样的电话交谈，白宫应该保存有这样的记录，但是他却没有发现任何尼克松说"闯进水门，窃听电话"的录音。如今米切尔、斯坦丝和尼克松都已经作古，谁又能揭开尘封已久的历史真面目呢？

### 神秘的"深喉"

在"水门事件"中，有一个人一直深受公众的关注。就是这个人，抖搂出了美国历史上最为严重的政治腐败内幕，对美国的政治体制提出了严峻的挑战，并把一位现任的总统赶出了白宫。同时，也正是这个人改变了美国的新闻业，使秘密的消息来源从此得以登上"大雅之堂"。他就是向《华盛顿邮报》记者提供"水门事件"关键线索的神秘幕后核心人物——"深喉"。他到底是谁？作为美国民众"最熟知的匿名者"，他的真实身份一度成为美国新闻史上最大的谜团。

"深喉"究竟何许人也，《华盛顿邮报》一直拒绝透露有关此人的任何消息。当时的知情者据说只有 4 个人：《华盛顿邮报》的两位记者鲍勃·伍德沃德与卡尔·伯恩斯坦、《华盛顿邮报》前执行编辑本·布拉德利，以及"深喉"本人。在《华盛顿邮报》上，许多关于"水门事件"的报道使用的都是不署名的消息源，时任《华盛顿邮报》总编的西蒙斯引用了当时一部颇具知名度的色情电影——《深喉》的片名作为告密者的化名。从此以后，"深喉"也成为这种秘密报道的代名词。

告密者为何如此害怕自己的身份被揭穿？在美国社会里，"告密者"显然是不受欢迎的，这大概也是"深喉"最为担心的，世人究竟会给自己冠以怎样的名号，是揭露真相的英雄，还是绊倒总统的叛徒？在谜底未揭晓以前，答案是无法预想的。也许正是基于这种担忧，虽然最初揭露"水门事件"的《华盛顿邮报》的两位记者将与当年事件有关的一些秘密文件部分曝光，但"深喉"其人的身份却一直处于保密状态。当然，这丝毫阻挡不了世人对"深喉"到底是谁的种种猜测。

弗雷德·拉吕，在水门事件中被称为"皮包人"。由于密闯水门大厦行动的谋划地是在尼克松总统在佛罗里达的度假地，而拉吕本人当时就在其中。人们以此为由推断拉吕有可能是"深喉"，而弗雷德·拉吕则对此大喊"冤枉"。后来，拉吕因被指控妨碍司法公正而被判入狱四个半月。此人于 2004 年 7 月 28 日去世。

当年的联邦调查局执行局长帕特里克·格雷因为符合鲍勃·伍德沃德在书中的描述，而且能够在"接头时间"出现，因此也成了怀疑的对象，被认为是最有可能的"深喉"。1973 年，参议院曾考虑提名格雷为联邦调查局的正式局长，但他却退出了竞争，自动提出辞职，这当然留给世人无限遐想。目前，格雷是美国康涅狄格州新伦敦县一家律师事务所的合伙人。

此外，人们曾经把怀疑的国光对准尼克松总统办公厅主任黑格、前国务卿基辛格、总统演讲稿撰写人帕特里克·布坎南乃至前总统老布什。

《华盛顿邮报》的记者鲍勃·伍德沃德能够获得如此之多的内幕消息，那么"深喉"很有可能就是埋伏在尼克松总统身边的人。由于"水门事件"中有数位尼克松政府的高级官员包括总统的特别助理在内都被牵连其中，被判入狱，最后就连总统本人也被迫辞职，而总统办公厅主任黑格和国务卿基辛格却在"水门事件"中全身而退了，于是人们便把怀疑的目光盯在了他俩的身上。

在众多的嫌疑人中，最令人惊讶的当数美国前总统老布什了。2005 年 2 月，美国《纽约邮报》爆出猛料：一名研究"水门事件"的美国专家哈维尔称，"水门事件"中出卖尼克松的神秘"深喉"就是老布什。哈维尔还指出，老布什和《华盛顿邮报》记者鲍勃·伍德沃德具有非常相似的背景，比如两人都曾在美国海军服过役，都是耶鲁大学的毕业生等。

尽管出现了这么多疑似"深喉"的人，但毕竟都只是世人的怀疑和猜测罢了。30 多年过去了，蒙在"深喉"身上的神秘面纱不仅没有消退，反而因时间的久远而愈加朦胧了。

### 最新消息："深喉"浮出水面

美国当地时间 2005 年 5 月 31 日，美国《名利场》杂志终于将这一悬案的谜底曝光，美国联邦调查局前副局长马克·费尔特在接受该杂志记者约翰·D·奥康纳的采访时亲口承认："我就是那个被称为'深喉'的人。"这一自白也终于让"水门事件"神秘线人的身份水落石出了。接着，鲍勃·伍德沃德与卡尔·伯恩斯坦也通过《华盛顿邮报》发表了一份官方声明，确认马克·费尔特就是"深喉"。为什么时隔 30 多年后，费尔特才承认自己的"深喉"身份呢？

现年 91 岁高龄的费尔特与女儿一起居住在加利福尼亚州圣罗莎市。究竟是把秘密带进坟墓，还是有朝一日公之于众？费尔特称自己经过了艰难的思想斗争。早在 1999 年，感觉身体每况愈下的他就曾郑重其事地告诉自己的密友、社会活动家伊微特·拉加德："我就是让尼克松下台的'深喉'。"拉加德当时为之目瞪口呆。尽管拉加德发誓要为好友保密，但在 2002 年，他终于忍不住将真相告诉了费尔特的女儿。随后，费尔特警告女儿和儿子小马克必须保守秘密，否则就"断绝关系"。2005 年年初，由于身体状况越来越差，意识到自己时日无多的费尔特约见了自己的律师约翰·奥康纳，向他咨询联邦调查局会怎样看待"深喉"——是高尚的人，还是告密小人。费尔特担心一旦秘密公开，自己的声誉将会受到影响，说不定还会受到法律制裁，所以他坚持要把这个美国历史上最大的政治秘密带进棺材。但他最终没能抵挡住儿女们的劝说，决定将自己就是"深喉"的事实公告天下。

其实早在 1974 年，一份美国杂志就曾将"深喉"锁定为费尔特，但立即遭到了他的全盘否认，并声称要告上公堂。而今，费尔特却又亲口推翻以前的表态。那么，作为联邦调查局的二把手，费尔特当年为什么要出卖尼克松呢?《名利场》杂志在报道此事时认为，主要有两个方面的原因:

第一，白宫与联邦调查局积怨已深。"水门事件"的曝光并不是一件偶然的事情，而是有其根本原因的，可以说是多年的矛盾激化的结果。当年，白宫和联邦调查局的关系就不和。据费尔特本人讲，1971 年，尼克松总统为了查出是谁将政府与苏联的战略武器会谈的消息透露给《纽约时报》，决定通过窃听器找出泄密者，但联邦调查局对此种做法表示出了不同意的态度。这件事使得尼克松政府与联邦调查局的关系更趋恶化，并导致尼克松转而向中央情报局寻求合作，于是臭名昭著的"铅管工人小组"就这样成立了，这个小组曾在"水门事件"中发挥了重要作用。作为联邦调查局的"二把手"，费尔特对总统的行为当然极不赞成，他认为，安装窃听器是要得到法律许可的。为此他还亲自到白宫走了一趟，和总统的国内事务助手克洛赫小组展开了一场争辩。克洛赫小组的成员为尼克松辩护说，在政府和国会至少有四五百人值得怀疑。此后，费尔特发现，由于联邦调查局的不合作态度，尼克松政府已经决定要"惩罚"他们了，而"铅管工人小组"的工作也已经交接给了别人。后来发生的另外一件事情，对白宫和联邦调查局的关系更是雪上加霜。1972 年 3 月，美国国际电话电报公司一份备忘录曝光，备忘录称，向尼克松的总统连任选举班底"进贡"40 万美元就能帮自己了结一桩公案。此事让尼克松政府陷入极为尴尬的境地，被搞得灰头土脸。于是尼克松的特别顾问查尔斯·科尔森立即责令下属"求助"于联邦调查局，让他们断定这份备忘录系伪造的，没想到负责此事的费尔特却给出了与他们预期的结果相反的结论，如此，联邦调查局和白宫关系自然更加紧张，费尔特的不合作将白宫不满的怒火再次点燃。

第二，费尔特与尼克松是老冤家。当联邦调查局开始调查"水门"一案时，白宫开始为他们设置越来越多的障碍。要查清"水门事件"的真相，必须突破重重阻挠。费尔特将 1972 年的那些天称为"黑暗的日子"。为了查清雇佣水门"夜贼"的资金来源，费尔特决定对墨西哥城的一家银行展开调查，但帕特里克·格雷却认为他们应该在墨西哥城召开新闻发布会，以便将中央情报局在那里的行动摧毁。费尔特担心这样做也会涉及联邦调查局的名誉，除非他们能得到中情局不在墨西哥进行调查的文字证明。费尔特认为，他们必须做些什么以得到国会和总统律师顾问约翰·迪安的合作，然后重新选举总统。

"水门事件"发生后不久，联邦调查局的传奇掌门人胡弗老局长就去世了，谁来继承大统立刻就成了各方瞩目的焦点。代理局长共和党人帕特里克·格雷希望能够继承胡弗的光辉业绩，而费尔特作为胡弗老局长的得意门生，一直深得这位传奇掌门人的信赖，被视为左膀右臂，外界也普遍认为费尔特是胡弗的当然接班人。所以费尔特满心希望自己可以接掌帅印，将恩师的辉煌事业进行下去。然而尼克松最终任命副司法部长、"自己人"格雷继任联邦调查局掌门人。与当家人之职失之交臂，费尔特当然深感不满。事实上，对于费尔特的"雄心"，尼克松班底堪称了如指掌。据事后公开的白宫录音带表明，"水门事件"发生6天后，尼克松曾与属下商议，准备以与中央情报局冲突为由下令联邦调查局停止介入调查，费尔特也被特意"点名"。录音带中，白宫办公厅主任霍尔德曼说："马克·费尔特想要合作，因为他有野心。"尼克松回复道："是的。"

此时的白宫已经将费尔特视为敌人了。从后来的秘密录音中可以知道，费尔特早已是尼克松监视的目标之一。1972年10月，尼克松曾经说过"一定要将讨厌的联邦调查局放把火烧掉"，并明确提到了费尔特。对费尔特的调查也是细之又细，甚至连他的宗教信仰也进行了彻底调查，一会儿说他信天主教，一会儿又说他是犹太人。根据费尔特的回忆，在接下来对"水门事件"的调查中，格雷成了一道主要的障碍，甚至将费尔特的调查引向了歧途。他将擅闯水门大厦的"夜贼"嫌疑人限制在了7个人的身上，并对费尔特说，他的调查不能超出这7个人的范围。费尔特因此陷入了对"水门事件"调查的迷茫之中，正是在这种状况下，费尔特决定向《华盛顿邮报》的记者透露"水门案"的重要线索。

### 无奈的结局——尼克松早知谁是"深喉"

随着费尔特自曝"深喉"身份，尘封已久的"水门事件"再次吸引住了世人的眼球。2005年6月15日，美国《国家》杂志宣称从最新获得的联邦调查局解密文件中得知，费尔特在"水门事件"中还扮演着另一个鲜为人知的角色：他曾两次受命向《华盛顿邮报》的记者追查泄密者"深喉"的身份！也就是说，费尔特曾经带领着大批联邦调查局探员，装模作样地追查他自己！

为了保护自己，证明自己和"深喉"毫无关系，费尔特甚至还煞有介事地以联邦调查局副局长的身份约见伍德沃德。两人会面时，费尔特还特意让自己的助手、具有25年资历的联邦调查局资深探员瓦森·坎培尔在现场陪伴他。费尔特在后来的回忆录中称，那次会面是伍德沃德提出的，费尔特只不过同意了他的要求，之所以要求助手坎培尔做伴，是为了避免自己和伍德沃德的谈话内容被人"错误地引用"。在那次会面中，费尔特表现得极不合作，拒绝回答伍德沃德提出的许多问题。正是这样故布疑阵，炮制假线索，费尔特不仅成功的保护了自己，而且将联邦调查局特工耍得是团团转，让所有人都以为"深喉"藏在美国司法部中。就连尼克松的亲信、联邦调查局局长帕特里克·格雷也对费尔特的话深信不疑，即使当尼克松怀疑费尔特就是"深喉"时，被蒙在鼓里的格雷仍然拍胸脯向尼克松保证，费尔特"绝对忠诚清白"。

费尔特不知道的是，当时他已经成为尼克松的怀疑对象。1972年10月19日的谈话录音中显示，白宫办公厅主任 H. R. 霍尔德曼告诉尼克松，经秘密渠道确认，费尔特就是主要泄密者。那尼克松为什么没有对费尔特采取措施呢？谈话录音给出的答案是尼克松对情报有所怀疑。在1973年2月28日的录音中，尼克松的私人顾问约翰·迪恩再次向总统进言，费尔特是知道那么多细节的"唯一一人"，因此是"深喉"的最可疑人选。但尼克松怀疑道："假设费尔特出面揭露了一切，这么做有什么好处？"再加上费尔特的泄密已经对尼克松政府造成了无法挽回的致命伤害，所以尽管尼克松和他的助手确信费尔特就是告密者，也已经是于事无补了。

从"我不是"到"我就是"，费尔特将这个秘密守了30余年。对于泄露"水门事件"线索的做法，费尔特多年来一直感到自责，他甚至曾表露，成为"深喉"可"不是一件光彩的事"。如今终于摘掉了面具，等待他的是福还是祸？在5月31日晚些时候，争论就已经开始了，许多原尼克松政府要员就纷纷指责费尔特的做法。当年"水门事件"的幕后策划者之一戈登·利迪曾为此蹲了四年半监狱，出狱后花了大量精力查阅档案，试图查出"深喉"究竟是谁。他认为："如果他（费尔特）掌握了丑行的证据，为了荣誉应该将其提交给陪审团，提起指控，而不是有选择地泄露给某一媒体。"尼克松昔日的"捉刀人"帕特里克·布坎南则直呼费尔特为"叛徒"。而参议院"水门事件"调查委员会成员特里·伦兹纳则为费尔特辩解说，如果没有《华盛顿邮报》当年的报道，调查委员会也无从成立，"一切真相将被掩埋"，而费尔特是为了挽救联邦调查局的声誉才出此下策的。

# 名人悬疑

## 古罗马皇帝克劳迪真的是傻子吗？

傻子也能当皇帝，这不能不说是一件奇迹，可是这个皇帝却做出了出色的政绩。那么，他真的是傻子吗？

克劳迪（前10~54年），古罗马皇帝。其相貌丑陋，寡言少语，被称为"傻子皇帝"。公元44年罗马皇宫政变后，克劳迪被近卫军推为皇帝。他在任上，与元老院关系和谐，主张扩张政策，占领了不列颠、德意志、叙利亚等，并主持修建公路、疏浚港口。他一生有不少著作，但都遗失了。

克劳迪是罗马帝国历史上最富有争议的皇帝，因为他是一个以"愚钝"闻名的皇帝。有人说他是笨蛋、傻瓜，然而又有人说他是最伟大的皇帝。克劳迪因为一个偶然的事件登上王位，却又不明不白地死去，留给了人们很多谜团。

克劳狄的"傻子"称呼由来已久。他于公元前10年出生于罗马行省高卢的首府——鲁恩，他的父亲德鲁素斯就是这个省的总督。虽然出身高贵，但童年和少年时期的克劳狄是不幸的。无情的病魔不仅损害了他的健康，毁坏了他的容貌，而且影响了他的智力和思维正常发育，身体弱不禁风，行动迟缓笨重，也不善于和人交谈，为此他饱受痛苦、歧视和嘲笑，是奥古斯都家族有名的"丑小鸭"。

克劳迪是在50岁的时候登上皇帝的宝座的，可以说这纯粹是一次意外和好运的结果。公元41年1月24日，克劳迪亲眼目睹了可怕的一幕：在皇宫里，近卫军刺杀了罗马帝国皇帝，即克劳迪的侄子盖乌斯。克劳迪非常害怕，吓得躲在窗帘后面面色发青，颤抖不已。当近卫军从窗帘后面把他拖出来时，克劳迪立即恐惧万分地跪在士兵的脚下，然而近卫军见他貌似痴呆且胆小怕事，就恶作剧般地拥立他为皇帝。

当时，罗马元老院的议事厅里人声鼎沸，灯火通明，元老们正在因为不同的政见而激烈地争论着。突然，墙外传来一片混乱声，他们出去看到被近卫军簇拥的"傻子"克劳迪，听到士兵们不断高呼其名"克劳迪"，不禁面面相觑，好长时间才弄明白状况。近卫军和士兵们拥有强大的武装，他们的意志不能违反，尽管内心有一万个不愿意，元老们还是赶紧争先恐后地把元首一切惯有的权力和头衔授给了克劳迪。于是，罗马历史上第一个由近卫军拥立的、也是唯一以"傻"著称的皇帝克劳迪，就这样在垂暮之年传奇般地登上了罗马权力的最高峰。更叫人百思不得其解的是，当时的罗马帝国经过长期的对外扩张，已经成了一个以地中海为内海、横跨亚非欧三大洲的大帝国，这个"傻子"皇帝统治这个庞大的帝国竟达十三年之久。人们不禁要问：他到底仅仅是貌似痴呆、大智若愚呢，还是真的低能、受人操纵、愚弄？

"傻子"克劳迪登基后，在政治上取得了很大的建树。他以合作、宽容的态度同元老院尽量搞好关系，同心协力治理国家。他取消了对被控叛逆罪的人进行的审讯，并允许一些被放逐的元老回国，逐渐消除了同元老院之间的敌意和隔阂，显示了开明、宽松的政治氛围。在政治上，他还完善了罗马帝国初期的御前会议、元首办公厅、最高法院，元首财政部门等政治机构，使之运作日益制度化，奠定了罗马帝国官僚机构的基础。

在位期间，克劳迪大力推行扩张政策，曾发动多次对外战争，并占领了不列颠、德意志、叙利亚和非洲北部，建立了5个新的行省。他赠送给这些行省居民罗马公民权，提高其政治地位，以稳固罗马统治的基础。在元老院中，他又吸收了高卢行省一些上层贵族。在基础工程建设上，他还亲自主持过一些造福当代并泽及后世的大型工程建设，如疏浚港口、兴修水道、排水治沼、铺设公路等。只有在克劳迪的统治时期，罗马人才真正地享受到了安定和繁荣。

如果克劳迪真的是傻子，那么这些政绩他是很难做到的。所以人们认为，先天有疾的克劳迪留下了一些后遗症，但并不总是呆头呆脑。在大多数情况下，他是装腔作势，以傻卖傻。

克劳迪死于公元54年，死因不明，据说是被他的妻子用毒蘑菇害死的，经过十二个小时的痛苦，一句话没说就死去了，死后被元老院奉为神。这样，克劳迪从生到死，都留下了一个个难解之谜。

在20世纪上半叶西方历史学界掀起了对克劳迪个性特征、功过是非的再评价、再研究的热潮，但结果同以前大致相同，学者们各执己见，看法不一。看来要想彻底揭开蒙在克劳迪脸上的面纱，只有期待更多考古资料的问世，从而还历史的本来面目。

## 君士坦丁皈依基督教之谜

一个平凡人的信仰或许是微不足道的小事，但是一个帝王的信仰足以影响一个宗教的发展，改变人们的观念，自然也会招来人们的种种猜测。

君士坦丁大帝是罗马第一位信仰基督教的皇帝。他信仰基督教并制订出鼓励该教发展的许多政策，为基督教从一个受迫害的宗教转变为在欧洲占统治地位的宗教起了重大的作用。但是他为什么要皈依基督教，一直以来都是困扰人们心中的一个谜。

据说，在穆尔维大桥战役的前夕，君士坦丁在向罗马行军的途中，时近正午，天色转暗，他和所有士兵看见一个发光的十字架形胜利纪念柱，高悬天空，位于太阳之上，上面刻有"以此征服"的字样。基督教传统认为这个十字异象促成了君士坦丁的皈依。此后他总是非常热衷于基督教的发展。

他最早期的行动之一就是颁布《米兰敕令》，根据这部敕令，基督教成为一种合法的、自由的宗教。敕令还要求归还先前迫害时期没收的基督教教会的财产，规定星期天为礼拜日。

君士坦丁对基督教派的内部事物也起到了重大的作用。为了解决阿利乌和亚他那修的信徒之间发生的一场论战，君士坦丁召开了尼西亚会议——基督教第一次大公会议（325 年）。他在会上起了积极的作用，会议通过了《尼西亚信经》，结束了这场论战，《尼西亚信经》成了正统的基督教学说。

不管人们对君士坦丁的皈依基督教有何疑问，君士坦丁作为第一个基督教皇帝的地位已不可动摇。无论在东部还是西部，君士坦丁成了中世纪君主的楷模，他所奠定的基督教帝国成了世上天国。

## 伊丽莎白女王为何终身不嫁?

伊丽莎白是一位杰出的女王，一生之中追求者无数，然而她却选择了单身，将自己嫁给了冰冷的政治。

女王伊丽莎白一世被普遍认为是英国历史上最杰出的帝王。在当政的 45 年期间，她带领大英帝国进入"黄金时期"，成为当时欧洲最富强的国家，英国在军事上也一跃成为世界首屈一指的海军强国。可以说，伊丽莎白女王为英国的强盛做出不可磨灭的贡献。

但是，她却终身未嫁，引起了人们对她的种种猜测，难道守身如玉 67 年，号称"嫁给了英格兰"的伊丽莎白女王从来没有过正常人的情欲? 一生都未有过惊心动魄的爱情经历吗?

据记载，伊丽莎白在少女时代曾与英国贵族汤姆斯·西摩尔关系密切，他们之间的关系也一度成为宫廷的绯闻。但西摩尔追求伊丽莎白主要是想利用她争夺王位，后因阴谋败露，西摩尔被杀，他们之间的这段恋情也就告终。在 1558 年，伊丽莎白在英格兰新兴资产阶级和新教徒的拥戴下，继承王位成为伊丽莎白一世。

1568 年，西班牙国王腓力二世（1556—1598 年在位）向伊丽莎白求婚，遭到拒绝。腓力二世曾是伊丽莎白的姐夫，她同父异母姐姐玛丽·都铎的丈夫。玛丽与腓力的结合，曾经给英国带来危害，伊丽莎白认为腓力向她求婚是为了吞并英国的计划。于是，她以双方的宗教信仰不同为由，委婉地拒绝了腓力的求婚。1578 年，伊丽莎白女王 45 岁的时候，法兰西国王亨利二世的四弟——年仅 20 岁的安如公爵向她求婚。据说伊丽莎白女王当时答应了求婚，但在即将举行婚礼的前几天，突然取消婚约，伊丽莎白是这样解释的："我无须再选择佳婿结婚。因为我在举行加冕典礼时，已将结婚戒指戴与我国臣民的手上，意即我将与全体臣民为伴，将我的生命与贞洁献给英国。"

这次拒婚差点使伊丽莎白女王丧命。因为伊丽莎白是新教徒，在罗马天主教皇的眼里，她继承王位是不合法的，合法继承人应是苏格兰的玛丽·斯图亚特女王。玛丽·斯图亚特是苏格兰詹姆士五世与法国盖斯家族的玛丽所生的女儿，也是英王亨利七世的曾孙。而安如公爵则是苏格兰女王的母亲玛丽·盖斯的外甥。伊丽莎白的悔婚，使玛丽·盖斯极其恼怒。她发誓要给伊丽莎白还以颜色，一袭来自法国的丝裙，毒死了伊丽莎白的女官。惊魂未定的伊丽莎白决定反击，她派亲信前往苏格兰引诱玛丽·盖斯，然后在床上杀了她。

以后，伊丽莎白又陆续拒绝了其他一些国家王公贵族的求婚，如瑞典王艾力克、罗马皇储查理大公等等。

人们一直相传，伊丽莎白一世虽然终身未曾婚嫁过，但她一直都有个情人。这个神秘的情人就是当时大英帝国的莱斯特伯爵——罗伯特·达德利。伊丽莎白与达德利是青梅竹马的玩伴。两人之所以没能缔结良缘，是因为达德利早已结婚，女王当然不能嫁给达德利。据说，伊丽莎白女王与达德利长年保持着通信关系，女王喜欢在信中称呼他为"甜蜜的罗宾"，并给他取了个昵称：我的"眼睛"。美国的福尔杰莎士比亚图书馆曾公开展览过达德利写给伊丽莎白一世的一封情书。这封情书是达德利正在海上指挥英国舰队与西班牙舰队交战间隙写给女王的。在这封情书中，达德利称伊丽莎白为"最最甜蜜的女王陛下"和"我最最亲爱的女王"，并且感谢"甜蜜的"女王给予他"最伟大的安慰"，落款"R·莱斯特"。这也是他给其他人写信从来都没有用过的落款。

不幸的是，达德利后来在一次战役中英勇牺牲。达德利战死在沙场，他的死讯令伊丽莎白女王几乎崩溃。女王把自己锁在卧室里，好几天不眠不食。最后英国财政大臣和其他内阁大臣不得不破门而入，将女王抬出卧室。

美貌多情的伊丽莎白女王为什么终身不结婚，后人们有过种种猜测：女王的父亲亨利八世三次杀妻、六娶皇后，使伊丽莎白从小就蒙上了一层心理阴影，不信任男人和家庭，患上了"婚姻恐惧症"；女王的政敌则宣称她根本没有正常的生理功能，是一个阴阳人，因为宫中曾传出女王的月经少得可怜；而另一些持相反意见的人则说女王有过私生子。

当然，也有人认为，女王并非没有感情，只是王室婚姻包含了太多的阴谋诡计和利益舍取，这可能是女王终身未嫁的原因。翻开欧洲的历史，从古至今，各国王室的婚姻都与国家的政治、经济、国际关系、对外战略密切相连，很难由当事人自己做主。伊丽莎白并非是因为生理残疾，也并非是她太挑剔，而是因为她睿智，她早已把王室婚姻看得太透。所以，聪明的女王宁愿选择独身也不愿终生生活在龌龊的交易中，一生致力于英国的强大、昌盛。

总之，女王在位四十五年，人们为了解开她的不嫁之谜可以说是绞尽了脑汁，但都未能解开这个死结，随着女王的逝世，就更难有解开之日了。

## 伊凡大帝的"书库"在哪里？

一个博览群书的大帝，死后书库竟悄然失踪，这是怎么回事呢？

伊凡大帝，即伊凡四世，是16世纪最具禀赋的俄罗斯大公。他3岁即位，17岁正式加冕为俄国第一位沙皇。他对俄罗斯的影响深远，关于他的传说数百年来不胜枚举，对于他的历史评价也一直众说纷纭。传统上认为伊凡大帝是一位暴君，生性冷酷无情，残忍多疑，视人命如草芥，尤其是晚年，对周围的大臣们几乎陷入病态的猜忌并大肆杀戮；另一方面却有大量历史资料证明，伊凡大帝是当时沙皇俄国出色的政治家和学者，博览群书，重视教育，推行了大量在历史上有深远意义的改革措施，为俄罗斯国家发展奠定了基础。在这些众说纷纭的争论中，最让人感兴趣的就是伊凡大帝的"书库"。

16世纪编撰的《里波利亚年代记》记载说："德国神父魏迈曾见过伊凡大帝的藏书，它们占据了克里姆林宫地下室的两个房间……"魏迈也就是马克西姆·克里克修士。传说中说，伊凡大帝曾收藏了大量的书籍，其中有很多是非常宝贵的古代抄本，其数量之多，足可以撑起一个大型图书馆。而马克西姆则是这些书籍的书目编纂者，也是少数有机会一览这些珍贵书籍的学者之一。那么，是否真的有这么大的一个书库呢？这么珍贵的书籍又是哪里得来的呢？它们有什么用呢？

原来，伊凡大帝的祖父是莫斯科大公伊凡三世，祖母索菲亚是东罗马帝国末代皇帝康士坦丁鲁斯十一世的侄女。据说，索菲亚从小酷爱读书，收藏了很多珍贵的书籍，当她嫁到莫斯科的时候，又从东罗马帝国的皇家图书馆里带走了很多稀世珍本。伊凡四世即位后，理所当然地继承了祖母的这笔文化遗产。

为了很好地收藏这笔财富，伊凡大帝找到了弗恩修道院的修道士马克西姆·克里克，让他为这些书籍编个目录。马克西姆曾在巴黎、罗马的教堂学习过，对编制书目的事情非常感兴趣。他在编制书目的过程中，对书籍中所使用的斯拉夫教会的翻译本同希腊的原著进行了对照，发现了许多误译之处，并逐一进行了订正。

1584年3月18日，伊凡大帝突然暴卒。随着他的死，价值连城的书库也就成为一个谜团。

1724年，彼得大帝决定迁都彼得堡，把莫斯科变作了陪都。同年12月，一个教会人员来到彼得堡并向有关部门报告说，在克里姆林宫地下室有两个秘密的房间，里面好像放着很多大箱子，房间的铁门上了封条，还加了大锁。如果书库的传说确有其事的话，这两个秘密房间里放着的应该是伊凡大帝的藏书。经过一番研究，有关部门立即着手对克里姆林宫的地下室进行调查。但不久，彼得堡传来指令停止调查，至于为什么要停止调查，无人知晓。

自此，人们对书库的事似乎已经遗忘，但是到19世纪，两个德国人对伊凡大帝的书库产生了浓厚的兴趣，他们查阅了与书库有关的一切资料，同时还对克里姆林宫的地形进行了深入的研究与勘探，但仍难以确定书库的所在。尽管如此，在他们离开莫斯科的时候，仍然认为："我坚信，伊凡四世的书库沉睡在一个不为人知的地方。解开这个谜，将对世界文化起到非常重要的作用。"

苏联科学院列夫斯基院士也认为，虽然对书库的找寻一直未能成功，但这并不能断言伊凡大帝的书库就不存在。他深信，书库之谜总有一天会被解开。

## 列宁遗体保存之谜

列宁遗体的保存，创下了现代遗体防腐时间最长的世界纪录。

1924年1月21日清晨，列宁亲自撕下一页日历后，忽感体力不支，两侧太阳穴剧烈疼痛，便身不由己倒在了床上。17 点 30 分他的血压突然下降，18 点 45 分脸上滚下大大的泪珠，偏瘫使他一句话也说不出，18 点 50 分，一代伟人带着最后的遗憾溘然长逝。

次日，500 万份印有噩耗的报纸一售而空。苏共中央、中央执委、部长会议等部门成员 500 人冒着零下 40 摄氏度的严寒，赶到哥尔克村与列宁遗体告别。他们用双手托起灵柩，为护送无产阶级的革命导师去火车站步行整整 4 公里，整个祭奠仪式持续了 6 小时，共有 50 万人参加。1924 年 1 月 6 日，苏共第二次代表大会做出庄严决定：列宁陵墓建于红场克里姆林宫墙边，与十月革命阵亡将士公墓在一起。谁知人们仍然无法抑制铺天盖地而来的巨大悲痛，1.2 万封电报和信件像雪片一样飞向克里姆林宫，要求政府永远保存列宁遗体。当这一要求上报斯大林时，很快被批准。

当中央委员会决定成立列宁遗体保存专家小组，专门负责遗体防腐研究并限时三个月完成任务时，绝大多数医生、专家都犹豫起来，他们担心试验万一失败会遭不测，纷纷借故推脱。唯独生物化学家，犹太籍的兹巴尔斯基接手了这项史无前例的工作，不久哈尔科夫大学的解剖学教授沃洛比约夫也赶来相助。沃洛比约夫曾为沙皇博物馆成功试制出保持丝织品长期不变色、不变质的防腐药。在他们不断地努力下，终于研制成功了一种神奇的药液。他们先将遗体解剖、清除内脏，接着将药液注射入周身血管，以便在抑制细菌的同时，用溶液取代肌肉组织里的水分。一切处理完好之后，列宁遗体被安放在精致的水晶棺内，他安详地闭着双眼，一手握拳，一手随意地搁在胸前，人们甚至能看清他脸上的皮肤毛孔。在淡红色灯光的映衬下，列宁那充满智慧的宽大脑门显得特别突出，有一种伟大的思想还在不停活动的感觉。"他还活着！"是苏联人当年常爱说的一句话。

列宁遗体的保存并不是一帆风顺的。

1941 年苏联卫国战争开始，实验室的科学家们突然接到转移遗体的通知。兹巴尔斯基在回忆录中写道："我们是在 7 月 3 日夜幕降临后秘密出发的。我记得很清楚，一列苏共政治局专用装甲列车在开往乌拉尔方向的铁路小站上等着大家。专家及家属伴着列宁遗体的车厢居前，中央政治局常委们居中，由 410 名全副武装警卫组成的护送队压阵，在最后的车厢内。5 天后火车驶抵秋明，连当时的州委第一书记库普佐夫都不知道是什么要人乘车到此。包括兹巴尔斯基教授一家在内的所有被护送的对象，均被安置在市区的一所农学院内。水晶棺放在一幢叫'白宫'的二楼会议厅内。"为了预防列宁遗体受热，他们在遗体四周放上冰块，一路上不断用酒精擦拭列宁皮肤，以防感染。

然而由于战争的影响，条件达不到要求的标准，1943 年 12 月，遗体开始腐烂，专家只得忍痛截去列宁的一条腿和部分左肢，以人造假肢代替。战后，列宁遗体重返莫斯科。

然而，腐烂现象仍然时有发生，为此采取过不少应急措施。20 世纪 30 年代，他们就曾将遗体的部分皮层和双手指骨进行过置换。1961 年，列宁的遗体再次腐烂。可惜此时，兹巴尔斯基教授已去世，他的接班人在遗体紧急防腐处理方面经验尚不足。赫鲁晓夫出于无奈，同医务人员商定，暂时将尚未腐烂的头部同躯干分开。为防止大面积腐烂的躯干影响头部，不得不将头颅取下，安装在人造躯体上，再将列宁的肉身躯干火化。手术十分成功，一切都天衣无缝。

每星期一和星期五列宁遗体都要进行两小时的护理保养。医护人员将涂了香料的列宁遗体运入消毒室，而后借助显微镜进行常规检查。遗体上出现任何细小蚀变，必须征得卫生部同意，才能做出处理，哪怕是极小的组织移植手术也不例外。往脸部和双手涂抹药液，轻不得，重了也不行。最后一道工作是整理列宁所穿服装和纠正其睡姿。每隔一年半他们还需为列宁洗澡，把遗体放在秘方配制的药液里浸泡整整两个星期。

为了让列宁永葆生前模样，70多年来，耗去了几乎三代科学家无以估量的精力和心血，苏联政府更是像致力于航天、核武器研究一样不惜工本，不计代价。为了保证棺内始终保持摄氏16度恒温、湿度不超过70%这一项，便需要由12名生物医学家组成专门实验室进行24小时不间断的护理。防腐秘方的研制也一直属于国家一级机密，尖端科技项目。

苏联解体后，俄罗斯政府不再为护理列宁遗体拨款，"列宁墓实验室"改名为"全俄药用植物科学生产联合体生物结构医学研究中心"，情况越变越差。目前虽然仍在继续地护理，完全出于研究人员、工作人员的自愿。

列宁遗体今后的命运如何，难以预测。

## 英国希思首相为何选择独身？

"我从未遗憾自己独身，相反许多政治家好像对娶了老婆感到遗憾。"——2005年7月17日，英国前首相爱德华·希思在家中去世，终年89岁。他被誉为"将英国带进欧洲"的首相，然而却终身未婚，这是为什么呢？

爱德华·理查德·乔治·希思，1970年至1974年的英国首相，是英国保守党第一位平民首相。他经历了保守党内的重要转变，是前首相麦美伦和撒切尔夫人之间的过渡人物。他在任内的最大贡献，是成功推动英国加入欧洲共同体，被誉为"将英国带进欧洲"的首相。

希思在1974年卸任首相后，首次访问中国，并与当时的领导人毛泽东和邓小平等人会面，此后在27年的时间里，他访问中国达25次之多。在希思的支持下，英国与中国成功在1972年建交，并促进了中国与西方的交往。他酷爱音乐，曾任欧洲交响乐队指挥，并应邀指挥过上海乐团和北京交响乐团演出，同时又是赛艇能手，1969年获国际赛艇冠军。可是这样一位多才多艺的政治家，却终身未娶，着实令人不解。

希思于1916年7月9日生于肯特郡的布罗德斯泰斯，父亲是个一流的建筑家一个木匠，而母亲则是一位女佣。与希思终身不娶相反，其父风流十足，一生共娶过三位妻子，最后一位妻子甚至比希思还小五岁。希思遗传了父亲的许多才智，却没有遗传父亲的风流基因，不失为一桩趣闻。

虽然出身一般，但是凭借自身努力，希思于1935年进入牛津大学贝利奥尔学院攻读哲学、政治学和经济学，其间加入保守党，曾任牛津大学保守党协会主席和牛津大学学生俱乐部主席。第二次世界大战期间在皇家炮兵部队服役，升至中校。希思1950

年当选为下院议员，1957年任保守党督导长，随后历任内阁大臣，于1965至1970年间执掌保守党，是英国自19世纪到当时最年轻的保守党领袖。

虽然希思的人生充满了辉煌的成就，在政治上也达到了人生的顶点，可是就是这样一位政坛巨人，在其生命中却极其排斥女性，令人不解。希思自小就性格孤僻，喜欢独处，尤其对女性更是抱有成见，他甚至反对男女同校。在他担任牛津大学贝利奥尔学院乐团秘书时，不许女生参加音乐会，这种轻视女性的做法，一直延续到他的政坛生涯。希思对女性的偏见根深蒂固，即使到了竞选首相的紧要关头，他仍然置女性选票于不顾，毫不掩饰自己对女性的偏见，大肆贬低女性的社会作用，使大多数女性对他敬而远之。1975年，担任四年首相的希思被撒切尔夫人所击败，他简直无法忍受被一个女性击败，觉得自己受到莫大的羞辱。盛怒之下，他宣布退出竞选，表示他将不在撒切尔夫人的影子内阁中担任任何职务，并在余生中从未原谅撒切尔，他对撒切尔的不满亦演变成为"现代政治最长的闷气"。女性与政坛发生冲突，希思宁愿选择归隐，究竟是什么原因使他对女性有如此大的成见，着实让人琢磨不透。

由于希思对女性抱有偏见，因而在与女性接触中，他常常表现一种轻慢无礼的态度，甚至经常做出一些恶作剧行为，使认识他的女性都对他产生极大的反感，自然也就谈不上什么爱心。尽管这样，希思还是有过一段恋情。希思早年的音乐天赋，使他结识了爱好音乐的雷文一家，并爱上了他的女儿凯·雷文。两人交往甚密，持续15年之久。这在希思与女性交往史上是唯一的例外，着实令人吃惊。外界公认他们俩结婚是迟早的事情，凯本人也多次流露出与希思结合之意，但希思始终没有向凯求婚，甚至没有向凯直接表露过爱情。凯终于心灰意冷，另嫁他人。得知这一消息，希思虽然表面上似乎十分平静，可内心却十分沮丧，因为这毕竟是他一生中交往最长久的一位异性朋友，然而机会就这样溜走了。

希思与凯关系破裂后，引起了许多议论。多数人认为，希思是因为看到了周围许多婚姻悲剧，担心自己也套上婚姻枷锁，所以才与凯保持若即若离的关系。

希思终生未婚，在政治生涯走向低谷后，他非常反感别人说他生活孤独、空洞。他在1989年接受采访时说："我有自己的乐趣。我从未遗憾自己独身，相反许多政治家好像对娶了老婆感到遗憾。"对于这样一位位高权重的人来说，一生未婚确实是一件奇怪的事情。希思到底为什么对女性如此排斥呢？为什么面对婚姻却选择放弃呢？也许连他自己都不知道问题的答案。

2005年7月17日，希思因年老体衰在位于索尔兹伯里的家中去世，享年89岁。希思去世后，英国政界对他予以了高度评价。英国首相托尼·布莱尔说："他为人诚实正直，并且对自己坚守的信念从不动摇。作为一位声名显赫的政治领导人，他的名字将被铭记。"

## 庇隆遗体双手被盗之谜

阿根廷前总统庇隆一生充满传奇色彩，他曾经冒天下之大不韪收留纳粹战犯，在他死后，遗体的双手却被盗走，是谁这么憎恨他呢？

1974年7月1日，曾三度当选阿根廷总统的——胡安·多明戈·庇隆病故了，在阿根廷的风雨中沉浮了多年之后，他传奇的人生终于还是谢幕了。

庇隆在 1943 年参军，是庇隆主义运动的创始人和领导人。后来他发动政变，推翻文官政府，任劳动与社会福利部长，1945 年任副总统兼国防部长。1945 年 10 月庇隆在一次政变中被捕，后来在支持者的营救下，他获释出狱。1946 年 2 月他当选总统，1951 年蝉联总统。1955 年 9 月，因国内通货膨胀、贪污、蛊惑宣传和专制暴政引起不满，被赶下台，流亡国外，定居马德里。1973 年 3 月选举中，庇隆主义党候选人当选总统并取得议会大多数议席，6 月庇隆回国，在 10 月的特别选举中再次当选为总统。庇隆的一生是充满传奇色彩的，也是史无前例的。

庇隆去世后，他的遗体经防腐处理后，被安置在恰卡利达墓地的一座两层的拱顶地下墓穴的墓室中。墓室长 4.5 米，宽 3 米，须经过一条狭小的过道方可到达墓室门口，而进入墓室又须打开三道门，每道门上有六把锁，它们的钥匙保存在政府总秘书处。由于庇隆的反对者较多，所以他的墓室采取了严格的管理措施，以防有人盗墓破坏。

也许庇隆也想不到他死后会如此不安宁，虽然防护如此严密，但他死后 13 年还是发生了令人震惊的盗墓事件。盗墓者直入墓室后，取下了重 170 公斤加锁的棺木防护罩，在棺盖上开了一个洞，用工具割断了庇隆遗体的双手，连同随葬的一把军刀和一顶军帽一起窃走，庇隆的遗体从此失去了双手。

案发后，阿根廷全国为之轰动。庇隆创建的正义党成员更是群情激愤，他们强烈要求阿方辛政府尽快破案，严惩罪犯。

不少人认为，庇隆墓被盗不见得有什么政治背景，很可能是件刑事案，盗墓者大概是为了寻找一枚镶有玛瑙的戒指。这枚戒指也许对庇隆来说有特殊的含义，所以无论宦海沉浮，他都会带着这枚戒指，所以当庇隆逝世后，它就被当作随葬品带进了棺材。据传说，这枚大戒指里藏有能开启庇隆在瑞士银行的存款箱钥匙。也许盗墓者听信了这个传言，于是割下了庇隆的双手，使其遗体不全。后来，盗墓者发现庇隆的这枚戒指里并没有瑞士银行保险箱钥匙，于是给正义党领导机关写信，建议他们赎回庇隆双手和其他物品，起初开价 1000 万美元，以后又降到 800 万美元，但政府没有给他们回应，此事也就不了了之。

那么，是谁盗走了已故总统的双手呢？盗墓事件发生后，政府就展开了调查。

1987 年 7 月，法庭开始审理庇隆墓被盗一案，但是后来此案的两名重要人物都离奇死亡，使案子无法审理下去。案子的一个关键人物是案发当晚正在值班的墓地看守人路易斯·拉瓦诺。他死于 1988 年，死亡证明上说是因"严重的肺水肿"去世。负责此案的法官海梅·法尔·苏奥同意拉瓦诺的突然死亡值得怀疑的看法，决定进行尸体解剖。经检验，发现致死原因是"连续踢打和用粗大木棒猛击造成严重内伤"。后来，苏奥本人也没能逃脱厄运，1990 年底，他死于一场交通事故。据官方的说法，苏奥的死是由于他的汽车突然撞到了布兰卡港附近 3 号公路边的一根木桩上。就在出事前不久苏奥曾公开宣称，他已掌握了全部材料和具体线索，可确定盗墓作案人。然而由于某些因素的干扰，致使苏奥遇难的交通事故也无法查清。

当初阿方辛总统曾保证侦破此案，但数月后他又称，盗墓者"是一个外国秘密组织的成员",此案难破。这究竟是为什么呢？为什么对一个已故总统的盗墓事件就这样轻率地不了了之了呢？人们产生了许多疑问。

到底是谁盗走了庇隆的双手呢？被截走的双手如今在哪里，是否还保存完好呢？这一切，或许将永远沉在历史的迷宫里。

## 苏格拉底为什么娶悍妇为妻？

苏格拉底生于公元前 649 年前后，是古希腊最伟大的哲学家之一，他的学生柏拉图详尽地记述了他一生的言行。更有趣的是：这位大哲学家娶了一位有名的悍妇为妻。

究竟这位哲学家是什么样的人呢？他本人没有作品，因而我们所知道的他的事迹主要来自柏拉图和赞诺芬的著述。虽然上述二人对苏格拉底生卒年月的描述完全相同，但对其性格方面的描述却完全不同。

苏格拉底经历了雅典文化最辉煌的时期及被斯巴达打败的日子。他当过步兵，做过小官，妻子据说是个出了名的悍妇，生有一个儿子。苏格拉底曾为西方道德哲学做出了很多贡献，最终，他因坚持自己的信念牺牲。雅典当权者指责他轻视传统神祇、鼓励年轻人怀疑传统信仰与思想，而使他们道德败坏。苏格拉底在放逐与死亡任择其一的情况下，挑选了死亡，喝下铁杉毒液自杀。可是他仍然得到了他那一大群才智与年龄参差不齐的学生的尊崇。他们都曾免费听他讲学，学习他在回答中揭露矛盾，从而寻求真知灼见的方法。

然而，苏格拉底到底是怎样的人？在柏拉图的对话录中这位伟大的哲学家是一个热心追求真理、品格高尚的人，虽然他有时幽默而平和，但性格基本上严肃而认真。除此以外，他还跟柏拉图一样被描写成有同性恋的倾向，他对女性是敬而远之的。

另一方面，赞诺芬写的"座谈会"，有可能是用来驳斥柏拉图的，他在文中写到苏格拉底生性活泼，不但嗜酒，还时常跟女表演者开玩笑，主张严肃的问题要在饭宴作乐完毕后才能够开始讨论。毫无疑问，他喜欢女色，而且说话也极讨人喜欢，认为只要女人受到适当教育，则除体力外并不比男人差。据赞诺芬说，苏格拉底愿意娶悍妇为妻的原因就在于此。赞诺芬猜测苏格拉底认为如果可以教导好她，便能够教导所有的人。

以上两种描述似乎从不同方面反映出作者的个性和喜恶。但两人所写的苏格拉底又相差甚大，究竟哪一个更真实呢？柏拉图与赞诺芬都与他十分亲近，所描述的苏格拉底为何相差如此大？苏格拉底娶悍妇是出于对女性的敬畏还是要以哲人的头脑教导她？这些疑问都不得而知。

## 米开朗琪罗的"怪癖"与其创作有关吗？

意大利文艺复兴时期出现过一位多才多艺的巨人。他不仅是伟大的雕刻家、画家，而且也是一位杰出的建筑家和诗人。这个人就是米开朗琪罗。

米开朗琪罗是欧洲文艺复兴时期雕塑艺术上最具代表性的人物，他创作的人物雕像气魄宏大，雄伟健壮，蕴含着无穷的力量。他的大量作品显示了写实基础上非同寻常的理想加工，典型的象征了当时的整个时代。但是生活中的米开朗琪罗却给人以

"怪人"的感觉。

年轻时代的米开朗琪罗因酷爱学习而陷入了绝对的孤独。别人都把他看成一个孤芳自赏、性格乖僻、疯疯癫癫的人物。米开朗琪罗总是表现得举止粗俗，与社会格格不入，社交活动总使他感到腻烦。这与达·芬奇的相貌堂堂、举止优雅、风度翩翩、受到上流社会人士的喜爱形成鲜明的对照。他只和几位严肃的人士来往，没有其他朋友。他终身未婚，生平只爱过著名的德·贝斯凯尔侯爵夫人维多利阳·柯罗娜，然而却是一种柏拉图式的恋爱。

米开朗琪罗创作时需要绝对的孤独是他的又一个怪异之处，只要旁边有一个人在场，就能将他的情绪完全扰乱。他必须获得一种与世隔绝之感，方能得心应手地工作。为身边琐事所纠缠，对于他来说简直是种折磨。

在他塑造的成千上万的人物形象之中，他没有遗忘过一个。他说，只有预先回忆一下以前是否用过这个形象，然后才能决定是否让人动手勾画草图。因此，在他笔下，从来没有重复现象。在艺术上他表现出让人难以想象的多疑和苛求。他亲手为自己制造锯子、雕刀，不管是什么细枝末节，他都不信任别人。

米开朗琪罗追求完美有时达到苛刻的程度，一旦他在一件雕像中发现有错，他就将整个作品放弃，转而另雕一块石头。这种追求完美的理想使他毁掉了不少成型的作品，甚至在他的才华达到炉火纯青的地步时，他所完成的雕像也并不多。有一次，他在一刹那间失去了耐心，竟打碎了一座几乎竣工的巨大群像，这是一座名叫《哀悼基督》的雕像。

米开朗琪罗一生孜孜以求，从不懈怠。一天，红衣主教法尔耐兹在斗兽场附近与这位已是风烛残年的老人在雪地里相见了，主教停下车子，问道："在这样的鬼天气，这样的高龄，你还出门上哪去？""上学院去。"他答复道，"想努一把力，学点东西。"

骑士利翁纳是米开朗琪罗的门徒，他曾把米开朗琪罗的肖像刻在一块纪念碑上，当他向米开朗琪罗征求意见，问他想在阴面刻上什么的时候，米开朗琪罗请他刻上一个盲人，前面由一条狗引路并加上下面的题词：我将以你的道路去启示有罪之人，于是不贞洁的心灵都将皈依于你。

人们认为一般艺术家都有怪癖，但米开朗琪罗的性格确实十分独特。这位伟大的艺术家的创作与其性格竟是什么关系呢？可能性格之于人就像双刃剑吧。

### 达·芬奇神奇的创造力来源于他人吗？

意大利文艺复兴时代的伟大先驱列奥纳多·达·芬奇，是举世瞩目的旷世奇才。达·芬奇才华横溢，知识广博，在许多领域都有建树。他不仅在绘画、雕塑等艺术领域取得了极为丰硕的成果，而且在物理、数学、解剖、地质学、天文和建筑、工程制造方面都有很高的造诣，在这些学科领域中他无愧于"杰出创造者"的称号。就是现代科学家也十分惊讶于达·芬奇的精深的知识结构以及惊人的天赋。因为人们几乎不能相信上天会慷慨地把盖世奇才和美德完美地赋予一个凡人。而天才达·芬奇却能集这两者于一身，在世界人物史上也很鲜见，他为何如此幸运地得到上苍的青睐成为一个难解之谜。

欧洲一些专家学者近年来广泛而认真地研究了达·芬奇的生平，企图从中找到一些奥秘。有人用计算机分析了他一生的成果。结果令人们大吃一惊，若要完成他全部的绘画、雕塑、研究和各种发明等工作，就算一刻不停地做，需要的时间至少也是74年。这对他来说，简直不可能，因为他只活了67年。

人们从达·芬奇的生平中，还能隐约感觉到某种神秘之处。他一无家庭，二无亲友，终其一生都在躲避着那些被他称为"多嘴的动物"的女人，他隐秘的生活使他从事的事业非常机密。这更使专家们怀疑，达·芬奇可能是得到了神秘人物的帮助。否则，一个人的精力是有限的，如何能取得如此大的成就？

达·芬奇的社交圈很狭小，这就使人们很容易对达·芬奇唯一的仆人托马兹·玛奇尼产生兴趣。托马兹·玛奇尼是一个时刻跟随在达·芬奇左右的人，他是一位面目慈祥、体格强壮并有一双智慧之目的中年术士，阅历十分丰富，曾到过东方，受到过东方圣人和统治者的接见，还带回了大量的古阿拉伯和古埃及的书籍。据记载，他是一位出色的水力专家、雕刻家、机械师，同时对炼丹术和妖法极为热衷，只是因为他身份低微，故不为人们所知。有些学者从这些史料中得出结论：托马兹·玛奇尼是达·芬奇的有力合作者。

但大多数历史学家对上述的观点颇有微词。他们认为，托马兹·玛奇尼这个人物是人为臆造的，并不是历史人物。

有些专家认为，达·芬奇可能是立足于古人的创造发明并对它们进行了再创造和改良而得到如此丰硕的成果的。他们指出，类似直升机的画，早在达·芬奇之前的佛来米派艺术家手稿中就已出现过，与达·芬奇后来的设计很相像。另外，有记载表明，达·芬奇与东方祭司相交甚密，长期往来。他可能从这些古代文明的传继者那儿，得到许多人类知识的精华。

对达·芬奇一生的创造也有人表现出不以为然的态度。他们指出，达·芬奇的科学创造，都只是停留在构想阶段，与真正的科学发明有着本质的区别。但是，持这种观点的专家不得不承认，达·芬奇是一个集崇高美德和天才智慧于一身的奇才。

## 哥伦布发现美洲大陆是阴差阳错吗？

哥伦布发现美洲大陆的事实早就被载入了史册，而他本人也因此彪炳千秋。距哥伦布发现美洲大陆到现在已有四五百年的历史了，有关哥伦布的传说仍在大西洋两岸流传着，传说中这位航海英雄只是阴差阳错地发现了美洲大陆。但是，进入20世纪以来，人们便逐渐对这些说法产生了怀疑。

许多历史学家会提出这样的问题，哥伦布如何会犯下这种错误？大量证据显示出他发现的地方既不是日本也不是中国，他为什么在此情况下还一再坚持说他发现的地方就是印度，居住在当地的人就是"印度人"呢？在一些历史学家看来，哥伦布从没想过要去亚洲，他的"雄心勃勃的印度计划"只是为了把其他探险家的注意力引开而精心设计的一个障眼法：他们认为哥伦布的目标从一开始，就是去发现新大陆。

哥伦布向世人宣布，他是以印度作为目的地的，他那个时代的编年史家们相信了他的这种说法。

哥伦布在 1492 年 10 月 21 日，登上了一座在他看来极为偏远的岛屿，在当天的航海日志的一开始他就写道，亚洲大陆仍然是他的航行目标，他要亲手把伊莎贝拉和斐迪南写的介绍信交给"大汗"，即中国的皇帝。哥伦布在返回西班牙途中，给伊莎贝拉和斐迪南写了一封信，其中谈到他建立了一座将有利于"和邻近的大陆……以及大汗做一切交易"的要塞。

从这些资料中，我们可以推断出哥伦布的航向和他的目的地。为哥伦布辩护的多为传统主义者。传统主义者们在著名的航海家萨穆埃尔·埃利奥特·莫里松的领导下，回应了这些质疑，他们说《授权条款》虽然没有非常明确地提到印度，但它所规定的哥伦布享有利润的份额中所罗列的宝石、珍珠，以及香料等，全部都是亚洲的产品，因此，他的目的地显而易见。

哥伦布发现美洲新大陆的航行只是他 4 次航海生涯中的第 1 次；其后，他又在 1493 年、1498 年和 1502 年先后 3 次前往那里。持与比尼奥德特相同观点的人推测，哥伦布在途中肯定曾注意到他所发现的这些岛屿与约翰·曼杰维利以及马可·波罗所描写的地方完全没有共同之处。日本和中国等伟大帝国究竟在何处呢？金屋顶和大理石街道到底在何处呢？这里所有的，只是一些原始的村落。

可能直到第 3 次航行时，哥伦布才把事情的真相搞清楚了。他在 1498 年 7 月航抵了今天委内瑞拉的帕里亚海湾，才开始觉得可能这里并不是中国海岸线外围的岛屿。眼望着宽阔的奥里诺科河三角洲，他估计如此多的淡水只有可能来自一块具有相当大规模的陆地。依照拉斯·卡萨斯的记述，哥伦布在航海日记中曾这样写道："我相信这块陆地是相当广袤的，迄今为止，我们仍对它一无所知。"

但在这短暂的清醒之后，哥伦布再次陷入了比他最初的"关于印度的伟大事业"更荒诞的想法之中。他把这块新大陆当作"人间天堂"，认为它是传说中的伊甸园。对此，他还做出了进一步的解释，因为它"就位于被权威人士认作是天堂的所在地的赤道附近"。

哥伦布很可能到死时还一直相信他去过的地方就是印度。如果事实果真如此，那么哥伦布的目标专一和倔强可真是天下无双；如果不是这样，他绝不可能对他在以后的航海中所得到的证据视而不见——当然也包括他第一次航海中所得到的证据。不管怎样，无论哥伦布的意图究竟是什么都不重要，我们只要知道美洲大陆的发现为人类文明史增添了重要的一笔。在这块富庶的土地上，后来曾发生许多历史事件，世界史从此改写。丑恶与美好并存，财富与贫穷同在，历史短暂而又意义深远，这些在哥伦布当初也许都没有料到吧。

## 莫里哀死于何因？

在最后一次演出的时候，莫里哀倒在了舞台上，由于咳嗽挣破了喉管，当掌声尚未平息时，他的生命已结束在舞台上了……

莫里哀是法国 17 世纪古典主义文学最重要的作家，古典主义喜剧的创建者，他在欧洲戏剧史上占有十分重要的地位。

1659 年，莫里哀创作《可笑的女才子》，辛辣地讽刺了资产者的附庸风雅，抨击了贵族社会所谓"典雅"生活的腐朽无聊，因而触怒了贵族势力，遭到禁演。但莫里哀并未被吓倒，连续编演了《丈夫学堂》和《太太学堂》。《太太学堂》因宣扬新思想，要求冲破封建思想牢笼而被指责为"淫秽""诋毁宗教"，又遭到禁演。莫里哀奋起还击，写了《〈太太学堂〉的批评》和《凡尔赛宫即兴》两出论战性短剧。1664 年，莫里哀写成杰作《伪君子》，1668 年，他又创作了另一部力作《吝啬鬼》。

莫里哀 20 岁时开始从事戏剧事业，直到他 51 岁死，他一直勤奋刻苦，不断努力，使自己的艺术水平达到了炉火纯青的地步。但是，几十年来的生活并不平坦，复杂艰苦的斗争和数不清的磨难锻炼了他的意志，也影响了他的身体健康。

为了维持剧团开支，他不得不带病参加演出。1673 年 2 月 17 日的晚上，法国巴黎剧院上演一部喜剧《无病呻吟》，担任主角的是莫里哀。开演前，他妻子恳切地劝他不要登场，然而，他却以惊人的毅力，忍着病体的疼痛，在舞台上坚持到最后。他那高超的剧作和精湛的演技，时时博得台下观众一阵阵热烈的赞扬声和欢呼声。然而，莫里哀在台上，一边表演，一边忍不住咳嗽，难受得直皱眉头。观众还以为这是他主演"心病者"的绝妙表演，急忙投以热烈的掌声。由于咳嗽挣破了喉管，当掌声尚未平息时，他的生命已结束在舞台上了，终年 51 岁。由于教会的阻挠，他的葬礼冷冷清清，只有两个教士参加，没有任何观众，而且是在日落黄昏之后，悄悄地进行。

莫里哀的死是文学界的重大损失，也是法国的重大损失。莫里哀死后，许多人对他的死因进行了探讨。但是，莫里哀到底死于何因，长期以来一直是一个悬而未解的谜。

在很多人看来，莫里哀是剧咳不止而死，因此有人认为莫里哀得了一种"想象"不到的病，但人们不知道他究竟得了什么可怕的病。

还有人认为，由于莫里哀长期带病演出，加之晚年遭受的种种不幸，使他因积劳成疾而染上了肺病。1671 年冬季，莫里哀曾因病情严重而病倒了好几个月。1672 年 2 月，他的健康状况刚有好转，又遇上了巨大的打击：他在戏剧事业上长期合作的老朋友玛德隆·贝扎尔去世。噩耗传来，使莫里哀悲痛不已，又加重了他自己的病情。在这种情况下，莫里哀仍坚持写戏、坚持演出，最后病死于肺病。

还有人综合了莫里哀的各种情况，认为他的死因是多方面的，绝非仅肺病一种。他长期的创作、紧张的排演和疲劳的巡回演出严重损害了健康：艰辛的生活、痛苦的流浪、晚年丧友丧子折磨了他的身心。同时，莫里哀还面临错综复杂的政治角逐，特别是 1672 年冬他与其老朋友、音乐家吕理发生争执，被国王路易十四免去了文艺总管的职务。国王对他的宠信日减，这一切不幸使晚年的莫里哀更是雪上加霜，大大加重了他的病情，最后使他丧生。

莫里哀死于剧烈的咳嗽是不容置疑的，但究竟何种原因使这位伟大的艺术家命丧舞台，还有待于研究。从另一个方面说，莫里哀也是死而无憾了，因为他倒在了他热爱的舞台上，倒在了喜爱他的观众面前，他将永远被人们所铭记。

## 普希金决斗的背后

普希金为爱所困，最终死于一场决斗，遗憾地结束了自己的生命。令许多人怀疑的是，他的死是一场政治阴谋。

1799 年，亚历山大·谢尔盖耶维奇·普希金出生在莫斯科一个贵族地主家庭。他一生倾向革命，与黑暗专制进行不屈不挠的斗争，他的思想与诗作，引起沙皇俄国统治者的不满和仇恨，他曾两度被流放，始终不肯屈服。1837 年 2 月，普希金在沙皇政府的阴谋策划下与人决斗而死，年仅 38 岁。

1828 年 12 月，普希金在莫斯科一个舞蹈教师举办的家庭舞会上结识了"莫斯科第一美人"娜塔莉娅·尼古拉耶芙娜·冈察罗娃，两人一见钟情，不久便正式宣布结为夫妻。当时，诗人正在沙俄政府外交部供职。他的夫人经常出入上流社会。1835 年 6 月 17 日，普希金夫妇在偶然间遇到丹特士。随后，在沙皇的支持下，丹特士开始疯狂追求娜塔丽娅，一时间，娜塔丽娅与丹特士之间的流言在当时俄国上层社会流行开来。为了自己的妻子，也为了自己的荣誉，普希金最终选择了决斗的方式来了结同丹特士之间的恩怨。

1837 年 1 月 27 日下午 4 时，普希金在一家甜食店里喝完了他一生中最后一杯咖啡，然后在朋友丹扎斯的陪同下，走出店门，乘上雪橇来到小黑河畔。这一天，天空布满了阴霾，在凛冽的寒风中，普希金与丹特士选择以中世纪式的决斗来了结他们之间的恩怨。在丹扎斯的公证下，丹特士获得了首先开枪的权利，死一般的静穆下，一声清脆的枪声响起，曾经胜过一次决斗的普希金这次没有那么幸运，腹部中弹。两天后，"俄罗斯诗歌的太阳"从此陨落，年仅 38 岁。

普希金死后，几乎所有的人都认定凶手就是丹特士，人们在怀念普希金的《诗人之死》中写道："一个法国纨绔子弟，用罪恶的手，扼杀了美、自由和诗。整个俄罗斯在哭泣，全体俄罗斯人愤怒了：交出丹特士！还我普希金！"

但是，谋杀普希金的凶手难道仅仅是丹特士一个人吗？有关专家通过对大量史料的详尽探究，提出了与众不同的见解。

1917 年，俄国二月革命，推翻了沙皇尼古拉·亚历山德·罗维奇·罗曼诺夫二世后，苏维埃社会主义共和国联盟历史学家捷尔斯基·费科克斯·埃德蒙多维奇花了整整 20 年时间，查阅了沙皇时期留下的大量秘密档案资料，认定普希金与丹特士男爵决斗是沙皇尼古拉一世杀人的阴谋。因为普希金写了大量的诗歌和小说，有相当一部分揭露了沙皇尼古拉一世的专制统治，鼓励人们去追求自由、民主和光明，使沙皇尼古拉一世非常不满。1827 年 1 月 27 日，普希金受到莫斯科警察总监波里斯·安得罗·戈拉维夫的审讯和指控，沙皇尼拉士准备将他流放到西伯利亚弗兰格尔岛。后来丹特士想方设法接触普希金的妻子莫斯科第一美人——娜塔丽娅·尼古拉耶芙娜冈察罗娃，希望得到娜塔丽娅的爱情。这些都是沙皇尼古拉一世策划的法国贵族后裔丹特士男爵通过决斗，因而杀害了普希金。

也有人说，当时在位的沙皇尼古拉一世也为诗人妻子的美丽姿色所倾倒，为了让冈察罗娃能够经常参加宫廷晚会，沙皇特地在 1834 年底任命普希金为"宫廷近侍"，陪伴沙皇的左右。普希金表面上不敢违抗指令，但心中为此事感到屈辱不平。尼古拉一世也对普希金越来越感到不满，专门委派心腹暗中监视他的言行举动。后来，法国逃亡者乔治·丹特士在各种社交场合公开追求普希金的妻子冈察罗娃，就是受到沙皇

历史之谜

的暗中支持与纵容。

为了谋害普希金，沙皇就利用丹特士这件事在彼得堡上流社会大肆造谣中伤，散布小道传闻，并且授意布置了丹特士与诗人之间的血腥决斗。当诗人普希金在决斗中不幸遇害之后，悼念追忆诗人成就的各种文章在报刊上发表，一时成为声讨沙皇黑暗暴政的战斗檄文。面对群众的抗议浪潮，沙皇尼古拉一世做贼心虚，担心诗人的葬礼会引起更大的事端，秘密派人趁夜色掩护把诗人的灵柩悄悄从准备举行葬礼的教堂中运走，送到远处一座偏僻的圣山修道院里草草埋葬了。

虽然事实的真相还有待于研究，但几乎所有人都认定沙皇对于普希金之死负有不可推卸的责任，普希金英年早逝是沙皇尼古拉一世的阴谋诡计的牺牲品。参与杀害他的直接凶手和幕后谋划者，将永远被人们所唾弃，因为他们杀害了一个举世无双的文坛巨匠。

## 屠格涅夫死亡之谜

屠格涅夫的死无疑是文坛的巨大损失，他给我们留下了许多宝贵的作品。那么，他究竟是怎么死的呢？是患病而死，还是另有其因呢？

伊凡·谢尔盖耶维奇·屠格涅夫是俄国伟大的作家，他创作了《罗亭》《父与子》等著名小说，被誉为俄国文坛"三巨头"之一。

屠格涅夫出身于贵族家庭，彼得堡大学毕业后到德国留学，研究黑格尔哲学，早年醉心于浪漫主义诗歌。随着俄国农奴制危机的加深，他在别林斯基的思想影响下，发表了反农奴制的《猎人笔记》，走上批判现实主义的创作道路。他曾担任《现代人》的撰稿人，但他始终是一个温和的贵族自由主义者，拥护沙皇政府的农奴制改革。

十九世纪五六十年代之交，他和车尔尼雪夫斯基等人发生了分歧，后来离开俄国前往西欧。从60年代起，屠格涅夫大部分时间在西欧度过，自七十年代起定居巴黎，和流寓西欧的民粹主义者往来，并时常资助他们，把他们看作一种能迫使政府实现渐进性政治改革的力量。

1883年9月3日下午2时，屠格涅夫在法国巴黎的布尔日瓦尔逝世，在离开人世之前，他也没能回到他的祖国。不久，遵照他生前的遗愿，其遗体从法国运回彼得堡，葬在沃尔科夫墓地别林斯基的墓旁，屠格涅夫终于结束了长期漂流海外的流亡生涯。

屠格涅夫生前曾向他的一位朋友说过："等到我们归天，你将看到人们如何对待我们。"事实证明了他的自信不是出于狂妄，他的葬礼像普希金的葬礼一样轰动了彼得堡，其盛况是继普希金之后人们所未见过的。成千上万的人群护送他的灵柩去墓地；俄国所有监狱里的政治犯敬献了一个花圈，安放在他的灵柩上；生前对他有敌意的人们在他逝世后却终于向他的遗体表示了无限的敬意。这一切的敬意，都是人们对他文学成就的褒奖，他可以含笑九泉了。

屠格涅夫的死无疑是文坛的巨大损失，俄罗斯文学和欧洲文学从此也少了一座沟通的桥梁。那么，他究竟是怎么死的呢？是患病而死，还是另有其因？如果是因病而死，那患的又是什么病呢？长期以来，人们对此争论不休。

有的学者认为屠格涅夫的死和他长期以来不同寻常的爱情生活有关。人们一直不解，相貌出众的美男子屠格涅夫为什么会对奇丑无比的法国著名歌唱家维亚尔杜夫人一往情深。维亚尔杜夫人长得相当难看：双眼鼓起，面部线条粗犷，驼背。但似乎这种丑陋又带着极大的吸引力。一位比利时画家曾说："她奇丑无比，但要是我再见到她的话，我会爱上她的。"1843年11月，法国著名歌唱家维亚尔杜夫人随意大利歌剧团到彼得堡演出，开始和屠格涅夫认识，后来成为终生密友。屠格涅夫多次出国和侨居国外都同维亚尔杜夫人有关，她给他的创作留下了深刻的痕迹。

虽然深深爱着维亚尔杜夫人，但屠格涅夫并没有明确地表达爱意，而是一路追随着她。无论维亚尔杜夫人到哪里演出，屠格涅夫都会尽可能地跟去。1871年普法战争结束后，屠格涅夫甚至同维亚尔杜一家迁居巴黎，直到逝世。他一生的最后10年就是在杜埃街48号维亚尔杜夫妇的楼上度过的。然而，这毕竟是一种心绪纷乱的幸福。屠格涅夫终日为生在"在另一个男人的安乐窝边"而痛苦。尽管有好几次结婚的机会，但他都放弃了。屠格涅夫一生都陷在这种欲罢不能、欲行又止的境地中，这种似爱非爱的特殊关系，长期折磨着他。也有好几次，屠格涅夫曾想摆脱维亚尔杜夫人对自己的影响，但每次都以失败告终。就这样，心灵的苦痛和无情的病魔折磨着他，伴随着病情的加重，屠格涅夫终于衰竭而死。

也有人认为屠格涅夫患的是心绞痛病，后来病情加重而死。从1882年起，屠格涅夫即抱病在身；第二年，大夫给他做了手术，切除了一个囊肿。当时法国的著名医生夏尔科曾为他看病数年，经长期观察、诊断，认为他患的是心绞痛病。医生给他用了敷剂、氯醛和氯仿，但他还是剧痛难忍，不能入眠，时间一长，即不治而亡。

然而，一些研究屠格涅夫生平和创作生涯的学者、专家都认为他实际上是患脊椎癌而致死的。苏联学者鲍戈斯洛夫斯基在《屠格涅夫》一书中，明确指出："伊凡·谢尔盖耶维奇·屠格涅夫死于脊椎癌。"屠格涅夫生前曾感到背部剧烈疼痛，在他死后，法医做了详尽的尸体解剖，发现他的三节椎骨受损。

也许屠格涅夫真的死于脊椎癌，也许是幻想的爱情加重了他的病情，无论怎样，屠格涅夫给我们留下的作品是宝贵的，他让一代又一代人记住了他的名字，爱上了他的作品。

## 柴可夫斯基死亡之谜

一次音乐会后，柴可夫斯基在一家餐厅喝了一杯水，几天以后便突然暴亡，难道柴可夫斯基所喝的水里真的带有霍乱病菌？

1893年10月28日，在圣彼得堡的爱乐厅，"第六交响曲"又名《悲怆》交响曲由俄国大音乐家彼得·伊里奇·柴可夫斯基亲自指挥首演，取得巨大的成功。然而，仅仅几天后的11月6日凌晨，这位俄国著名音乐大师柴可夫斯基却突然死亡，他的死因更是给人们留下了一个不解的谜。

在柴可夫斯基死后的12天，也就是1896年11月18日，他创作的《第六交响乐》（"悲怆"）第二次公演，取得了巨大的成功。乐曲自始至终的悲剧性的形象和气氛，给人们留下了美好而又深刻的印象。然而，也正是由于作品流露出的这种悲哀痛苦的情绪，使得人们更加关注柴可夫斯基的死因，好像悲怆的《第六交响乐》成了柴可夫

斯基"自杀"的"预言"。

柴可夫斯基死后，官方宣布了他的死因：在彼得堡爱乐厅指挥第六号交响乐（悲怆）之后，柴可夫斯基在其弟马德斯特及其他家人的陪同下，走进涅瓦大街一家名为莱涅拉的时髦餐厅。当时柴可夫斯基有点口干，于是向餐厅要了一杯水解渴。第二天他便患上急病，医生认为柴可夫斯基所喝的水里带有霍乱病菌，使得柴可夫斯基因此感染霍乱。几天后（1893年11月6日）柴可夫斯基便与世长辞。

但是，一百多年以来，人们一直对这种官方说法抱有很大的怀疑，喝水感染霍乱的奇怪说法无法令人信服。柴可夫斯基多年来身受肠胃病之苦，严格遵守饮食规定，对于食物的卫生尤其重视。因此当医生的警语和医疗指南在所有的报纸上大加倡导之时，一杯生水和传染病的故事，看起来实在有点不合情理。

后来，有人发现一份所谓柴可夫斯基写的"秘密标题"的草稿，上面写着：这部交响乐的计划的最终本质是生活。第一部分——全是冲动的热情、信心和渴望活动，必须短（终曲：死亡——崩溃的结果）；第二部分——爱；第三部分——失望；第四部分——以死亡为终结（也要短）。于是，人们以此为据，证明柴可夫斯基死于"自杀"。然而，《第六交响乐》却绝不是作者为自己"自杀"所写的"挽歌"。因为，1893年这一年，是作者获得极高荣誉的一年。此时他的声望在俄国势如中天，并获得世界各国音乐界的肯定，而且有亚历山大三世的大力庇护，给予终身养老金，还制订长远的生活计划，可谓前景无量。况且在柴可夫斯基的书信和日记中，没有沉重危机和极度忧伤的只字片语，足以逼迫音乐家走上绝望之路，人们怎么也找不出他自杀的理由。

柴可夫斯基

一些学者认为，柴可夫斯基很有可能是自己服用砒霜而自杀。但是，这都只限于猜测。声名显赫的柴可夫斯基是否真是自杀，至今仍然还是一个谜。

在真相没有水落石出之前，围绕柴可夫斯基死因的争论必然还很多。然而无论音乐家的真正死因为何，柴可夫斯基在音乐史上的地位和他在音乐爱好者心中的价值，永远是崇高和珍贵的。他的音乐美化人类的感情，点缀凡俗的生活，留给世间心灵的火花和美丽的宴飨。

## 凡·高自杀之谜

凡·高的一生饱尝坎坷和孤独，他生前只卖出过一幅画，死后他的画却被视为珍品，难道他是因为怀才不遇而自杀身亡？

文森特·凡·高是伟大的荷兰画家、后印象派大师，也是一代富有传奇色彩的艺术家。然而这么一位欧洲最杰出的艺术家、画坛巨匠生前却默默无闻，他一生坎坷，穷困潦倒，饱尝寂寞和孤独。凡·高生前卖出的作品只有《红色葡萄园》一幅，而且价格非常便宜，仅为当时的四百法郎而已。100 年以后，他的画成了举世珍宝。他像夸父一样追逐着太阳，最后在烈焰中燃烧……

1890 年 7 月 27 日，凡·高借口去打鸟，从他人那里借到一支左轮手枪，走向奥维尔小镇外的一片麦田。面对着灿烂的阳光，用那只拿惯了画笔的手，对着自己的腹部扣动了扳机。4 小时后，他苏醒了。他带着满身的血迹摇摇晃晃地回到了住处。在生命垂危的时刻，他偶尔看见店老板 13 岁的女儿阿德琳娜·雷沃克斯站在阳台上，样子楚楚动人。凡·高忍着剧痛，为她画了一幅肖像。2000 年，在纽约克里斯蒂拍卖行，凡·高的那幅绝笔画《阿德琳娜·雷沃克斯肖像》，以 1375 万美元的高价成交。

凡·高苦熬了两天，痛楚难忍。临终前，他不断吸烟，和弟弟提奥谈论着艺术，他对提奥说的最后一句话是：苦难永不会终结。1890 年 7 月 29 日凡·高去世，嘴里还叼着点燃的烟斗，时年 37 岁。这位为艺术奋斗了一生的杰出画家，在他的作品即将得到公认时，悲惨地离开了人世。而他自杀的这一声枪响更是响彻古今，枪响的余音飘荡了整整一个世纪，直到今天，还在震撼着人类的心灵。

凡·高短暂的一生，经历了太多的磨难。他四处颠沛流离，干过几种职业，历经了世道的不平和生活的艰辛。作为艺术家，他酷爱绘画，而且他天分极高，创造力很强。他从事绘画仅仅才 7 年，就创作了近 1700 件作品，其中 900 幅素描，800 幅以上的油画。可是在他生活的那个时代，他所代表的艺术风格还没有被世人认识和理解，作品没有销路。因此在他生前，只卖出过一幅画，以至于他的生活都不得不依靠弟弟的不断资助来维持。这些无情的现实，都极大地撞击着他本来已经脆弱的神经，使他完全被击倒了，所以他才采取了自杀的方式逃离这个没有给他带来什么快乐和温暖的世界。

近年来，随着对凡·高所代表的现代印象派绘画艺术理解和欣赏的人越来越多，对他的生平的研究也就越来越加强，人们不约而同地把关注的目标对准了这位艺术家的死。凡·高为什么用这种方式结束自己的人生？有一点似乎很明显，是他的精神失去了控制，是一种失常情况下的非理智行为。凡·高生前患有精神病，曾在精神病院里住了一段时间。1890 年 5 月 16 日，他告别了圣·雷米的精神病院，途经巴黎去看望弟弟提奥。据提奥的妻子回忆"我原以为会看到一位病人，但站在我面前的却是健康的脸上浮现着微笑的神态坚定、体格强壮、肩膀宽阔的男子……他已经完全好了。"然而就是这位疾病"已经完全好了"的凡·高，却在两个多月后开枪自杀了。

也许是那一声枪响让人们开始关注凡·高，开始认同他的画作，可是他永远不能再为人们画画了。

## 一代文豪高尔基是如何去世的

中国人民对高尔基并不陌生，他的这篇《海燕》还入选了中国学生的语文课本，文中所表达的抗击暴风雨的精神感染了无数中国人。这种"让暴风雨来得更猛烈些吧"的抗争精神也正是高尔基文学作品中最核心的思想，他也因此被列宁称之为"无产阶级艺术的最杰出的代表"，成为 20 世纪的一代大文豪。

1936 年 6 月 18 日，苏联政府宣布高尔基逝世，苏联人民陷入悲痛之中。其实，早在高尔基病危时，苏联政府每天向全国人民发布病情公告。高尔基年轻时即患有肺结核病，以后时好时坏，到了晚年，肺结核病已十分严重，他的肺只有三分之一还有机能，同时患有老年性心脏病。斯大林下令不惜一切代价抢救。但未能挽救高尔基的生命。这位社会主义文学的巨匠和奠基人，终于永远地搁下了他手中紧握的武器。

然而，就在苏联人民还沉浸在失去高尔基这位文学巨匠的悲痛之中时，苏联政府却突然宣布高尔基是被无产阶级的敌人谋杀而死。1938 年 3 月，苏联政府在莫斯科对"右派和托洛茨基派反苏维埃联盟"进行了公开审判，其中就包括审判谋害高尔基一案。作为被告的原共产国际执行委员、苏共中央政治局委员布哈林供认："联盟的联合中心内属于托洛茨基一派的那些人建议组织一次反对高尔基的敌对行动，因为他是斯大林政策的支持者。"布哈林解释说，不排除要从肉体上消灭高尔基的可能性。原内务人民委员雅戈达供认了谋杀高尔基的动机。他说，高尔基一直是斯大林路线的热情支持者和拥护者。托派要推翻斯大林政权，不能忽视高尔基在国内外的威望。高尔基既然不能脱离斯大林，那么"联盟"只好干掉他。

雅戈达供称，托洛茨基在 1934 年 7 月即指示"必须不惜一切代价地从肉体上消灭高尔基"，并委托他具体执行。雅戈达网罗了高尔基的秘书克留奇科夫、家庭医生列文、著名医学教授普列特涅夫等实施谋杀计划。雅戈达指示他们，要让被禁止喝酒的高尔基尽量多喝酒，要让高尔基经常伤风感冒。

1934 年 5 月 2 日，高尔基患了肺炎，克留奇科夫伙同列文、普列特涅夫先让高尔基喝了香槟酒，然后给他服泻药，使高尔基一病不起，从而加速了他的死亡。

站在被告席上的 19 名被告因为被指控犯有推翻苏维埃的重大罪行，除普列特涅夫被判处 25 年徒刑外，其余 18 人均被宣告处以死刑。

然而，许多苏联学者却认为这次宣判又是一次"逼打成招"的结果。有传言说，布哈林在被捕后曾遭受酷刑拷问，但他拒绝认罪。内务部的审讯人员恫吓他说，如果他拒不认罪，他妻子和儿子的生命将受到威胁；反之，如果他协助党把问题弄清楚，他的家属可不受株连，他本人也可从宽处理。布哈林终于屈服了，于是供认了种种犯罪事实。

而原内务人民委员雅戈达的证词更是几经变动，他先是说他谋害高尔基是属于情杀，因为他与高尔基妻子的关系暧昧，最后在受公开审判时，他又说谋害高尔基是政治目的。这不能不引起人们猜测：雅戈达是否屈打成招？

然而，随着这些所谓的"谋杀者"的死去，这件谋杀案就成了一桩悬案，成了一个谜团。

随着历史学家对高尔基之死的深入研究，更多的人开始认可一种新的观点：是斯大林谋杀了高尔基。

这种说法的依据是：1921 年夏天，高尔基因病复发出国就医，甚至在列宁死后高尔基也不愿回到苏联，因为他打心底里不信任列宁的这位继承人——斯大林。直到 1928 年，高尔基才在苏联人们日益高涨的呼声中回国，而制造这些人民呼声的幕后主使正是斯大林。

然而，高尔基回国后，就完全陷入了斯大林的监视控制之中。高尔基渐渐被与世隔绝了。但是作家敏锐的目光通过普通老百姓的脸透视了这个国家所发生的一切。他渴望自由地呼吸，然而四周都是高墙。高尔基在精神苦闷时常常自言自语："他们包围了我，封锁了我"，"我简直要烦死了"。斯大林几次派人企图说服高尔基为他写传记，高尔基却总是礼貌地谢绝。

面对这样一个极具政治影响力的人物，斯大林的想法和许多最高统治者一样：既然不能为我所用，也不能为他人所用，于是痛下杀手。

然而，时至今日，也没有人能找出高尔基之死的真正原因。

## 杰克·伦敦为什么要自杀？

无比热爱生命的著名作家杰克·伦敦在他创作高峰时期选择了自杀，举世震惊。然而，直至今日，人们也无从得知这位伟大作家临死前的真实心路，因此他的自杀也就成了难以解开的一个谜。

杰克·伦敦是 20 世纪初美国著名的现实主义作家。他于 1876 年出生于旧金山，原名约翰·格利菲斯·伦敦。他来自当时"占全国人口十分之一的贫困不堪的底层阶级"，背着某个占星术家的私生子的名分，在一个既无固定职业又无固定居所的家庭中长大。也许，正是他艰苦的童年生活决定了他现实主义的写作风格。

杰克·伦敦 24 岁开始写作，去世时年仅 40 岁。十六年中他共写成长篇小说 19 部，短篇小说 150 多篇，还写了 3 个剧本以及相当多的随笔和论文。其中《荒野的呼唤》《铁蹄》和《马丁·伊甸》等长篇小说还译成中文，受到广大中国读者的喜爱。这些作品共同向我们展示了一个陌生又异常广阔的世界：那荒凉空旷又蕴藏宝藏的阿拉斯加，波涛汹涌岛屿星罗棋布的太平洋，横贯美洲大陆的铁路线，形形色色的鲜活人物，人与自然的严酷搏斗，人与人之间错综复杂的社会关系……

杰克·伦敦的创作，笔力刚劲，语言质朴，情节富于戏剧性。他常常将笔下人物置于极端严酷，生死攸关的环境之下，以此展露人性中最深刻、最真实的品格。杰克·伦敦赞美勇敢、坚毅和爱这些人类的高贵品质，他笔下那"严酷的真实"常常使读者受到强烈的心灵震撼。就连伟大的革命导师列宁也对杰克·伦敦的短篇小说《热爱生命》给予了很高的评价，甚至在列宁卧床病榻之余，还特意请人为他朗读《热爱生命》。鉴于杰克·伦敦在美国文学史上的重要地位，美国传记小说家伊尔文·斯通在他的《马背上的水手》里称杰克·伦敦为"美国无产阶级文学之父"。

然而，这位"美国无产阶级文学之父"却在自己创作高峰时选择以自杀的方式结束了自己年仅 40 岁的生命。他的自杀震惊了整个文学界。他为什么自杀，更是一个谜。多年以来，美国和其他国家的历史学家和文学家对这个问题进行了长期的研究，并提出了一些值得重视的见解，但似乎依然没有解开这个谜团。

### 1. 身体健康恶化

以美国文学家艾尔·雷勃为代表的一些人认为，是健康问题折磨得杰克·伦敦丧失了生活的勇气。杰克·伦敦在 1914 年确实患了严重的肾炎。在此后的两年期间，尽管他在公众面前竭力维持自己精力充沛的形象，但尿毒症的迹象已逐渐明显。他又拒绝听从医生的劝告，如严格注意饮食和充分休息等。1915 年和 1916 年间，他先后在夏威夷住了几个月，希望在温和的气候条件下恢复已损坏的身体，但他的身体状况继续恶化。在杰克·伦敦自杀后，他的医生称他的自杀的原因是"肠胃生尿毒症"。

2. 唯物主义向唯心主义的思想转变

1916 年的春天，杰克·伦敦在夏威夷发现了瑞士心理学家卡尔·容格翻译的科学著作并立即对卡尔说："我告诉你，我正站在如此之新、如此之可怕和如此之奇妙的新世界的边缘上，以致使我害怕瞥它一眼。"卡尔的书促使杰克·伦敦将多年对波利尼西亚人的研究作为创作的源泉之一，写了一系列短篇小说。从此，卡尔·容格的译著不仅促进了他的创作，而且拓宽了 20 世纪文学的领域；杰克·伦敦本人也成为美国利用卡尔·容格的理论进行文学创作的第一个短篇小说家，尽管他的情绪依然不高。

众所周知，杰克·伦敦自认为是个唯物主义者，但在他自杀前的几个月里，他的思想似乎产生了变化，他开始怀疑唯物主义，并严厉地拒绝其早年坚持的朴素的唯物主义观点。正是在这种唯物主义和唯心主义的心理斗争中，杰克·伦敦的思想最终崩溃，于是他选择在 1916 年 11 月以服毒结束了自己的生命。

著名美国记者查尔米亚在其报道中声称，杰克·伦敦在《圣经》下列一段文字的下面划了杠杠："你不应当从世俗或艺术角度进行思考，而应当从象征角度，从精神方面，从事思索。"查尔米亚显然企图告诉人们，晚年的杰克·伦敦已不是唯物主义者，而是唯心主义者了。

美国著名文学评论家富兰克林·沃克虽然也持有类似的观点，但分析得更为详细和合情合理。他在对杰克·伦敦的代表作《马丁·伊甸》的评论中，比较深入地阐述了杰克·伦敦的思想发展趋势。他认为，杰克·伦敦之所以采取自杀行动，而与世长辞，可能与他的社会主义理想最后破灭有关。《马丁·伊甸》的创作过程在某种程度上反映了伦敦思想发展的迂回曲折。杰克·伦敦在这部小说即将杀青之际，还没有决定如何结尾。可是后来他的小说却出现了一个出其不意的结局：主人公马丁·伊甸自杀了。富兰克林认为，杰克·伦敦一再坚持让其书中的主人公马丁·伊甸自杀是作者思想发展的必然结局；而作者之所以这样做，或许有其本身的苦衷。

然而，无论杰克·伦敦自杀的真相如何，他所留下的著作都是人类宝贵的精神财富。

## 毕加索是纵欲而亡吗？

在人类美术史上，毕加索的艺术成就无与伦比。和梵高等艺术家生前潦倒死后辉煌不同，毕加索的一生辉煌之至，他是有史以来第一个活着亲眼看到自己的作品被收藏进卢浮宫的画家。然而，在这位艺术巨匠死后，人们不仅盛赞其卓越的艺术贡献，也对他的死因充满好奇：毕加索是纵欲而亡的吗？

毕加索是 20 世纪绘画史上拥有极高声誉的画家，他的作品既继承传统艺术，又具有独创性，成为世界性的艺术瑰宝。这位具有无穷创造力的人，有着鲜明的个性。他的作品中表现出了生命的活力和 20 世纪人类不息的探索精神，具有世界性的意义。

1881 年 10 月 25 日，毕加索出生于西班牙南部的马拉加，后来成为举世闻名的画家。1973年4月8日，他静静地离去了，走完了九十二岁的漫长生涯。4月10日，他被葬于佛文纳菊别墅花园里。然而，对于毕加索的死因，有人提出了自己的猜测：毕加索是纵欲而亡。为什么会有这样的猜测呢？毕加索到底是不是纵欲而亡的呢？多年来，无数专家学者都想要解开这个谜团。

大多数人认为，鉴于毕加索生前有着太多的风流韵事，毕加索完全有可能因纵欲而丧生。

1988年6月，希腊女记者阿里亚娜·斯特拉辛奥波洛斯·赫因汤历经5年研究，在美国出版了一部毕加索的新传《毕加索，创造者和破坏者》，书中披露了这位艺术大师一些鲜为人知的轶事。在她的笔下，毕加索是一个粗暴专横、自私自利、不负责任、幸灾乐祸、诡计多端的人。书中曾提到毕加索与一名年轻的茨冈人搞同性恋，后来，这位茨冈人离开了他，他发誓要报复。阿里亚娜还写道：毕加索在巴黎大街上与一名17岁的少女玛丽·特里萨·沃尔特相遇，并对她说："我是毕加索，您和我在一起会成为名人的。"在他与妻子奥尔加科拉瓦一起度假时，他也把玛丽安排到附近。白天，他让玛丽当模特儿；一到晚上，他就找借口溜出去与玛丽幽会。自此以后，毕加索就开始纵欲，成了一个可怕的男人。后来，毕加索又抛弃了玛丽。据阿里亚娜透露：该书中的许多素材都是由毕加索的前妻弗兰科斯·吉洛特·加龙省提供的，她是毕加索1943~1953年的生活伴侣。于是，很多人认为，长时期的纵欲是毕加索死亡的一个极为重要的原因。

在《住宅与庭院》杂志上，艺术史学家和传记作家约翰·查理森也曾披露：在1915~1916年间，毕加索曾与一位名叫加布里埃尔·德佩尔·莱斯皮纳斯的巴黎妇女有过一段鲜为人知的罗曼史。查理森说，最令人惊奇的是毕加索曾在一张纸上写道："我已请求善良的上帝允许我向你——莱斯皮纳斯求婚。"毕加索在这之前从未表现出对结婚感兴趣，尽管他后来有过两个妻子和许多情妇。此事证明，毕加索一生中究竟有多少情妇，无人知晓，从而为纵欲一说提供了有力的证据。

在艺术创作上，毕加索一生中从无数个女人身上得到过灵感。毕加索的创作热情、创作工作是在与最后一位妻子雅克琳结婚之后才又焕发了青春的活力，这位西班牙女子为晚年的毕加索营造了一个温馨宁静的世界。如果没有雅克琳的存在，没有从她那里得到灵感，毕加索的最后10年就不会那样充实。在毕加索最后10年的作品中，可以看出结婚带来的生活的安谧以及从比自己年轻40岁的妻子那儿得到的激励与迫近的死神之影的相互交错。

但也有人认为，毕加索是抑郁而死。据一些学者、专家的考证，在毕加索生命的最后一年，毕加索钟爱的雅克琳"神经不正常"，"安眠药服多了，简直像半个病人"，这使毕加索感到无限痛心，不能不影响到他的生活和创作热情。另外，晚年的毕加索处于创作力衰退的时期，从毕加索最后几年的创作实际来看，更是充分证明了这一点。这两个原因对毕加索的打击是很大的，可能他就是在这种氛围下抑郁而死的。

由于毕加索个性古怪，举动神秘莫测，对许多事避而不谈，人们无法知道他的生活真相。毕加索死后，又缺少详细的死亡报告，这就难免会引起后人的猜测和争议。自然死亡也好，纵欲而亡也罢，毕加索都是二十世纪最伟大的画家。

## 保罗·伯恩究竟是自杀还是他杀？

仅因为"性功能不全"，美国著名的米高梅影片公司知名制片人保罗·伯恩自杀辞世，然而，人们却不接受这一可笑的自杀理由，人们更愿意相信他是为情所杀，或者是为情被谋杀，但真相一直未被揭示。

1932 年，美国著名的米高梅影片公司宣布了一个爆炸性新闻：该公司最有影响力的制片人保罗·伯恩与该公司最性感的超级影星简·哈洛结为伉俪。婚后，俩人情深意浓，心心相印。然而，俩人的幸福的婚姻并没有维持多久，婚后不久的一天，保罗·伯恩被人发现死在家中，惊恐万分的管家立即把一切消息告诉了伯恩的妻子——此时正在娘家居住的好莱坞影星简·哈洛。随即，米高梅公司立即宣布：保罗·伯恩系自杀身亡，原因是"由于性功能不全"！这又给好莱坞投下了一条爆炸性新闻。

保罗·伯恩自杀身亡是人们无法理解的，要知道当时的保罗·伯恩正处于一生中的鼎盛时期：在事业上飞黄腾达，红极一时；与同事关系十分融洽；生活上也十分幸福美满。这样的人在这时怎么会突然自杀呢？然而，面对简·哈洛对保罗·伯恩的死因——性功能不全一说的默认，舆论渐渐平息下来。人们不由得感慨不已：命运是多么会捉弄人，它把人一下子推上峰巅，又一下将其摔进无底深渊。

但有人却始终坚持认为保罗·伯恩死于谋杀，而非自杀，且凶手疑为女性。1960 年 10 月，在保罗·伯恩死后的 28 年，好莱坞又出现了关于他的爆炸性新闻。著名小说家和戏剧电影作家本·赫奇对伯恩"自杀"一案从新的角度重新做了研究，并且做出下述结论："保罗·伯恩是被他人杀死的！""他是被一名妇女杀害！虽然我还不能说出这个人的名字。"

本·赫奇提出的新见解引起了人们的关注，好似在一池平静的水面投入了一块石头，顿时激起层层涟漪，使伯恩之死的真相变得扑朔迷离、令人难以捉摸，昔日的旧案被笼罩上了一层迷雾和神秘色彩。这时，人们再度将怀疑的目光投向了伯恩的妻子——简·哈洛。洛杉矶的地区律师立即决定重新调查此案。

在对这件案件的重新调查中，另一位女性萝西·米莱特也进入了人们的怀疑范围。1922 年，伯恩在纽约戏剧学校学习，与一同学习表演的萝西·米莱特一见倾心、情投意合，不久他俩便搬到旅馆同居了。由于各自忙着自己的事务，他们两人无暇顾及办理结婚手续并举行结婚仪式。他们以夫妻名义同居了 3 年，已成为符合习惯法的"事实婚姻"。然而好景不长，忽然有一天，米莱特患了神经麻痹症，昔日聪慧娇柔的爱妻，一夜之间竟成了一具活尸。当时的医学界视此症为不治之症。保罗·伯恩只好将她送到一所疗养院，由他自己承担全部费用，然后毅然独自前往好莱坞去寻求事业的发展和理想的实现。

后来，他认识了简·哈洛，并喜结良缘。这时，昏睡了 10 年的米莱特突然醒了过来。伯恩听说了米莱特醒过来的消息，吃惊万分、心烦意乱、进退两难：一边新婚宴尔、情意绵绵；一边是感情深厚、旧情难忘。而两个妻子相互间一无所知。面对米莱特急切的约会要求，保罗·伯恩却想避开这令人难堪的会面。然而保罗·伯恩一筹莫展、无所适从，在困境中越陷越深，最后似乎只能一死了之。案发后，有人说前一天有一辆私人司机驾驶的高级轿车载着一位陌生的妇人到伯恩的寓所，直到黄昏才离去；又有人说曾看见伯恩随身带着一支左轮手枪，但周围邻居却未听到枪声。一部分人认为，可能是由于"性功能不全"，缺乏性交的能力，伯恩产生了耻辱感和对妻子的负疚感而开枪自杀。米高梅公司宣传部主任霍华德·斯特拉金似乎对"性功能"解释颇感满意，以为这种解释可以保全哈洛和公司的荣誉。

而自从伯恩死后，再没有人能够看到与死者最亲密的另一关键人物米莱特。据说她获知伯恩死讯后，登上了一艘来往于旧金山和萨克门托的小客轮，在夜幕降临时投入了萨克门托河。她满怀哀怨匆匆离去，未对任何人提供她和伯恩的关系，也没有听到伯恩自杀身亡的头条新闻：

综合种种线索，似乎保罗·伯恩之死有自杀的动机，也有谋杀的动机，而凶手可能就是保罗·伯恩的妻子简·哈洛或米莱特，但人们并没有找到支持这两种观点的有力证据，因此保罗·伯恩之死至今仍是一个无法解开的谜。

## 马雅可夫斯基为什么会开枪自杀？

在个人创作灵感高峰的时期，苏联著名诗人马雅可夫斯基却以一声枪响告别了世界。对于诗人的自杀原因，人们有着各自不同的猜测。

妈妈，两位姐姐，同志们，请原谅我——这不是个办法（我不建议别人这么做），然而我没有别的出路……

——马雅可夫斯基《致大家》

1930 年 4 月 14 日上午 10 时 15 分，历史铭记下了这一刻，只因为在这一刻，苏联著名诗人、剧作家马雅可夫斯基在一声枪响中结束了自己的生命，留给人们无尽的悲痛和遗憾。

那天，当坐落在莫斯科市中心的卢比扬卡大楼内的人们正各自为工作忙碌时，却突然听到一声枪响。最终，人们在诗人马雅可夫斯基的房间里发现了倒在血泊中的诗人，他的旁边丢着一支手枪。致命的子弹穿透了心脏，一切抢救均告无效，才华横溢的诗人早已停止了呼吸。经多方检查分析，得出的结论是：诗人是自杀的。

自杀？一直以来都在为生活热情歌唱过，曾被斯大林赞许为"过去是，现在仍然是我们苏维埃时代最优秀、最有才华的诗人"的马雅可夫斯基自杀了，这真是一场举世震惊的悲剧！这一悲剧震动了苏联文坛和社会各界，也震动了国际社会。人们在震惊之余，感到纳闷的是：像马雅可夫斯基那样平生追求进步，参加过地下斗争，坐过牢，经受过革命考验，并且在诗歌创作上取得了卓著成就的革命诗人，居然会走上自杀的绝路？为什么这颗当代诗歌的太阳正在中午当顶的时候却自己突然沉落下去了呢？

多年以来，中外学者、文学史家都在致力于研究分析马雅可夫斯基自杀的原因和动机，并从各自的渠道、不同的角度谈了自己的观点和看法。

1. 为爱而死

许多学者认为，马雅可夫斯基的自杀原因是因为他波折的爱情。正如他在其遗书《致大家》的信中，也说明他是由于个人原因而自杀的。诗人在遗书中曾提到"爱情之舟"，还多次提到莉丽亚、波朗斯卡娅。

莉丽亚是勃里克之妻，而勃里克同诗人关系密切，而莉丽亚同诗人的关系更是非同一般。她在诗人死后曾公布过诗人从 1917 年 9 月到 1930 年 3 月给她的 125 封信和电报以及一些生活照片。她说"我和马雅可夫斯基生活了 15 年——从 1915 年到他逝世。勃里克是我的第一个丈夫，我们是 1912 年结婚的。当我告诉他说，马雅可夫斯基和我相爱时，我们大家都决定永不分离。就这样，我和马雅可夫斯基走到了一起——既是精神方面在一起，更多的也是居住方面在一起——过着我们的生活。"

"爱情之舟"指的是 1925 年回法国的俄罗斯姑娘雅可芙列娃。1928 年诗人在巴黎和她结识并相恋。他曾动员她回苏联结婚，但却遭到拒绝。诗人回莫斯科后，仍不断给她写信。据公布的材料统计，从 1928 年 12 月 27 日至 1929 年 10 月 5 日之间，诗人给雅可芙列娃写了 7 封信和拍了 25 封电报，可都没有收到回信。1929 年，诗人决心再去巴黎向姑娘求婚，可是受到勃里克和保安部门的阻挠，未能成行。最终，雅可芙列娃嫁给了一个法国人，这对诗人是个很沉重的打击。

这时，马雅可夫斯基又认识了莫斯科艺术剧院的年轻演员——波朗斯卡娅，俩人相爱了。面对诗人的求婚，波朗斯卡娅拒绝了，因为她不愿离开她的丈夫，也不愿因离婚毁掉自己的事业。在这一刻，诗人对爱情的理想完全破灭，于是他选择了在枪声中结束自己的生命。

2. 死于口号之争

人们在清理诗人的遗物时，发现了诗人留下的一份遗书，日期是 1930 年 4 月 12 日，即诗人自杀前两天写的。像任何一个自杀者一样，这份遗书成了探索诗人自杀原因的珍贵资料。在遗书的最后一段，诗人写道："请你们告诉叶尔米洛夫，把那口号去掉了——实在遗憾，本来应该是对骂到底的"。这表明，对这件事诗人到死仍觉得"遗憾"。

关于"口号"的争论，是由诗人为演出自己的讽刺诗剧《澡堂》而写的一组口号引起的。诗人那条口号是这样写的："一下子无法把所有的官僚主义者都洗清。因为澡堂和肥皂都不够用。另外还有叶尔米洛夫这类批评家的笔给官僚主义者们帮闲出主意。"这条诗人自己觉得很满意的口号，后来被一些领导删掉了。为表示抗议，诗人便自杀而死。

3. 死于文坛争斗

不少苏联和中国学者、专家认为：马雅可夫斯基之死，主要原因与 20 年代苏联文坛的斗争相关。马雅可夫斯基是位革命诗人，列宁对他十分器重；可是，在 20 年代复杂的苏联文坛上，却遭到诽谤和攻讦。托派反对他，唯美派反对他，官僚主义者不喜欢他。对诗人攻击得最凶，对他的心灵创伤最重的是"拉普"和"瓦普"（全俄无产阶级作家同盟）中的宗派集团、托派分子。最终，在这种政治打压下，诗人的精神崩溃了，选择了自杀。

总之，促成诗人自杀的原因是多方面的，有爱情因素，也有政治因素，然而，更多的人认为，马雅可夫斯基的悲剧在于他在一个非抒情时代写抒情诗。

## 女歌唱家黎贝·霍尔曼的悲剧是如何发生的？

她以深沉、沙哑的嗓音迷倒了无数听众，成为美国音乐舞台上的耀眼明星；她又因数不清的风流韵事、暴烈的脾气而名噪一时。然而，上帝最终为她安排了悲剧的命运：两任丈夫的蹊跷死亡，爱子的意外死亡，她最终向上帝屈服，选择自杀离世。

20 世纪 20 和 30 年代，美国音乐舞台上有一颗耀眼的明星，她就是女歌唱家黎贝·霍尔曼。一方面，她在演唱爱情歌曲时那深沉、沙哑的嗓音迷倒了无数听众，另一方面，她又因数不清的风流韵事、语言污秽和经常动武而声名狼藉。然而，黎贝的生活充满了悲剧色彩。

20 岁时，黎贝离开故乡辛辛那提到了纽约，并在纽约百老汇当上了声誉较高的演员。她因在歌剧《格林尼治村的荒唐》中的演唱而获得首次成功，受到观众热烈欢迎。伴随着成名的还有黎贝的酗酒，她常常在聚会中从头天晚上闹到第二天的黎明，有时还带着临时约会的朋友到哈莱姆和曼哈顿的夜间俱乐部通宵达旦地游逛。

1929 年春季，她参加小型"轻歌舞"的演出，并领唱有打击乐器伴奏的《莫茵的呻吟》等歌曲。黎贝的演出很快获得成功，并成为百老汇的知名人物。夏季，她与一个年青的作家首次确立了正当的爱情，但此次的恋爱是短命的。秋季，她与杜邦家族的一个富有成员罗萨·卡彭特邂逅，并双双坠入爱河。1930 年，她在主演歌剧《三人行》中又一次大显身手，其中她演唱的《灵与肉》等歌曲至今还为人们所熟知。随着这次演出的成功，黎贝的名声大振并达到其事业的高峰。

此时，一个叫史密斯·雷诺德的男演员迷上了黎贝并恳求她与他结婚，两人于 1931 年 11 月秘密结婚。但由于史密斯的占有欲和神经质日益增强，黎贝越来越讨厌他，俩人的婚姻陷入了僵局。最终，悲剧发生了，史密斯在 1932 年的一次在家举办的酒会中因枪支走火重伤而亡。警方初步怀疑史密斯被谋杀，黎贝成为重点嫌疑人。记者纷纷云集到温斯顿——塞伦，史密斯神秘的死亡成为当时轰动一时的事件。当公众获悉黎贝已有两个月的身孕时，情绪更为激奋。但最终史密斯被谋杀议案被撤销，史密斯的遗腹子于 1933 年 1 月早产，并随之发生了历时两年的有关继承权的斗争。最后，孩子继承了 625 万美元的财产，黎贝得到 75 万美元的安家费。

1934，黎贝重返纽约的百老汇，随即开始了与男演员菲利普·霍姆斯及其弟弟拉菲·霍姆斯的感情纠葛，最终她于 1939 年和小她 11 岁的拉菲结了婚。不料，第二次世界大战爆发后，霍姆斯兄弟都参加了加拿大皇家空军。菲利普在两架军用飞机相撞事件中殒命，而拉菲被派往英国。

当霍姆斯兄弟离开以后，黎贝的生活更加糜烂。在她住在康涅狄克州特里托普的豪华住所期间，她经常把一些男人召到家里寻欢作乐。她还长期与一个女记者和她雇的一个年青的女秘书搞同性恋。人们还广泛传说，她和黑人歌唱家和吉他手约施·惠特是一对情人。

或许是上帝对黎贝生活堕落的惩罚，悲剧再次发生。1945 年 8 月，黎贝的丈夫拉菲·霍姆斯被解除军职，他开始无休止地酗酒。无法忍受的黎贝要求他滚出她的家。一个月以后，拉菲的尸体在纽约市东部的一幢公寓里发现。经法医检查，他的死是由

历史之谜

于服用过量镇静剂中毒而引起的，是意外还是谋杀却没有定论。

上帝的惩罚似乎并没有因菲利的死而结束，在菲利去世5年后，黎贝和史密斯的儿子——托普·霍姆斯在1950年秋进入达尔茅斯学院之前，与一个朋友驾车开始横穿美国到加利福尼亚去。中途，他们弃车以旺盛的精力攀登加利福尼亚的惠特尼山，但就此没有返回。几天之后，他们被冻僵的尸体在山顶被找到。而黎贝当时正同情人在欧洲旅行，得知此噩耗，她立即乘飞机返回美国。面对儿子暴卒的事实，黎贝的精神世界开始崩溃。

尽管黎贝依然过着糜烂堕落的感情生活，但她的心中也丧失了生活的希望和激情。她的生活似乎再也无法摆脱悲剧的命运。

1952年，黎贝·霍尔曼实施她所说的"宏大欲望"计划，与漂亮的男演员蒙哥马利·克里夫开始历时7年的私通。但是，由于蒙哥马利酒后驾车，几乎导致丧命之后，两个人的暧昧关系逐渐疏远了。随后，黎贝与一个颇有吸引力的油画家路易斯·斯查克邂逅，俩人于1960年12月结婚。然而，路易斯是个爱妒忌的家伙，平庸卑鄙，还是个十足的酒鬼。自此，黎贝的朋友开始对她退避三舍，这让黎贝本人变得日益消沉和绝望。

于是，在1961年6月的一个炎热的日子，黎贝只穿一件短身泳装，走进特里托普住所的汽车房里，关上门，钻进她的豪华罗尔·罗斯牌汽车里，并打着引擎；仅在很短的时间里，她就因一氧化碳中毒而死去。这位67岁的著名歌唱家就这样离开了人世。但到底是什么原因导致黎贝的自杀，也随着黎贝的死成了一个谜。

## 名诗人叶赛宁是死于"殉情"吗？

仅因为爱情上的坎坷，苏联著名诗人叶赛宁抛下自己洋溢创作激情的生命，毅然投向了死神的怀抱。然而，对于叶赛宁之死的原因，有人说是自杀，有人说是谋杀，难以定论。

再见吧，我的朋友，
再见，亲爱的，
你永远铭记我心间。
命中注定的分离，
预示着来世的重逢。
再见吧，我的朋友，
不必话别无须握手，
别难过，莫悲戚——
这世间，死去并不新鲜，
活下去，当然更不稀罕。

——谢尔盖·叶赛宁《生存不比死亡新鲜》

这首《生存不比死亡新鲜》是苏联著名抒情诗人谢尔盖·叶赛宁的临终遗言。1925年12月27日深夜，叶赛宁被发现自缢在列宁格勒的安格列捷尔旅馆，死时年仅30岁。这位被誉为"天才的农民诗人""大自然的歌手""俄罗斯的天才"的伟大诗人就这样以一个悲剧的形式离开了热爱他的人们。高尔基称他的死是"最令人难过的悲剧之一"。

而人们不解的是，谢尔盖·叶赛宁为什么要自杀呢？一般人自杀的死因，不外乎环境的困顿痛苦和心灵敏感脆弱两种，但作家、诗人的自杀原因是很复杂的。有的因病魔缠身，有的苦于恋爱问题，也有的出于一时的艺术上的冲动等，动机各异。而谢尔盖·叶赛宁自杀时正处于创作巅峰状态，并不具备事业危机的压力。

于是，人们将寻找谢尔盖·叶赛宁自杀原因的目光投向了诗人的爱情世界，许多人都认为：叶赛宁的爱情悲剧是导致他自杀的根本原因。无法否认，诗人的爱情生活是相当不幸的。

1921年11月7日，诗人和美国著名舞蹈家邓肯初次见面便一见倾心，迅速陷入热恋之中。不久，俩人正式同居。1922年5月10日，在办理完结婚登记后，俩人踏上了去欧美的旅途，开始了正式的"蜜月旅行"。但是，由于在国外的旅行生活中显示出来的各方面的严重差异，使俩人为时不久的爱情和婚姻面临着危机。尽管他们之间有共同的艺术语言这个基础，可在出身、教育、年龄、性格等方面都差距甚远，俩人在性格上明显缺乏和谐一致，加上他们还有一个很严重的语言障碍，思想感情便得不到及时而充分的交流，分手将是不可避免的。1922年秋，俩人返回莫科科不久，就友好地分手了。

和邓肯分手之后，诗人重新回到旧情人别尼斯拉夫斯卡娅身边。这位多情而善良的姑娘原谅了诗人，她又像过去那样，将自己的爱无私地献给了叶赛宁。但令人遗憾的是，这段复合的感情并没有俩人所预期的那样和谐与安宁，俩人再次分道扬镳。

不久，这位多情的诗人又跌入了另一纷乱的爱情漩涡，使他在自己的悲剧中又向前走了一步。1925年3月，诗人遇见了世界文豪列夫·托尔斯泰的孙女——容貌出众的安德烈夫娜，并对其一见倾心，诗人那本来就易于冲动并且常常表现出爱情狂热的心灵再次失去了平衡。同年9月，俩人正式结婚，诗人搬进了那豪华而又古香古色的宽大住宅里。令诗人大失所望的是，婚后生活并不像原来设想的那样美满。安德烈夫娜虽然出身名门，天资出众，但她既缺乏同诗人相匹配的艺术才识和见解，也没有别尼斯拉夫斯卡娅的那种温情。到这时，诗人才真正感到当初别尼斯拉夫斯卡娅的重要和可贵，他深深地感到实在有愧于她。然而，他又没有勇气再一次回到她的身旁，以取得她的宽恕。在万般痛苦的情况下，敏感的诗人终于走上了绝路，他要用死来报答心目中真正的情人。

从这些经历来看，叶赛宁"殉情"而死的可能性极大。

但是，也有一些学者认为，叶赛宁实际上是患精神抑郁症而自杀的。当年诗人死后，苏联的官方讣告曾说过："叶赛宁是由于精神忧郁、心理平衡失调，于绝望中自缢而死的。"苏联著名的持不同政见者、科学家若·麦德维杰夫在《谁是疯子》一书中，明确指出："谢·叶赛宁、亚·法捷耶夫，欧·海明威、杰克·伦敦、谢·奥尔忠尼启则、德·阿·萨毕宁及其他不少受到尊敬的优秀人物都是在处于心理抑郁状态期间用自杀结束其生命的"。而且，据当时的史料记载：随着心境失调，叶赛宁的性格愈来愈暴躁，到后来竟经常莫名其妙地发火，显得喜怒无常。经医院检查，医生认为他已患有严重的精神抑郁症。

从叶赛宁的诗歌创作实践来看，特别是到了后期，诗人已陷入了色情颓废诗歌的泥坑，集中反映了他精神上的极度颓唐和创作上的严重危机。不少诗歌表现了抒情主人公孤独而忧伤的情绪，成为以情绪颓废、放荡不羁、玩世不恭标志的"叶赛宁性格"这一专有名词产生的口实。正是诗人强烈而固执的小农意识和田园牧歌式的忧伤，导致了他厌世自杀的悲剧。

还有人认为，诗人不是死于自杀，而是被谋杀的。

叶甫盖尼·切尔诺斯维托夫是苏联著名的法医、精神病专家、苏联哲学学会的学术秘书，曾长期从事叶赛宁死因的研究。经过调查验证，他认为，叶赛宁是个精神状况理想、神经非常健全的人，不可能因为心理抑郁而自杀。而且新闻报纸所刊登的诗人死亡照片上明显可以看出：死者的额头和鼻梁上有一块很大的凹痕，这显然是被猛击所致；此外，死者脸颊还有一条横向抓痕，按规律，它是纵向的才与自缢的情况相符。这说明，诗人实际上是被来自身后的绳索勒死的。

谢尔盖·叶赛宁究竟因何而走上自杀的道路，结束自己年经30岁的正值辉煌的人生，还有待人们继续思考和研究。

## "硬汉"海明威自杀之谜

海明威一生奉行的至理名言就是：人可以被毁灭，但绝不能被打败。也许，是他担心自己被打败，从而自杀身亡，毁灭了自己。但猜测永远是猜测，至今无人揭开海明威自杀的谜底。

欧内斯特·海明威是美国著名小说家，他一生写了许多著名的作品，如《太阳照样升起》《永别了，武器》《丧钟为谁而鸣》以及《老人与海》等。在他的晚年，由于发表了《老人与海》等不朽之作，对世界文学做出了巨大贡献而获得了诺贝尔文学奖。

有人认为，海明威是勇敢、甚至比一般人想象的更勇敢的人，这自然有其理由。他的一生多彩多姿，就好像他笔下的醉汉、猎人、勇敢的士兵、职业拳击手、斗牛士等。谁也不会想到，这位闻名世界的大文豪竟然在1961年7月2日，用猎枪悄悄地结束了自己的生命。海明威为什么要自杀呢？这引起世人的极大关注。

有人认为，海明威自杀是"精神抑郁症"造成的。海明威长期忽视甚至糟蹋自己的健康致使他肉体上和精神上都受到了严重的损伤。他无法忍受病痛使他"丧失尊严"，他要以自杀的方式来与疾病做最后的搏斗，并以此来维护自己那种"可以被消灭但不能被击败"的男子汉的"尊严"。

另一种观点认为，海明威是因为对自己才思枯竭感到绝望而自杀。海明威在发表《老人与海》，并得到殊荣以后，其精神上受的压力越来越难以忍受。他由于怀念非洲那段充满无限乐趣的狩猎生活，再度前往，结果两次遭遇坠机事件，虽然大难不死，但身体和精神上的创伤却更加深了。由于频繁的电疗，海明威的记忆逐渐衰落，导致他的自传性作品《流动的圣餐》的创作陷入了困境，因而选择了自杀。海明威赞同尼采的观点："适时而死。死在幸福之峰巅者最光荣。"在海明威辞世之前的长达14年间，美国作家哈奇诺一直是他的密友，对他的冒险、言谈、梦想以及梦想的幻灭都有较多的了解。虽然哈奇诺没有直截了当地说明海明威为什么自杀，但从海明威的生活经历，尤其是晚年的生活，人们仍然可以洞察出一些他消极的迹象。他一生奉行的至理名言就是：人可以被毁灭，但绝不能被打败。也许，是他担心自己被打败，而毁灭了自己。

海明威自杀的起初动机始终没有定论，他在自己的遗嘱中是这样说的："我所有的希望已破灭，我那意味着一切的天赋如今抛弃我，我辉煌的历程已尽，为维护完美的自我，我必然消灭自己。"但是，人们并不完全相信他自己对这一行为的解释。

2000 年 7 月，人们从一本新出版的海明威传记中窥见了这个谜团的冰山一角。这本传记的作者是肯尼思·林。他在书中明确指出，海明威在其成名后的很长时间里，一种我们今天所说的 ED（勃起功能障碍）一直困扰着他。这种疾病严重地影响了他与几任妻子的关系和他相当一部分的家庭生活，海明威对自己的 ED 症感到非常绝望，认为只有将自己的肉体消灭，才能维护自己的尊严。因此，海明威的自杀之举存在着一定的内在必然性。

纵观海明威的一生我们可以发现，在相当长的时间里，他的生活和创作一直都和 ED 对他影响有密切的关系：ED 首先将他的人格扭曲了，继而这种人格的扭曲又被带入了他的行为和创作中，最终彻底毁灭了他。如果肯尼思·林的论述能够成立的话，或者说海明威的确是一个 ED 患者，那么可以说海明威在各种作品中刻意为自己塑造的"硬汉"形象只不过是作为一个掩盖自己疾病的幌子罢了。

难道这就能说明海明威自杀的原因吗？似乎海明威的自杀并不这么简单，在这背后还隐藏着许多我们未知的东西。

## 日本作家川端康成为什么自杀？

川端康成是历史上第一个获得诺贝尔文学奖的日本作家，其作品在日本有着广泛的影响。然而，这样一位日本文学界的"泰斗"，却选择了自杀，人在震惊之余纷纷猜测：到底是什么原因，让川端康成丧失了生的勇气呢？

川端康成是日本文学界"泰斗级"人物，1899 年 6 月 14 日他生于大阪，代表作有《伊豆的舞女》《雪国》《千只鹤》等。1968 年川端康成获诺贝尔文学奖，是亚洲第三位获诺贝尔文学奖的人。1972 年 4 月 16 日，川端康成在日本古都镰仓含煤气管自杀，未留下只字遗书。他早在 1962 年就说过："自杀而无遗书，是最好不过的了。无言的死，就是无限的活。"

作家自杀在日本层出不穷，仅明治时代以来自杀的著名作家除川端康成外就有三岛由纪夫、芥川龙之介、北村透谷等 12 人之多。由于川端康成是日本第一位获诺贝尔奖的作家，其作品在日本有着广泛的影响。因此，他的自杀给人们带来了巨大的震动和惊异。人们纷纷猜测：川端康成到底出于什么动机才会自杀的呢？

川端康成自杀的第二天，《朝日新闻》刊登了一篇报道说："他死后已经过去一夜，但他的亲朋好友们似乎仍然满腹狐疑，认为原因在于病魔缠身的人常常猜想自己或许是得了癌症。"川端在自杀前不久的 3 月 7 日到 15 日，患盲肠炎在镰仓市佐助一丁目的道体外科医院住院动手术，当时医院规定一律禁止探望。因此，有人认为川端怀疑自己得了癌症，即以自杀进行摆脱。但为川端做手术的医生透露，川端康成除了胆石症以外并无其他大病，因此他的死应该与疾病无关。

经常为川端理发的理发师提供了川端死前一周即 4 月 10 日的一个细节：那天他去为川端先生理发，当时他躺在床上，不断地挪动身体、拂掉头发等，显得焦躁不安，并且说自己已经四宿没睡觉了。这样一来，安眠药的问题就不能不引起人们的注意。川端开始服用安眠药是在第一高等学校学习的时候。他年轻时就睡觉轻，神经敏感，不得不服用安眠药。后来，这个习惯也没有改变。据他的夫人秀子透露，川端康成曾经多次因过量服用安眠药而发生了中毒症状。根据这些情况，日本一些学者和研究人员推测，川端康成也许确是煤气自杀，但他打开煤气栓时，会不会处于上述神志不清的状态之中呢？也许，4 月 16 日，川端康成到了工作室后，马上服用了安眠药。而且，在半睡半醒之中，无意识地打开了煤气栓。

也有人认为川端康成因为创作力衰退，思想负担过重而自杀。1968 年 10 月 17 日，凭借《雪国》《千只鹤》及《古都》等获得诺贝尔文学奖，他是历史上第一个获得此奖项的日本人，也是继泰戈尔、萨缪尔·约瑟夫·阿格农二位后第三个获此奖项的东方人。川端康成获得诺贝尔文学奖后，日本举国上下为他欣喜若狂，不仅报纸以大量的篇幅报道了这件事，而且裕仁天皇通过宫廷的一位高级官员以及佐藤首相亲自打电话向他表示祝贺，川端康成的声誉盛极一时。但这以后，川端康成未能再写出传世之作，于是有人推测，作为社会名人的川端因而思想负担过重，只能以自杀了事。

日本有的学者和文学家在推测川端的自杀动机时，认为三岛由纪夫的自杀最终导致川端走上了绝路。1946 年，三岛由川端推荐，发表了短篇小说《烟草》，从此正式进入文坛。其作品前期唯美主义色彩较浓，大多描写病态心理和色情故事，反映了战后初期颓废腐朽的社会风气；后期则主要有意识地利用小说为复活军国主义服务。这些都和川端的主张极为相近。因此，当 1970 年 11 月三岛用切腹自杀来煽动军队搞政变失败身亡后，川端亲自主持"葬礼"。三岛由纪夫的死使川端很受刺激，他曾对学生表示："被砍下脑袋的应该是我。"于是三岛自杀之后 17 个月，川端康成也选择了自杀。

此外，还有不少日本学者认为川端康成死于支持秦野竞选失败。川端曾公开支持警察头子秦野竞选东京都知事，他原以为以自己的地位和名望，肯定能帮秦野竞选成功，岂料秦野却以失败告终，川端受不了这个打击，只能自杀寻求解脱。

由于川端康成的政治主张和创作活动较为复杂，在死前他又没留下任何可供分析研究的片言只语，因此人们无法确切地得到他自杀的原因，只能根据他的一些情况做出猜测。

## 好莱坞明星赫德森之死的真相

193 公分的挺拔身材、俊朗帅气的外形，让罗克·赫德森得以成为美国好莱坞的著名男星，更成为当时全球少女心中的"万人迷"。可在这俊朗的外表之外，赫德森的内心却是黑暗的，他不仅宣称自己是同性恋，还死于艾滋病。然而，热爱他的影迷们却不愿意相信。

美国好莱坞著名电影男星罗克·赫德森以俊朗外表及 193 公分的挺拔身材走红二

十世纪五六十年代，曾与红星桃乐丝·黛合作《枕边细语》等多部脍炙人口的爱情喜剧，并以《巨人》一片获奥斯卡男主角提名。在 1958 年，在美国好莱坞有"万人迷"之称的罗克·赫德森更是当选年度最受欢迎的男星，成为全球少女的梦中情人。

而 1985 年 10 月 2 日，赫德森在贝弗利山的寓所中突然死去，死因是艾滋病，终年 59 岁，从而结束了自己辉煌的明星生涯。消息传来，好莱坞圈内人士无不感到哀伤与不安。时任美国总统里根与夫人南希对赫德森的不幸逝世也表示了诚挚的哀悼。然而，人们却并不愿意相信这个在银幕上充满浓郁的传奇色彩、成为众多影迷崇拜的偶像的赫德森，会因为艾滋病而死。多年以来，许多专家学者都在致力寻找赫德森之死的真相，然而却收获不大。

赫德森原名洛伊·弗兹杰罗。21 岁那年，他因身体魁梧，仪表堂堂，被当时的经纪人威尔逊看中，引进影坛，并为他取艺名罗克·赫德森，兼含巨石与大河之意，极投合 50 年代美国民众凡事讲究"大"的风潮，同时也充分体现了赫德森那与众不同的外貌特征，因而使这个默默无闻的青年一下被捧成名噪一时的明星。可赫德森对这个艺名一直不满，认为它未免太哗众取宠了，但几十年来赫德森三个字已深植影迷心中，不容更改了。从艺名这件事上，充分反映了赫德森那种为了迁就现实环境而不惜掩盖个人喜爱的个性与心理状态。

从影后，赫德森从未传出半点绯闻，这在喜爱他的影迷们心中留下了十分好的印象。可是，谁都没有想到，这位英俊硬朗的好莱坞影星居然是一位同性恋者。据赫德森的一位密友透露："赫德森一直就是同性恋者，我想早在他 20 岁成年时就是了。"变态的同性恋，是导致赫德森死亡的一个重要原因。

追究赫德森同性恋心理的产生根源，要从他饱受折磨的童年生活说起。母亲生下赫德森不久，父亲便弃家而去，后来母亲再嫁，继父对他非常严厉，他的童年和少年时代是在缺乏父爱中度过的。毫无生气的家庭，使他心理上备受压抑，养成了他那种怪僻的性格，也最终导致了他成年后偏离常理的性取向。

因此，当赫德森从踏入影坛开始，就一直扮演着双重性格的角色。他一方面接受安排，成为少女心目中的白马王子，另一方面却又沉湎于同性恋中。到了赫德森该结婚的年龄时，环球影业公司考虑到如果不叫赫德森成婚，反而会引起人们的怀疑；加上专门以报道丑闻起家的《权威》杂志似乎已有所风闻，频频威胁要公布赫德森私生活的真相，吓得环球影业公司立刻与其进行私下交易。

同时，为了保住赫德森的形象，继续为公司赚钱，他们便将那篇报道移花接木到另外有同性恋的一个小明星身上，同时紧急安排了一场婚礼，让赫娶了他的经纪人的秘书菲丝小姐。为不惊动新闻记者，两人直到法院下班前 3 分钟才赶去办妥结婚登记手续，随即住进一家旅馆，以极简单的仪式举行了婚礼。完婚之后，对外发布了闪电式的结婚新闻。然而，这场没有感情的婚姻不可能扭转赫德森根深蒂固的同性恋性取向。尽管电影公司时常把一些这对夫妻伉俪情深、相敬如宾的假照片公之于世，欺骗观众，使得赫德森的形象更加完好，但这场名存实亡的婚姻深深地折磨着赫德森和菲丝。赫德森面对公司的知遇之恩，不敢有丝毫反抗，而菲丝尽管也在为维持这场婚姻做出种种努力，但都失败了，开始心灰意冷。终于，他们在将这段婚姻维持了不到 3

年的时间后宣布分手。自此，赫德森一直单身。

1985 年，赫德森终于忍受不住心中的压抑与折磨，突然公开向外界宣布自己是同性恋者的消息，同时宣布的还有他已患艾滋病的消息，整个好莱坞圈内的人都十分震惊。但自 1985 年以来，赫德森的健康状况直线恶化，体重从 100 公斤下降到 70 公斤，两颊深陷、双目失神。这当然引起了人们进一步的怀疑：他是在什么时候、什么地方患上这种世纪绝症的呢？不少人想揭开这个谜底，但却始终未能如愿。

然而，又有人认为赫德森是死于自己绝望的心态。据赫德森的一位密友认为，他虽然患了艾滋病绝症，但不足以立即会死，他是被自己推进坟墓的。"确知罹患艾滋病之后，赫德森并没有收敛他的行为，反而变本加厉，不但酗酒，香烟也一根接一根的，更频频出入同性恋酒吧。他仿佛已知来日不多，所以加倍地疯狂挥霍自己的生命，一死或可解千愁吧！"其实，赫德森经全球抗艾滋病最权威的医疗机构巴斯特医学中心用最新的抗艾滋病剂，HPA-23 治疗，病情已得到了控制。若赫德森能与医生配合，再活上几年并非不可能。

或许，对于赫德森的死因，赫德森的姑母的话更有启发："是这个社会毁了他，花花世界的诱惑太多了。你无法知道一个健康活泼的孩子一旦走进这个花花世界后，会变成什么样子。"

## 加加林坠机之谜

苏联宇航员加加林是第一个进入太空飞行的人。他曾经成功地驾驶飞船翱翔太空，被人们予以了"英雄""战士"等各种美称。可就是这位太空英雄，却在一次驾机飞行中丧生，让世人惊讶不已。

1961 年 4 月 12 日莫斯科时间上午 9 时零 7 分，加加林乘坐东方 1 号宇宙飞船从拜克努尔发射场起航，在最大高度为 301 公里的轨道上绕地球一周，历时 1 小时 48 分钟，于上午 10 时 55 分安全返回，降落在萨拉托夫州斯梅洛夫卡村地区，完成了世界上首次载人宇宙飞行，实现了人类进入太空的愿望。在这次历史性的飞行之后，加加林荣获列宁勋章并被授予"苏联英雄"和"苏联宇航员"称号。

加加林荣登全球报纸的时候只有 27 岁。这位集体农庄工人的儿子爱家、幽默、有着明星般的外表，他一下子就赢得了一代俄罗斯人的仰慕。正当加加林对未来充满信心的时候，灾难发生了。1968 年 3 月 27 日，他和飞行教练员谢廖金在一次例行训练飞行中，因一架双座喷气式飞机坠毁而罹难。

加加林驾驶的米格-15 歼击教练机的性能被公认为是最优越的。当时苏联针对该机配置的所有飞行设施都完美无缺，而且就在飞机坠地前，一切状况也再正常不过。飞行员的训练是经过严格考察与督促的。飞机上的所有设施都没有出现故障，坠地前的飞机没有起火、没有爆炸，电路、氧气也都畅通无阻。加加林在飞机坠地前一分钟还和指挥中心保持着清醒理智的联系，身上没有任何中毒及催眠的征兆。那么，这起事故究竟是如何发生的？最让人疑惑的是为什么这两位技艺高超、经验丰富的飞行员在事故发生时居然没有从飞机上弹射出来。

事故发生后，苏联政府成立了事故调查委员会，大约有 200 名专家参与其中。经

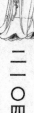

过认真分析研究后认为：1968 年 3 月 27 日飞机飞行准备工作完全是按照现有技术操作规程的要求进行的。调查委员会查明了飞机与地面相撞时的状态。当时，飞机在两层云带空域里飞行，看不见地平线。返航时，可能发生了某种突发事件，使飞机几乎是垂直俯冲下来，加加林和谢廖金想尽最大努力使飞机退出俯冲状态，但当时飞行高度只有 250—300 米，时间也只剩 2 秒钟了，飞机就这样坠毁了。

由于最后调查人员确认飞机在与地面碰撞前，所有系统都工作正常。因此，一时间，针对飞机坠毁的原因出现了多种不同版本的猜测：有人怀疑飞机在空中发生了爆炸；有人怀疑是机舱密封出了问题；也有人称可能是异物进入了发动机；甚至有人认为加加林和谢寥金是酒后驾机；有人怀疑飞机是与飞行区域内的气象气球碰撞后失事的；还有另外一些人则怀疑加加林是被害死的；甚至还有说加加林遭到了外星人的绑架；还有的说他在坠机后幸存了下来，并于 1990 年死于一家精神病院中。因为他们不愿意相信，一个能把宇宙飞船都玩转的人，竟会死在一架飞机上。

飞机坠毁后不久，苏联领导人勃列日涅夫禁止公布调查结果，并下令将长达 30 卷的调查报告束之高阁。政府规定，调查人员不得发表总结性结论，理由是它危及国家安全。随着苏联坦克开进捷克斯洛伐克，"布拉格之春"让整个事件渐渐被遗忘。

迄今为止，就连加加林的直系亲属也未被告知其死因。加加林的母亲安娜不得不怀疑：儿子是不是被勃列日涅夫政权谋杀的。

2005 年，苏联已退役的飞机工程师伊戈尔·库兹涅佐夫曾在 1968 年参与过苏联政府对加加林坠机死因的调查。他利用最新的计算机程序，设法解出飞机最后时刻的飞行轨迹和精确飞行路线，完成了加加林坠机事件的模拟。他相信自己找到了导致灾难的真正原因。

库兹涅佐夫称，他利用最新电脑程序确定了米格–15 失事时的飞行轨迹和飞行参数，最后得出结论：加加林飞机座舱的通风阀门并没有关好，导致机舱出现漏气。当加加林和谢寥金在高空中发现这一故障后，立即采取紧急措施，开始快速下降。

他们当时以每秒钟 145 米的高速下降，苏联航空专家那时认为这一速度是安全的，然而后来的研究证明，这一速度充满了危险，导致加加林和谢寥金昏厥，甚至没能通过紧急弹射座椅逃出生天，"无人驾驶"的飞机最后冲向地面。

作为第一个登上太空的人，加加林已经永远离开了我们。也许关于他坠机的原因还将继续讨论下去，但人类进军太空的脚步不会停止，因为加加林已经走出了最重要的一步。

## 哥伦布究竟是哪国人

哥伦布开辟了新航路，为世界的广泛交流做出了巨大的贡献。然而，一直以来，关于他的国籍却争议不断。那么，他到底是哪国人呢？

在西班牙著名城市巴塞罗那的海滨港口广场上，有一座高达 61 米的圆柱形纪念碑，底座四周雕有八只神态各异的狮子，环绕柱体中部雕有五个凌空飞舞的女神，碑顶端是一尊巨大的人物雕像。这位巨人眺目远望，挥手指向大西洋。他就是世界上最伟大的航海家哥伦布，新航路的开辟者。

哥伦布一生从事航海活动，他相信大地球形说，认为从欧洲西航可达东方的印度和中国。在西班牙国王支持下，1492 年 8 月 3 日，哥伦布乘着"圣·玛丽娅"号帆船，从巴罗斯港出发，航行七十天，到达巴哈马群岛的圣萨尔瓦多岛，发现了美洲，他也因此成为名垂青史的航海家。

哥伦布虽然不是西班牙人，但他当年是在西班牙国王斐迪南二世和女王伊萨贝拉的资助下开始冒险生涯的，哥伦布也为西班牙在世界航海史上写下了浓墨重彩的一笔，他是西班牙的骄傲。

哥伦布的成就是有目共睹的，可时至今日，他仍然是一个谜一般的人。我们不能够确切地知道他出生在什么地方，在什么时候出生，也不知道他在哪里去世，他究竟长得什么模样，他最初在什么地方登陆美洲……

大多数人认为，哥伦布是意大利热那亚人，生于 1451 年。他的祖父乔凡尼·哥伦布住在意大利旧热那亚城以东 5 英里处的昆特镇，是一个经营毛纺织业作坊的手工业者。他的父亲多米尼科·哥伦布，开了一个呢绒作坊和一个小客店，是织布行会会员。1445 年，多米尼科·哥伦布与一位纺织工女儿苏桑那·芳塔娜罗莎结婚，六年后，哥伦布诞生在这个家庭中。1476 年，哥伦布移居葡萄牙，参加了葡萄牙对热那亚的一场海战，后来他向葡萄牙国王建议探索一条向西航行可以直通东方的新航线，但未被采纳。1485 年，哥伦布移居西班牙，终于得到了西班牙王室的资助，前往东方寻找黄金，结果发现了美洲大陆。他晚年贫病交加，1506 年寂寞地死去。意大利为了纪念这位伟大的航海家，把热那亚哥伦布少年时代住过的房屋列为文物，加以保护。

有人却认为这些事实不能说明哥伦布是意大利人，很早就有人提出异议。哥伦布本人从未明确宣布自己是热那亚人，他没有用意大利文写下任何东西，他给弟弟和他人的信及日记都是用西班牙文写的，他喜欢用西班牙语来拼写自己的名字，也希望别人这样来拼。这些似乎证明哥伦布是一个曾经居住在热那亚的西班牙犹太人。

1978 年 4 月，委内瑞拉史学家马利亚提出了一个石破天惊的观点，引起了人们的关注。经过长期的考证以后他发现，史书上记载的这位克里斯托夫道·哥伦布根本没有去过美洲，他只不过是一位在地中海从事商业航行的航海家。而到过美洲是另一位叫作克里斯托瓦尔·哥伦布，是一位地道的西班牙人。由于两人名字的发音和拼写近似，导致了长期以来人们把这两个人当作了一个人。这位委内瑞拉史学家还说，第一个踏上美洲的西班牙人应该是阿隆索·桑切斯·德韦瓦尔。他大约在 1481 年登上美洲，返航时在克里斯托瓦尔·哥伦布家去世。去世前，他把全部航行资料交给克里斯托瓦尔·哥伦布。当时这个哥伦布家在桑托港。直到 10 年后，他才开始第一次远行，到达美洲。

西班牙一位研究哥伦布的权威学者阿尔夫索·恩塞纳特教授称：哥伦布不是出生在公认的 1451 年，而是 1446 年。虽然出生地是意大利的吉诺阿，但他在非常年幼时全家就搬到了西班牙的伊比利亚岛，因此他实际上是西班牙人。他讲西班牙语和葡萄牙语，但是不懂意大利语，后来也从未回过意大利。

总之，关于哥伦布出身的问题仍是众说纷纭，没有一致的结论。哥伦布到底从哪里来呢？或许只有他自己知道。

## "莎士比亚"的真面目到底如何

有人说莎士比亚的真实身份是一位女性，有人说他是伊丽莎白女王的笔名，有人说他是培根的替身，也许莎士比亚就是他本人。

威廉·莎士比亚是英国文艺复兴时期伟大的剧作家、诗人，欧洲文艺复兴时期人文主义文学的集大成者。威廉·莎士比亚的一系列文学作品深刻而生动地反映了16世纪到17世纪英国的时代现实，集中地代表了整个欧洲文艺复兴时期的文学成就。举世闻名的《哈姆雷特》《奥赛罗》《李尔王》和《麦克佩斯》更是奠定了莎士比亚在世界文学史上的"巨人"地位。

莎士比亚一生中创作了37部戏剧、154首十四行诗和两首长诗。除了两首长诗是他生前发表的以外，其余的全部作品都是他死后由别人搜集整理后陆续问世的。最令人生疑的是，莎士比亚作为欧洲文艺复兴时期最伟大的戏剧家，他的身世却有许多不为世人所知的地方，他本人未曾留下只字片言，有关介绍莎士比亚生平事迹的材料奇缺。当时，也没有一个人能够明确说明那些作品是演员莎士比亚创作的。于是，人们自然会提出：莎士比亚真有其人吗？

几百年来，不断有人对莎士比亚作品提出质疑，认为以莎士比亚的平民经历，不可能对宫廷和上流社会乃至其他国家的风土人情有如此全面的了解。另外，如果莎士比亚在世时已经出名，为什么去世时竟没人关注？以莎士比亚的名字发表的那些惊世之作，究竟是他本人写的，还是别人创作后用这一假托的笔名发表的？因此，不断有人被提名为"真正的莎士比亚"，其中包括剧作家弗朗西斯·培根和诗人克里斯托夫·马洛。"莎士比亚真伪之谜"是一个争论了几个世纪的未解之谜。

在文化史界，有人认为莎剧的真正作者是英国的伊丽莎白女王，"莎士比亚"只是伊丽莎白女王假借的名字。莎士比亚戏剧中的许多主角所处的环境与女王本人颇具相似之处。女王知识广博，语词丰富多样，说话机智善辩，所以反映在莎剧作品中的单词数量达21000多个，一般的人显然难以做到这一点。同时，在伊丽莎白女王去世的1603年以后，以"莎士比亚"为名发表的作品数量明显下降，在质量上也较前大为逊色，人们设想这些很可能是女王早期的不成熟之作，而在她死后由别人收集、整理后出版的。凑巧的是，莎士比亚第一本戏剧集的出版者潘勃鲁克伯爵夫人，恰恰又是伊丽莎白女王的挚友亲信和遗嘱执行者。这难道只是巧合吗？

专家们认为，通观莎士比亚作品的精彩语言与丰富剧情内容，只有伊丽莎白女王才具有那些杰作的作者所特有的广博的学识、凝练的语言和对于人们感情意志的高度洞察力。

而另一些学者则认为莎剧的真正作者应当是英国著名哲学家弗兰西斯·培根。这些学者将培根的笔记内容和莎士比亚初版作品比较分析，发现两者有难以想象的相似之处。莎剧上至天文地理，外及异邦他国，内涉皇朝宫闱，通达古今，精深博大，出身卑微并且从未踏进大学门坎的普通演员是不可能写作完成的。

莎士比亚所处时代正是英国伊丽莎白王朝政治、宗教的变化动荡时期，上流社会和达官显贵认为编剧演戏有伤风化，但是，在剑桥大学和牛津大学仍有一些学者暗地里写戏演戏。迫于社会压力和公众的舆论指责，剧本的撰稿者就虚构了一个"莎士比亚"的笔名。在当时，弗兰西斯·培根文才出众、阅历丰富、善于思考、勤奋攻读，理所当然是这些作品的执笔人。况且这些剧本情节生动感人，全景式描绘了当时英国封建制度解体和资本主义兴起时期各种社会力量的冲突，提倡个性解放，反对封建束缚和神权桎梏，人物栩栩如生，久演不衰。这种传世之作应当出于造诣精深的哲人培根之手更合乎情理。

莎士比亚作品的真正主人究竟是谁？是伊丽莎白女王，还是哲学家培根，或者有其他人选，众说不一。或许，这些作品就是莎士比亚自己写的，这些疑点只是后人的猜测。不管怎么样，莎士比亚作品的精彩是有目共睹的。

## 莫里哀的妻子是自己的女儿吗

有谁能够想到，曾经在戏剧舞台上驰骋一生，创作出众多喜剧角色并以自己精湛的技艺赢得观众阵阵掌声与笑声的喜剧大师莫里哀，在他死后，他妻子的身份却饱受争议，这究竟是怎么一回事呢？

莫里哀原名让·巴蒂斯特·波克兰，出生于巴黎富商之家，1644 年首次使用艺名莫里哀。他曾享受贵族教育，但不久就宣布放弃世袭权力，从事戏剧事业。他创立"光耀剧团"，惨淡经营，曾因负债而被指控入狱。后来，他不顾当时蔑视演戏的社会风气和家庭的反对，毅然离家出走，在外漂流了十多年。最后，莫里哀作为剧团的领导人重返巴黎，此后，他一直在巴黎进行创作演出。

1673 年 2 月 17 日，莫里哀在身体非常不适的情况下，带病坚持表演自编剧目《无病呻吟》。在演出完毕几个小时后，莫里哀与世长辞。莫里哀死后，人们对于他的讨论不仅仅是他一出出精彩的戏剧，其中更是许多关于他妻子身世的猜测，这又是为什么呢？

据史料记载，1662 年，莫里哀娶了年轻的弗朗索瓦兹·贝亚尔为妻，当时莫里哀约 40 岁，妻子比他小 20 岁。然而令人们迷惑的是，弗朗索瓦兹的身世非常模糊，人们始终不清楚弗朗索瓦兹到底是谁的女儿。因为莫里哀年轻时曾和贝亚尔家族的玛德莱娜·贝亚尔有过一段恋情，巴黎上流社会嫉恨莫里哀的人便诋毁他娶了自己的亲生女儿。事实的真相的确如此吗？

当时在法国上流社会，人们纷纷传言说莫里哀年轻时与玛德莱娜相爱，并生下了一个女儿弗朗索瓦兹，可是以后由于种种原因莫里哀和玛德莱娜并没有结成夫妻，于是莫里哀深感遗憾，在他内心深处产生一种情结，最后娶了自己的亲生女儿。但这一说法难以让人信服。另一部分人声称，莫里哀并不知道弗朗索瓦兹便是自己的亲生女儿，当弗朗索瓦兹在"光耀剧团"日益走红后，莫里哀仿佛在她身上看到了玛德莱娜的影子，对她产生了爱慕之情。在莫里哀强烈的追求之下，1662 年，弗朗索瓦兹与莫里哀结婚。

许多莫里哀的戏迷认为莫里哀的妻子是阿尔芒德，她是玛德莱娜·贝亚尔的妹妹，而并非其女儿。因为在 1662 年 2 月 20 日，莫里哀结婚时，在圣日耳曼·奥塞尔堂区发的结婚证书和户口簿上，莫里哀妻子所用的名字不是弗朗索瓦兹，而是阿尔芒德。而且阿尔芒德在极其重要的两个证件上填写的身份都是玛德莱娜·贝亚尔的妹妹。

但是更多的人认为莫里哀的妻子弗朗索瓦兹的确是玛德莱娜的女儿，但绝不是莫里哀自己的女儿。据说，弗朗索瓦兹是玛德莱娜20岁时与一个名叫莫德纳的伯爵的私生女，玛德莱娜将女儿托付别人抚养，自己则跟随巡回剧团演出，希望在莫德纳明媒正娶的妻子死后嫁给他。尽管伯爵夫人后来亡故，但莫德纳并没有迎娶玛德莱娜，因为伯爵不愿把贵族的姓氏让给一个女戏子。愤懑的玛德莱娜带着女儿来到里昂，参加了刚刚到达那里的"光耀剧团"。为了不暴露自己的真实年龄和隐私，她就隐瞒了弗朗索瓦兹的真实身份，并将女儿改名为阿尔芒德，而且，在弗朗索瓦兹的两个证件上填的身份也是玛德莱娜的妹妹。这种莫名其妙改名字的事情在当时的剧团里非常普遍。莫里哀第一次见到弗朗索瓦兹时，她才18岁，莫里哀被她年轻美丽的外貌所吸引并很快坠入情网，他全然没有考虑年龄的差距和性格的差异，更没有顾忌玛德莱娜长久以来对他的情谊，却准备娶她的"小妹妹"为妻。而正在走红的弗朗索瓦兹虽然比莫里哀小二十多岁，但她从实利出发，打算牺牲自身以换取更多的利益，他们于1662年2月20日举行了婚礼。

但是，也有人对这种观点表示了怀疑，因为在莫里哀的剧团里，像弗朗索瓦兹这样才貌出众的女演员大有人在，而莫里哀偏偏娶了曾经与他有过亲密关系的玛德莱娜的女儿，难道这仅仅是种巧合？是不是其中有一些别人不知道的秘密呢？当然，这些秘密只有当事人自己清楚。

也许连莫里哀本人也没有想到，在他死后，有关他妻子的身世被人争论不休，从而成为文化史上的一个难解之谜。人们希望能早日找到有价值的史料，解开这个长久的谜题。

## 牛顿黑匣子里的秘密

牛顿的名字一直是科学的代名词，然而令人大跌眼镜的是，他曾经疯狂地研究过长生不老药和废金属向黄金转化的方法。他还是我们引以为豪的那个牛顿吗？

牛顿是英国伟大的数学家、物理学家、天文学家和自然哲学家，同时他也是一个神学爱好者，晚年曾着力研究神学。1727年3月20日，伟大的艾萨克·牛顿逝世。同其他很多杰出的英国人一样，他被埋葬在了威斯敏斯特教堂。他的墓碑上镌刻着：人们为此欣喜：人类历史上曾出现如此辉煌的荣耀。从18世纪起，牛顿开始被认为是现代科学家时代首屈一指的最伟大的人，牛顿的名字一直是科学的代名词。

但是，牛顿的真实面貌其实并不完全像我们所想象的那样。一切都源于一个神秘的箱子——牛顿的"黑匣子"。这个大箱子里，保存着许多证据，这些证据能够告诉后人，曾经占据和完全吸引着牛顿那颗热情和智慧的心灵的东西到底是什么。他没有在离开剑桥的时候销毁它们，而是把它们保存在那个箱子里。黑匣子深深震惊着任何一双18或19世纪，甚至是我们现代人探索的眼睛，那里面保存着数以百万字的他未发表过的著作。这些是牛顿在整个一生中艰难地隐藏着的秘密。

在牛顿死后，有人试图了解这个尘封的秘密。毕肖普·霍斯利奉命检查过这个箱子，并希望出版箱子里的那浩如烟海的作品，可是他看了箱子中的内容后，惊慌失措地把箱子盖盖上了，并没有公布任何的秘密。100年后，戴维·布鲁斯特再次查看了那个箱子，但他通过小心地摘录和几个严肃的小谎言便把"黑匣子"里的真相完全掩盖了，人们仍然不知道黑匣子里面到底装的是什么。

然而，世界上没有永远的秘密，"黑匣子"里的秘密最后终于还是被解开了。人们被"黑匣子"里的东西惊得目瞪口呆，那些证据表明，牛顿当时潜心研究的不是人们一直猜测的科学探究，而是长生不老药和废金属向黄金转化的方法。秘密著作的另一大部分是他推想和求索的宇宙的秘密真相——所罗门神殿的力量，圣经启示录、丹尼尔之书和关于教会历史的数百页论述。盒子中那100万字以上的鸿篇巨制，对我们的现实和科学来说几乎是没有任何意义的。

原来，晚年的牛顿开始致力于对神学的研究，他否定哲学的指导作用，虔诚地相信上帝，埋头于写以神学为题材的著作。当他遇到难以解释的天体运动时，提出了"神的第一推动力"。他说"上帝统治万物，我们是他的仆人而敬畏他、崇拜他"。这时的牛顿，已经逐渐脱离了理性科学的轨道，走向了神学的领域。

1650年左右，那个年代的文献还表明了牛顿对炼金术的痴迷。以出版商库珀为中心的人在尔后的20年里复兴了对15世纪英格兰炼金术的兴趣。而且在剑桥图书馆中也有着相当数目的这样的手稿表明牛顿曾全身心地投入其中，试图解读传统留下来的疑团，并留下了至少10万字的实验记录和手稿。

在很早期的生活中，牛顿就在三一学院里抛弃了正统的信仰，他完全反对古代权威的解释，而认为"三位一体"的教义应该是后来伪造的。他的朋友们认为他必须从三一学院的生活中拔出脚来，否则它会很快让牛顿走向精神和健康的衰落。在朋友的劝说和自己的努力下，牛顿终于抛弃了他的那些魔法研究，开始了理性的科学研究。当他的生活转折点到来之后，他才把他的魔术之书放回盒子。

看过"黑匣子"中的证据后，所有人都会认为牛顿不是理性时代的第一人，而是一个魔法家中的最后一个。牛顿的性格是复杂的、多疑的、隐蔽的，并且还有着深深的神经过敏，所以他整个一生都疏远女性，终生未娶。

## 诗人拜伦为何离开英国？

虽然内心深爱着自己的祖国，可是拜伦还是离开了英国，长期漂泊在外，他为何如此挣扎地在外流浪呢？乔治·戈登·诺艾尔·拜伦是19世纪上半叶英国伟大的浪漫主义诗人。他的诗歌揭露批判了资本主义社会的种种弊端，有力地支持了法国大革命后席卷全欧的民族民主革命运动，因而产生了巨大的影响。

1788年1月22日，拜伦出生于伦敦的一个没落贵族家庭，在他10岁，继承了拜伦家族的世袭爵位及产业（纽斯泰德寺院是其府邸），成为拜伦第六世勋爵。拜伦相貌俊美，嗓音动听，却天生跛足，这一生理缺陷常常使他感到自卑和痛苦，因此好斗心强。然而，正是这种好斗心激发了他的勇气和斗争，才成就了文学史上的巨人——拜伦。此外，拜伦不仅是一位伟大的诗人，还是一个为理想战斗一生的勇士；他积极而勇敢地投身革命，参加了希腊民族解放运动，并成为领导人之一。

然而，这样一位英勇的斗士，却在1816年选择永远离开自己的故土——英国，流浪他乡异国。"英国哟！我爱你，尽管你有那么多缺陷。"拜伦远走他乡后，曾在意大利威尼斯含泪写下了这一感情真挚的诗句。从这句诗中可以看出拜伦深深地眷恋着自己祖国，可是他又为何要在1816年远离故国家园，并从此一去不复返呢？

有人认为，是英国上流社会的毁誉无常最终导致了拜伦的出走。1809年拜伦首次出国漫游，先后到过葡萄牙、西班牙、马耳他、阿尔巴尼亚、希腊、土耳其等地，于1811年底回国。这次历时二年多的旅行开阔了拜伦的视野，在旅途中，他开始写作《恰尔德·哈洛尔德游记》和其他诗篇，并在心中酝酿未来的东方故事诗。《恰尔德·哈洛尔德游记》的第一、二章在1812年2月问世，轰动了文坛，使拜伦一跃成为伦敦社交界的明星。可是两年后，伦敦城的显贵们却又对拜伦的言行颇多微词。

有人认为，拜伦是由于受到英国统治阶级的迫害而出走的。虽然《恰尔德·哈洛尔德游记》的问世使拜伦获得了极大的声誉，然而这并没有使他和英国的贵族资产阶级妥协。他自早年就知道这个社会及其统治阶级的顽固、虚伪、邪恶及偏见，他的诗一直是对这一切的抗议。拜伦与妻子离异后，英国统治阶级以此为契机，对他进行了最疯狂的报复，以图毁灭这个胆敢在政治上与它为敌的诗人。拜伦拒不退步，写出了像《普罗米修斯》那样的诗，表示向他的压迫者反抗到底的决心。"他们至多不过使我离开这个社会。对这个社会我一向不奉承，一向没满意过。"最后，诗人忍受着内心痛苦离开了祖国，想暂时得一喘息，再来给敌人一个更大的打击。

此外，家庭的变故也可能是拜伦出走的原因。从1811年到1816年，拜伦一直生活在不断的感情漩涡中。在他到处受欢迎的社交生活中，逢场作戏的爱情俯拾即是，一个年青的贵族诗人的风流韵事自然更为人津津乐道。为了寻求解脱，1815年1月拜伦与密尔班克小姐结婚。然而这是拜伦一生中所铸的最大的错误。拜伦夫人是一个见解狭隘又虚伪的女人，完全不能理解拜伦的事业和观点。婚后一年，她便带着初生一个多月的女儿回到自己家中，拒绝与拜伦同居，并放出谣言说拜伦和其同父异母姊奥古斯塔有乱伦行为，从而使流言纷起。人们纷纷谴责拜伦的残酷无德，一夜之间他便已身败名裂，这和《恰尔德·哈罗德游记》刚出版时的情形相比真是天壤之别，拜伦感到无法忍受。由于饱尝了世态的炎凉、人情的淡薄，拜伦终于决定离国他走，一去不返，到国外去追求放浪自在的私生活。

1824年4月19里，拜伦在希腊迈索隆古翁病逝，他的死使希腊人民深感悲痛，全国致哀二十一天。后来，他的遗骸被运回英国安葬，算是落叶归根。而关于拜伦远走他乡的原因的争论则依旧在继续。

## 波德莱尔是颓废派诗人吗

恶，何以成花？羸弱、无效、过失、性冷、阳痿、不育幻化而成的诗句，何以得踞文学高贵堂皇的殿堂？然而法国十九世纪最著名的现代派诗人、象征派诗歌先驱夏尔·皮埃尔·波德莱尔就是凭借自己的独特写作风格写出了世界诗歌史上的力作——《恶之花》。也由此引发了学界关于他是否是颓废派诗人的争论。

夏尔·皮埃尔·波德莱尔于1821年4月9日出生于巴黎，幼年丧父，母亲改嫁，继父欧皮克是个军人，对他实行典型的专制作风和高压手段，引发了波德莱特的强烈

不满和反抗。这段不愉快的成长经历不可避免地影响诗人的精神状态和创作情绪。于是，波德莱尔对资产阶级的传统观念和道德价值采取了挑战的态度。他力求挣脱本阶级思想意识的枷锁，探索着在抒情诗的梦幻世界中求得精神的平衡。在这个意义上，波德莱尔是资产阶级的浪子。

1848 年巴黎工人武装起义，反对复辟王朝，波德莱尔登上街垒，参加战斗。他尝试以诗来探测存在的本义与生命的真谛。他曾说："给我粪土，我变它为黄金。"波德莱尔的代表作《恶之花》和《巴黎的忧郁》充分展现了这样的魔力。在这两本诗集中，作者面对颓废时代交织着大伤痛、大恐惧、大欲望、大战栗的悲惨人生，描述了一个诗人深陷于孤独、忧郁、贫困、绝望、痛苦之中，却又渴望追求健康、光明、理想，但终究难以摆脱沉沦、颓废、失败的命运的精神轨迹。波德莱尔说："在每一个人身上，时刻都存在着两种要求，一个向着上帝，一个向着撒旦。祈求上帝或精神是一种上升的意愿，祈求撒旦或兽性是一种堕落的快乐。"上升的意愿和堕落的快乐交织成一条贯穿于波德莱尔全部诗作的主线，循着这条主线，我们可以看到诗人那种"生活在邪恶中，而热爱着善良"的艺术家凛然不可侵犯的决心和品格。

《恶之花》一问世，波德莱尔标新立异的写作风格就引起了世界文坛的轰动。一方面，人们对于波德莱尔标新立异的写作风格表示赞赏，以雨果为代表的一批著名作家却给予波德莱尔及其诗作以极高的评价。历史学家奥古斯坦·蒂埃里称波德莱尔为"现代的但丁"。雅库包维奇则说："这位法国诗人的一切忧郁怀疑态度，一切毒辣的厌恶人类的心理，恰恰都是出自他对光明的向往，出自对美与和谐的极度爱好。"雨果更为推崇地说："波德莱尔绘了一种不可思议的凄光于艺术的天国，创造出一种新的战栗。"兰波、魏尔伦、马拉美等一代年青的后来者，则尊奉波德莱尔为他们的先师。另一方面，法国政府对《恶之花》的问世极为惊恐，他们以诲淫诲盗和亵渎神灵的罪名，判处波德莱尔 300 法郎的罚金，并查封他的诗集。

自《恶之花》问世，关于波德莱尔是否是颓废派诗人的争论就没有停止过。在俄国，俄国大文豪托尔斯泰极力贬斥波德莱尔，他认为："波德莱尔和魏尔伦创造了那样一种新的形式，使用了截至目前还没有被人用过的色情细节——而上层阶级的批评家和观众竟把他们吹捧为大作家。"但俄国另一位大文豪高尔基对波德莱尔赞赏有加，他认为波德莱尔是"正直的""具有寻求真理和正义愿望的""自己心中有着永恒的理想，不愿意在偶像面前低头"的艺术家。

在中国，也同样存在关于波德莱尔是否是颓废派诗人的争论。1979 年版的《辞海》条目中称波德莱尔是一个"充满悲观厌世情绪，反映资产阶级颓废生活所引起的精神危机"的诗人。而法国华裔作家程抱一却认为波德莱尔是一个"态度严肃，眼光深远的艺术家"，著名学者柳鸣九也评价说："波德莱尔是个悲观主义者，他的悲观总是产生于希望破灭之时，而他却从来没有放弃过希望"，"他对自己的社会和阶级充满了反感和憎恶，并试图进行某种反抗，但是他的反抗是孤独的、消极的、病态的，因此，其结果只能是失败。"

事实上，关于波德莱尔是否是颓废派诗人的争论至今也没停止。但不可否认，波德莱尔以其独特的写作风格给世界文坛留下了宝贵的精神财富。

## "神奇的卡拉扬"是纳粹战犯吗？

卡拉扬的人生之所以传奇，一方面源于他在音乐指挥方面的过人天赋和杰出贡献，一方面源于人们关于他是否是纳粹战犯的争论。那他到底是不是纳粹战犯呢？

1989年7月16日，被誉为20世纪最杰出的指挥家卡拉扬病逝，终年81岁。他终究没能活到1991年，以便参加他的同乡——最伟大的古典音乐大师莫扎特逝世200周年的庆祝活动。卡拉扬逝世后，世界乐坛乃至整个文化生活领域都陷入了悲痛之中，并举办了相当隆重的纪念活动。

卡拉扬的传奇人生不仅是因为他神乎其神的音乐指挥，还因为他在二战时的纳粹党员身份。许多人认为，正是因为卡拉扬有着超乎寻常的音乐贡献，才使得他最终逃脱了被视为纳粹战犯的审判。

赫伯特·冯·卡拉扬于1908年出生在奥地利的萨尔茨堡。自童年时起卡拉扬就表现出了超乎常人的音乐天赋，他5岁时便公开演奏，俨然是一位钢琴家。他的父亲是医生兼业余音乐家，如同莫扎特父亲一样，渴望儿子早日成名，极力鼓励儿子从事音乐。然而，卡拉扬的音乐之路并非一帆风顺。

20岁时，卡拉扬在拿破仑曾涉足过的一个小城——乌尔姆开始了自己的指挥生涯。然而，5年后，他被解职，一无所有，正如他在自己的回忆录中写的"发现自己眼前没有任何合同，也没有地方过夜，饿着肚子，剩下的只有在乌尔姆市演出时的美好回忆"。但回忆不能填饱肚子，他走遍全国谋生，但连试用的机会也没有了。

于是，卡拉扬去了柏林，但当时柏林人才济济，像他这样来自一个小歌剧院的无名年轻指挥根本找不到合适工作。一个偶然的机会，卡拉扬认识了亚琛的剧院经理，被邀请去那里指挥一次排练。卡拉扬排练了《菲德里奥》，9月份演出结束后，卡拉扬就被任命为亚琛的音乐制导。后来卡拉扬在亚琛迅速崛起，成为德国小有名气的年轻指挥家。1935年初，27岁的卡拉扬取代亚琛的音乐总监拉贝，成为德国当时最年轻的音乐总监。

而拉贝在离开亚琛音乐总监职位后，被任命为第三帝国文化局音乐处处长，他的顶头上司就是兼任宣传部长的戈培尔。不久，戈培尔就宣布："文化，是第三帝国的宣传工具。"于是，作为亚琛音乐总监的卡拉扬成了纳粹的拉拢对象。

据卡拉扬讲，正是那时他受到了参加纳粹党的压力。"我原来不是党员"，他说："在亚琛歌剧院当音乐指导时，我在政治上也不那么引人注目。可是到了签订就任音乐总监的合同时，我的秘书来告诉我，亚琛纳粹党部的头儿已放下话来，说我的合同难以通过：被提名当音乐总监的人居然不是党员！"卡拉扬为了保住在亚琛的这份工作，不再重演失业的悲惨遭遇，他不得不向纳粹低头，加入了纳粹党。

也正因为卡拉扬这段纳粹党员的历史，第二次世界大战结束后，不少人要求将卡拉扬列入纳粹战犯受审。在二战结束后，著名的萨尔茨堡音乐节的组织官员们呼吁最伟大的指挥家之一托斯卡尼尼参加这一重大节日，但托斯卡尼尼的回答是："我不去，我决不与为希特勒服务过的孚尔特温格勒、卡拉扬之流混在一起！"可见那时把卡拉扬定为纳粹战犯的观点是有一定市场的。卡拉扬也确实因为有加入纳粹党的污点而成了首批被带到临时法庭而准备接受审判的犯人。

然而，也有许多人认为卡拉扬不是纳粹战犯，他只不过是政治牢笼中的一只囚鸟而已，并非出自自己的意愿加入纳粹党。当时在纳粹强权及狂热的沙文主义气氛下，如果对抗这一强权便如同以卵击石，卡拉扬在那里服务也是自然的选择。即便他有为取得各种职位的私心和机会主义式的所作所为，在当时特殊环境下也是可以理解的。

人们争执的关键点在于卡拉扬加入纳粹党的日期上，这决定了卡拉扬入党的主观倾向：到底是自愿加入纳粹还是被迫加入纳粹？卡拉扬自称他是 1934 年迫于纳粹压力入党的，而保罗·莫尔在 1957 年发表了一篇关于卡拉扬的文章《投机者》中写道："赫伯特·冯·卡拉扬加入纳粹党不是在亚琛而是在萨尔茨堡，也不是迫于压力于 1934 年加入的。其入党时间是 1933 年 4 月 8 日，是在希特勒上台仅仅两个月零八天之后。他的党员登记卡编号是 1-607525。"

最终，政府考虑到卡拉扬在音乐上的杰出贡献而对其纳粹历史不予追究。卡拉扬也得以在后来的人生中继续他辉煌的音乐指挥生涯。到 1988 年 4 月 5 日，当他在全世界文艺界的祝寿中度过 80 岁的生日时，他已被全世界舆论界赞誉为"20 世纪的奇迹""艺术界的巨头"，以及"指挥界的帝王"。

无论如何，卡拉扬是 20 世纪最杰出的指挥家之一。在二战期间，至少人们能从卡拉扬的音乐中听到一丝精神安慰，"音乐代表着他们唯一保留着的被撕成碎片的尊严"。在他辉煌的音乐贡献面前，至于卡拉扬是否是纳粹战犯这个问题，其实已经不是那么重要了。

## 阿基米德镜子破敌之谜

"给我一个支点，我能撬起整个地球"，这是阿基米德最为著名的一句话，鲜为人知的是，阿基米德曾经用镜子打败了罗马军队。然而，有人对此却提出了质疑。

阿基米德是古希腊著名的数学家、物理学家，他还是静力学和流体静力学的奠基人，是一位具有传奇色彩的人物。

公元前 287 年，阿基米德出生于西西里岛的叙拉古。他出身于贵族，与叙拉古的赫农王有亲戚关系，家庭十分富有。阿基米德的父亲是天文学家兼数学家，学识渊博，为人谦逊。他十一岁时，借助与王室的关系，被送到古希腊文化中心亚历山大里亚城，跟随欧几里得的学生埃拉托塞和卡农学习。他的贡献主要是在物理学方面，被人誉为"力学之父"，另外他在工程技术方面也颇有建树，是一个理论与实践相结合的天才科学家。公元前 240 年，阿基米德回叙拉古，当了赫农王的顾问，帮助国王解决生产实践、军事技术和日常生活中的各种科学技术问题。

据传，公元前 213 年，罗马的执政官马塞拉斯率领军队攻打叙拉古城。阿基米德在保卫叙拉古的战役中充分发挥了他的聪明才智，利用杠杆原理制造了一批在城头上使用的投石器。在罗马人入侵时，许多又大又重的石块以飞快的速度投向从陆上侵入的敌人，罗马人被打得魂飞魄散，只得争相逃命。

最令人称奇的是，当罗马人的战船退到机械手够不着的地方时，阿基米德率领叙拉古人民手持镜子，将阳光聚焦在罗马军队的木制战舰上，使它们焚烧起来。罗马的许多船只都被烧毁了，但是他们却找不到失火的原因，防不胜防的罗马军队被阿基米德的发明弄得焦头烂额。

阿基米德塑像

罗马人对叙拉古城久攻不下，在万般无奈的情况下，他们的舰队远远离开了叙拉古附近的海面，然后采取了围而不攻的办法，切断了城内和外界的联系。公元前212年，罗马人趁叙拉古城防务稍有松懈，大举进攻闯入了城市。马塞拉斯十分敬佩使他屡次败北的阿基米德，进城后的第一件事就是派人去请他。谁知这时的阿基米德还不知道城门已经被攻破，他正在沙滩上全神贯注地凝视着他的几何图形。前来请他的罗马士兵不小心用脚践踏了他所画的图形，阿基米德愤怒地与之争论，残暴无知的士兵举刀一挥，一位璀璨的科学巨星就此陨落了，享年75岁。

罗马统帅马塞拉斯对阿基米德的死十分痛心，他严惩了那个士兵，并为阿基米德修建了陵墓，在碑上刻着球内切于圆柱的图形，以资纪念，因阿基米德发现球的体积及表面积，都是外切圆柱体体积及表面积的2/3，他生前曾流露过要刻此图形在墓上的愿望。也许这位伟大的科学家在另一个世界仍在进行他的研究。

几个世纪以来，学者们对阿基米德利用太阳光摧毁罗马舰队的传说一直有所争议。不少学者怀疑这一传说的可靠性，他们认为当时的人不可能了解光学和镜子的知识。

特别值得一提的是英格兰的两位教授对这个传说进行了仔细地研究，再次否定了这个传说的可靠性：因为根据光学原理，太阳光在天空中大约有一个0.5度的旋角，所以它的射线不是真正平行的，会产生发散，不可能用一个平面镜子有效地集中太阳射线。教授们经过计算后还提出一个推论，如果上千人每人握住一个面积为一平方米的磨光镜，他们同时聚光到一点，仅仅能点燃50米开外的面积为0.5平方米的木头。

两位教授认为，用平面镜反射太阳光的效果是非常有限的，而且在那时的生产力条件下，镜子表面不可能达到完全的光滑，因而这个战术的杀伤力实在是很有限的。所以他们认为关于阿基米德的大多数传说都有可能是虚构的，是后人出于对这位先知的崇敬而编造出来的美好故事。当然也有一些学者认为，古代的某些文明已经到了相当发达的程度，这种可能性应该是存在的。

由于阿基米德研究的大量文字材料在城门被破后大都遗失了，因此人们无法理解他科学研究的真实情况。而他用镜子退敌之事的真假也就成了一个千古之谜。

## 塞万提斯葬于何处？

塞万提斯最著名的作品就是《堂吉诃德》，幻想骑士堂吉诃德的结局我们都知道，可是他的创造者塞万提斯死后究竟葬在何处呢？这始终是一个谜。

米盖尔·台·塞万提斯·萨阿维特拉是西班牙伟大的小说家、剧作家和诗人，也是西班牙作家中国际声望最高、影响最大的人物。评论家们称他的小说《堂吉诃德》是文学史上的第一部现代小说，同时也是世界文学的瑰宝之一。

三百多年来，《堂吉诃德》一直是世界各国评论家分析研究的对象，其作者塞万提斯也自然成为人们十分关注的"世界级"文化伟人。但令人遗憾的是，塞万提斯留下的传记材料极少，这使得人们对这位伟大作家的生平了解得很少。直到19世纪，经过学者们多方努力，查阅了许多国家档案，甚至到塞万提斯工作过的机关去寻找他当征粮员和收税员时的收支账目，以及他当俘虏时的记载和史料，从中才搜集到一些关于塞万提斯生平的资料。

塞万提斯出生于一个贫困之家，父亲是一个跑江湖的外科医生。因为生活艰难，塞万提斯和他的七个兄弟姊妹跟随父亲到处东奔西跑，直到1566年才定居马德里。然而塞万提斯的确切出生日现在便不得而知，后人推测可能是在9月29日（圣米盖尔日）。从阿耳卡拉的圣玛利大教堂的受洗登记册上，人们可以确切知道塞万提斯是10月9日受洗的。按当时习惯，出生和受洗不会相隔这么久，因此出生的推测并没有多大根据。塞万提斯究竟在什么地方度过他的童年和少年，究竟在哪里上学，现在同样是个未知数。1569年12月，塞万提斯到了文艺复兴的发源地——意大利，出国的原因现在亦无从查考；塞万提斯究竟是在塞维利亚的监狱里开始构思他的《堂吉诃德》，还是在阿加马西亚小镇的一间黑暗地窖里开始构思的，目前同样是个难解的谜。

塞万提斯一生经历坎坷，其生平历来争论颇多。23岁时他到了意大利，当了红衣主教胡利奥的家臣。一年后不肯安于现状的性格又驱使他参加了西班牙驻意大利的军队，参加了著名的勒班多大海战。这次战斗中，带病坚守岗位的塞万提斯在激烈的战斗中负了三处伤，以至被截去了左手，此后即有"勒班多的独臂人"之称。以一个英雄的身份回国的塞万提斯，并没有得到飞利浦国王的重视，终日为生活奔忙。他一面著书一面在政府里当小职员，曾干过军需官、税吏，接触过农村生活，也曾被派到美洲公干。1592年到1605年，塞万提斯曾数次入狱，原因是不能缴上该收的税款，也有的却是遭受无妄之灾，就连他那不朽的《堂吉诃德》也有一部分是在监狱里构思和写作的。

1605年《堂吉诃德》第一部出版，立即风行全国，一年之内竟再版了六次。这部小说虽然未能使塞万提斯摆脱贫困，却为他赢得了不朽的荣誉。尽管《堂吉诃德》使塞万提斯获得了巨大成功，但是坎坷的经历与数度入狱以及狱内生活却使塞万提斯的身体受到极大摧残。1616年4月23日，塞万提斯因水肿病在其马德里的寓所中逝世，终年69岁。塞万提斯死后被埋葬在什么地方，至今仍是个谜。

有人说，这位大作家于1616年4月23日死于马德里，第二天就被人埋葬在"三德派"的一个教堂的坟园，此坟园在甘太伦那司街。另有人认为，塞万提斯死后被人们草草安葬，教会对塞万提斯恨之入骨，连一块墓碑也不许为他树立，因此人们至今找不到他的墓冢。西班牙人民为了纪念这位伟大的作家，于1835年在马德里为塞万提斯竖立了一块纪念碑。

还有人认为，塞万提斯一直生活于贫困之中，在他逝世前不久才得到其保护人托雷多大主教赠送的一笔款项。他死后被葬在一个修道院的墓地里，除了他妻子外无一人参加他的葬礼，其墓地里无一块碑石。1635 年，修道院迁移到另一条街道上，原来墓地里的尸骨都被掘出进行火葬，所有的骨灰便掩埋在一起，但掩埋于何处则不得而知。

塞万提斯的一生充满了各种遭遇，他死后究竟被葬于何处，至今仍是一个未解开的谜。

### 牛顿晚年为何精神失常？

世界著名的近代科学的力学奠基人、英国科学家牛顿在 50 至 51 岁时，曾一度突患精神失常疾病，直到两年后才逐渐恢复正常。为什么牛顿会突然患精神失常疾病呢？发病的原因究竟是什么？

牛顿是英国近代著名物理学家、天文学家、近代力学奠基人。爱因斯坦说："在人类的历史上，能够结合物理实验、数学理论、机械发明成为科学艺术的人，只有一位——那就是牛顿。"牛顿种种杰出成就，为他赢得今日"历史上最杰出的科学家"与"近代物理学之父"的尊称。

一提起牛顿，人们很自然地会想起苹果落地的故事：1665 年，牛顿在家乡林肯郡的一个乡村疗养。有一天，他坐在一棵苹果树下读书，突然一只熟透了的苹果从树上掉了下来，引起了牛顿新的思考：苹果为什么会垂直落到地上了？这个问题最终促成了一个伟大的原理——万有引力定律的产生。

可以说牛顿的一生是充满智慧和创造的一生，而就是这样一位充满智慧的伟人，在 1692 年前后几年内，曾一度突患精神失常疾病。1692 年，50 岁的牛顿开始表现出心理疾病的严重症状。他非常抑郁，还有误认为被迫害的复杂感觉。他在那时写的信件明显地表示出他的精神错乱状态。他的这种状态持续两年后才逐渐恢复正常。为什么牛顿会突然患精神失常疾病呢？发病的原因究竟是什么？这个问题在以后的 200 多年里，引起了无数科学家的研究兴趣。对于牛顿那一年突然精神失常的病因，科学家们一直都试图能够找出最合理的病理解释。

有人根据牛顿那几年的经历，认为他的精神失常是由于劳累和打击所导致的。在1692 年前的几年发生了几次重要的事件，给牛顿带来了沉重的打击。1689 年，牛顿的母亲去世了。在处理完丧事后，他带着悲伤的心情回到了剑桥，并在此后相当长的一段时期内一直精神不振。然而，祸不单行，在回到剑桥大学不久的一个早晨，牛顿不小心把自己的《光学》《化学》以及其他一些论文稿烧毁了。《光学》是他一生中仅次于《自然哲学的数学原理》的最重要的一部著作，《化学》也是他花费近二十年时间辛勤研究的结晶，堪称一部科学巨著。对此，牛顿懊悔不已，几乎一个月昼夜不宁。此外，当时牛顿面临论敌的攻击，使他承受着极大的压力。当时宗教分子和科学分子攻击他有一流的神学，却有三流的科学；政治分子攻击他的科学、神学、人际关系都属于三流；有人看他孝顺母亲又终身未婚，就中伤他心理不健全；有人看他对学生好，就说他有同性恋。这种种无情的攻击搞得牛顿几乎发疯。

有人认为牛顿的精神失常是由劳累、用脑过度引起的。牛顿是一个勤奋的人，他的努力到了废寝忘食的程度，因此在 1687 年他 45 岁的时候就发表了《自然哲学的数学原理》，这是他一生最为重要的著作，该书以牛顿三大运动定律和万有引力为基础，建立了完美的力学理论体系。为做好这项工作，牛顿夜以继日地在实验室专心研究。他很少在夜间两三点钟前睡觉，有时一直要工作到清晨五六点钟。《原理》问世后，他又立即转入了光学的研究。由于连续不断地极度紧张工作，用脑过度，而使得他未老先衰，不到 30 岁，他的须眉毛发就全部白了。因此，有些学者推测，长期的用脑过度，极端紧张的工作，造成了牛顿植物性神经功能紊乱，最终使他患上了精神失常的疾病。

有两位专门研究牛顿生平的学者，对牛顿遗留下来的四缕头发进行现代中子活化、中子衍射等先进手段来综合分析后，发现牛顿头发中所含的有毒微量元素的浓度是正常人的好几倍，尤其是汞的含量更是高得可怕。许多学者由此断定：由于牛顿长期进行物理—化学实验，经常暴露在一些有毒金属的蒸汽中，尤其是长期接触汞而终致汞中毒，所以他的精神失常正是由于汞等金属中毒引起的。但这种说法也遭到很多人的置疑，因为牛顿一生中，只有在 50 到 51 岁期间精神失常过，其余都处于正常状态，而且现在也无法断定这四缕头发就是他患病期间的。而且，人头发的微量元素受外界影响很大，这四缕头发历经 250 多年，很难保证没有受到外界因素的干扰。现在医学上判定汞中毒的临床表现，如手指颤抖、牙齿脱落、四肢无力等症状，牛顿都不曾有过，所以汞中毒的说法很难令人信服。

时至今日，对于牛顿晚年精神失常的原因，专家们仍各持己见，争论不休。牛顿究竟为什么会一度突患精神失常病，仍然是一个留待后人去探寻的谜。

## 索尔·胡安娜为何进修道院？

她，才学出众，年轻貌美，却在 16 岁的花季依然选择放弃优渥的宫廷生活，进入修道院开始清苦的修女生活。到底是什么让年轻的她做出了如此的决定？

17 世纪下半叶，美洲殖民地文坛上出现了一位重要作家——索尔·胡安娜·伊内斯·德拉克鲁斯。她文才出众，天生丽质，热爱生活，反对天主教会的禁欲主义，但是这位"第十个缪斯"，在 16 岁时就离弃了洒满阳光和鲜花的生活道路，而进入阴暗和孤寂的修道院。她为什么选择当修女的生活道路？长期以来，这是一个缠绕人们心头的疑问。

1651 年，索尔·胡安娜出生于墨西哥城附近的乡村，童年在外祖父的庄园里度过。她从小就有着如饥似渴的求知欲，3 岁时就读书识字，8 岁就写诗，攻读了语法、神学、修辞学、物理、音乐、算术、历史、星占学，而且很快地学会了写诗，表现出非凡的天才，成为当时闻名的有学识的、美丽的贵族小姐。

1665 年，14 岁索尔·胡安娜凭借自己崇高的声誉和出众的才华，被当时的西班牙总督曼塞拉侯爵召进宫廷，做总督夫人的侍从女官，并被封为侯爵夫人。有一次，总督为了试验她渊博知识，邀请 40 多名学者来对她进行考问，她对答如流，战绩斐然，被传颂为奇女。但在两年后，16 岁的索尔·胡安娜毅然地放弃了优裕的宫廷生活，而去修道院过清苦的修女生活。对于她离开宫廷进入修道院的原因，有人猜测是因为宫廷生活不能让她专心地钻研学问，有人猜测是因为她看不惯宫廷的奢侈、虚伪的浮华，认为这一切与她这样一位文采熠熠的少女格格不入。然而，对于索尔·胡安娜进入修道院修行的原因一直没有得到确认。

进入修道院后，索尔·胡安娜除了完成分内的宗教职责外，大部分的时间都用来进行文学创作和科学研究。除了诗歌外，她还写了一些散文和戏剧。她的作品表明，她是位杰出的人文主义作家，她极力冲破天主教会蒙昧主义的束缚，热情地追求知识，不知疲倦地进行创作活动。1691年，她撰写了题为《答索尔·菲洛特亚·德·拉·克鲁斯修女》的半自传式文章，回击了教会对她从事文学创作的非难，表达了她争妇女解放，要求男女平等的先进思想。这篇文章被智利文学家奥塞科认为是"一篇具有非常宝贵的传记价值的作品，她在其中为她毕生追求学问做了解释，是美洲出现的最有人情味和最高尚的文学文献之一。"从这篇文章中，我们可以看到，索尔·胡安娜所经历的艰辛和不平坦的道路，以及她所具有的坚毅性格和顽强刻苦的学习精神。显然，这一切是同教会专制主义不兼容的。

在16和17世纪西班牙"黄金时代"精神的影响下，索尔·胡安娜以文学作品为武器，反对教会的禁欲主义，宣传自由恋爱和个性解放。她的喜剧作品便是这种进步思想的表达，在剧中她采用很多幽默、误会等喜剧情节，讽刺中世纪教会的禁欲主义。由此看来，她的文学作品表达了人文主义思想，而对抗以神为宇宙中心的教会世界观。同时，在那个妇女地位十分低下的年代，索尔·胡安娜积极学习科学知识，她曾自豪地指出："我们妇女除了烹饪哲学还能知道什么？但是，如果亚里士多德懂得烹饪，他会写出更多的东西"。实际上，她的这种叛逆精神是同教会所捍卫的封建思想相对立的，然而其先进思想正是在修道院里表达出来的。这也就是让人费解的地方。

然而，由于索尔·胡安娜的修女身份，这就注定了她一生没有导师的指点，也不能参加自由的交谈和讨论，只因她是女子；在漫长的学习和创作生涯中"只有无声的书和麻木的墨水瓶"做伴。她作为有成就的神学家和修女，却不能像其他神父那样宣讲教义，主持礼拜仪式，只因她是女子。其杰出的科学和文学成就却使她遭到忌恨和抨击，因此，她悲愤地指出："学习钻研就是把剑交给激怒的对手。"她作为修女，并不向传统习惯势力屈服，而是在逆境中顽强地抗争。

然而，无论历史学家对于索尔·胡安娜进入修道院的原因给予何种定论，都无法磨灭她作为妇女解放先驱的历史地位，以及她留给世界文坛的宝贵精神财富。

## 莫扎特与黑衣人之谜

谁能想到，一代音乐家莫扎特的死亡竟然与一个神秘的黑衣人有关，也许莫扎特受了黑衣人的惊吓才导致病重身亡的，其中的缘由谁又能说得清呢？

奥地利作曲家莫扎特，不仅是古典主义音乐的杰出大师，更是人类历史上极为罕见的音乐天才，有"音乐神童"的美誉。他短暂的一生为世人留下了极其宝贵和丰富的音乐遗产。

1756年1月27日，莫扎特出生于奥地利的萨尔斯堡一个宫廷乐师之家。他的父亲列奥波尔德·莫扎特是一位颇受人们尊敬的小提琴家、作曲家，小莫扎特非凡的音乐天赋很早就已引起他的欣喜与关注。在父亲的教导下，莫扎特的音乐才华显露无遗。1762年，6岁的莫扎特在父亲的带领下到慕尼黑、维也纳、普雷斯堡做了一次试验性的巡回演出，获得成功。

1772年，16岁的莫扎特终于结束了长达10年之久的漫游生活，回到自己的家乡萨尔斯堡，在大主教的宫廷乐队里担任首席乐师。

尽管莫扎特乃旷世奇才，尽管他享有极大的荣誉，可在大主教眼中，他不过是一个普通的奴仆。莫扎特不得不每天在前厅穿堂里，恭候主人的吩咐，随时都有可能遭到大主教的斥责辱骂，甚至严厉的惩罚。为摆脱大主教的侮辱与控制，莫扎特于1777年再次外出旅行演出，期望能找到一个落脚之处，永远离开萨尔斯堡。

1781年6月，莫扎特终于在忍无可忍当中与大主教公开决裂，毅然辞职离去，成为欧洲历史上第一位公开摆脱宫廷束缚的音乐家。在当时的社会条件下，这种举动无疑极其大胆而英勇。因为，这意味着艰辛、饥饿甚至死亡。冲出牢笼的莫扎特定居在"音乐之都"的维也纳，开始了一个自由艺术家的生涯。当时他年仅25岁，可离生命的终点却只有10年了。

莫扎特晚年的生活每况愈下，身体也越来越糟，他不得不经常向朋友们求援。当1791年9月30日他最后一部杰出的歌剧《魔笛》首场公演时，他已痼疾缠身。

有一天，一位神情冰冷、身着黑衣的陌生人前来拜访，他请大师为他写一首《安魂曲》。陌生人走后，身心交瘁的莫扎特含着眼泪对妻子说，这部作品将为他自己而写。"他带着一种狂热的拼死劲儿开始写最后一部作品——《安魂曲》……莫扎特处于过度劳累的状态中，他摆脱不了这部'为死亡而作的弥撒曲'是为他自己而作的这样一种念头，他认为自己不能活着完成它了，他鞭策自己来写这部充满死亡景象的杰作，开始了与时间进行的悲剧性竞赛。"一个永远的遗憾是，这场竞赛的胜利者是死神，《安魂曲》写到一半时，莫扎特再也握不住手中的笔……这部传世之作的最终完成者，是他的得意门生修斯梅尔。

这个神情冰冷、身着黑衣的陌生人到底是一个什么样的神秘人物，人们历来存在着争议。

在获得奥斯卡奖的美国影片《莫扎特》中有这样一组镜头：在天空阴沉、大雪纷飞的维也纳，一个高大的黑衣人走街串巷，直到莫扎特寓所。砰砰的敲门声令莫扎特非常害怕，而开门后黑衣人毫无表情的面孔更使莫扎特惊恐万分。以后莫扎特每次听到砰砰敲打铁门的声音，便不寒而栗。这导致莫扎特健康状况不断恶化，加速了他的死亡。

关于这个黑衣人的来历，有人说是共济会派去的黑衣使者，因为莫扎特曾是这一组织的成员。莫扎特在其歌剧《魔笛》中将该组织的某些秘密泄露，因此惹恼了这个秘密民间组织的领导者们，于是他们就用这个办法加害莫扎特。还有人认为此人是一个与名人贵族和大型组织没有任何关系的人，他只是一位平庸的作曲家，由于对莫扎特的情况十分熟悉，因而抓住他健康状况恶化、濒临死亡的时机，想以重金购买其作品为自己所有。

据史学家研究，当时一位自诩为作曲家的维也纳贵族老爷常常在家里举办音乐会。

为了纪念亡妻，他想让莫扎特写一部追悼其妻的安魂曲，并企图据为己有。于是他便密谋遣使，其匿名的订单和黑衣使者令莫扎特不寒而栗。这位惯以重金收买作曲家的作品从而据为己有的老爷名叫斯图尔巴赫伯爵，黑衣使者可能是他派去的人。黑衣人的神秘让人惊恐不安，从而也在莫扎特这位音乐奇才头上罩上了一层神秘的光环。其实，莫扎特本人在死前一年就由于恶化的健康状况和拮据的生活预感到自己将不久于人世。就在这一年里，他写了1首安魂曲，5首弥撒曲，这可视为他有某种预感的证据。

但是，大量考证又表明，莫扎特在其临终时并未感觉到自己会立刻死去，所以有人认为是黑衣人的出现才导致莫扎特的死亡的。那么，这位神秘的"黑衣使者"到底是谁，至今仍然没有定论。

## "歌曲之王"舒伯特为何终生未婚？

弗朗兹·舒伯特是19世纪著名大作曲家中唯——一位地道的维也纳人，这位著名的作曲家创作了无数的名曲，却终身没有结婚。

弗朗兹·舒伯特是奥地利作曲家，他是早期浪漫主义音乐的代表人物，也被认为是古典主义音乐的最后一位巨匠。舒伯特在短短31年的生命中，创作了600多首歌曲、18部歌剧、歌唱剧和配剧音乐，10部交响曲，19首弦乐四重奏，22首钢琴奏鸣曲，4首小提琴奏鸣曲以及许多其他作品，被称为"歌曲之王"。

1797年，舒伯特生于维也纳近郊，他是19世纪著名大作曲家中唯一一位地道的维也纳人。其祖父是工匠，到了他父亲时，便有了小学校长的职位。舒伯特是十几个兄弟姐妹中侥幸活下来的四人之一，由于音乐天赋极高，4岁时跟父亲和哥哥分别学习小提琴和钢琴，水平很快超过其父兄。由于他过分热衷于音乐，而从事这一职业的人又是没有地位和金钱的，所以后来其父一度终止了父子关系。这位羞怯而又富于幻想的男孩的音乐天赋令同代人叹为观止，有人说他似乎是"直接从上帝那里学习的"。在他短短的31年里，创作了约有1500首的作品，遍及所有的音乐题材和形式，其艺术价值无后人可比。

1816年，舒伯特辞去教师的职务，专心从事作曲。由于没有固定收入，生活比较贫困。尽管这样，他还是满怀热情地创作了大量的歌颂民族解放斗争的优秀作品。长期的困苦生活，使舒伯特身心受到极大的摧残，1828年11月19日，年仅三十一岁的舒伯特在维也纳溘然长逝，他被安葬在他生前一直相当崇拜却只见过几次面的贝多芬墓旁。舒伯特的一生都献给了音乐，但是这位歌曲之王却终身未婚，他从未接触过女性便迅速走完了他31个春秋的人生历程。这究竟是什么原因呢？

本来，舒伯特具有诗人的性格，他的作品充满了浪漫主义的气息，因而他对爱情也应该更为敏感才是，然而在他短暂的一生中，真正燃烧过的爱情火焰也只有一次。他曾把《少年时期的梦》献给泰蕾莎·格罗普，可是她却轻松地甩掉了舒伯特，嫁给了一位面包师，以确保她的生活。另外一个歌手也与舒伯特有过交往，她也嫁给了一位身份较高的人。舒伯特究竟为何如此难以赢得姑娘芳心呢？

有人把舒伯特终身未婚归结于其相貌，他个子矮小、大肚子、皮肤黝黑、厚厚的嘴唇、脑门很大，维也纳人称他为"蘑菇"。这样的长相加上他羞怯内向的气质，自然不受女性欢迎。

有人以舒伯特的经济状况及他的性格作为他不恋爱结婚的原因。他一生穷困潦倒，从未过上几天富裕日子。他的一生比莫扎特悲惨得多。在他生活的那个时代，专门作曲的人很难糊口。他不是一位演奏家，无法获得正式而长久的工作，只靠朋友们接济度日，这种朝不保夕的生活一直维持到最后。也许他明白自己可怜的经济地位，所以从未认真考虑过要结婚。

另外，舒伯特独身可能是受到贝多芬的影响。舒伯特把一生未婚的贝多芬视为自己心中的偶像，贝多芬在他心中像神一样神圣。当他第一次带着诚惶诚恐的心情去谒见贝多芬时，却未遇见；直至在贝多芬死前一星期才见过一面。他死后唯一的要求便是想与贝多芬葬在一起，这个愿望最终在 1888 年才得以实现。贝多芬终生未婚，他在舒伯特那崇高的心灵中，有着一种神秘主义色彩。舒伯特在 25 岁时染上了性病，他预感到自己生命的衰竭，也许在他心目中只想到他的同代偶像，而把自己对女性毫无兴趣的生活视为正常而满足，至少他不愿想到结婚。因为在他短暂的一生中，贝多芬的影响确确实实占据了重要的一席。

舒伯特一生命运坎坷，并未真正恋爱过，也从未接触过女性，却在 1822 年末染上性病（可能是梅毒），这的确让人莫名其妙，也给他为何终生未婚蒙上了一层神秘色彩，以致现在还成为人们萦绕于脑海中的一个谜。

## 贝多芬耳聋和死亡之谜

贝多芬的那句"我要卡住命运的咽喉"的名言不知激励了多少在逆境中挣扎的人，然而就是这样一个坚强的人，却没有战胜耳聋和死亡，英年早逝，令人扼腕叹息。

路德维希·凡·贝多芬是德国伟大的作曲家、维也纳古典乐派代表人物之一，他对世界音乐的发展有着举足轻重的作用，被世人尊称为"乐圣"。

贝多芬虽然在音乐上取得了巨大的成就，但他的生活道路非常坎坷。1796 年，年仅 26 岁的贝多芬便开始感到听觉日渐衰弱，但直到 1801 年，当他确信自己的耳疾无法医治时，才把这件事情告诉给他的朋友。但是，贝多芬以坚强的意志克服了重重困难，创作了举世闻名的第三"英雄"交响曲。"英雄"交响曲标志着贝多芬的精神的转机，同时也标志着他创作的"英雄年代"的开始。

1827 年 3 月 26 日下午 5 时 30 分，一代音乐大师贝多芬最终被病魔交响曲所淹没，在维也纳"黑西班牙人"公寓与世长辞。人类有史以来最伟大的音乐家去世了，他那饱受折磨的一生终于能划上休止符了。

贝多芬一生与病痛为伴，特别是在他 32 岁时，耳聋加剧，这对当时正步入创作成熟期的贝多芬来说，打击特别沉重。他的性格开始变得更加暴躁、孤僻，并因绝望而企图自杀。那么，导致贝多芬耳聋的病因是什么呢？

在 1797 年夏天，贝多芬曾经患了严重的下痢，时好时坏，前后拖了 6 年之久。现在推测起来，贝多芬可能是得了肠伤寒。伤寒是属于热病的一种，严峻时刻导致重听的症状。在许多贝多芬的传记中，都描写其脸上有许多凹凸不平的小疤痕，或许他在孩童时代曾得过天花，这些都有可能造成耳聋。有人指出，贝多芬在听力衰退的 22 年里，曾使用了各种工具来帮助听力，有时还使用一支木质鼓槌，一端咬在上下牙缝之间，另一端则附在钢琴上，这样声音的振动可沿着鼓槌而到牙齿再经头骨传入耳内，可见贝多芬耳部负责传导声音功能的一些器官也有病变。

为确定贝多芬的耳聋病因，求得病理学上的印证，人们曾于1863年和1888年两度开棺检验贝多芬的头颅骨，一共获得9块头骨片，但偏偏找不到他的颞骨，这就无法使人研讨出音乐家耳聋的真正病因了。贝多芬的颞骨到哪里去了呢？这又成了一个未解之谜。

有医生在认真研究了贝多芬私人信件、尸体解剖报告后认为，贝多芬的胸腔感染、胃病、严重背痛和关节痛最后导致了他的耳聋，而这种耳聋的最严重病症可能是由肺结核引起的。当贝多芬16岁时，结核病夺去了他母亲的生命。贝多芬20多岁时开始逐渐失去听力，后来的20多年里他完全丧失了听力，忍受着腹泻、水肿、下痢和痛风等病痛。

关于贝多芬死亡的原因，人们普遍认为是由严重酗酒而引起肝病所致，他是在55岁的时候发现得了置他于死地的严重肝病。然而有人认为折磨了贝多芬20多年的许多病痛是由一种少见的风湿病引起的，这种风湿病慢慢侵袭身体，使身体的各个器官发炎，逐渐病变。贝多芬的病痛如此之剧烈以至于他禁不住要自杀。最后，贝多芬被这种风湿病折磨致死。也有人认为贝多芬是死于肺积水，这种病在当时是无法治愈的。

后来，有的研究专家还试图从贝多芬的家庭关系上来揭开作曲家的死亡之谜。有人认为，贝多芬过早地离开人世，在很大程度上是由于忘恩负义的侄儿造成的。长期的烦扰，大大损害了他的健康，给他的精神带来了莫大的痛苦。他的侄子卡尔对他的态度非常恶劣，只要贝多芬对他严加管教，言语过重，他就会用自杀来威胁。尽管这样，贝多芬对他慈父般的爱还是有增无减，并且一再迁就他。1826年12月1日，卡尔不听贝多芬之劝，硬要去军队服役，贝多芬只好陪他上路。那天贝多芬衣着单薄，在旅途上得了严重风寒，从此一病不起。1827年3月23日，贝多芬立下了仅一句话的遗嘱："无条件地将自己的一切留给我的侄子。"三天以后他就去世了。因此有学者认为贝多芬实际上是被侄儿气死或逼死的。

当然，对喜爱贝多芬的人来说，探究他耳聋和死亡的原因只是为了更全面地了解这个音乐巨人，人们敬佩他的地方在于，他在病痛的折磨和与声音隔绝的状态下，仍创作出了一曲曲世界名曲的精神。他那句"我要卡住命运的咽喉"的名言不知激励了多少在逆境中挣扎的人，贝多芬的精神是永垂不朽的。

## 安徒生身世之谜

安徒生的童话伴随着一代又一代的孩子度过了美好的童年，可是这位伟大的作家的身世至今还是个谜，据说他是国王的私生子，这是真的吗？

安徒生是一位举世无双的童话作家，他最著名的童话故事有《小锡兵》《冰雪女王》《拇指姑娘》《卖火柴的小女孩》《丑小鸭》和《红鞋》等。安徒生生前曾得到皇家的致敬，并被高度赞扬为给全欧洲的一代孩子带来了欢乐。他的童话故事伴随着一代又一代的孩子度过了美丽而快乐的童年。

1805年4月2日，安徒生出生在丹麦富恩岛上欧登塞城中一间低矮破旧的平房里。

他的父亲是一位迫于生计而整日忙碌的鞋匠，他的母亲是一位迷信的洗衣妇。由于童年贫穷的生活。安徒生梦想成为一位演员，后因为嗓子湿润而理想破灭。献身表演艺术的愿望受到挫折后，安徒生强忍着巨大的悲痛开始了向文学高峰的跋涉。他写过戏剧、小说、诗歌、游记和几本自传。1835 年他出版了第一本童话集，他在为深深理解穷苦孩子的生活而创造的美好、幸福和快乐的童话世界中找到了归宿。以后每年圣诞节他都出版一本童话，作为送给孩子们的礼物。这些礼物中有列入了世界不朽名著的《丑小鸭》《卖火柴的小女孩》《皇帝的新装》《夜莺》等。他整整写了近 40 年，共发表了 160 多篇作品。安徒生成了丹麦人民心目中永久的骄傲。

似乎全世界的人们都知道，安徒生是一个贫穷的鞋匠与洗衣女工生的儿子，他通过自己的不懈努力将自己从一个来自贫民窟的门外汉变成了一位伟大的文学家。但是，有很多人却不这么认为，而且言之凿凿。关于安徒生的神秘的身世故事也在丹麦流传了一个世纪。据说，安徒生就是伯爵夫人爱丽丝·劳尔维格和后来的丹麦国王克里斯蒂安·弗雷德里克王储的私生子。

1990 年，数百位丹麦人在安徒生的故乡欧登塞大学举行听证会，探讨这位童话大师的身世。一位名叫延斯·约根森的历史学家写了《安徒生———一个真正的童话》一书，声称安徒生出身王族，是丹麦国王克里斯蒂安八世和劳尔维格伯爵夫人的私生子。孩子出生后，王室把他"隐藏"在欧登塞的一位鞋匠，也就是安徒生父亲的家中。该书推论的根据之一是安徒生尽管出身低微，后来却打入了王族的圈子，出入于皇家剧院，还曾在皇家的宫殿阿马林堡宫住过一段时间。约根森认为，一个鞋匠的儿子当时能够不进贫民院是难以想象的，只有受到王室的秘密资助才有可能。丹麦作家皮特·赫固也支持约根森的结论，他还提出了另一份数据加以旁证，一位海军上将的女儿亨丽艾特·吴尔芙 1848 年曾给安徒生写信，信中提到过安徒生也发现自己是一位"王子"。

然而，令人不解的是，为什么安徒生在自传《我一生的童话》中只字不提，或多少加点暗示呢？有的学者找到了 180 年前教堂户口登记册的复印件，登记册上记录了1805 年 4 月 2 日凌晨 1 时，鞋匠汉斯·安徒生与其妻子安娜喜得贵子，并且记录了安徒生是在 4 月 16 日那天受洗礼的。丹麦著名历史学家塔格·卡尔斯泰德为了解开安徒生出生之谜，翻阅了大量有关那时国王克里斯蒂八世的档案，其中也包括他的日记和信件。卡尔斯泰德称，档案表明国王和贵族与平民妇女偷情的可能性是存在的，而且很有可能生下孩子。国王处理这种情况的方法就是给那个妇女写信，并寄去一笔钱用以抚养孩子。但在全部档案中，既没找到有关安徒生的材料，也没找到有关安徒生母亲的材料。

安徒生到底是什么出身，现在已难以弄清了，他是否是落难的王子呢？对读者来说，这个问题的答案也许并不重要，重要是他创造的美妙的童话给全世界的孩子们增添了美好的回忆，这就足够了。

### 托尔斯泰晚年为何弃家出走？

托尔斯泰为了写《复活》曾经"死去"，就是这样一位执着的文豪，在 83 岁的毫耋之年却弃家出走，让人百思不得其解。

列夫·托尔斯泰是俄国著名的大文豪，其一生创作颇丰。他的作品对欧洲文学影响极深，在世界文学史上也占有一席之地。这位享有世界声誉的作家晚年却做了一件让世人皆惊的事——离家出走。

1910年11月7日，列夫·托尔斯泰在离家出走途中辞世于阿斯塔波沃火车站。这一噩耗令世人震惊，整个俄罗斯乃至全世界都在为失去这样一位伟大的文学巨匠而悲伤。悲痛过后，人们不禁要问：作家为什么在83岁的耄耋之年要弃家出走呢？

许多人经过研究后认为，家庭因素是导致托尔斯泰出走的主要原因，托尔斯泰晚年精神痛苦主要是由家庭不和引起的。

自1862年托尔斯泰结婚以来，虽然夫妇感情在前期很好，但从80年代托尔斯泰的世界观发生急剧转变之后，夫妇思想的鸿沟就愈来愈深，以致彼此本来融洽的感情发生裂变。晚年的托尔斯泰开始笃信宗教，宗教观、社会观都发生了很大的变化。73岁时，托尔斯泰回到了故乡雅斯纳雅·波良纳庄园后，开始关注在他的农田上辛苦劳作的农民们，这些贫苦可怜的农民让托尔斯泰感到不安与自责。为了减轻自己的内疚感，托尔斯泰开始改变自己的生活方式，甚至开始自我折磨：他变得厌恶人情世故和亲友间的应酬，也拒绝出席贵族的宴会。他经常戴着草帽，穿上旧衣服，脚踏树皮鞋，在农田里干活。同时，他也打算把他全部著作的版权，无偿地献给社会。

早在1885年和1897年托尔斯泰就曾两度打算出走，但矛盾毕竟没有到足以决裂的地步，所以均未成行，可是裂痕也一直未能弥合。1909年，托尔斯泰不顾妻子反对，最终公开发表声明：从1881年以后他出版的任何作品，可以由任何人免费出版。

对于妻子的愤怒与谴责，托尔斯泰采取的是宽容谅解的态度，因为他在晚年一直奉行"不抵抗主义"，他总是把错误都想到自己身上，而尽量原谅别人的种种不对。在托尔斯泰的最后一段岁月里，他的生活并不美好，他的周围充满了责难。为了能够平和地过完后面的日子，他开始打算离家出走，以躲避这些纷争。1910年10月28日凌晨5点左右，托尔斯泰带着私人医生离开了波良纳。在火车上，托尔斯泰病倒了。寒冷的天气使他不停咳嗽，并开始发高烧。他们在阿斯塔波瓦车站下了车，7天后他就病逝在这个荒凉的小站里。

托尔斯泰在深入研究道德哲学和宗教伦理的基础上，在80年代初形成了"不以暴力抗恶""道德上自我完善""放弃私有财产"为核心的托尔斯泰主义。托尔斯泰的理论吸引了一批崇拜和追随者，这些追随者不仅坚定了托尔斯泰放弃地主生活的愿望，而且最终促成了托尔斯泰与家庭决裂，其中对托尔斯泰影响最大的是切尔特科夫。

切尔特科夫本为上层贵族的出色军官，但他抛却军职，舍弃锦绣前程，回到自己的庄园和农民生活在一起，并把部分财产分给农民。这与托尔斯泰的理想非常相似，于是两人结下了深厚的友谊，两人的友谊从1883年开始一直延续到托尔斯泰逝世。切尔特科夫不仅是托尔斯泰的好朋友，而且他也介入和干预了托尔斯泰的私人生活，并直接导演了文学遗产继承权之争。1910年7月22日，切尔特科夫草拟了一份关于文学遗产继承权的最后遗嘱，让托尔斯泰签了字。遗嘱的主要内容是托尔斯泰的一切文章、手稿、日记、信件全由小女儿萨莎继承，并移交切尔特科夫出版。然而，随后他给托尔斯泰写去一封"充满了责备和控诉"的长信，指责他"说的是一套，做的和生活的又是一套"，终于促成矛盾空前激化，托尔斯泰"感觉到自己被撕成两半"，左右为难，进退维谷，遂下定决心到庄稼人的茅舍度过余生。

但是，对于托尔斯泰这样一位道德高尚、意志坚强的老人，不大可能由他人操纵摆布。假如没有早在19世纪80年代已产生的离家出走的思想基础，遗产之争的后果就不一定会如此。所以，有人便认为出走的原因应从托尔斯泰的内心深处去找。他的崇高理想和沙皇专制下严酷现实的尖锐对立才是他精神长期痛苦的根源，离家出走客死他乡不过给这种痛苦平添了几分悲剧色彩罢了。

也许是许多复杂的因素纠合在一起促使托尔斯泰做出了弃家出走的震惊之举，但又有谁能真正弄清作家当时的心理状态呢？无论怎样，都不会影响这位文学巨匠在我们心中的地位。

## 爱迪生为什么拒领诺贝尔奖

到底是什么样的仇恨，能让大名鼎鼎的发明家爱迪生和特斯拉连无数人梦寐以求的诺贝尔奖也置之不顾？

自诺贝尔奖成立以来，世界上无数致力于研究的专家学者都希望获得这个拥有至高荣誉的奖项。然而，在诺贝尔奖历史上，也有许多获奖者由于主观或客观的种种原因而拒绝领奖，这其中包括大名鼎鼎的发明家爱迪生。1912年爱迪生和特斯拉一同被评为诺贝尔物理学奖得主，然而，由于两人是死对头，他们没有领奖。

到底是怎样深的仇恨能让爱迪生和特斯拉愿意放弃许多人梦寐以求的诺贝尔奖？这要从两人在物理学方面的研究说起。

因为仰慕爱迪生，1884年特斯拉被巴切勒推荐到美国加入爱迪生的公司。特斯拉和爱迪生天生就属于水火不相容的人，他们两人之间存在严重的分歧。爱迪生注重实践，是位凭经验在摸索中进行发明的人；特斯拉是那种注重理论的人，他觉得爱迪生的做法是十分愚蠢的，他认为实验必须要有理论依据做基础，而不是像爱迪生那样光一根灯丝就做了1000多种尝试。

有一次，特斯拉同爱迪生谈论起发电机的几种潜在的改革可能，爱迪生轻蔑地说："如果你能做成，付你5万美元。"特斯拉用几个月的时间对发电机进行改革试验，把改革后的附件装入发电机后，他完全成功了。当他向爱迪生索取5万美元时，爱迪生却回答说："特斯拉，你不知道我们美国人爱开玩笑吗？"因为特斯拉的才能过于突出，所以屡次受到爱迪生的排挤和迫害，他愤然从爱迪生的公司辞职。

众所周知，爱迪生发明了电灯，在那之后爱迪生更是投入很多精力去改良自己发明的电灯，努力提高其使用寿命。由于当时没有高效的交流电动机，爱迪生在送变电方面使用的是110伏的直流电。而此时，特斯拉发明了适合交流送电的电动机，威斯汀豪斯公司随即将这项专利买下，在大城市中建立了交流电网，迅速推动着交流送电的普及。

特斯拉以前曾经在爱迪生研究所就职，可以说特斯拉在物理学电流方面的研究进步离不开当初爱迪生对他的培养。可如今，爱迪生的这位昔日部下发明的电动机给爱迪生的商业发展带来了威胁。或许是出于主观上的愤怒，爱迪生开始了反击，展开了积极的宣传攻势，声称交流送电方式十分危险。由于每年都有几十人在高压电线旁触电致死，这种说法引起了人们极大的恐慌，许多人开始拒绝使用交流送电，这对威斯汀豪斯公司产生了较大的不利影响。

当时刚好纽约州在寻找能够替代绞刑的更为人道的死刑执行方法，爱迪生为了强调交流电的危险性，便诱导威斯汀豪斯公司制造执行死刑的机器。但这项实验反而对交流电的胜利起了决定性的作用，因为使用交流电的电椅根本无法使死刑犯人一次丧命。

面对爱迪生的种种反击，特斯拉怒不可遏，商业利益的碰撞直接导致两人关系的迅速恶化，两人自此成为水火不容的死对头。于是，当特斯拉听说自己和爱迪生共同被选定为诺贝尔物理学奖获得者，更是公开表示

爱迪生

拒绝共同领奖。最终，1912 年的诺贝尔物理学奖颁发给了发明家达伦。

尽管在后来的实验中表明：交流电引发心脏停搏的概率比直流电要高 3 倍，由此证实了爱迪生关于"交流电比直流电更加危险"的言论是正确的，但这个结论来得太晚，已不能弥补爱迪生和特拉斯拒领诺贝尔奖的遗憾。

## 名伶之死：轰动一时的梦露奇案

金发碧眼、性感的嘴唇、娇美的身材，以及被风吹起的白色裙子，这就是好莱坞巨星玛丽莲·梦露留在世人心目中永恒的印象。这个倾倒众生的绝代尤物迎合了男人们对物质美人的幻想，她用婴儿般稚气的音色极大地诱惑着男人们的心。尽管已经香消玉殒几十年，她却仍然是众多人心目中无人能够替代的性感女神。遗憾的是，这样一位绝代佳人，却在风华正茂时离奇地死去，而围绕她死因的调查，也成了美国历史上最著名的悬案之一。

### 性感女星的曲折道路

玛丽莲·梦露，原名诺玛·简·贝克，1926 年 6 月 1 日出生在洛杉矶综合医院里。在她出生时，父亲就已离开她们母女远走他乡。因穷困不能抚养女儿，母亲格兰戴丝只好把她安置在洛杉矶市中心西南部伊达·勃兰德尔的领养家庭中。勃兰德尔一家是基督徒，他们依靠领养孩子来增补拮据的家庭收入。格兰戴丝每个星期六都会回来看望女儿，但是却从来不搂抱或者亲吻她，甚至连笑容也没有。有一天，格兰戴丝宣布已经为她们买了一栋房子。没想到在搬家的几个月后，格兰戴丝开始精神失常，时常尖叫或者狂笑，最后只能被送往在诺瓦克的州立精神病医院。于是，不幸的诺玛·简成了一名孤儿，格兰戴丝的好友格雷斯·麦基和戈达德成了她的监护人。1935 年，格

雷斯结婚后，诺玛·简被送到了洛杉矶孤儿院，此后她曾陆续到过 12 个领养家庭。从这一家到那一家，从孤儿院到收容所，别的孩子或许正在享受欢乐的童年，而年幼的诺玛·简却在品尝颠沛流离的滋味。1941 年 9 月，格雷斯再次领养了她。后来，因为格雷斯一家将前往美国东部居住，而小诺玛的年龄尚小，她只能选择结婚或者被送回孤儿院。在格雷斯看来，婚姻会是小诺玛的最好归宿。于是，梦露被介绍与邻居的儿子詹姆士·多尔蒂于 1942 年 6 月结婚。

1945 年，诺玛·简成为一名降落伞工厂的检验员。在一次偶然的机会中，摄影师发现了她，并希望将她的照片刊登出来用以鼓舞战斗中的士兵。不久，她与一个模特经纪人签约，后者使她与二十世纪福克斯公司签订了第一份演出合同。她在银幕上的第一个角色是在《斯库达，噢！斯库达，嗨!》中扮演的一个只有一句台词的女孩。之后她又扮演了一个坐在赛艇上的女孩，但大部分镜头都被删除，只留下了一个长镜头。当格雷斯听到诺玛说福克斯公司建议她使用"玛丽莲"这个名字作为艺名时，她马上回信说这个名字与格兰戴丝的本姓"梦露"很相配，于是玛丽莲·梦露这个名字诞生了。随后的几年里，梦露的演艺事业并没有取得进展。1948 年 12 月 31 日，在制片商撒姆·施皮格尔举办的一场晚会上，梦露在晚会上邂逅了威廉·莫利斯事务所的合伙人约翰尼·海德。海德凭直觉认识到梦露极有潜力成为一名巨星，正是在他的极力推荐下，梦露上演了两部作品《夜阑人未静》和《彗星美人》，这使她一举成名。

由于经济上的困顿，梦露在 1949 年 5 月 27 日让摄影师汤姆·凯利为自己拍摄了一张裸体照片，用以出版金色梦幻小姐月历，她得到了 50 美元的报酬。后来梦露把这张照片卖给了杂志出版商休·海夫纳，此人便是美国著名成人杂志《花花公子》的创办人。于是，梦露的裸照被登在《花花公子》的创刊号上，成为公认的第一个《花花公子》女郎。年老的海德多次向梦露求婚，但遭到梦露的拒绝。1950 年 12 月 18 日，海德因为心脏病突发而去世，梦露为此感到非常自责并企图自杀。1951 年下半年，福克斯公司确信梦露极具发展潜力，于是开始给她提供发展空间。到了 1954 年，梦露已经主演了《绅士爱美人》《愿嫁金龟婿》和《娱乐至上》等影片，一跃成为当时最耀眼的女明星。由于电影公司总使她局限于演"白痴美人"一类角色，对此倍感疲倦乏味的梦露与之解除了合同，前往纽约艺人工作室学习表演。

玛丽莲·梦露

1953 年 8 月，梦露与摄影师密尔顿·格林在二十世纪福克斯电影公司的停车场内偶然相遇，此时的格林已是名震美国演艺圈和社会上层的名流摄影大腕。有感于梦露对表演艺术的执着，在格林的建议下，二人合作成立了玛丽莲·梦露电影制片公司，并拍摄了大获成功的《七年之痒》。这部片中梦露站在地铁口的镂空铁板上，下面刮上来的风将她的白色大蓬裙掀起一朵浪花的镜头，成了她最为经典的造型。曾被二十世纪福克斯电影公司的老板桑奴克称为"草包美人"的梦露经格林全新包装，成为以性感巨星形象出现的好莱坞最抢手的女演员。1956 年新年前夕，二十世纪福克斯电影公司终于向"草包美人"和格林投降了；公司请梦露和格林为它一年拍 4 部影片，题材任由梦露自己选择，拍摄过程也完全独立。他们拍的第一部片子就是堪称好莱坞经典的《公共汽车站》，她把自己的生活经历与剧中人物融汇在一起，演技也达到了前所未有的高度。新一轮的演出合同使梦露拥有更多自由的控制权，这段时间与她合作的明星包括加利·格兰特、克拉克·盖博、劳伦斯·奥利弗、约瑟夫·哥顿、理查德·威德马克、简·卢塞尔、劳伦·巴尔考、艾索尔·摩曼、查尔斯·劳顿、托尼·柯蒂斯、伊维斯·蒙坦德等。梦露终于成为红透整个好莱坞的一流明星，也是好莱坞一手炮制的最了不起的神话。

### 失败的婚姻与危险的爱情

玛丽莲·梦露短暂的一生中曾有过 3 次婚姻。第一次就是 1942 年 6 月 19 日，年仅 16 岁的梦露与邻居詹姆士·多尔蒂结婚。由于监护人的远离，年幼的梦露只能做这种选择以避免再次被送回孤儿院。这段婚姻虽然一直维持到 1946 年才结束，但二人的感情却早就出现了裂纹。为了逃避狂躁、沮丧的妻子，结婚不到一年，多尔蒂就参加了商业船队，从此两人各奔东西。

梦露与第二任丈夫、美国棒球明星乔·迪玛吉奥的婚姻，可以称得上是整个 20 世纪最动人，同时也是最短暂的名人婚姻。据说在少女时期，梦露就对这位年轻的意大利裔的棒球手有着强烈的好感，而后者当时几乎可以说是整个国家最受拥戴的民族英雄。1952 年，梦露与两名芝加哥怀特—索克斯队的队员在公共场合里摆姿势的照片被发表在《纽约运动杂志》的版面上，立即吸引了已从扬基队退役的乔·迪玛吉奥的目光。迪玛吉奥让他的一个朋友安排了一次会面。梦露很快就发现迪玛吉奥魅力无穷，而迪玛吉奥也被她的美貌深深打动了。圣诞节时，迪玛吉奥送给梦露一棵圣诞树，这份礼物让这位失去双亲的魅力女神顿时热泪盈眶。1954 年 1 月 14 日，乔·迪玛吉奥和玛丽莲·梦露在旧金山的市政厅举行了婚礼。然而，深爱梦露的迪玛吉奥，不想与任何人分享玛丽莲，不想让她成为整个世界的，所以他希望梦露能离开好莱坞，这对梦露而言当然是不可能的。最终，公众强烈的关注使他们的婚姻更加紧张。在拍摄影片《七年之痒》的著名的那一幕中，当玛丽莲的裙子飞过了她的头顶时，迪玛吉奥非常愤怒。不久以后，他们决定分手。1954 年 10 月，在度过了仅仅 9 个月的婚姻之后，玛丽莲冷静地向外界宣布他们签署了离婚协议。

离婚后的梦露受到了大量著名男人的追逐。1956 年 6 月 29 日，梦露与剧作家亚瑟·米勒开始了她的第三段婚姻。在这段婚姻生活中，梦露怀孕了，但却因为她患上了子宫内膜异位症而导致了宫外孕，他们不得不选择流产以保住她的生命。之后的第二次怀孕依然以流产告终。梦露非常珍惜这段婚姻，她不仅支付了米勒前妻的赡养费，还用她公司的资金为米勒在英国购买了一辆美洲虎汽车，米勒也专门为妻子创作了剧本《不合时宜的人》作为情人节礼物。但是，梦露怪僻的行为以及对毒品、酒精的依赖最终导致了婚姻的结束。在《不合时宜的人》这部影片开拍的时候，两人的婚姻已经宣告破裂。1961年1月24日，两人在墨西哥正式离婚。

除了这三任丈夫以外，梦露与美国许多名人都有往来。而肯尼迪兄弟与玛丽莲·梦露之间的私情，则是其中最广为人知的。更可怕的是，这种关系很可能为她日后的死亡埋下了伏笔。对于约翰·肯尼迪与梦露之间的感情，有多种说法。有人认为，早在1951年约翰·肯尼迪还是参议员的时候，就结识了梦露。曾经有记者于1954年在约翰·肯尼迪康复病房里看到墙上挂着一张梦露的招贴画。梦露也曾向朋友詹姆士透露过那时她和肯尼迪开过房间。还有人声称，在1961年肯尼迪妹夫彼得·劳福德家举办的一次晚会上二人开始热恋。当时第一夫人杰奎琳正远在东海岸度假，而梦露与总统则双双从灯火辉煌的客厅溜了出来，进入一间大卧室并同床共枕了一个小时。事后私家侦探奥塔什声称，他安装在劳福德家中的窃听器捕捉到了这次火爆的调情场面。从此以后两人便常常约会，或是在贝弗利希尔顿大酒店共度良宵，或是在圣莫尼卡的沙滩上偷欢。而彼得·劳福德的家则成为梦露和肯尼迪约会的绝佳场所。

22年后，作家安东尼·萨莫斯采访了劳福德的遗孀帕特，她披露，肯尼迪和梦露走进她家的重要事情就是进入早已准备好的浴室做爱。总统顾问彼特·萨莫斯也曾在劳福德家看见梦露和总统同时从浴室中走出来，梦露的身上仅披着一条浴巾。很明显，梦露与总统在浴室内交欢，被人见着也习以为常。梦露还时常跟随肯尼迪出访，周末还秘密飞往佛罗里达棕榈泉共度良宵。1962年，肯尼迪与梦露通电话的次数越来越频繁，他甚至给了梦露一个私人电话，使得梦露可以从司法部附近的通道直接进入肯尼迪的隐私空间。与此同时，肯尼迪甚至向梦露承诺，要与夫人杰奎琳离异，然后让梦露成为明媒正娶的"第一夫人"。梦露的密友特瑞·莫尔回忆说："那时，梦露天真地做着未来'第一夫人'的梦。"

后来，梦露又认识了肯尼迪总统的兄弟，当时的司法部长罗伯特·肯尼迪。据说当时肯尼迪总统已对梦露开始厌倦了。因为在总统更换了椭圆形办公室的专线号码之后，梦露仍然不断向总机打电话。当接线员拒绝接通电话时，她曾愤怒地说："我是玛丽莲·梦露！我要和约翰通话！"这显然严重违反了他们之间的保密协定，而这种丑闻对即将到来的选举可谓大大的不利。为了解决这种状况，罗伯特·肯尼迪以其哥哥的劝解人的身份出现在梦露面前。没想到，罗伯特也被玛丽莲迷住了，并成为梦露又一个秘密来往的情人。

不过，梦露与肯尼迪兄弟从未公开露面，所以尽管大家都认为梦露与这兄弟二人有染，却查无实据。只是在肯尼迪45岁生日那天，梦露当众出现，并现场演唱了生日祝福歌。但是，就在晚会之后几个月，梦露在自己家中孤独而神秘地死去。不久之后，肯尼迪兄弟也相继死于非命。

### 迷雾重重：神秘的死亡

尽管梦露的演艺事业如日中天，但精神失常、妊娠失败、堕胎和婚姻危机等一系列的打击使她的精神急转直下。而梦露与肯尼迪总统兄弟二人的感情纠葛，再加上电影公司里面的重重矛盾，这些几乎让梦露万念俱灰。就在此时，那个在感情从未离开过梦露的迪马吉奥再一次来到她的身边。梦露的现状令迪马吉奥非常担心，于是他决定长期留下来。据披露，梦露曾答应和迪玛吉奥重新在一起生活，他们甚至悄悄约定将于1962年的8月8日复婚。然而不幸的时刻即将来临了。

1962年8月5日，星期天，凌晨4点25分，西洛杉矶警官杰克·克莱蒙突然接到一个电话——玛丽莲的私人医生英格尔伯格通知警方：梦露自杀了！10分钟后，克莱蒙就赶到了梦露住处。当时，梦露家只有管家默里夫人、私人医生格林森和英格尔伯格。梦露赤裸着平躺在床上，脸部盖在枕头下，手里还握着电话筒，两条腿直伸着，床边散放着一些药瓶。克莱蒙的第一反应就是：一切是经过策划的，尸体僵硬而不自然地陈列着，而那绝不是自然死亡的姿势。克莱蒙曾调查过数桩自杀案，根据他的经验，服用大剂量安眠药后人体要产生痉挛或呕吐后才会死去，所以死后躯体会扭曲，而梦露的尸体却不是这样的。根据问讯，默里夫人对克莱蒙说尸体是在午夜零时左右被发现的，距离报案时间有数小时的差距，格林森医生的解释是他们在等制片厂广告宣传部的"绿灯"。半个小时后，一个比克莱蒙高一级的警官，洛杉矶专门负责凶杀案的罗伯特·拜伦警长取代了他负责此案。然后，警长打电话让玛丽莲的第一任丈夫詹姆士·多尔蒂前来认领死者。

事后，据梦露的管家默里夫人说，1962年8月4日那天，梦露的精神并没有什么异常。梦露曾问过默里夫人家里是否备有氧气袋，默里夫人说没有，于是她还给格林森打了电话要求送来。接着，又有人与她通了电话。这个电话显然对她的刺激很大，因为此后她的举止开始出现反常。

此后的数天里，梦露的公寓始终被记者和人群包围着，大家都在设法探究梦露的真正死因，希望能够有所发现。第一位带头调查的是专门报道刑事案件的记者弗洛拉贝尔·缪尔，职业的敏感促使她一听到梦露的死讯后就拿起电话，向通用电话公司的朋友索取玛丽莲最后3天的电话记录，然而她仍然慢了一步—电话记录已经在天不亮的时候就被人取走了。英国著名作家安东尼·萨默思在得知梦露的电话记录被人取走后，就知道其中必定有人在干预，在外界尚未意识到发生了什么事情之前，就已经先人一步处理了这件事。因为他对联邦调查局的内部组织结构相当了解，并熟知那里处理事情的方法，所以他认为此事必定是在某个地位很高，甚至高于当时的联邦调查局局长胡弗的人的指示下进行的，而这个指示很有可能是从司法部长或是从总统那儿来的。

### 凶手是谁

几十年来，对于梦露的死因，有着各种各样的说法。有人说她是被黑手党所杀，因为她对弗兰克·西奈特的风流韵事知道得太多。也有人说她是在行将泄露肯尼迪弟兄弟的性丑闻时，肯尼迪家族的人派人杀害了她。作家诺曼·梅勒就大胆推测是秘密代理人杀害了梦露，以便掩盖肯尼迪兄弟的不光彩行为。而作家托尼·西亚卡在《谁杀害了玛丽莲》一书中，也提出了这一观点。有人甚至说中央情报局可能是杀害她的凶手，因为她放荡的性生活意味着她曾直接触及美国最高层的机密。还有许多人认为，她的死与她在最后几周对珠宝盒及保险箱中的财宝忧心忡忡有关。甚至还有一种说法认为是古巴人杀害了玛丽莲，其目的是破坏美国中央情报局操纵下的黑社会谋杀菲德尔·卡斯特罗的计划，并打击肯尼迪家族。

1962年8月10日，官方公布了验尸报告，称玛丽莲是服用过量的安眠药自杀而死的。可是根据法医的看法，如果是服用安眠药而死，胃里必定会有水分以及药剂的残留物，而验尸官在梦露去世的当天说她胃里没有任何药物。服用大量安眠药后最为明显的症状应该是死者在断气前会口吐白沫，可是官方的验尸报告中对此却只字未提。克莱蒙称自己当时就曾发现卧室内没有水杯，梦露如果要自杀，吞服如此多的药片没有足够的清水何以下咽？另外，法医还发现在玛丽莲的血液中含有大量的巴比妥酸盐成分。梦露去世前几天，她的医生曾给她开过一种烈性的安眠药巴比妥酸盐。化验结果表明，梦露血液中巴比妥酸盐的含量高达 4.5%，如此大的药量足以使 3 个人丧命，而梦露绝不可能口服那么多药。医学界权威人士声称，唯一能造成上述情况的就是将药剂注射入人体的血管，而验尸官在报告中根本未提到遗体上有注射的痕迹。调查还发现，梦露卧室文件柜中与影片公司有关的文件不见了，涉及美国第一家庭的记事本和电话留言也都不翼而飞。梦露的心理医生格林森说她去世前一天很沮丧，但是那天见到过玛丽莲·梦露的许多人却说，她那天情绪很好，没有什么烦恼的表现。虽然传闻她有间歇性吞食药物的习惯，但也没有失控的征兆。如此多自相矛盾的地方，不能不让人对自杀之说产生怀疑。

更可疑的是，在梦露死后几小时里，她的管家默里夫人竟然做了一件她自称是"清理房间"的事情。她不仅清洗了所有的衣物、床单和桌布，处理掉了所有的食物和酒，而且扔掉了成堆的垃圾。虽然默里在梦露死后没有得到什么财产，但她却在 20 世纪 60 年代去欧洲旅行过 3 次。多年后，肯尼迪总统的妹夫彼得·劳福德在弥留之际曾接受了一次临终采访，据他透露，肯尼迪与梦露之间没有任何瓜葛，但他最后补充的一句话却又非常耐人寻味："即使梦露与肯尼迪兄弟间确有其事，我也不会说的。我不会，也不能说。"

40 年后，有关研究者经大量调查和核实，终于使梦露死亡之谜逐渐浮出水面。研究表明，梦露无疑是被谋害致死的，而且与肯尼迪总统有直接联系。

据分析，梦露与肯尼迪兄弟的频繁往来引起 FBI 的注意，他们开始调查梦露的背景。同时，由于肯尼迪家族与美国的黑手党存在非常复杂的关系，后者也开始注意梦露。与肯尼迪的私情使她的虚荣心日益膨胀，甚至做起了成为美国第一夫人的美梦。而后梦露又与罗伯特·肯尼迪坠入了情网，热恋中的梦露和罗伯特谈论的话题十分广泛，常会涉及政治和好莱坞的秘闻逸事。梦露对他们的政治性谈话做了笔记，为了和罗伯特有更多的共同语言，她还借阅了一些时事方面的书籍。殊不知，这位司法部长在白宫和家族中所扮演的角色是非常特殊的。所以当他的私情与肯尼迪家族的政治前途发生冲突时，他会毫不犹豫地做出选择。而此时的梦露偏偏被热恋的错觉蒙蔽，到处炫耀她和肯尼迪兄弟的关系。她完全没有意识到自己已经处在火山口上，因为在这个时候，已经有人开始监听所有与肯尼迪兄弟相关的人，梦露则是他们最理想的对象。1962 年夏天，肯尼迪兄弟发现有人在他们海滨的住所以及梦露的公寓都安装了窃听器，他们立刻意识到与梦露的关系使他们处于一种窘迫的境地。接着就有人带信给梦露，让她不要再与总统交往，否则可能遇到麻烦。梦露隐约感到，她已先后被肯尼迪兄弟愚弄了，她曾经对来访的朋友直言不讳地说，要把与总统两兄弟的关系公之于众。随着竞选议员初选日期的临近，梦露成了肯尼迪家族实现其政治理想道路上的绊脚石，于是罗伯特更改了电话号码，也不再理睬梦露的留言。

1962 年 8 月 4 日，梦露在与发型师悉尼·桂拉罗弗谈话时偶然说出，肯尼迪与黑手党有不可告人的秘密。当天晚上，梦露接到数个电话，包括她以前的情人乔斯·波兰诺。波兰诺莫名其妙地批评梦露道："你泄露了天机，这将震惊世界。"由于梦露无视现实的疯狂个性，只要她对媒体稍稍松口，拥有巨大权力的肯尼迪就会很快下马，肯尼迪家族也将陷入巨大的丑闻泥坑。所以，梦露已成为肯尼迪总统最直接的威胁。

梦露死后的第二天，其邻居证实，曾看见一个像肯尼迪模样的人带着另外两个人径直进入梦露的家，其中一人手里还提着黑色的医药箱。经历史学家查证，罗伯特·肯尼迪的确带着两个陌生人进入了梦露的卧室，随后肯尼迪出去呆在附近房间里，直到那两个男人出来，他们才一起驾车离去。梦露死后，她与肯尼迪两兄弟的性丑闻一度有所报道，但美国政府不希望这件事像原子弹爆炸般震惊世界，所以对这件事一直是遮遮掩掩。结论很可能就是梦露不肯甘于作为政治家的玩物，又掌握了许多本不该知道的秘密，所以她的被谋杀也是情理之中的事情。

## 永远的偶像：再说"猫王"死因

1977 年 8 月 16 日，是一个令全世界千百万歌迷无比悲伤的日子，这一天，美国摇滚乐天王巨星"猫王"在他的豪宅"优雅园"骤然去世，年仅 42 岁。作为 20 世纪最伟大的一位摇滚乐偶像歌手，"猫王"在人们心目中的地位是无可替代的。时至今日，每年都有将近 60 万人前往田纳西州他的故居"优雅园"参观。由于事前没有丝毫征兆，所以当这位偶像突然撒手西去时，自然给世人留下了无数未解之谜。

### 一代偶像，神秘地死去

"猫王"，本名埃尔维斯·阿伦·普雷斯利（Elvis Aron Presley），1935 年 1 月 8 日出生于美国密西西比州一个贫穷的农场工人家庭。他从小就喜欢音乐，幼年时曾在教堂的唱诗班里参加演唱。10 岁时，普雷斯利首次登台表演，在密西西比—亚拉巴马博览会上演唱了一首催人泪下的乡村歌曲《老牧师》。1948 年，他随父母迁到孟菲斯。在这里，普雷斯利开始同一些职业乐手接触，并偶尔参加四人福音歌曲演唱组"黑森林兄弟"（Blackwood Brothers）的演出。不久，在一次很偶然的机会下，他开始了自己的音乐生涯。1953 年的一天，为了送给母亲一份礼物，普雷斯利去孟菲斯录音服务公司的录音棚录制了一首歌曲。这家录音棚的老板是萨姆·菲利普斯，当时刚刚建立了自己的 Sun 唱片公司。听到普雷斯利的演唱后，菲利普斯的助手马里恩·凯斯克觉得普雷斯利很有潜力，就记下了他的地址。差不多一年之后，菲利普斯邀请普雷斯利来公司录制歌曲，几经周折，普雷斯利演唱的歌曲《好极了》（That's All Right）获得了相当大的成功，随后他就推出了自己的首张单曲唱片，在当地很受欢迎。

此后，普雷斯利又推出了几张唱片，并开始进行巡回演出。由于他的音乐体现了一种乡村音乐节奏与布鲁斯的结合，所以知名度也越来越高。不久，他又加盟了著名的 RCA 公司，很快普雷斯利就成了全国明星，他此后的每一张唱片都在排行榜上名列前茅。

普雷斯利是一位具有黑人风格的白人歌星，他向人们展示了一种极富个性和创新意味的白人音乐与黑人音乐风格的融合。作为一位摇滚乐大师，他在20世纪50年代后期，不仅仅是摇滚乐坛的偶像，还是摇滚乐的象征。尽管现在看来，普雷斯利的歌曲稍显简单肤浅，也缺少力度和社会责任感，但他那漂亮的容貌、标志性的扭胯动作和出色的舞台表演，已成为后世摇滚歌迷心目中永远的记忆，乐迷们给他起了一个特殊的名字——"猫王"。由于使摇滚乐在世界范围内流行，"猫王"成了20世纪美国流行音乐中最重要的人物，他是第一位将乡村音乐和布鲁斯音乐融进山地摇滚乐中的白人歌手。他是流行音乐历史上唱片销量最高的艺人，甚至在他去世之后，他的任何再版唱片都能保持极其稳定的销量。他是流行音乐历史上唱片销量最高的艺人，据1971年的统计表明，到当时为止，其唱片销量已达到1.55亿张单曲唱片，2500万张专辑和1500万张EP唱片。

但是，正所谓天妒英才。1977年8月16日，正值壮年的"猫王"突然在其豪宅"优雅园"中去世。这一消息，立即使全世界歌迷陷入了无限的悲痛中。"猫王"死后，人们为他举行了隆重的、规模空前的葬礼：一口白色的棺材，17辆白色的高级轿车，还有5万名从各地前来悼念他的歌迷。时至今日，每年仍有大批崇拜者前往"优雅园"追思这位一代偶像。

由于"猫王"的去世的确太过离奇、太过突然，几乎外界所有的人都很想知道，1977年8月16日那天，"猫王"的豪宅"优雅园"到底发生了什么事？

当时的记者是这样报道的：当天的午夜时分，"猫王"和他20岁的未婚妻金吉尔·阿尔登曾去看过牙医，这么晚去专业保健医生那儿给人的感觉有点奇怪。但"猫王"的保镖说，因为"猫王"拥有众多的崇拜者，为了避免歌迷云集，引起不必要的麻烦，此举是相当必要的。凌晨5点的时候"猫王"想打壁球，于是两人一起去了格雷斯兰大楼亮着灯的球场打了大约两个小时。回来之后，穿着蓝色睡衣的"猫王"说他想先在浴室里读一会儿书报再休息，随后他吻了一下金吉尔算是道了晚安。可是在她当天下午两点左右醒来时，却发现他没在床上。她叫喊着他的名字，也没有人应声，当她满腹狐疑地推开浴室的门时，却发现"猫王"脸朝下趴在长绒地毯上。随后，"猫王"的亲朋好友们乱成一团。等救护车到达的时候，"猫王"已经全身发紫。在其私人医生尼可波罗的坚持下，"猫王"被送到他常去的巴提斯医院，随后医生宣布42岁的猫王因药物引发心脏病致死。

对于医院的结论，"猫王"的追随者们表示不相信，事实上有关方面当时也的确发现了一些疑点。尤其是在事后警方前往"优雅园"调查时，惊讶地发现现场已被全部更动，"猫王"的卧室和浴室也已经被女佣整理得干干净净。由于"猫王"去世前一直服用很多药物，甚至要吃8种药丸才能入睡，所以按照常理，室内的柜子里原本是应该装有很多药物的，可此时也已经是空空如也。他的身体里充斥着各种各样的药，但他的医生和家人却是讳莫如深，不愿提起这点，这就不能不让人对"猫王"的死因充满疑惑。

此外，由于"猫王"的验尸报告一直都没有公开，所以有人提出了这样的猜测："猫王"难道是被人谋杀而死的吗？当时曾有传言说，"猫王"在去世前曾受到美国联邦调查局的保护，原因是他将作为证人出庭指控黑帮分子杀人。也许就是因为这一原因，"猫王"成了那些不择手段的黑道人物的眼中钉，一定要除之而后快。由于"猫王"一天需要吃很多药，再加上每天出入"优雅园"的人很多，所以如想下手调换药丸可以说是很容易的一件事。可惜这些仅仅是猜测，缺乏确凿的证据。事情发生后，"猫王"的家人中，除了他年仅9岁的女儿丽莎玛丽外，其余的都被警方侦讯过，但其具体内情至今也没有人透露。

另外，还有认为"猫王"是自杀的。据说，"猫王"的继母曾向外界宣称，"猫王"在去世前曾给他的父亲留下了一封遗书，其内容大概是："猫王"向父亲透露他得了癌症，因为无法面对癌症带来的巨大痛苦，所以不如干脆提前结束生命，这样既可以不再忍受病痛的折磨，又可以和生母在天堂相聚。但这个说法是否确切，又因为"猫王"的父亲已经去世而永远无法得到证实。不过，母亲对于"猫王"的巨大影响却是众所周知的。由于"猫王"的母亲操控和指挥着他的生活，久而久之，他对母亲的依赖已经到了无以复加的地步，离开了母亲他几乎不知道如何生活，而"猫王"爱他的母亲简直胜过一切。在母亲死后，"猫王"曾陷入长期的痛苦之中，所以有人推测也许他真的期盼着和母亲重聚。当"猫王"死后，人们也如其所愿将他和母亲合葬在一起，这也算是对他的一种慰藉吧。

## 元凶竟是镇静剂

相当一部分了解事情真相的人认为，由于医生在"猫王"体内发现了14种成分不同的毒品，所以他有可能是因为一次性吸食了大量的毒品而送命的。"猫王"因吸食过量毒品而死的一种结论，显然是大家尤其是他的崇拜者最不愿意接受的。为此，众多热爱"猫王"的人，都希望他们的偶像不会是因非法使用毒品而死的，否则他作为有史以来最伟大歌手的形象岂不是彻底被毁了吗？然而，联想到"猫王"的家人和医生在他死后对他所用的药物都三缄其口，不由使人怀疑真的有这种可能性。况且"猫王"在世时，就一直有传言称他是个大瘾君子，尽管他的经纪人矢口否认了这种流言，并把这位歌手描绘成一尘不染的、喜欢唱福音音乐的田纳西乡村小伙。

就在人们对药物问题争论不休的时候，1979年，在"猫王"去世两年之际，又一种新的说法被提了出来。这年12月13日，美国一位著名的法医西里尔·韦希特在一次电视节目中，第一次对公众宣布："猫王"并非死于心脏病或者其他别的什么原因，而是因为将大约10种镇静剂混合使用才致死的。正是这一举动对他的中枢神经系统起了相当大的副作用，从而导致了他的心脏停止跳动。这种情况在业内通常称之为"复方用药"，一般是指两个以上的大夫在没有相互通气的情况下，为同一个病人开处方。

当初，在"猫王"的尸体解剖工作完成后，负责的法医杰瑞·弗朗西斯科博士曾就"猫王"的死对记者发表过这样的陈述：根据解剖的结果，死因是心力衰竭而引起的心律失常。他还分析道，"猫王"患有几种心血管疾病，一种是轻度高血压，并曾有过一段时间的治疗；一种是心血管硬化。这两种疾病有可能是导致心律失常的原因，但准确的原因目前尚不能确定。而西里尔·韦希特认为，从一个有经验的法医口中说出这样的话简直荒唐之极。每个人的心脏停止跳动都会死去，但关键的问题是：是什么导致心脏停止跳动的？1977年10月，在"猫王"死后数月，浸礼会医院的病理学家们也表示，他们认为是药物而不是心律失常导致了"猫王"的死亡。随后，杰瑞·弗朗西斯科博士举行新闻发布会，再一次宣布"猫王"的死是高血压、心脏病和心血管病导致的。这位法医说，田纳西大学医学院做了彻底的毒理学分析，认为药物是致死的原因是无稽之谈。他甚至无数次地重复着"药物未在埃尔维斯的死上起作用"这句话。当时"猫王"的私人医生尼可波罗博士也当即表示同意弗朗西斯科博士的结论，否认了关于他的病人用药不当的传闻，并以肯定的口吻对记者说："假如他用可卡因的话，我会知道的。"

针对弗朗西斯科博士等人的结论，西里尔·韦希特说出了一个鲜为人知的秘密：在对"猫王"遗体进行解剖的当天晚上，浸礼会医院准备了两份同样的人体组织样本，一套样本给了杰瑞·弗朗西斯科博士，另一套样本则由浸礼会医院的一名病理学家送到了加州梵尼斯生物科学实验室，这是美国最权威的毒理学实验室之一，而这个生物科学实验室的化学家得出的结论，与弗朗西斯科博士所报告的东西却截然不同。西里尔·韦希特宣称自己很幸运地看到了加州梵尼斯生物科学实验室所做的毒理学报告的副本，正是通过对这份报告的仔细审核，他才做出了上述结论。

所谓毒理学报告，就是对人死的时候身体里所含的物质进行化验的结果。韦希特博士之所以认为"猫王"的死是综合药物作用的结果，是因为该报告在"猫王"体内发现了包括安定药瓦连姆瓦尔米德、普拉西定、苯巴比妥鲁米那和丁二烯巴比妥鲁米那在内的多种镇静剂。其中致命的主要是镇痛药可特因，这种药对中枢神经有压抑作用。令人难以置信的是，这些药怎么可能让一个病人同时服用呢？正是根据"猫王"死后身体里这些药物的含量，韦希特博士声称他绝不相信"猫王"是自杀的，几乎可以确切地说这位伟大的摇滚歌手死于一场事故。如果"猫王"所服用的药物出自两个以上大夫开的处方，那么每一位大夫都不够谨慎，因为他违背了行医的一个原则性的观念：在开对大脑有抑制作用的药的处方之前，必须先弄清楚病人是否在服用有同样病理作用的其他药物。看来，正是这些不负责任的处方要了"猫王"的命。

一石激起千层浪，韦希特博士的结论一经公布，顿时引起了很大的反响。没过几天，田纳西州的法官下令将"猫王"尸体解剖的整个报告公之于众，这个报告证实了韦希特博士提出的疑点。浸礼会医院的病理学家们所做的细心解剖与弗朗西斯科博士所说的解剖结论有多处矛盾的地方：第一，弗朗西斯科博士说"猫王"的心脏器官增大了一倍，这种异常情况表明，他患有高血压心脏病。然而，浸礼会医院的病理学家们称出的死者心脏重量为520克，以"猫王"的身高体重看，其心脏器官的正常重量应该是350克至400克之间。所以何来增大一倍之说？第二，解剖报告还说医生们检查了心肌是否有伤痕，结果并没有找到。没有盐和水的滞留，也就是说不存在充血性心力衰竭。第三，大夫们发现"猫王"只是患有非常轻度的高血压，而这种程度的血压，绝不足以严重到要了他的命。第四，脑部的检查表明没有血块、梗死或动脉瘤，也有中风的迹象。再有，从解剖学的角度来看，即使是完成了解剖，也没有充分的依据可以确定死亡的原因，而是还要综合稍后才会出来的毒理学报告才能得出结论。作为一名法医，弗朗西斯科博士不等显微观察和毒理学报告出来就宣布"猫王"的死因，可以说是略显仓促了些。

几个星期以后，联邦法院召集了一个大陪审团，传唤索取了有关"猫王"一案的所有解剖和毒理学报告。之后，该陪审团提出了一个涉及面颇为广泛的起诉书，指控当过 10 年"猫王"私人医生的尼可波罗博士对"猫王"开了过量的处方用药。因为官方的调查表明，仅仅在"猫王"死亡之前的 7 个月内，尼可波罗博士竟给他开了高达 5300 片的各种兴奋剂和镇静剂！医疗委员会同时也暂时吊销了尼可波罗博士的行医执照 3 个月。尼可波罗博士聘请了著名的律师詹姆斯·尼尔（此人在全国律师里面也可说是佼佼者之一，他曾被召对"水门"丑闻中的几个关键人物提起过公诉，并使这些人都被定了罪）。在法庭上，尼尔先生说他的委托人的确向"猫王"提供了所有这些处方药物，但其目的是为了试图挽救这个人的性命。因为"猫王"是个毒瘾很大的瘾君子，如果不能从尼可波罗博士那儿弄到这些药，他一定会上街去弄来更危险的药物。所以尼克波罗斯博士这样做至少能监督"猫王"，而实际上却是在帮助他慢慢戒毒。在尼尔先生如此"据理力争"之下，尼可波罗博士被陪审团裁定为无罪。韦希特博士认为这简直就是诡辩，并用了一个很形象的比喻来形容：这就好像在对法官说银行无论如何都是要被抢的，既然如此，我就先来抢——因为我知道自己不仅不会杀人，而且还打算把一部分抢来的钱送给穷人！实际上尼可波罗博士恐怕是出于私心和贪欲——害怕"猫王"解雇他，才没按正确而必要的医疗手段行事。至于弗朗西斯科博士，韦希特博士认为他或许也是一位"猫王"的歌迷，如果按照实情宣布这位歌手死于药物，必定会损害"猫王"的偶像形象。正是出于这种动机，他才替这个案子做了遮掩。

又过了 12 年，时间走到了 1991 年。埃里克·穆尔海德博士终于公开证实了韦希特博士的观点。穆尔海德博士是位极受人尊敬的病理学家，1977 年他在孟菲斯浸礼会医院就是负责"猫王"案的病理分析，并参与和指导了尸体的解剖工作。他说自己从第一天开始就知道"猫王"不是死于弗朗西斯科博士所说的心脏病。他为自己没有及时站出来纠正这一错误说法向大家表示了歉意，看来这一段公案似乎也可以告一段落了。

### 偶像幽灵：稀奇古怪的传闻

事情远未结束。由于仍有不少狂热的歌迷始终不相信"猫王"的死讯，所以多年来竟不断有人宣称"猫王"根本就没有死，他还活在这个世界上。

作为无数歌迷心目中的传奇偶像，"猫王"留给歌迷们的印象是"叛逆"、爱出"怪招"。也许是这种印象太过深刻，所以连他的死也被那些狂热的歌迷当作是他的"怪招"之一。许多人一直认为，所谓"猫王"在 1977 年 8 月 16 日骤然而逝的消息，纯粹是正值盛年的他因为不堪忍受盛名之累，想远离喧嚣尘世好好休息休息，所以终于下定决心以"死亡"这个无可争议的理由告别众多的歌迷，从而来达到最终隐遁的目的。相信"猫王未死"的人还将"猫王"的一位好友的暗示作为证据：如果"猫王"知道还有这么多的人在关注他的话，那么这位传奇人物也许会在某个时候重新现身于世人而前。所以他们坚信发生过的一切不过是个假象而已，等"猫王"休息够了，他就会回来的。有些"猫王"的忠实崇拜者，甚至还创造出了一个更加离奇的关于"猫王未死"的版本：由于"猫王"的歌声美妙无比，连那些外太空的居民也被他的歌声深深吸引住了。为了更好地欣赏他的歌曲，这些具有特异功能的外星人带走了"猫王"，去了另外一个不为我们所知的空间。

就在几年前，2003 年 10 月，类似的惊人消息还在出现——有目击者称在美国田纳西州格里斯兰见到了疑似"猫王"埃尔维斯·普雷斯利的男子，并且有照片为证！目击者是一位 53 岁的女游客，据她说，由于在田纳西州格里斯兰"猫王"的别墅前见到了一个极似"猫王"的老年男子，于是她便偷偷溜进了别墅并拍下了黑白照片作为证据，而且她坚信她所看到的就是"猫王"本人。从照片上来看，已经 68 岁的"猫王"韶华已逝，坐在别墅前的一辆轮椅上休息。所有看过照片的人都表示，如果这张照片的真实性可以肯定的话，那么上面的人有 98% 的可能性就是"猫王"本人。而此前，加州的一位餐馆女招待也称"猫王"曾到她们的餐馆买过一个三明治。

所谓"猫王未死"之类的说法不断掀起轩然大波，引起全世界的关注，但最重要的，还是人们应记住了他的歌声，以及他短暂辉煌而又传奇神秘的一生。

### 安徒生是丹麦国王的私生子吗？

丹麦著名童话作家安徒生的童话故事伴随着一代又一代的孩子度过了美丽而快乐的童年。他的故事中多写到王子和公主的美丽的爱情故事，人们不禁发出疑问，这是安徒生暗示其真实身份还是他对幸福美好生活的向往的体现？权威的传记作家们以不容置疑的语气告诉我们，1805 年 4 月 2 日，这位伟大的童话作家出生在丹麦富恩岛上的欧登赛城中一间又矮又破的房子里。他的父亲是一位整日为生活而忙碌的鞋匠，他的母亲则是一个非常迷信的洗衣妇。贫穷的童年使安徒生走上了文学创作的道路。他陆续写出了《阿英索尔》《维森堡大盗》等剧本，《阿马格岛漫游记》等浪漫幻想游记和《卡尔里·克里斯蒂安二世》等历史题材的小说。1835 年他的第一本童话集出版。他的童话世界是美好幸福而快乐的，他知道这些童话对那些贫苦的孩子度过童年是有益处的。每年圣诞节他都出版一本童话书，作为礼物送给孩子们。这些礼物很多成了世界文学史上的经典名著。例如《丑小鸭》《夜莺》《皇帝的新装》《卖火柴的小女孩》《海的女儿》等。写作将近 40 年，发表 160 多篇作品的安徒生是丹麦人民的骄傲。

安徒生是平民百姓之子还是一位落难的王子？丹麦人对权威传记作家们所提供的论证并不信服，据说几百个丹麦人曾在 1990 年，到作家故乡的欧登赛大学举行了听证会，研究安徒生的身世之谜。历史学家延斯·约根森写了《安徒生——一个真正的童话》一书，书中说安徒生其实是丹麦国王克里斯蒂安八世和劳尔维格伯爵夫人的私生子。在他出生后，王室把他安置在了安徒生父亲——这个欧登赛鞋匠的家中。做出这种推论的根据是安徒生是一个鞋匠的儿子，身份低微，可是后来竟能进入上流社会，出入于皇家剧院，甚至在皇家宫殿中阿马林堡宫居住了一段时间，如果没有王室的暗中帮助，这些是不可能的。丹麦作家皮特·赫固也有类似看法，他提出了另一种根据，一位海军上将的女儿亨丽艾特·吴尔芙 1848 年给安徒生的信中曾提到安徒生自己也发出自己是"王子"的慨叹。

但是听证会上许多人感到疑惑的是，安徒生在《我一生中的童话》这本自传中为什么没有提到自己是王子，甚至连暗示也没有呢？有的学者找到了 180 多年前教堂户口登记册的复印件，登记册上记录了 1805 年 4 月 2 日凌晨 1 时，鞋匠汉斯·安徒生与其妻子安娜喜得贵子，并且记录了安徒生是在 4 月 16 日那天受洗礼的。

丹麦著名历史学家塔格·卡尔斯泰德为了解开安徒生出生之谜，翻阅了大量有关那时国王克里斯蒂安八世的档案，档案表明，国王和贵族与平民妇女偷情的问题是存在的，而且很有可能生下孩子。国王处理这种情况的方法就是给那个妇女写信，并寄去一笔钱用以抚养孩子。

安徒生是否是落难的王子也许并不重要，人们只不过是对这位作家想了解得更多一些罢了，重要的是他的作品享誉全世界，他创造的美妙的童话世界给孩子们幼小的心灵增添了不可或缺的美丽回忆。

## 凡·高开枪自杀是精神失常了吗？

现代印象派绘画艺术的杰出代表——凡·高，具有非凡的绘画才能，他的绘画作品在他死后才被世人视为珍品，他也由此享誉全球。然而他生前命运多舛，贫困、疾病、饥饿以及天才的不得意使得凡·高的境遇十分凄惨。最后，在 1890 年 6 月 29 日他开枪自杀，因伤重不治而亡，年仅 36 岁。

近年来，随着对凡·高所代表的印象派绘画艺术欣赏和理解的人的增多，有关凡·高生平的研究也得到越来越多的关注和重视。这位艺术家的死成了人们关注的焦点。他选择以自杀的方式离开这个世界究竟是出于什么原因呢？有一点似乎非常明显，这是他的精神失去控制后，在失常情况下所采取的非理智行为。可是，凡·高精神失常的原因又是什么呢？对这个问题的探讨早已在文化界、艺术界乃至化学界、医学界的专家和学者们中激烈地展开了。

从不同的角度出发，学者们提出了许多不同的观点。

这些观点一般分为两大类。第一类是由医学界、化学界的专家所持的自然原因观点。他们从凡·高的生前嗜好、日常活动和生理疾病着眼，做出了不尽相同的解释。一些人认为：凡·高的精神系统被他的一些不良生活习惯严重地损害了，这直接导致他因失去控制而自杀。他们指出凡·高生前非常喜欢喝艾酒，而艾酒内含有对动物神经组织极为有害的物质岩柏酮，饮艾酒成了他的癖好，这严重伤害了他的神经系统。有大量的证据表明，凡·高体内含有相当惊人的高浓度的岩柏酮。他去世后一年，他的棺椁就被种植在他坟墓上的一棵喜欢岩柏酮的小树的树根紧紧包裹起来，后来为他移坟的人被迫连此树一起移走。也有人认为，凡·高有癫痫症，为了治疗而长期使用对神经系统有麻痹作用的药物洋地黄，最终因这种药物的中毒而导致神经损坏。

第二类观点认为，社会原因造成凡·高的精神失常。一种说法是：凡·高精神崩溃而自杀是因为对心理疾病和自身生理感到恐惧和羞愧。直至最后，持这种观点的人在大量研究历史资料后指出：凡·高死前不但患有严重的青光眼，而且还患有梅毒症。他自己也清楚，他不久将失去对画家来说最珍贵的视力，而且，他也有很强的"恋母情结"。这给他很大的精神压力，终使他不堪重负而崩溃。也有很多的艺术、文学界人士是从思想方面找寻原因的。他们认为，凡·高的一生虽然短暂，但历经了太多的磨难。他干过 9 种职业，四处颠沛流离，饱经了生活的艰辛和世道的不公。他渴望去拯救那些劳苦大众，可现实总是粉碎他的理想。这就足以使他对生活不再抱有希望。作为艺术家，绘画是他的生命。而且，他有极高的天分，极强的创造力。他从事绘画不过 7 年，就创作了大量水平极高的作品。可是在那个时代，世人并不理解和认识他所代表的艺术风格，因此作品一点销路也没有。在他生前，只有一两幅画被售出，以至于他不得不依靠弟弟的不断资助来维持生活。他本来已经脆弱的神经被这些无情的现实极大地撞击着，终于不堪重负，所以他才选择用自杀的方式逃避这个没有给他带来什么温暖和快乐的世界。

也许，单纯从某个角度来分析凡·高精神失常的原因都有失偏颇，如果能综合而全面地分析凡·高，可能会得出对凡·高死因的最好的解释。不管如何，这位画家总算在死后能安息了。

## 弗洛伊德放弃性诱惑论之谜

弗洛伊德是后世公认的著名的精神分析学家，同时他也被尊为性学的始祖。然而人们对弗洛伊德为何后来要放弃性诱惑论一事非常困惑，此事在当时也闹得沸沸扬扬。

1897年9月，在给弗烈斯的一封信中，弗洛伊德说："我想告诉你一个极大的秘密，这几个月来我一直被它所缠绕着，它就是我对我的性诱惑论产生的疑惑。"弗洛伊德不再相信性诱惑论，但他仍旧认为病人讲给他听的故事确有深意。批评家认为，弗洛伊德在他为何放弃性诱惑论上是撒了谎，他说谎的原因更加不可告人，他是为不想让别人发现他放弃性诱惑论的真正的原因而撒谎的。

杰弗里·马森是一位年轻的美国精神分析家。他在1980年以前，本应该顺理成章地继任国会图书馆弗洛伊德档案馆馆长一职。也就是在这个时候，马森把弗洛伊德写给他的朋友弗烈斯的信件全部看了一遍。弗洛伊德的书信选集，曾在1950年由弗洛伊德的女儿安娜·弗洛伊德编辑出版。但通过进一步检查档案，马森发现选集中遗漏了大量信件，马森在进一步查证之后，发现这些遗漏的材料与弗洛伊德的性诱惑论有关。这些信件说明弗洛伊德并没有像后来自己指出的那样坚决而迅速把这一理论抛弃；相反，他一直坚持这一理论有数月、甚至数年之久，他希望这些理论的正确性有一天能被证明。

弗洛伊德为什么会把自己的发现放弃了呢？马森推断，当时因为这一理论，弗洛伊德不但已受到同事的中伤，而且更因为到处泛滥的猥亵的说法而被含蓄地指控。由于弗洛伊德迫切地想得到同事的支持和赞同，所以就宣布不再相信这一理论。马森在他出版于1984年的书中这样写道："我极不情愿地发现弗洛伊德之所以放弃性诱惑论说是因为缺乏勇气。"

弗洛伊德在给一个病人弗烈斯的信中说，可能身心失调是引起埃克斯坦继续出血的原因，可笑的是，这个诊断荒谬绝顶，是对弗洛伊德性欲望转移和压抑性欲望理论的很明显的模仿。马森认为从这个荒诞可笑的诊断中可以看出，弗洛伊德如何对他的同事曲意迎合，又如何急于把病人的病症归结在幻想上，而不认为是一次医疗事故。弗洛伊德不敢直接与弗烈斯发生冲突，因此，也就不敢对他所谓的鼻子理论进行批驳，更不敢说手术是被他搞糟的。同样，在性诱惑论上他也是如此。他不敢坚持自己的性诱惑论是正确的，不敢说在全国猖獗的令人不悦的猥亵事实是正确的，怕把他与那帮维也纳同事的关系搞僵。

但大多数思想史学者则认为，弗洛伊德放弃性诱惑论的动机不像马森说的那样猥琐和卑鄙。他们认为，弗洛伊德过于简单地叙述，虽然是对事实的不忠，但却是为了使叙述更为夸张而采纳的方法。

许多学者认为，实际上，放弃性诱惑论不失为英明之举，因为弗洛伊德认为儿童幻想同他们的父母发生性行为的观点，要想得到医学界的认同，非常困难。至少，与猥亵儿童现象猖獗的观点相比，"恋母情结"要更加激进一些。因为猥亵儿童现象已经被许多医生证实确实存在，但人们之于"恋母情结"，除了知道它是源于一个希腊神话外，其他便一无所知。

心理学大师弗洛伊德为何要放弃性诱惑论似乎给人们出了一个难题，他此举到底是出于何种原因，也许用他的心理学学说来分析他的行为会取得意想不到的收获。

## 托尔斯泰晚年离家出走之谜

列夫·托尔斯泰是俄国著名的大文豪，其一生创作颇丰。他的作品对欧洲文学影响极深，在世界文学史上也占有一席之地。这位享有世界声誉的作家晚年却做了一件让世人皆惊的事，即离家出走。托尔斯泰为何要离家出走，这还得从他晚年的思想变化及其生活说起。

晚年的托尔斯泰开始笃信宗教，宗教观、社会观都发生了很大的变化。73 岁时，托尔斯泰回到了故乡雅斯纳雅·波良纳庄园。然而晚年的托尔斯泰对他庄园的看法也发生了许多变化。他开始习惯于关注在他的农田上辛苦劳作的农民们，这些贫苦可怜的农民让托尔斯泰感到不安与自责。

为了减轻自己的内疚感，托尔斯泰开始改变自己的生活方式，甚至开始自我折磨：他变得厌恶人情世故和亲友间的应酬，也拒绝出席贵族的宴会。他经常戴着草帽，穿上旧衣服，脚踏树皮鞋，在农田里干活。

到了后来，托尔斯泰想要解放他的那些农民，把田地分给他们。同时，他也打算把他全部著作的版权，无偿地献给社会。

托尔斯泰不顾妻子反对，最终公开发表声明：从 1881 年以后他出版的任何作品，可以由任何人免费出版。

在这样一个阶级社会里，托尔斯泰的朋友亲人都不理解他的社会观、宗教观。在家里，家人不时与他发生冲突；在社会上，许多报刊攻击他；科学家、家教界、沙皇政府都表示对他不满。

正在作家受到了孤立与打击之时，切尔特科夫出现了，他用花言巧语取得了作家的信任，在作家生命的最后 9 年，切尔特科夫在老人众多家人、随从者中地位最特殊，对老人的思想也影响最大。

其实这个家伙的真正目的，是要夺取托尔斯泰那些作品的继承权，尽管作家自己的许多朋友都知道切尔特科夫的险恶用心，但他们都没有敢直接告诉托尔斯泰。

本来，作家的日记都是由妻子保管的。但由于与妻子产生了矛盾，再加上切尔特科夫的花言巧语，托尔斯泰把他最后 10 年的全部日记都交给了切尔特科夫这个骗子。

妻子索菲亚也敏感地猜到了发生的事情，她对此非常痛苦，脾气也越来越坏，把怒气全都撒在了作家的身上。

1910 年 8 月 30 日晚，她又和作家发生了激烈的争吵，她甚至愚蠢地说她并不是痛恨切尔特科夫，而是不能原谅托尔斯泰。对于妻子的愤怒与谴责，作家采取的是宽容谅解的态度，因为他在晚年一直奉行"不抵抗主义"，他总是把错误都想到自己身上，而尽量原谅别人的种种不对。在作家的最后一段岁月里，他的生活并不美好，他的周围充满了责难。为了能够平和地过完后面的日子，作家开始打算离家出走，以躲避这些纷争。

10月28日还不到早晨5点，作家就带着私人医生离开了波良纳。在火车上，作家病倒了。寒冷的天气使他不停咳嗽，并开始发高烧。他们在阿斯塔波瓦车站下了车，7天后他就病逝在这个荒凉的小站里。

有关托尔斯泰离家出走一事，很多专家和学者都曾对此进行过研究，许多复杂的因素纠合在一起促使这位巨匠做出了令人震惊之举，但这并不会影响这位文学巨匠在我们心中的地位。

## 埃及总统萨达特为何被害？

10月6日是埃及一个重要节日，每年的这一天都要在纳赛尔城举行盛大的阅兵典礼。

可是令人万万没有想到的是，1981年10月6日，萨达特遇刺身亡。那一天，同往年一样，在开罗不远的纳赛尔郊区，举行盛大的阅兵式。上午11点，萨达特总统身穿镶有金边的蓝色陆军元帅服，兴致勃勃地坐在观礼台第一排中央观看军事表演，他的左边是穆巴拉克副总统，右边是国防部长加扎勒将军。在阅兵式进行过程中，正前方一辆拖着一门130毫米口径反坦克炮的卡车突然停了下来，不一会儿，从车上跳下来四个人。所有的人都以为，是车子出了什么故障，他们是下来修车的，当他们向观礼台走近的时候，萨达特总统还关心地站了起来。谁料他们猛然向萨达特投出一枚手榴弹，另外的人也开始向萨达特等人猛烈射击，萨达特致命的一枪是在颈部，一代伟人就这样惨死在自己的同胞的枪口之下。杀死萨达特的四名凶手有一人被当场击毙，三人受伤就擒。

暗杀事件发生后，由于某些军方领导人希望尽可能把审判凶手的权力控制在自己手中，所以军事法庭在审判时，只是简单地讯问了一些暗杀的具体细节，并没有涉及其他方面。所以，至今很多人仍不清楚这起暗杀事件的性质，它到底是一起有人策划、背后指使的阴谋呢？还只仅仅是个人行为呢？

有人认为凶手是受了组织领导的指令和别人共同策划了这起谋杀萨达特的行动，主犯现役军官哈立德上尉是"安古"小组的成员，他是接收到"安古"小组领导人的指令后行动的，所用的武器也是由他的上级提供的。因为哈立德原来是准备回家乡去过节的，在受审时他说："起初我不愿意参加阅兵，可后来我同意了，因为我忽然想到，这是天意。我不是去参加阅兵，而是去执行一项神圣的使命。"

可也有人认为凶手的行动纯属个人目的，在暗杀前不久，萨达特总统为了镇压批评他的人，曾经开始了一场大搜捕，总共抓了三千多人。而凶手哈立德的哥哥就被捕了，这可能是谋刺的根本动机和直接原因。并且当哈立德对总统开枪时，曾对左右两边的副总统穆巴拉克和加扎勒将军喊道："让开！我专打这条老狗！"这很显然，他是冲着萨达特总统来的，是为了报私仇来的。

而有的国际问题专家却认为事情并不这么简单，应该从国际国内的大环境中来看这次谋刺行为。萨达特上台以后，一改以前埃及亲苏的政策，对苏联的许多蛮横行为态度强硬，绝不妥协，因此与苏联的关系闹得很僵，显示了他的铁腕作风。1976年，面对苏联的要挟与要弄，愤怒的萨达特废除了同苏联的友好协议，并取消了曾给予苏联海军在埃及港口的一切便利，责令苏联开走在埃及境内的5艘军舰。当苏联要求他偿还军火债时，他又以经济困难为理由，援引苏联的惯例，拒绝在10年内偿还债务，并要求苏联船只再通过苏伊士运河必须支付过境费。

与此同时，他主动改变同西方国家的外交格局，频繁出访西方国家，达成了一系列友好合作协议。还做出一项重大的宣布：他将访问以色列，这在当时是十分惊人的。一石激起千层浪，美国支持他的出访，苏联则感到非常恼火，第三世界普遍赞同。就在埃及国内意见也不一致，外交部长甚至以辞职来表示对这一行为的反对。但是萨达特克服了重重困难，勇敢地亲赴耶路撒冷，和以色列进行了直接会谈，打破了中东和平进程的僵局。

但是，他访问以色列，尤其是签署戴维营协议和埃以和约，并不仅仅给埃及带来了和平与经济的发展，还导致了一些国家对埃及的经济、政治制裁，近二十个国家同埃及断绝了外交关系。一些国家的领导人和报刊公开谴责萨达特犯了"现代史上无人所犯的历史罪行"。

整个事件中，还有两个令人生疑的地方没有解开：一个是当萨达特阅兵时，他的身边有好几名卫兵，枪击开始时，这些卫兵以及其他保安人员在什么地方？有什么反应？另一个是萨达特中弹后，于中午12点40分被人抬上飞机送往医院，可是直到下午1点20分才到达，中间整整花费了40分钟，可是这只是一段通常5分钟就能飞完的路程，为什么会耽搁这么久呢？

萨达特总统逝世的噩耗传出以后，全世界都为他哭泣，人们把他的逝世比喻成"中东一颗政治巨星的陨落"。联合国安理会为他默哀，各国领导人也纷纷发表谈话，痛悼他的不幸遇难，不少国家还专门为他举行悼念仪式。萨达特总统被安葬在纳赛尔城胜利广场的无名战士墓地，10月10日在那里人民为他举行了国葬，来自世界80多个国家的总统、总理和特使参加了下葬仪式，站在最前面的是当时美国所有活着的3个前总统——尼克松、福特和卡特，还有以色列总理贝京。

## "甲壳虫"创始人列农遇刺身亡之谜

著名的"甲壳虫"乐队曾经风靡全球，至今仍然深受人们的喜爱。1980年12月8日，乐队的创始人列农在纽约的达科寓所内遭遇枪击身亡。全世界都震惊于列农之死。热爱列农的人们对他的死充满了疑惑和不解：凶手为何要杀死列农？这是一次蓄意谋杀吗？

关于列农被杀的原因，目前尚未取得一致意见，主要观点有：

第一种观点认为，列农因拒绝为人签名而被人枪杀。以列农为代表的"甲壳虫"乐队在20世纪60年代主宰了摇滚乐，风靡全世界。他们的音乐、服饰吸引了众多的歌迷，也受到各种音乐爱好者的重视。这支独特的乐队成为英国利物浦的代表，很快便风靡全欧美各国。列农是乐队的核心成员，他不但演唱出色，而且创作了不少美妙的歌曲，许多代表作品在国内外发行流传，这些使得列农拥有了越来越多的歌迷和崇拜者，这些人都以能得到列农的签名为荣。因此，有可能当列农拒绝为可能是歌迷或崇拜者的凶手签名时，便遭到了恼羞成怒的凶手的枪杀。

第二种观点认为是某些人想用制造轰动的事件来使自己出名，于是，凶手选择了声名显赫的约翰·列农。持这种观点的有约翰·列农的遗孀小野洋子。但是，赞同或附和这种观点的人不多。

第三种观点认为列农的被刺是一次蓄意谋杀，而且，凶手在谋杀前还做好了周密的布置。1981 年，美国学者杰伊·科克斯在《时代》周刊撰文认为："有官方的记录，列农之死将被称为谋杀。这是一次暗杀，是他们无法理解的有意的凶杀。"科克斯认为是谋杀的理由有二，一是：事后查明，谋杀列农的马克·查普曼于谋害列农前两天赶到纽约，住在离列农家有几个街区的基督教男青年会里。但查普曼在谋杀列农前一天晚上离开了青年会，搬到谢拉顿中心的一家饭店，并且大吃了一顿，仿佛是为了取得某种值得自豪的成就预先慰劳自己。二是：在 12 月 8 日夜晚，查普曼在列农的公寓门口等到了列农。他从阴影里冲了出来，举枪朝列农射击，接连 4 发子弹击中了列农。警察抓住他之后，发现他身上还带有列农签名的纪念册。但科克斯没有说明查普曼为什么要杀死列农。有人推测查普曼可能是个患有歇斯底里症或是偏执狂一类的患者，这些人在情绪激动后便无法控制住自己的行为。

第四种观点在艺术界得到承认。艺术界人士认为列农被害的主要原因在于他的艺术实践和艺术主张。列农清楚地认识到摇摆舞音乐是一种巨大冒险和感情丰富的应用艺术，他们所创作的歌曲会使更多人起来反对摇摆音乐的欢乐和奔放。"甲壳虫"之所以在全世界轰动，是因为他们的理想主义走在时代前面，激励时代前进。列农的艺术实践和主张，具有鲜明的挑战意义，很容易遭到反对派的攻击和嫉恨。以上说明，列农常会处在易受攻击的地位，甚至有被杀的可能。而且，列农曾多次遭到别人的恐吓和攻击。1964 年在法国举行第一次"甲壳虫"音乐会时，列农收到一张条子："我要在今天晚上 9 点钟把你打死。"据此，很多人推断查普曼很可能是一个言行和列农大相径庭的人，故而枪杀了列农；或者是受雇于人的凶手。

列农离开歌迷们已有 30 多年了，每年在列农的忌日都有歌迷组织各种活动来纪念这位欧美摇滚巨星，然而有关他的死因至今仍没有确切的答案，歌迷们都为之遗憾。

## 谁杀害了女科学家黛安？

在非洲"心脏"卢旺达深林密得维龙加山"卡里苏克研究中心"，这是一个研究大猩猩的科研机构，在一片低矮的棚屋后面，有一片墓地，那里埋葬的大多是死去的大猩猩，在中间的一块墓碑上刻着"尼依拉玛西比莉"，这是卢旺达当地的语言，意思是单独住在树林里的妇人。这块墓碑的主人是研究中心的创始人，美国卓越的野外猩猩观察家、科学家黛安，"尼依拉玛西比莉"是她的专用名。她在卢旺达密林中研究大猩猩已经有 18 年的时间，一生没有结婚，把自己的全部精力和爱情献给了相貌凶恶的大猩猩，可是令人无法接受的是，她最后竟是惨死在同类的屠刀之下。

　　1967年，在美国科学界已经小有名气的黛安毅然放弃了丰厚的年薪和舒适的生活，一个人来到了位于非洲卢旺达的深山密林中，开始研究人类的近亲——大猩猩。在研究中，黛安倾注了自己的全部心血，最终成为世界上最知名的动物学专家，很多人把她称作"大猩猩们的妈妈"。但是面对当地部落的偷猎者们疯狂捕杀大猩猩的行为，黛安的心都碎了，就好比眼看着自己心爱的孩子惨遭屠杀一样，心痛之后燃起的是无比的愤恨，她转而把一部分精力投入到了与偷猎者展开斗争中去。因此，她常常以警惕的目光搜寻周围的一切，摧毁了数千个诱捕大猩猩的陷阱，没收数十种捕捉器材和长矛短刀等武器。一旦抓到偷猎者，对他们的愤恨使她失去了冷静，吩咐她的巡逻队员用带毒汁的荨麻枝鞭打他们。她还没收偷猎者的不义之财，有一次她追赶一个偷猎者，最后竟在一怒之下把他居住的茅草棚子烧了个精光。

　　对大猩猩的爱和对偷猎者的恨使她变得比许多男人还要凶狠，身上常携带着一把自卫手枪，毫无畏惧地与成百名出没无常的偷猎者孤军作战。黛安还拍摄了许多有关大猩猩的影片并写了不少她与大猩猩在一起生活的文章，送到英国和美国许多城市去放映和发表。为了呼吁人们关心大猩猩，她不得不离开卢旺达回国去做报告，但是她总是很快就回到心爱的大猩猩们身边。卢旺达政府把她的影片作为旅游广告，到处宣扬；《国家地理杂志》不断登载图片介绍黛安的活动，很快卢旺达就成了闻名遐迩的旅游胜地。黛安想方设法通过各种新闻媒体扩大影响，拼命制止偷猎事态的恶化，保护她心爱的大猩猩孩子们的生存。

　　1985年12月27日凌晨5点多钟，研究中心的卢旺达雇工坎西拉加纳和科学家麦圭尔来到黛安的研究室里，只见屋内一片混乱，床单、衣箱、衣物扔得到处都是，还有一盏油灯被打碎了。而屋子的女主人黛安血肉模糊地仰面躺在床边，身上穿着睡衣，脚上还套着拖鞋，却已死去多时了，她的右手伸到了床下，那里放着她的一支9毫米口径的手枪和没有动用的子弹夹。消息很快传到卢旺达政府那里，警方、军方和政府三方组成联合调查团前来调查，法医的检验结果是：黛安的头部有6处刀痕，是被非洲人通常使用的两尺长的砍刀劈死的，在床下找到的被丢弃的凶器证明了法医的判断。

　　黛安被害很显然不是因为谋财害命，因为抽屉里的1300美元现钞、1700多美元的旅行支票和照相机以及桌子上的收音机、几瓶酒都放在那儿没有动，甚至她的自卫手枪也没有被拿走。屋内其他比较值钱的东西和黛安没收的偷猎者的长矛短刀等各种武器也都一件不少，唯一丢失的物品就是黛安的护照。从现场情况来看，凶手从黛安卧室的墙上割了一个大洞，然后钻进室内，而且凶手很熟悉室内的布局，事前有过周密的布置，究竟是什么人在深夜偷袭她呢？联想起黛安对那些曾杀死她心爱的大猩猩的偷猎者的仇恨，显然，她对他们的阻止与惩罚给她带来了杀身之祸。偷猎者们认为这位白人妇女断了他们的财路，非常愤恨，但无数次地与她交手都败下阵来，积怨日久，一直扬言要干掉她。只是没有想到这一天来得这样快。著名的野生动物摄影师鲁特说过："黛安的致命伤是她自己当了一个执法者，最终导致了她的惨死。"

　　也有的人认为黛安没收了一个偷猎者的护符，而护符对于一些当地人来说是比生命还珍贵的东西，他的同伙为了找回护符而潜入黛安的居所，因此与黛安起了冲突，最后凶残地杀死了女科学家。但凶手搜遍了整个房间，也没有找到要找的东西，最后只得仓皇离开了。

可是令人大为吃惊的是，1986年卢旺达警方声称：根据全面调查，他们认为凶杀案的真正嫌疑犯是黛安的同事和助手、美国动物学家麦圭尔，在黛安营地工作的5名当地人被指控犯有同谋罪。卢旺达警方认为，麦圭尔的杀人动机是为了非法攫取黛安多年积累的、独一无二的研究成果。但是，黛安和麦圭尔的许多同事、好友对卢旺达警方的这一指控表示怀疑。因为，在黛安死后，麦圭尔又继续在营地留驻了七个多月，并且麦圭尔只会讲几句当地话和法语，不可能与当地人合谋。

直到现在，杀害黛安的凶手还是没有查获，但是黛安为大猩猩所做的一切，她的胆略和勇气，永远赢得了后人的尊敬。

## 拉登财富之谜

世界上最可怕的恐怖组织头子拉登，他从哪里聚敛如此多的财富从事恐怖活动呢？

许多人都认为，曾是沙特富翁的拉登利用自己的巨额资产支持发动恐怖袭击。然而，随着"9·11"独立调查委员会等机构对"基地"组织的深入调查发现，拉登的资产从未超过3亿美元。而且他不曾利用私人财产或者1991年至1996年期间在苏丹积累的财富直接资助恐怖活动。研究恐怖组织的美国国会调查机构专家肯尼思·卡茨曼说："新的观念认为，本·拉登没有把那么多财富真正投入'基地'组织，或者说他的财富并非'基地'组织的原动力。"那么拉登的大量财富从哪里来呢？

拉登1957年出生在沙特的一个豪门之家，他的家庭一直保持着经商的传统。40年代末，居住在也门的拉登的祖父奥克巴迁往沙特阿拉伯。

1980年6月，27岁的拉登凭他那巨额财富在伊斯坦布尔的郊区设立了他的总部。他在这里对志愿者进行收容、组织，并承诺把他们送到阿富汗。拉登就是在土耳其这段时间里积聚了巨额财富。

他经营的分公司遍及伊朗、巴基斯坦和海湾国家，在日内瓦、苏黎世、法兰克福和伦敦等金融市场都有账户。他的先进的电子设备和武器弹药是通过一个错综复杂的银行网在瑞典、法国和德国购买的。同时，拉登也拥有先进的网络信息系统，办事效率也极高。1982年底拉登从伊斯坦布尔来到巴基斯坦，在白沙瓦建立了"支持者之家"，还在阿富汗边境的柏克蒂亚建立了16个游击队训练营地，训练他的恐怖分子。

本·拉登

拉登把数以亿计的资金存入可以从事电子转账而对资金来源审查不严的国家。以商业活动的方式将其隐藏起来。美国人追查本·拉登的行踪，结果让他们十分沮丧：他们的死对头创建的商业和金融帝国覆盖了欧洲、非洲和亚洲。一位美国调查人员最近承认："每天我们都得到关于本·拉登的帝国和他极其复杂的金融网的最新消息。他的实力比黑手党还强大。"

水溶性阿拉伯胶是一种可以防止微粒沉淀的物质，可用于可乐型饮料乳化稳定，包括可口可乐和百事可乐在内的大部分不含酒精的饮品都含有这种物质。而它们大部分由苏丹的阿拉伯树胶公司制造。拉登是这家公司的大股东，他带领他的恐怖组织，就像领导一家跨国公司。因此《华盛顿时报》有消息称，每当世界上售出一罐软饮料时，就会出现一个骇人的可能性，拉登的财富有所增加。有了这笔财富，他的恐怖网络向西方宣战的力量也随之增强。

"虽然不清楚拉登在水溶性阿拉伯胶生意上的参与程度，但他已在软饮料业中赚取了数千万美元。"

而这只是拉登大规模聚敛财富的一种手段而已，他们贩毒、抢劫银行、绑架人质勒索赎金，还利用经济全球化带来的机遇，垄断诸如毒品和阿拉伯胶市场，甚至在北美和欧洲的证券交易市场上通过做空来获得经费支持。

即使联邦调查局都无法确定，他们的死对头到底有多少钱。最保守的估计，拉登个人约有 3 亿美元的财富。然而，拉登的实际财富究竟有多少，还是无人知晓。

# 文明疑案

## 人类文字是怎样起源和发展的?

人类自从有了文字才进入了一个相对文明的发展阶段。世界上各个民族有关文字的起源都有许多美丽的传说，如中国的"仓颉造字"简直可以惊天地泣鬼神。由此，汉字成为迄今为止使用历史最长的文字，而其他一些使用过的古文字中，很多早已湮没在历史的典籍中了。因此，人们要探索人类文字的最早起源，最好从人类文明古国的浩瀚历史中去仔细寻找。

文字其实就是人与人之间通过约定俗成的可见符号进行交流的媒介，它是人们记录语言的书写符号系统。人类文字历史贯穿了从早期图画文字到字母文字的整个视觉联系的历史。也就是说，图画文字是文字发展的最初阶段，虽然它处在不断变化发展之中，但是世界上很多民族的文字从没有超越这个阶段。

最原始的非书面的联系手段是与利用参照物紧密联系在一起的，如中国的结绳记事等。而确切地称之为文字，始于当标记刻铸在参照物上被描绘和雕刻出来作为"文字"符号的语言。在旧石器时代早期的洞穴绘画中可以看到这种情况。古文字学家所确认的最古老的图画文字出现在公元前 3500 年人类文明的发祥地之一——美索不达米亚地区，这种作为原始文字的图画描述是独立于语言之外的，因为它既不想也不能达到复制声音的水平。

因为这种以"物"表达的文字与人类社会活动的扩大和智力的发展不相符合，所以当人们对这种起初带有非凡想象力的创造发明不满意时，一种新的能表达复杂概念和含义的图画就应运而生了。

它使得简单的描绘概念成为可能；使之能够一定程度地体现人类的抽象思维能力。那么，真正代表发音的符号是何时出现的？多数古代文字学家主张是公元前1800年。居住在两河流域的古美索不达米亚地区居民的创造的发展使人类文字的历史迈进到了音节文字阶段。

音节文字应是字母形成前的最后一个阶段。公元前3100年的苏美尔文字、公元前3000年左右的埃及文、公元前2200年的原始的印度文、公元前2000年的克里特线形文字、公元前1500年的赫梯文以及公元前1300年前后的中国甲骨文都处在这一阶段。随着文字的发展，发音符号的抽象性逐渐加强，大大超出了符号的具体性，它们愈发灵活了。

文字发展的最后一个阶段是字母文字，字母文字标志着文字规范化的到来。美国语言学家格尔帕认为，第一个能被公正地称为字母文字的应该是希腊语。希腊语在公元前9世纪充分接受了闪米特语的音节表，发展了元音制度，而且，首创元音与辅音的结合，第一次导致了完备的字母文字体制的问世。

最早的文字是公元前3000年初期苏美尔人印刻在泥板上的图画。后来，当文字的发展较为显著时，削尖的、楔形形状的茎秆笔成为常见的书写工具，这样楔子形状的文字本身逐渐地被称为"楔形文字"。这种文字最早是从上至下在圆筒上书写的，后来到了公元前2600年就改为在水平面上从左到右书写。

人类文字发展到现在经过了由复杂到简单的发展阶段，表音文字成为文字发展的最高阶段，它将越来越方便于人类的交流和发展。

## 英国巨石阵遗址是天文观测仪器吗？

在英国古老而广漠的平原上矗立着许多奇特的巨石建筑，它们经历了几千年的风雨洗礼，也见证了人类历史沧海桑田的变迁。这片建筑被人们称为"古代巨石阵遗址"，它也是令人难以破解的世界之谜。

根据科学家实地考证，巨石阵最早建于约公元前2800年的新石器时代后期，那时已建成了圆沟、土冈、巨大的踵石和"奥布里坑群"的巨石阵的雏形。约公元前2000年，巨石阵建筑的第二阶段已基本完成了整个巨石阵。蓝沙岩石柱群和长长的通道是这一阶段的主要建筑。最为重要的是巨石阵的第3期建筑，时间大约在公元前1500年，这时沙石圈和拱门已建成，巨石阵已全部完工，这就是人们现在所看到的雄伟壮观的巨石阵遗址的全貌。很重要的一点是，整个巨石阵的工程需要150万人工，而整个建筑遗址中，始终找不到用牲畜和轮载工具的痕迹。

几百年来，人们一直被神秘的巨石阵遗址困扰着，然而为了将巨石阵的谜底揭开，有众多的科学家投入到了这方面的研究。1126年，英国史学家杰弗里编写的《中世纪编年史》是关于巨石阵的最早记录，认为巨石阵是由亚瑟王的谋臣梅林用魔法从爱尔兰运到英格兰作葬地材料用的。

对于巨石阵的研究，几百年来一直没有停止过，然而人们始终没有搞清巨石阵原先的建造目的究竟是什么。以往的考古学家大多数认为：巨石阵是举行祭祀活动的宗教场所，或是当时英格兰早期居民的基地。"奥布里坑群"里发掘出的人类遗骨能够有力地证明这种观点。但是，类似这样的巨石阵分布在地中海沿岸，其中主要是英国和法国的广大地区，这又说明它们不可能都是祭坛或墓地。

另有一些天文学者认为巨石阵是远古时代的天文观测仪器，这种观点比较令人信服。的确，巨石阵的神秘色彩与天文学有着不同寻常的联系。巨石文化专家阿特金森指出：当时蒙昧落后、没有任何先进计算工具的史前人类建造如此精密的天文仪是不可能的。英国天文学家霍伊尔提出反对意见：作为天文观测仪的材料为何不用轻便的材料和泥土而使用难以开采的大沙岩？这样不是要耗费大量的劳力吗？而且奥布里坑群中的人类遗骨与天文学也很难联系起来。况且，如果是高度发达的史前文明的结晶，为什么又消失了呢？人们因此又回到宗教这个传统观点上去，甚至有人认为巨石阵与外星人有关。

英国巨石阵遗址究竟是进行祭祀活动的宗教场所？还是古人用来观测天象的天文观测仪？还是外星人在地球活动的遗迹？抑或是其他？对于这些，人们目前都无从知晓，也许它将永远是个谜。

## 美洲金字塔是模仿埃及金字塔建造的吗？

提起金字塔，大家自然会想到矗立在尼罗河畔的壮观的法老陵墓，但是我们今天所说的，却是耸立在美洲大陆上的金字塔。

埃及金字塔给我们留下了数不清的谜团，无独有偶，美洲金字塔也令我们在奇迹面前像个弱智者，对其难以理解。在众多谜题中，人们最感兴趣的是：为什么在美洲也会有金字塔，美洲金字塔同埃及的金字塔有关系吗？

许多人认为，美洲金字塔是模仿埃及金字塔建造的，其理由有：第一，现在的考古已经证明，在几千年以前，人们凭借当时的技术条件，完全可以跨越大洋进行交流。例如中国的商朝和墨西哥的奥尔梅克、秘鲁的查比因文明都相当崇拜美洲虎神，并且虎神的造型和风格也相当接近。这说明新旧大陆居民是有往来的。第二，美洲金字塔和埃及金字塔无论外形和功用都大有相似之处。1958 年，考古学家在墨西哥帕伦克的一个被称作"铭记神庙"的金字塔内部，发现了一个高 7 米、宽 4 米的墓室，石棺内放着一具有大量陪葬饰品的尸骨。据此，一些学者做出了这样的推测：很久以前，有部落从埃及迁徙到美洲，向美洲居民传授金字塔的建造技术。著名学者伊凡·范瑟提玛在《哥伦布以前到来的人们》中，就持这样的观点。

另有一种与之针锋相对的意见认为：美洲金字塔是美洲土著文化独立发展的结果，美洲金字塔和埃及金字塔毫无承继上的关系。通过目前所出土的文物看，早在 2 万至 3 万年前，美洲最早的居民是经白令海峡从亚洲东北部进入美洲的亚洲人，他们依靠最简单的工具和武器，创造了颇具特色的灿烂文化。因此他们完全有能力独立建造出神奇的金字塔。

持此种观点的学者认为：虽然有些迹象已经表明，几千年前，人们利用当时的简陋工具，偶尔可以横渡大洋，从古代埃及跑到美洲是可能的，或者说从美洲跑到埃及也是可能的，但是问题的关键在于：谁能证明，在埃及出现金字塔之后和美洲出现金字塔之前的这段时间里，古埃及和美洲的居民有所来往呢？恐怕没有人可以证明这件事，因此说美洲的金字塔仿照埃及金字塔就毫无根据。另外，美洲金字塔和埃及金字塔在许多地方都大不相同。古代印第安人信奉多种自然神，如太阳神、月亮神、雨神、河神、天神等。他们登上高山之巅进行祭奠活动，以示更靠近神灵，而生活在平原、河谷地带的印第安人则在平地建起土丘，在土丘顶端筑起庙宇，用以祭礼。随着筑坛祭神活动的盛行和发展，神坛的规模也越来越大，逐渐建成为金字塔形，而且金字塔的建筑艺术也越来越高超。整个金字塔和塔顶庙宇与神坛中的神像、石碑及其他石雕艺术品，反映出不同时代和地区的古印第安人的政治、经济、文化的特点与风貌，同时也是美洲古代印第安人社会的神权中心。由于美洲金字塔原来是印第安人举行宗教仪式的地方，所以平台上的神庙是其主要部分。而埃及金字塔从一开始就是安葬法老的墓穴。当然有的美洲金字塔也具备墓室功能，但一是数量不多，二是一般是后来从外面挖入，而不是一开始就是墓穴。美洲金字塔和埃及金字塔在外形上虽然有相似之处，但是也有很多不同，例如美洲金字塔不像埃及金字塔，多为四棱锥形，而是多为四棱台形，而且美洲金字塔的正面是台阶形的，也就是说人们可以沿着台阶一层一层地走到塔顶上。如果我们从建筑学的角度看，就会发现把巨大的建筑建成金字塔形是最为稳固的。并且无论是作为祭神场所的美洲金字塔还是作为法老陵墓的埃及金字塔，都具有浓郁的宗教色彩，而金字塔这种建筑是一种体现稳固性和永恒性的建筑，当然也是最为理想的宗教建筑样式，这种样式，聪明的埃及人会选取，智慧的美洲原始居民也同样有可能选取。

这两种意见谁是谁非，目前仍无定论，也许要解开这个谜，需要更多资料的发掘。

## 苏美尔人之谜

西亚地区是人类最早走入文明社会的地区之一，苏美尔人则是最先在西亚创造辉煌远古文明的民族，然而，这一与周围民族截然不同的民族，究竟来自何方？

两河流域文明时代最早的居民是苏美尔人，他们在公元前5000至公元前4000年期间就来到了这里，并且创立了辉煌的两河流域文明。

1835年，位于现今伊朗的克尔曼沙阿东的贝希斯屯浮雕石刻文字吸引了英国军官罗林森的注意。此后，德国哥廷根大学希腊文教授格罗特芬德释读了一篇铭文中40个楔形文字中的8个字，运用这8个字读出了石刻上3个国王的名字。1848年-1879年，欧洲人雷雅德在库云吉克附近挖掘出亚述帝国首都尼尼微绒的遗址，庞大的宫殿、宽阔的马路、坚固的城墙让人惊叹。他们共发掘出2万多片刻有楔形文字的泥版和5万多件各式文物，这些重大发现为进一步了解两河流域古代文明打下了基础。

1899年，考古学家科尔维德在卡色尔堡遗址的土丘上发现了巴比伦城遗址。"巴比伦"本意为"神之门"，经过考证，这是古代两河流域的最大城市，曾经是巴比伦王国的首都。后来另一位考古学家发现了一个更加古老的文明遗址——苏美尔文明，起自公元前4000年左右。这些考古发掘有力地证明了两河流域的美索不达米亚平原是世界最古老的文明发祥地之一。

根据考古资料推断，古代两河流域的文字体系源于苏美尔。约公元前4000年后期，苏美尔人创造了图画式文字。到了公元前3000年，这种文字发展成为楔形文字。苏美尔人通常用平头的芦秆在未干的软泥版上印刻出字迹，笔道呈现楔形。最初，楔形文字被刻成直行，后来逐渐演变成由左而右、由上而下的刻写方式。

苏美尔人已经具备了很丰富的天文学知识，他们在观察月亮运行规律的基础上编制了太阴历，将两次新月出现的期间作为1个月，每月包括29天或30天。全年分成12个月，6个月为29天，6个月为30天，每年计354天，苏美尔人置闰月加以调整。

然而开创了辉煌文明的苏美尔民族却是一个外来的民族，他们的长相、语言、生活习俗、宗教信仰，都与他们的邻居截然不同。

苏美尔人喜欢在平原上堆起土丘，然后在土丘上面建起神庙。苏美尔的富人们也常在山顶上建起堡垒或大厦，甚至在苏美尔人消亡多年后，犹太人来到巴比伦时，仍会看到这些矗立在绿色平原上的奇怪矮丘。这表明苏美尔人可能原先居住在山林中，后来，他们虽然为了追求肥沃的土地而离开了山林，却并没有抛弃他们的习俗，仍然在平原上堆筑起无数小山般的矮丘。

在苏美尔人的遗址中，发现了大量圆柱形的印章。它们大多由贵重的金属或玉石制成，印章外壁刻上了精美的图案和文字。这样的印章在印度河流域也曾大量发现，这似乎表明苏美尔文明与印度河文明存在着某些联系。是苏美尔文明来自南亚印度，还是印度河文明传自西亚呢？苏美尔人的语言又与汉语有些相似，含有不少汉语的语音，这是不是表明苏美尔人来自远东呢？

还有些人认为如此发达的文明只能来自外星球，这一点可以从苏美尔人的传说中找到证据。据说他们的祖先是降落到人间的众神子孙，从一些古老的史诗中也能发现类似描写空中飞行的词句段落。

苏美尔人究竟从何而来，至今仍未有明确的答案。也许，随着进一步的考古发掘，我们会对苏美尔人有更深的了解。

## 泰国班清文明之谜

泰国班清文明是一个辉煌的文明，这是一个不可一世的文明，但为什么史书上没有一点记载呢？他们的科技之谜又如何解释呢？

班清位于素有万塔之国称号的泰国东北部呵叻高原，它只是泰国的一个普通小镇，是个过去所有的历史书中都没有提到过的一个小镇。一次偶然的机遇，使这个地球上没有标记、鲜为人知的小镇班清名扬天下。

1966年，美国驻泰国大使的儿子斯蒂芬·扬来到班清进行社会调查。一天，他路过一个筑路工地时，在堆积石料的地方，看到许多被推土机挖出的破损陶器。他被上面的图案所吸引，就捡了一个大而美丽的陶罐带给泰国的婵荷公主玩赏。这个陶罐虽然已经破损，但在浅黄色的底色上，有一些奇怪的深红色图案，也有精确的几何图案。这种色彩搭配不但抢眼还相当赏心悦目，再加上美丽的图案，使陶器具有强烈的艺术感染力。另外，婵荷公主注意到这种图案不同于泰国已发现的任何一种，倒是有几分像古希腊的陶器图案。

公主不知道班清有过什么，但深知这些文物非比寻常。这些陶器的形状各异，最令人惊叹的是一些颈部只有一根筷子那么粗的高花瓶，即使是用现代技术也很难做成那样。古人是怎样做到的？还有一些粗矮的大缸，上面又有着精致得不可思议的图案，显得很不协调。这是为什么？

婵荷公主知道在佛教盛行的泰国大规模开挖墓葬很难得到王室批准，她决定借助国外的力量。她将陶器全部拍成照片并编印成册向国外发行。图片发表之后轰动了整个世界，因为，在亚洲的其他地方从未见过这样的陶器出土。泰国怎么会有这么古老的陶器呢？

1968 年，美国著名的艺术史学家伊丽莎白·莱昂斯把一些陶器碎片送到费城大学的考古研究中心。经碳 14 测定，班清的陶器是公元前 4000 年左右制造的，几乎和两河文明的年代一样久。这是令人难以相信的，一般认为，泰国的可考历史至多有 1500 年。以后又多次测试班清陶片，结果都是一样。难道班清曾是世界古文明的摇篮之一？东南亚是一个向外流淌文化的源泉？

1974 年，在联合国的资助下，开始对班清小镇的古墓葬进行挖掘。开挖的第一天，人们的期望值并不很高。很难想象这个人口不足 5000 人、世代以种稻为生的小镇会有很悠久的历史。然而，当挖到 5 米深时，一种考古者熟知和梦寐以求的土层出现了：这是 6 层界线分明的墓葬，最深的一层是公元前 4000 年的，最浅的一层也可追溯到公元前 2500 年。这可大大地超过了泰国的可考历史。

挖掘工作愈发不可收拾，每天都有大量的文物被挖掘出来。到 1986 年，班清挖出了各种文物 18 吨，其中有大量的青铜器和金银装饰品，还有一些用象牙和骨头雕刻的人像，用玻璃和次等宝石制作的光彩夺目的珠串。

经过对挖掘文物的测定，这些珍宝至少已在班清埋藏了五千年之久。同时，发掘表明，早在公元前三千年，班清人已经掌握了青铜的冶炼技术。因为这些青铜器的制作年代大约在五千年前，是世界上历史最远久的发明。过去的历史学家一直认为，五千年前的东南亚人还生活在原始的石器时代，而青铜器最早起源于美索不达米亚的两河流域，冶金术是从西亚传播到世界各地的。班清的考古发掘，对以往的这种结论将是一个最为有力的挑战。

最先的研究显示，这里的文明起源于种稻，但很快有了作坊工业。早在公元前3000 多年，班清人已经掌握了冶铁技术，比中国和中东要早得多。那时，世界各地的文明先发者开始了农耕，有了制作石器的技术。班清人却已经开始用难以想象的几何图案制作手镯、项链、兵器、工具和陶器了。

班清文化不仅是东南亚，而且也很可能是世界上最早的青铜文化。最初的中东青铜是红铜与砷的混合物，后来，在接近公元前 3000 年时，锡取代了砷，青铜就变成了铜与锡的合金。据此，有人认为，班清的青铜文化可能是世界文化的源泉。还人们甚至猜想，班清的地下文明也许是人类文明的摇篮之一。

有人猜测，班清的宝藏的发觉还远未被穷尽，因为这里有成千上万个古墓葬，数量之多远远超过埃及的帝王谷。这个不知名的文明的地域范围远远超过玛雅文明，不亚于印度河文明。

那么，班清的地下到底还有多少古墓，多少珍宝呢？这是一个辉煌的文明，这是一个不可一世的文明，但为什么史书上没有一点记载呢？

## 摩亨佐·达罗突然消失之谜

摩亨佐达罗是沙漠中的奇迹，它的发现把印度的历史向前推进了 2000 年。在摩亨佐达罗的文化已到了相当发达的程度时，它是怎样衰落直至葬身黄沙之下的呢？

摩亨佐达罗位于巴基斯坦信德省境内，拉尔卡纳县城南 20 公里处，距卡拉奇约 500 公里，是巴基斯坦著名的旅游胜地。摩亨佐·达罗的原意是"死亡之地"，它靠近印度河右岸，处在一望无际的信德沙漠中，气候干旱，环境荒凉，在很长的历史时期里人迹罕至，没有人知道在黄沙漫舞下竟然埋藏着几千年的繁华都市。

1921 年至 1922 年间，考古学家班纳吉在印度河干流的沙丘上，发现了一些"奇怪的史前遗物"——许多古物和两枚印章，印章上刻着一些奇怪的符号，有的像牛头，有的像鱼纹，还有的刻画着大象、羊等形象，这引起了考古学家的注意。几年以后，印度考古学者又在信德地区的一个佛塔下面发现了更多的印章，上面同样刻画着许多象形符号，考古学家以这些印章为线索追本溯源，经过进一步发掘，一个大约建于 4500 年前的古城遗址终于露出了端倪。这座"被埋没的城市"，是一个青铜时代的古城遗址。这一发现堪称古印度考古史上最伟大的发现，因为它直接把印度的历史向前推进了 2000 年。

摩亨佐·达罗的突然消失标志着哈拉帕文化的灭绝，这一过程迅速而干净，没有给后人留下任何可以确证的凭证，甚至连神话传说都没有留下。当年繁华的城市，现在仅剩下一片片砖瓦残迹。一些被发掘出的珍贵文物表明了摩亨佐达罗的文化已到了相当发达的程度。但是，摩亨佐·达罗城是怎样衰落直至葬身黄沙之下？摩亨佐·达罗人是在什么时候遗弃这座城市的呢？他们后来又到哪里去了呢？摩亨佐·达罗以其惊人的古代文明、神奇的难解之谜，吸引着无数的学者和游客。

世界各国的许多考古学家、历史学家、人种学家和古文字学家一直试图通过发掘出来的古城遗址和大批石制印章、陶器、青铜器皿等文物，揭开古城的秘密。经一些科学家考证，摩亨佐·达罗在公元前 15 世纪突然消失是由于猛烈的爆炸和大火导致的。1922 年，印度考古学家巴纳尔季在印度河口的一个小岛发现一片古代废墟，所有迹象表明，这个城市是毁于一次突然的灾难。该地区到处是烧熔的黏土和矿物碎片，显示出一种爆炸和大火的痕迹。巨大的爆炸力将古城半径约 1000 米内的所有建筑物全部摧毁，还有一个明显的爆炸中心，在这个中心所有建筑都夷为平地，由中心向外延伸，距离越远破坏程度越轻。

古印度诗史《摩诃婆罗多》中这样描绘："突然空中响起巨大的轰鸣，接着是一道闪电撕裂天空，南边天空一股火柱冲天而起，耀眼的火光胜过太阳，被割成两半的天空（与通古斯大爆炸相类似）——房屋街道及一切生物都被这突如其来的大火烧毁了……"

另外，印度历史上曾经流传过远古时发生过一次奇特大爆炸的传说，许多"耀眼的光芒""无烟的大火""紫白色的极光""银色的云""奇异的夕阳""黑夜中的白昼"等等描述。

那么，大爆炸是由什么引起的呢？有人说是自然灾害，有人说是外星人的飞船大爆炸，然而这些说法过于荒诞且没有旁证。

后来，考古学者曾经在摩亨佐·达罗的下城南部的一座房屋内发现了十几具尸体遗骸，遗骸上留有刀痕，而且横躺侧卧，杂乱无序，有的尸体上还带着手镯、戒指、串环等，他们身体扭曲，四肢挣扎，一副痛苦的样子，应该是遭到了突然的杀害。于是许多人重新认为摩亨佐？达罗的毁灭是由于外敌入侵，并开始寻找新证据，然而十几具尸骨遗骸并不能说明出现了大规模的外族入侵，因而探索摩亨佐·达罗消失的原因仍然前路漫漫。

## 被火山吞噬的米诺斯文明

一次火山大爆发消灭了一个古老的文明社会，克里特王国被人们遗忘了，只留下了一些莫名其妙的传说……

在爱琴海上有一个名叫桑托林的岛屿，岛上有座桑托林火山。公元前17世纪，桑托林火山南边130公里有个克诺索斯王国，位于克里特岛城镇周围，它曾经创造了灿烂的米诺斯文明，为后来希腊大陆文化的繁荣奠定了基础。

克里特岛面积8336平方公里，是爱琴海最大的岛屿，米诺斯文明的发展主要集中在克里特岛。公元前2000年前后，克里特岛发展到青铜器全盛时期，以岛北克诺索斯城为中心建立了统治伞岛的奴隶制国家。公元前1700年前后，克诺索斯毁于地震。后来，人们在废墟上重建新城，新建的米诺斯王宫更加宏伟，而其中的迷宫更是闻名天下。

曾经辉煌的米诺斯文明，在公元前1500年左右，正当鼎盛时期突然瞬间消逝得无影无踪，这是什么力量造成的呢？

考古学家们考证，是火山喷发淹没了米诺斯文明。公元前1470年前后，桑托林火山大爆发，并触发了一次骇人听闻的大海啸。这次海啸给地中海地区带来巨大灾难，希腊沿海及其岛屿的居民点均遭摧毁，桑托林火山南边130公里的克里特岛上的村镇荡然无存，米诺斯文明消失了，克诺索斯王国不复存在。少数生还的人渡海来到希腊伯罗奔尼撒半岛东北部的迈锡尼，将米诺斯的文字、艺术、先进的技术带到这里，逐渐发展起灿烂的迈锡尼文明。在大约公元前12~前11世纪时，多利安人南下，迈锡尼文明被毁。于是，克诺索斯王国就成了一个遥远的记忆，而米诺斯文明也逐渐被人们所淡忘了。那么，米诺斯文明是怎样的文明？它究竟藏于何处呢？

英国一位考古学家为了揭开这个千古之谜，带了一支考察队到克里特岛。经过考证，他们判定该岛首府伊腊克林南方七公里的克诺索斯地下掩埋着一座古城。1900年开始发掘，经过八年的工作，清出无数浮土，一座宏伟的宫殿出现在人们面前。

米诺斯王宫坐落于凯夫拉山麓，整个王宫依山而建，占地面积2200平方米。入口位于王宫西南部，进了宫门是一条用石板铺成的甬道，甬道尽头，便是中心庭院。它的周围分布着各种房间，据最低估计，总数也在1500间以上。庭院的东侧估计是国王居住部分，有正殿、王后寝室、卫生间、浴室、库房等；西侧有一系列狭长的仓库；东南角有阶梯直通山下。

克诺索斯王宫层层相连、宫室环抱、数不清的门户和数不清的阶梯，加上无数错杂的小走廊，给人以扑朔迷离的感觉。王宫的建筑结构颇具特色，房屋宽敞，室内室外房间之间往往只用几根柱子划分。每一组围着采光天井的房间中，有一个长方形的主要房间，称之为"麦加伦"，意即"正厅"。以后的希腊神庙，如著名的雅典卫城等，也都沿用了这种"麦加伦"结构。

各个宫室和廊道上为数众多的壁画，集中代表了米诺斯文明的水平。几千年前留下的彩绘至今未褪，色彩相当鲜艳。颜料都是从植物、矿物和骨螺中提炼的，且在泥壁将干未干时挥毫成画，色彩渗入墙壁，故能经久保存。

整个克诺索斯王宫给人们留下的是一系列的惊叹，大到整体布局，小到细节的设计，无不闪现出克里特人的智慧之光。在一个8000多平方公里的岛屿上创作出如此巨大而完美的建筑简直令人难以置信。

克诺索斯衰落后，以迈锡尼为代表的一批大陆城市强盛起来，历史舞台转到了伯罗奔尼撒半岛上的迈锡尼。克里特文明的许多成就被继承发展。从此，爱琴海文明翻开了新的一页。

就这样，一次火山大爆发或其他原因，消灭了一个古老的文明社会，克里特王国被人们遗忘了。克里特文明的兴亡，至今仍是考古学中令人费解的难题之一，它的神秘面纱远远未被完全揭开。

## 埃伯拉文化之谜

埃拉伯人建立了一座像特洛伊一样的古代名城，他们创造的塞姆语至今无人知晓，但他们的王国为什么突然在历史上销声匿迹了呢？

1955年，一个叙利亚农民在阿勒颇以南的特尔——马蒂克村附近的沙漠里偶然挖出了一个用灰色玄武岩雕成的狮子和一个盆子，盆上刻有行军的武士和宴会的情景。当时谁也没有想到，十几年后，就在此地的黄沙堆下，竟然发现了一个从前未为人知的埃伯拉古国的遗址。

1962年，22岁的意大利考古学家保罗·马蒂埃带领一支考古队到叙利亚考察，他们在7年前发现石狮和石盆的地方进行发掘。这里有一个面积为56公顷、高出地面15米的大土包，而在叙利亚平原上出现这种干燥多灰的大土包是罕见的现象，因此马蒂埃推测，这个大土包下或许埋藏着某种人类遗址。

经过长时间的挖掘，1968年，马蒂埃发现了一块用玄武石雕成的无头男人像，服饰高贵、仪态大方，约属公元前2000年代的遗物。雕像的两肩之间，用阿卡德楔形文字刻有26个字，译作现代文是："埃伯拉国王伊贝特·利姆，把这尊像献给阿斯特尔神殿"。看到埃伯拉这个名字，马蒂埃意识到这可能是一座像特洛伊一样的古代名城。

随着挖掘工作的进行，1973年，他们果然发现了一个王宫遗址，王宫周围环绕着又高又厚的城墙，尚有15米长的城墙残存着。随后，从遗址里找到的碑牌证实了这里确是埃伯拉城，亦即消亡了的埃伯拉古王国的首都。1975年9月的最后一天，考古队在一个房间里发现了约1.5万块泥版文书，然后又在另外两间房里发现了约1.6万块泥版文书。这样大量的泥版文书的发现是史无前例的，一个早已消亡的并沉睡在地下几千年的文明古国的神秘面纱被缓缓揭开。

埃伯拉楔形文字是最古老的，是苏美尔楔形文字演化为阿卡德楔形文字的过渡文种，专家们花费了很多精力，终于将其主要内容译编出来。从埃伯拉大量的泥版文书中可以看出，在公元前3000年代的一段时间里，埃伯拉曾是中东最强大的国家之一，到公元前2300年前后达到鼎盛。当时它是一个拥有26万人口的大国，文化发达，商业繁荣，国势强盛。埃伯拉王国为了控制幼发拉底河流域，与当时另一大强国阿卡德进行过战争，结果被阿卡德国王萨尔贡一世所败，埃伯拉城一度被攻占。数十年后，萨尔贡之孙那拉姆·辛再度攻下埃伯拉城，并将包括王宫在内的整个城市付之一炬。此后埃伯拉王国又几经兴衰，到公元前1600年左右便在历史上完全消失了。

初步考查表明，大多数泥版记载了埃伯拉经济账目，有些泥版是有关外交关系、王族内部和国内事务、宗教和文化事务方面的内容。有一块泥版记载着某个国王有38个儿子，另一块泥版上刻着：强奸处女者判处死刑。还有一块泥版上开列了260座古代城市的名称，可惜大多数地名至今无法查明。

总之，埃伯拉遗址和泥版文书给我们展示了一个早被人们遗忘的文明古国之粗貌，为我们更多地了解中东早期城市的历史提供了丰富的资料，进而增进了人们对整个古代世界的了解。特别值得一提的是，埃伯拉泥版中提到的不少人名、地名，事件与《圣经》中所写的相同或相似，这大概并非纯系偶然巧合。

但是，由于泥版上的一些文字是用一种至今无人知晓的古老的塞姆语写的，所以关于埃伯拉王国的很多情况尚属历史之谜。究竟埃伯拉人是如何建立起这一繁荣的古代城市的？埃伯拉王国为什么突然在历史上销声匿迹？埃伯拉人后来的去向如何及他们的后裔是什么人？泥版上所提到的200多个城市究竟有哪些至今尚存？这些都是尚难解答的问题，正因为如此，埃伯拉王国及其文明的确切历史地位目前还难以估计。究竟它是否是人们所说的"第三个人类灿烂文明的摇篮"，还有待于进一步的考古发掘。

## 米诺斯"迷宫"的传说

米诺斯迷宫的建造起源于一个传说，人们也只把它当作一个传说，可是考古学家真的发现了迷宫的遗址，这是真的吗？

相传位于爱琴海地区的克里特岛，早在公元前16世纪左右，出现了一个强大的王国，国王米诺斯在流传颇广的希腊神话中，被说成是天神宙斯和腓尼基国王阿革诺耳的女儿欧罗巴之子。

据传米诺斯是一个野心勃勃的君主，为了与兄弟竞争王位，米诺斯向海神波塞冬请求支持。波塞冬从海中升起一头白色的公牛以宣示他应允了米诺斯的恳求。同时，海神也命令米诺斯将得到的公牛献祭给他，来证明米诺斯对海神的崇敬。但是米诺斯的贪欲使他违抗了神祇，因而触怒了波塞冬。波塞冬决定要狠狠地惩罚他，让他的妻子在生下几个正常的儿女后，又让她产下一个牛头人身的怪物，人称"米诺牛"，意即"米诺斯之牛"。米诺斯令代达罗斯为怪物米诺牛营造了一座迷宫。迷宫是一座巨大建筑物，米诺牛的住所居中，有很多纵横交错的曲折道路与该住所相通，不晓机关的人误入这座宫殿，不是饿死在暗道，就是米诺牛的盘中之物。

后来，雅典人杀死了米诺斯的一个儿子，为了复仇，米诺斯恳求父亲宙斯的帮助，宙斯给雅典带来了瘟疫，而为了阻止瘟疫的流行，雅典人必须每年选送 7 对童男童女去供奉一个叫米诺陶洛斯的怪物。雅典王子提修斯为拯救雅典的童男童女，决意只身闯宫，杀死米诺牛。由于米诺斯女儿阿里阿德涅深深地爱上了提修斯，她按照代达罗斯的劝告，送给提修斯一团线球和一柄魔剑，叫他将线头系在入口处，放线进入迷宫。提修斯在迷宫深处找到了米诺陶洛斯，经过一场殊死搏斗，终于杀死了米诺陶洛斯，救出童男童女，逃出了迷宫。

起初，由于人们无法证实这些传说，只是把它当作一个动人的故事，但在古希腊历史学家希罗多德、修昔的底斯等的著作里都曾提及米诺斯的名字。后来，德国考古学家施里曼探索荷马时代的遗址，发现了特洛伊城。于是，人们开始寻找传说中的米诺斯王宫，真正解开这个谜团的是著名的英国学者阿尔图·伊文思。

从 1900 年开始，伊文思在克里特岛进行发掘。不久，他就在岛的北端发现了米诺斯王宫的遗址和大量古代文物，古老的传说得到了证实。

米诺斯的王宫建在克里特岛北面的诺萨斯，整个王宫依山而建，总面积约两万平方米，高低错落有致。中央是一长方形的庭院，周围环以国王宝殿、王后寝宫，以及含有宗教意义的双斧宫，建在山坡上的楼房以及储藏室、仓库等，总计有一千五百多间宫室。各建筑间利用长廊、门厅、复道、阶梯等互相连接，迂回曲折，显得扑朔迷离，仿佛传说中的迷宫。

在米诺斯宫发掘出了许多有价值的文物，但使考古学家迷惑不解的是这座宫殿为什么屡毁屡建。究其原因，说法各异。

有人根据废墟中无火烧痕迹，推测城市可能毁于地震。1966 年，美国有一批海洋地理学家在爱琴海地区进行科学考察，发现该区海底里沉积着一层很厚的火山熔岩。经研究认为，在公元前 1480 年左右，克里特岛以北不远的地方曾发生过一次罕见的火山大喷发，因此推断，可能就是那次火山大爆发所引起的强烈地震和海啸，毁灭了克诺索斯等城市。另一些研究者认为王宫在毁坏前曾遭到浩劫，约在公元前 1400 年左右，克诺索斯的最后一个王宫被毁，此后不复重建。也有些学者则认为，这可能是希腊半岛上的迈锡尼人发动入侵的结果。然而，无论何种说法，都没有得到确实的证明，还有待考古的进一步挖掘。

## 考古史的传奇：迈锡尼文明

伯罗奔尼撒半岛上的亚哥里斯平原干旱贫瘠，人们很难把它与荷马史诗中所描述的"多金的"迈锡尼联系在一起。"多金的"迈锡尼是真实的吗？

迈锡尼文明是希腊青铜时代晚期的文明，它由伯罗奔尼撒半岛的迈锡尼城而得名。约公元前 2000 年左右，希腊人开始在巴尔干半岛南端定居。从公元前 16 世纪上半叶起逐渐形成一些奴隶制国家，出现了迈锡尼文明。迈锡尼文明是希腊本土第一支较为发达的文明，公元前 17 世纪中期至公元前 12 世纪盛极一时。

在《伊利亚特》和《奥德赛》中，荷马多次提到"人间王"阿伽门农的首都迈锡尼，而且每次提及这一城市，都要加上"多金的"这一词来形容它。在荷马的笔下，迈锡尼似乎是一座黄金遍地的城市。迈锡尼国曾向外扩张，其君王阿伽门农曾率领希腊联军渡海远征特洛伊，侵入小亚细亚西南沿海一带，特洛伊战争正是迈锡尼人与特洛伊人争夺海上霸权的一场交锋。迈锡尼虽然取得了特洛伊战争的胜利，但不久便被南下的强悍民族多利亚人所征服，从此迈锡尼文明急剧衰亡，希腊倒退到没有文字记载的史前社会时期。迈锡尼文明也逐渐被人们淡忘。

19世纪末，德国考古学者H·谢里曼在迈锡尼遗址发掘出众多王族墓葬及丰富金银饰物之后，他相信自己找到了荷马史诗《伊利亚特》和《奥德赛》中所描写的世界。在一个迈锡尼的墓穴中，他将所发现的一个金箔面具命名为"阿加门农面具"，迈锡尼文明及其历史地位始得到肯定。

迈锡尼的遗址建筑在一个高丘上，城堡的堡墙以巨石环山建成，大门上有双狮拱卫一柱石刻，被称为"狮子门"。据考古证明，它建于公元前1300年左右。它的门两侧的城墙向外突出，形成一条过道，加强了城门的防御性。"狮子门"宽3.5米，高4米，门柱用整块石头制成；柱子上有一块横梁，重20吨，中间厚两边薄，形成一个弧形，巧妙地减轻了横梁的承重力。横梁上面装饰有三角形的石板，石板上雕着两只狮子，狮的前爪搭在祭台上，形成双狮拱卫之状，威风凛凛地向下俯视着。门口的阶梯也用整块的岩石铺成，上面还残留有战争的轮辙。虽然迈锡尼城堡已成废墟，但这个庄严肃穆的城门，历经3000年的风吹雨打依然巍然屹立，威风不减当年。

1939年起，由希腊考古学家帕巴德米特里领导的希腊考古学会和英国考古学家韦思领导的考古队共同对迈锡尼遗址进行发掘。发掘工作断断续续进行了几十年，奇迹还在不断出现，人们对迈锡尼文明的了解也更加深入、全面。

迈锡尼的圆顶墓是相当宏伟的石构建筑，最大的圆顶墓称为阿特柔斯王（阿伽门农之父）的宝库，高13.2米，用巨石叠涩砌成，墓门的一块楣石竟重达120吨。迈锡尼的陶器和工艺品也有自己的风格，除吸收米诺斯文明的因素外，还具有强劲粗放的特色。竖穴墓中的随葬品，如金质的面具、角杯、指环、金银镶嵌的刀剑等，都是古代工艺的杰作。圆顶墓已全部遭盗掘而极少遗存，但瓦孚墓中残存的两只金杯极为生动精美，以浮雕表现捕捉林中野牛的情景。迈锡尼的线形文字"B"的发现，给传奇性的迈锡尼考古又增添了新的魅力。线形文字"B"如今已释读成功，使我们对迈锡尼社会的奴隶制度和高度发达的社会经济有了进一步的了解。从各地发现的泥板文书上了解到，该文明的社会经济情况与古代东方的奴隶制王国相接近。泥板中还有日后希腊神话中常可见到的天神如宙斯、赫拉、雅典娜、阿波罗的名字，表明该文明与其后的希腊文明存在一定的继承关系。

迈锡尼坟墓和王宫遗址的成功发掘，使世人看到了一个湮没已久的辉煌的文明，证实了荷马史诗中"多金的"迈锡尼的存在。迈锡尼考古的进行，使荷马的优美的诗句又一次回响在迈锡尼的废墟中，湮没已久的迈锡尼文明在一代又一代考古学家的努力下，向人们展现了辉煌灿烂的面目。

"多金的"迈锡尼成了考古史上继特洛伊之后的又一个传奇。

## 奥尔梅克文明之谜

奥尔梅克文明比玛雅文明还要古老，享有中美洲"文明之母"的美誉，那么，它究竟有多少我们不知道的秘密呢？

墨西哥民间有这样一个古老传说：远古时代的密林里生活着一个古老的民族——拉文塔族，他们住在仙境般的美丽城市里，有着高度发达的文明……这就是墨西哥湾沿海地区著名的奥尔梅克文明。

奥尔梅克文明的发祥地位于今墨西哥的维拉克鲁斯州和塔巴斯科州，西起帕帕洛阿潘河，东至托纳拉河，面积约为1.8万平方公里。这一带西部为洪泛区，东部为沼泽地，气候炎热多雨，河流众多，水草丰美，并且橡胶树成片，因此当地居民被称之为"奥尔梅克人"，意为"橡胶之乡的人"。

奥尔梅克文明出现在3300多年前，是墨西哥最早出现的较为发达的人类古文明之一，享有中美洲"文明之母"之美誉。奥尔梅克文明的主体为三个文化点：圣洛伦佐文化、拉文塔文化和特雷斯·萨波特斯文化。三个文化的发展和繁荣期有先有后，相互衔接。由这三个文化点组成的奥尔梅克文明的影响不仅仅局限于墨西哥本地区，而且遍及整个中部美洲地区。中美洲其后出现的玛雅文明、阿兹特克文明以及其他各种文明都与奥尔梅克文明有很深的渊源。

奥尔梅克文明被认为是中美洲文明的始祖，它具有极高的艺术造诣，为日后的社会提供了许多文明财富。但最卓著的当属奥尔梅克特有的雕像，这些雕像以巨大的石头头部雕像工艺见长，大都雕刻着厚厚的嘴唇和凝视的眼睛。1938年发现的"奥尔梅克巨石头像"是奥尔梅克文明中最闻名于世的艺术品，这些头像由整块玄武岩雕成，构思完善，具有强烈的写实性。14个巨石头像中最大的是一个青年的头面雕像，重达30吨，高3.05米左右，形象十分生动。他鼻子扁平，嘴唇厚大，眼睛半睁，呈扁桃状，眼皮显得十分沉重；头戴一顶装饰有花纹的头盔，遮住了两耳。考古学家认为该头像可能是当时奥尔梅克领袖的雕像，或者就是一种向死者表示致敬的纪念碑。

雕像的高超工艺，连几千年后的现代人都叹为观止。它们不仅体积巨大，而且栩栩如生，尤其令观者震撼的是，这些雕像所用的石头均来自很远的地方，而在当时没有先进机械设备的情况下，奥尔梅克人却把沉重的玄武岩石块从40里外的火山区拖到圣洛伦索，还把巨大的石头打磨成了10米高的石头头像，其中的力量与智慧实在是令人难以想象。所以，科学家认为，这些石像是文明的标志。

除了雕刻出巨型石像外，奥尔梅克人还用绿玉或黑玉雕出许多小型的人像、动物形象或一些小雕像。奥尔梅克人喜欢用翡翠绿玉做各种珍贵的礼器、宗教用具和装饰品，这是奥尔梅克文明的一大特色。在奥尔梅克人看来，最为贵重的物品是玉石，它代表着"第一流的无上的体面"。绿色玉石所折射出的颜色仿佛滴翠的青玉米或荡漾的碧波，由此绿玉成为"珍贵"和生命自身的同义词。奥尔梅克人雕刻出来的小型石像晶莹圆润，玲珑可爱。这些玉石人像以裸体直立的站相和五官俱全的面具为最多，有的小人像胸前还缀有一面用黑曜石凿成的镜类饰物，即使在3000多年后的今天仍然闪闪发光。在玉雕作品中，最常见的是一个带有美洲豹头部特征的神像，该神像是人的身形，学者们称之为"豹人"或"豹娃"。美洲豹是奥尔梅克人崇拜的主要天神的象征，因此这个神的形象往往兼具人和豹的特点。奥尔梅克人的这些作品既反映了他们独特的宗教信仰，又形成了一种方正凝重、深厚圆润的风格，成为奥尔梅克艺术的典范。

不仅如此，科学家发现奥尔梅克人还发明了一种橡皮球游戏，后来这种游戏在整个地区广泛流传，成为各地十分喜闻乐见的活动项目。此种发明无疑又闪现了奥尔梅克人特有的智慧。

3000年前，就在地球上的大多数角落仍然处于文明的黑暗中时，而奥尔梅克却在古远的城市中创造了自己的文明，闪耀着夺目的光芒。他们曾经很强盛，但到公元前900年前，不知是什么原因，他们突然消失了。他们的遗迹中也没有任何遭到外敌入侵的痕迹。所以科学家猜测也许是他们赖以生存的河流由于淤泥堵塞而改道，导致他们不得不放弃这里，远走他乡。据说今天的墨西哥圣洛伦索就建立在它的遗址之上。

## 遭受灭顶之灾的庞贝古城

庞贝古城是一个遥远的传说，它在地下沉睡了千年才又重新回到人们的视线里，这么庞大的一座古城，是如何神秘地消失的呢？

庞贝城是亚平宁半岛西南角坎佩尼亚地区一座历史悠久的古城，西北离罗马约240公里，位于意大利南部那不勒斯附近，维苏威火山西南脚下10公里处。西距风光绮丽的那不勒斯湾约20公里，是一座背山面海的避暑胜地，始建于公元前6世纪。庞贝在公元前4世纪开始逐渐受到罗马势力的影响，公元前89年与赫库兰尼姆城一同并入罗马，所以也称为罗马庞贝城。

公元79年庞贝城毁于维苏威火山大爆发。庞贝在当时属于中小城镇，但由于被火山灰掩埋，街道房屋保存比较完整，从1748年起考古发掘持续至今，为了解古罗马社会生活和文化艺术提供了重要资料。

在罗马古册记载中，庞贝城是一座"美丽花园"。据记载，庞贝城是由奥斯坎斯部落兴建的，是一座人口稠密，商旅云集的小城。公元前89年，庞贝城被罗马人占领，成为罗马帝国的属地。到公元79年为止，这里已经成为富人的乐园，贵族富商纷纷到此营建豪华别墅，使庞贝城成为闻名遐迩的酒色之都。在这座"花园"中生活着约2万的居民，重要建筑围绕市政广场，有朱庇特神庙、阿波罗神庙、大会堂、浴场、商场等，还有剧场、体育馆、斗兽场、引水道等罗马市政建筑必备设施。经济的繁荣带动了科学文化的发展，在同一时期，庞贝文明已经远远超过了还处于蛮荒时代的欧洲其他国家。然而，就在庞贝城达到繁荣巅峰时，它却神秘消失了。曾经辉煌一时的庞贝文明遁迹于历史长河中，留下的唯有一个个难解的谜团……

1709年，一群工匠在离那不勒斯不远处打造一口水井时挖出了不少大理石块。这些石块表面有着精致的图案，雕刻工艺让人叹为观止。地下有宝贝的消息很快传开，越来越多的人前来这里挖掘。不久，有人挖出一块刻有"庞贝"字样的大理石。人们这才知道，这就是古书中记载的庞贝城，它是真实存在的。但是，这座古城当时怎么会消失呢？如今又怎么会在地里被挖掘出来？

在 1778 年的考古挖掘中，考古学家们挖掘出了 2000 多具尸骨。当他们将石膏浆灌进已经干枯了的尸体空壳，制成石膏像时，吃惊地发现这些遇难者的面部表情都是痛苦绝望。当年的庞贝遭受到了什么，让整城居民无所遁逃而死于痛苦？考古学家对古城遗址、地质做了大量考察，推测古城的消失与离此不远的维苏威火山有关。

维苏威火山海拔 1277 米，据地质学家们考证，它是一座典型的活火山，数千年来它一直在不断喷发，庞贝城就是建筑在远古时期维苏威火山一次爆发后变硬的熔岩基础上的。当时人们对火山满不在乎，在火山两侧肥沃的土地上耕作，丝毫没有想到这座"死火山"正在酝酿着一场毁灭性的大灾难。公元 62 年 2 月 8 日，一次强烈的地震袭击了这一地区，造成了许多建筑物的毁塌，我们今天在庞贝城看到的许多毁坏的建筑都是那次地震造成的。地震过后，庞贝人又重建城市，而且更追求奢侈豪华。然而，庞贝还没来得及从那次地震中复苏过来，在公元 79 年 8 月 24 日这一天，维苏威火山突然爆发了。

强烈的火山爆发将整个庞贝城掩埋，最深处竟达 19 米，曾被誉为"美丽花园"的庞贝城消失了。此后，维苏威火山又有多次爆发。由于火山灰和熔岩的层层覆盖，地下的古城被埋得更深，后人从地面上再也见不到古城的一点踪迹。于是，庞贝古城渐渐成为古籍史册和民间传说中的神秘之处，没有人知道它的位置和模样。

一直到 18 世纪，这个沉睡千年的古城才初现人间，但是由于当时的挖掘行动是具有掠夺性和破坏性的，无数珍贵的文物被毁坏了。1860 年，由于官方介入，发掘工作才走上正轨。经过长达 100 多年大规模的系统挖掘，庞贝城这座沉睡了千年的古城逐渐揭开了神秘的面纱。人们从这片遗址中惊喜地发现，富有表现欲的庞贝人在公元前 6 世纪前至 8 世纪中期，创造了空前的文明神话。

昔日的庞贝城一派繁华，人们从断垣残壁之间依然能依稀看到当年古罗马的繁荣和奢华。但是，庞贝古城的悲剧还会重演吗？因为维苏威火山自庞贝城覆灭后，就从没平静过。专家预测，在最近 200 年间，维苏威火山将会像近 2000 年前那样大规模地爆发。若是如此的话，庞贝城莫非将会再次遭受灭顶之灾？

## 复活节岛上的石雕人出自谁手？

复活节岛属于智利，在太平洋南部，距离智利海岸约 3700 千米，是一个呈三角形的火山岛，仅仅 100 多平方千米的小岛上遍布着各种各样的死火山。如今岛上当地居民波利尼西亚人不到全岛居民的三分之一，其余大多为混血种人。

复活节岛的发现是很晚的。1722 年，荷兰航海家雅各布·罗杰文在智利海域上航行，突然发现前方地平线处出现了一个绿点，起初他认为是海浪在阳光下的色变，等靠近了才知道是一个小岛。由于那一天刚好是复活节的前一天，于是雅各布·罗杰文就把它命名为"复活节岛"。

在雅各布·罗杰文踏上复活节岛的一刹那，发现岛上有许多神奇的巨型石雕人，他立刻被这些鬼斧神工般的艺术慑服了。之后到这个小岛上参观、考察石雕的人越来越多，竟使这样荒凉偏僻的小岛成了世界著名的旅游胜地。

到目前为止，岛上共发现了约 1000 座石雕像。这些石雕像异常高大，一般都在 7

米以上，有的甚至超过了 10 米。这样高大的石雕，自然也就相当重——有的达到了 90 多吨！最轻的也有五六十吨重。石雕的艺术水平也相当高，造型多种多样，有的昂首挺立，默默注视着大海；有的翻倒在地，似乎要与大地作最亲密的亲吻；有的身首异处，在残缺中显出一种维纳斯神像的美感……但是都有一个共同特征，那就是石雕都只有从臀部以上的上半身，并且身躯笔直，手臂自然下垂，双手按在稍微凸起的肚子上。其中最具魅力的当属一尊原乌里乌伦加神庙的石雕，他呈现出一幅思索的模样，眼睛望向脚下延伸着的土地，目光炯炯有神。让人感到奇怪的是在他的腹部有四只手在那儿放着，好像是雕刻家不满意原来的两只手，就又刻上了两只，却忘了把以前的两只抹去了。

在这个几乎与世隔绝的孤岛上，出现了这么多的神奇雕刻，不能不让人想到这样一个问题：这些石雕是怎么一回事？究竟它们是在什么时候产生、又是如何产生的？为此，人们进行了种种猜测与研究。

有人认为，复活节岛是曾经存在高度文明的古代亚特兰蒂斯大陆的一部分。古希腊著名哲学家柏拉图在《对话录》里曾经提到过亚特兰蒂斯大陆。大约在 10000 年以前，由于地壳变动的影响，南太平洋这个拥有灿烂文化的古大陆，和它的几千万居民一起沉到了海底。而当时属于大陆一部分的复活节岛，因为种种原因，逃过了这一劫，因此古文明的冰山一角——复活节岛上的千尊石雕人像得以保存下来。

还有人认为这些石雕是印第安人的手笔。因为复活节岛的住房样式与智利、秘鲁这些国家大同小异，而这些国家的最早居民则是印第安人。几千年前他们在这里创造了包括文字、图画、雕刻、系统的天文知识和风格独特的建筑等在内的高度文明。在复活节岛的南部石雕像里，有一个显然与众不同，他是坐着而不是站在那里，因此当时很可能已经出现了阶级社会。但后来不知道出于什么原因，这一切统统神秘地消失了，于是只留下这些石雕作为对已逝文明的缅怀。

另外有人认为，当时岛上的文明程度再高，他们的劳动工具只不过是粗笨的玄武岩扁铲，并没有铁器，而且人数又少，这么巨大的石雕，他们怎么可能完成呢？就是把石头从雕刻地运到海边，也不是一件简单的事，要知道，这些石雕高达 10 米，重几十吨啊！所以这些石雕绝对不是岛上的远古居民完成的，而很可能是外星人的作品，说不定这神秘的复活节岛曾是外星人的一个基地呢！

其实本来存在一把打开复活节岛石雕人之谜的钥匙，那就是当地土著居民说的"天书"或"会说话的木板"。岛上有许多刻着奇怪符号的木板，系用鲨鱼齿刻写而成，有的像人，有的像鱼，有的像工具，还有的像花草树木。当地人说从这些符号中可以知道复活节岛的历史，那么有关神秘石雕的问题也就迎刃而解了。可是，第一，这些木板曾经遭到传教士的掠夺，遗失大半，现在已经所剩不多了；第二，这些符号变化太少；第三，这些符号与岛上居民现在使用的文字没有丝毫联系，所以全世界的古文字学家都拿之毫无办法。据说关于这些"会说话的木板"还有这样一个故事：复活节岛上曾经有一个叫加伯利尔的人懂得这些符号，可是没等他传授给别人，就因麻风病死去了。从此这些"会说话的木板"变成了永远的哑巴。而要找到石雕的答案，也就难上加难了。

就连岛上的当地居民，也说不清楚关于复活节岛石雕的来历。他们没有从祖辈那里获知关于石雕的任何事情，只知道在很古老的时代就有这些石雕了。事实上，他们连对自己居住的岛的历史也不是很清楚。历史留给我们的谜实在太多了，但这何尝不是对人类智力和毅力的一种挑战呢？现在，越来越多的考古学家络绎不绝地赶到复活节岛进行考证，相信不远的将来，人类的科学一定能够揭开笼罩在复活节岛上的神秘面纱。

### 纳斯卡地画从何处来？

秘鲁的纳斯卡高原是世界上最干燥的地区之一，这里终年骄阳似火，经常连续几年滴水不降。

几十年前的一天，位于秘鲁首都利马的民族学博物馆来了一位飞行员，他自称在秘鲁的安第斯山一带纳斯卡高原的沙漠上，发现了古代印第安人的"运河"。他拿出一张用铅笔勾抹着一些奇形怪状线条的地图，作为自己的证据。

几年过去了，这张地图辗转到历史学家鲍尔·科逊克的手里。科逊克带领一支考察队来到纳斯卡高原。在黑褐色的高原上，他们的确发现了十分明显的"白带"。在这条"白带"上，有的沟形状怪异，沿途也崎岖不平；有的沟则笔直，会长达1.5千米至2千米。顶多深15厘米至20厘米左右的河床，即使在如此平坦的原野上，水也不会安然流淌在这样的运河里，用运河来命名它，似乎有些夸张。所以，用"沟"来称呼这条"白带"似乎更为准确和到位。考察队的队员们手拿指南针，沿着弯曲的沟行走，同时在地图上记下沟的形状与方位。一段时间过后，他们完成了这个有趣的实验，沟的形状和方位图画成了。令人惊奇的是，这图就像一只喙部突出的巨鹰。与一条长约1.7千米的笔直的沟相连的是鹰的尾部。

在当时的情况下，人们是怎样画出这幅巨鹰图的呢？又是怎样确定线条方向和准确地制定鹰身各部位的比例呢？当时采用的测量仪器又是什么样的呢？纳斯卡高原沙漠在考古学家面前展现了它迷宫的一角。

紧接着，一些巨大的人工平行线和许多奇异的图案被发现。当考古学家们乘上飞机以一定的角度在纳斯卡高原上空缓缓盘旋时，数千条方向各异的线条，分别组成三角形、螺线、四边形等多种几何图形。真是一组奇妙的画面！而且，人们还发现这里面有一幅章鱼图，章鱼伸展着八条弯弯曲曲的触角，非常形象。

人们还发现了这些地上画的规律，即完全相同的动物画，就像盖图章一样，每隔几十千米就出现一批。同时，比这些动物画大数十倍的人物画也被发现。其中一个长620米，躯干挺直而且双手叉在肋下的人像，令人称奇；还有一幅没有脑袋，却画有六个手指的人物等等。

还有许多沟更令人不解，它们有十分精确的南北走向，误差不超过一度。史料中没有记载南美居民持有指南针，而且北极星根本不会出现在南半球，在这样的条件下，画家怎么能画得如此精确呢？

以上种种原因和迹象，使纳斯卡高原上的地上画引起了人们的惊叹与关注。有些学者认为它可以与埃及金字塔和巴尔贝克神殿相媲美，将之称为世界第八大奇观。

科逊克等人在将星相图和纳斯卡高原平面图进行对照之后，发现整个四季的天文变化在这些地上画中也有明确的显示。有的标记代表月亮升起的地点，有的画还指出了最明亮的星的位置。在这部地上"天文历"上，太阳系的各大行星，都被标上了各自的三角形和线。在形状的帮助下，点缀在南半球空中的众多星座也能够在地上画中一一找到。

尽管人们对这些巨大的地上画有不同的解释，但大多数人都同意一点，即只有拥有高度发达的测量仪器和计算仪器的人才能制作出这些画，而且由于只有在空中才能看到它们的形状，所以它们是为专门从空中看才制作的。

据说印加人的部落曾经观察过在这里出现的让他们终生难忘的外星生物（或外星人），他们极其热切地希望这些外星生物（或外星人）能够回来。在年复一年的等待中，当他们的愿望实现不了的时候，他们便开始像外星生物（或外星人）一样在平地上构建图案。

但是，诸神一直没有光临，在这期间人类周而复始地出生死亡，起初人们借助划线方法并未将诸神召回，就开始刨出巨大的动物形象：首先是人们描绘各种各样象征飞行形象的鸟；后来在想象力的驱使下又去描绘蜘蛛、鱼和猿猴的概貌。

另外一些考古学家则持否定态度，认为这些图形和线条是半神半人的"维拉科查人"遗留下来的作品，并不是出自凡人之手。这个族群在好几千年之前也将他们的"指纹"遗留在了南美洲安第斯山脉其他的地区里。

专家们对镶嵌在线条上的陶器碎片进行了检测，同时对这儿出土的各种有机物质通过碳-14进行测度，结果证实，纳斯卡遗迹年代十分久远，大概是从公元前350年到公元600年不等。至于这些线条本身的年代，由于它们跟周围的石头一样，本质上都是无法鉴定年代的，所以专家没做任何推测。我们只能这么说：年代最近的线条至少也有1400年的历史，但在理论上，这些线条可能比我们推测的年代更为久远。如果是后来的人携带这些我们据以推断日期的文物到纳斯卡高原，也是很有可能的。

以上的种种假设都存在着一些问题。首先，这些线条的坐标和动物的标志只有从高空中才能看出来，地面上的人如果没有先进的技术，根本无法画出来。其次，位于秘鲁南部的纳斯卡高原是一个土壤贫瘠、干燥荒凉、五谷不生的地方，长久以来人烟非常稀少，恐怕将来也不会有大量人口移居这里，在这种地方谁会去完成如此巨大的工程？

直到今天，人类仍然无法知道纳斯卡线条的真正用途和真正年代，更别说是谁画的。这些线条和图形是一个谜团，越仔细观察，就越觉得充满了神秘。

## 撒哈拉沙漠史前壁画谁人为之？

1850年，德国探险家巴尔斯到撒哈拉沙漠进行考察，无意中发现有些岩壁上刻有水牛、鸵鸟及各种各样的人物像。1933年，法国骑兵队又来到这荒漠之地，在中部的塔西利台地、恩阿哲尔等地方发现了长达几千米的壁画群——在受水浸蚀而形成的岩壁上绘满了五颜六色的壁画，色彩精致、工艺精良，远古人们的生活在这里栩栩如生。此后不断有考古学家、冒险家到撒哈拉沙漠觅宝寻奇。1956年，法国探险队在亨利·罗特的率领下在撒哈拉沙漠勘探到了1万件壁画，随后他们将总面积约11600平方英尺的壁画复制品及照片带回巴黎，这个事件轰动了整个欧洲，引来无数艺术爱好者前往巴黎参观。

撒哈拉沙漠是世界上第一大沙漠，气候非常干燥、炎热。然而让人们大为不解的是：本是寸草不生的地方，竟然有过高度繁荣的远古文明。沙漠中发现的这些绮丽多姿的壁画，就是远古文明的结晶。

考古学家认真研究了发掘出来的大量文物，认为大约在1万年至4000年以前，撒哈拉是一个大草原，是草木茂盛的绿洲，当时估计有许多部落和民族生活在这片富饶的土地上，所以才能创造如此高度发达的文化。从壁画中我们可以得知，这些撒哈拉"绿洲文明时期"的人类主要使用磨光的石器，他们已经学会了制造陶器，并且有了自己的文字。令人惊奇的是，尽管历经几千年的风吹、日晒和雨蚀，这些壁画的颜色还是相当鲜艳夺目，经过科学家分析，认为主要跟壁画使用的颜料有关。壁画所用的颜料是这样制成的：将许多不同的岩石和泥土，例如红色的氧化铁、白色高岭土、赭色或蓝色的页岩磨成粉末，然后用水拌在一起而成。壁画画成之后，在漫长的时间里颜料水分充分地渗入岩壁内，又在长久接触中发生了化学变化从而融为一体，因此画面的鲜明度才能保持这样长的时间。

壁画中最多的人物形象是武士。他们有的手拿弓箭追赶猎物，有的手持长矛、盾牌冲锋陷阵，大多体格健壮，表现出一种凛然不可冒犯的英武之气。也有不拿武器的，他们或者身缠腰布，头戴小帽；或者敲击乐器；或者作献物状，像是欢迎"天神"降临的样子——这些都是祭神的舞蹈。从画面上看，舞蹈、狩猎、祭祀和宗教信仰是当时人们的主要生活内容。

壁画群中动物形象千姿百态，各具特色，特别是对动物受惊后到处狂奔的刻画，真可以说逼真之极。这些动物从古老的水牛到鸵鸟、大象、羚羊、长颈鹿等草原动物，基本上按时间先后排列，反映出撒哈拉地区气候越来越干旱的特点。

在今天已是"一毛不拔"的沙漠里，为什么会出现这些足以称得上是世界奇观的艺术品呢？科学家利用目前所有挖掘到的材料，进行了种种猜测。

不少学者提出，要揭开这个谜，必须对撒哈拉的气候变迁作更为细致的考察。大约6000年前，撒哈拉沙漠到处是湖泊和草原，气候高温多雨，各种动植物迅速繁殖生长。到了公元前300~前200年左右，气候变异，湖泊干涸，草原变为沙漠。这就意味着，如果这些壁画是撒哈拉文明时代的人们所创造，那么他们至少存在了3000年！可是今天我们面对这一望无垠的大沙漠，不禁会想：创造了这伟大文化的远古人类到哪里去了呢？

在这些壁画群中，有这样一幅独特的壁画，画中的人物都戴着圆圆的类似现代宇航员的头盔，并且穿着极为笨重的衣服。而美国宇航局对日本陶古的研究结果，竟然和这些壁画的人物形象不谋而合。日本陶古，是在日本发掘出来的一种陶制小人雕像。以前人们普遍认为这些陶古是古代日本妇女的雕像。而美国宇航局的这一研究，推翻了这个结论，认为陶古是穿着宇航服的宇航员，因为这些看起来笨重臃肿的服装不仅有呼吸过滤器，而且还有因为充气而膨胀起来的裤子。日本民族的一个神话，也表明了陶古是宇航员的可能。在古老的日本，不知什么时候出现了一个关于"天子降临"的传说，接着在这个传说流传 100 年后，日本就有了陶古。难道二者之间仅仅是巧合？然而这样的"巧合"也未免太不可思议了。如果不是巧合，那么这件事只能这样解释了：很远古的时候，天外来客乘坐宇宙飞碟来到了地球，他们在日本的国土上着陆。当日本古代人民看到这些穿着"奇装异服"的来客后，便认定他们是天国的特使，因此"天子降临"的神话诞生了；外星人走了之后，出于敬畏，人们塑了他们的形象来膜拜。

如果说日本陶古真的是宇航员，那么撒哈拉壁画中的与此相似的奇特人物形象，也大可以理解为天外来客留下来的另一遗迹吧？我们是无神论者，我们知道所谓"神"都是超出人们目前认识能力的事物。在 100 年前，如果有人说月球上有人类的踪迹，那么会立刻被人送进精神病院；可是仅仅 50 多年后人类就在另一个星球上留下了足迹；我们相信，很可能在不远的另一个 50 年，我们会踏上另一个星球。既然我们地球人可以跑到别的星球，那么外星人（宇宙实在太大，有生命的星球应该不只地球一个）又为什么不可以在地球上留下踪迹呢？当然，这仅仅是一种猜测。我们期待着科学早日解开撒哈拉沙漠上的壁画之谜。

## 蒂卡尔古城突然消失之谜

迄今为止，玛雅文明还是一个尚未解开的谜局。公元 10 世纪的玛雅遗迹，散布在中美洲的热带丛林之中，其中的蒂卡尔城就是一个神秘的地方。

蒂卡尔，意即"能听到圣灵之声的地方"，是最重要的玛雅城邦之一，也是迄今为止发现的历史最悠久，规模最大的一座玛雅古城，公元 200 年到公元 850 年左右达到顶峰。10 世纪末，蒂卡尔被彻底遗弃，在原始森林中默默地度过了几百年光阴。

1848 年一个叫莫德斯托·门德斯的人被蒂卡尔传说所吸引，来到这里做了一次探险性考察，然而未获结果。直到上世纪这座湮没在原始森林中长达数十世纪之久的文化遗址才被正式发现。

这座古圣城距今已有 1100 年至 2000 多年的历史。整个古建筑群被一望无际的林海包围着，在树林中掩映着众多的胜景灵迹：巍峨雄壮的金字塔，金碧辉煌的神庙、殿堂，令人费解的石碑，形象逼真、栩栩如生的雕刻，广漠宏伟的广场，让人赞叹和敬仰不已。

蒂卡尔建在沼泽环绕的丘陵上，由九组建筑群和大广场组成，以桥梁和堤道相连，占地面积约 2.6 平方公里。整个 8 世纪，蒂卡尔曾连续出现三个强大的国王：阿卡高王、雅克京王和奇坦王。今天所看到的蒂卡尔城，就建于这三个国王的太平盛世。

外貌惊险的金字塔是蒂卡尔最主要的建筑成就。这里的玛雅金字塔和墨西哥，埃及的有很大不同，一般为斜截锥形，由高大的台基及其顶端的神殿构成，其外观十分匀称。蓝天之下，一座座拔地而起的金字塔刺破林莽的密网，在绚烂的热带阳光下遥遥相对，熠熠生辉。更令人叹为观止的是蒂卡尔金字塔斜度达 70 度的惊人设计，其外形有如欧洲哥特式教堂般奇峭，因而被称为"丛林大教堂"。

盛世时，蒂卡尔城市面积超过 65 平方公里，居民达 5 万，共有 3000 座以上的金字塔、祭坛、石碑等遗迹。其影响区域达 500 平方公里，控制着近 200 万人口。仅中心区域，就有大型金字塔十几座，小型神庙 50 多座，以古老的中心广场为核心分布四周，旁边还有装饰着浮雕彩画的王宫和廊庑围绕的市场。

玛雅人每隔 20 年要立一块石碑，每块石碑都刻上象形文字的铭文，铭文开头均注有年代。但为什么被称为蒂卡尔玛雅文明的标志——中心广场上的石碑，上面刻凿的碑文记载到公元 889 年就中断了呢？为什么玛雅人突然丢弃了这座雄伟壮观、繁花似锦的城市呢？为什么它的消亡和尤卡坦半岛上其他玛雅文明中心消失时间上会如此相一致呢？蒂卡尔究竟原来是什么场所呢？

从蒂卡尔发掘的大量金字塔、庙宇、殿堂、圣坛、石刻来看，大多数学者认为它曾是玛雅文化全盛时期的宗教中心，是古代玛雅人祭祀太阳神和其他神灵的所在。也有一部分人认为它可能就是玛雅传说中的"百声汇合之地"，而玛雅文明在天文、数学、历法、建筑、艺术、文字上所取得的卓越成就也证实了这点。但为什么在公元 9 世纪玛雅人遗弃了这座有着辉煌建筑物的古城呢？现在，茫茫丛林之中，只留下了几千座建筑物。就像人们不知道玛雅人是如何建造了这些金字塔一样，我们同样不知道玛雅人为什么要废弃蒂卡尔。那异常璀璨的文明突然中断，给后人留下了个巨大的问号。

有人认为是因气候的变化使玛雅人离开了蒂卡尔城；也有一部分学者认为，城市的衰落是由于玛雅人从事刀耕火种已将地力消耗殆尽的结果；另外一些学者认为，城市的覆灭是因为外族的入侵，或者是遇到特大灾难，如强烈地震、瘟疫流行等，但是这些理由都无法使人信服。

玛雅人的文明直到今天仍然让人感觉到不可思议，而蒂卡尔城也留下了一系列神秘的问号。或许等到人们破解了玛雅文明的那一天，蒂卡尔城的谜底可能就出来了。

## 查科文化为何突然消失

阿拉撒热人在查科创造了不可思议的史前文化，引起众多历史学家和考古学家的赞叹和重视。然而，他们没有留下任何记录就突然消失了。

美国西南部科罗拉多州的梅萨峡谷，一直到 19 世纪后半叶还是一个荒无人烟、不长寸草的地方。然而就在这峡谷里，有一座后来遐迩闻名的"悬崖宫"。整个宫殿宛如一座壮丽辉煌的城堡，一幢幢石筑的多层建筑物星散在城堡里，矗立在峡谷中央，四周被高耸入云的悬崖峭壁包围着，犹如屏障把它与外界隔绝起来。

"悬崖宫"几乎在长达整整 6 个世纪中湮没于尘世，鲜为人知，直到十九世纪末才被人发现。从此，此地以原墨西哥北部古代印第安人的一个分支——阿拉撒热人的史前文化摇篮而盛名于世。

后来，考古学家在犹他州、亚利桑那州、新墨西哥州都发现了类似的建筑物，其中以新墨西哥州西北部的查科峡谷最引人注目，也最典型。

11 世纪中期到 12 世纪中期，是阿拉撒热人查科文化处于登峰造极的时期，他们在查科建立了由 12 个被称作普韦布洛（村镇）构成的雄伟壮观的城堡。当时这里是阿拉撒热人政治、经济、宗教的中心。

普韦布洛城堡是一片建在地面上的半圆形建筑，占地面积 1.2 万平方米，有砂岩城墙围绕，共有 4 层，其直立的后背朝向峡谷的峭壁。它有 3 层台地，中间有相互通连的将近 800 个房间和 40 所会堂，都围绕着一个宽大的中心广场排列成半圆形。每一层的房顶和屋内地上各开一个洞口，供做饭和做手工之用。房间一般呈圆形，房顶为蜂箱形。阿拉撒热人把房顶的洞口作为通向外面人间世界的进出口，靠梯子进出，地下的洞口则是阿拉撒热人认为的人死后灵魂飘向阴间世界的进口处。

这一座座大大小小的石屋，每座屋子都用上万块石头堆砌而成，仅仅做横梁的松树木、针枞木就多达 2 万多根。在那牲畜和轮子等运输工具尚未在美洲出现的年代，要从 40 多公里外的采石场和伐木场将巨石和大树运到险峻陡峭的山谷，确是一件令人赞叹不已的惊天动地的伟事。有人猜测，这多达千间的石屋，花半个世纪才能建成。

在整个建筑中还有一个奇特的被称作"克屋"的圆形屋子。最大的一间"克屋"，直径达 63 米，纵深 15 米。屋内的音响效果特别好，两人在一头窃窃私语，另一头的人们则听得清清楚楚，甚至在屋内咳嗽、打喷嚏也如同雷鸣一般。

当时阿拉撒热人虽然处于母系氏族社会时期，但已知晓天文和原始的艺术。至今在查科峡谷的法加达，巴特顶上还保留着当年他们修筑的"天文观测台"。一把像匕首一样的"阳光针"，插在垂直的石板中央，以此来测试春分、秋分、夏至、冬至。在谷地还发现了用绿松石做成的装饰品和用木管和鸟骨做的笛子。

查科地区最使人困惑不解的是它的"道路"。在这里，人们发现了数百条宽 9 米多的硬面路，条条路都直通悬崖顶，绵延长达 320 多公里，而且每隔 12～16 公里就建有一座村镇，这些村镇的遗址至今还残存着。在悬崖峭壁上刻凿着一些至今不得其解的图画。种种迹象都说明，这里曾经是阿拉撒热人的政治、经济、宗教中心，估计那时大约有 5000 多人口。

阿拉撒热人在查科创造了不可思议的史前文化，引起众多历史学家和考古学家的赞叹和重视，同时也产生了诸多疑问：阿拉撒热人为什么要在荒凉贫瘠的峡谷中建造起那么多"悬崖宫"？阿拉撒热人又是怎样在这艰苦的地方建立起如此繁荣的城堡并养活那么多人口的呢？除此之外，让人更加疑惑的是，查科文化从 12 世纪开始很快衰落，到了公元 1150 年就崩溃了，以至于到了 1300 年，查科峡谷的村落群里已经没人居住了。这是为什么呢？由于他们没有留下任何文字记录，所以，有关查科文化为何突然消失这一历史之谜，至今众说纷纭。

有的认为是由于氏族内部不和，为防御和抵抗外来入侵者，不得不抛弃这些城堡，在山谷峭壁上挖洞开始过新的洞穴生活。而造成不和的原因可能主要是为了抢夺土地和水源。有的认为是恶劣气候迫使他们离家出走，据有关人员考证，发生于 12 世纪和 13 世纪的一系列旱灾使得那里居民的生计越来越难以维持，大约到了 1200 年，当地人砍光了那一地区所有的树木，进一步导致了干旱的加剧和土地资源的恶化，粮食和水源的短缺让他们彻底面临着生存的危机，并不得不远走他乡，离开了他们赖以生存的家园。也有人认为，他们遭遇了外敌的入侵。

然而这些说法都缺乏充分的证据来证实查科文化神秘消失的原因。我们相信，总有一天，考古学家会揭开这个谜底。

## "编筐文化" 突然消失之谜

阿纳萨齐人能够在崖壁上建造房屋，不能不说是一个奇迹，然而，为什么他们会毫无迹象地消失呢？究竟其中有什么原因？

阿纳萨齐人是美国西南部的古代居民。远在哥伦布踏上美洲大陆之前，他们就在以"四角"著称的贫瘠之地（犹他、科罗拉多、亚利桑那和新墨西哥州交界的地方），创造了高度的文明。

阿纳萨齐人作为一个编筐人的社会第一次出现在美国西南部，大约是在公元前100年。那时，他们的农业、技术以及工艺知识还很有限，但他们发展了杰出的编织技术，并在此后的数百年间，步入了一个以"编筐文化"著称的时期。公元400年左右，阿纳萨齐人开始居住在半地下的地穴式永久性住所里。他们的村庄扩大了，农业知识变得丰富了。他们在继续编筐的同时发展了制陶技术，成为美国西南部第一个制造各种形状和大小陶器的民族。

公元700年后，阿纳萨齐人创造了以"崖壁上的城镇和公共住所群"为象征的高度文明。其中，尤以位于新墨西哥的普韦布洛博尼托和位于科罗拉多的梅萨弗德著称。在普韦布洛博尼托所在的新墨西哥查科峡谷地区，他们曾建立了以一个或更多的公共住所建筑为特征的12个城镇。这些建筑物通常高达4~5层，用未经打磨的天然石头和泥灰浆建造，牢固而耐久。普韦布洛博尼托就是这些城镇中最著名的，它拥有占地3英亩的800套公共住所，其中许多至今仍巍然屹立在崖壁上。

在科罗拉多的梅萨弗德，阿纳萨齐人沿着高高的峡谷壁，在几乎不能抵达的地方建造了不可思议的居所，称为"崖居"。崖宫是最大的崖居之一，实际上它是一个悬崖上的村庄。宫前是圆形半埋入式的仪式室，叫作地下礼堂。悬崖正下方所遮蔽的正方形砖砌建筑是人们的住处，在其后面的岩石面上修建了贮藏室。由于崖壁相当陡峭，在崖壁上方的台地完全看不到洞穴里的建筑物，而崖壁的角度也刚好可以阻挡夏天的艳阳，但是冬天斜照的阳光却可以温暖大部分的建筑区，崖居可说是个既隐蔽又能享受冬暖夏凉的理想居所。阿纳萨齐人建造这些崖居不知是为了躲避天气，还是为了躲避其他部落。虽然不清楚建造崖居的原因，但是阿纳萨齐人对建筑学和营造技术的贡献是与无伦比的，它不愧为是印第安文化中的一颗璀璨明珠。

"云杉之屋"是梅萨弗德另一处规模很大的崖居遗址，它大约有115个房间和地下礼堂，其位置正好在峡谷外伸岩体的下方。当然，并非所有的崖岩居都很大，有些也相当狭小。1888年，两个牛仔在暴风雪中发现了"云杉之屋"。穿过山谷，在树丛的掩藏处，他们看到了这个悬崖村庄。"云杉之屋"虽然差不多已有500年无人在此居住了，但是整个遗址没有任何暴力破坏的痕迹，遗址内还留下数量颇多的陶器与其他日常生活用品，感觉好像主人只是临时出门随时会回来的样子。甚至有一种夸张的说法，描述遗址中发现炊具中还有烹煮中的食物，餐桌上还有刚准备好的食物与餐具，表示主人离开时匆忙的程度连饭都来不及吃，但是却没有暴力发生迹象，暗示主人可能是从人间蒸发了。

据考古学家鉴定，崖居可能始建于1190年，最新的主建筑完工于1260年，最盛时总人口数约在 100 人至 150 人之间，然后在 1300 年之前被完全弃置，在被弃置时仍有部分建筑工程正在进行中，整区的使用期不过短短的 100 年左右。考古的证据支持崖居的确在很短的期间内被完全放弃，而且遗址被放弃后完全没有再被使用的迹象，显示所有的居民几乎是在同一时间迁离。由于遗址被放弃时仍有部分建筑工程尚未完工，显然遗址的被放弃并非经过缜密规划而是事出突然，留下的大量陶器与日用品应该是没有能力带走的部分，表示离开时应该已经预知要远行，而且离开后就不再回来了。

公元 1300 年，正是阿纳萨齐人达到其文明顶峰的时候，可是这个文明突然开始衰落了。是什么原因导致他们衰落，谁也说不清，以至成为万古不解之谜。由于阿纳萨齐人留下的线索少之又少，所以考古学家不能肯定当时到底发生了什么事情。有的说是由于人口过剩；有的说是外敌入侵；也有的说原因在于 1276—1297 年袭击美国西南部的大旱。因为阿纳萨齐人没有精心设计的灌溉系统，完全靠天吃饭，大旱使他们遭害严重，不得不向北或向南迁徙。由于这些各执一词的假说至今仍缺乏有说服力的证据，因此很难得到大家的公认。争论也许会继续下去，它无疑会有助于弄清问题的真相。

无论其原因究竟是什么，我们都必须承认阿纳萨齐人在那个落后的社会里，曾创造过一个高度文明的"编筐文化"是无可置疑的。

## 失落的印加帝国

印加帝国信奉太阳神，他们建立了高度的文明，在西班牙入侵以后，他们神秘地失踪了，是发生了毁灭性的瘟疫呢，还是他们遁入了山林？

美洲一直是一个被认为缺失古文明的大陆，直到 1911 年失落了很多个世纪的古城马丘比丘在秘鲁被发现，一段古老的文明终于重见天日。

大约在 12 世纪，秘鲁利马附近的库斯科谷地中的印第安部落逐渐强盛起来，开始向外扩张，兼并周边地区。1438 年他们统治了安第斯山脉北部山区，建立了强大的奴隶制国家——印加帝国。16 世纪初，印加帝国达到鼎盛时期，曾控制南美洲广大土地，人口多达 600 万，建都于库斯科。印加帝国雄霸一方，他们信奉太阳神，建立了完善的农业体系。他们还有进步的政治制度，能够推动完善的法律来治理百姓，绝不以严刑峻法苛难。

以农立国的印加人，早在公元前四百年就知道集约栽培法，他们栽培玉米的技术高超且无人能与之比拟。此外，印加人在纺织品的生产技术上，更有伟大的突破，各色各样的织法以及各种形态的精致图案，都具巧夺天工的技巧。

首都库斯科（在今秘鲁南部）有巨大的太阳神庙，庙中墙壁是用黄金片镶嵌的，中间一个金制圆球，代表太阳；旁边有几百条金制线条，代表太阳的光芒。壁上金光闪闪，豪华非常。从首都到全国各地，包括现在的秘鲁、玻利维亚、厄瓜多尔全部，以及哥伦比亚南部和智利的北部、中部，都有宽广的驿道相通。

由于发掘了金矿，在帝国庄严的宫殿建筑上，四处均镶着金饰品，灿烂耀目，光彩辉煌，但这也同时为其本身带来了不幸的灾难。印加人已大量使用青铜器，但是他们还不知道炼铁，不会使用火器和马。

印加人没有文字记录，人们普遍使用的记录符号是"结绳文字"，即用不同颜色、不同距离、不同大小的绳结来记事、记数。

1532年，印加帝国正当全盛期，拥有600万国民，掌握了当时先进的有色金属冶炼、加工技术，能制造出一流的冷兵器，还有像马丘比丘那样险要的城堡可坚守。可是数百名西班牙殖民者闯入印加帝国后，印加末代国王图帕克被斩首，很短的时间内帝国就消亡了，马丘比丘的印加文明失落了。

据口传历史记载，在印加帝国到了多拿卡巴克王统治时，造成了印加无与伦比的盛世。多拿卡巴克王死后，把印加帝国分为两部分，传与瓦斯卡尔和阿达瓦尔巴两个儿子统治。在1532年，兄弟反目，印加帝国因两位王子争夺王位而爆发内战，印加人形成了派别，开始了血腥战斗。正值印加人因分裂而国力日衰之际，残暴的西班牙冒险家们乘虚而入，他们攻击印加人，疯狂掠夺黄金。在这个动荡纷乱的帝国中，他们巧妙地攫取了意想不到的利益。一支百余人的队伍轻而易举地战胜了数万人的印加军队，武器的先进固然是一个因素，但事情显然并非这般简单。西班牙人的胜利完全是由印加人自己拱手送上的，内乱已经使他们筋疲力尽了。

由于印加人民没有发明文字记载，使得遗留下来的问题更具神秘性。又有一班学者根据印加人的记录，大胆推测当时印加帝国虽然拥有高度文明，但却被突袭而来的恐怖瘟疫横扫全国。然而就算是发生瘟疫，难道当时的西班牙人具有免疫力？即使印加人真的发生瘟疫，怎么能够使600万人全部消灭殆尽呢？

也有学者认为，在西班牙人入侵印加帝国后，另一位国王瓦斯卡尔率领着数以百万的印加人深入蛮荒的安第斯山中，在整座山上建筑藏身的栖息之所，打算再度恢复当年的印加势力。然而，大瘟疫再次袭来，残存的印加人无力再重振势力，只得继续逗留在丛林中，埋葬死者，消灭遗迹。为了避免再度引起纷争，他们销毁了高度的文明，企图掩饰当年印加帝国的强盛，然后以最简单的方式，聚集部落为生，形成今日印第安人的祖先。

实际上，近年来许多考古学家在绵延的安第斯山脉中，陆续发掘到许多印加帝国的遗迹，证明印加人确实曾经抛弃辛苦经营的帝国，而在蛮荒的山地中再建王国。

古老的印加帝国遗留下来的重重疑云，为古老帝国的神秘灭亡增添了点点色彩。印加帝国消失的真正原因有待于历史学家、考古学家们继续考证，为它寻求一个正确的答案。

## 古希腊为何盛行裸体雕塑？

古希腊的雕塑艺术是人类文化艺术史上的奇迹，人们在沉浸于这些雕像的力与美的同时，也不免会产生一个疑问：为什么古希腊雕塑都是裸体的呢？

在整个西方美术传统中，古希腊雕塑占有十分重要的地位。西方美术崇尚的典范模式，庄重的艺术品格和严谨的写实精神，可以说都是从古希腊开始的。古希腊悠久的神话传说是古希腊雕塑艺术的源泉，因此，古希腊雕塑参照人的形象来塑造神的形象，并赋予其更为理想更为完美的艺术形式。

现代人在欣赏古希腊雕塑艺术的时候，总会有这样的疑问：为什么古希腊雕塑几乎都是裸体的？裸体造型艺术何以如此普遍？这一问题曾困扰了人们几个世纪，直至今天，关于这个问题的争论仍在继续之中。

大多数人认为古希腊雕塑采取裸体的形式，和当时战争的频繁与体育的盛行有着紧密的联系。有人认为，在古希腊时期，战争很频繁，武器又不是很先进，作战胜利很大程度上取决于身体的强壮，所以那个时候的人们（尤其是年轻的男子），为了守卫自己的城邦，要经常锻炼身体。为了遗传的因素，甚至把那些有些缺陷的婴孩直接处死。在这样的环境之中，那些身材健壮，骨骼和肌肉都很结实的男子就被视为英雄。

战争带来了体育的盛行，古希腊是一个体育盛行的时代。当时，几乎没有一个自由民不经过练身场的训练，希腊人的孩子从会走路开始，就要接受体育训练。在当时运动会上，人们并不以裸体为耻，青年男女为了显示自己健美的体魄，常常把衣服脱光。斯巴达的女青年参加运动会，也常常是全裸的。对于运动会上的优胜者，人们都报以雷鸣般的掌声，诗人为他作诗，雕塑家为他塑像。基于这种思想，裸体雕塑自然地成了当时的艺术主流，而那些运动场上的优胜者和美丽的肌体都可成为雕刻家最理想的模型。因此人们认为，正是因为体育的盛行，古希腊才产生了如此多的裸体雕塑。

还有人认为，古希腊的裸体艺术源于原始社会的裸体风俗。农业社会之前的原始人，对男女外生殖器的表达较为突出。这种以性为主的裸体美，是由于原始人把性看作大自然的赐物，生命与欢乐的源泉。

美国学者伯恩斯教授、拉尔夫教授在其力作《世界文明史》中说："希腊艺术所表达的是什么？总而言之，它是把人文主义象征化——即是把人视为宇宙中最重要的造物而加以赞美。尽管许多雕刻描绘神，但这一点也不减损人文主义的本质。希腊人的神是为着人的利益而存在。所以他赞美神，也就是赞美自己。"在他们看来，希腊的裸体艺术和他们的审美观念有关，表现人体的美术作品具有特殊的审美价值。在古希腊人的观念里，万物之中，数人最美，所以在竞技场中会出现欢呼雀跃的裸体群。从总体上来说，希腊雕塑的裸体，和战争、体育以及审美都是有联系的。审美观念一经形成，往往会逐渐离开原来的实用目的，而具有相对独立的审美意义。于是，裸体雕塑就大量地出现了。

古希腊裸体雕塑展现了人体不同寻常的美，如《大卫》《掷铁饼者》《维纳斯》等，它们体现了人们对美的理解及对美好生活的寻求。无论它们是出于何种原因而成为裸体的，其中的美都是无法忽视的。

## 断臂维纳斯之谜

维纳斯断了的两只胳膊原来是什么姿势？是拿着金苹果？是扶着战神的盾？还是拉着裹在下身的披布……

古希腊人神话传说中有一个叫阿佛洛狄忒的女神，她专司"美"和"爱"。在古罗马时代，罗马人将她称为"维纳斯"。

1820年2月，在爱琴海的米罗斯岛上，一个农夫在一座古墓旁耕地时，发现一个洞穴，并在洞穴中挖掘到了一尊女性雕像，这就是"断臂维纳斯"雕像。法国驻希腊代理理事路易·布莱斯特很快得知了这个消息，他立即向法国公使利比耶余侯爵做了报告。侯爵以高昂的代价从农夫手中买下了这座雕像，价格高达2.5万法郎，又把它装上法国军舰，偷偷运往法国。现在这座雕像就陈列在法国巴黎著名的卢浮宫美术馆里，成为卢浮宫的镇馆珍品之一。

虽然这是个半裸的女性雕像，但是她优美、健康、充满活力。雕像的身材端庄秀丽，肌肤丰腴，丰满的胸脯，浑圆的双肩柔韧的腰肢，呈现出一种绝世的成熟的女性美。她的面庞呈椭圆形，鼻梁垂直，额头很窄，下巴丰满，洋溢着女性典雅、温柔的气息。虽然衣裙遮住了她的下肢，但人体动态结构准确自然，艺术家的不凡技艺尽在其中。她那微微扭转的身姿，使半裸的身体构成了一个十分和谐而优美的体态，显得大方甚至"雄伟"。她的嘴角上略带笑容，却含而不露，给人以矜持而富有智慧的感觉。尤其令人惊奇的是她的双臂，虽然残断，但雕像整体仍给人以浑然完整之感。在她的面前，人们感到的是亲切、喜悦以及对于完美的人和生命自由的向往。人们不仅惊叹于维纳斯之美，也充满了对她的疑问和困惑。她是谁？她的制作者又是谁？她的手臂哪里去了？

由于这座石像的脸型很像公元前4世纪古希腊著名雕塑家普拉克西德雷斯的作品"克尼德斯的维纳斯"的头部，所以这件作品又叫作"克尼德斯的阿佛洛狄忒"。正因为两件作品有相似之处，很多人断言她的创作者就是普拉克西德雷斯。但是也有相当一部分人认为这件作品的风格符合公元前5世纪古希腊雕塑家菲底亚斯或菲底亚斯学生的作品。此外，还有人认为现在我们所看到的"维纳斯"只是一件复制品，是公元前4世纪某件原作的复制品，原件已经消失了……总之，关于"维纳斯"的创作者究竟是谁，目前还没有确切的结论。

"维纳斯"被发现以后，人们曾经在同一座洞穴里找到过一些臂与手的残碎石片，但这些究竟是不是"维纳斯"的手和臂的残片呢？谁也说不清楚。断臂之前她又是怎样的姿态呢？人们众说纷纭，莫衷一是。

德国考古学家福尔托温古拉设想，女神的左手向前伸，小臂搁在一根柱子上，并且她的手掌里握有一个金苹果，右手下垂按住已坠落在下腹部的衣裙。还有人认为维纳斯的左手前伸，握着一面盾牌，右手腾空略向下垂，但是并不按住衣服。一百多年来，许多雕刻家都曾想给她复原双臂，但无论如何都有一种画蛇添足之感，没有断臂时那么美了。"断臂"给这座雕塑笼罩上了一层神秘的色彩，也更增添了她的残缺美。人们在发挥无穷的想象力试图去解开"断臂"之谜。

美神维纳斯的断臂成了世界艺术史上的不解之谜，也许这个谜永远都不会有答案。

## "沙漠壁画"究竟何人所作？

撒哈拉沙漠是世界上第一大沙漠，气候炎热干燥。然而，令人迷惑不解的是，这里却有美轮美奂的岩石壁画，是谁在什么年代创造出这些硕大无比、气势磅礴的壁画群？刻制巨画又为了什么呢？

从地球的上空俯瞰地球，人们会发现一大片黄色的世界——它就是几乎占去非洲面积一半的撒哈拉大沙漠。然而，在这极端干燥缺水、土地龟裂、植物稀少的旷地，竟然曾经有过高度繁荣昌盛的远古文明——沙漠上许多绮丽多姿的远古大型壁画。今天人们不仅对这些壁画的绘制年代难于稽考，而且对画面中那些奇形怪状的形象也茫然无知。于是，这些"沙漠壁画"成了人类文明史上的一个不解之谜。

1850年，德国青年探险家因里希·巴尔斯在撒哈拉的塔西亚高原考察，无意中发现岩壁上刻有鸵鸟、水牛及各式各样的人物像。画面色彩雅致和谐，栩栩如生，不过上面没有骆驼。由于缺乏考古知识，当时他没有予以足够的重视。

1933年，法国骆驼骑兵队来到沙漠，偶然在中部塔西利台·恩阿哲尔高原上发现了长达数公里的壁画群，都绘在受水侵蚀而形成的岩阴上。这些壁画五颜六色、色彩雅致，生动地描绘了远古人们生活的情景，如朴素的家庭生活、狩猎队伍、吹号角赶着牛群等。画面上还有大象、犀牛、长颈鹿、鸵鸟等现在只能向南1500多公里的草原上才能找到的动物，但是另外还有一些显然已经绝迹的飞禽走兽。这一消息一公布于世，便立刻引起了世人注意，许多考古学家、考察队纷至沓来。后来人们又陆续发现了公元前6000年~公元前1000年的更多的岩画。

1956年，亨利·罗特率法国探险队在沙漠中发现了1万件壁画。翌年，将总面积约合11.6万平方英尺的壁画复制品及照片带回巴黎，一时成为轰动世界的奇闻。

在沙漠中还发掘出了100多个新石器时代的村落遗址。从发掘出的大量文物来看，大约距今一万年至4000多年前，撒哈拉并非黄沙一片，而是大草原、草木茂盛的绿洲。这里曾河流纵横，大小湖泊星罗棋布，植物茂盛，百花争艳，飞禽走兽出没其间，俨然不同于今天的风沙遍地。当时有很多部落或民族在这里劳动、生息、繁衍，创造了高度发达的文化。其主要特征是磨光石器的广泛流行和陶器的制造。壁画中还有撒哈拉文字和提斐那文字，说明当时的文化已发展到相当高的水平。

在撒哈拉壁画群中，有众多的人物形象，其中描绘最多的当数雄壮的武士形象。壁画中的武士表现出凛然不可侵犯的威武神态，他们手持长矛、圆盾，乘坐在战车上呈飞驰状。从内容上分析，很可能当时人们很喜欢在战争、狩猎、舞蹈和祭祀前后作画于岩壁上，借以表达他们对生活的热爱和憧憬，或者用画来鼓舞情绪，具有浓郁的生活气息，体现了非洲人民勤劳勇敢、乐观豪迈的民族性格和鲜明的地方特色。

在撒哈拉壁画群中，还有千姿百态的动物形象。有的站立、有的行走、有的狂奔、有的跳跃，还有怀孕的和受伤的，有些动物身上还画有长矛、箭头或者棍子打伤的痕迹。在动物的形象中，马的数量较多，有两匹马拉着战车飞驰的场面。在撒哈拉壁画群所描绘的动物中，最多的要数聚集在水边的牛群，画面色彩丰富，其中尤以牧牛彩色画和雕刻画最为精美。描绘牧牛形象的壁画之多，也可以证明是大草原。此外，还有鸵鸟、大象、羚羊、长颈鹿等。形象生动，神态逼真。

然而作为"沙漠之舟"，骆驼的壁画只在极少数地区才有发现，而且根据碳14的测定，这些骆驼形象的壁画都是后期的作品。在前期的壁画中，没有骆驼的形象。当成为沙漠后，约在公元前400年至公元前300年左右，骆驼才从西亚来到撒哈拉，这正是罗马共和国的疆土扩拓的时期。

据此，有些学者认为，距今约3000~4000年前，撒哈拉不是沙漠而是湖泊和草原。约6000多年前，曾是高温和多雨期，各种动植物在这里繁殖起来。只是到公元前200至公元300年左右，气候变异，昔日的大草原终于才变成沙漠，此时是撒哈拉的骆驼时代。

在撒哈拉壁画群中，还有许多令人迷惑不解的手印、足印和稀奇古怪的图印，这就给撒哈拉壁画群蒙上了一层神秘的色彩。尤其令人不解的是，在恩阿哲学高原丁塔塞里夫特曾发现一幅壁画，画中人都戴着奇特的头盔，其外形很像现代宇航员头盔。为什么头上要罩个圆圆的头盔，这些画中人为什么穿着那么厚重笨拙的服饰？

撒哈拉壁画如此丰富多彩、气势磅礴，那么，究竟是谁在什么年代刻制的？为什么会出现在极端干燥的撒哈拉沙漠之中？这些问题，迄今还无法解释。

## 米开朗琪罗以谁为原型塑造了《摩西》雕像

雕像《摩西》是意大利文艺复兴时期的艺术大师米开朗琪罗闻名于世的杰作，关于它的原型是谁，五百年来，人们争论的声音从未停止。

摩西是纪元前十三世纪的犹太人先知，《旧约圣经》前五本书的执笔者。他带领在埃及过着奴隶生活的以色列人，到达神所预备的流着奶和蜜的地方——迦南。神借助摩西写下《十诫》，给他的子民遵守，并建造会幕，教导他的子民敬拜他。

在罗马梵蒂冈圣彼得大教堂教皇裘里亚斯二世的墓前有一尊摩西大理石雕像，这座雕像是意大利文艺复兴时期的艺术大师米开朗琪罗的杰作。米开朗琪罗塑造的摩西是一个充满神气的领袖，画面上摩西以沉思和明哲的神情出现在世人面前，他那充满睿智和活力的脸部，鲜明地反映着爱与恐。他的头威严地竖立着，奕奕有神的目光，曲着的右腿，宛如要举足站起的模样。牙齿咬紧着，像要吞噬什么东西。摩西的眼睛又大又美，固定着直望着，头发很短，胡须如浪花般直垂下来。臂与手的血管突得很显明，像是老人的。巨大的双膝似乎与身体其他各部不相调和。占据了全身面积的四分之一。

《摩西》大体的动作是非常简单的，这是意大利文艺复兴兴盛时佛罗伦萨派艺术的特色，亦是罗马雕刻的作风。那么，摩西雕像的原型是谁呢？

有的说原型是教皇尤里二世，有人说《摩西》的原型是教皇尤里二世。据说在十六世纪初，教皇尤里乌斯二世，向往给自己修建一座世界上绝无仅有的陵墓，并将当时盛名在外著名的雕塑家米开朗琪罗招来为他工作。他不仅拨款派米开朗琪罗到采石场挑选大理石，还常与米开朗琪罗谈论陵墓修建的事宜，并商定其中雕像的含义。因此，米开朗琪罗极有可能以尤里二世为原型来创作雕像《摩西》。但由于教皇的反复无常，陵墓的施工几起几落，米开朗琪罗遭受到了一生中最大的失望。在陵墓已完成的雕塑中，最著名的就是这尊《摩西像》。

还有人认为《摩西》的原型是著名的雕塑《大卫》。他们认为米开朗琪罗在成功地塑造了青年"大卫"之后，在塑造"摩西"的过程中，又把"大卫"的许多特征揉进了年老的"摩西"之中。经过对两座雕像的对比分析，发现两者在不少细微的方面有某种相同之处，如紧锁的眉头、眼睛的结构、瞳孔的转动方向等。这说明"摩西"可能是以"大卫"为原型的。

许多人认为"摩西"的原型是当时的大画家达·芬奇，因为二者的面容非常相像。如果仔细看看"摩西"脸的正面和侧面，就会发现达·芬奇的像和先知"摩西"雕像的正面和侧面完全一样：平缓高阔的额头有明显前突的弧形；鼻梁凸起、鼻尖下收；

撅起的双唇，深陷的眼睛，健壮的脖颈。就连鼻根部的皱纹、宽大的颧骨、鼻骨所组成的菱形平面及十分前突的下唇也极为相像。至于"摩西"的胡子，可能是米开朗琪罗加长了达·芬奇波浪状胡子的长度。不仅如此，当时米开朗琪罗和达·芬奇都在罗马，达·芬奇在梵蒂冈的贝尔维捷拉教堂工作，而米开朗琪罗则在罗马圣彼得广场附近的画室潜心塑造"摩西"。在文艺复兴时期，意大利的大师们一向崇尚在自己的创作中表现艺术世界的伟人。由于达·芬奇的艺术成就突出，米开朗琪罗对他十分尊敬。因此，米开朗琪罗在创作"摩西"的过程中，有可能自然而然地渗入了达·芬奇的形象。

此外，还有的学者认为由于无法在实际生活中找到相似的形象，米开朗琪罗只好以自己为原型来塑造摩西雕像，所以雕像实际上是米开朗琪罗的自画像。

摩西雕像已经完成近五百年了，在这漫长的岁月中，有关"摩西"原型的推断层出不穷，但都没有绝对使人信服的理由。究竟雕像的原型是谁呢？只有米开朗琪罗知道答案，可惜他已经不能为我们做出解释了。

## 蒙娜丽莎神秘莫测的微笑

意大利著名画家达·芬奇创作的《蒙娜丽莎》是世界上最负盛名的肖像画杰作。画中蒙娜丽莎的妩媚笑容具有一种如梦似幻的千古奇韵，被美术史家称为"神秘的微笑"。

为这个坐在阳台上的少妇，引人遐想，令人神往。不是吗？《蒙娜丽莎》是意大利文艺复兴时期著名画家达·芬奇的一幅名画，通过画中人的面部表情，尤其是嘴角浮现出来的神秘莫测的微笑，显示出了一种不朽的艺术魅力。

达·芬奇笔下的蒙娜丽莎是有其人的。她是佛罗伦萨一位富有的女市民。达·芬奇刚开始为她画像时，她年仅二十四岁。据说，在此前不久，蒙娜丽莎心爱的女儿刚刚夭折，因此她一直处于哀痛之中，闷闷不乐。达·芬奇在作画时请来了音乐家和喜剧演员，想尽办法让蒙娜丽莎高兴起来。达·芬奇正是抓住了蒙娜丽莎一刹那的微笑，最终创作出了这幅不朽的画作。蒙娜丽莎的微笑似乎是从脸上掠过似的，既显示了她内心的激动，又没有失去安详的表情，显露了人物内心深处微妙的心理活动，令人心驰神往。

自从《蒙娜丽莎》问世几百年来，她的微笑一直令人百思不得其解。不同的观者或在不同的时间去看，感受似乎都不同。有时觉得她笑得舒畅温柔，有时又显得严肃，有时像是略含哀伤。在一幅画中，光线的变化不能像在雕塑中产生那样大的差别。但在蒙娜丽莎的脸上，微暗的阴影时隐时现，为她的双眼与唇部披上了一层面纱。蒙娜丽莎的微笑为何如此神秘莫测呢？

有人认为，这是因为《蒙娜丽莎》显示了达·芬奇非凡的绘画技巧。当初达·芬奇为这个坐在阳台上的少妇设置了一幅透视不一的背影，当人们的视线集中在左边，感到远景下降而人物上升；反之，当人们集中到右边看时，觉得远景上升而人物下降。画像中的人物五官，其位置亦在游移不定之中。而人的笑容主要表现在眼角和嘴角上，达·芬奇却偏把这些部位画得若隐若现，没有明确的界线，因此才会有这令人捉摸不定的"神秘的微笑"。

也有的人认为蒙娜丽莎的微笑时隐时现，是与人体视觉系统有关，而不是因为画中人表情神秘莫测。当人们看着一张脸时，眼睛多数集中注视对方的双眼。假如人们的中央视觉放在蒙娜丽莎的双眼，较不准确的外围视觉便会落在她的嘴巴上。由于外围视觉并不注重细微之处，无形中突出了颧骨部位的阴影。如此一来，笑容的弧度便显得更加大了。蒙娜丽莎的笑容若隐若现，源于人们目光的不断转移。

几百年来，关于《蒙娜丽莎》"微笑"的新解层出不穷。有人认为她之所以微笑不露皓齿是因为蒙娜丽莎虽典雅美丽却口齿不齐，更有甚者认为蒙娜丽莎并不是所谓的贵妇而是一个妓女，故而微笑中带着讥嘲和揶揄，此论一出，学术界哗然。

需要指出的是，不仅达·芬奇笔下的蒙娜丽莎的微笑是神秘莫测的，而且有关画中主人公的身份、年龄及该画真品究竟藏在何处，也莫衷一是，众说纷纭，这就使得蒙娜丽莎的微笑越发显得扑朔迷离了。

蒙娜丽莎是一个永远探讨不完的问题。自问世至今，将近五百年，后人不知做过多少品评和揣测，留下越来越多的迷局。当今，世上研究《蒙娜丽莎》的专著有数百部，但是时间的推移不仅不会使疑团得到解决，反而会将更多的疑惑留给后人。

## 名画《马拉之死》构图之谜

《马拉之死》是法国大革命时期的名画，它以写实的手法再现了革命家马拉死亡时的情形，但是关于这幅画的布局，历来有很多争议。

在比利时首都布鲁塞尔博物馆里，珍藏着一幅法国大革命时期的著名画家雅克·路易·大卫创作的世界名画——《马拉之死》。这是一幅简洁而庄严的肖像画，再现了马拉这位法国大革命英雄人物以身殉职的壮烈情景，栩栩如生地展示了他那伟大的一生，给人以难以忘怀的深刻印象。

让·保尔·马拉是法国大革命时期民主派革命家，雅各布宾派的主要领导人之一。1789 年大革命爆发后，马拉创办了《人民之友》报，成为支持激进民主措施的喉舌，马拉也因此被誉为"人民之友"。他积极鼓吹革命暴力，坚决反对右翼吉伦特派的妥协投降政策，因而遭到吉伦特派残余分子的嫉恨，他们阴谋以卑鄙的手段除掉马拉。1793 年 7 月 13 日马拉在巴黎寓所被一名伪装成革命家的吉伦特派支持者夏洛蒂·科黛刺杀。马拉之死震动了整个法国。

马拉死后，法国新古典主义绘画大师雅克·路易·大卫用三个月的时间创作了一幅传世之作《马拉之死》，以真实的细节成功地再现了人民之友——马拉遇刺身亡的情景。画面上：赤裸着上半身的马拉倒在浴缸中，脸上显出濒于死亡的表情，包着浅黄色头巾的脑袋斜靠在身后的家具上，鲜血正从胸肋部流下，染红了身下洁白的浴巾。右手握着鹅毛管笔无力地垂落在浴缸外，旁边即是置他于死地的匕首。左手拿着凶手所写的便条搁在浴缸边的桌子上，便笺上写着："1793 年 7 月 13 日玛丽·安娜·夏洛特·科黛，致公民马拉：我十分不幸，为指望得到你的仁慈，就足够了。"浴缸边的木柜上放置着墨水瓶、鹅毛管笔和马拉生前写的一张附有纸币的信笺，笺上写道："请将这份钱转给一位有着 5 个孩子的母亲，她丈夫已为国捐躯。"木柜正面还有"献给马拉，大卫"的题词。大卫以他刚劲沉郁的笔触，满怀深情地描绘了法国大革命的英雄以身殉职的壮烈情景，揭示了法国大革命时代的英雄内容和精神。

当大卫把这幅画送到国民公会时，会场里响起了"为马拉复仇！"的声浪。《马拉之死》在卢浮尔宫公开展出后，得到了人们的交口称赞，但大家对画家为何如此构图则有着各自不同的理解。绝大多数人认为，不言而喻，大卫是以写实的手法，撷取马拉生前常常被迫在浴缸中工作这一典型场景作为创作素材的。马拉裸着上身躺在浴缸里，这是因为他患有严重的皮肤病，经常要浸在药水中办公，画家就是据此构思创作的。况且，大卫本人也说过："在马拉被刺前几天，我被派去访问他。我见到他在浴缸中的情景使我惊讶。浴缸旁边有一只木墩，上面放着墨水瓶和纸，在浴缸外的手却在书写关于人民福利的计划。我认为，把马拉为人民而操劳的生活情景展示给人民是有益的。"大卫用写实的手法再现了当时的情形：马拉倒在浴缸里，鲜血正在从伤口中流出；带血的匕首滑落在地，而凶手已经逃离现场。画家将画中的主角设计在一个情节和场景之中，丰富了肖像画的表现内容，增强了它的感染力。

但是，也有人认为不能这样分析该画的创作构思，大卫如此构图与马拉所得疾病没有丝毫关系。他们认为大卫在绘制《马拉之死》时仅是借鉴参考了同年前些时候他为另一位革命英雄勒佩蒂埃所作肖像画的手法。勒佩蒂埃生前也是国民公会代表，遭反动分子暗杀后，大卫曾为他画像：死者赤裸着上身倒在床上，致命的伤痕清晰可见，造型单纯明确，意境崇高，艺术处理极为成功。因此大卫在为马拉画像时也采用了同样的手法，所不同的只是这次马拉是死在浴缸中。

当然，还有一些艺术史家们主张应从纯艺术的角度来看待这个问题。大卫曾认真观摩研究古希腊、罗马的雕刻和文艺复兴时期的绘画，接受了古典主义思潮的影响，注重深刻的内容和严谨的形式，强调严格的素描和明确的造型，力求画风朴素明朗。同时，大卫认为艺术必须服务于建立共和政治这一崇高目标，因此他的作品强调真实性、典型性。正是这种双重性决定了《马拉之死》的艺术构思，大卫成功地把人物肖像描绘、历史的精确性和革命人物的悲剧性结合起来，使它获得了如此深刻的典型意义和感人力量。

由于大卫本人没有对《马拉之死》的构图做出明确的解释，因此人们对于这幅已经享誉画坛已近两个世纪的名画构图仍心存疑虑，争论不休。

## 谁是贝多芬"不朽的爱人"

贝多芬一生留下了许多经典的曲目，鲜为人知的是，他还有一位"不朽的爱人"，这位神秘的女子是谁呢？何以得到这位音乐大师的垂青？

德国作曲家贝多芬是维也纳古典乐派代表人物之一，他为世人奉献了巨大的音乐财富。1827年贝多芬死后，人们在他写字台的一个秘密抽屉里发现了三封情书以及他昔日的恋人特雷莎的肖像。三封情书写得像他的音乐一样激情澎湃，炽热如火。第一封信的日期是"7月6日，早晨"，其他两封信分别写着："7月6日星期一，晚"和"7月7日，早晨好！"信没有寄出，甚至连收信人的姓名和地址都没有。

7月6日早晨的信上写着："致'不朽的爱人'"。信一开始就是："我的天使，我的一切，我的我。"整封信充满对"爱人"的眷恋，"不论我身在何处，你都随我同在，尾随我的梦幻，我与你窃窃私语……没有你——一切都会变得索然无味的……你会理解的，因为你知道我对你的如此忠诚；没有任何女人能永久占据在我的心上——永不——永不……我心已决，我要漂泊远方，直到能飞也似的扑在你的胸怀，只有在你的身边才能心安神定，我的灵魂被你拥抱，然后才能飞向精神的王国……请你安静些——你要爱我——今天——昨天——我因思念你而不觉泪下如雨——你——是我的生命——是我的一切——祝你安好，啊，你要继续爱我——永远不要误解你的爱人最忠实的心。"

贝多芬一生作曲不断，也恋爱不断，爱情的渴望、追求、幻想以至破灭、痛苦，构成了他音乐创作的重要素材。这三封书信揭示了这位音乐巨匠内心深处隐秘的世界，给他的爱情经历蒙上了一层神秘的色彩。人们不禁猜测：这位无名的"不朽的爱人"究竟是谁呢？

有人认为，贝多芬的情书是写给特蕾莎的，特蕾莎就是他"不朽的爱人"。贝多芬的这三封信是和特蕾莎的肖像藏在一起的，足见特蕾莎在贝多芬心目中的地位。特蕾莎出身于匈牙利贵族家庭，终身未嫁。两人虽早已相识，但相互亲近，双双坠入情网是1809年以后的事情，由于种种原因，两人最终并没有在一起。两人的感情十分真挚，特蕾莎把自己的肖像画赠给贝多芬，贝多芬则把他的《升F大调奏鸣曲》献给特蕾莎。贝多芬晚年时，有位朋友无意中见到他捧着特蕾莎送给他的肖像哭泣。也许在临死前，贝多芬把特蕾莎的肖像和他的三封情书一起放在了那个秘密的抽屉里。因此，特蕾莎很可能是那位"不朽的爱人"。

也有人认为贝多芬"不朽的爱人"是丹兰士·特·勃仑斯维克。勃仑斯维克是贝多芬的好友佛朗索阿伯爵的妹妹，当她还是一个小姑娘跟着贝多芬学钢琴时起，就爱上了他。1806年5月，贝多芬和勃仑斯维克订婚。不知道是因为什么神秘的原因，阻挠着这一对相爱的人的幸福。总之，婚约毁了，然而，两个人始终都没有忘却这段感情。甚至直到1861年勃仑斯维克生命的最后一刻，她还是爱着贝多芬的。众所周知，贝多芬的第4交响曲是他与丹兰士爱的结晶。他是停下"命运"的创作，一气呵成完成第4交响曲的，这种创作方式在贝多芬的交响曲中并不多见。

有人根据贝多芬的生平经历分析，"不朽的爱人"也有可能是意大利歌唱家朱丽叶·吉采尔获。他们初次相识是在1800年，两人相爱后，贝多芬灵感勃发，在1801年写成了著名的《月光》钢琴奏鸣曲，献给朱丽叶。但令人意外的是，1803年朱丽叶嫁给了加伦堡伯爵，但朱丽叶似乎对贝多芬仍感眷恋。而贝多芬也对她仍有某种爱情和兴趣，他说："我曾得到她真挚的爱，此事绝不能和她跟她丈夫之间的感情相提并论。"基于此言，有人认为把贝多芬信中所称呼的"不朽的爱人"视作朱丽叶也是合情合理的。

不知什么原因，贝多芬没有将信寄出，否则他的爱人一定会被他的热情和热诚所感动的。而且他的那位"不朽的爱人"究竟是谁呢？是特蕾莎？是勃仑斯维克？还是朱丽叶？或是另有其人？问题的答案只能永远留在贝多芬的心中了。

## "空中花园"真是古巴比伦国王所建吗?

作为世界古代七大奇迹之一,古巴比伦的空中花园让人惊叹不已,"想象其形而心向往之"。然而,正因为没有见到其实物的存在,从而让人对其真实性产生了怀疑。

传说巴比伦空中花园是新巴比伦国王尼布甲尼撒二世所建。因为他美丽的王妃塞米拉米斯常常思念她那山清水秀的故乡,加之,她也不习惯于巴比伦炎热干燥的气候和单调的平原景色。所以,尼布甲尼撒二世下令在巴比伦城中建起立体式的空中花园,以博取王妃的欢心。

但是,现在对于空中花园为尼布甲尼撒二世所建的说法,不少人产生了质疑。他们认为空中花园更可能是在尼尼微而不在巴比伦。建国者不是新巴比伦国王尼布甲尼撒二世,而倒有可能是早他100年的亚述国王辛那赫瑞布了,为什么有如此说法呢?

被誉为"历史之父"的希罗多德在其书中对巴比伦金碧辉煌的宫殿和神庙建筑以及房屋、街道、商贸甚至连浮雕、装饰等多处细节都做过仔细描述,并且盛赞巴比伦的"美丽远远超过了世界上的任何城市"。可是书中他却单单不提空中花园,这是一个疑点。

同样也是罗马史学家的色诺芬在其著作中赞美了巴比伦城墙的雄伟壮观,但对空中花园却也是只字不提。难道根本没有存在过这样一个建筑?

而且,人们至今没有找到有关尼布申尼撒建造空中花园的记载,不过在有关亚述国王辛那赫瑞布的许多文献记载中却不止一次地提到他在尼尼微城中建有一座美丽的花园,并引城外的河水入城中浇灌花木。而辛那赫瑞布的后代也常常提及,他们常在尼尼微的这个人造山形花园中以捕杀从笼子里放到园中的狮子和野驴为乐。

尼布甲尼撒二世死后23年,波斯人出兵占领新巴比伦城,他们还改变了幼发拉底河道,使河道远离了巴比伦城。按理说,巴比伦空中花园的花木肯定会因为缺水而枯萎,在百年之后不可能会还保持郁郁葱葱。可是在尼尼微的浮雕却表明,亚述人不仅采用"水泵"抽水浇灌人造花园,还用水槽将山泉引入园中。即使无人灌溉,花园依然可以苍翠如初。

以上两种说法都是言之有理,证据确凿,看来,今天的人们不仅不能看到那美丽的空中花园的"倩影",连它的存在也只能是一个谜了。

## 古希腊奥林匹克运动会是怎样诞生的?

举世闻名的世界性的体育盛会——奥运会现已风靡全世界,4年一届的盛会已在人们的生活中占有极其重要的位置,也成为国家间增进友谊的纽带。人们都知道现代奥林匹克运动会是在古希腊奥林匹克运动会的基础上形成和发展起来的。然而古代奥运会又是如何起源和发展的呢?它的源头及形成年代又是什么地方什么时候?这些问题留给人们很多值得思考的地方,有关它的见解也各不相同,众说纷纭。

一种起源说认为,奥运会起源于神的谕示。古希腊神话中说,公元前884年,希腊国王为平息战乱,消灭疾病,派使臣去向太阳神阿波罗求签。阿波罗发下神谕:要想避免战祸，获得和平，一定要使奥林匹克赛会再兴。于是，4年一届的奥运会便创立了。这些毕竟只是美丽的神话，毕竟不是历史的事实。迄今，唯一能提供奥运会起源的文献资料，只有荷马史诗《伊利亚特》和《奥德赛》。这部古典名著比较全面地反映了公元前11~前9世纪的希腊人的社会生活，史称这一阶段为"荷马时代"。《伊利亚特》中的"帕特洛克罗斯的葬礼"一章中，记述希腊将领帕特洛克罗斯在攻打特洛伊城时不幸战死。阿喀琉斯为他举行殡葬仪式时，就举行了战车、拳击、角力、赛跑、决斗、掷铁饼、射箭、投标枪等内容丰富的竞技赛会，并发重奖给优胜者。在《奥德赛》一书中，记述了该书的主人公奥德赛，在宴饮时举行的竞技会上，曾亲自参加投石比赛，他臂力过人，获得这个项目的第一名。通过以上材料，人们可以推测，早在"荷马时代"，古代奥运会作为葬礼或宴饮的组成部分就在希腊出现了。

近几年来，考古学的发展使得许多专家和学者对古代奥运会的起源又做过不少研究，并提出了许多不同看法。这些看法主要有3种：一是古希腊奥运会起源于克里特岛。公元前15世纪，希腊人在米诺斯王国覆灭后继承了克里特人的文化传统，建立起奥运会。英国考古学家伊文斯在1900年，对诺萨斯城进行考古发掘，发现了男子角力、赛车、斗牛等壁画，为这一看法提供了生动的实物资料。二是希腊奥运会是由腓尼基传入的。不久前，贝鲁特大学考古学家拉比·鲍罗斯，通过对地下体育场遗址的发掘发现许多铸有运动员形象的硬币和腓尼基人的史诗，从而考证出首届世界性体育比赛，早在公元前15世纪的腓尼基（今黎巴嫩一带）就举行了。他认为当初之所以举行这种体育竞赛，是为了对古腓尼基人信奉的太阳神和他们所崇拜的英雄赫拉克里斯及其祖先梅尔卡特表示歉意。这种每4年举行一次的体育竞赛后来传到希腊，促使古希腊人建立起自己的奥运会。三是20世纪80年代初，国外考古学家对奥运会的起源问题，提出了新的见解。考古学家在雅典西南130千米处的涅柏亚布，发掘出一座可容纳4万多观众的运动场遗址，并有可供13名田径运动员同时起跑的177米长的跑道。专家考证：早在公元前1256年，在这座运动场里就举行了运动会。这么看来，古代奥运早在荷马时代之前就诞生了，比第一次有记录的首届运动会（公元前776年）提早了约500年。

奥运会的规模现在已越来越大，能举行奥运会也成为一个国家国力的象征和骄傲，在几千年后的今天探讨古代奥运会的起源和发展仍具有很高的价值，人们期待着能对它进行深入的了解。

## 忒修斯传说和克里特文明之谜

在古希腊神话传说中，忒修斯因其英勇而成为亮点人物。他有过许多英雄的壮举，但他最伟大的行动却是杀死牛头人身的怪物米诺陶洛斯。

米诺陶洛斯是帕西菲王后与一头公牛交配后产下的怪物。当时，强大的国王米诺斯在克里特统治着希腊，他和帕西菲结婚，但帕西菲却爱上了一头漂亮的公牛。帕西菲让发明家代达罗斯为她制作了一只木制的母牛，以便于她可以藏在里面与公牛交配。以后她生下了可怕的米诺陶洛斯——一个半人半牛的怪物。

米诺斯便求助于代达罗斯，修建了一个巨大的迷宫来囚禁这头牛头人身的怪物。

每隔 9 年，国王都要送 14 个雅典童男童女到迷宫喂这头牛头人身的怪物。这也是为死于雅典人之手的米诺斯之子安德罗奇斯报仇。在忒修斯以前，从来没有一个年轻人生还。忒修斯是雅典国王埃勾斯的儿子，他自愿前往。忒修斯承诺父亲他会回来，并且将升起白色的风帆来表明他的胜利。忒修斯杀死了牛头人身怪物，走出了迷宫。这样就结束了雅典年轻人被残害的无谓牺牲，克里特对雅典的统治也就结束了。

对于忒修斯的故事和克里特文明，后人曾做过深入研究。1900 年，牛津阿尔莫宁博物馆的理事亚瑟·伊文思来到了克里特。他的发现证明克里特不仅仅是伟大帝国的中心，而且有关忒修斯的故事远远不像曾经看起来的那般充满幻想。

19 世纪 20 年代的艾伦·瓦斯和 19 世纪 30 年代的卡尔·布利根，发现了与克里特文明同时存在的"迈锡尼"文明的证据，这种文明明显独立于克里特文明。他们认为，在公元前 1500 年后某些时候，迈锡尼人征服了克里特人并接管了诺塞斯。至此，迈锡尼文明得以繁荣发展。

这些材料，在某种程度上似乎进一步证实了忒修斯的传说是有一定历史根据的。和迈锡尼人一样，雅典人是希腊人，所以忒修斯的胜利可能意味着在某次（或者连续几次）实际的战斗中迈锡尼希腊人击败了牛头人身的克里特人。

在迈锡尼人如何替代克里特人这一问题上，考古学家斯皮里宗·马里那多斯有自己的观点，他相信是自然灾害削弱了克里特，以致为迈锡尼人打开了方便之门。他认为，是锡拉岛上的火山爆发行使了这一使命。火山爆发可能源于地震，反过来又引起海啸毁灭了克里特。他坚持，地震和海啸的破坏足以迫使克里特人向迈锡尼人敞开大门。实际上，在克里特的考古学证据似乎表明，是火而不是火山灰或洪水引起了这里大多数的毁坏。

所以大多数科学家——虽然不是所有的——都否定锡拉岛火山在克里特文化衰败中扮演过重要的角色。那是否就意味着忒修斯扮演了替代者的角色呢？是忒修斯（或是他作为希腊人的象征）杀死了牛头人身的怪物（或者怪物是克里特人的象征）？由于年代久远，此外也没有众多的史料可考，也许进一步的发现和研究能为这个看似完全虚构的故事增加一点可信度，从而解开克里特文明之谜。

### 希腊智慧女神为何从父身诞生？

在希腊神话传说中，智慧女神雅典娜集其父母的智慧于一身，她的出生成为后代许多专家学者们研究的对象。

雅典娜是天神宙斯和智慧女神墨提斯的女儿。临产前墨提斯对宙斯说，将要出生的孩子一定会比宙斯更强壮、更聪明。宙斯唯恐降生后的孩子会危及他在奥林匹斯山的统治地位，于是他就将墨提斯吞到肚子里去了。不料，宙斯突然感到头痛欲裂，急忙让火神赫菲斯托斯用斧子劈他的脑袋，这时满身铠甲的雅典娜就从宙斯脑袋里呼叫着蹦了出来。这就是她那不寻常的诞生。

那么，雅典娜为什么不是脱胎于母腹，而是由父亲产出呢？她为什么偏偏从脑袋里蹦出来呢？

当然，对于神话，人们没必要探究其真实性，而应关注它的社会背景。长期以来，许多学者对此做了深入探讨，并从各种不同角度提出了不同的看法，归纳起来主要有以下三种：

有人认为，这段传说只是想说明雅典娜是宙斯的化身。在希腊早期神话中化身法是常用的造神手法。这种方法可使彼此孤立的神之间产生一种类似于人类的血缘关系，从而构成一定的体系，增强了神话的故事性和神秘色彩。

但是，更多的人则认为，这个传说反映了早期人类一定的历史状况。他们认为这段传说实际上反映了人类父权制开始取代母权制的情况。而且，雅典娜就曾经说过："我不是母亲所生的人。我，一个处女，是从我父亲宙斯的头里跳出来的。因此，我拥护父亲和儿子的权力，而反对母亲的权力。"这意味着女人已经依附于男子，母权制已被父权制所取代。这种说法看来论证比较严密，但也是有漏洞的。这种观点如果要成立，还必须解决如下两个问题：第一，据传说宙斯的妻子是宙斯的同胞姐姐，他们在洪水灾难中死里逃生，并结为夫妻。从这里可明显看出族内婚的痕迹，如果说父权观念在人类族内婚阶段就已出现那是绝对不可能的。第二，希腊父权制取代母权制是在英雄时代，这早已成定论。从神话描写中可看出雅典娜出生距英雄时代还有相当长的一段时间，是否能说这一过程自雅典娜诞生时已经开始，尚待探讨。

还有一种观点认为，这段传说应该与雅典娜在希腊神话传说中的地位和作用有关。雅典娜在希腊神话中是聪明过人的智慧女神，所以把她说成是智慧女神和天神宙斯的女儿。为了让雅典娜没有对手，神话的创作者又煞费苦心地让宙斯把这位老智慧女神吞进肚子里，于是聪明的母亲"隐居"了。这样一来，会更显示出其女儿过人的智慧。当然，这种推论虽然圆满地解释了这段传说中令人费解的情节，但没有涉及复杂的社会背景，是否正确也很难说。

上述三种观点各有道理，但都不能成为定论。之所以如此，可能有这样一些原因：第一，早期神话产生于非理性的、原始的心理状态。第二，神话本身具有两重性。其一是历史的、现实的，它是有其历史现实基础的；其二是虚幻的，即非历史的部分。两者交织在一起，因而神话中的历史与宗教、想象与现实的界限总是模糊的。

## 美洲人修建太阳门目的何在?

在世界上最高的淡水湖喀喀湖东南的安第斯高原上耸立着美洲古代最著名最卓越的古迹之一——太阳门，它是蒂亚瓦纳科文化的杰出代表。太阳门因其神秘性成为专家研究的目标。

太阳门高 3.048 米，宽 3.962 米，由重达 100 吨以上的整块巨型中长石雕镂成，中央凿一门洞。据说每当 9 月 21 日黎明时，第一缕曙光总是准确无误地从门中央射入。门楣正中间刻制着一个人形浅浮雕。从这个人形神像的头部会放射出许多道光线，他的双手各持着护杖，在他两旁平列着 3 排 48 个相对较小的、生动逼真的形象，3 排中的上下两排是带有翅膀的勇士，他们面对神像；中间一排是人格化的飞禽。这块巨石在发现时已残碎不堪，1908 年经过一番整修，恢复了旧观，放在了今天人们看到的基地上。

那么，在古代美洲居民还没有制造出带有轮子的运输工具，也没有使用驮重牲畜的情况下，到底是什么人，在什么时候，又是为什么在这云岚缭绕、峭拔高峻的安第斯高原上建造了这座雄伟壮观的太阳门呢？这个问题至今还没有正确的解答。

为了弄清这些问题，许多国家的考古工作者进行了巨大的、艰苦卓绝的研究工作。

美国考古学家温德尔·贝内特用层积发掘法证明蒂亚瓦纳科文化最早年代是在公元 300~700 年，而太阳门和其他一些建筑应是在公元 1000 年前正式建成的。他认为，这儿曾是一个宗教圣地，朝圣的人们在这儿举行朝拜仪式并建造了这些建筑。

蒂亚瓦纳科考古研究中心主任、著名的玻利维亚考古学家卡洛斯·庞塞·桑西内斯和阿根廷考古学家伊瓦拉·格拉索用放射性碳鉴定，蒂亚瓦纳科建筑应该是开始于公元前 300 年，而建成美洲这一灿烂辉煌文明的大约是在公元 8 世纪以前，一般看法认为是在公元 5~6 世纪。建筑者可能是居住在安第斯山区的科拉人，他们认为蒂亚瓦纳科建筑是一个举行宗教仪式的中心场所。太阳门极有可能是阿加巴那金字塔塔顶上庙堂的一部分。

美国历史学家艾·巴·托马斯也同意遗址是科拉人建立的这一理论，但他却并不以为这里曾是一个宗教中心，他说那里没有宗教和武功纪念碑，看起来却像是一个商业中心。阶梯通向的地方是中央市场，石门框上的那个人形浅浮雕是雨神，辐射状的线条是雨水，两旁的小型刻像象征着他们朝着雨神走去，以承认他的权威。

太阳门是外星人制造的吗？如若不是，那美洲人建造它的目的何在？专家们对于这些问题众说纷纭，无一定论。但人们相信，随着考古资料的不断发掘和科学技术的进一步发展，人们终会撩开笼罩在太阳门身上的迷雾的。

## 古罗马人为何沉溺于沐浴？

在罗马共和国建立初期（约公元前 400 年），上流社会突然兴起了大修澡堂之风。罗马帝国版图日益扩大并强盛后，各城镇也继而扩展，公民生活优裕，社会各阶层盛行沐浴之风。其时，公共澡堂很受欢迎。罗马城内的澡堂是最豪华的，其内有热气室、热水浴池、冷水浴池和凉气室。如果一个人跑去洗澡，往往先在特设娱乐室里打球或者做些别的锻炼，随后脱光衣服在热气室内直到全身热汗淋淋，再用油洗净，然后洗热水澡，凉了之后便跳进冷水浴池以强身健体。热澡堂就像一间附设芬兰蒸汽浴或土耳其浴及公共游泳池的现代健身室。

但这并非罗马热澡堂的全部内容。罗马和其他城市的大型热澡堂规模宏大且气派，内有大理石柱、精美拼花地板、穹隆天花板、喷水池和塑像。罗马城内名喀拉凯拉皇帝修建的澡堂，方圆 11 公顷，可供 1500 多人同时洗澡。罗马市中心戴欧克里兴皇帝的热澡堂占地更广。很多热澡堂除游戏室、热气室和浴池外，还有酒吧、商店和咖啡座。

罗马热澡堂因获得国家和私人捐助，通常收取很低的入场费，有些甚至无须交费。所以无论是富人还是穷人，只要是公民便可拥往热澡堂去过过瘾，或者夸耀一番。

澡堂是拥挤巨大的喧嚷场所，为何人们还会乐此不疲地沉湎于泡澡堂呢？人们从旧电影及盛传的传说中，知道罗马人祭祀酒神的秘密宗教仪式通常在个人领域悄悄地举行。但在澡堂里有更多足以诱惑人异想天开的事物，想染指的人也很容易发现捷径。在很长的一段时间，许多澡堂允许男女共浴，因此经常招致大群娼妓大肆交易。其他公共澡堂里，许多男男女女赤身裸体，在热气室和浴池里动手动脚，也引发不少今日称为换妻的放浪行为。澡堂终致丑事频出、臭名远扬，所以公元2世纪哈德里安皇帝颁布了禁止男女共浴的禁令，而从此男女两性洗澡时间就不同了。

澡堂也成为狂饮者的最佳场所。不管在运动室或热气室里，总会感觉口干舌燥，那就更易借口喝上几大杯酒。酒使人迷失本性，结果口角和打架之类事情不断发生，喝得烂醉的人较受人注意，小偷扒手也趁机下手，流氓又借机抢劫，因此澡堂安全也成为人们头疼的事情。

不少罗马人也从沐浴风俗中看到堕落腐化的迹象。富人们喜欢夸耀财富，他们华衣盛装来到公共澡堂，带一群奴隶在两旁伺候，替主人宽衣，用油脂为主人身体按摩，再用金属或象牙制成的上有槽纹的刮板把皮屑刮净，然后全身抹上珍贵的香水。有些年老有德的人看到沐浴前的体操和游戏及涂油脂刮皮屑的夸耀行为，不禁皱起眉头。

现在，曾经辉煌奢华的罗马澡堂已成为众人观赏的废墟，罗马大厦在穷奢极欲中坍塌了。人们在追寻古罗马昔日遗风的同时不能不感慨世事的变迁和历史的无情！

### 罗马竞技场上的猛兽来自何处？

巨大的竞技场内，群兽涌动，人声喧闹，欢呼声、惨叫声不绝于耳，这是人们在影片中经常能看到的罗马帝国竞技场的一角。要想知道罗马帝国昔日的繁盛，从这小小的竞技场一角便能窥见一斑了。

竞技场表演的节目多种多样，野兽相搏便是其中一种。例如野牛与熊互斗，先把两兽用绳子分别拴住，为避免野兽跑开，把绳子末端系在地上的柱子上，然后观者在旁边挑拨，使两头野兽互相抓咬撕扯。另外一种表演是由一个或几个斗兽士与豹、狮子或其他野兽角斗，把猛兽打得筋疲力尽后才杀死。如果到后来野兽不但没死，反而把人咬死了，也无关紧要，因为大多数格斗士都是由奴隶充当的。当然也有例外，公元2世纪的罗马皇帝柯摩连是一个特殊例子，他喜欢亲自到竞技场内表演；有一次，他用弓箭从竞技场上的御座上射杀了100只鸵鸟，得意了一阵子。

一般的年头，罗马帝国每年合计要杀死几千头野兽，要把那么多的野兽在竞技场上杀死，那就使不断地输入野兽成为必然。在罗马各行省的竞技场上，一般用当地容易捕捉的兽类（如北欧多用熊和豺狼），有时用上一头豹或老虎就可算作是特别节目了。但是在罗马，由于斗兽表演需要皇帝下旨方能举办，因而必须使用能突显罗马皇帝君临世界的威严的外来异兽。然而由于输送量如此庞大，所以运来定量的老虎、狮子、象等野兽是相当困难的事。即使拥有现代的交通工具，输送野兽也必定是花费大而困难的工作。因此，古时候以帆船和牛拉大车把野兽从好几百里外运送至罗马，并且每年运送数以千计，一定更加不易。

非洲野生动物种类繁多，成群结队，当然是绝佳的捕兽地方，但非洲没有老虎，罗马人只得远赴波斯和印度狩捕。一般每一支驻扎在某一地区的罗马军队都以捕兽为首要任务，当地猎人有时也协助捕捉。当时的人捕捉野兽时，旨在捕兽，所以施用饵诱或设陷阱等方法用尽，全然不顾滥捕滥杀。有一个方法是把酒倒入小水洼中，等动物出来喝得醺醺然或醉倒的时候，很轻松地就可用绳捆绑了。另一个捕兽方法是把一只小动物丢进挖好的坑中，利用小动物的惊叫把狮子、老虎等大食肉兽引来，这些野兽一旦落入坑中，便立刻被诱入装有诱饵的笼里。有时也用这种方法来捕捉大象。

捕获野兽后要由陆地和水路运送到罗马。为避免野兽中途死亡，如若是从陆路运送，总要停在好几处地方休息一周左右，因为被关在牛拉的笼车里的野兽，一路颠簸，极易消瘦劳累，要休息些许才能恢复。皇帝诏令罗马帝国境内所有城镇，必须无偿为运兽车队提供食物。即便这样，大多数野兽不是中途死了，便是运到罗马时已羸弱不堪，奄奄一息。那些在罗马时仍活着的野兽都被送至御兽园以生肉喂养，使之保持凶猛状态。最后，把整群养精蓄锐的野兽驱入满是坡道、笼子和大升降台等设施的竞技场地下室。不过，进入竞场后能活着回来的野兽就没多少了。

## 古印加人为何将"空中之城"弃之而去？

神秘的"马丘比丘"这座空中古城在被废弃了近1个世纪之久后又重新展现在世人的面前，它位于乌鲁班巴河峡谷中，马丘比丘山的山顶，它的雄伟壮丽让世人惊叹不已，但对它的种种疑问也时时萦绕在人们的心头。

根据传说，"马丘比丘"是印加帝国的缔造者曼科·卡帕克的出生地。它位于印加帝国首都库斯科以北118千米处，名字取自它所在的山峰，字面意思是"老山峰"。它三面临河，一面靠着白雪皑皑的萨而坎太山，地势极为险要。正是因为如此，它才躲过了西班牙征服者和天主教士的侵扰与破坏，得以完整保留。

城中建筑极具宗教色彩，凡是磨制光滑、对缝严整的建筑均为神庙，且都配备3扇窗，缝与缝之间没有任何黏合物粘接，连最锋利的刀片也插不进去。墙上的每一块石头都像是在玩拼图一样被巧妙地连接起来，与其他印加遗址的风格大相径庭。

在城市中间的"神圣广场"，矗立着一座巨大的日晷，马丘比丘人通过它来测定每天的时刻。在古城的一端还有著名的太阳神庙和"拴日石"，印加人希望用拴日石永远留住他们心中至高无上的神——太阳——万物生命和希望的起源。

勤劳的马丘比丘人还在城堡对面的山峰上筑出一层层梯田，并在每一层上开凿了引水渠，引来雪水浇灌农田，企望获得丰收。

拥有如此美丽而逍遥的空中之城，马丘比丘人为何离开自己理想的家园？没有任何留恋，没有任何先兆，到底是什么原因呢？很多人认为是因为西班牙征服者的原因。可是，根据历史记载，当年侵略者的铁蹄并未能够踏上这里，并且，考古学家在研究中还发现，早在1533年，西班牙人征服印加帝国之前，马丘比丘人就已经离开了这座美丽的"空中之城"！即使真的是因为西班牙人的入侵，想想印加帝国的雄厚实力，拥有万骑精锐的印加人，居然不敢和100多人的西班牙入侵者作殊死的战斗？这种解释恐怕站不住脚。

今天的考古学家在绵延的安第斯山脉中，陆续发掘到许多印加帝国的遗迹，证明印加人确实是抛弃了他们美丽的家园，而在荒芜的山地中重建了他们理想的国度。

马丘比丘人在云雾缭绕的山顶建造了美丽的空中家园，他们在此安居乐业，可是他们又离开了这方他们赖以生存的乐土去重建家园，到底是为了什么？是上苍的旨意，还是部落之间的侵袭与纷争，还是奴隶们的反抗使其统治坍塌了？目前没有任何证据能解释他们为何弃家而去，印加人和马丘比丘人给人们留下了一道无法解答的难题。

## 吴哥古城建立和湮没之谜

吴哥古城大约建于 12 世纪前半叶吴哥王朝全盛时期，当时，高棉国王苏利耶跋摩二世信奉婆罗门教，为了祭祀"保护之神"毗湿奴，便建造了著名的吴哥窟（也称小吴哥）。吴哥古城独特而永久的魅力吸引了全世界的目光，它与埃及金字塔、中国长城、印度尼西亚的婆罗浮屠并称为"东方四大奇观"。

大吴哥位于吴哥窟的北部，是阇耶跋摩七世统治时期建造的新都。吴哥城规模非常宏伟壮观，护城河环绕在周围。城内有名式各样非常精美的宝塔寺院和庙宇。在吴哥城的中心是巴扬庙，它和周围象征当时 16 个省的 16 座中塔和几十座小塔，构成一组完美整齐的阶梯式塔形建筑群。

重现于世的吴哥古迹，具有独特和永久的魅力，这使世人为之倾倒、赞服，同时又使人们产生了无穷的遐想和许多疑点。由于有关柬埔寨中古时代的史料极其缺乏，所以这些疑点就成了千古之谜。

疑点之一是，何人建造了美妙绝伦的吴哥古城？它的每一块石头都是精雕细琢，遍布浮雕壁画，其技巧之娴熟、精湛，想象力之丰富、惊人，使人难以置信，以至于长时间流传吴哥古迹是天神的创造，不可能出自凡人之手。在垒砌这些建筑时，没有使用黏合剂之类的物品，完全靠石块本身的重量和形状紧密相接，丝丝入扣。时至今日，吴哥古迹的大部分建筑虽历经沧桑，却仍岿然不动。吴哥古迹充分向人们展示了柬埔寨人民高超的艺术才能和过人的智慧。

疑点之二是，通过对吴哥城的规模进行估计，在这座古城最繁荣的时候，至少 100 万居民生活在这儿。可是为什么这样一座繁荣昌盛的都城竟然淹没在茫茫丛林里呢？它的居民为什么都不见了呢？有人猜测，流行瘟疫或霍乱之类的疾病，使他们迅速地在极短时间内全部死去；还有人猜测，可能是外来的敌人攻占这座城市后，将城里的所有居民赶到某一地方去做奴隶了。

疑点之三是，在柬埔寨历史上放弃吴哥是一个具有重要转折意义的事件，它标志着一度强大的吴哥王朝的瓦解。那么，是不是有别的因素呢？中国有一些学者认为，这种结局与暹罗人的不断入侵有关，这使得高棉人做出了撤离吴哥的最终决定。自从暹罗人不断强大后，使高棉人蒙受了深重的灾难和巨大的损失。日益衰竭的国力使高棉人无法应付暹罗人的挑战，只好采取回避的方法。O. W. 沃尔特斯博士也有相似的看法。但是他认为，吴哥王朝的衰弱和抵抗力的丧失，并非完全是暹罗人所造成，而是高棉王族之间内部矛盾斗争发展的结果。这时，暹罗人入侵，从而导致了吴哥王朝放弃古城之举。

15 世纪上半叶，吴哥王朝被迫迁都金边，曾经繁华昌盛的吴哥城，杂草灌木丛生，逐渐被茂密的热带森林湮没。从此，它留下了一系列的问号和悬案，有待后人去探索研究。

## 《源氏物语》的作者是日本皇宫中的一个寡妇吗？

日本文学史上最早、最优秀的长篇小说是《源氏物语》，它影响了整个日本的文学发展，被人们誉为世界文学长廊的经典之作。

这本书虽然是日本文学的奠基之作，但对本书的作者人们所知甚少，甚至都不知道她的真实姓名。一般人把她称为紫式部，主要是因《源氏物语》女主人公紫姬为世人流传，而其兄长又曾任式部丞一职，此名即是集紫姬的紫及式部的官衔而得名的。她之所以不愿透露真实姓名，最主要的原因是她是 11 世纪时晶子宫中的一位女官。当时贵族妇女的名字除了公主之外，一般是不公开的。尽管她的大部分具体事迹和她的姓名仍然是个谜，但许多学者已在过去数百年间对她的生活方式和生平勾画出了一个十分清晰可靠的轮廓。其中部分资料，从《紫式部日记》中取材。这部日记她写了 4 年之久，至今仍然保留着，其内容不是十分明确。

紫式部出身于势力极大的藤原家族旁系的一个家庭。她大约在公元 1000 年与御林军军官藤原宣教结为夫妇，生下一个女儿。藤原在结婚一两年后就去世了。

年纪尚轻就已经成了寡妇的紫式部在家中静居，相传《源氏物语》就是在这时开始动笔写的。她通过父亲的关系在 1005 年或 1006 年进宫做了女官，主要是给一条天皇 19 岁的皇后晶子讲解白居易诗及《日本书纪》。一条天皇于 1011 年驾崩后，晶子便和她的侍女搬往一座较小的宫殿。

《源氏物语》对许多文学工作者而言，最不理解的一点，并不是作者的隐姓埋名，而是作者竟是一个女人。当时的妇女，即使是贵族也没有几个能看明白文学著作，更不用说执笔进行创作了。那么一名女子又如何能写出日本最伟大和最早的小说呢？不过，较之有关紫式部的其他谜团，这点很容易解答。在那个时代，汉文多是日本男人阅读、书写的内容。汉文在当时是标准文字，日文则只用在日常琐务方面以及供女人使用，故而用日文书写的大体上是女人。

与其他小说相比，想象力丰富和规模庞大是《源氏物语》的特色。全书大致围绕年轻皇子光源氏和他周围各色人物展开情节。在丈夫死后，紫式部可能要找点事做以打发时间，因而着手写《源氏物语》；随后她入宫侍奉晶子皇后时，仍没有间断写作。

尽管紫式部的身份正逐步浮出水面，但有关《源氏物语》的许多细节仍然是一个谜团，比如紫式部多大了，什么时候完成《源氏物语》等问题还是不能确定，人们只能这样想，距今大约 1000 年前，日本一位文静腼腆的少妇把砚笔墨纸备好，握笔蘸墨，写下了"不知何朝何代……"

## 凡·高画过多少幅《向日葵》？

凡·高（公元 1853~1890 年）是荷兰画家，现代印象派绘画艺术的杰出代表。

《向日葵》是凡·高的代表作之一，但终其一生共画过多少幅油画《向日葵》呢？据不精确的统计，约有 6 幅。早先凡·高画过 4 幅油画《向日葵》，画面上的向日葵数目不一，其中一幅画面上只有 3 朵向日葵，另一幅画面中有 5 朵向日葵，另 2 幅画面中分别有 12 朵和 14 朵向日葵。其中画有 14 朵向日葵的那幅画于 1888 年创作，它也就是曾被认作凡·高所作并拍得 3950 万美元的那一幅油画《向日葵》。

享誉法国画坛的法国印象派画家高更（公元 1848～1903 年）与凡·高相交甚密，他向凡·高索画，凡·高便把画面上向日葵为 12 朵的画和画面上向日葵为 14 朵的画送给了高更，得到这两幅画后高更非常兴奋。见高更如此欢喜，凡·高于是又画了两幅《向日葵》送给了高更。至此，凡·高所画的 6 幅《向日葵》油画作品应该已经齐全了。这个数字与凡·高的书信中所提到的共有 6 幅《向日葵》这个数字完全符合。

1911 年，即凡·高谢世 11 载后，在法国巴黎的一个画展上，一幅署名为凡·高的油画《向日葵》引起了人们的关注。这幅作品的拥有者是与凡·高同时代的法国三流画家许费纳克。当时，没有一个人怀疑它是伪作。

1987 年，在一次拍卖会上日本安田保险公司见到了这幅凡·高名作《向日葵》，便把这幅稀世之作以当时世界第一高价 3950 万美元拍得，震惊了整个画坛。当时，这幅画的拥有者是切斯特·贝蒂家族。

但是，英国人诺曼经过调查研究，在 10 年之后发布了令人震惊的消息，他指出：被日本安田保险公司拍得的这幅凡·高名作是出自三流画家许费纳克之手的赝品，并非凡·高所画。诺曼称，因自己的画无人赏识、少人问津，许费纳克为证明自身的价值，证明自己的水平，曾一度痴迷于模仿名师名画，其以假乱真程度，连绘画鉴赏家都没办法识别。

有意思的是，虽多家报纸转载报道了诺曼的上述怀疑，这幅《向日葵》的主人——日本安田保险公司却没有任何反应。这不仅是因为对此说安田保险公司本身持有怀疑，就连一般读者也抱有怀疑：证据不充分。

有 3 点原因：其一，没有充分证据表明凡·高究竟画过几幅《向日葵》，虽在信中凡·高提到过"6"这个数字，在以后凡·高会不会再画一幅《向日葵》或者更多就不得而知了。其二，称日本

凡·高的自画像

安田保险公司所拥有的《向日葵》是许费纳克伪造的，证据也不充分，仅限于猜测而已。一个三流画家是否能造出大师手迹值得怀疑。其三，许费纳克与切斯特·贝蒂家族究竟有何关系？1901 年许费纳克在巴黎展出的这幅画与日本安田保险公司拍得的那幅《向日葵》是否是同一幅画呢？

这终究还是一个谜，谜底仍有待于后来人揭开。

## 莎士比亚诗中的"黑肤夫人"原型是谁？

莎士比亚是欧洲文艺复兴时期最著名的剧作家。莎士比亚一生创作了包括《哈姆雷特》《李尔王》《奥赛罗》等剧在内的许多惊世骇俗的剧作，并以其独到的表现手法和深邃的思想内涵享誉全球。除此以外，他所创作的十四行诗，也以其隽永、清新的风格在世界文坛上独树一帜。

"黑肤夫人"就是莎士比亚十四行诗中颇令世人注目的一个形象。

作家笔下的"黑肤夫人"是一位绝色美女，极具诱惑力。后人挖空心思想弄清楚这位黑眼睛、黑皮肤、黑头发的"黑肤夫人"的生活原型到底是谁。

西方一些研究者认为，那位迷人的"黑肤夫人"就是位于斯特拉特福与伦敦之间的一家客栈老板的妻子。

因为莎士比亚诗中描绘的内容与这家客栈的情形相当吻合，而且私下里客栈老板的儿子曾自称是莎士比亚的私生子。

但经过调查研究后，研究者们发现，那家客栈在"黑肤夫人"问世之时并不存在。显然这在时间上就有些出入。

大部分人认为，宫女玛丽·菲顿就是作品中"黑肤夫人"的原型。玛丽·菲顿是美艳照人、放荡不羁的佳人，许多风流男子及达官显贵与她的关系都极为暧昧，她经常无所避讳地跟她的小情人幽会。后来尽管被逐出王宫，但她一刻也没有停止对浪漫、风流的追求。

但是，"黑肤夫人"是一位有夫之妇，身份与独身的玛丽·菲顿大相径庭。

也有一些人认为，其实，莎士比亚的妻子安娜就是"黑肤夫人"，安娜在莎士比亚的眼中是最多情、最美丽、最令人销魂的女子。真相到底如何呢？那就不得而知了。

## 失落的文明：玛雅王国如何湮灭

在19世纪之前，人们对于中南美洲的古代历史一直非常陌生。尽管有无数的欧洲殖民者来到这里，开辟了新的文明，而他们所认识的土著历史，却几乎是一片空白。与此同时，在当地一些地方，广泛流传着一个故事：古代有一位王子得知密林深处有一个极为神秘的城堡，城堡里的人都遭到了魔鬼的诅咒而长眠，等待他去解救。于是王子勇敢地进入到毒蛇猛兽出没的莽莽森林中，决意去拯救不幸者。当他历尽千辛万苦终于找到了隐藏在密林深处的城堡时，看到了一位被魔法催眠的美丽公主。当他靠着正义的指引将公主及全城百姓救醒后，整个王国又复活了。谁也不会想到，现实中发生的事情，竟真的跟这个传说有几分相似，因为人类重新发现了一个无比神秘的国度——玛雅王国。

### 湮灭千年的神秘文明

1839年，有两位美国人来到中美洲，他们是约翰·史蒂芬和卡德沃德。此二人一直对流传于当地的古老传说深感兴趣，一心想证实该故事背后所隐含的秘密，从而开始了他们的探险之旅。他们在中美洲洪都拉斯的热带丛林中，披荆斩棘，历经千辛万苦。终于有一天，他们在密林中发现了一座被废弃的巨大城堡。呈现在他们眼前的，有宏伟的神庙、宽阔的马路、豪华的宫殿。尽管这一切都已成为废墟，到处被荒草和荆棘所掩盖，但突如其来的人间奇迹仍震惊了整个世界。

两位美国人在中美洲丛林发现古城的消息传开后，立即吸引了一批又一批的考古人员来到洪都拉斯，并将探索的范围扩大到整个中美洲地区。功夫不负有心人，进入20世纪以来，随着探险范围的不断扩大，一个古老而神秘的文明——玛雅文明，终于被人们全面发现。据统计，各国的考古人员先后发现玛雅文明遗址达170处之多。经过初步研究，学者们大致推测出，在公元前5世纪到8世纪的漫长岁月里，玛雅文明就曾经辉煌一时，其辐射范围北起墨西哥南部的尤卡坦半岛，南达危地马拉、洪都拉斯以及秘鲁的安第斯山脉这个广阔的区域。就是在这块土地上，玛雅人创造了一系列不可思议的奇迹，包括他们所获得的天文和数学知识，他们所描绘的古老的宇航图，乃至构思奇特的金字塔建筑，都绝对可以与世界其他任何古老的伟大文明相媲美。因此，尽管美洲大陆很晚才被欧洲人发现，但当这些发现者面对这块新的大陆文明时，不禁惊呼玛雅人为"新世界的希腊人"。

实际上，当西方殖民者初次踏上中美洲的土地时，就接触到了古老的玛雅文明。早在1566年，一名叫狄亚哥·兰达的西班牙牧师就曾对该文明有初步的研究。遗憾的是，与所有抱有宗教狂热的西方牧师一样，兰达之所以研究当地人民的文化，最直接的目的不是为了发现，而是为了毁灭。作为西方殖民主义政策的一部分，这些牧师的目标是消灭当地的文化和宗教，让当地人民都皈依基督耶稣。随着研究的深入，他们在玛雅人所遗留下来的文化典籍中发现了越来越多的"邪恶"的东西，这些东西都与基督教的教义毫不相容。于是，在枪炮的保护下，这些牧师将玛雅人绝大多数的典籍付之一炬。

此后相当长的时间里，兰达以及与他同时代的牧师们记录的有关玛雅失落的城市、庙宇和废墟的信息，就静静地躺在西班牙殖民地的档案馆里，没人加以理会。直到18世纪，才陆续有一些探险者再次开始了对玛雅文明的探索。最终才有了本文开头所叙述的一幕。

如今，人们已基本对玛雅文明有了一个大概的了解。该文明几乎波及整个中美洲，其最繁华的时代为七八世纪左右。早在公元前2000年，玛雅人已经开始种植玉米。居住于墨西哥尤卡坦半岛的玛雅人，在当地不规律的降水条件下，发展出了依靠高密度劳力和农田水利系统，包括运河、水库及其他落差型储水设施的农业。然而仅仅隔了一个世纪，它就突然消失和停止了。不过，即使面对着一片片废墟，人们仍可以依稀看到玛雅文明那光辉灿烂的影子。而且，由于这一文明所达到的高度，人们往往会疑问：这一切是如何造就的？难道它们是从天而降的吗？虽然科学家们进行了无数的研究和考证，但至今为止尚未能够提供一个圆满的答案。那么，就让我们先大致了解一下它的众多神奇之处吧。

首先，玛雅文明中最著名的难解之谜就是古代玛雅人竟然能够制作出宇航图。20世纪50年代，在墨西哥高原的一个荒凉的山谷里，一群考古学家在清理一座古代神庙时，偶然发掘出一块沉重的、刻满花纹图案的石板。他们发现，在石板上雕刻着一些古怪的图案，内容大致为一个驾驶员手握方向盘在空中飞行，四周围绕着一些装饰性的花边图案。当时，考古学家们一致认为这是一件充分展示玛雅人想象力的图画。然而20世纪60年代以来，当美苏两国先后成功进入太空后，人们的看法就发生了巨大变化。当玛雅人石板的样图被送到美国航天中心时，那些参与航天器材研制的专家无不惊呼："了不起！这是古代的宇航器！"因为图中仪表、脚踏板以及其他各种宇航操作工具都清晰可见！而当宇航员行走于月球和太空的照片不断传回地面后，人们更是大吃一惊，因为他们推测：玛雅人的石板图画似乎正是描绘宇航员操纵火箭翱翔太空的情景！可是，这一切又显得太过于荒诞了，因为众所周知，古代是不可能有宇航器的。那么，远在古代的玛雅人是怎么了解宇航奥秘的？又如何描绘出宇航员蛰居窄小的驾驶舱，紧张操纵飞船的情形？由此，一些科学家开始推测：在遥远的古代，这里可能有过一批来自外星球的智能生命，他们在玛雅人顶礼膜拜的欢迎中走出自己的飞船，并教了玛雅人历法和天文知识，还向他们展示了自己的运载工具，向他们传授了农耕的各种知识，然后飘然而去。当然，这种推测又似乎是天方夜谭，因为至今尚无充分的证据。

其二就是玛雅人在天文、历法、建筑等方面所取得的令人难以置信的成就，因为在这些领域的很多方面，他们都要比世界其他古老文明的水平领先得多。

在数学方面，他们根据手和脚20个指头的启发，创造了20进位的计数法，同时还兼而使用18进位计数，这种计数法非常古怪而独特。还有，玛雅人是世界上最早掌握"0"概念的民族。数学上"0"的被认识和运用，标志着一个民族的知识水平。玛雅人在这方面的才能，比中国人和欧洲人都早了千余年。玛雅人所创造的数学，适应他们按年记事的需要，以及决定播种和收获的时间，还能对季节和年度中雨水最多的时间准确地加以计算。在高明的数学水平的基础上，玛雅人还制定出了精妙的18月历法。玛雅人认为一个月等于20天，一年等于18个月，再加上每年之中有5个未列在内的祭日，一年实际的天数为365天，这正好与现代对地球自转时程的认识相吻合。玛雅人除对地球历法了解得十分精确之外，对金星绕太阳一周所需的时间也非常了解，他们计算的结果为584天，而今天人们推算结果为584.92天。

为了历法的需要，玛雅人还修建了大量金字塔和神庙。根据历法上的指示，他们每隔52年要建造一座有一定数目阶梯的大建筑物，一天为一阶，一道平台表示一月，直到顶端共计365天；每一块石块都与历法有关，每一座完成的建筑物都需符合天文上一定的要求。玛雅人建筑的金字塔与著名的埃及金字塔有所不同。埃及金字塔是空心的，内部为帝王陵寝；而玛雅金字塔为实心，塔前广场是民众参加祭典的场所，塔顶则供神职人员办公、居住或观察天象之用。

更令人惊叹的是，玛雅人竟然还掌握了现代解剖学和光学知识。1927年，科学家在中美洲的洪都拉斯玛雅神庙中发现一颗水晶头颅。令人震惊的是，该水晶头颅竟然综合了现代解剖学和光学知识。头颅用水晶雕成，高12.7厘米，重5.2公斤，大小如同真人头，是依照一个女人的头颅雕成的。这颗水晶人头雕刻得非常逼真，不仅外观而且内部结构都与人的颅骨骨骼构造完全相符。头颅的雕刻工艺水平极高，隐藏在基底的棱镜和眼窝里用手工琢磨的透镜片组合在一起，发出炫目的亮光。众所周知，近代光学产生于 17 世纪，而人类准确地认识自己的骨骼结构更是 18 世纪解剖学兴起以后的事。这个水晶头颅却是在谙熟人体骨骼的构造和光学原理的基础上做成的，玛雅人是怎样掌握这些高深的解剖学和光学知识的呢？而且，水晶的硬度非常高，仅次于钻石和刚玉，用铜、铁或石制工具，是根本无法加工的。即使是现代人，要雕琢这样的水晶制品，也只能使用金刚石等现代工具。而玛雅人还不懂得炼铁，他们又是使用什么样的工具加工这个水晶头颅的呢？从这个奇异的水晶头颅来看，也许玛雅人掌握的科学技术比我们所想象的还要高超得多。那他们是怎样获得这些科学技术的呢？这令科学家们大为困惑。

然而，尽管 19 世纪的学者对这一文明非常感兴趣，但顽固和偏见使大多数欧洲人对玛雅文明的内在价值不屑一顾。为了进一步解释这些文明的发达和神奇，一些西方人提出了所谓的"文明扩散论"。这一理论认为：玛雅文明的源头是欧洲大陆的古老文明。有些人据此推断，玛雅文明是由《旧约圣经》中的"失落的十部族"的后裔所创造的。

数百年来，玛雅文明不断吸引着大批探索者。他们对天书一样的玛雅典籍，绞尽脑汁，但到头来，只能望洋兴叹。据说自第二次世界大战以后，为了研究玛雅文化，美国和苏联都投入了大量的人力和物力，甚至还使用了先进的电子计算机，但即使如此，也仅仅破译出了其中的 1/3。更神奇的是，1966 年，有人根据已认出的这些玛雅文字，破译了一块玛雅石碑，结果发现它竟是一部记有发生于 9 千万年前，甚至 4 亿年前的事情的编年史，而 4 亿年前，地球还处在中生代，根本没有人类的痕迹。难道玛雅文明真的是一种天外来物吗？

### 文明，毁于战争？

玛雅文明所达到的高度及其神秘色彩，的确使后人感到无比震惊。然而，玛雅人所带给人类更大的神秘还不仅如此。大约在 8 世纪以后，玛雅文明突然衰落了，而且是在极短的时间内就湮没了密林深处。这是一个令研究者百思不得其解的问题，为当今史学界一大悬案。

考古发现表明，玛雅文明曾相当繁荣，当时玛雅人的经济、文化都非常发达。农民们依靠先进的生产水平垦殖畦田、梯田和沼泽水田，生产出大量的粮食，供养激增的人口；手工业和商业也都很发达。在 750 年左右，玛雅文明达到了顶峰。据估计，当时他们共有人口在 300 万到 1300 万之间，但此后，玛雅文明就逐渐走向了衰落。800年，玛雅人突然陆续放弃他们的发展中心。他们离开了辛苦建筑的城池，舍弃了富丽堂皇的庙宇、庄严巍峨的金字塔、整齐排列雕像的广场和宽阔的运动场。玛雅文明开始衰落，其征兆是不再雕刻石碑。考古学家发现，当地最后一块石碑完成于 869 年，整个玛雅区最后一块石碑则完成于 909 年。不但如此，神殿、宫殿等最足以代表玛雅文明的建筑也不再兴建，彩陶也不再制作，一般民众也很少兴建新房舍，而他们的人口也急剧减少。至今，历史学家们也没有弄明白是什么力量终止了玛雅文明，以至于有学者认为这是"人类历史上最为彻底全面的一次文化失落"。有很多研究人员认为，玛雅城市之间的战争，城市内部贵族之间的争斗，森严的等级制度，以及人口过剩所引起的经济形势恶化，是导致玛雅文化的全面崩溃的直接原因。

为了进一步确定其中的原因，20 世纪 80 年代末，一支包括考古学家、动物学家和营养学家在内的 45 人组成的多学科考察队，来到了中美洲危地马拉的热带雨林地区。这支科考队用了 6 年的时间，对 200 多处玛雅文明遗址进行了考察。结果，该考察队认为：玛雅文明是因争夺财富及权势，自相残杀而毁灭的。特别是随着对玛雅文字研究工作的不断深入，科学家们已经破译了所有玛雅文字中的 80% 以上，从而能够对玛雅文明和社会有了一个新的认识，其中一些发现就有力地支持了上述观点。

现在我们知道，古代玛雅世界并不是一个单一的统一王国，而是由许多相互独立的小国和城邦拼凑而成的，就像古代希腊一样。文字记载和考古发现都能表明，在多数时间里，这些玛雅城邦之间一直疲于相互征战。玛雅人并非是传说中那样热爱和平的民族，相反，即使在 8 世纪之前的全盛时期，玛雅各城邦之间也一直在进行着争权夺利的战争。

更可怕的是，玛雅人不断战争竟是他们所共同信奉的宗教的需要。从现存的一些玛雅图像作品上可以看到各种战争场景，他们的战争就好像是一场恐怖的体育比赛，士兵们用矛和棒做兵器，袭击其他城市，而其目的就是抓俘虏并把他们交给本国的祭司，作为向神献祭的礼品。这种祭祀正是玛雅社会崇拜神灵的标志。这是一种嗜血的古老信仰，也是各个好战的城邦的共同宗教。在玛雅人的信仰里，人类十分危险地处于魔鬼神之间，随时可能遭受毁灭性力量的打击。为了不让这些毁灭性力量降临，他们必须诚惶诚恐地侍奉神，包括用牲口和人祭祀。于是就出现了历史上经常上演的一幕幕出于宗教原因和胜利者力量的炫耀，战俘常常遭到杀戮。另外，玛雅宗教仪式中最重要的一条就是血祭，要求祭祀者以一种极为痛苦的方式献出自己的鲜血，因为他们相信只有让神感到满意后宇宙才能运转得井然有序。从他们留下来的一些雕像中，我们常常能看到，一些国王和王后居然在自己身上放血。

彼拉斯城本来是面积很大的玛雅城邦，但在 761 年时，该城的王宫却覆灭了。考古学家从废墟上发现的石板文字记载上了解到，当时它遭到了邻近的托玛瑞弟托城的攻击，并遭到了斩草除根的大屠杀。随后，胜利者举行了庆祝仪式，他们破坏了王宫、神庙。而此后，这座曾繁荣一时的城市就被舍弃在热带雨林之中。考古学家在废墟中还发现了一个装有 13 个 8~55 岁男人头颅的洞。

此外，各玛雅城邦内部也矛盾重重。7 世纪中期以后，随着政治联姻情况的增多，除长子外的其他王室兄弟受到排挤。于是有一些王子离开家园去寻找新的城市，而大部分则留下来争夺继承权。长期的争夺权力、财富和美女的战争，使得生灵涂炭，贸易中断，国家毁灭，而最终估计只有 10% 的人幸存下来。

今天，虽然仍有 200 万以上的玛雅人后裔居住在中美洲各国，但是玛雅文明中的精华，如象形文字、天文、历法等知识却永远地成为了历史。

## 大自然带来的灭顶之灾？

有些学者尽管也认同玛雅人历史上曾发生过的战争，但却对玛雅文明的突然湮没抱有更有新意的看法。特别是一些历史学、考古学以外的科学家，提出了一种更大胆的观点，即认为玛雅文明的衰落更多的是由于大自然的原因。

一些科学家经过多年研究，认为玛雅文明是毁于干旱，这一观点目前也被许多研究者认可。他们认为，连年发生旱灾摧毁了古文明赖以生存的农业；而玛雅人当时的水利知识却很贫乏，于是农业的歉收引起了一系列连锁反应，最终导致文明的毁灭。不过，导致这些地区旱灾频发的原因是什么呢？这又成了学术界争论的焦点。

曾有一些学者认为，对环境的破坏是造成干旱的直接原因。他们的理由是：玛雅人的宗教信仰使他们所有的城市都是以宏伟巨大的金字塔和神庙为核心，在兴建金字塔和神庙时，玛雅人习惯于用白石灰来粉刷外墙；而烧制石灰就需要大量木柴，于是玛雅人便开始砍伐森林。随着城市规模不断扩大，金字塔的日益增高，对木柴的需求量也越来越大，最后，大片森林被砍伐殆尽，当地的环境也逐渐恶化，从而引发包括干旱在内的一系列后果。

最近，一些科学家提出了新的观点，他们认为玛雅地区发生的旱灾有着明显的周期性，大旱灾每隔208年就发生一次，并因此提出一个新的见解：玛雅文明的消失与太阳的周期性活动增强有关。来自美国佛罗里达州大学的地质学家霍德尔就是这一理论的提出者，这一观点曾发表在权威的《科学》杂志上。

霍德尔领导的这项研究，是从墨西哥南部的奇昌卡纳布湖湖底的沉积物开始的。他们在湖底钻孔，取得了1.9米的沉积岩岩芯样本，并对样本中的碳酸钙浓度进行了研究。由于干旱年份湖水的蒸发量较大，相对时期沉积物中碳酸钙的浓度也就较高。碳酸钙浓度高的岩层，对应的年份就一定发生过旱灾。研究的结果是惊人的。沉积岩中的碳酸钙浓度，在年代上表现出了明显的周期性。每隔208年，湖底的沉积物中就有高浓碳酸钙层出现，也就是说，每隔208年，当地就会发生一次旱灾。最严重的一次发生在公元750~850年，而这正是玛雅文明消失的年代。而208年这个周期，和目前太阳活动每206年就有一次增强的周期正好吻合。霍德尔在地质学上的研究，为解决这一历史之谜带来了突破。科学家指出，虽然太阳活动的周期事实上变动的幅度大约仅有1%，但却足以造成玛雅文明心脏地带干旱的发生。事实上，当科学家将玛雅文明的发展与太阳活动的周期一起研究比较时，就发现每次遇到干旱发生，该社会文明的发展便有趋缓的现象。

不久前，瑞士苏黎世联邦技术研究院的一个国际研究小组也有类似的发现，在公元750~950年间，玛雅文明经历了一次漫长的旱季，中间发生过3次持续时间为3~9年的大旱灾，上述三次大旱灾分别发生于公元810年、公元860年和公元910年。这些灾害给予玛雅这个早已濒临绝境的文明最后一击，使其彻底崩溃。在9世纪早期，许多城镇都遭到废弃。正是由于太阳活动带来的气候异常和干旱，使得玛雅文明走向衰落。事实表明，在8世纪时，玛雅社会曾有大约1300万人，但是在后来不到200年的时间里，他们的城市却迅速变得荒芜了。

不过，有些学者却并不认同上述观点。比如宾夕法尼亚大学考古与人类学博物馆馆长沙布诺夫就认为，干旱只是一连串事件中的一件，但绝不是全部答案。因此，学者们一致认为"玛雅文化为什么崩溃"和"玛雅文化是怎样崩溃的"仍是当今文明研究中最棘手的问题。

## 神秘的画中人：蒙娜丽莎微笑的背后

在法国的卢浮宫博物馆里，保存着一幅名为《蒙娜丽莎》的油画。如今，这幅画是世界上最昂贵的艺术作品之一。每天，都有来自世界各地的众多艺术爱好者，在它面前流连忘返。这幅由意大利画家达·芬奇创作于1502年的人物肖像画，其主人是一位美丽端庄的少女。几百年来，画中人那神秘、悠远的微笑，不知让多少人浮想联翩。人们对神秘微笑了几百年的蒙娜丽莎的真实身份，产生了众多传闻和猜测。

### 天才画家达·芬奇

列奥纳多·达·芬奇（1452~1519年）意大利文艺复兴时期最杰出的艺术大师，与拉斐尔、米开朗琪罗并称意大利文艺复兴三杰。1452年4月15日，达·芬奇出生于文艺复兴的发源地、历史上著名的城市共和国佛罗伦萨附近的一个小镇——芬奇。由于是一名私生子，因此他的名字在意大利文中的意思是"芬奇镇的列奥纳多"之意，而没有冠之以父亲的姓氏。年轻时，达·芬奇跟随佛罗伦萨画派画家韦罗基奥学画。1481年，他离开佛罗伦萨前往米兰，之后应法国国王弗兰西斯一世的邀请，前往法国，在法国他度过了自己的一生，1519年在克劳城堡去世。

作为文艺复兴时期最卓越的代表人物，达·芬奇是世界历史上罕见的全才，他的成就和贡献是多方面的，在多个领域都很有建树。他不但是一位天才的大画家，还是一位数学家、音乐家、发明家、解剖学家、雕塑家、物理学家和机械工程师。他不仅以其高超的绘画技巧而闻名于世，还设计了许多在当时无法实现的超时代的发明，而这些设计后来都被现代科学技术所实现了。同时，达·芬奇还推动了建筑学，解剖学和天文学的发展。他是欧洲第一位描画风景的画家，他画中的人物真实、栩栩如生，构图严谨、稳重。他最著名的画作是为米兰圣玛利亚修道院作的壁画《最后的晚餐》和肖像画《蒙娜丽莎》，著作有《绘画论》。

达·芬奇这位当时世界的天才，其主要才能表现在科学发现和想象上。他曾经设计过直升机、飞行器、热气球、攻城器以及城市防御体系、排水系统，还研究过人体解剖、比例、透视，是一位多才多艺、全面发展的人。他道德高尚，举止温雅，且体格健壮，力量过人，据说他一只手就能轻易地折断马蹄铁。更有趣的是，他左右手都会写字、作画，而他用左手写的字是反向的，人们只有在镜子里才能看懂！

从达·芬奇留给后人的12幅绘画作品和7000多页手稿、设计图来看，他对科学的兴趣要比对绘画大得多，他在科学研究上的成就绝不亚于他的艺术成就。他曾提出"太阳是不动的"这一超时代的结论，早在哥白尼之前就否定了地球中心说，他当时就认为月亮本身并不发光，只能反射太阳的光辉，甚至幻想过如何去利用太阳能。在物理学方面，他发现了液体压力，提出了连通器设想，还发展了杠杆原理。他关于物体惯性的描述后来为伽利略的实验所证明。达·芬奇对解剖学和生理学也很着迷。他研究解剖最初是为了让艺术造型更加准确，后来却发展成了一个独立的科学研究领域。他在解剖学上的最大贡献是创造了一套图解，而这种样式至今仍被广泛应用着。他是设想采用玻璃和陶瓷制作心脏和眼睛的第一人，他甚至绘制过婴儿在母体中的发育图。

达·芬奇研究过心脏和血液循环系统，并画出了心脏瓣膜，这是有史以来第一幅有关动脉硬化的解剖图！

在军事和机械领域，达·芬奇设计了飞行机械、直升机、降落伞、机枪、坦克、潜水艇、双层船壳战舰、起重机、纺车、机床、冲床、自行车等等。达·芬奇还是一位杰出的思想家。他坚信科学，常常流露出对宗教的怀疑和厌倦。他认为认识起源于实践，知识的获得要依靠直接的观察和经验。他的实验工作方法经伽利略从实践上加以发展，后来由英国哲学家培根从理论上予以总结，成为近代自然科学最基本的研究方法。

在生前，达·芬奇的大多数著作和手稿都没有发表，直到他逝世后多年，这些天才的产物才被人们发现。正如一位科学史学家评论的："如果他当初发表他的著作的话，科学本来一定会一下就跳到一百年以后的局面的。"因此，恩格斯就曾称达·芬奇称为文艺复兴时期"巨人中的巨人"。

被后人视为旷世奇才的达·芬奇为后人留下了充满智慧的财富，即便是几百年后的今天，仍然令人叹为观止。不过对于后世大多数人而言，似乎认为他只是一名画出了永恒微笑的画家，这幅画，就是举世闻名的《蒙娜丽莎》。作为达·芬奇的代表作品以及文艺复兴时代的一个象征，这幅名画拥有着超越时空的无穷魅力。首先就是画中女子那神秘的微笑，几百年来不知吸引了多少人流连忘返，试图从不同角度捕捉她的神情，却总是百思不得其解。其次，关于画中女子真实身份的猜测，长期以来，一直困扰着研究者。她的原型到底是谁，与达·芬奇又有什么关系，一直是世界文化艺术界的重大悬案。

### 寻找蒙娜丽莎的原型

几百年来，《蒙娜丽莎》——达·芬奇所创作的这幅名画，是世界上最永恒的女性阴柔美的象征。画中的女子天生丽质，带着谜一样的迷人微笑。从风格上讲，这幅画和同时代其他的画都不一样。更让人产生疑问的是，画上面没有签字，也没有日期，更没有透露画中人的名字，那么达·芬奇创作时的原型究竟是谁？对此，学术界和民间一直争论不休，因而长期以来流传着不少有关蒙娜丽莎身份的说法。

很多人认为，画中人可能是当时意大利社会上层的某位贵妇人，他们还提出几位极有可能的候选者，包括伊莎贝拉·德艾斯特、伊莎贝拉·古亚兰达以及塞西利娅·加莱拉妮等。另有一些人认为，蒙娜丽莎不是别人，其原型就是达·芬奇的情妇。也有相当一部分人认为，画中人是当时佛罗伦萨城内的一位名妓。此外，也有人声称画中人是达·芬奇的母亲。最令人感到新奇的是，有人对达·芬奇的面部线条与画中人的面部线条进行了研究后，认为二者的线条非常相似，于是得出结论：这是达·芬奇的自画像！而他之所以把自己画成女人，只不过是因为达·芬奇天性好玩。像前一段时间的畅销小说《达·芬奇密码》中就坚定地认为《蒙娜丽莎》是达·芬奇本人的女版自画像，甚至更进一步推测达·芬奇很可能是个极其自恋的同性恋者。还有一些人则干脆认为，《蒙娜丽莎》是达·芬奇的即兴发挥，根本就没有什么原型。

种种争论，一直持续了400多年的时间。不过，最近的一项研究结果似乎正逐渐澄清着史实。该项研究表明，"蒙娜丽莎"的真名叫丽莎·吉拉迪妮，她是一位名叫弗兰西斯科·吉奥康多的意大利丝绸富商的妻子。更有趣的是，早在 1550 年，便有人提出了这一观点，只不过直到今天才找到证据而已。

就在前不久，来自意大利佛罗伦萨市的教师吉乌塞普·帕兰蒂，在经过了 25 年的时间对达·芬奇的一生进行研究后，将自己的成果全都写进了他的著作《蒙娜丽莎真有其人》中。该书出版发行后，立即引起不少人的关注。

在 25 年当中，吉乌赛普·帕兰蒂一直在研究佛罗伦萨市的档案，试图在这里获得突破。功夫不负有心人，他终于找到了明显的证据。经过研究发现，达·芬奇一家与丝绸商弗兰西斯科·吉奥康多的关系非常密切。1495 年，吉奥康多娶丽莎·吉拉迪妮为妻。帕兰蒂还指出，其实早在 1550 年，专门描写意大利文艺复兴艺术家的传记作家吉奥·瓦萨里便认为这位丝绸商的妻子是《蒙娜丽莎》的原型，因为这位作家本人与吉奥康多一家的私交甚好。如今看来，瓦萨里的这一说法是可信的。实际上，《蒙娜丽莎》这幅画还有另外一个鲜为人知的名字——"拉·吉奥康多"，这个名字正好与瓦萨里的说法相吻合。

在对佛罗伦萨市的档案进行了长年研究后，帕兰蒂发现，达·芬奇的父亲、公证人赛尔·皮埃罗·达·芬奇与赛尔·弗兰西斯科·吉奥康多相识多年，建立了密切的社会关系，为后者做了很多事，包括帮助他们兄弟写契约，还于 1497 年帮助他解决了与佛罗伦萨修道士的货款兰纠纷。据帕兰蒂考证，蒙娜丽莎是达·芬奇父亲朋友的妻子，她的名字叫丽莎·吉拉迪尼，出嫁前居住在基安蒂市。帕兰蒂发现的丽莎的结婚登记表证明，1495 年 3 月 5 日，16 岁的丽莎于与年长她 14 岁的赛尔·弗兰西斯科登记结婚。弗兰西斯科的第一任妻子卡米拉·鲁塞拉伊在 1494 年去世，丽莎是吉奥康多的第二任妻子，出嫁时只有 16 岁。

在自己的著作中，帕兰蒂指出，吉奥康多非常爱自己的妻子，甚至专门在家中修了个小礼拜堂，使妻子能在那里祈祷。在临终前，吉奥康多立下遗嘱，将全部财产都留给了丽莎，并把她称为"心爱的、忠实的妻子"。此外，帕兰蒂还透露，当时佛罗伦萨城中一位酒商也认识丽莎，这位酒商曾在日记里写道："丽莎·吉拉迪尼的生命属于佛罗伦萨和基安蒂……我也是基安蒂人，我想记下她的故事。"丽莎 24 岁那年，达·芬奇的父亲请儿子为她画像。当时达·芬奇正被一场财务纠纷所困扰，为了帮儿子一个忙，达·芬奇的父亲自己拿出一笔钱，然后告诉儿子这是丽莎和她丈夫出的画像费，于是，达·芬奇欣然完成了这幅人物肖像。

此外，帕兰蒂还找到了，这对夫妇生下的 5 个孩子中的 4 个孩子的档案：皮埃罗生于 1496 年；卡米拉生于 1499 年；安德里生于 1502 年；吉奥康多生于 1507 年。其中，卡米拉和妹妹后来成为修女。

帕兰蒂表示，他一直没有找到丽莎的死亡档案，但具体时间可能是在 1540～1570 年之间。因为从 1540 年开始，当地居民的死亡档案管理混乱，许多档案都是空白，但自 1570 年后，死亡档案步入正轨。帕兰蒂还发现，1570 年，也就是丽莎的丈夫去世一年后，她把在奇安蒂的一个农场转让给自己的小女儿鲁多维卡修女，这个农场是丽莎的嫁妆。帕兰蒂认为，丽莎之所以转让这个农场，可能是为了换取鲁多维卡修女同意照顾她，因为当时她已经 60 岁了。

由于破解蒙娜丽莎之谜的贡献，一些学者给予帕兰蒂很高的评价，不过仍有一些人对这一结论表示怀疑。对此，帕兰蒂强调自己并没有进行任何虚构，只是把搜集到的资料整理成书而已。他说："我不是写小说，我要用事实说话，我的书里只有真实的历史资料。"

关于这幅名画的创作过程，也是文艺复兴时期最大的谜团之一。前不久，意大利研究人员宣布，他们找到了达·芬奇在佛罗伦萨的工作室，而这正是《蒙娜丽莎》诞生的地方。

在佛罗伦萨市中心的桑蒂西马·安兹亚塔修道院里，三名研究人员还发现了一个从修道院通往一个工作室的隐藏的楼梯和门口。经考证，人们发现这就是达·芬奇在16世纪初进行创作的画室。画室还用壁画进行了装饰，其中一幅壁画描绘的是一张被群鸟围绕的有翅膀的天使的脸。专家认为这表现的是"天使报喜"的主题，与佛罗伦萨乌菲兹美术馆保存的达·芬奇创作的一幅"天使报喜"图使用的是类似的技法。专家们认为，这些壁画是达·芬奇和他的学生们画上去的。也正是在这个地方，达·芬奇遇到了激发他创作出名画《蒙娜丽莎》的那个女人，也就是佛罗伦萨丝绸商人弗朗西斯科·吉奥康多的妻子，因为吉奥康多一家在这座修道院有一个小礼拜堂。当时，达·芬奇还在这里创作了《圣女和抱孩子的圣安妮》，目前保存在意大利国家美术馆里。

在过去的100年里，这座修道院一直由军事地理研究所占用。直到最近对修道院的部分设施进行修缮时，专家们才发现了达·芬奇的这个工作室。佛罗伦萨保存与恢复委员会主席克里斯蒂娜·亚西迪妮表示，发现这个工作室是一件令人激动不已的事件，她说："我们需要进行更深入的研究，但发现这些壁画的确鼓舞人心。"

几百年前，专注于意大利文艺复兴人物的传记作家吉奥·瓦萨里曾在《艺术家们的生活》一书中写道，当修道院的修道士带他进入他们的房间时，他看到过达·芬奇当年使用的东西。可是直到现在，达·芬奇的工作室才被确认。达·芬奇研究专家阿莱桑德罗·维佐西表示，达·芬奇工作室的发现可以使学者们更好地理解达·芬奇当年的创作情况。

### 永恒的神秘微笑

作为具有世界影响的传世名作，《蒙娜丽莎》所带给人们的疑问不仅如此。该画的最大魅力就在于画中人的神秘微笑。无论从艺术表现力上，还是从光学、解剖学等方面而言，它都充满着神奇色彩。因为我们从不同的角度去欣赏这幅画时，总会得到不同的效果，这也是它令全世界无数艺术爱好者着迷的原因。

美国旧金山斯密斯凯特威尔眼科研究中心的一名科学家研究发现，人类视觉讯号的干扰可改变他们对《蒙娜丽莎》面部表情的判断，这就可以解释为何不同人对她的微笑有不同看法，有时看来哀伤、忧心忡忡或快乐。而她的微笑可能源于人们脑部的判断受到视觉噪音干扰，就像收不清台的电视机上的"雪花"。

这位专家指出，传送到我们眼睛的讯号的自然"噪音"似乎会改变我们看到的影像。照射到视网膜的光子数目随着不同时刻而变动，有时会对我们所看到的视觉图案造成误导性的干扰，效果跟电视受到干扰相似，令面部和对象的轮廓模糊不清。

有研究者分析，具备科学天才的达·芬奇在画"蒙娜丽莎"的嘴巴时，运用了模

糊轮廓的手法，这种手法在意大利原文的字面意思为"像烟般蒸发"。而美国哈佛大学一名神经生物学家利文斯通其著作《视觉和艺术：观赏的生物学》中提出一个理论：以模糊手法绘画的微笑，在周边视觉下较为明显，所以当你集中望向她的嘴巴时，笑容便会消失，就像我们观看暗淡的星星时，直接望上去星星便会消失。他认为，这不只是单纯的模糊手法，达·芬奇绘画时还试图"欺骗"人类的视觉，令欣赏者要从侧面观看，才能清楚看到"蒙娜丽莎"的笑容。

在这里，我们就不得不关注一下达·芬奇这个将科学与艺术完美地结合在一起的天才。但是按照达·芬奇的界定，艺术，尤其绘画，不但是一种科学，甚至是"所有科学之后"。达·芬奇的独到之处就在于，他既能发现事物表面迷人的美感，又具备物理学者与解剖学者的视角。他同时具有科学家的观察力与艺术家的表现力，是艺术史上第一位对人体和动物的比例做过系统研究的艺术家。他不但熟悉人体外部的比例，而且了解人体的内部构造，因此笔下人物的比例、结构、动态都十分准确，无懈可击。正是因为达·芬奇对几何比例与构图十分精通，才使《蒙娜丽莎》除了那永恒的神秘微笑外，还创造性地解决了半身肖像的构图问题。几个世纪以来，西方那些卓越的半身像无一不受这幅画的影响。

达·芬奇最大的艺术贡献，体现为运用明暗法使平的画面呈现出空间感和立体感。在文艺复兴初期，画家一般都用线条来表现透视，单线平涂，色彩较单调。而达·芬奇研究光影学，首创明暗渐进法，用光线和阴影的技巧来描绘人物、景致，使之呈现逼真的立体感。甚至一直到印象派出现之前的几百年内，无人能够逾越达·芬奇建立的三度空间绘画体系。由他首创的明暗法使这一时期的绘画为之一变，艺术史家普遍认为它是绘画艺术的一个转折点。在同时代的人看来，达·芬奇就像一位充满传奇色彩的魔术师；而在现代人眼中，令人惊异的是，他仅用12幅完整的作品就奠定了最伟大画家的地位。

今天，面对着这幅《蒙娜丽莎》，人们除了惊叹，还是惊叹，就像一部艺术史著作所总结的："这是世界美术史上最美的一只右手；这副脸庞，只要见过一次，就永远离不开我们的记忆……这是人类绘画的极品，这幅画的巨大成功致使以后的画家没人敢再涉足这个题材！"

## 千古之谜：金字塔的神奇

古代埃及有这样一个神话：在一次宫廷阴谋中，国王奥西里斯被自己的兄弟残忍地杀害，并被碎尸扔到尼罗河里。王后伊西丝找到其遗体后，悲痛欲绝，哭声感动了太阳神。于是太阳神帮助她把丈夫的尸体还原，并做成木乃伊。结果奥西里斯获得再生，成了冥界的主宰。从此以后，古埃及的每个法老死后，都要制成木乃伊再装入石棺，然后送进其"永久的住所"——金字塔中，这样，法老们的灵魂就能永生。

金字塔到底何时所建？为何而建？由何人修建？又是如何修建？所有这些难解之谜都曾在世人心中留下一串串问号。同时，有关金字塔这种建筑的种种神秘现象和趣闻，也往往使人们产生许多困惑。

### 只是法老的陵墓吗

翻阅世界各国的古代历史，人们会发现，在许多专制统治的国家，其帝王往往修建了豪华奢侈、规模宏大的陵墓，比如中国的秦始皇陵以及举世闻名的兵马俑就是这方面的典型。不过，从这些统治者的出发点来说，修建陵墓的主要目的是要在死后继续享受荣华富贵。但古埃及的法老们之所以修建金字塔，其目的却不仅仅如此，或者说有根本的区别。

迄今为止，在埃及发现的金字塔共有 90 多座，它们散布在尼罗河下游西岸，人们通常认为它们是古代埃及法老的陵墓。埃及人称金字塔为"庇里穆斯"（pyramids），意思是"高"。由于古埃及人崇拜太阳神，他们相信人会死而复生，渴望灵魂的永恒，所以才有了木乃伊的制作，进而有了存放木乃伊的金字塔。而古埃及所有的金字塔之所以都坐落在尼罗河西岸毗邻沙漠的吉萨高地上，是因为在古埃及人心目中，尼罗河东岸是太阳升起的地方，是生命的源头；而日落的西岸，则是超度亡灵的西方彼岸世界。所以，作为最高统治者的法老，为了达到"永生"的目的，并试图在"天国"里继续享受荣华富贵，驱使其臣民为自己修建了一座座金字塔。

不过，后世研究者发现的众多神奇现象，又使人们产生疑问：花费如此之多的劳力和钱财，为自己建造一个尸体贮存所，除了国王们固有的豪华奢侈心态外，是否还有其他的原因呢？因为在实际上，人们在金字塔里发现的法老的木乃伊数目是极少的。科学家们的研究表明，金字塔的形状，使它产生一种奇异的功效，即能使尸体迅速脱水，加速"木乃伊化"。假如把一枚锈迹斑斑的金属硬币放进金字塔，不久，就会变得金光灿灿；假如把一杯鲜奶放进金字塔，24 小时后取出，仍然鲜美……

1963 年，俄克拉何马大学的生物学家们证实：已经死亡几千年的埃及公主梅纳，其躯体上的皮肤细胞仍具有生命力！最使人毛骨悚然的一件事是：埃及考古学家马苏博士宣称，当他在帝王谷下从事发掘，打开一座古墓石门的时候，竟然有一只大灰猫，满身尘土地凶猛地向人扑来，而几个小时以后，它就死在了实验室里，难道它真的忠实守卫主人 4000 年吗？这不由使我们联想到好莱坞电影《木乃伊归来》中的情景。

尽管有的科学家推断，金字塔的结构本身就是一个很好的微波谐振腔体，所产生的微波能量的加热效应可以杀菌，并且使尸体脱水。可是，4000 年前的法老，怎么知道利用微波呢？还有的科学家认为：任何建筑物都可以根据它们的外部形状而吸收不同的宇宙波，而金字塔内的花冈岩石恰好具有蓄电池的作用，它吸收各种宇宙波并加以储存，而金字塔内所产生的那种超自然力量的能，正是宇宙波作用的结果。可是，难道 4000 年前的古埃及人就已经知道这些了吗？

关于金字塔，还有一些广为人知的奇事。在相当长的一段时间里，都有人声称著名的胡夫金字塔前有一段可怕的铭文："不论是谁骚扰了法老的安宁，死神之翼将在它的头上降临。"当然经科学家考证，这段著名的咒语其实与金字塔毫无关系，而是出现在一位法老的陵墓内。但是仍有很多人对此传说深信不疑，并极大程度上混淆了人们的视听。尽管最初很多科学家和探险家都对这种"法老的诅咒"不以为然，然而那些曾真的"骚扰了法老的安宁"的人，绝大多数都遭到了厄运和灾难。在他们中间，有的身患重病而死，有的精神失常，有的莫名其妙地自杀……而美国的一项调查报告表明：在 100 名曾经到过金字塔观光的英国游客中，随后 10 年内死于癌症的，竟达 40%，而且年龄都不大；而那些曾经爬上金字塔顶的人，都很快出现昏睡现象，无一生还！

这一切难道是在印证法老诅咒的魔力？科学家们对此展开研究和调查后，提出了一些推论。来自开罗大学的塔亚博士认为：金字塔内存在一种曲霉细菌，感染者会导致呼吸系统发炎，皮肤上出现红斑，最后因呼吸困难而死亡。不久前，美国迈阿密贝利大学的化学教授达维多凡从金字塔中检验出衰退的辐射线，很显然，这正是英国游客患癌的主要原因。由于金字塔外没有这种辐射线，该教授大胆提出了一个颇为新颖的推断：金字塔是史前外星人的核废料储存所。

### 是谁修建了金字塔

在过去，由于有明确的文字记载，关于金字塔的建造者，人们有一个普遍的共识。一直以来，金字塔都被看作是古埃及劳动人民智慧的结晶。关于这一点，被称为"西方史学之父"的希罗多德（他曾漫游埃及）就认定金字塔是奴隶辛劳的结果，并在 2000 多年前就曾详尽地记载：在建造胡夫金字塔时，法老强迫所有的埃及人为他做工，10 万人为一群，每群人劳动 3 个月。不计其数的古埃及奴隶从遥远的阿拉伯山（有人认为即今天的西奈半岛）拉来巨石，借助畜力和滚木，把巨石运到建筑地点，然后将场地四周天然的沙土堆成斜面，把巨石沿着斜面拉上金字塔，堆一层坡，砌一层石，逐渐加高金字塔。就这样，用了整整 20 年的时间才修建完毕。因此，金字塔的修建在当时给埃及人民带来了巨大的灾难，它耗竭了埃及三个朝代的资源，给埃及留下了一片荒凉，并最终激起了人民的反抗。

但是长期以来，这一传统观点却不断面临挑战。

在埃及，大大小小的金字塔有 90 多座，其中最大的一座是第四王朝法老胡夫的大金字塔。它大约建造于公元前 2700 多年，塔高 146.5 米，相当于一座 40 层高的摩天大楼；塔基成正方形，每边长 230.6 米，占地约 52900 平方米；由大约 230 万块大小不等的石块砌成，平均重量约 2.5 吨，最轻的也有 1.5 吨。在比大金字塔稍小的哈佛拉金字塔旁，还屹立着一尊巨大的石雕，也就是举世闻名的狮身人面像。传说在公元前 2610 年，当埃及第四王朝的第三位法老哈佛拉巡视自己快要竣工的陵墓时，发现采石场还有一块弃置的巨石，就命令石匠照自己的脸型雕刻了这尊石像。据说在 1798 年，当拿破仑带兵占领埃及时，由于听信在此藏有宝藏的传闻，曾下令用重炮轰击狮身人面像，结果石像岿然不动，轰断的几根胡须现在还保存在英国博物馆里。

人们的疑问就在于：这么巨大的工程，难道真是几千年前的古埃及人完成的吗？因为按照希罗多德的描述，修建金字塔的各个环节如采石、运输、下河、上岸，不仅需要大批的石匠、建筑工人、运输工人、水手，而且需要一大批工程师、施工人员和管理人员，一支有足够的镇压能力的军队也是必不可少的。而且，他们要吃、要穿、要住、要消耗，这就又要有一支庞大的服务队伍。另据估计，支持这样的建筑工程需要 5000 万人口的国力，而一般认为，公元前 3000 年左右全世界的总人口也不会超过 2000 万。何况，已经发现的金字塔有 90 多座，即使像希罗多德在《历史》中所说的，30 年完成一座，总计也需 2400 年，埃及承受得了这样浩繁、这样长久的消耗吗？

所以有人怀疑，金字塔不可能是地球人力所为，而极有可能是外星人所修建的，是他们遗弃的着陆标志，更有人推断这是"失落的部落文明"的创造。不过，所有这些只能归于猜测，并没有确凿的证据。

真正具有说服力的要数来自考古界的新发现，因为考古是研究历史悬案最科学的手段。考古人员在金字塔埋葬者的随葬品中发现了大量用于测量、计算和加工石器的工具，这表明这些埋葬者就是金字塔的建造者。同时发现的还有一些原始的金属手术器械以及死者在骨折后得到医治的证据，这说明这些死者生前得到了很好的医疗待遇。这样的发现很自然地使人对先前认为金字塔的建造者是古埃及奴隶的说法提出了质疑。因为在古埃及，地位低下的奴隶不可能有医疗的机会，死后更不可能被安葬。此外，考古人员通过对这些遗迹测算，认为只有大约 25000 名劳工参与了建造金字塔，这就意味着希罗多德有关金字塔由百万名工匠建造的论断是不准确的。

更重要的发现是埃及考古学家在最近 10 年里获得的。考古学家在吉萨高原金字塔区陆续发现了一个规模非常大的工人墓地、一座工人城市和一具可能是人类有史以来发现的最古老的石棺。通过对这些遗址的研究，很多考古学家改变了自己以往的看法，转而认为建造金字塔的是自由人，很可能就是农闲时期的农民，他们做工是要领工资的。据现存的记录显示，古埃及政府主要用面包和洋葱作为这些工人的报酬，而且还有证据表明，工人们为了争取更高的工资曾举行过罢工。

2002 年 9 月，为了进一步揭示金字塔建造者的身份，埃及考古学家打开了在吉萨高地金字塔群附近地区发现的神秘石棺。当时，包括中国中央电视台在内的上百个国家的电视台对此进行了直播。这具 4500 年来没有被人动过的石棺长 2 米，宽 1 米，埋在吉萨高地金字塔区的东南角。石棺的主人是一座金字塔的监工，他生活的时代是埃及的第四王朝时代（公元前 2613 年至公元前 2494 年）。尽管最终除了一具骸骨之外，没有获得重大发现，但这些考古发现的价值却是不容置疑的。

### 修建之谜

除了对所需的劳动力产生疑问外，后人对金字塔最大的困惑在于其修建的具体过程，而这也是它留给世界的最大悬案。从技术角度来讲，这的确令人感到不可思议。

众所周知，金字塔是由无数巨石堆砌的。可实际上据考察，古埃及并不出产这种巨石，希罗多德也称其是从遥远的阿拉伯山运来的。那么，这些石块是怎样开采、运送的，又是怎样堆砌的呢？要知道，即使在今天，拥有世界上所有现代化技术手段的建筑师也很难完成如此艰巨的工作。我们无法想象，在那么遥远的年代，在只有粗陋的工程技术水平的年代，古埃及人是怎样建造出这一举世罕见的宏伟工程的。毕竟当时的建造者既没有起重设备，也没有滑轮，甚至连轮子在当时都还没有发明出来。那他们是怎样将相当于 10 辆汽车重的大块石头提到金字塔上的呢？

最关键的就是运输和堆砌问题，因为即使有足够的人力，也无法把这些 2.5 吨到 160 吨的巨石运送到工地。人们对此进行了种种推测。有人认为是用撬板圆木棍运石法，但是这种方法需要消耗大量的木材，而当时埃及的主要树木是棕榈，无论是数量、生长速度、还是木质硬度，都远远不能满足运输的需要，而进口木材几乎是不可能的。还有人认为是水运法，但也因论据不充分而未被接受。

2000 年，法国的一位科学家杜维斯经过研究，提出了新的见解。他认为金字塔上的巨石并不是天然的，而是一种混凝土。杜维斯借助显微镜和化学分析的方法，认真研究了巨石的构造，并根据化验结果得出全新的结论：金字塔上的石头是用石灰和贝壳经人工浇筑混凝而成的，其方法类似今天浇灌混凝土，由于这种混合物凝固硬结得十分好，人们难以分辨出它和天然石头的差别。为了进一步使自己的观点更具说服力，杜维斯还提出 2 项佐证：一是他在石头中发现了一缕人发，而唯一可能解释这一发现的，就是工人在操作时不慎将这缕头发掉进了混凝土中，保存至今；二是他发现石料中夹有矿物质和气泡，而化验得知石块是不会含有这两种物质的。所以他认为修建金字塔的巨石其实是用模板浇灌而成的，而整个金字塔也就是这样一层一层堆砌起来的。同时，这也解释了为什么在石块之间严实无缝，甚至连很薄的刀片也插不进去。由于现代考古研究也的确证实人类早在数千年前就知道如何制作混凝土，所以许多科学家比较赞同杜维斯的论断。

其次就是设计问题。长期以来，胡夫金字塔作为人类史上最伟大最古老的建筑物之一，由于其建筑技术上的高超、定位技术的精确，一直以来使世人惊叹不已。据测算，它的 4 条底边相差不到 20 厘米，误差率不到千分之一；它的东南角和西北角的高度，相差仅 1.27 厘米，误差率不到万分之一，而这即使对于现代建筑而言也是一大难题，即所谓的"正直角技术"。神奇的是古埃及的建筑大师们竟能将该技术游刃有余地应用于金字塔的转角建构上，并且只有极小的误差。他们居然在没有水平仪、没有动力设备、没有现代化测量手段的情况下，完成了塔基的勘测和施工，实在不能不令后人叹服。

尽管自 9 世纪开始，就有盗墓者、探险者、考察者不断进入胡夫金字塔，然而，它的内部结构仍然是个谜。塔内有迷宫般的通道和墓室，通道有整齐的台阶，脉络一样地向墓室延伸，直到很深的地下。墓室另有两条通气孔通到塔外，据说死者的"灵魂"可以从这些小孔里自由出入。奇怪的是，这两条气孔，竟然一条对准天龙座（代表永生），一条对准猎户座（代表复活），这样精巧的设计和构思，真是几千年前的古人所完成吗？

在金字塔中，内部结构极为复杂和神奇，并装饰有雕刻和绘画等。由于墓室和甬道里十分黑暗，创作这些精致的艺术作品需要光亮才可能进行，所以必须在火炬照明或者是在油灯下才能完成。但是，事实再一次使研究者困惑。因为如果当时的确使用了火炬或油灯，就多少会留下一些痕迹。而在研究者对墓室和甬道里积存了 5000 多年之久的灰尘进行了全面仔细的科学化验和分析后，结果证明：灰尘里没有任何黑烟和烟油的微粒，没有发现一丝一毫使用过火炬或油灯的痕迹。这就意味着，古代艺术家在胡夫金字塔地下墓室和甬道里雕刻、绘制壁画时，根本不是使用火炬或油灯来照明，那么他们又是如何解决这一问题的呢？难道真的像有些人猜测的，距今 5000 多年前的古埃及人竟已掌握了类似现代电灯的技术吗？

据历史记载，古代世界曾有七大奇迹（如古巴比伦的空中花园等），然而随着岁月的流逝，它们有的倒塌了，有的消失了，只有金字塔依然屹立在沙漠之中几千年之久，毫不动摇，这与其设计的奥秘是密不可分的。

人们发现，自然形成的 52 度锥角是最稳定的角，并称之为"自然塌落现象的极限角和稳定角"。金字塔的锥角就正好是 51 度 50 分 9 秒，这说明它就是按照这种"极限角和稳定角"来建造的。我们知道，金字塔是处在沙漠中的。由于金字塔的独特造型，使沙漠中凌厉的风势得以沿着塔的斜面或棱角缓缓上升，塔的受风面由下而上，越来越小，在到达塔顶的时候，塔的受风面趋近于零，这种以逸待劳、以柔克刚的独特造型，把风的破坏力化解到最低程度。人们还知道，磁力线的偏向作用能够使地面建筑，甚至高山崩溃，而胡夫金字塔塔基就正好处于磁力线中心，它随着磁力线的运动而运动，随着地球的运动而运动，因此，它所承受的振幅极其微弱，地震对它的影响也就不大了。可以看出，52 度"角"，方锥体的"形"，与磁力线同步运动的"位"，是金字塔稳定之谜。但是，古埃及人能够将这些奥秘一一掌握，实在让现代人称奇。

**谜中之谜**

对于围绕着金字塔的一些悬案，人们已经有了一些认识，特别是由于考古发掘的不断进展以及现代科学技术的应用，相信许多重大问题不久就可以得到解答，然而，作为人类历史上最大的谜团，金字塔所带给后人的一些疑问，又是短期之内很难得出结论的。

比如，随着考古发掘工作的逐步深入，有越来越多的证据表明，就连传统上对于金字塔建筑时间的判定上都非常值得怀疑。首先，狮身人面像很有可能并非是在哈佛拉统治期间修建的。1992 年，美国的一名法医学专家弗兰克·多明哥对埃及法老哈佛拉雕像的头部及狮身人面像的"人面"作了深入细致的研究，结果证明两者差别很大，不可能是同一人，因此，考古学家先前对它的面部进行的主观诠释显然是错误的。另外在 1992 年 8 月，来自波士顿大学的地质学修奇博士，根据狮身人面像所受腐蚀的特点与程度，同样也得出了一个惊人而又严谨的结论：狮身人面像至少在埃及历史上最后一次雨季的早期，也就是公元前 7000 年至公元前 5000 年就已建成。而从公元前 3000 年以来，吉萨高原上一直没有足够造成狮身人面像侵蚀的雨水，所以只能解释这些痕迹是很久以前、吉萨高原上雨水多、温度高的时代残留下来的。修奇博士的论点在当年美国地质学会年度大会上获得了 3000 名同行的一致支持。而事实上，据埃及考古学家分析，它在修建技术方面甚至要比其他已确定的年代晚了几千年的建筑都要高超得多。这就使人们产生了新的疑问：难道在埃及古王国建立之前，古埃及人就有相应的社会组织来动员足够的人力从事此类大规模建筑工程吗？

其次，一些广泛流传于世界各地的许多有趣的数字，则从另一个侧面也昭示了金字塔的玄妙，比如：

1. 金字塔的自重×1015＝地球的重量
2. 金字塔的塔高×10 亿＝地球到太阳的距离（1.5 亿公里）
3. 金字塔塔高的平方＝塔面三角形面积
4. 金字塔的底周长：塔高＝圆围：半径
5. 金字塔的底周长×2＝赤道的时分度
6. 金字塔的底周长÷（塔高×2）＝圆周率（$\pi=3.14159$）

这一系列的数据，到底是偶然的巧合，还是精确计算的结果？它们无不使考古学家、建筑学家、地理学家、物理学家迷惑不解。

还有一些奇妙的发现，比如：延长在塔底面中央的纵平分线，就是地球的子午线，这条线正好把地球的大陆和海洋平分成相等的两半；金字塔的塔基正位于地球各大陆引力中心；大金字塔的尺寸与地球北半球的大小，在比例上极其相似，难道古埃及人在几千年前就已经计算出了地球的扁率？

## 巴西洞穴岩图之谜

巴西洞穴岩图上的人物形象为何有六个脚趾和四根手指？难道它们真的是外星人的自画像？

戈亚斯州拉瓜桑塔自治区距离巴西首都里约热内卢大约八十公里，在这个自治区里约有四百多个天然洞穴，其中大部分至今尚未发掘。从公元 1971 年开始，一些外国学者与巴西学者组成联合考察队，对其中的十多个洞穴进行了发掘和研究，发现了许多令人惊异的奇迹。

在佩德罗·莱奥波尔多的西坡，有一块面积达一百多平方米的石山，在怪石嶙峋的悬崖陡壁上，有奇幻多姿的壁画。画面上除了一系列的神秘题词外，还有四个指头的手掌、六个脚趾的脚板、一些形似牡牛头、猫和猩猩以及其他一些不能辨认出的动物形象和表现力很强的运载图、游艺图等，构图精巧奇妙，形象栩栩如生。

另外，在塞特拉瓜斯、马托西尼奥斯等地的一些天然洞穴里的石壁上，也找到了一系列神秘莫测的雕刻绘画、象形符号和考古学家根本不认识的古怪题词，雕工技艺娴熟精湛。

在巴西亚马逊河上游森林的文化遗址上层和地面，考古学家发现了大量的陶器碎片，有些陶片上刻印有拟日纹饰和几何图形纹饰，其中有一件上有浮起的鹿头装饰。从大量的石刻来看，较多的是太阳形象，这说明当时人们很信奉太阳，这里可能是古人祭拜太阳神的场所。

从这些洞穴里残存烧炭和灰烬的分析来看，在这里生活过的古人至少在九万至一万三千年以前，那时已经有相当发达的文明。这些壁画题词只有运用极锋利的金属工具才能雕刻成，可是，在几千年或一万多年以前还没有金属工具，绝不是那时使用的石刀、石凿子之类的原始工具所能完成的。那么这些壁画题词是怎样刻上去的呢？考古学家对此表示费解。

石壁上的题词很有规律地排列着，有些人认为这些题词有特殊的含义。但有些学者认为，这些题词是古人帮助记忆的一些表意符号，并且认为其中有些符号与欧洲斯堪的纳维亚所发现的远古字母颇相似，从而证明远在几千年或一万多年前美洲与欧洲就早已经有文化联系。当然，这也只是猜测，具体的联系还有待于进一步考察研究。

## 神的驿站——通天塔之谜

传说古巴比伦的国王为天上众神修筑了通天塔，以作为他们落脚的地方，通天塔到底修在哪里，有多少天神在上面住过呢？

在现在中东伊拉克首都巴格达城以南约 100 公里幼发拉底河沿岸的巴比伦，5000 多年前曾矗立着一座无比壮丽的巴比伦通天塔。它堪与埃及著名的金字塔媲美，形状也有几分相似。据说，它是天上诸神前往凡间住所途中的踏脚处，称得上是天路的"驿站"或"旅店"。

巴比伦古城里最早的巴比伦通天塔，在公元前 689 年亚述国王辛赫那里布攻占巴比伦时就破坏了。新巴比伦王国建立后，尼布甲尼撒二世下令重建通天塔。他命令全国不分民族、不分地区都要派人来参加修塔。

尼布甲尼撒下令重建的巴比伦通天塔共有 7 层，一层叠叠一层，一阶高出一阶，总高 90 米，塔基的长度和宽度各为 91 米左右。在高耸入云的塔顶上，还建有壮观的供奉马尔杜克主神的神殿，塔的四周是仓库和祭司们的住房。

5000 多年以前，世界上多数民族还处于茹毛饮血的蒙昧时代，在底格里斯河和幼发拉底河之间竟然竖立起如此气势磅礴、巍峨雄伟的通天塔，不能不令人叹为观止。遗憾的是，巴比伦塔如今剩下的仅仅是一块长满了野草的方形大地基的残迹了。

通过有关的零星记载和片言只语以及神话传说，人们依稀知道，昔日的巴比伦通天塔，可与列为世界古代七大奇迹之一的"空中花园"齐名，它们一起被视作 5000 年前美索不达米亚城鼎盛时代的标志。但是，同空中花园现已荡然无存的厄运一样，巴比伦通天塔经历过历次的洗劫，也只留下一片废墟。那巨大的方形地基上长满野草，巴比伦昔日的灿烂文明已"难认前朝"了。

巴比伦通天塔既是世界上著名的古代奇迹，也是一个长期不解的谜团。几千年来人们一直都没有发现巴比伦通天塔的遗迹，有人认为它不过是个神话。1899 年 3 月，一批德国考古学家，在今天巴格达南面 50 多公里的幼发拉底河畔，进行了持续 10 多年之久的大规模考古发掘工作，终于找到了已经失踪两千多年。由尼布甲尼撒二世在公元前 605 年改建后的巴比伦古城遗址。

后来考古学家在古巴比伦遗址上发现了一个由石块、泥砖砌成的拱形建筑废墟，中间有口正方形的大井。开始考古学家以为这是空中花园的遗址，直到后来在附近出土了一块记载了通天塔的方位和式样的石碑，才知道这就是通天塔的塔基。公元前 1234 年，通天塔被攻占巴比伦的亚述人摧毁。后来新巴比伦的尼布甲尼撒二世曾重建该塔，但他去世后，巴比伦又渐渐衰落。公元前 484 年，通天塔再次毁于战火。虽然人们如今已基本复原了它的外观，然而整体的设计和结构仍是一个谜。

巴比伦通天塔和美索不达米亚其他庙塔一样，都用砖构筑，原因是当地缺乏良好的岩石。为使庙塔的巨墙外观不至于显得单调，工匠们聪明地建造了高大的斜桥和斜形阶梯，再用支墩作装饰，把巨大平面的墙巧妙地分成了有变化的几段。从现代的建筑技术的角度来看，这种巨大立面的处理手法是十分高明的，很合乎建筑艺术的法度。

人们普遍认为，巴比伦塔是一座宗教建筑。在巴比伦人看来，巴比伦王的王位是马尔杜克授予的，僧侣是马尔杜克的仆人，人民需要得到他的庇护。为了取悦他，换取他的恩典，保障国家城市的永固，巴比伦人将巴比伦塔作为礼物敬献给了他。在巴比伦塔里，每年都要定期举行大规模的典礼活动，成群结队的信徒从全国各地赶来朝拜。

考古学家和历史学家认为，巴比伦塔除了奉祀圣灵还有另外两个用途。其一是尼布甲尼撒二世借神的形象显示个人的荣耀和威严，以求永垂不朽。其二是讨好僧侣集团，换取他们的支持以便稳固江山。美索不达米亚是一个宗教盛行的地方，神庙林立，僧侣众多。僧侣不仅在意识形态上影响着人民，而且掌握着大量土地和财富，如果不在政治上得到他们的支持，恐怕王位也会风雨飘摇。

随着巴比伦的覆灭，美索不达米亚的伟大文明很快就毁灭了。

### 非洲原始岩画——谁的杰作

非洲是一个盛产奇迹的地方，在远古时期，也许它并不是干燥的荒漠，而是茂盛的草原，可是在五千多年前的岩石壁画为何会有类似宇航服的图案呢？

非洲是世界文明的发源地之一，这块古老的土地也蕴藏着许多谜团。从 18 世纪起，人们在非洲大陆的山地、悬崖峭壁上发现了许许多多史前原始岩画。这些岩画多以表现动物为主，有野牛、角马、条纹羚羊、斑驴……虽然画得十分粗糙，但个个形象栩栩如生。

非洲岩画是非常典型的原始部族岩画，它虽然不如欧洲岩画发生得那样早，但要比大洋洲的远为古老，而且它不像欧洲岩画只集中在法国、西班牙，而是分布极为广泛，在非洲的十多个国家都保留了这种原始的艺术作品。更引人注意的是它数量之多、流传之广，仅撒哈拉地区就有 3 万个岩画遗址被发现，半数在塔西里，时间上经历了上万年。

1721 年，当时委内瑞拉一个葡萄牙人旅游团到莫桑比克旅游观光的时候，旅游团成员偶然间在岩壁上发现了一幅画着动物的岩画。后来，许多的探险队和学者在非洲土地上发现了更多的岩画。令人惊喜不已的是，人们以后又在阿尔及利亚东部找到一座巨大的颜料库，它位于撒哈拉沙漠中一条长 800 公里，宽 50~60 公里的恩阿哲尔山脉，那里蕴藏着的丰富的红砂土矿藏就是岩画的主要颜料。在这片广阔山区，一个法国探险队在 1956 年竟发现了 1 万多幅作品。

根据这些岩画所反映的内容，科学家们推断在撒哈拉地区变成沙漠以前，这里曾居住过旧石器和新石器时代的人们，他们以猎取大型水栖动物为谋生手段，也放牧羊群。大量考古资料证实，非洲在公元前 8000 年至前 2000 年是地质学上寒武纪的潮湿期，那时撒哈拉地区还是一片布满热带植物，适于狩猎的草原，而不是沙漠，这正是产生狩猎艺术的重要土壤。

然而令人茫然不解的是，在这些五千多年前的岩石壁画中，却夹杂着一些非常现代的神秘人像。他们有的身穿精致的短上衣，有的戴着头盔，头盔上还有两个可供观察的小孔，头盔用一种按钮与躯干部分服装连接，仿佛一件宇航服。在撒哈拉的塔希里山脉，有一些被称为"伟大玛斯神"的岩画，画中的人像戴着圆形的密封头盔，穿着连体的紧身衣，很像现代宇航员的样子。考虑到撒哈拉岩画在具体风格上的写实性，很难想象这样的画面是史前人类的即兴之作，它可能是以某种生活原型为依据的。

非洲岩画的发现具有重要的意义，人们可以从岩画中了解当时非洲原始部族的生活和社会形态。然而这些原始岩画究竟是谁的杰作，至今仍是众说纷纭。

有的学者认为岩画是非洲本土产物，是当地土著布须曼人创作的。不少专家指出，岩画中表现的非洲土著居民臀部高耸的形象正是非洲一些部族的人种特征，这是欧洲史前岩画中不可能有的。他们认为非洲许多原始居民在漫长历史时期中共同完成了这些岩画。也有个别学者认为岩画是已经灭绝的霍屯督人的作品。

然而许多欧洲学者认为非洲史前岩画是外来文化传播的产物，有的干脆说是欧洲史前岩画复制品。他们认为在公元前5万年左右，首批欧洲移民尼安德特人来到非洲，后来随着克罗马依人大批移居非洲，把岩画带到了非洲，但是这一观点缺乏足够的事实作有力证明。西班牙东部、北非、撒哈拉、埃及等地区岩画确有相似之处，一些考古学家也因此推想在遥远年代的狩猎者及狩猎艺术家，是从地中海漂泊到好望角去的。当他们漫游到当时还是绿色而富饶的撒哈拉及东非大平原时，找到了理想的狩猎区，而后到达山区高原时就停止前进了，于是在那里创作了许多最早的非洲岩画。然而这些只是他们没经证实的主观猜测和臆想。

对于岩画中奇怪的人物形象，人们更是没有给出明确的答案。都说艺术是生活的反映，然而生活在几千年前的裸身的原始人也许会想到树叶和兽皮，但怎么会想到密封的太空盔呢？这些非洲岩画上人物形象的依据又是什么呢？真令人百思不得其解。

## 太阳神巨像风采究竟如何

罗德岛的太阳神巨像为无数的船只指引了方向，可是大受其益的人们，为何没有留下它真实的面貌呢？

罗德岛是爱琴海上的一个岛屿，它因为建有世界七大奇迹之一的太阳神巨像而闻名于世。太阳神像建在岛北端的罗德市港口，形象为一个手举火炬、脚踩两岸的青铜巨人。进港的船只都要从他胯下通过，而明亮的火焰则昼夜不息地为来往船只引航。

公元前4世纪，马其顿将领率领强大的军队对罗德岛发起了大规模的进攻，但是在罗德岛人民坚决抵抗和埃及的大力支援下，终于在公元前304年，打退了强大的马其顿的进攻。罗德岛居民为纪念这次胜利，把马其顿军队丢弃的铜制枪械收集起来，统统予以熔化，由雕刻大师哈列塔斯负责铸造一座太阳神阿波罗（罗德居民也称其为赫利阿斯）神像。因为传说中阿波罗是罗德岛的保护神，当地居民以此来感谢阿波罗对他们的保佑。哈列塔斯用了整整12年时间（公元前294年至公元前282年）才把巨像塑成。它耗费了450吨青铜，高达32米，脚趾头有一个人合抱那么粗，中空的两腿内填满了石头用以加固。

在古希腊，建造10米左右高的雕像并不罕见，但建造如此巨大的神像却是空前绝后的。怪不得巨像建成之初，便被同时代的罗马哲学家安蒂培特誉为"世界七大奇迹之一"。

如此巨大的雕像是如何铸成的？在缺乏起重设备的远古时代又如何把它竖立起来的？这些都是令人难以想象的事，也是太阳神巨像让人迷惑惊奇的原因之一。

然而，罗德岛巨大铜像只矗立了50余年就惨遭不测。在公元前226年的一次大地震中，罗德岛的城墙、船坞、房舍皆遭严重破坏，巨像也倒塌了。它从基座上被抛起，双腿齐膝折断，上半身倒在地上。

巨像的残骸置在地上近千年之久，公元653年，阿拉伯人侵入罗德岛，发现了躺在地上的巨像残骸，他们费了九牛二虎之力把残骸运送到叙利亚，卖给了一位商人。据说那个商人用了880头骆驼才把残骸运完，以后巨像就不知去向。又有人说，巨像倒塌不久后就被人盗走，但贼船在海上遇风暴沉没，铜像埋在深深的海底。但铜像真的躺在港口近千年无人过问吗？据说神像倒塌后埃及的托勒密三世立即送来了重建铜像的资金，可见当时地中海沿岸各国的君主对此还是相当重视的。有没有可能被他们运回本国收藏起来了呢？铜像究竟去了哪里？恐怕是无从知晓的了。

这尊巨像的建造在当时颇负盛名，以至古代作家只要谈到雕像，无不以称赞的笔触加以描述。但是这些描述没有流传下来，后人只能凭借史书中的简略记载为根据来构思它的规模，再加上自己的揣测，"设想"出了一个又一个的"太阳神巨像"的形象。

早在公元11世纪，人们就对传说中的罗德岛神像外形做出这样的推测：巨像右手举着投枪，左手按着长剑，柱脚是很高的圆柱，四周环绕着起伏的海浪。但有人认为，太阳神阿波罗像应该是头戴太阳光环，驾驭着马车，马车上载着一轮鲜艳的红日，而且传说中巨像的胯下能进出轮船。由于没有确凿的证据，谁也无法确定神像的外形。

到了文艺复兴时期，罗德岛的太阳神巨像又一次激起人们强烈的好奇心。人们仔细研究古代文献后认定：罗德岛的太阳神巨像两脚宽宽地叉开，横跨在罗德港的两岸。阿波罗手持火把，威严地注视着往来船只。在这里，罗德岛巨像被设想成灯塔，它为进出罗德港的船只起着导航和保护作用。然而这个设想在崇尚科学、理性的近代也遭到了质疑。

进入二十世纪，争论仍在继续。当然，由于没有任何实物资料，也有人怀疑罗德岛巨像只是以讹传讹，因为在许多书里关于巨像外形和位置的记述有很大的出入。毕竟这座巨像离我们太久远了，它的一切都已成为历史之谜。

可是，考古学家的努力似乎为了解真相带来了一线希望。随着对罗德岛考古发掘的深入，越来越多的文物被发掘出来。一枚出自公元前3世纪的钱币引起了人们的注意，这枚钱币上有太阳神赫利阿斯的头像，经专家鉴定，这个头像正是太阳神巨像作者哈列塔斯作品的临摹画。但遗憾的是，铜币上只有赫利阿斯的头像，没有身体，巨像的姿势依然无法推测。也许将来有一天，考古学家们能为我们解开这个千古之谜。

小小的罗德岛，如今游客众多，罗德岛居民依然享受着太阳神带给他们的恩泽。只是，满怀憧憬的旅客总是乘兴而来，败兴而归。1984年春天，希腊政府提出准备修复巨像，也许这个决定会加快对巨像真相的揭示。不久的将来，世人也许能重新看到几千年前曾屹立在这里的太阳神巨像，领略巨像的雄伟风采。

## "太阳门"——上帝的杰作

"太阳门"是蒂亚瓦拉科文化最杰出的象征，可是古代的印加人光靠人力、运用极简单的原始工具能建造规模如此宏大雄伟的建筑物群吗？

在南美洲的的喀喀湖东南21公里层峦叠嶂的安第斯高原上，有一座前印加时期的蒂亚瓦拉科文化遗址，以大量精美的巨石建筑闻名于世。蒂亚瓦拉科原来叫作"泰皮卡拉"，在艾马拉语中的意思是"中心之石"，可能是因为其他部族对这个词的误读，久而久之就变成了"蒂亚瓦拉科"。它被人们看成是"外星人"的"湖畔奇迹"。

蒂亚瓦拉科遗址的建筑至今仍完好无损，四周是坚固的石墙，里面有梯级通向地下内院，西北角就坐落着美洲古代最卓越、最著名的古迹之一——"太阳门"。它被视作蒂亚瓦拉科文化的最杰出的象征，是南美大陆最负盛名的古代文明奇迹。

凡是看到过"太阳门"的人，无不为它的宏伟壮观惊叹不已。"太阳门"高3.05米，宽3.96米，重约十二吨，是用一整块巨大的中长石雕制成的。更耐人寻味的是，"太阳门"不仅是个庞然大物，而且它上面还雕刻着极其精美的图案。在"太阳门"的石门楣中央凿有一门洞，门楣上有精美的浮雕。其中有一个神秘的人形浅浮雕，双手各执一根权杖，人形神像的头部放射出许多道光线，其间还夹杂有蛇像。在人像两旁平列着3排48个较小的、生动逼真的形象，其中上下两排是面对神像的带有翅膀的勇士，中间一排是人格化的飞禽，浮雕展现了一个深奥而复杂的神话世界。每年9月21日，黎明的第一束阳光总是从这石门的中间射入大地，这就是"太阳门"这一名字的来历。

面对着"太阳门"，惊叹之余，人们必然要产生种种疑问。首先，古代的印加人为何要不惜巨大的劳动力来建造这巨大的石门？或者说，"太阳门"究竟有什么作用？

从"太阳门"秋分时节射入第一道太阳光这点来看，有人认为，"太阳门"上刻的是历法知识。如果是这样，那将是世界上最古老的历法。然而这些图案与符号是如何表达历法的？古印加人又是如何测算出秋分时节太阳与"太阳门"位置关系的？

"太阳门"作为的的喀喀湖畔的奇迹，也令现代人迷惑不解。的的喀喀湖位于海拔三千八百一十二米的荒漠高原上，建造"太阳门"的安山岩产于的的喀喀湖上一个名叫珂帕卡班纳的半岛，一般石块重达数吨、数十吨，有的石块重达二百吨。据考证，古印加人不会冶炼铁，他们没有钢铁工具，没有炸药，更不可能有任何机械、轮子和绞车。在高寒、低压、缺氧甚至连呼吸都极为困难的恶劣环境中，在没有轮制运输工具的情况下，当时的人们用什么方法从高山上挖取这样巨大的石块并把它们搬运到蒂亚瓦拉科来的呢？要把这么庞大沉重的石门立起来，必须要用大型的起重机。而当时的印加人连车辆都没有发明，他们是怎样把这巨大的石门立起来的？光靠人力、运用极简单的原始工具能建造规模如此宏大雄伟的建筑物群吗？据有人估计，星散在的的喀喀湖畔的所有巨石建筑物的总工程，比修筑金字塔还要艰巨。究竟是何人何时用什么方法创造出石像湖畔的奇迹呢？"太阳门"吸引了众多学者的目光。尽管许多人做了努力的研究，但这一切仍无法解释。

专家通过放射性碳14鉴定，蒂亚瓦拉科建筑应该是开始于公元前300年，而建成美洲这一灿烂辉煌的文明大约是在公元8世纪以前，一般看法认为在公元5~6世纪。安第斯山区是古代美洲文明的发祥地之一，大约在公元前8500年至公元前10000年左右，这里就已经有人类居住。考古发掘的材料证明，最早散居在安第斯山区的古代居民是摩其卡族、艾马拉族和克丘亚族（印加人是克丘亚族的一支）。在印加国家形成之前，安第斯山区已出现过一系列发展较高的古代文明。印加人在继承和发扬前代文化的基础上，创造出南美光辉灿烂的印加文化。但许多人认为，以捕鱼和狩猎为主要谋生手段的古代印加人，根本不可能在的的喀喀湖一带的层峦叠嶂之中创造出辉煌的蒂

亚瓦拉科文化。更有甚者认为蒂亚瓦拉科是外星人在某一时期建造在地球上的一座城市，湖畔的"太阳门"上的图案描绘了"外星人"的形象。湖畔的巨大石像上精确地记载着两万七千年前的星空，"太阳门"是太空之门。

总之，对"太阳门"众说纷纭，莫衷一是。但我们相信，随着考古资料的不断发掘和科学技术的进步，"太阳门"的秘密总有一天会被揭示。

### 吴哥古城——你的面纱由谁解开？

吴哥古城是柬埔寨的象征，它是人类文化宝库中的瑰宝，与埃及金字塔、中国的长城、印度尼西亚的波罗浮屠共同被誉为"东方四大奇观"，然而，它为何在密林中隐藏了400多年呢？

历史的车轮滚滚向前，一刻也没有停息，光阴的流逝带走了太多的珍奇异宝，也留下了许多的未解之谜。庞贝古城、玛雅文化遗址已让人们感慨不已，而吴哥古城更在丛林之中吸引着人们的目光。

1861年，法国的博物学家亨利·穆奥千里迢迢来到了柬埔寨进行考古工作。在进入森林的第5天，他和随从人员突然发现前面不远的森林里显露出5座高大的石塔，在蓝天白云的映衬下格外清晰美丽，尤其是中间的那座最高的塔尖，在夕阳的照耀下更是金光闪闪。这就是传说中的吴哥古城。从此，这个被茫茫林海淹没而沉睡400多年的古都终于再次重现于世，焕发出独特的青春与活力。

吴哥，在梵语中意为"城"，它是公元9世纪至15世纪时吴哥王朝的都城，主要是由公元9世纪至13世纪创建的一组石造建筑群和精美的石刻浮雕组成，又分为大吴哥和小吴哥。大吴哥又称吴哥通，"通"意为城；小吴哥又称吴哥窟，意为"首都的寺院"。时至今日，吴哥窟还保存完好。古城约占地15平方公里，四周环以高墙，内有宫殿、庙宇、宝塔多处，是柬埔寨古代艺术的代表。其建筑之精细、浮雕之生动、设计之巧妙均堪称绝品。吴哥古迹总共有大小各式建筑物600余座，散布在约45平方千米的森林里。

据史料记载，吴哥窟建于12世纪前半叶吴哥王朝全盛时期。当时信奉婆罗门教的高棉国王苏利耶跋摩二世，为了祭祀"保护之神"，同时也为了炫耀自己的功绩，以及为供他死后做陵墓而专门建造了这座神庙。

吴哥窟的整个结构呈正方形：最外层是壕沟，中间是围墙，里面是3道回廊，层层相套，浑然一体。而中心建筑是大神殿，分为3层台基。位于最上层的是中央佛塔，离地高度达65米，其余4座较小的则位于第2层的四角。神殿各层皆环以圆柱回廊，墙壁上更是布满精美的浮雕和壁画。整个建筑象征着佛教传说中的宇宙中心须弥山。由于都是用巨石垒砌而成，因而显得格外整齐肃穆，和谐庄严。此外寺内还有一座图书馆和一处供饮用的蓄水池。

与之相对应，大吴哥位于吴哥窟的北部，是耶跋摩七世统治时期建造的新都。吴哥城规模非常宏伟壮观，它占地9公顷，城墙周长12千米，墙高7米，厚6米，周围环以相当宽的护城河，真可谓"固若金汤"。而且全城5道城门中，有4道通向市中心的巴扬庙，另1道通往皇宫。5个城门上方都建有无数巨大的石塔，塔的四面雕有佛的头像，高达 2 米多。吴哥通的中心是巴扬庙，它是王城的主体建筑，高达 45 米，它和周围的 16 座中塔和几十座小塔，构成一组完美整齐的阶梯式塔型建筑群。据史书记载，这 16 座宝塔象征当时高棉的 16 个省。其中，被称为"吴哥古迹明珠"的女王宫，更是以它精美绝伦的石雕著称于世。

重现于世的吴哥古迹，具有独特和永久的魅力，使世人为之倾倒、赞服。从建筑上看，吴哥古城无疑是世界建筑史上的奇迹，但更令人迷惑不解的是，是何人建造了这美妙绝伦的古城？它的每一块石头都是精雕细琢，遍布浮雕壁画，其技巧之娴熟、精湛，想象力之丰富、惊人，使人难以置信，以至于长时间流传吴哥古迹是天神的创造，不可能出自凡人之手。在垒砌这些建筑时，没有使用黏合剂之类的材料，完全靠石块本身的重量和形状紧密相连，丝丝入扣。时至今日，吴哥古迹的大部分建筑虽历经沧桑，仍岿然不动。

吴哥古迹充分向人们展示了柬埔寨人民高度的艺术才能和充分的智慧。15 世纪上半叶，吴哥城突然人去城空，曾经繁华昌盛的吴哥城杂草丛生，逐渐被茂密的热带森林所湮没，这使吴哥古城变得更加神奇。由于有关柬埔寨中古时代的史料极其缺乏，直到 19 世纪穆奥发现这个遗迹以前，柬埔寨当地的居民对此都一无所知。

一般说来，任何一个民族的文化都应有它的延续性，何况吴哥是一个曾经繁荣过 600 年的王朝，但它的文化忽然中断，消失在历史的长河中，令人不得其解。有人认为是外敌的入侵造成的，但外敌入侵可能导致王朝的改朝换代，却无法使一个民族的人民统统消失。据考察，在吴哥地区过去曾有一百万人口以上居住，这个民族和这些人到底到哪儿去了呢？这始终是一个无法解开的谜团。

## 羽蛇城的神秘蛇影

玛雅文化的每一处建筑都是神秘的象征，羽蛇城的蛇影是玛雅人的计时器吗？

奇琴伊察古城位于墨西哥尤卡坦半岛北部梅里达城东 120 千米处，素有"羽蛇城"之称。奇琴伊察古城最早建于 432 年，公元 11~13 世纪时，城市发展达到顶峰，是古代中美洲玛雅文明的三大城市之一。公元 15 世纪，这座城市被废弃。在历经了短暂辉煌之后，奇琴伊察神秘地湮没在中美洲的翁郁丛林之中，这也使得它因此成为世界上最具吸引力的古代文明遗迹之一。

当时的奇琴伊察居民将"羽蛇神"和雨神作为崇拜神，即使遭遇入侵后，他们的信仰也没有改变。在奇琴伊察的建筑物上，几乎到处都有"羽蛇"或"人—鸟—蛇"形象的图案。奇琴伊察最著名的库若尔甘金字塔就是这一信仰的体现。

库若尔甘金字塔由塔身和神庙两部分组成，因祭祀奇琴伊察主神库若尔甘而得名。"库若尔甘"在玛雅语中意为"带羽毛的蛇神"，即羽蛇神。羽蛇神是玛雅众神之首，受到玛雅农民和中美洲各民族的崇敬和信奉。羽蛇神金字塔高 30 米，四方对称，底大上小，四边棱角分明。底层呈长方形，向上逐层缩小至梯形平台，上下共 9 层，最上层为羽蛇神神庙。庙内安放一红色美洲豹雕像，豹身镶有晶莹闪光的绿松石及其他颜色的玉石片。塔身四面有台阶通向塔顶，每面台阶各为 91 级，加上最高层一共 365 级。台阶数代表了玛雅太阳历的一年天数。另外，52 块有雕刻图案的石板象征着玛雅日历中 52 年为一轮回。金字塔底部雕有一个羽蛇神头像，而蛇身则隐在金字塔的阶梯断面内。

羽蛇神金字塔里，充满了与水相关的象征物，特别是各种波浪图形和许多精美的石雕贝壳，这是因为羽蛇神是当时人们最重要的司雨神。在这座金字塔北面边墙下端，雕有两个石质的带着羽毛纹饰的蛇头，蛇头高 143 米，长 180 米，宽 107 米，蛇嘴里吐出一条长 16 米的大舌头。羽蛇城神金字塔里的蛇身雕塑不是一般的雕塑，它里面藏着玄机，而且非常奇特。

这座古老的建筑在建造之前，经过了精心的几何设计，它所表达出的精确度和玄妙而充满戏剧性的效果，令后人叹为观止：在春分、秋分之日的下午，可以看见塔上的蛇影。夕阳西下之时，从某个特定角度望去，人们就可以看见蛇头投射在地上的影子与 7 个等腰三角形的影像连套在一起，从上到下，直到蛇头，形成波浪形的长条，犹如一条巨蛇从塔顶游向大地，使人恍见苏醒的羽蛇神爬出庙宇，直到太阳落山，这条巨蛇才渐渐消失。每一次，这个幻象都是持续整整 3 小时 22 分钟，分秒不差。这就是奇琴伊察特有的"光影蛇形"的神秘景观。从"光影蛇形"的景观可以看出，当时的玛雅人已掌握了精密的计算技术和天文知识，但他们却把这一奇景看作是羽蛇神从天而降，赐予他们太平盛世的吉兆。

如果说库若尔甘金字塔是玛雅人对其掌握的建筑几何知识的绝妙展示，那么金字塔旁边的天文台更是把这种高超的几何和天文知识表现得淋漓尽致。螺旋天文台高 16 米，是迄今为止在玛雅文明遗址中发现的唯一圆形建筑物。它的得名是因为塔内的螺旋楼梯。作为一种设计巧妙的天文仪器，塔内的墙壁与观测室窗口形成的连线也成为观测季节的好方法。更奇妙的是，螺旋天文台的一些观测窗口，经过科学家研究，发现它们面对的观察点竟然是肉眼无法看到的天王星和海王星！

除了神秘景观"光影蛇形"之外，库若尔甘金字塔还有一个不解之谜：如果有人站在主阶梯前拍手，在金字塔顶端便会听到一声沉闷的回音，听起来像鹰的叫声。这种鹰的叫声被视为天空中神的声音。玛雅人认为，通过这种方法，可以使居住在地上的人和居住在天上的神进行沟通。这种奇异的现象更为这座金字塔增添了神秘的气息。

### 谁建造了非洲石头城？

在广阔的非洲大陆，有一座久负盛名的大陆古文明遗址，每年来这里参观的人不计其数，它就是被称为"石头城"的"大津巴布韦遗址"。

大津巴布韦遗址地处津巴布韦首都哈拉雷以南 300 公里，是非洲著名的古代文化遗址，也是撒哈拉沙漠以南非洲地区规模最大、保存最为完好的石头城建筑群体，它证明了南部非洲曾经有过辉煌的文明。

早在欧洲殖民主义者入侵前，非洲人就在这里建立了自己的国家。19 世纪后期沦为英国殖民地后取名为南罗得西亚。1980 年独立后津巴布韦人民以勤劳的祖先创造的灿烂的石头城来命名自己的祖国——津巴布韦共和国。

1868 年，一个名为亚当·伦德斯的葡萄牙猎人在非洲大陆搜集猎物时意外地发现了这座用花岗石垒砌而成的古堡，他误认为这是所罗门王的藏宝之地。消息传出后，引起了世界各地不少学者和探险者们的兴趣，他们开始相继前往大津巴布韦考察，"石头城"的神秘面貌也逐渐展现在世人的面前。

整个遗址由内城、卫城、谷地残垣三部分组成，所有建筑物均用长约 30 厘米，厚 10 厘米的花岗石砌成，石块连接未用任何黏合物，至今仍坚固挺拔，宏伟壮观。遗址面积达 1 万多亩，其中以内城最雄伟壮观，而且保存得也最完整。

卫城建在离内城不远的小石山山顶上，周长 244 米。它是顺着山势的自然走向建造的，其中有一段城墙还筑在大自然造就的岩石山嘴上，煞是壮观，令人赞叹不已。卫城内还有一个古时皇宫举行祭祀活动的场所，一些科学工作者在那里找到了不少文物，其中有中近东的陶瓷，阿拉伯的玻璃，中国的青瓷残片，一块圆形白瓷片上还用青釉刻了"大明成化年制"六个字，这很可能是明朝郑和下西洋时带到非洲去的中国瓷器。

据最初记载，大津巴布韦卫城上有七座实心塔，现今只剩下四座。这四座塔的真正用途，人们至今仍弄不明白。更令人费解的是神庙里面的圆锥塔，此塔高二十余米，没有任何文字标记。多少年来，一批又一批考古学家和前来企图在塔内搜寻黄金宝藏及古物的人，曾千方百计想钻进去探查，却无法找到一个入口。有人认为它是瞭望台，有人认为它是宗教象征，有人认为它是粮仓的模型，还有人说它是男性生殖器的象征，但这种种说法都缺少足够的依据，至今人们仍不明白它的真正用途。

谷地残垣地处上述两者之间，遗址上星散着一些矮小的石屋，从建筑规模和技术以及从当地挖掘出的实物分析，这里原先很可能是平民百姓的居住区。人们在此也发现了不少中国青瓷和阿拉伯、波斯的器皿。

不少考古学家认为这个建筑群是古代非洲文明的杰出代表，是津巴布韦人民的创造，而且在 13 至 15 世纪达到相当繁荣的程度。在鼎盛时期，居民达万人以上。大津巴布韦遗址中最珍贵的文物是当年用于装饰大围圈顶部的"津巴布韦鸟"。鸟用淡绿色的皂石雕刻而成，鸟身如鹰，而头似鸽子，脖子高仰，翅膀紧贴身子，长约 50 厘米，雄踞在 1 米高的石柱顶端。这种石雕鸟是津巴布韦一个部族世世代代崇拜的图腾，一直信奉至今，其工艺精细，造型雄健，艺术价值连城。据说，在大津巴布韦遗址中，曾先后发现 8 只这样的"津巴布韦鸟"。皂石柱上的鸟后来被人们称为"津巴布韦鸟"，现在它被作为津巴布韦的象征，印在国旗和硬币上。

但也有人认为该遗址是由公元前来自地中海的腓尼基人建造的，他们认为非洲土著居民愚昧无知，不可能有如此高超的建筑工艺水平，或者也有可能是当地非洲人在中世纪时代外来文明民族文化影响下造就的。根据历史记载，最后在津巴布韦这个已颓败的城市居住的民族，由于战争的原因，大约在 1830 年祖鲁战争期间，早已被全部赶走了。这里现在生活的是马绍纳族人的一个分支——卡兰加人，但他们至今还住在低矮简陋的窝棚中，他们的生活似乎和这些建筑毫无关系。而这一古迹的真正建造者，随着历史的烟云似已无从寻觅。

总之，大津巴布韦遗址至今仍深邃莫测，也许将永远成为一个无法揭开的谜。

## 印加奇观——萨克萨瓦曼古堡

萨克萨瓦曼古堡是一座设备齐全、攻防兼具的军事要塞，置身于这座雄伟的堡垒中，人们不禁会对印第安先人的智慧和能力赞叹不已。那么，这座古堡到底是何时建成的？它是怎么建成的呢？

库斯科城是灿烂的古印加文化的摇篮，大约 1000 年以前，在秘鲁南部的高原上居住着一个操奇楚阿语的印第安人小部落，他们自称"印加"，意为"太阳的子孙"。公元 1200 年前后，印加部落在其首领"太阳神之子"曼科·卡帕克的率领下迁至亚马逊河源头河谷地带，在那里建立了自己的国家。传说他们还遵照太阳神的吩咐，修筑库斯科城作为首都，并以这里为中心，建立了庞大的印加帝国，创造了印加文化，成为南美大陆印第安文明的最高峰。

印加帝国是通过征服周围其他部落而不断扩大版图的，帝国内部矛盾较多，为了防止和镇压被征服的部落造反，印加帝国统治者组织修筑了四通八达的大道和固若金汤的城池，而且在中心城市四周建起了许多堡垒。为了拱卫首都，库斯科城外的堡垒建得更为坚固，其中又以萨克萨瓦曼古堡最为有名。

"萨克萨瓦曼"，在奇楚阿语中是"山鹰"的意思。这座无比雄伟的古堡确实像一只矫健的巨鹰兀立在库斯科城以北海拔 3700 米的高山之巅，远远望去，蔚为壮观。萨克萨瓦曼古堡占地约 4 平方公里，主体由里外三层围墙组成，每一层墙高达 18 米，长540 米，均用巨石垒砌而成。古堡高处有 3 座塔，上塔是圆柱体，塔内有温泉。古堡下层台阶用石板铺成，长达 800 米。古堡地下有用石头砌成的网状地道，它和 3 座塔楼相通。古堡最高处是由 3 座塔楼围起来的一个非常整齐的三角形，圆柱体主塔基层呈放射状。其他两座塔呈正方形，是驻军之处。总之，萨克萨瓦曼古堡是一座设备齐全、攻防兼具的军事要塞。

萨克萨瓦曼古堡建筑工程异常浩大，建筑技艺也十分精湛。整个古堡的建筑用了30 多万块石料，而且每块都是重量数以吨计的巨石。最大的一块长八米，宽 4.2 米，厚 3.6 米，重量超过 200 吨！石块不仅重，而且加工相当精细。垒成石墙的石块之间未用灰浆黏合，但是缝隙细如发丝，连手指也摸不出来。萨克萨瓦曼古堡经历了几百年的风风雨雨，至今仍以它那雄姿傲然屹立在安第斯的高山上。1950 年库斯科发生强烈地震，许多西班牙时期的建筑遭到毁坏，而印加时期建成的萨克萨瓦曼古堡却安然无恙，古堡建筑之坚固可见一斑。

这一宏伟壮观的建筑群显示了印加帝国的强大，从建筑艺术上着，其结构新颖而复杂，建筑庞大而坚固，是美洲古代印第安人最伟大的古建筑之一。

置身于这座雄伟的堡垒中，人们不禁会对印第安先人的智慧和能力赞叹不已。那么，这座古堡到底是何时建成的呢？它是怎么建成的呢？对此，人们尚未找到确切的答案。

据说其主堡是由印加王帕查库蒂于 15 世纪 70 年代动工修建的，持续了 50 多年，直到西班牙殖民者入侵之前还没完全竣工。这里也是印加王的行宫。

即使在印加帝国鼎盛时代，印第安人也还是处于青铜文化时期，他们没有发明铁器，也没有发明车轮，甚至没有大牲畜。那么他们用什么办法建成了工程如此浩大、技巧如此精湛的萨克萨瓦曼古堡呢？这实在是一个难解之谜。即使在建筑、运输技术高度发达的今天，要从几里地之外把几十吨乃至上百吨的巨石运上陡峭的山地，再垒砌成密不透风的石墙，也是极为困难的。

有的专家经过潜心研究指出，建古堡的巨石全是靠滚木、滑板这类最原始的工具运上山坡的，而且开采、打制石坯全靠更坚硬的石块，将石坯磨平磨光则是用砂子，这样的加工石料和搬运垒砌的方法不能不令人叹为观止。它不仅需要数十万人投入，而且需要通力合作，古印加人的智慧实在令人叹服。

也有的专家根据古堡的建筑风格和技巧推断，它应当是印加人来到此地之前的某个不知名的民族修建的。更有甚者认为以印第安人的技术和力量是无法兴建这么巨大而复杂的工程的，古堡很可能是外星人修建的。但是这样的说法显然缺乏说服力，只是人们的臆想。

由于印加帝国没有文字，考古发现的证据也不足，因此萨克萨瓦曼古堡到底是怎样建成的至今还不能解释清楚。

## 泰姬陵——爱与美的结晶

在许多人看来，泰姬陵见证了一段可歌可泣的爱情，可是谁又知道它的建造者莫卧儿帝国第五代皇帝沙贾汗究竟有多么的残忍呢？

泰姬陵位于印度北方邦亚格拉市郊。泰姬陵是莫卧儿王朝第五代皇帝沙贾汗为其爱妻泰姬·玛哈尔修建的陵墓。它始建于1631年，每天动用2万名工匠，历时22年才完成。

凡是见过泰姬陵的人，都被它那洁白晶莹、玲珑剔透的身影所倾倒。在世人眼中，泰姬陵就是印度的代名词。泰姬陵作为陵墓建筑中的典范，一直被人们所瞻仰和称颂，还因为她以动人心弦的爱情故事为背景的缘故，更是披上了一层神秘的面纱。在人们的心里，泰姬陵是爱与美的结晶，传颂了一段伟大的爱情故事，然而，泰姬陵的建造也许并不是出自伟大的爱情，其中可能隐藏了充满血腥和卑下的个人目的。

1631年，莫卧儿帝国第五代皇帝沙贾汉的妻子死于难产。沙贾汉伤心欲绝，据说他穿了两年丧服（据另一记载，他的头发因悲伤而变白了）。他发誓要建一座全世界最美丽的陵墓，以表现其永恒的爱情。为避免日后有其他陵墓胜过泰姬陵，沙贾汉竟残忍地在陵墓完工后砍掉设计师的头，又砍掉众工匠的手，其血腥程度可谓世间少有！

举世闻名的泰姬陵的陵墓建筑群包括大门、玛哈墓、两座清真寺、四座尖塔和一些附属建筑物，全部设计互相配合，浑然一体。陵墓高约250尺，耸立河边，气势雄伟。陵园占地42亩，布局精巧，其中间有一个十字形水池，中心为喷泉。从陵园大门到陵墓，有一条用红石铺成的直长甬道，甬道尽头就是全部用白大理石砌成的陵墓。陵墓建筑在一座7米高、95米长的正方形大理石基座上，寝宫居中，四周各有一座40米高的圆塔。寝宫高74米，上部为一高耸的穹顶，下部为八角形陵壁。宫内墙上，珠宝镶成繁花佳卉，光彩照人。寝宫分五间宫室，中央宫室里置放着泰姬和沙杰汉的大理石石棺。陵墓的东西两侧屹立着两座形式相同的清真寺翼殿，用红砂石筑成。

当初修建泰姬陵的石匠、金饰工、雕刻家和书法家以十分精巧的手艺在大理石上镶嵌无数宝石作装饰。此工程选用了本国的大理石、中国的宝石、水晶和玉、巴格达和也门的玛瑙、西藏的绿宝石、斯里兰卡的宝石、阿拉伯的珊瑚等多达43种。墓内到处可见纯银烛台、纯金灯座、华丽的波斯地毯，雕花大理石棺四周更围了一道纯金的栏杆。1857年莫卧儿帝国覆亡，泰姬陵内的金银珠宝被人抢掠一空，幸而陵墓本身并未受到破坏，劫后百多年来依然屹立河畔，被一般人视之为坚贞爱情的象征。

### 无法解释的珊瑚石城堡？

失恋的李特斯奈克沉默了20年，最后，他用一座奇特而又壮观的珊瑚石城堡为自己的爱情和人生画上了句号。可是，难道心中有爱，就能一个人建造起一座城堡？

美国佛罗里达州有一座奇特而又壮观的珊瑚石城堡。这座迷宫般的珊瑚石城堡，浩大空旷，怪石矗立，厅堂、喷泉、石雕精巧玲珑，千姿百态，使人仿佛置于扑朔迷离的仙境。最让人惊奇的是，城堡内有一扇重达9吨的石门，但是这扇玄妙莫测的巨大石门，只要小孩轻轻一推，竟会缓缓开启。前去参观的物理学家、建筑学家至今不解其中奥秘。

城堡的主人李特斯奈克是个充满传奇色彩的人物。1887年他出生于拉脱维亚，他在失恋之后，远走美国，定居佛罗里达州。他虽身在异国，心中仍痴情地怀念失去的恋人，决心利用他住所附近的珊瑚石凿建座城堡，献给他永恒爱恋着的无情的情人。

从20世纪20年代起，他开始在自己住所附近的岩床上凿下一块巨大的珊瑚石来建造一座城堡，但由于他在城堡外用珊瑚石砌起了一道8米高的围墙，严严实实地构筑了一道外人根本无法窥视的屏障，因此，没有人看到过他的劳作。到了40年代末，这座珊瑚石露天城堡终于屹立起来了。然而，李特斯克奈却由于过度劳顿和营养不良，于1951年在迈阿密医院里溘然长逝。

很多人在参观了这座壮观的城堡之后，无不会产生这样的疑窦：这座神奇的城堡是不是由李特斯克奈一人所建？不少学者和工程技术专家认为珊瑚石城堡不可能由李特斯克奈一人所建。李特斯克奈个子矮小，体重只有110磅，只身一人进行如此浩大的建筑工程，实在是难以想象的。没有先进的现代化起重设备，他怎能单枪匹马、赤手空拳吊起一块重达9吨的巨石？更令人生疑的是，从来没有人亲眼看见过李特斯克奈进行工作，据说他只在太阳落山后才开始他的建造工程，并拒绝任何人进入他的园子来看他如何工作。

在城堡内的一座石碑，腾空竖立，上面镌刻着火星、土星；一张硕大的石桌被凿成佛罗里达州的图形。城堡内有两件用珊瑚石制成的天象仪，其日晷仪可在一年之内的任何时候显示时间，其误差不会超过五分钟。还有一座用两块珊瑚石制成的北极望远镜，第一块上面被钻了一个直径为1英寸的小孔。其高度与人立地观测齐平；旁边是一根拔地而起的25米高的柱，顶头钻了一个大孔，在晴朗的夜空，通过小孔就可观测到石柱上空的北极星。李特斯克奈绝不可能造出这么精密、高超的天文仪器，因此有人猜测这个奇迹其实并不是李特斯克奈的作品，而极有可能是天外高级智慧来客所为。他们认为李特斯克奈可通过石制仪器来观测天外来客的行踪，外星人很可能在城堡内着陆过，李特斯克奈得到了外星人的帮助，利用反重力来移动那些巨大的石块。

也有人以为，古人尚能完成许多不可思议的奇迹，那么李特斯克奈也可能一人建成珊瑚石城堡。可能他掌握了一些已湮灭于世的远古建筑技艺，故而能独立完成这座露天城堡。只是因为今人已无法知晓这些技术的具体操作过程，使得李特斯克奈建城堡的真相被掩盖起来了，产生了种种推测和猜想。如果我们不相信李特斯克奈能独自完成如此浩繁的工程，那么，是谁帮助了他呢？

李特斯克奈传奇般的身世和谜一般的城堡，引起了人们极大的兴趣，不少人想揭开神秘的城堡内幕，但均不能令人信服。

## 巴西"七城"之谜

巴西"七城"遭遇的毁灭性的破坏犹如今天的核武器实验场，在这样的一座死亡之城，这些现象都是怎样产生的呢？到目前为止，还没有一个人能拿出被公众认可的原因。

在巴西这片神奇的土地上，有许多不可思议的古迹。这其中，充满神秘色彩的"七城"就是一个巨大的谜团，这个谜团到现在也没有能够解开，因此吸引了众多的考古学家和历史学家蜂拥而至。

"七城"在巴西特雷西纳的北边，位于小城皮里皮里和里奥隆格之间。它的纬度差不多是在赤道上，离海边只有 300 多公里。初到"七城"的人会发现，这里并不杂乱，没有一般古迹那样被层层堆积的石头建筑物，没有带着尖尖的棱角和人工雕刻条纹的独石柱，而是透着一种神秘的死亡气息。如今的"七城"遗址，其样貌和《圣经》中所描述的被上天用烈火和硫黄消灭掉的罪恶之地十分相似。这里没有辉煌，有的只是寂静。令人恐怖的是，这里石头被可怕的力量熔化了，仿佛大火瞬间烧过一样，一切都毁灭了。在这里，稀奇古怪的石头造型遍地都是，被分成数段的怪物巨兽的尸骨别别扭扭地刺向天空。然而，虽然经过很长时间的发掘，科学家在"七城"里还没挖掘出人的尸骨。这里的人都到哪里去了呢？

"七城"已经消失了，人们已经不可能看到它本来的面貌了，从考古学家精心绘制的复原的平面图上我们可以看到，"七城"周围的界线是一个相当精确的直径为 20 公里的圆圈。在这个圆圈里，"七城"被清清楚楚地分成七个区。在这七个区里，考古学家可发现碉堡、街道、神庙、篱笆、地下槽罐、大墙等遗迹。然而"七城"的神秘所在自有其不同的特点。首先，"龟甲"状地貌是"七城"荒野中有着特殊魅力的东西，由于缺乏研究，人们对这个地区何以出现这种地貌解释不通。再者，使考古学家和科学家诧异的是，岩石层中露出了许多被压成碎骨状的金属块，在尚未倒塌的墙壁上还可见到呈长长点滴状的锈迹，并且这些锈迹仍在蔓延着。在这样的一座死亡之城，这些现象都是怎样产生的呢？到目前为止，还没有一个人能拿出被公众认可的原因。

然而，最令考古学家和科学家无法理解的是，在岩壁上有许多图画，有圆圈、轮子（带轮辐的）、太阳、圆圈中的圆圈、圆圈中的四角，十字和星辰的变体。有一幅画是这样的：首先是一条直线，在线下摆动着 4 个如同五线谱头的球体。由于史前的人不认识记谱符号，这些东西肯定是另一种意思。画上有一个古印度浮雕，虽然它所显示的是9个"百线谱头"在中线之下，两个在中线之上。印度研究人员根据梵文鉴定这块浮雕描绘的竟然是一种飞行器。这些岩画中最具特色，给人印象最深刻的是画有宇航员的一面墙，两个戴着圆形头盔的人物，在他们上方有一个东西，仿佛飞碟，在两个人物之间绕着一道螺旋线，其边上还有一个人形象……看了这些岩画，人们不禁要问，是谁在岩壁上画了那些画？那些画又意味着什么？难道"七城"的居民真的见过宇航员和飞行器？这些宇航员来自哪个星球？他们来到"七城"的目的又是什么呢？"七城"曾经相当繁荣，它又是怎么一下子变成一片废墟的呢？

寂静的"七城"已经不可能回答这些问题了，它只能静静地躺在那里，任由人们去寻找答案。"七城"难道又是跟外星人有关？难道是外星人的飞碟发射场？是飞碟发射的巨大火焰使这里变成了一堆废墟吗？谁能解开这个历史之谜？

## 丛林大石球——巨人的玩具

在美洲人迹罕至的丛林中，竟然有许多几十吨的石球，有人戏称之为巨人玩的石球。然而，是谁雕琢了它们呢？

20世纪30年代末，美国人乔治·奇坦在哥斯达黎加人迹罕至的三角洲热带丛林以及山谷和山坡上，发现了约200个好似人工雕饰的石球。这些石球大小不等，大的直径有几十米，最小的直径也在两米以上，制作技艺精湛，堪称一绝。加拉卡地区有一处石球群多达45枚，另外两处分别有15枚和17枚，排列无一定规则，有的成直线，有的略成弧线。据怪异现象专家米切尔·舒马克研究，有些石球显然是从山上滚落下来，碰巧排成直线的。

这些躺在不同地区，大小不一的石球，引起了人们极大的兴趣。科学家们对这些石球进行了详细认真的测量，发现这些石球表面上的各点的曲率几乎完全一样，简直是一些非常理想的圆球。这些石球有什么用，没有人能够加以正确的阐释。

据考查，这些谜一样的石球，差不多都是用坚固美观的花岗岩制作而成。令科学家和考古工作者迷惑不解的是，这些石球所在地的附近并没有可以提供制作它们的花岗岩石料，在其他地方也找不到任何原始制作者留下的踪迹。而对这样奇特的现象，使人们不得不提出一连串颇费猜测的难题：是什么人在什么时候制作了这些了不起的巨大石球？所必需的巨大石料如何运到这里？究竟用什么工具加以制作？哥斯达黎加的史册中并无记载。16世纪西班牙人曾入侵此地，但西班牙人并不知道这里有大石球。

对大石球做过周密调查的考古学家们都确认，这些石球的直径误差小于百分之一，准确度接近于球体的真圆度。从大石球精确的曲率可以知道，制作这些石球的人员必须具备相当丰富的几何学知识，具有高超的雕琢加工技术，还要有坚硬无比的加工工具以及精密的测量装置。否则，便无法想象他们能够完成这些杰作。诚然，远古时期，生活在这里的印第安人大多数都是雕琢石头的巧匠能手。然而，有一点无疑必须肯定，雕琢如此硕大的石球必须付出艰巨的劳动，从采石、切割到打磨，每一道工序都要求不断地转动石块，要知道这些石球重达几十吨，这无论如何不是一件容易的事。难道这些大到几十米的石球就是他们的祖先在缺乏任何测量仪器的情况下，运用原始简陋的操作工具一刀一刀地雕琢而成的吗？这实在是令人难以置信的事。

在哥斯达黎加的印第安人中间，长期流传着许多古老的神奇传说，其中就有宇宙人曾经乘坐球形宇宙飞船降临这里的故事。因此，不少人在对上述奇迹百思不得其解的情况下，便猜想这些大石球与天外来客有着直接联系。依照他们的看法，这些天外来客降临这里后，在较短的时间内制作了这些大石球，并将它们按照一定的位置和距离进行了排列，布置成模拟某种空间天象的"星球模型"。但是，今天有谁能理解这个"星球模型"的真正含义呢？又有谁能知晓在这些大石球中，哪一个代表这些天外来客生活的故乡呢？

有的考古学家推测，这些大石球是远古时代当地人信奉的太阳神、月亮神等的雕像；有的考古学家认为，大石球可能是古人墓葬的标志，因为曾在古墓穴中发现过小石球。众说纷纭，莫衷一是。大石球便成了考古学中的一个谜团。

## 楔形文字之谜

公元前4000年左右，亚洲西部的亚美尼亚高原就有了最早的居民——苏美尔人。他们创造了灿烂的苏美尔文明，最能反映这种文明特征的是他们的文字——楔形文字。

1472年，一个名叫巴布洛的意大利人游历古波斯，在设拉子附近一些古老寺庙的残垣断壁上看到了楔形文字，但他不知道那是什么，他带着满心疑问回到意大利。当时谁也没有在意他的这个发现，人们很快把这件事给忘了。时隔一个世纪，巴布洛的

**耶稣十字架受难**

老乡瓦莱来到了设拉子，他把废墟上的字迹抄写下带回了欧洲，欧洲人第一次见识到这种奇怪的文字，这就是楔形文字。

"楔形文字"也叫"钉头文字"或"箭头字"，源自拉丁语，是cuneus（楔子）和forma（形状）两个单词构成的复合词。古代西亚所用文字多刻写在石头和泥版（泥砖）上，笔画成楔状，形似钉头或箭头。

5000多年前，苏美尔人泥板通过图画的形式在泥板上记录账目，后来，这些符号逐渐演化为表意符号，最终形成文字，整个演化过程经过了1000年。公元前2000年左右，成熟的文字全面取代了旧有的文字，最初的图画系统化，构成纯粹的符号。这些符号大多与其他同类符号结合在一起形成字词的音节符号。

　　为了长久地保存写有文字的泥板，苏美尔人把泥板晾干后再进行烧制，这样记录的文书能防腐蛀和火烧。因此在几千年后的今天，这些研究苏美尔文明的重要资料得以完好地保存下来。可是由于楔形文字的复杂性，公元1世纪便走向消亡。

　　楔形文字应用的地区集中在西亚和西南亚。两河流域其他民族也采用了这种文字。在巴比伦和亚述人统治时期，楔形文字获得更大发展，词汇更加扩大和完备，书法艺术趋于完美，更注重细节。公元前1500年左右，苏美尔人发明的楔形文字成为多国共用的语言，大量使用在埃及和两河流域各国的外交场合。后来，波斯人由于商业的发展，对美索不达米亚的楔形文字进行了改进，把它逐渐变成了字母文字。

　　从17世纪开始，人们不断地从两河流域一带所发掘的破碎的陶器、石雕和泥板上发现这些奇特的文字符号。对这种文字的破译是一个艰巨的任务，出人意料的是，破译所取得的重大突破竟来自一次酒后的赌注。

　　楔形文字铭文被带到欧洲后，难倒了无数学者。1802年，德国一位27岁的中学教师格罗特芬德在喝酒时和朋友打了个赌，他说预感到自己一定能破解这些文字，随即从贝希斯顿铭文入手研究。他认为，古波斯首都的三种楔形文字对照贝希斯顿石碑上的第一组文字应是波斯语的拼音文字，而铭文的内容是某王的名字和王衔，通过进一步分析，格罗特芬德最终顺利破译楔形文字。

　　虽然格罗特芬德破译的是波斯语的楔形文字，但他激发了学者们的灵感和兴趣。后来英国人罗林森和其他学者破译美索不达米亚和西亚其他的楔形文字无不受此启发。1843年，法国学者罗林森译解了贝希斯顿铭文中的古波斯文，又将古波斯文与楔形文字对照，终于揭开了楔形文字的神秘面貌。到1900年，尽管词汇和语法上还存在些小问题，但苏美尔语楔形文字已基本完成解读工作。

　　目前所发现的楔形符号共有500种左右，一个符号有多重含义，其准确含义视前后文确定，这就使得楔形文字体系比后来的字母文字体系更难以掌握。随着19世纪以来楔形文字的顺利解读，一门研究古史的新学科——亚述学也相应诞生。

　　对美索不达米亚的考古发掘近两个世纪来没有间断过，语言学家对大量泥版文献的成功译读，完全证明楔形文字是世界已知的最古老的文字之一。它是由古代苏美尔人发明，阿卡德人加以继承和改造的一种独特的文字体系。巴比伦和亚述人先后继承了这份宝贵的文化遗产，并把它传播到西亚其他地方。后来经波斯人改造过的文字与苏美尔人、阿卡德人、巴比伦人以及亚述人使用的楔形文字有很大的不同。如今，人们依然可以把握字里行间的文明脉搏，感受两河流域这一伟大文明的古老气息。

## 汉谟拉比法典之谜

　　汉谟拉比法典被认为是世界上最完整的古代成文法典。然而，它在战乱中几经周转、失踪、被损、重现的离奇流传经历，也引发了人们心中许多的疑问。

　　1901年12月，在伊朗西南部一个名叫苏撒的古城旧址上，由法国人和伊朗人组成的一支考古队在这里发现了一块黑色玄武石。惊喜还没有结束，几天以后又有两块玄武石出土。这三块拼合起来，刚好是一个椭圆柱形的石碑。这就是世界上最古老、最完整的成文法典——汉谟拉比法典。

石碑高 2.25 公尺，上部周长 1.65 公尺，底部周长 1.90 公尺。正面上方刻着两个人的浮雕像：坐着的太阳神光芒四射，头戴螺旋形宝冠，右肩袒露，身披长袍，正襟危坐，正把象征王权的短杖交给立在他前面、正在祷告的国王，汉谟拉比头戴传统的王冠，神情肃穆，举手宣誓。浮雕下面是围绕石碑镌刻、用楔形文字垂直书写的法典铭文，共 3500 行。

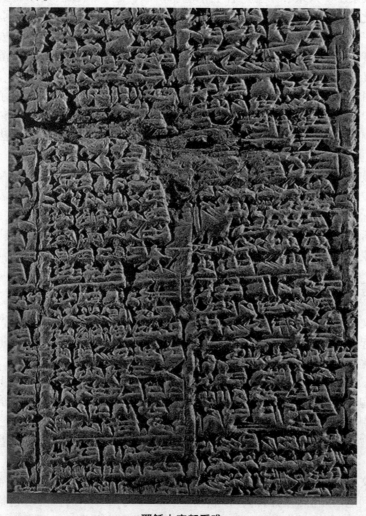

**耶稣十字架受难**

古巴比伦王国第六代国王汉谟拉比（公元前 1792—1750 年在位）即位后，为加强奴隶制国家的中央集权，颁布了这一法典，标志着奴隶制集权的繁盛。公元前 1163 年埃兰人攻占巴比伦之后，把刻有《汉谟拉比法典》的石碑作为战利品搬回到了苏撒，埃兰王国后来被波斯所灭。公元前 6 世纪波斯帝国国王大流士上台，又把波斯帝国的首都定在苏撒，这个石碑法典重又回到波斯人手中。

汉谟拉比颁布这部法典，旨在维护财产私有制，全面调整自由民之间的关系，巩固现存秩序。法典制定的确切时间不清，大概在公元前 1791 年或前 1790 年始拟，完成

历史之谜

于巴比伦尼亚统一之后。

法典包括序言、正文、结尾三部分。序言很大程度上都在神化、美化汉谟拉比。正文包括282条法律，涉及现代意义上的诉讼法、民法、刑法、婚姻法等内容，意在调解自由民之间的财产占有、继承、借贷等多种经济关系和社会、婚姻关系。古巴比伦社会存在奴隶主、奴隶、小生产者三个基本阶级，这一点在法典中得到了体现。此外，自由民之间分为有权者阿维鲁和半有权者穆什根努两个等级。阿维鲁原意是"人"，享有一些特权；穆什根努原意可能是"礼拜"，法律地位低下。法典对债务奴隶制和高利贷有所抑制，限制对小生产者过分掠夺，以免动摇兵源和税源。结尾部分除继续吹捧汉谟拉比外，还强调法典原则的不可改变性。

《汉谟拉比法典》一方面使阿摩利人的习惯法成文化，另一方面吸收了两河流域固有的苏美尔、阿卡德立法与伊新·拉尔沙时代城邦立法的成果。不过，它主要还是当时社会经济制度的产物，反映出当时社会各方面的现实。正是依靠这部法典，汉谟拉比时代的巴比伦社会，成为古代东方奴隶制国家中，统治最严密的国家。

在石碑被"验明正身"之后，人们又出现了新的疑惑：发掘出来的圆柱正面7栏的文字怎么被磨光了呢？据史料记载，埃兰国王攻克了巴比伦后，自感成就非凡，不甘身死名逝，于是打算在这巨大的圆柱石碑正面上刻上自己的丰功伟绩。可是，毁去上面的字迹后并没刻上新字，这就不知为何了。古巴比伦的辉煌早已成了过眼云烟，传世之作《汉谟拉比法典》也任由后人评说了。

## 拉皮塔文化之谜

拉皮塔文化如同洒落在太平洋上的文明星点，闪耀着古老的智慧光芒。而关于拉皮塔文化的起源问题尚存争议，到底学界普遍认同的新不列颠岛和新爱尔兰岛真的就是拉皮塔文化最早产生的地区吗？

1908年，在新不列颠岛东北约6.5公里处的一个名叫瓦托姆的小岛上首次发现拉皮塔文化的陶器后，考古学家相继在汤加群岛、新喀里多尼亚群岛、斐济群岛等发现同一类型的陶器，但直到1952年，美国的吉福德与舒特勒对拉皮塔遗址进行发掘后，这一文化才被确认。拉皮塔文化如同洒落在太平洋上的文明星点，闪耀着古老的智慧光芒。

拉皮塔文化是大洋洲及太平洋地区新石器时代文化，分布在南太平洋的美拉尼西亚群岛及波利尼西亚群岛的西部，以新喀里多尼亚岛西海岸的拉皮塔遗址而命名，时代约为公元前1500年至公元元年前后。目前关于拉皮塔文化的起源问题尚存争议。一般认为，新不列颠岛和新爱尔兰岛是拉皮塔文化最早产生的地区。

拉皮塔文化是人类向太平洋地区迁徙、定居过程中的一个重要阶段，其居民是波利尼西亚古代文化西部地区居民的直接祖先。他们以渔猎和采集水生贝壳类动物，饲养猪和鸡等家畜为生，以种植香蕉、野芋、面包果等果树为主的园艺业在经济中占有重要地位。拉皮塔文化以夹砂陶器为主要特点。陶器火候较低，器形多样，有带肩锅、半球状锅、敞口壶、平底盘等。表面有时磨光，有的涂以微红色的泥釉，流行按压的V形和齿形花纹以及带状几何图案。在遗址中发现有烧火坑、盆形炉灶以及烧石和灰烬等。工具有石锛、石锉、石砧、带有尖头的投石、贝壳刮削器、骨针、骨砧、骨制矛头、文身凿等。饰物以贝壳指环和顶端打孔的贝壳念珠为主。

在过去的半个多世纪里，考古学家共发现了 200 多个拉皮塔部落遗址，迄今为止仅对不到 20 处遗址进行了挖掘。2007 年，在太平洋埃法特岛的一座古老墓地里，科学家们发现了 50 多具 3000 年前的人体骨骼。这些人体骨骼均为无头尸体，埋葬者保存状况良好。

专家们对在墓地尸体骨骼中找到的 17 颗牙齿进行了化学同位素分析，结果表明这些骨骼具有丰富的同位素，说明他们生前会说多种语言，食物种类非常广泛，既有陆地食物，也有海洋食物。这些人很可能是从数百英里之外来到这个岛屿的。

在这处墓地遗址最为特殊的是有一具男性尸体的胸部上摆放着三颗骷髅头骨，目前研究人员将这具尸体命名为"TEO 10E"，虽然三颗骷髅头骨属于埃法特岛当地居民，但是这位男性却是"外来人"。专家推测，最初这些死者是被埋葬的，并未将其头颅切割下来，经过一段时间，当尸体腐烂后，拉皮塔人再将尸体挖出来取下其头骨，摆放在神殿或祭祀地点。这可能是对地位较高死者的一种尊敬和崇拜，一个大规模墓地中在外来人尸体上摆放岛上居民的头骨，这代表着岛上居民对这位外来人的高度尊敬。埃法特岛没有通往东亚地区的海路，他们很可能来自新几内亚。当拉皮塔部落在埃法特岛定居时，他们已拓展抵达到新几内亚。

专家认为此处古代墓地遗址很有意义，它不但是太平洋岛屿中最早期的墓地，也是迄今发现的最大规模的墓地，对于考古研究具有很大的价值。据此或许可以找到数千年前的拉皮塔部落居民是否过着隔离式的岛屿生活，或者他们是否与其他岛屿之间保持着交往和沟通。然而，关于拉皮他文化根源地的争论还远远没有停止。

## "天书"之谜

1899 年，人们在中国发现了殷商甲骨文，而在紧随其后的第二年——1900 年，人们发现了克里特线形文字。随着历史学家的深入研究，中国的殷商甲骨文中的一部分已被人们破解，而克里特线形文字却依旧还是一本无法破解的"天书"。

1900 年，英国考古学家亚瑟·约翰·伊文思在爱琴海克里特岛克诺索斯古代宫殿废墟上，发现一些泥版的残片，上面刻着一些文字，如同"天书"。

通过科学的年代探测技术，测定最古老的泥版残片文字，约刻于公元前 2000～1650 年间；稍后的泥版残片约刻于公元前 1750～1450 年间，伊文思称之为"线形文字 A"；又据伊文思考证，几乎同时有种新的文字代替了线形文字 A，他称之为"线形文字 B"。在克里特岛之外（如在来自维奥蒂亚的奥尔霍迈诺斯的花瓶上）也发现了线形文字的踪迹。

伊文斯统计出的图形符号约 135 个，一部分是表意符号，一部分是表音符号，一部分是限定词。线形文字 A 中约有 90 个符号，线形文字 B 中约有 64 个符号。后一种只在克诺索斯的宫殿中被发现。

在伊文思发现"线形文字 A"和"线形文字 B"之后不久，有人于 1908 年在克里特岛上发现了著名的费斯托斯盘。这是一个直径 6.5 英寸的赤陶圆盘，两面都写有成螺旋状排列的图形符号，是用两个分开的模子压制出来的；盘上共有 241 个符号。然而，尽管早在 19 世纪人们就对几千年前古埃及文的圣书字和俗字，两河流域古苏美尔文、古阿卡德文、古巴比伦文、古亚述文、古波斯文……的丁头字，先后都解读成功，由此开拓出"埃及学""亚述学"等现代学科的新世纪。但至今也无人能破解这些神秘的古文字——克里特线形文字，它成为对学者们的智力提出巨大挑战的"天书"。

伊文思在 1941 年去世前，又对线形文字 B 提供了许多假设和线索。他还为克诺索斯宫殿画了一张复原图。根据他的看法，克诺索斯城原址距离爱琴海约有 4 公里，城内居民约 8 万人。在伊文思死后，有一个人继承了他在克里特线形文字研究方面的"衣钵"，并取得了较大突破，他就是迈克尔·文特里斯。

1936 年，晚年的伊文思（Evans）在伦敦举办了一次著名的学术讲座，主题是《希腊克里特岛上未知的文明和这个史前神奇民族的神秘文字》。迈克尔·文特里斯还是一个不到 15 岁的中学生，他因为听了伊文思的专长讲座而变得对这"史前神奇民族的神秘文字"入了迷，还发誓：一定要揭破线形文字的秘密！又过了 15 年，经过坚持不懈的努力，他终于实现了少年时代的誓言。

1951 年，30 岁的文特里斯向外界宣布：他读懂了线性文字 B 的一部分，还指出这种文字是希腊本土迈锡尼人使用的文字，那时那里的古希腊人，后来成为《荷马史诗》中的传奇英雄。文特里斯是在仔细分析了那些扑朔迷离的考古发现之后才得出的结论。

无独有偶，一位对古希腊语言史有深入研究的学者查德里克的发现也和文特里斯不谋而合，他宣布解出了线形文字 B 中各个符号的发音，并证明了其中的词汇来自一种古希腊方言。这些写有线形文字 B 的泥板，原来是古代希腊商人遗留下来的；大多记载账目，其中不少泥板上是货物清单。这是海洋民族——古希腊人留给后代的宝贵遗物！

种种证据都指向一个方向：爱琴海克里特文明，是古希腊文明最早的组成部分。

文特里斯和查德里克破译出来的，是一种主要由音节符号组成，加上一部分语标符号（用来表示一个单词或词组的符号）、10 进制的计数体系以及用来分隔单词的短竖线组成的语文系统。直到 1953 年，"天书——克里特线形文字 B"才被完全破译成功，他们两人在其他专家遭到挫折的地方获得了胜利。

尽管"克里特线形文字 B"被人们破解，但"克里特线形文字 A"、费斯图泥盘文、部分玛雅文和复活节岛木板上的符号等，却还是人们无法解读的"天书"。

## 波利尼西亚古代文化之谜

今天，在南太平洋的这一片岛屿上，当年的文化已经在和现代文化的博弈中失去了生命力。但在这里留下的足迹却时时吸引着人们，透过简易的房屋、粗制的工具，我们似乎又看到了远古居民劳作的影子——波利尼西亚古代文化。

波利尼西亚的古代文化属于新石器时代文化，分布于南太平洋上的波利尼西亚群岛，存在于公元前 1000 年至公元 18 世纪末。

"波利尼西亚"一名源于希腊文，意思是"多岛"，整个群岛面积共为 29.4 万平

方公里。1907 年，英国学者布朗首次对波利尼西亚古代文化进行了调查和研究，但早期多偏重于民族学的考察，20 世纪 50 年代后才开始进行系统的考古发掘。

群岛上的居民大多住在岛屿的沿海地带和腹地山谷中，但居住形式不太一样。一是椭圆形草屋，通常 4 或 5 间为一群，带有一个院子，其中有的建造在石台基上，这类居址多半分布在较大的火山岛上。这一类属于散落型的组合，另一类则是大群落的聚居，一般由 30 间以上的房屋组成村落，周围有石围墙和木栅栏等防卫设施，以木头为建筑材料，没有墙体，从屋檐上垂下的席子用来遮挡阳光风雨。

岛上的建筑以露天的神庙为主，几乎每个小岛都有。这类露天神庙大多建于山谷内的人造阶地上，往往带有一个可供集会和跳舞的广场，主要用于宗教祭祀，同时也是部落社会活动的中心。神庙大多呈长方形，由石板铺成，四面有石墙或壕沟，有的直接建在一批房屋中间。神庙场内一端石砌平台上安放着表示神位的石板，在复活节岛和马克萨斯群岛，也有类似功用的建筑，只不过石板换成了石雕人像。

波利尼西亚古代文化最具代表性的器物是石锛和鱼钩。石锛大多用玄武岩制成，有四边形、三角形、梯形等不同形状。制作鱼钩的材料有各种动物如海豚、鲨鱼、猪、狗等的骨骼及各类贝壳。此外，还有文身用的骨针、耳坠等骨制品，用珊瑚制的锯、锉刀、锤子和钻孔时用于固定钻头的锭盘，还有用贝壳制的钻头和用粗石块制的锉刀、钻头、凿等。

波利尼西亚古代文化产生了不少艺术品，其中以各种雕刻最为著名。岩画多半刻在海边的岩石上，以人物形象为主，也有狗、天鹅、鸟人等图像。他们用石、骨、动物牙齿，特别是鲨鱼的牙齿作为雕刻的材料，雕成鸟头人身或人头鸟身形，新西兰则以木雕居多。这里很少发现陶器，可能与大部分岛屿属于火山岛和珊瑚礁岛而缺少黏土有关。据考古材料，公元前 1000 年中叶，在萨摩亚、汤加、斐济等波利尼西亚西部的一些岛屿上曾流行陶器，但约于公元 300 年后消失。在马克萨斯群岛也曾发现拉皮塔文化类型的陶器碎片，年代约为 300 年。但上述陶器均非产自本地，而是移民带入的。波利尼西亚古代文化与邻近的拉皮塔文化也有密切的联系。

波利尼西亚人的祖先大约在距今 3000 或 4000 年前，从美拉尼西亚东部进入波利尼西亚群岛，并自西向东逐渐扩散到各个岛屿上。岛上生活以农业和渔业为主，种植芋、面包果、香蕉和甜薯等块茎作物和果树，并饲养猪、狗、鸡等家畜。除甜薯外的其他作物及家畜，原产地都在东南亚。木、石、骨、贝壳和植物纤维是波利尼西亚古代文化中基本的生产和生活资料。虽然波利尼西亚各岛群间相对分散，文化上存在不少的差异，但生活方式都具有明显适应大洋环境的特点。18 世纪末以后，随着欧洲殖民者的出现，波利尼西亚人的各个方面都受到了很大影响，这一存在了近 3000 年的文化在慢慢消失。然而，牢牢植根于此的文化灵魂并未彻底地散去，它在文化、艺术、宗教方面的影响仍然存在。

而要真正弄清楚波利尼西亚古代文化的全貌，人们还需要继续努力。

## 拉丁字母表是怎样产生的？

拉丁字母由于形体简单清楚，便于认读书写，流传很广，成为世界最通行的字母。

然而，人们不禁好奇：拉丁字母表到底是怎样产生的？

在学术界，人们普遍认为：拉丁字母源于希腊字母，拉丁字母是意大利半岛最早的岛民拉丁人创造的，拉丁文后来也成了罗马文字，所以，又称为"罗马字母"。大约在公元前 7 世纪时，罗马人从古希腊人在今日南意大利建立的大希腊殖民地的人民那里学会使用文字。这种源于库米城的古文字，成了当时刚冒现的各种古意大利字母的一员。有人根据罗马的传说猜测：拉丁字母是由女预言家西碧（Sibyl）的儿子 Evander 在特洛伊战争发生前的 60 年引进罗马的。但人们并没有找到确凿的历史证据来支持这一观点。

关于拉丁字母表的产生历来众说纷纭、莫衷一是，但归纳起来有三种见解。

一种见解认为，希腊字母诸分支中有两个最大的分支：一是西里尔字母，9 世纪时圣西里尔（约 826~869 年）和圣美多迪乌（约 815~885 年）根据安色尔体希腊文所创制；另一个是埃特鲁斯坎字母，产生于公元前 9 世纪或前 8 世纪初，通用于意大利中部的托斯卡纳人中，传留有许多铭文，但大都未被释读。西里尔字母后变为操俄语、乌克兰语、保加利亚语和白俄罗斯语等诸民族的文字。同时，埃特鲁斯坎字母表则发展成拉丁字母表。起初，罗马人从 26 个字母的埃特鲁斯坎字母表中借用了 21 个字母。公元前 1 世纪，随着罗马对希腊的征服，Y、Z 两个字母被吸收进拉丁字母表，J、V 两个字母是中世纪时代发明的，那以前，书写时用 I、U 代替之。最后，从罗曼语中增加 W，这样便形成了 26 个字母的拉丁字母表。按照这种说法，古典的拉丁字母表当直接来自埃特鲁斯坎字母表，其受希腊字母表的影响则是间接的。

另一种意见认为，最初的拉丁字母表有 20 个字母，直接来自坎帕尼亚的库迈城的希腊字母表。该城是希腊优卑亚岛卡尔奇斯城的殖民地。拉丁字母表之所以有此种起源说，是因为某些拉丁字母的古老形式与库迈字母表相对应的字母形式非常相似。

还有人认为，拉丁文不是古代最早的文字，拉丁字母表亦不是世界上最早的字母表，拉丁字母表的诞生离不开东方文化的哺育。这是因为世界上最古老的 6 种文字——西亚的楔形文字、埃及的象形文字、克里特线形文字、印度的哈拉巴文字、中国的甲骨文和中美/墨西哥的玛雅文字中大部分文字发源于东方。而且，它们更确切地说是图像，而非真正的文字，因此它们对人类文字的发展有着重要的影响。由此，许多专家猜测：拉丁字母表应该是在东方文字的影响下产生的。

历史学家推测：在古代，尽管交通极不便利，但东西方也并非完全没有交流。根据威廉·库里坎的研究，最早的字母系统见于叙利亚海岸的古代乌加里特。这个乌加里特字母表定年为公元前 1400 年左右，用的是 30 个楔形符号，而最早的线形字母表是腓尼基字母表，这种字母始见于比布罗斯的阿希拉姆国王的石棺上面。该字母定年虽有不同说法（公元前 13 世纪，或前 11 世纪，或前 10 世纪，或约前 975 年），但一般学者倾向约公元前 975 年。以此推知，约公元前 1200 年，22 个字母的腓尼基字母表似乎已经产生了。至公元前 9 世纪中期，希腊人从居住在希腊各地的商人那里学会了腓尼基字母，在克诺索斯的一个克里特几何形墓中发现了公元前 900 年的腓尼基铭文，这证明，那时的腓尼基人与爱琴地区的希腊人已有文化交往。希腊字母表来自腓尼基字母表，而希腊字母本身又分为东部和西部两个变体，其中东部变体的爱奥尼亚字母通行于希腊、小亚细亚及临近的岛屿，雅典用的是爱奥尼亚字母。至公元前4世纪中期，爱奥尼亚字母取代其他字母，成为24个字母的古典希腊字母表。

时至今日，关于拉丁字母表是怎样产生的一谜仍无定论，随着历史考古的继续深入，人们期待着有一天能最终揭开这个文字起源的谜团。

## 复活节岛上的神秘图案是象形文字吗？

复活节岛是世界上最与世隔绝的岛屿之一，它之所以闻名于世，不仅是因为学术界对于岛上巨大的石雕像的来历心存疑问，也因为人们对岛上的神秘图案是否是象形文字这一话题展开了多年的争论，却至今无解。

1722年，当罗格文海军上将发现复活节岛时，岛上的人类社会似乎还处在"石器时代"，岛上的居民——拉帕努伊人有自己的语言，却似乎没有自己的文字。因为岛上都是石块，不长农作物，因此拉帕努伊人以捕鱼为生，并种植少量甘薯。尽管当时的欧洲殖民掠夺者也对岛上的巨大石雕像表示了好奇，但他们的主要目标在于一种兽性的疯狂的财富掠夺，以及绝对强势的精神洗脑。也因为西方殖民者的这种疯狂侵略行为，复活节岛本身的文化被大肆破坏，这也就为解开复活节岛的种种谜团设置了巨大的障碍。

一般来说，一个社会的文明都是复合的整体。由此规律推断，复活节岛上不应当仅仅只有这些巨石人像，而应当包括宗教信仰、神话传说，以及文字等文明产物。而且，据罗格文等的回忆录介绍，当他们登上复活节岛时，曾在石人像附近发现大量刻满奇异象形文字的木板。这种象形文字的确非常奇怪，它不同于中国古代的象形文字，也不同于印度、埃及的古象形文字。它的象形图案更趋于符号特征。它笔触的粗细、深浅似乎都表示着某种含意，而且整个如同密码似的书写排列方式，都仿佛表现出某种波动般的节律感。1864年，第一个踏上复活节岛的西方传教士，法国人埃仁·埃依洛也曾看到过岛民用独特文字写成的"科哈乌·朗戈—朗戈"条板，当地居民管它叫作"会说话的木头"。

可惜的是，在那个西方国家大肆殖民扩张的年代，西方传教士为了在复活节岛上推行基督教，认为那些复活节岛所特有的木板文字是"魔鬼的咒语"，强迫拉帕努伊人大量烧毁。这种愚昧绝顶的行为，使今天的研究者们大感遗憾。

所幸的是，在欧洲传教士烧毁那些木板文字的时候，有一个帕努伊人抢下了25块木板，将它们钉成一条渔船，逃到海上。后来这25块木板保存了下来，被世界各地的著名博物馆收藏，但专家们一直未能破解这些木板的秘密。

20世纪初，考古学家在印度河谷发现了雅利安人来到印度之前就已存在了几百年的城市，还有至今无法解读的古代象形文字。捷克人种学家洛乌科特卡研究了这些文字后，认为它同科哈乌·朗戈—朗戈文字十分相似。他把自己的研究成果告诉了匈牙利的研究者封·赫维希。1932年，赫维希在法国巴黎铭文科学院做了一个轰动一时的报告，说印度斯坦象形文字中有100多个符号同"科哈乌·朗戈—朗戈文字"完全相同。在以后的研究中，赫维希又把相同符号的数目扩大到175个。他认为，只有400多个符号的印度斯坦象形文字中，有如此众多的符号同复活节岛的文字相同，这绝不是偶然的巧合。

澳大利亚考古学家罗伯特·哈利涅·赫列捷恩又进一步指出，复活节岛的文字不仅同印度斯坦的象形文字相似，而且同古代中国的象形文字和东南亚的图画文也有相似之处。另外一些古学家则持不同意见，他们说，印度斯坦的文字符号和物质文明产生于公元前2000年以前，而复活节岛的文字只是在公元500年时才出现。两者相差如此之大，很难说这两种分别属于不同历史时代，相距13000公里之遥的文字有着内在的联系。

在解读"科哈乌·朗戈—朗戈文字"的研究中，俄罗斯的一位学生鲍利斯·库德利亚弗采夫曾发布说，他把俄国科学家米克罗霍·麦克拉依所得到的两块条板加以对照，发现上面的文章完全一样。他又把这两块条板同圣地亚哥博物馆所收藏的条板临摹本相对照，发现内容也一样。他断定，这一系列符号已经组成了文字。在这观点的基础上，苏联科学院院士奥列德洛格认为："科哈乌·朗戈—朗戈符号表明，这种文字还在形成之中，它在某种程度上同埃及早期王朝最古老的象形文字比较接近，而埃及当时的文字也才刚刚形成。"

1996年俄罗斯圣彼得堡人类学及人种学博物馆出版了一本蓝册子，印数仅200册。作者是历史学博士伊琳娜·费多罗娃。小册子是作者30多年苦心研究的成果。它宣告揭开了复活节岛"会说话的木头"之谜："科哈乌·朗戈—朗戈文字"实际上是一种图画文字。

伊琳娜是靠直觉和推理取胜的。她先弄清符号画的是什么，然后就深入思考，找出它所代表的意思，再寻找恰当的词语。她的公式是：直觉+波利尼西亚语知识+同义词和同义异音词的搜寻。最后又把结果放到另外的木板文中去检验。

结果完全相符，于是她编出了字典。利用字典，她可以阅读任何一块木板文。实际上她已经阅读了现存的20多块复活节岛木板文字符。尽管未找到起源，但朗戈朗戈不再是秘密。圣彼得堡博物馆珍藏的两块木板中的一块，伊琳娜译为："收甘薯拿薯堆拿甘薯甘薯首领甘蔗首领砍白甘薯红甘薯薯块首领收……"

然而，许多学者仍对"科哈乌·朗戈—朗戈文字"是否是代表复活节岛文明的文字一说心存疑虑，真相究竟如何，只能希望时间来证明了。

### 《荷马史诗》的作者究竟是谁？

世界文学巨著《荷马史诗》由两部长篇史诗《伊利亚特》和《奥德赛》组成，两部史诗都分成24卷，反映了公元前11世纪到公元前9世纪的社会情况，内容浩大广博，非一人之力可成。因此，人们一直在怀疑：《荷马史诗》真的是荷马写的吗？如果不是荷马所写，那它的作者究竟是谁呢？

研究古希腊的历史，离不开古希腊的文学巨著《荷马史诗》。它作为史料，不仅反映了公元前11世纪到公元前9世纪的社会情况，而且反映了迈锡尼文明。它再现了古代希腊社会的图景，是研究早期社会的重要史料。《荷马史诗》不仅具有文学艺术上的重要价值，它在历史、地理、考古学和民俗学方面也提供给后世很多值得研究的东西。鉴于《荷马史诗》内容浩大广博，许多学者认为《荷马史诗》最初可能只是基于古代

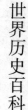

传说的口头文学，靠着乐师的背诵流传，最终由荷马整理成册。因此，从严格意义上来说，荷马不是《荷马史诗》的真正作者。

而且，公元前7（或6）世纪留下来的一首古诗曾经有过这样的记载："（荷马是）住在契奥斯岛（爱琴海中一个岛）的一个盲人。"如果荷马是盲人，那他更不可能完成《荷马史诗》这样浩大的写作。

关于荷马的生平事迹，只有这两部史诗可以引以为据，但其中的线索也少得可怜。不过，有一点今人是可以确定的，荷马是古代希腊在公众场合表演吟诵诗歌的人，即古希腊人所称的"吟唱诗人"。对这一点我们之所以这么肯定，是因为希腊人恰好在荷马时代之前不会使用文字。在公元前8世纪中叶，地中海东部的腓尼基人教希腊人学习字母之前，希腊人根本无法书写记载。在荷马以前，故事传说只是凭借口头传播，之所以采取歌谣形式，是为了使"吟唱诗人"容易记诵，较有才能的吟唱者也可以当场即兴发挥，并且，每次表演的细节都不完全一样。每个吟唱者把一首诗歌以自己的方式进行修改，一首诗经过日积月累，就不断有各种发展。《伊利亚特》和《奥德赛》这两部史诗最终写成时，肯定是已历经润色增补的最后定稿。

读荷马史诗中一些段落，很有短诗的味道；而且诗中若干事件发生的时代似乎比其他部分更早，充分表明荷马史诗是经过很长一段时间，由很多"作者"创作完成。

美国学者帕里从语言学的角度，仔细研究了这两部史诗中重复出现的词组、短语，尤其是每个英雄和神的名号的组合与使用，发现史诗具有一整套程序化的语句。据统计，荷马史诗中有1/5是由重复使用的诗句构成的，总共2.8万行诗中有2.5万个重复出现的短语。这些程序化的用语符合配乐咏唱的古希腊诗歌的特有规律，也便于在没有文字的条件下口头传诵和即兴创作。如此大量而固定的程序用语，显然不能出自一个诗人的创造，那是经过世代民间歌手不断口口相传、不断积累筛选而约定俗成的。帕里的发现被学术界认为是20世纪荷马研究中最重要的成就，他因此被誉为"荷马研究中的达尔文"。

同时，《伊利亚特》和《奥德赛》的语调和主题差异较大也能证明这个观点。比如，《伊利亚特》描写的主要是发生在几日内的事，并且对战阵军功极为强调；而《奥德赛》所述事迹则长达10年之久，同时专写幻想和神仙魔鬼。而且鉴于《奥德赛》的内容几乎没有涉及战争残酷的一面，所以19世纪英国小说家巴特勒指出：《奥德赛》作者应该是女人而不像是男人！

因此，德国学者基希霍夫、英国史家格罗特等人认定：两部史诗既不是一连串各自分开创作的民间诗歌的汇编，也不是出于一位大诗人的手笔，它们经历了很长的历史时期，古老的神话传说与特洛伊战争的英雄故事，是它最原始的素材，在漫长的流传过程中，势必由许多民间诗人对它不断地进行增删、修饰，最后似应由一位大诗人（如荷马）进行加工整理而成，这种综合性的说法已日益为学术界更多的人所接受。

对《荷马史诗》及其史诗作者的研究与争辩，如同这两部史诗具有永久的魅力一样，也许永无休止，但再多的争论也改变不了这样一个事实，即《伊利亚特》《奥德赛》是世界文化史上伟大的史诗。

## 《伊索寓言》的作者之谜

《伊索寓言》是世界上最早的寓言童话集之一。《伊索寓言》通过简短而精炼的小寓言故事来体现日常生活中那些不为我们察觉的真理。这些小故事言简意赅，平易近人，富有哲理。不但读者众多，而且在文学史上也具有重大影响。但和人们怀疑《荷马史诗》非一人之作一样，人们也怀疑《伊索寓言》并非伊索一人的创作，那么《伊索寓言》的作者究竟是谁呢？

公元前 8 至 6 世纪，在希腊各地奴隶制城邦形成的过程中，开展了大规模的海外殖民运动，使希腊与外部世界的联系进一步加强，极大地扩展了希腊奴隶制工商业的海外市场，从而促进了希腊经济和文化的进一步发展和繁荣，当时在希腊民间广泛流传着许多优美的散文故事，其中一些是关于动物的寓言。相传其作者是希腊萨摩斯岛的伊索，据说伊索是一个奴隶，他以自己杰出的才华和智慧而获得解放，成为卓越的文学家和哲学家。他用简洁的文字，以寓意深刻的动物故事，辛辣嘲讽和无情鞭挞了奴隶主贵族的残暴统治，把统治者比作豺狼、狮子、老鹰和狐狸，刻画出它们的凶残狠毒和伪善狡猾的本性，揭露了"强权即公理"的吃人逻辑。《伊索寓言》以短小精悍的形式、恰当的比喻、生动的形象，表现了当时的阶级对立关系，对弱者寄予了深切的同情，热情歌颂了人们向恶势力做斗争的精神，总结了古代人民的斗争经验和生活教训，思想性和艺术性颇强，富有教育意义，深受群众喜爱。然而，对于《伊索寓言》作者的归属，人们还有着种种疑惑。

人们之所以会对《伊索寓言》的作者产生疑惑，是因为从《伊索寓言》的写作风格来看，各篇寓言时间跨度大，倾向也不完全一样，据此推测，它不是一人一时之作，而应当看作是古希腊人在相当长的历史时期内的集体创作。

为了支持《伊索寓言》并非伊索一人单独创作这一观点，有人提出了历史线索：大哲学家柏拉图曾说他的老师苏格拉底于公元前 399 年在监狱中把《伊索寓言》改成了韵文；《狐狸和刺猬》的故事曾出现于百科全书式学者亚里士多德（公元前 384～322年）所做的《修辞学》中；阿维阿努斯在公元 4 世纪将 42 个寓言故事改写成拉丁文哀歌体对句；大约 14 世纪时马克西姆斯—普拉努底斯教士收集汇编了这些寓言，使得《伊索寓言》在世界上广泛流传。

同意此观点的人们还认为，伊索这个名字事实上与"伊索"这个词同义。最早是伊索或者某一个像他那样的人，以简洁、明快的风格讲述所收集的寓言故事，其目的仅仅是为了使世人明辨是非。在这一过程中，当然会加进部分自己的内容。具有伊索风格的这些寓言经一代代口头流传下来，最后都被视做出自伊索的手笔。例如，在古埃及的大纸草中；在西亚的古苏美尔时期和古巴比伦的泥板文书中；还有古印度梵文《五卷书》中；以及公元前 8 世纪希腊的《田功农时》中、佛教经典《嘉言集》和《本生经》中；小亚细亚《旧约全书》中的《士师集》中都有伊索风格的寓言。

也正是由于这个原因，历史上并没有关于伊索的精确记载。这都是因为伊索不是具体的历史人物，而是作为寓言的同义语所虚构出来的传说人物，所以有关伊索的任何一种传说、任何一部著作和图像都根本无法准确地描绘出伊索的具体面容和生平事

迹，传说者只得按照各自的想象来塑造伊索的体格形态和编造伊索的生平事迹，结果在不同历史时代、不同地区塑造的伊索形象各不相同，具有多种脸孔和形态。

但也有人认为，《伊索寓言》就是伊索所著的。伊索是古希腊的寓言作家，而且长得又矮又丑，后来有一天他梦见幸运女神用手点了一下他的舌头，醒来之后他就会说话了。伊索非常善于讲寓言故事，他用寓言故事来揭示权贵的残暴和贪婪，他还将自己的寓言故事编成《伊索寓言》。

近几年来，人们对于《伊索寓言》的作者归属又有了新的猜测：伊索不是别人，而是非洲埃塞俄比亚的寓言家阿克曼，这是因为阿克曼是黑人被释放奴隶，被誉为"东方智者"。一些学者认为："希腊人把埃塞俄比亚的寓言翻译成为希腊文，并以伊索署名，其含义是埃塞俄比亚人。这大概是因为译者将 Ethiop 错读成 Egop，于是，埃塞俄比亚人（Ethiopian）寓言成了伊索（Aesop）寓言，作者阿克曼也就成了伊索了。"（摘引自《有没有伊索其人和伊索寓言》一文）以上看法颇为新奇而独特，已引起一些学者们的关注和重视，并且已得到了一些学者的支持和赞同，但更多的学者却对上述看法持怀疑甚至完全否定的态度，他们指出：上述新奇而独特的看法，只是一种推测，还缺乏充足的证据，难以令人信服。

时间就在这不断的争论中悄悄流逝，而谜底却永远埋藏在了历史长河的深处。

## 《天方夜谭》故事的背景是巴格达城吗？

世界文学名著《天方夜谭》中所讲述的神奇故事充满了迷幻色彩，它更通过这些极富东方神秘色彩的故事向人们展示了当时阿拉伯真实的社会现状。于是，引发了人们对于故事背景的猜测：《天方夜谭》的故事背景是巴格达城吗？

世界上最著名的阿拉伯文学作品《天方夜谭》又名《一千零一夜》，至今仍对世界各国人民影响深远。人们不仅惊叹于《天方夜谭》所营造的神秘梦幻故事氛围，也从故事中得到许多现实启示。于是，无数学者开始思索：《天方夜谭》其中的故事都是以巴格达为背景吗？

随着调查研究的深入，人们渐渐相信：《天方夜谭》中的故事并不是纯属虚构，或者说出于丰富的想象力。这些故事都有一个真实的地方作为依据，而且在那个地方又确实曾经出现过故事中那些人物。事实往往要比故事更出人意料：《天方夜谭》的故事背景，其实是中古时代的巴格达社会。

公元 762 年，回教阿拔斯王朝建立了城市巴格达，它成为一个从埃及延伸至印度的回教王国首都。当时最有权势的人是阿拔斯王朝第五任君主哈伦·阿拉悉。哈伦统治下的巴格达城之所以成为《天方夜谭》中许多故事的背景，是因为巴格达是一个非常富有的城市，这儿积聚了与东方贸易赚来的大量财富。据传说巴格达太富有了，以至于在城中不大能找到穷人。

当然，和《天方夜谭》中描述的王国不一样，哈伦统治下的巴格达人并不是整天享乐，哈伦也并没有老到因娱乐和享受而挥金如土。但和《天方夜谭》故事中的国王一样，哈伦也是一个性格反复无常的人，甚至有时暴戾恣睢，器量非常小，睚眦必报。从他亲手倾覆著名的巴玛基家族一事中，人们可以清楚地看到这一点。

巴玛基家族悲剧的根源在于波斯人和阿拉伯人水火不容的矛盾。尽管巴玛基家族信奉回教，却是波斯人的后裔。尽管巴玛基家族 3 代以来一直都是阿拔斯王朝的忠臣和谏官，并协助国王管理这个回教王国的朝政，他们整个家族的财富也毫不吝啬地供哈伦的宫廷挥霍。但仍旧磨灭不掉哈伦心中对波斯人的仇恨。因此，公元 803 年，哈伦突然废掉了他一向极为信任的臣仆，并且命人杀害了长久于私人宴会和宫廷庆典中随侍的查法·巴玛基。

然而，历史证明了哈伦必将为他暴戾恣睢的性格付出惨重的代价。在巴玛基族失宠之后，哈伦的政治基础开始动摇，他开始面临各族冲突和内乱的威胁。或许是哈伦被纷乱的政治争斗冲昏了头脑，他居然企图将王国一分为二，分给两个儿子管治，借此来平息纠纷。这种分而治之的做法本身就是对王国的分裂行为，结果也只能是加速王国的分裂，这是因为哈伦的一个儿子是纯阿拉伯血统，另一个儿子却是波斯女奴所生。失去了巴玛基家族的政治辅助，哈伦明显暴露出自己不善治国的缺点，随着政治争斗的日益恶化，哈伦的王国不久便分崩离析了。

然而，值得庆幸的是，哈伦早期的统治毕竟给巴尔达人们带去了繁荣幸福的生活，因此人们为了感谢他的礼遇，借《天方夜谭》的故事来报答他的知遇之恩，让人们从神秘梦幻的《东方夜谭》中领略巴尔达的繁荣景象，也让哈伦和巴格达城的名字永垂不朽。

## 《马可·波罗游记》真实性疑案

17 岁时，马可·波罗跟随父亲和叔叔，途径中东，历时四年多来到中国，在中国游历了 17 年，回国后出了一本《马可·波罗游记》，自此激起了欧洲人对东方的热烈向往，对以后新航路的开辟产生了巨大的影响。然而，学术界却对《马可·波罗游记》的真实性存在怀疑。那么《马可·波罗游记》到底描述的是不是当时真实的中国呢？

《马可·波罗游记》又叫《东方见闻录》，是距今 700 年前的一位名叫马可·波罗的威尼斯商人留下的一本有趣的游记，书中描绘的那个伟大而神秘的东方古国——中国。按照马可波罗的说法，是在 1271 年他 17 岁那年，跟随父亲尼古拉和叔叔马飞阿，从意大利的威尼斯出发，途经伊拉克、伊朗和阿富汗，历经 3 年到达了中国与阿富汗交界的帕米尔高原，然后进入中国腹地参观旅游，直到 1295 年才从中国回到欧洲。这本游记的面世震惊了整个欧洲，甚至可以说它是欧洲航海运动的思想启蒙者。一时间，人们争相传阅。1492 年，正是这本游记，鼓舞着伟大的航海家哥伦布扬帆出海，踏上寻找富庶东方之路。

在一些人将《马可·波罗游记》奉为至宝的同时，也有人怀疑《马可·波罗游记》的真实性。在当时中国和欧洲交通不畅的情况下，马可·波罗游记能否远去中国游历实在令人怀疑。正如大英博物馆中国馆馆长弗朗西斯·伍德在《马可·波罗到过中国吗？》一书中，提出了她的著名质疑：马可·波罗根本没到过中国！他对中国的印象，仅限于道听途说，马可·波罗游记中记录的内容都是假的，马可·波罗是一个欺骗了世界七百年的说谎者。

关于《马可·波罗游记》真实性的争论的关键点在于以下几个方面：

1. 长城

众所周知，长城是中国最为典型的象征。而《马可·波罗游记》却始终没有提及长城的只言片语。这就引起了人们对《马可·波罗游记》真实性的怀疑。在欧洲人眼里的长城应该是明长城，我们现在所说的长城指的也是明长城，因为它是现在保存相对比较完整的长城。但在明代以前，各个时代的长城大多残毁不全，可能马可·波罗看到的长城就是这个样子，没有引起他的注意。

2. 中医、茶叶等中国代表物

此外，《马可·波罗游记》也从未提起中国人司空见惯的中医、茶叶和汉字（书法）、筷子等中国典型的象征物，这也值得怀疑。但有人反驳说，那是马可·波罗在中国时主要与蒙古人相处，不了解汉族文化习惯的原因。

但是，马可·波罗自称到过中国南方许多地区，不可能不接触汉族人，更不可能不接触中国的汉字。但也有人反驳认为，这是因为马可·波罗精通波斯语，而当时中国元朝的官方语言就有波斯语，因此他得以在中国统治阶层生活，没有学习汉语的需要。

3. 与中国的历史记载不符合

马可·波罗游记中有着马可·波罗等三人献计帮助元朝军队攻克南宋襄阳城的记载，但根据历史记载，元朝军队攻克南宋襄阳城的时候，马可·波罗一行，还没到达中国。而且，马可波罗自称在扬州生活了 3 年，并曾担任这里的地方官，但在扬州县志上却找不到他的名字。更令人感到奇怪的是，马可·波罗从未赞美过扬州，却赞美杭州为世界上最美好、最高贵的"天堂之城"。翻遍了当时所有的中国历史文献，也不曾寻得关于马可波罗一家的半点蛛丝马迹。

有人反驳认为，《马可·波罗游记》的整理者鲁思蒂谦是位传奇小说家，他可能出于小说可读性的考虑，而虚构了某些故事情节。而马可·波罗一家之所以未能在中国历史记载中出现，是因为他们当时在中国的地位实在是微不足道，不值得记录在官方档案之中。

总之，《马可·波罗游记》确实存在种种疑点，因此可知《马可·波罗游记》在创作过程中确实加入了一些主观虚构，但对于其真实性的争论始终没有定论。

## 但丁何时开始写《神曲》的？

这是一条关于灵魂秘密成长和壮大的美好路途，是一条伟大的精神朝圣的路途。人们如此评价但丁的《神曲》带给人类的宝贵精神财富。但同时，人们心中也存有一个疑惑：但丁究竟是何时开始写《神曲》的呢？

当人间的美好愿望还没有成为现实的时候，当天堂的理想还停留于圣职买卖的阶段，伟大的诗人但丁已经开始不安了。欧洲大陆的天主教团的整体腐败根本无力将天国的诺言在人间兑现。最优秀的人必然很快醒悟到，抵达理想王国的道路无法由僧侣阶层来引领，而必须由一己的生命来铺就。于是就有了但丁的灵魂漫游地狱、炼狱，最后抵达光明澄澈的天堂的伟大历程，于是就有了人类历史上最杰出的史诗之一——《神曲》。

尽管著名哲学家维特根斯坦曾说："对于不可知的事物，你最好的态度是保持沉默。"但对于那些精神生命强健的伟人来说，预知正是他们创作的能量所在。但丁的《神曲》正是在这个层面上产生，并且能够源源不断地涌出它的崭新意义。《神曲》告知人类的是：世界的核心秘密就是创世，而创世是永不停顿的，但但丁有幸参与了这个创世的秘密。

那什么是但丁创作《神曲》的启发点呢？但丁在《神曲》中将这一尊贵的地位给予了古罗马最伟大的诗人之一——维吉尔。这是因为维吉尔的一些诗章为他在中世纪赢得了预言家和魔术师的名声。而维吉尔在《埃涅阿斯记》中关于主人公由神巫引导游历阴间的描写，就直接启发了但丁《神曲》的创作。这无疑也是一个美好的见证：再伟大的诗人也一样需要古老文明的援助，需要借他人之筏来渡自己的人生之河。所以维吉尔被但丁视为精神的导师和智慧的海洋，帮他穿越了地狱和炼狱的困惑、穿越人生的迷途。

因此，在《神曲》中，但丁对维吉尔的灵魂说："你是我的大师和我的先辈；我单单从你那里取得了那使我受到荣誉的美丽的风格。"

不可否认，《神曲》以辞藻华美、想象丰富、设计巧妙、内容奇特、含义深刻的美誉而闻名于世。但是对于这部名作的写作年代，专家学者们却意见不一，看法各异。

文艺复兴时期的大师薄伽丘认为，《神曲》是于1300年开始写的，也就是在但丁被逐以前。但薄伽丘又以为，但丁被放逐之后，在整理那些未完成的旧稿时，可能又将之全部加以改写。薄伽丘的这一观点是从但丁的作品《新生》中得到暗示的。在《新生》的末尾，但丁加上了一段说明，即但丁梦见贝德丽采在天堂。这梦按照《新生》成书的年代来说，应该是1292年的事情。1310年以后，但丁再对旧稿进行整理，心情却发生改变，因此将本来预定赞颂最光荣女性的诗篇改作对政治社会的批评作品，于是贝德丽采不再是"爱情"的化身而成了"信仰"的象征。

有人认为，1313年"日耳曼皇帝"亨利七世死后，但丁才动手改写《神曲》；但大多数学者认为最可靠的推断是将改写年代移至1305～1306年。对《神曲》各部分的脱稿时间也有不同意见存在。有人通过对但丁的政治主张和《神曲》内叙述的故事的研究，较肯定地认为：《地狱篇》开始于1308年以前；《炼狱篇》则在1308～1312年，《天堂篇》肯定是在1314年以后。普遍的意见认为，《地狱篇》完成于1308年，《炼狱篇》可能完成于1313年，而《天堂篇》则只不过是在但丁去世时刚刚完成的"初稿"而已。另一种说法是但丁去世的时候，《天堂篇》最后数章并未脱稿，现在我们所见的最后13章实际上是但丁的儿子约各伯续写，而冒称是但丁的手笔而已。

由于缺乏确凿的历史证据，但丁何时写作《神曲》一谜始终没有定论，争论也将无休止地继续下去。

## 普希金的《一号日记》之谜

俄国伟大诗人普希金的死成为世界文坛抹之不去的哀痛记忆。在他死后，他的许多手稿都收藏在"普希金博物馆"和"普希金故居"中，但记录普希金思想精粹的《一号日记》却不在其中，至今仍无下落。

亚历山大·谢尔盖耶维奇·普希金是俄国近代著名的诗人，也是俄罗斯文学兴盛和发展的开拓者。1820年，普希金根据民间故事和传说写成的第一部长篇叙事诗《鲁斯兰和柳德米拉》，被看作是近代俄国诗歌转变的奠基之作。在诗人短暂的一生中，他给后人留下了异常丰富的文学遗产，诗人生前的大量手稿现在基本上都收藏在苏联的"普希金博物馆"和"普希金故居"里。但令人费解的是，普希金的《一号日记》一直杳无下落，几十年来世界各地的专家学者和"普希金迷"们一直孜孜不倦地寻找着诗人当年《一号日记》的踪迹，试图揭开覆盖在《一号日记》上的神秘面纱，使普希金《一号日记》之谜早日大白于天下。

其实，在1837年普希金因决斗重伤死去之后，人们整理普希金的遗留手稿时并没有发现《一号日记》。直到1920年，侨居国外的普希金的孙女——叶莲娜·亚历山大德罗芙娜·普希金娜突然向外界公众宣布：她祖父普希金生前留的一部分日记手稿现在正由她收藏着。这时，人们才联想到：1837年，诗人普希金在决斗中不幸身亡之后，人们在整理他的遗稿时，发现诗人一部日记的扉页上注明编号为第二号。所以消息一出，研究专家们把叶莲娜收藏的诗人当年的日记称为普希金的《一号日记》。然而，诗人究竟有没有《一号日记》？普希金《一号日记》的真相如何？

国内外的普希金研究人士说法不一，孰是孰非，难以当断。自此，《一号日记》之谜至今未曾落下的帷幕。

不少人认为普希金《一号日记》并不存在，这不过是叶莲娜别有用心的一次阴谋而已。苏联一位造诣颇深的普希金学专家莫扎列斯基曾经十分坚决地声称："我愿用头颅作保，除了现有的日记之外，根本不存在普希金的其他任何日记手稿。"叶莲娜的外甥女纳·谢·梅泽卓娃亦赞同地说："叶莲娜舅妈根本不可能有普希金的日记资料，因为诗人当年留下的全部文稿都保存在诗人的长子那里，但我多年来从未听说过诗人写的《一号日记》。"叶莲娜的兄长尼古拉·亚历山德罗维奇则认为："叶莲娜凭空臆造出关于普希金《一号日记》一事，其目的仅仅是为了提高自己的身价和地位。"

另一些研究人士和学者专家则坚持认为普希金《一号日记》是真实存在的。著名普希金专家法因贝格在所撰的《失落的日记》一文中断言：普希金《一号日记》实有其事，而且认定目前正收藏在侨居国外的普希金后代手中。普希金《一号日记》这份手稿最早曾由诗人的长子亚历山大·普希金掌管，尔后几经辗转又到了他的女儿叶莲娜手里。

更为重要的是，《一号日记》中的内容可能涉及普希金决斗的真正原因。正如苏联的一位著名的普希金学家戈富曼在《再论诗人普希金之死》一文中写道："诗人当年写作的《一号日记》将使人们全面了解导致普希金决意参加这场悲剧性生死决斗的所有事情真相，这些未公开的材料远比现在所掌握的史料更为丰富完整。"1923年，叶莲娜在给友人的信函中还特别申明自己手中还保存着爷爷当年没有发表过的一部分日记以及其他一些手稿，这些数据根据她父亲的嘱咐，在诗人遇害100周年之前不得公开发表，公布于众，因为诗人在《一号日记》中提到及抨击的那些人至今还活在人世。

鉴于普希金《一号日记》这份手稿的珍贵价值，同时也为了使普希金留的珍贵文稿不致流散各地，苏联普希金博物馆和普希金故居的工作人员千方百计竭力联系叶莲娜，但始终没有结果。

就这样，普希金《一号日记》之谜刚拉开帷幕，就随着叶莲娜的失踪而蒙上了一层神秘的面纱。时至今日，一些俄罗斯学者仍在孜孜不倦地寻找着《一号日记》。希望在未来的某一天，这本神秘的《一号日记》能得见天日。

## 《呼啸山庄》的作者是谁

《呼啸山庄》因全篇充满强烈的反压迫、争取幸福的斗争精神，又始终笼罩着离奇、紧张的浪漫气氛而备受学界称赞，但人们对它的作者归属却心存疑虑：文风硬朗的《呼啸山庄》真的是出自女作家艾米莉·勃朗特之手吗？

1847年12月，出版商是托马斯·科特雷出版了《呼啸山庄》，作者署名为"艾莉斯·勃哀尔"。在文学界，大多数人都认为，《呼啸山庄》的作者是英国作家艾米莉·勃朗特（1818—1848年）。这部小说描写了18世纪末英国北部约克郡偏僻地区弃儿出身的希斯克利夫被恩肖家收养后的辛酸经历。他热爱恩肖的女儿凯瑟琳，但遭到恩肖一家的强烈反对和歧视。当凯瑟琳嫁给了富商林顿之后，希斯克利夫蓄意对这两个家庭进行报复，并一直延续到他们的第二代。这部小说结构非同一般，富有奇特的想象和戏剧性的构思安排，笔法流畅细腻，因而深受广大读者的喜爱和青睐。

随着1848年艾米莉的病逝，她的姐姐夏洛蒂·勃朗特（《简·爱》的作者）为了纪念妹妹，在1850年10月决定主持再版《呼啸山庄》这部小说。然而，此时却发现出版商已经把原稿不慎丢失了。自此，就有人对众口称誉的《呼啸山庄》一书的真正作者产生怀疑了，《呼啸山庄》一书的著作归属问题就更是成为人们争论不休的谜题。

一些人认为，《呼啸山庄》的真正作者不是艾米莉·勃朗特，而是她的同胞哥哥布兰韦尔·勃朗特。当时，已故布兰韦尔的一位名叫威廉·迪尔顿的旧友，在英国《哈利法克斯报》上撰文，肯定《呼啸山庄》是布兰韦尔写作的一部成功之作，称艾米莉是《呼啸山庄》作者的说法是失实的。在当时，有一位英国作家盖斯凯尔夫人在写作《夏洛蒂·勃朗特传》一书中提到《呼啸山庄》系妹妹艾米莉所著，为此，迪尔顿还专门为此书的作者问题公开责难盖斯凯尔夫人。迪尔顿回忆说：他曾和布兰韦尔决定各写一出戏或一首诗来比试各人水平的高低，他们还约定了聚会的时间和地点，并且找了另外一位朋友来当仲裁人。那天布兰韦尔到会之后，说是要当场朗诵自己写的一首名叫《死神》的长诗，但当他伸手去找随身带来的诗稿时，发现自己错拿了一部自己正在写作的小说的原稿。迪尔顿在文章中十分肯定地说："布兰韦尔这部小说开始部分的人物和背景与《呼啸山庄》中描写的人物和背景是一模一样的"。

1879年，布兰韦尔·勃朗特的另一位朋友弗朗西斯·格兰特也在报章上发表文章，宣称布兰韦尔当年曾亲口告诉他正在创作一部小说，当我拿到《呼啸山庄》一开始读这部小说时，就已经预知故事中所有的人物情节了，因为布兰韦尔曾经在我面前一而再，再而三地念过这部小说的手稿了。所以，《呼啸山庄》的著作权应归布兰韦尔名下。

然而，面对外界的质疑，勃朗特一家则一致肯定《呼啸山庄》是艾米莉的创作，这样硬朗的文风正是艾米莉真挚、雄劲内心世界的最佳写照，只要熟读了艾米莉创作的其他大量文学作品，也就不难看出《呼啸山庄》的真正作者非她莫属。而且她在此书最初出版时署名"艾莉斯·勃哀尔"，这正是她本人姓名的笔首英文字母，同时也承认了此书的著作权归她所有。同时，艾米莉的父亲老勃朗特先生还说，他的儿子完全不可能写出这样一部作品来，布兰韦尔既没有写过《呼啸山庄》的任何文字，也未插手过该书的构思编排。布兰韦尔的文风与艾米莉迥然不同，如果人们了解到布兰韦尔的生平思想和写作风格，就不会枉费心机地把他和《呼啸山庄》的作者等量齐观了。

而艾米莉的姐姐夏洛蒂·勃朗特更是在《呼啸山庄》第二版序言中指出：《呼啸山庄》的主题构思与情节安排在勃朗特一家人中间，只有艾米莉是最熟悉最有体验的。艾米莉幼年丧母，父亲是一位偏僻乡村的穷牧师，她在童年时代曾在专门为穷苦牧师的子女寄读的学校上过学，也曾与姐姐夏洛蒂一同远赴比利时异国他乡学习法语和德语，准备将来自己开办学校，但这个愿望始终未能实现。为生活所迫，艾米莉还担任过待遇菲薄的家庭教师。艾米莉性格倔强，文风简洁明快，是一个不信教，罕言寡语而具有强烈自我感的人，她的几位哥哥姐姐在性格上都比她怯弱得多，这正是艾米莉能够创作出这部撼世之作不可或缺的前提条件。同时艾米莉也是一位卓越的诗人，一生中写下了大量清丽而深刻的隽永诗文。《呼啸山庄》既是一部感人心腑的不朽小说，也是一首完美动人的叙事诗。

尽管关于《呼啸山庄》作者是谁的争论并未停止，但人们都一致认同《呼啸山庄》对世界文学的卓越贡献。其实，作者是男是女，又有什么关系呢？

## 尼采的著作是否被人篡改过？

尼采，西方现代哲学的开创者，同时也是卓越的诗人和散文家。然而，他的思想也被怀疑是二战中法西斯主义的思想根源，解开谜团的关键点在于他晚年的力作《权利意志》一书是否被篡改。然而，这本书是否被篡改至今没有定论。

第二次世界大战中，整个世界都遭受到了以希特勒为首的法西斯铁蹄的践踏，饱受战乱之苦。战后，人们不仅对昔日的法西斯战犯给予了严惩，许多学者更致力于分析法西斯主义产生的基础，于是，德国著名哲学家尼采进入了人们的怀疑圈，同时也引发尼采著作《权利意志》是否被篡改的争论。

为什么尼采的思想会被怀疑是残暴的法西斯主义的根源呢？这是因为尼采学说确曾被法西斯利用：希特勒当年多次去魏玛参观尼采博物馆，并把尼采全集当作礼物送给墨索里尼。而且，纳粹思想家罗森堡也自称信奉尼采的学说。鉴于这样的历史事实，德国的桑德福斯认为，尼采的思想应当作为二战法西斯思想的根源，他专门写了一本书就叫《尼采与希特勒》，详细列举两人思想上的相似之处。"西方马克思主义者"卢卡奇也持同样观点，他写过三篇有关尼采的论著，分别题为《作为法西斯美学先驱者的尼采》《法西斯主义和尼采》和《理性的毁灭》，最后的结论把尼采说成是一个极端的纳粹分子。

也有许多人不同意这一观点，他们认为尼采根本就不是法西斯主义的思想先驱，这是因为尼采对法西斯主义理论的两大基石——种族主义和反犹主义始终持反对态度。之所以会错将尼采与法西斯主义相联系，是因为尼采的著作被人篡改了。而篡改者应该是尼采的妹妹伊丽莎白·福斯特·尼采，这是因为伊丽莎白本身有着浓厚的种族主义思想。而且，伊丽莎白嫁给了德国的反犹主义者伯恩哈特·福斯特，与丈夫一起去巴拉圭建立条顿移民村。移民村计划失败，丈夫自杀；她回国照顾已成疯子的哥哥。福斯特·尼采通过整理哥哥的遗稿，垄断了尼采的全部手稿、书信以及尼采著作的出版权。她依靠手中掌握的尼采的全部手稿，开始充当解释尼采思想的权威。她常常用丈夫和自己的反犹主义和种族主义思想来曲解尼采的思想。她一面扣压尼采的某些手稿，一面从中断章取义地引证一些话加以随心所欲的解释。由于别人见不到手稿，便无从对她的解释提出异议。正是她篡改了尼采的著作，使之趋向法西斯化。

最早提出尼采著作被篡改说法的学者是德国的尼采研究专家卡尔·施莱希塔。他在1958年出版了《尼采事件》一书，揭露尼采妹妹的作伪行为，认为她还伪造了尼采的书信。同时，德国的理查德·卢斯和美国的瓦尔特·考夫曼也提出要为尼采正名。这样就开始了一场要求恢复尼采著作原貌还尼采学说本来面目的运动。

那本被篡改的尼采著作被认为是尼采晚年的著作《权力意志》。这是因为尼采在1885年完成《查拉图斯特拉如是说》的写作后，确曾有过写一本叫《重估一切价值》书的计划，但他没有完成，留下一些散篇。福斯特·尼采和尼采的朋友彼得·加斯特将这些散篇整理成书，取名为《权力意志——重估一切价值》。福斯特·尼采称这是尼采的主要著作，是尼采思想的代表作。施莱希塔怀疑福斯特·尼采整理这部分手稿时有作伪行为，遂根据手稿原来的顺序重新出版了这部分手稿。取名为《80年代遗稿选编》。

1961年意大利学者蒙梯纳里和科利为将尼采著作译成意大利文去民主德国的魏玛，在歌德、席勒档案馆查阅了尼采的全部手稿。经过40天的艰苦工作，他们发现福斯特·尼采编的书严重歪曲了尼采遗稿的真实面目。尼采手稿中一些重要的论文和断片被舍弃了。尼采为写《权力意志》一书准备了374条格言体的断片，并做了分类，但福斯特·尼采在编《权力意志》一书时删去了104条，并将别的手稿任意编入。采用的270条中，有137条被不负责任地改变，其中包括脱落标题乃至句子，拆散完整的段落。为恢复尼采著作的本来面目，蒙梯纳里和科利编辑了名为《新的批判版尼采全集》的尼采著作汇编，共33卷。他们认为把尼采和法西斯主义等同起来是恶劣的做法。

然而，也有人认为，《权力意志》并没有被篡改，福斯塔·尼采只是将哥哥尼采的手稿顺序做了一些调整。中国学者张念东、凌素心在翻译《权力意志》一书时，将尼采妹妹编的文本与施莱希塔按手稿原件编的文本对照，发现各条断片顺序虽然不同，但内容却完全一致。尼采独创了豆腐干式的格言体，各条独自成篇，没有一般文章起承转合那一套格式。因此各条的顺序就不具有什么重要性。就好比一副扑克牌，无论怎样洗，洗来洗去还是那54张。施莱希塔的《选编》好比一副按顺序排的扑克牌，而福斯特—尼采的《权力意志》不过是重新洗了一下。

尼采的著作究竟有没有篡改，众说纷纭，难以定论。

## 古代闪族"圣树"之谜

以树作为图饰是常见的现象，而古代闪族中的树木图案绝大部分都具有严肃的宗教象征意义，那么，这些"圣树"最初的含义是什么呢？是现代人们所赋予的含义吗？

闪族人，即闪米特人，是起源于阿拉伯半岛的游牧人民，相传诺亚的儿子闪即为其祖先。生活在中东、北非人的大部分居民，就是古代闪米特人的后裔。伊斯兰教的古兰经与基督教的旧约《圣经》都是以闪族语系的语言写成的。旧约中代表"神"的一个字和伊斯兰文中的 Allah（"安拉"，就是"神"的意思）同样都源自闪语。

在闪族文化中，树木是最常见的宗教图饰。古代闪族中的树木图案绝大部分都具有严肃的宗教象征意义，而不仅是作外观装饰之用。人们对于不少树木都怀有敬畏之感，有些树木甚至成为崇拜的对象，如枣椰树、橄榄树、石榴树等，这类树木都可以称之为"圣树"。

在亚述碑刻上往往可以看到面对圣树的有翼神祇，它一手持一锥形物，一手执一篮子。这个锥形物便是美索不达米亚盛产的枣椰子。枣椰子与居民的生活关系密切，它们可用以制造面包、酒和蜜。希伯来人用枣椰树象征正人君子，《旧约·诗篇》第92篇第12节说："正人君子应像枣椰树一样繁茂，像黎巴嫩雪松一样旺盛。它们植于上帝的殿堂，成长于神的院庭。即使到了暮年，也仍然生气勃勃，永绿常青。"

《旧约·列王纪上》第6章第29节提及，所罗门神庙内、外殿的墙上都装饰了枣椰树。这些枣椰树不仅是种装饰，更是对那些常做善事的正人君子的褒奖。当然，枣椰树还有其他的象征意义。例如，《圣经》中以枣椰树象征凯旋，阿拉伯诗歌中以此象征妇女的爱情等等。

橄榄树的原产地是小亚细亚，在新石器时代以后就种植于近东和地中海地区了，自公元前3000年起一直是克里特地区的主要农产品和商品。据希腊神话记载，雅典城建成后尚未命名，波塞冬和阿西娜都想以自己的名字命名之，两人争执不下。诸神便做出决议：谁给予人类最佳的礼物，便能获得命名的殊誉。波塞冬用三叉戟击毁海岸而使之生出战马；阿西娜则用长矛击地而长出橄榄树。诸神判阿西娜胜，因为作为和平标志的橄榄显然比象征战争的马更有利于人类，因此该城从此名为"雅典"。

在《圣经》中，橄榄也是安全旅行的标志：诺亚与各种禽兽在方舟上躲避洪水，当过了9个月洪水渐退后，诺亚便放出一口鸽子去探询水情。鸽子返回时，嘴里衔着一根新摘下的橄榄枝，表明上帝的愤怒业已缓解，水已退尽，人民平安了。橄榄树对于希伯来人来说，还是美丽和力量的象征。《旧约·杰里迈亚书》第11章第16节道："上帝称你之名为'绿橄榄树'，即华美，又结佳果。"《何西阿书》第14章第7节则道："他的枝条必延展，他的华美如橄榄树。"

葡萄树是耶稣本人最早的象征符号之一。《新约·约翰福音》第15章第1~5节载耶稣对信徒们的话道："我是真正的葡萄树，天父则是栽培者。他剪去我不结果的枝，涤净结果的枝，使之结出更多的果……枝子若不长在葡萄树上，就不会自行结果；你们若不在我里边也不会得道。我是葡萄树，你们是枝子。"最初，在耶路撒冷神庙东墙上饰有一幅富丽堂皇的葡萄树雕刻，其枝蔓以金子制成，果实则用宝石镶嵌。公元70年，罗马将军维斯帕西亚努斯（此后的罗马皇帝）在征服犹地阿，夺得耶路撒冷后，便劫走了这一独特的艺术品，在罗马作为战利品展出。

在基督教中，不忠实的以色列人被称为"野葡萄"。《旧约·杰里迈亚书》第2章

第21节记载道：先知以上帝的名义说："我栽你是上等的葡萄树，全然是真种子。你怎么向我变为外邦葡萄树的坏枝子呢？"在闪族文献中，石榴树常常被用作为许多古代仪式的宗教性符号。有人认为，希伯来语中"石榴"一词的读音（rimmon）即是同名神祇的名字。这进一步证明了石榴树的神圣象征意义。由于每只石榴果实中含籽多达数百颗，所以古人将石榴视为丰产和生命的标志。

此外，雪松、栋树、无花果树等等都具有各种各样的象征意义。树或树枝作为艺术图饰，尤其是作为具有宗教含义的象征符号，几乎见于世界上所有的民族之中。但是闪族中这些"圣树"最初的含义是什么呢？是现在人们所赋予的含义吗？恐怕随着时间的流逝最初的含义已经发生了变化。

## 墨西哥土著宗教与基督教的神秘联系

地处美洲的墨西哥宗教何以与大西洋彼岸的基督教有诸多相似之处呢？它们是在两岸单独成长，还是有过接触或联系呢？

墨西哥是美洲大陆印第安人古老的文明中心之一，闻名于世的玛雅文化、托尔特克文化和阿兹特克文化均为墨西哥古印第安人创造。

当16世纪初西班牙殖民者侵入墨西哥的时候，他们诧异地发现墨西哥的印第安宗教无论是基本教义观念还是宗教标志和礼拜仪式，都与基督教有惊人的相似之处。地处美洲的墨西哥所产生的宗教何以与大西洋彼岸的基督教如此相像呢？它们是在两岸单独成长，还是有过接触或联系呢？

在征服之初，西班牙人发现印第安宗教的某些标志与基督教的标志十字架很相似。据研究，印第安人认为十字架代表火神，所以也代表太阳神及其使者克扎尔科亚特尔，他们还使用带有十字架形钻孔的炉灶。与欧洲人接触初期，在没有天主教神父干预的情况下，查穆拉印第安人一直虔诚地崇拜从远古时代起就树立在圣胡安·查穆拉圣殿内院的三个巨大十字架。据说，西班牙人在尤卡坦和坎佩切等地玛雅圣殿内也发现了许多十字架。

在科苏梅尔，有用石灰和石块制成的十字架，它是该地雨神的标志，也是玛雅人契兰·坎瓦尔偶像祭司的精神支柱。此外，在瓦图尔科发现的另一个十字架，是按照琼塔尔印第安人传统树立起来的，至今还保存在瓦哈卡大教堂内。

据西班牙人研究，印第安人的某些宗教思想与基督教的部分教义也很相似。基督教的基本教义之一是"三位一体"说，它宣称上帝是由圣父、圣子、圣灵组成的"三位一体"。上帝是圣父，是"天地的全能的创造者"；耶稣"是上帝的独生子"，也是上帝的"道"；道通过童贞女玛丽亚感受圣灵而受胎成为肉身，神采取人的形象，在人间传播福音，并通过自我牺牲，拯救世人。而墨西哥宗教也有与此相似的"三位一体"说，在尤卡坦半岛和恰帕斯地区，土著人也崇拜其万能的创造之神伊科纳，他们还崇拜一个子神巴卡布，他是伊斯切尔神的童贞女奇里维里亚斯之子。巴卡布受到鞭打和被戴上刺冠之后，又被埃阿普科钉在一个木桩上，但是第三天他复活升天，并与其父母团圆了。这个传说与基督教中耶稣的传说极其相似，难道两种宗教同处一门？

与此同时，印第安人也发现自己的祖传宗教和基督教信仰之间，特别是有关圣事仪式方面存在相似点。在印第安宗教中有像洗礼一样的仪式，按其教规，出生 8 或 10 天的婴儿就要接受某种沐浴，并给他们取名。此外，如是男孩，祭司就给一个圆盾或一支箭；如是女孩，则给一把小扫帚。基督教的洗礼与印第安人的宗教仪式如此接近，连传教士们对此都感到惊讶。

总之，从宗教的标志、观念和仪式来看，美洲土著宗教与基督教有很多相似的成分：十字架、洗礼和圣水等。美洲土著宗教还有与基督教相似的诺亚方舟与洪水、人类始祖（西瓦科亚特尔）等传说。

美洲印第安宗教与欧洲基督教远隔重洋，应该说是在极其不同的社会和自然环境中生成和发展的，但是它们却有如此众多的相似点或相通点，这究竟是为什么呢？为何基督教与世界其他地区的土著宗教很少有这么多的相通点呢？是古代或中世纪基督教传播的结果吗？但是没有可靠的史料证明基督教曾传播到美洲。

## 数字 "三" 的象征意义

在一般人看来，"三" 只是个普通的数字，平淡得没有特别的含义，可是在宗教典籍中，"三" 都被赋予了严肃的意义。

《圣经》中有许多地方提及数字 "三"：《列王纪上》17 章 21 节：伊莱贾三次伏在孩子的身上，求告耶和华说："我的神啊，求你使这孩子的灵魂仍入他的身体。"《历代志上》21 章 12 节：迦得向戴维转达耶和华的意见，"耶和华如此说，你可以随意选择，或三年的饥荒，或败在你敌人面前，被敌人的刀追杀三个月，或在你国中有耶和华的刀，就是三日的瘟疫，耶和华的使者在以色列的四境施行毁灭。"《但以理书》6 章 10 节：但以理 "到自己家里（他楼上的窗户开向耶路撒冷）一日三次，双膝跪在他神面前，祷告感谢，与素常一样。"《创世纪》40 章 10~23 节：法老的酒政梦见了一棵长有三股树枝的葡萄树；约瑟便将 3 股树枝解释成法老将在 3 天内让酒政官复原职。《出埃及记》2 章 2 节：摩西的母亲生下他后，曾将他藏在家中三个月。《出埃及记》3 章 18 节：以色列人将要求埃及王允许他们往旷野作三天旅行，以祭奉耶和华。《约拿书》1 章 17 节：耶和华安排一条大鱼吞了乔纳，他在鱼腹中三日三夜。

在古希腊的神话中，至高无上的威力始终与 "三" 联系在一起：宙斯、波塞冬和普路托是克洛诺斯的三个儿子，他们三个分掌了整个宇宙——宙斯主宰一切天象，支配众神和万民，以及人间的善恶；波塞冬掌管海洋，是为海神；普路托则分治冥国，被认为是掌管地下财富，司理丰产，并从地下赐予人间收成的神祇。这个三足鼎立的分治宇宙在希腊的宗教神话和祭祀中发挥了重要的作用。

主宰人类一生的命运女神为三个，她们是处理人类生命之线的老妇人：克罗托纺生命之线；拉刻西斯使生命之线经受各种命运的波折；阿特洛波斯则剪断生命之线，使之终结。由众神任命的冥府判官也是三位：弥诺斯、埃阿科斯与剌达曼堤斯，他们都是宙斯的儿子。海神波塞冬的标志是一把三股叉的干，他经常用这把三叉戟来砸开岩礁，呼风唤雨。卧于冥王普路托脚下的是名叫刻耳柏洛斯的三头狗。这只猛犬守卫在冥国入口处，听凭鬼魂进入，却严禁再行返回。所以希腊人多在棺中置放一块密饼，以便死者此后贿赂三头猛犬。希腊最古老的神是位于拉里萨的三眼宙斯，他的三只眼晴意味着他对物质三大要素——土、水、空气——的最高控制权。

与诸重要神祇有关的如此众多的"三"难道仅仅是人类的随意想象吗？

不仅神话故事中的"三"包含着伟大的含意，古代的许多伟大学者都十分严肃地赋予"三"重要的意义。公元前六世纪的希腊数学家毕达哥拉斯及其学派认为，世界万物均由三位一体决定，三合组乃是宇宙中最完善的形式。他们相信三个世界的原则：劣等、优等和最优世界。公元前四世纪的亚里士多德认为数字"三"是因观察自然而得，所以用它祭神和斋戒是最适宜的。此外，苏格拉底和柏拉图也都承认事物的三本原——神、观念、物质。

古巴比伦人也有类似的看法。他们把天地视为一个整体，而二者则各由三区域构成：天界由天上诸水、黄道带和北天组成；地界由地周诸水、大地和空气组成。人们还认为，任何疾病发展最关键的日子是在第三天。为了医治病人，其身边需持续三天放置一只火锅；或者在其脖子里套上三股绳子。诸如此类的说法甚多，似乎具有宗教象征意义的"三"都与人类对自然的观察有关。

此外，也有人以为数字"三"的象征意义来自希伯来人的三个先祖——亚拉伯罕、艾萨克和雅各布，又有人认为"三"的象征意义在于它代表"许多"，因为在人类的最初阶段，凡属"二"以上的数目均被认为是数不清的多数。

"三"只是普通的数字还是蕴含着特殊的含义呢？恐怕没有人能够给出确切的答案。

## 摩门教徒为何一直迁徙

摩门教是美国非常兴旺的一个宗教，著名的城市盐湖城就是他们所建。可是，为什么从宗教创立之后教徒们就开始不停地迁移呢？

美国的摩门教，也称"耶稣基督后期圣徒教会"，是英格兰人的后裔约瑟夫·史密斯在1830年所创立的，最初并无正式的名称，所代表的是耶稣基督的使徒在第1世纪时所建立的最原始的教会，1838年4月26日因启示而正式称为"耶稣基督后期圣徒教会"。

约瑟夫·史密斯于1805年生于美国怀俄明州贫寒迷信之区。他是一个富有幻想的人，声言常见异象，后来竟宣称一位名叫摩龙尼的天使向他显现，并指示他在纽约州库摩拉山藏有金牌，是用埃及文所写，是主在五世纪埋藏的。史密斯自称掘得金牌，并称在乌陵土明协助之下将金牌翻译成书。在此基础上，便产生了《摩门教圣经》。1830年，他根据《圣经》，在俄亥俄州的柯兰特创建了摩门教共同体，即摩门教。

摩门教建立后不久，其教徒就开始了不断迁移的活动。他们首先迁到密苏里州，然后又迁到伊利诺伊州，后来约瑟夫·史密被杀害，由布里格姆·扬带领教徒到美国中部犹他州大盐湖山谷，并于1847年在该处安定发展起来，盐湖城也因此成为教会的总会所在地。从某种意义上说，盐湖城是此教会早期的教友凭借对神的信心拓荒所建成的一座城市，这在全世界的城市发展史上是极为罕见且非常特殊的。

关于摩门教徒不断迁移的原因，有的学者认为，与摩门教的特点有关。摩门教崇尚过集体生活，并实行一夫多妻制，因此被当时美国的主流宗教基督教所歧视和忌恨。

在这种情况下，摩门教徒为了寻找更为平静的安身之地，更好地得到上帝的"拯救"，不得不经常变换其生活地点。

然而，有更多的学者认为，摩门教徒之所以不断迁移，主要是由于政府的歧视和迫害。1830 年，摩门教徒从密苏里州迁移到伊利诺伊州后，在一个被先知史密斯称为瑙渥的地方定居下来，这一地方在摩门教徒的努力开发下，发展很快，到 1844 年已经成为伊利诺伊州最大和最繁华的城市。但是不久，先知史密斯及其兄弟被当局以破坏财产罪关进监狱并用私刑处死。1846 年，摩门教徒被迫离开瑙渥，开始了向美国西部迁移的史诗般的长征。1847 年 7 月，他们到达大盐湖盆地。根据先知布里格姆·扬的指示，在盐湖畔的一块地方定居下来，取名为"德塞列特"。从摩门教徒整个迁移过程来看，他们处处受到当局的歧视是显而易见的。

还有的学者认为，摩门教徒之所以能够百折不挠，是由于这一宗教的本质所决定的。他们认为，"这个教会是 19 世纪众多原教旨主义——乌托邦宗教运动中受迫害最剧烈、生命力最强，而且最成功的一个运动。"摩门教徒在犹他地区定居后，连续 10 年陷于贫困和饥饿的境地，但仍然坚持了下来。摩门教的多妻制和教阶统治制度，虽然不断遭到全国性政党和国会的攻击，但实际上它们一直存在着。1896 年，在摩门教徒的努力争取下，"领地"终于以犹他州的地位纳入了美利坚合众国。摩门教徒在克服困难的过程中，还不断壮大自己的力量。到 1877 年时，除盐湖城外，已有 58 个新的居民点。总人口达 14 万。现在美国的摩门教徒已增长为 300 万，而且在世界各地还有 180 万人。

虽然现在摩门教获得了很大的发展，教徒的生活也非常稳定，但是摩门教的教义强调严格的家长制生活，绝对禁止食用烟草、咖啡、茶叶和酒类，这与美国的民主制度和自由主义生活方式是大相径庭的。在以后的岁月里，摩门教会不会再次遭受逼迫而重新踏上迁移的道路呢？他们的教义会始终得到人们的容忍吗？美国摩门教的存在和发展仍然是一个值得探讨的问题。

## 摩西是犹太人还是埃及人

千百年来，摩西一直被当作他的人民（犹太人）的解放者而备受尊崇，但是，有人认为摩西不是犹太人，而是埃及人。谁能给出一个确切的答案？

据《圣经》记载，当雅名（又名以色列）初率 70 人到达埃及后，他们以埃及的歌珊为基地，逐渐向埃及各地蔓延，人口越来越多，兴旺发达起来。但是随着时间的流逝，他们逐渐沦为埃及人的奴仆。大约在公元前 13 或 14 世纪，一个名叫摩西（Mosche）的人降生。摩西在上帝耶和华的谕示下，带领在埃及过着奴隶生活的以色列人迁到神所预备的流着奶和蜜之地——迦南（巴勒斯坦的古地名，在今天约旦河与死海的西岸一带），神借着摩西写下《十诫》给他的子民遵守，并建造会幕，教导他的子民敬拜他。从此，犹太人结束了有史以来的无政府状态。

千百年来，摩西一直被当作他的人民（犹太人）的解放者，当作给他们带来宗教和法律的伟人而备受尊崇。同时，他作为犹太民族的一分子也成为以色列人的民族英雄。

但是，近年来有些学者通过对摩西传说的深入研究，提出摩西并不是犹太人，而是埃及人，而且他传给犹太人的宗教是从埃及带去的。

据这些专家说，摩西（Moses）名字的词尾 S 来自希腊文译本的《旧约》，希伯来文作 Masehe，从这个词来看，它来源于埃及语词汇。埃及语中"Moses"的意义是"孩子"，也是其他某些名字如"Amon—mose"（阿蒙摩西）、"ptahmose"（普塔摩西）的缩略形式，而且 mose 这个名字在埃及的纪念碑上也并不罕见。他们认为摩西最初的名字之前可能有诸如阿蒙或普塔之类的埃及神祇的名字，但前置名字在后来的流传中失去了，于是这个孩子逐渐被人们称为"摩西"。

在世界上几乎所有的古民族文化中，英雄人物几乎都是降生于高贵的家庭，并且逃脱了罪恶企图而得救，在一个低下卑微的家庭中长大，最终在与坏人的斗争中取得胜利，成为民族英雄。但是在基督教的传说中，摩西出生于犹太族的利未人家庭，这是一个普通的家庭，后来摩西被埃及的皇室抚养成人，这与其他的神话传说的典型模式颠倒过来，许多研究者对此迷惑不解。

人们估计，这个神话原来是形式可能并非如此，可能是由于法老被一次预兆性的梦警告，说他的孙子将会对王国有危险，于是他把刚出生的孙子抛进尼罗河中，但被犹太人救起来当作自己的儿子抚养成人。从这个传说的起源来说，可能源于犹太人，也就是说，这是符合典型模式中人民喜欢的领袖的通例的。

但这样一来，一个民族的传说又怎能把自己的英雄说成外国人呢？于是为了民族，为了使他保持皇室血统，也为了提高他的社会地位，保持身份，从而被塑造成英雄，才出现了上述反典型的说法。

从犹太教教义看，犹太教与埃及宗教之间存在着尖锐的对立。犹太教是一个庞大而严格的一神教，而埃及宗教中，不同起源和地位的神多得数不清。摩西虽然给犹太人带去的宗教不是当时埃及奉行的主要宗教，却可能是他自己的宗教，即一种埃及宗教。在第十八王朝时期，法老阿蒙霍特普四世在全国实行宗教改革，强迫他的臣民接受阿吞神教。然而他去世后不久，这种宗教也就被废除了。人们发现，摩西带给犹太人宗教中的许多东西都与阿吞神教类似，如获准入教前所做的信仰声明或誓言，在犹太人中实行的割礼等，这是不是意味着摩西是埃及人呢？

此外，还有许多迹象，诸如传说中摩西与他解救的臣民之间的言语交谈，需要亚伦来协助等，皆从某一侧面暗示了他作为一个埃及人的可能性。尽管如此，摩西是不是埃及人仍是人们的一个猜测，无论怎样，这都不能动摇他在基督徒心中的神圣地位。

## 古耶路撒冷究竟在何处

耶路撒冷是三大宗教的圣地，然而自从三大宗教都把它定为圣地后，这个城市再也没有安宁过。人们想知道的是，这个圣城最初的地址在哪里，是今天它所在的位置吗？

耶路撒冷，位于地中海东岸巴勒斯坦中部，是一座有着 5000 年历史的世界文化名城，众所周知它是犹太教、基督教、伊斯兰教三大宗教的圣地。在希伯来语中"耶路"意为城市，"撒冷"意为和平，"耶路撒冷"即和平之城的意思。

相传犹太人的祖先希伯来人最早居住在两河流域上游亚述地区，后来在部落首领亚伯拉罕率领下迁居到南部迦南，即后来的巴勒斯坦。公元前 10 世纪，大卫王在耶路撒冷建都，所罗门在该城建造圣殿。此后，耶路撒冷一直是犹太民族的精神中心，《旧约圣经》中，耶路撒冷被提到过 700 多次。被毁前的耶路撒冷圣殿内的至圣所，是犹太教最神圣的所在，只有大祭司才有资格一年一次进入至圣所。而以色列全体男丁必须一年三次来到耶路撒冷，过宗教节日。犹太人无论流散到何处，礼拜时总是面向耶路撒冷，建筑如果可能也设计成朝向耶路撒冷，朝向至圣所所在的方向。

耶路撒冷成为基督教供奉的圣地，要比犹太教晚得多。相传大约在公元 1 世纪中叶，基督教主耶稣降生在耶路撒冷南郊伯利恒小镇附近的一个名叫马赫德的山洞。后来耶稣因传教受到犹太当局的仇视，被活活钉死在城外的十字架上。据《圣经》传说，被钉死的耶稣三天后起死复活，升入天堂。公元 335 年，古罗马皇帝君士坦丁一世的母亲希拉娜太后巡游耶路撒冷时，下令在耶稣遇难的墓地上建造一座圣墓教堂，从此耶路撒冷也成了基督教徒信奉、朝拜的圣地。

耶路撒冷自 7 世纪后又成为仅次于麦加、麦地那的伊斯兰教第三圣地。相传伊斯兰教创始人穆罕默德 52 岁时，在一个夜晚被天使从梦中唤醒，骑上一匹银灰色人头牝马，追随天使从麦加来到耶路撒冷，脚登一块岩石，升上"七重天"。在接受"天启"后，于黎明返回麦加。作为穆罕默德夜行登霄的地点，耶路撒冷被数以亿计的逊尼派穆斯林认为是第三圣地。耶路撒冷最显著的建筑物，就是圣殿山上的两座清真寺——圆顶清真寺和阿克萨清真寺。

自三大宗教都把耶路撒冷定为圣地后，这个城市再也没有安宁过。据史料记载，从耶路撒冷诞生之日起至现在，已被无情战火 18 次夷为平地。但也因为耶路撒冷是世界公认的宗教圣地，所以一次次被战争吞没，又一次次奇迹般地复兴和重建起来，始终屹立不倒。

但是，近几年来对这座城市原来所处的地理位置，西方一些学者提出质疑。有人认为耶路撒冷不在古代的巴勒斯坦境内，而是在沙特阿拉伯。上帝赐给犹太人的"流奶滴蜜之地"，实际上在当今沙特阿拉伯境内从麦加到沙特—也门边界附近的红海之滨、一条长约 200 英里的狭长地带内，连同古以色列的戴维和所罗门王国及第一圣殿都在沙特阿拉伯境内，亦即现在的阿西尔省和希贾兹省。

还有学者认为希布伦和耶路撒冷就是在《圣经》中说的地方，古耶路撒冷是在内罗毕。这是被考古学家用大量实物所证实了的。

众多的历史文物、宗教遗址和各种古迹，经历代文人墨客的渲染，给耶城披上了浓厚神奇的宗教色彩，似乎这里的一石一砖一墙一柱都在向过往的游人诉说着已逝去的久远年代的故事。但是古耶路撒冷究竟在哪里呢？人们期待得到一个答案。

## 耶路撒冷"哭墙"之谜

它被列入世界十大神秘事件之一，真相却出人意料；它见证了一个民族千年的悲欢离合，它抚慰着无数人的悲痛心灵。它就是"哭墙"！

耶路撒冷犹太教圣迹哭墙是耶路撒冷旧城第二圣殿护墙的一段，也是第二圣殿护墙的仅存遗址，长约 50 米，高约 18 米，由大石块筑成。犹太教把该墙看作是第一圣地，教徒至该墙须哀哭，以表示对古神庙的哀悼并期待其恢复。千百年来，流落在世界各个角落的犹太人回到圣城耶路撒冷时，便会来到这面石墙前低声祷告，哭诉流亡之苦，所以被称为"哭墙"。历经千年的风雨和朝圣者的抚触，哭墙石头也泛泛发光，如泣如诉一般。

公元前 11 世纪古以色列王大卫统一犹太各部族，建立了以耶路撒冷为首都的以色列王国。公元前 10 世纪（约公元前 965 年）大卫儿子所罗门继承王位后，在首都锡安山上建造了首座犹太教圣殿所罗门圣殿，俗称"第一圣殿"，来此朝觐和献祭的教徒络绎不绝，从而形成古犹太人宗教和政治活动的中心。

公元前 586 年，巴比伦人攻占了耶路撒冷，将耶和华所建的"第一圣殿"付之一炬。经过了半个世纪的流亡生活，犹太人陆续重返家园，后来又在第一圣殿旧址上建造第二圣殿。

公元 70 年，罗马帝国皇帝希律王统治时期，极力镇压犹太教起义，数十万犹太人惨遭杀戮，绝大部分犹太人被驱逐出巴勒斯坦地区，耶路撒冷和圣殿几乎被夷为平地。据说，在所罗门圣殿被罗马人焚烧时，犹太人面对坍塌的大殿和残垣断壁，聚集在西墙下失声恸哭。期间，有人看见有六位天使也坐在一面残墙上哀声哭泣。天使的泪水渗入石缝，从而使圣殿废墟的残壁永远不倒，见证着这段苦难与悲剧。

尽管该围墙为伊斯兰圣地西墙的一段，但犹太人仍然把它视为本民族信仰和团结的象征。今每逢犹太教安息日时，尚有人到哭墙去表示哀悼，还有许多信仰者将心愿或悼念之辞写于纸上塞进墙壁的缝隙里。

第二次世界大战期间，惨遭德国法西斯杀害的犹太人达 600 万之多。这些惨痛的历史遭遇，深深地印在犹太人的心灵之中，哭墙便更被犹太人视为信仰和团结的象征。直到如今，哭墙脚下经常有来自世界各地的犹太人，他们或围着一张张方桌做宗教仪式，或端坐在一条条长凳上念诵经文，或面壁肃立默默祈祷，或长跪在地悲戚啜泣。逢宗教节日，祈祷者及游人更多。哭墙分为两部分，中间隔一栅栏，男女分开祈祷。入男部，须带上用纸做的小帽，否则被视为异教徒而不准入内。在做正式祈祷时，要准备好两个装的"圣书"语录的小羊皮袋子，一个戴在头上，另一个捆在手臂上，身上披一件特制的披肩。教徒们在祈祷时，面对哭墙，口中念念有词，全身前仰合后，虔诚之态令人肃然起敬。

1992 年据考古学家透露，他们在"哭墙"中发现 5 块巨型基石，这些石块有 2000 多年的历史。据考古学家用声波探测法测定，其中最大一块巨石约长 13.6 米，宽 4.6 米，高 3.5 米，重达 570 吨，据说是世界上第 3 大人造巨石。

有一次，这面巨大石墙中间的一块巨石上异样地出现了一道水渍，经过几天风吹日晒依然如此，既不扩大、也不消失。这一现象令不少极端正统的犹太教人士激动不已，因为在犹太教传说中，哭墙流泪是犹太救世主弥赛亚降临的先兆。

哭墙一共流了三行泪，一行"眼泪"位于哭墙中间靠左的位置，距离地面大约六七米的高度。水渍长方形，尽管湿漉漉的，却并没有水滴下来，水渍四周都是干的，一点水的痕迹也没有。由于水渍正好位于一块巨石正面，所以从地面看起来似乎水是从石头内部渗出来的。另外两处水渍都位于石墙的缝隙处。水从缝隙里渗漏出来，润湿了下面的石头，一些墙缝的填料也被腐蚀掉了，看起来像两只"流泪的眼睛"。

其实哭墙出现水渍是一种经常出现的自然现象，据说是由于一种长在石头中间的植物腐烂后引起的。"哭墙之泪"虽然被证明纯属自然现象，但人们仍旧希望，总有一天，和平会降临到这片土地。那时，人们将不再互相杀戮，哭墙将不再流泪。

## 犹太教为何具有强大的凝聚力？

在历史上犹太教屡遭劫难，令人不可思议的是，无论在哪里，犹太民族都具有强大的凝聚力，是什么让他们紧紧团结在一起呢？

犹太是一个历史悠久的民族，他们原来是居住在阿拉伯半岛的一个游牧民族，最初被称为希伯来人，意思是"游牧的人"。根据记载他们历史的《圣经·旧约》传说，他们的远祖亚伯拉罕原来居住在苏美尔人的乌尔帝国附近，后来迁移到迦南。公元前11世纪，希伯来人从埃及来到巴勒斯坦，建立了统一的以色列国家，定都耶路撒冷。

后来，以色列国家分裂为两半，北方的以色列王国为亚述所灭，居民被放逐，不知所终。公元前597年，南方的犹太王国被新巴比伦击败，四万多犹太人被虏，史称"巴比伦之囚"。波斯兼并巴比伦后，犹太人获准于公元前538年返回故土。

公元70年，罗马帝国皇帝希律王统治时期，极力镇压犹太教起义，数十万犹太人惨遭杀戮，绝大部分犹太人被驱逐出巴勒斯坦地区，8万人被当作奴隶卖掉。135年，罗马军队再次踏平不肯屈服的耶路撒冷。从此以后的1800多年间，犹太人一直在世界各地漂泊。

流落在外的犹太人主要逃往欧洲、西亚和北非，到达德国、波兰、俄国的称为阿希肯纳兹人，抵达西班牙、葡萄牙的称为赛法拉德人，定居近东各地的统称东方犹太人。失去祖国之后的犹太人所经历的苦难是难以想象的。特别是在基督教一统天下的欧洲，犹太人被当作异教徒和谋杀耶稣的凶手备受歧视与迫害，经常发生屠杀犹太人的血腥事件。

19世纪末期，由于东欧的迫害加剧，成千上万的犹太人逃离此地，大多数投奔美国、加拿大和西欧。到1924年，共有大约两百万犹太人移民至美国，因当时美国社会对待犹太族群的态度相比东欧而言更加宽容。欧洲对犹太人的迫害终于在二战时期法西斯德国达到顶峰，发生了灭绝约600万犹太人的大屠杀，几乎彻底摧毁犹太人在欧洲2000年的文化历史沉淀。由于犹太人屡遭厄运，两千多年来人口没有增加多少，现在全世界也只有一千五六百万人。

流落世界各地的万犹太人虽然分属几十个国籍，操各种不同的语言，体质特征也大不一样，甚至有不少黑人犹太人，但他们都认为自己同属一个犹太民族，因为他们都信犹太教。犹太教是维系天各一方犹太人的强韧的纽带，是他们不被同化的有力保证。那么，这种强大凝聚力的奥秘究竟在哪里呢？

有很多人认为犹太教的凝聚力植根在其所蕴含的极为强烈而又相当狭隘的民族意识中。犹太教把自己的信徒说成是上帝的"选民"，优于其他民族，因此规定不与外族共食、通婚等戒律。这样，犹太教用《律法书》等经典给自己筑了一道围墙，成为一个相当封闭的社会集团。即便在落难之际，也不轻易改变。犹太人甚至把因罹大难而背井离乡作为把耶和华的学说带给全人类的神圣使命，因此，世世代代漂泊流离的犹太人自有其强大的精神依托，坚持不与外族混杂。

有些学者根据犹太的历史经验提出，犹太教越是受压，其凝聚力越强，反之减弱，因此今天星散全球的犹太民族之所以没有解体，实在是种种厄运所致。犹太教徒深信，生死是上帝安排的，正义与邪恶最后都会得到上帝的公正评判。但是，在欧洲常有犹太人迫于高压而改宗的事，2000多年来，改宗其他教派的犹太人一定为数不少。因此，这些学者的说法似乎不能令人信服。

此外，还有些学者认为是犹太教士长期以来灌输的教育才使犹太教的凝聚力如此强大。在流放期间，犹太人自行建立很多会堂，在神职人员拉比的组织下开展宗教活动，维持独特的生活方式。从此，犹太会堂成了维系犹太社会的中心。犹太教会具有很高的权威，它规定对不守戒规的信徒进行严惩，早期甚至可以将不信耶和华为唯一神的犹太人处死。因此这种宗教上的极端不容忍性被有些人当作犹太人不被同化的重要原因。可是，不容忍异端是有史以来很多宗教的共同特征。中世纪的天主教会在迫害异端方面比犹太教更有过之而无不及，为什么凝聚力反倒逊色得多呢？

## 《圣经》中诡异的景象

从不曾有任何一本书像《圣经》一样给世界留下如此深刻隽永的烙印，作为宗教典籍，它绝对称得上经典，可是为什么书中会有许多奇怪的描写呢？谁能解释得通呢？

《圣经》是世界上发行最多，流传最广的书籍之一。它是基督教的宗教经典著作，也是古代中东地区特别是犹太民族的一部详细的编年史。从来没有任何一本书像它一样，经历如此多的颠覆和变革，也从不曾有任何一本书会给这个世界留下如此深刻隽永的烙印。

《圣经》这个名词是公元四世纪时君士坦丁堡大主教约翰·克里索斯通取的，他把犹太人所有的圣书统称为《圣经》。在《圣经》中保留了众多的犹太民族远古时代的历史传说，这些传说往往带有某些神话色彩，在古代，要对《圣经》的内容提出质疑是根本无法想象的事情。后来，人们以为那些传说都是古代人想象力的产物。但是，随着科学的深入发展，人们发现《圣经》中的某些神话和传说竟然包含着某些超越时代的记载，这些记载究竟是根据什么写的呢？

《旧约·以西结书》第一章至第三章中以西结的一段描述，被认为是有关不明飞行物的最早记载之一。那是在犹太人的约雅斤王被巴比伦王尼布甲尼撒掳走之后的第五年（即公元前592年），天上出现了一具奇异的"飞行器"，降落在迦勒底（今属伊拉克）的迦巴鲁河边，以西结写道："我观看，见狂风从北方刮来，随着有一朵包括闪烁的大云，周围有光辉，从其中的火内发出路像光耀的精金。""又从其中，显出四个活物的形象来。他们的形状是这样，有人的形象，各有四个脸面、四个翅膀。他们的腿是直的。脚掌好像牛犊之蹄，都灿烂如光明的铜。在四面的翅膀以下有人的手。……行走并不转身，俱各直往前行。……活物往来奔走，好像电光一闪。"

以西结观察得相当仔细，这种"飞行器"能够扇起狂风、发光、喷出火焰，这是一种什么飞行器呢？这些"似人的活物"又是什么？在今天的人想象中，不就是戴有宇航盔、身穿太空装、系着飞行装置的外星生物吗？

以西结的奇遇还没有结束，接着，他见到这样的情景："……活物的脸旁，各有一轮在地上。轮的形状和颜色好像水苍玉。……好像轮中套轮，轮行走的时候，向四方都能直行，并不掉转。四个轮毂周围满有眼睛。活物行走，轮也在旁边行走。活物从地上升，轮也都上升。"

随后以西结"又听见一位说话的声音"，声音告诉以西结，要他按上帝的差遣，对本国子民传谕。他被带上飞行器，飞行器起飞了："我又听见那活物翅膀相碰，与活物旁边轮子旋转震动轰轰的响声。于是灵将我举起，带我而去……"飞行器把以西结带到他的流放同胞居住的地方提勤亚毕，以西结在他们中间"忧忧闷闷地坐了七日"。

以西结的描述与现在人们传说中的飞碟非常相像，而以西结的经历仿佛是乘坐不明飞行物进行了游览。以西结描述的事情是他亲自经历的吗？这是现在的人们无法解释的。

《圣经》中另一段奇怪的描写在《旧约·创世纪》第十九章中：上帝要毁灭所多玛和娥摩拉这两座罪恶之城，灭城之前，他派了两名天使来通知罗得带着全家逃离这里。天使带领罗得家人出了城，对他们说："逃命吧，不可回头看，也不可在平原站住，要往山上逃跑。"

"当时耶和华将硫黄与火，从天上降与所多玛和蛾摩拉，把那些城和平原，并城里所有的居民，连地上生长的，都毁灭了。罗得的妻子回头一看，就变成了一根盐柱，亚伯拉罕清早起来，到了他从前站在耶和华面前的地方，向所多玛、蛾摩拉与平原的全地观看，不料那地方烟气上腾，如同烧窑一般。"

上帝到底是用什么武器在瞬间把两座城彻底毁灭的呢？那两座被毁灭的城市为什么会烟气上腾？为什么罗得的妻子回头一会变成盐柱？有人在仔细研究了这段文字之后，认为它与1944年美国用原子弹轰炸日本广岛和长崎的情况非常相似。只有原子弹才能一下子毁灭整座城市，只有原子弹的爆炸才能形成冲天而起的烟云，只有原子弹爆炸的光辐射才能对看它的人造成致命的杀伤。难道《圣经》中的记载是核武器的爆炸？

远古时代那些犹太民族的先知在《圣经》中的记录究竟是他们的亲自见闻还是凭空想象的情景呢？这是一个值得认真探讨的问题。

## 耶稣真有其人吗？

耶稣对基督徒的巨大响力是毋庸置疑的，可是耶稣到底是一个历史真人还是人们塑造出来的神呢？

作为与佛教、伊斯兰教齐名的世界三大宗教之一，基督教自创立至今已经有2000多年的历史了，但是对于基督教的创始人耶稣是否真的存在过却一直是一个争论不休的话题。

虔诚的基督徒认为耶稣是真的存在过的，他是一位生长在巴勒斯坦的拿撒勒族人，大约生活在公元前1世纪，由于他创立了基督教，所以被后来的基督徒崇奉为"上

　　据说，耶稣的父亲名叫约瑟，是一个木匠，他的母亲名叫玛丽娅，耶稣还有3个弟妹。耶稣从小没有受过传统的正规教育，由于他的父母是虔诚的教徒，每年都要去宗教圣地耶路撒冷诵经朝拜，每次都会带上长子耶稣同行，耶稣从那里了解了巴勒斯坦和外部世界的情况，获得了丰富的知识涵养。

　　后来，耶稣带领他的12个门徒，云游四方，到巴勒斯坦各地宣传他创立的基督教。他的思想在下层民众中深受欢迎，他宣扬"天道"，号召民众要把巴勒斯坦从罗马帝国的统治下解放出来，重建繁荣昌盛的希伯来大卫王国。在犹太人民的心目中，耶稣既是先知先觉的圣人，又是大卫王国的皇位继承人。根据记载耶稣生平事迹的"四福音书"所说，耶稣和他的门徒的布道说教激励了人们的斗争意志，给广大人民群众带来了福音，于是掀起了一阵又一阵的抗议活动。耶稣的这些活动，遭到了犹太当权者的抵制和打击，后来他被捕，最终被钉死在耶路撒冷东郊橄榄山的十字架上。

　　按照这种说法，耶稣是当时在民间活动的反抗者领袖，他用宗教来号召人民和他一起推翻罗马统治者和上层社会的压迫者，事情泄露后被杀，但是他创立的宗教却逐渐流传了下来。

　　也有人认为耶稣在历史上并没有其人其事，他的形象是后人伪造出来的，是基督教会塑造出来的"一个没有生命的偶像"。在传说中耶稣创立基督教的时代，各种史籍著作都很少提到耶稣本人的生平事迹和创建基督教的详细资料。至于记载耶稣故事的各种福音书是在基督教产生以后很久才陆续问世的。由于宗派斗争的需要，各教派纷纷根据自身需要来编写福音书，按照各自的教派观点来描绘"救世主"耶稣的形象。这一点可以从各个不同版本的福音书中清楚地看出来，《路加福音》中的耶稣家谱同《马太福音》中的耶稣家谱就有很大的不同，在《新约全书》中描绘的耶稣更是一位无所不能的"天神"形象，而与有血有肉的历史人物毫不相干。

　　同时，学者们还对耶稣创立基督教的说法提出了质疑，从现有历史资料来看，基督教本来只是犹太教的一个分支。耶稣是犹太人中一个非常普通的名词，它的原意是"上帝耶和华拯救"，而"基督"则是"救世主"的希腊文音译。基督教在萌芽时期是社会下层平民狂热宣扬"天国"和"救世主"的群众布道活动，人们急切渴望"救世主"能够从天而降来解救受苦受难的民众，因此基督教徒就创造出了耶稣这样一位先知来帮助他们宣扬教义。

　　基督教本来只是犹太教的一个新宗派，最早的基督教徒大部分都是犹太人，因而各类福音书的记载无不受到犹太教的影响。《马太福音》之所以要把耶稣说成是犹太国王的后裔，是因为这样就能为这位神明的"救世主"披上合法的外衣，从而号召更多的信徒。后来，随着基督教在世界各地的广泛传播，为了把耶稣说成是全世界所有地方民众的"救世主"，又把他改成是上帝耶和华的独生儿子，说是童女玛丽娅尚未出嫁便受圣灵感应怀孕而生下了耶稣。

　　耶稣到底是一个历史真人还是人们塑造出来的神，历史学家进行了长期的研究，却一直没有任何进展。不管耶稣是否存在过，他对基督世界的巨大影响力是无可置疑的。

## 耶稣裹尸布真的存在吗?

耶稣受难后，身体曾经被人用布包裹起来，这就是传说中的"耶稣裹尸布"。然而现在流传于世的裹尸布究竟是真是假呢？一片粗糙的亚麻布造成了无数的谜团。

据《圣经新约》上记载：耶稣在十字架上被钉死后，门徒逃的逃、散的散，剩下一干妇女在那里哀哀哭泣，尸体无人收殓。幸好"有一个人名叫约瑟，是个议士，为人善良公正……这人去见彼拉多，求耶稣的身体。就取下来用细麻布裹好，安放在石头凿成的坟墓里。"不久，耶稣从死中复活，墓穴洞开，人已经不见了踪影，他的门徒彼得听闻此事，连忙"跑到坟墓前，低头往里看，见细麻布独在一处，就回去了，心里稀奇所成的事"。然而，就在耶稣复活后，他的那块裹尸布却不翼而飞了。对于这块细麻布的下落，《圣经》经文没有再作交代。

起初，人们认为这只是一个宗教神话，并没有信而当真。然而到了1353年，居住在法国巴黎附近领地的夏尔尼伯爵突然宣称，他保藏着耶稣受难时的那块裹尸布。这一消息在世界上引起了极大的震动。遗憾的是，夏尔尼伯爵尚未说出裹尸布的来龙去脉就很快病故了，从而把这块裹尸布突然出现之谜也永远带进了坟墓。不过，对于一些基督徒来说，他们对这块裹尸布却是深信不疑的。

1357年，这块来历不明的裹尸布终于在夏尔尼伯爵领地利莱教堂的祭台上公开展出，吸引了大批朝圣者。到了15世纪，萨伏伊公爵路易斯将裹尸布从利莱转移到著名的尚贝里大教堂。1532年，尚贝里大教堂失火，裹尸布虽被抢救了出来，但因贮放的银盒融化，落了几滴在裹尸布上，使它遭到了一些破坏，同时消防用水也在布上留下了污迹，但布的中心部分依然完整无损。1578年，裹尸布被迁往意大利北部的都灵，存放在都灵大教堂的圣坛上，时至今日。

由于社会上对耶稣裹尸布的真伪众说纷纭，1898年，都灵大主教终于同意一批科学家对裹尸布进行考察研究。人们发现这块亚麻裹尸布上留有一个明显的影像——一个裸体、有胡子、留长头发的男人的图像。其大小同实际人体相等，死者的面容安详，其身体上留有鞭痕和钉痕，布上相当于死者的头、手、腰、足部位都有斑斑"血"迹。裹尸布图像上的脸型、披肩的发式及胡子都属于公元初的犹太人型，并且，裹尸布上的形象与圣西娜山上叶卡捷娜教堂中的圣像有45处相似，而与查士丁尼二世时货币上的圣像有65处相似。在图像的眼部发现有公元1世纪铸造的钱币痕迹，这证明死者的时间是公元1世纪，与耶稣遇难的时间相吻合。有人认为，裹尸布上的影像很像《福音》书上所描述的耶稣受难时的形象，并断定这就是大约2000年前约翰用来包裹耶稣尸体的那块圣布。

有的历史学家认为，耶稣当年受难时，耶稣的门徒确实曾用细亚麻布包过耶稣的遗体，这块裹尸布曾长期保存在耶路撒冷，后来它又传到了东罗马帝国的首都君士坦丁堡。第四次十字军东侵时，君士坦丁堡被十字军所占领，耶稣裹尸布神秘地失踪了。有人猜测，1357年在法国夏尔尼伯爵领地利莱教堂展出的耶稣裹尸布，就是十字军东侵时从君士坦丁堡窃运而来的。

当然，也有人认为并非真正的耶稣裹尸布。他们提出，裹尸布的人形属裸体形象，这与当时的习俗相违背，因为通行的耶稣受难形象是穿着希腊长衣，或者腰间束有大腿绷带。同时，他们还发现，裹尸布上的耶稣形象留有发辫痕迹，而中世纪的几乎所有圣像都没有发辫。由此，他们认为裹尸布是后人伪作的。

1978年，为纪念裹尸布迁移都灵400周年，再次举行了公开展出。各国科学家云集都灵，用各种现代科学方法对尸布作了实物检验研究。纺织学家发现，在古代中东地区常以亚麻布作尸衣、尸布，而这块亚麻裹尸布明显具有古代耶路撒冷地区的特征。同时，有科学家还发现在裹尸布上含有一些花粉，这些花粉大部分是属于生长在耶路撒冷的植物花粉。因此他们断定：裹尸布肯定有一段时期是在耶路撒冷保存过的。

然而美国的科学家却得出了不同的研究结果，他们认为裹尸布图像是由人巧妙地用轻微的焦痕构成的。而且，通过对尸布上的"血"迹的研究表明，裹尸布上留下的"血"迹确系人血。但经分析发现，尸布上的血迹是阳性的，而人体影像却是阴性的，这说明尸布上的血不是来源于尸体，而是后来加上去的。由此，有些科学家断言，裹尸布上的耶稣图像是伪造的，这块亚麻布根本不是传说中的耶稣裹尸布。

虽然科学家认定这不是真正的耶稣裹尸布，然而仍有许多未解之谜：裹尸布上的图像是立体形的，但古代人是否能掌握立体成形技术呢？如果裹尸布上的图像是由焦痕形成的，那么要有怎样的烧烫技术才能绘制出这样一幅图像呢？究竟是谁会有这样的技巧和才智，花费如此的周折，和宗教、信徒、甚至与几千年来的科学家开了这样的玩笑。还有，历史上真的有过耶稣此人和耶稣裹尸布吗？裹尸布周围笼罩的迷雾也许永远无法揭开。

## 耶稣十字架受难之谜

耶稣十字架上受难的图案在全世界有关基督教的东西上都可以见到，可是这也仅仅是个传说，真正的耶稣受难是怎样的一幅情景呢？

历史上是否确有耶稣其人？这是人类文化史上争论了2000年都未获结果的千古之谜。根据历史上的材料与传说，可以大概得到耶稣的生平：相传约公元前6世纪耶稣生于犹太伯利恒，卒于约公元30年。在30岁左右时他在加利利和犹太各地传教，宣称天国将至，人们应当悔改，信他的必得救，不信者将被定罪。他抨击犹太教当权者，遭到犹太教上层分子的嫉恨。在"逾越节"前夕，被门徒之一的犹大出卖而被拘捕，后以"谋叛罗马"罪被送交罗马驻犹太总督彼拉多，在"逾越节"当天被钉死在十字架上。

如果真有耶稣其人，那么关于他的死，又是一个引起争论的问题。据《圣经》中的"四福音书"记载，耶稣被钉死在十字架上后3天，重新复活，并一再在门徒面前显现，因此使四散的门徒重新鼓起勇气，聚集起来，获得了耶稣之死不是终结而是死而复活的信念。

不过这种说法自近代以来一再引起人们的疑惑，早在1835年，德国青年黑格尔派学者戴维·施特劳斯就在《耶稣传》中指出"耶稣之死的真实性，不可能从他被钉十字架这一方面得到充分证明，而只能从他之复活缺乏证明予以说明。说耶稣还继续活着是没有历史资料可资证明的，但如果认为他真的死了，那也只好把他钉十字架之死认为是真的死了。"英国学者卡本特认为："有关耶稣处死的情形，福音书的记述大都是为了显示其如何在细节上都实现了《旧约》的预言。"美国《圣经》文学专家莱肯指出："耶稣被钉死在十字架上，完成了替人类赎罪的使命，是《新约》中福音故事的基础，也是整部《新约》神学思想的基础"。

1982 年英国德拉科特出版社出版的《圣族与圣杯》一书认为：耶稣并不是一个被钉死在十字架上的救世主，而是一个觊觎以色列王位的犹太贵族，其娶了一个名叫玛丽·玛格达琳的女子为妻，并生有子女数人。因为参与贵族争权斗争遭到失败后，被迫流亡到高卢。为了防备政敌的谋害，他将妻子儿女留在高卢，并捏造自己被判刑钉死在十字架上的故事，自己只身潜返祖国。他的后代在高卢生活繁衍，并在公元 5 世纪时成为法兰克人墨洛温王朝的统治者。至公元 11 世纪末，耶稣的后裔参加了十字军东征，创建耶路撒冷拉丁王国的戈德费鲁瓦·德·布隆即为耶稣的后代，关于耶稣家族的血统就被称之为圣杯，它的秘密一直由秘密教会锡安山隐修会所保存。该书甚至声称悬挂于天主教堂的圣母像，并非耶稣母亲之像，而是其妻玛丽·玛格达琳的画像。

**耶稣十字架受难**

一位德国学者自 1973—1983 年间数度在东方（土耳其、伊朗、阿富汗、印度）游历、考察和研究后写出了《耶稣在印度》一书，作者认为，耶稣在幼时为躲避罗马行省希律王的迫害，逃到了埃及的亚历山大城，并在那里学习佛教教义，12 岁以后又到印度继续深造，10 年以后（约公元 6 年）才重返故乡以色列，自称拿撒勒人耶稣，并从事创立基督教及传教活动，引起了罗马统治者的恐慌，后被总督彼拉多逮捕，判处受钉死在十字架上的刑罚。当耶稣被钉上十字架之后，受尽了折磨，为了营救他，有人暗中在送给他喝的酸酒中投放了麻醉药物，造成了耶稣的假死。后由富商约塞夫买通了当局和行刑者，得到了耶稣的"尸体"，并用解毒药拯救了他的生命，使其得以"复活"。耶稣治好伤病之后，曾多次在其门徒面前"显现"。此后便在叙利亚、波斯、土耳其一带秘密传教，直到 16 年之后，偕其母亲一起到印度克什米尔定居，以"约兹·亚萨夫"之名著称，后来以年逾八旬的高龄在克什米尔的斯利那加善终。至今斯利那加旧城中央仍保存着耶稣的陵墓，名为"先知约兹·亚萨夫之墓"。每年还迎来成百上千的香客朝圣。

关于耶稣之死的故事似乎比耶稣身世的传说更有传奇性，那么耶稣到底是否被钉在了十字架上呢？这或许是一个永远也解不开的谜。

## 神奇的圣水石棺

法国的石棺能够源源不断地流出"圣水"来，因此成为人们崇拜的圣物，它被赋予了神的旨意吗？"圣水"从哪里来呢？

在法国比利牛斯山区的代奇河畔，有一个名叫阿尔勒的小镇。在这个小镇子的教堂里摆放着一口石棺。据说，这口石棺是公元4世纪至公元5世纪时一个修士的灵柩。石棺是在1500多年前制作的，大约有1.93米那么长，是用白色大理石精雕制成的。

从外表看，这也只是一口普通的石棺，可是打开石棺的盖子，就会发现里面长年盛满了清泉一样的水。当地人对石棺里的水非常虔诚，却没有一个人知道这水是从哪里来的。

据说，在公元760年的时候，有一天，一个修士从罗马带回来两个人，一个叫圣阿东，另一个叫圣塞南，这两个人都是波斯国的亲王。在修士的开导下，两位亲王信仰了基督教，成了基督教的忠实信徒。圣阿东和圣塞南来到阿尔勒镇，除了传授基督教，还带来一样圣物。他们把圣物放在了教堂的古棺里面，至于这个圣物到底是什么，没有人能够知道。不过，从那以后，这口石棺里面开始出现源源不断的"圣水"。这"圣水"为当地的老百姓带来了吉祥和幸福。

为了纪念圣阿东和圣塞南，感谢他们的恩德，只要一到每年的7月30日这天，阿尔勒镇上的人们都要在这里举行传统的纪念仪式。纪念仪式完了以后，人们就排着队到这口石棺前边领取一份"圣水"。石棺的盖子上有一个小孔，小孔上面有一根弯的铜管，铜管上有一个开关，修士们就是通过控制这个开关给大家分发圣水的。平时，铜管上的开关都是合上的，只有每年的7月30日这天，修士们才把它打开，让"圣水"流出来。人们对得到的"圣水"非常珍惜，小心翼翼地收藏在家里，只有到了万不得已的时候才拿出来使用。据说，这"圣水"有一种特别神奇的力量，可以医治好多种疾病。

有一些专家对这口石棺进行过认真的观察，发现它的整个容量还不到300立升。而历史上对"圣水"的记载也大都符合其容量。

公元1529年，有一队西班牙士兵曾经从阿尔勒镇路过，并在镇上驻扎了好几天，他们从石棺里汲取了大约有1000立升的"圣水"。公元1850年，这口石棺仅仅在一个月时间里边，就蓄了大约有200立升的"圣水"。

可是，在法国大革命期间，当地的一些人胡乱造反，将石棺当了垃圾箱，什么东西都往这口石棺里边倒。这口石棺在遭受厄运的几年当中，竟然没有流出一滴"圣水"。后来，法国大革命结束了，人们怀着虔诚的心情清除了石棺里边的脏东西，石棺才又重新流出了神奇的"圣水"。即使在旱灾的年头，这口石棺照样向当地人们提供着清泉一样的"圣水"。

关于石棺"圣泉"样的传说有很多，虽然说法都不尽相同，但从这口石棺里流出来的"圣泉"却是真实的。这时，也就出现了许多疑问，让人们感到纳闷。阿尔勒镇教堂的这口石棺为什么会有这样源源不断的"圣水"呢？另外，这神奇的"圣水"究竟是从哪里来的呢？

1961年7月，两个来自格累诺布市的水利专家来到阿尔勒镇，他们想解开石棺的"圣水"之谜。两人走进教堂，围着石棺认真地观察了半天。开始，这两个水利专家以为这是一种渗水或者凝聚现象，才使得石棺里面有了"圣水"。于是，他们征得了修士们的同意以后，把石棺垫高，使它和地面隔离开来。然后，又用塑料布把石棺严严实实地包裹了起来，为的是不让外边的雨水渗入到石棺里面去。

做完这些后，两个水利专家又日夜值班地守在这口石棺面前，不让别人往里面加水。然而过了几天以后，他们打开石棺一看，石棺里边的"圣水"一点儿也没有减少，还是那样源源不断。他们又对这口石棺里面的"圣水"进行了鉴定，结果发现石棺里面的"圣水"即使不流动，它的水质也是纯净不变的，好像石棺里的"圣水"能够自动更换一样。这到底是怎么回事呢？两位水利专家也感到一头雾水。

后来，又有许多科学家试图解开这口石棺之谜，然而他们全都没能成功。要解开阿尔勒镇教堂石棺"圣水"之谜，还得需要科学的进一步发展。现在，阿尔勒镇的人们还是像以前一样，每年只要到7月30日这天，都会来到教堂，举行传统的纪念仪式，然后排着队，到石棺前边去领取"圣水"，希望它能够给家人带来吉祥和幸福。

## 神秘的印尼"千佛寺"

婆罗浮屠是印尼著名的千年神坛，虽然后来被重建，但它谜一样的身世并没有随着重建而消失，佛塔中的谜还很多很多……

印度尼西亚爪哇的婆罗浮屠是最奇异的佛教塔庙，它位于印度尼西亚爪哇岛中部马吉冷婆罗浮屠村，距首都雅加达东南约400千米，文池兰西南，东南30千米处就是日惹，高大的佛塔和神坛是寺院中最为引人注目的建筑。

"婆罗浮屠"为梵文音译，意思是"山丘上的寺院"。婆罗浮屠素有印尼的金字塔之称，又称"千佛坛"。这个大乘佛教艺术古建筑同中国长城、埃及金字塔、柬埔寨吴哥窟齐名，对研究印尼历史、文化和艺术具有重要价值。

传说，在公元8世纪的爪哇，强盛的夏连特王朝的统治者皈依大乘佛教。他们使用当时最先进的技术，大约在公元800年建造了这座设计精良的石头佛塔。婆罗浮屠塔犹如一个巨大的曼荼罗（坛场）。在建造时，共用了近225万块岩石，底层用每块重约1吨的巨石铺就，总体积达5.5万立方米。

婆罗浮屠构图精美，气势磅礴。它呈金字塔形，可抬级而上。佛坛共有9层，在外形上如阶梯状的锥体。上面3层为圆形，下面6层似方形：包括一个正方形的塔基和5层带边的墙的平台组成。塔基地面部分占地1.23万平方米，由5层带边的墙的平台组成，并装饰着数以千计的反映佛陀生活的雕刻。方形平台上是4层圆形平台，上面竖立着72座钟形佛塔或佛龛，每座佛塔内都罩着一个环绕着中央大塔而建立的佛像。各层平台向上依次收缩，在顶部有一座主佛塔，直径9.9米，高7米。原高42米的塔因主佛塔顶端触雷而毁掉，留下的部分只有近35米。佛教徒必须按特定的路线登婆罗浮屠：从东面进入，按顺时针方向绕行。走向庙顶象征着一个人逐步达到完美的精神境界。

当时为了修筑婆罗浮屠塔，成千上万名工人、工匠、雕刻师和艺术家参与了建筑，工期长达七八十年。但是，出人意料的是，这个杰作寿命却异常短暂，在公元10世纪佛坛就人们被废弃了，任其悄然崩塌、被丛林蚕食。有人说，1006年此地发生了默拉皮火山喷发和地震，婆罗浮屠周围的居民因此纷纷逃离，使这个著名的建筑荒废了800多年。

婆罗浮屠是一个特别的古迹。它不是寺庙，因为它没有膜拜或祭祀的地方，它是一个巨大的佛陀神殿，既是窣堵波，又是曼荼罗（坛场）。由于缺少文字记载，它的历史面目，它的来龙去脉，后人知之甚少。据考古学家们考证，从跋罗婆文写的碑铭上看，其建筑年代大约在公元772—830年间，但具体什么时间却无法确定。另外，佛塔的设计者究竟是何人，也无从查考，而仅能从民间传说中寻找一点影子，即可能是萨玛拉罗国王。

佛塔基座上刻有160块浮雕，浮雕全部内容都取材于佛本生经故事。中部五层塔身和围墙上也刻有1300块精美浮雕，描绘了佛祖解脱之前和日常生活的情景，也有一部分反映了一些民间传说，有423尊塑像。然而，迄今为止世人理解的仅占20%。如《独醒图》表现了富贵不淫；《救世图》赞扬佛的慈悲宽宏；《身教图》则教育人们不要以恶报恶，而剩下的大部分佛像雕石却无法使人完全了解其深刻的内在含义。

在婆罗浮屠的整个建筑中，多次用到了"8""10"等数字。三层圆台上的小舍利塔的数目分别为32、24、16，塔内佛像总数为504，这些均是8的倍数。佛塔建筑中所有舍利塔的数目是73，而"73"的个位数与十位数之和恰好是10，这是佛教教义中一种圆空、轮回的体现。另据传说，原来塔内佛像总数为505尊，后来由于塔顶原来的佛像修行圆满，达到涅槃，远走高飞了，所以成了现在的504尊。原佛像数505这三位数之和也是10，这与舍利塔的总数目具有相同的道理，即从零出发，经过九个实数后，回复到零，故十等于零。在此，佛像中抽象的"空"的观念得到了充分体现。

在20世纪70年代和80年代，印度尼西亚政府对婆罗浮屠进行了一次大规模的修缮。1983年2月23日，人们为婆罗浮屠举行了竣工典礼，这个世上最大的佛殿得以重赋旧貌。然而，婆罗浮屠谜一样的身世并没有随着它的重建而消失，佛塔中的谜还很多，婆罗浮屠佛塔的神秘面纱还在等待被一层层地揭开。

## 科技悬案

### 宇宙是由大爆炸产生的吗？

宇宙是怎样起源的？这是当今最大的谜。目前，在这一问题的研究中，大多数科学家接受的是"大爆炸宇宙学"。这一学说认为，一个温度极高、体积极小的奇点是形成宇宙的最原始物质。在距今150亿~200亿年前，由于某种特殊的物理原因，这个火球发生了大爆炸。物质的密度随着空间膨胀、温度降低逐渐减小，原始存在的质子、中子等基本粒子结合成氢、氦、锂等元素，这些元素又逐渐形成星系、星系团，并逐渐形成恒星、行星，而且在漫长的历史时期里，一些天体上还出现了生命现象，成为今天这个样子的宇宙。

有利于大爆炸学说的证据越来越多。在 1991 年 4 月 23 日的美国物理学会会议上，天文物理学家乔治·穆斯特宣布，他领导的科学小组发现了宇宙诞生初期的物质云团，从而给大爆炸学说以强有力的支持。他们的这一发现引起世界科学界的极大关注，斯蒂芬·霍金被认为是继爱因斯坦之后最杰出的物理学家，他于 4 月 24 日发表声明说："这是本世纪最重要的发现。"

观测到的很多现象都可以用大爆炸学说来解释。例如，天文学家观测到远处的天体总是远离地球而去，这证明宇宙仍在膨胀；各种天体的年龄都在 200 亿年以内，这也符合该学说有关大爆炸后才形成各种天体的推论。另外，宇宙背景辐射的存在也在大爆炸理论中得到了成功的预言。该学说预言在大爆炸之后、星系形成之前宇宙的结构应当是云团。这一巨大云团的发现证实了大爆炸学说的预言，通过对这一云团的观测，科学家可以对宇宙初期的情景做进一步的推测。

而且，这一巨大云团的发现也使科学家的另一个预言得到了证实，即宇宙质量的90%存在于"暗物质"中。以往天文学家观测到的宇宙总质量远小于理论上计算出的宇宙总质量。这些"消失"了的物质被称为"暗物质"。宇宙的未来直接决定于"暗物质"的多少：如果宇宙总质量小于某一数值，那么它将像现在这样无限制地膨胀下去；如果它的总质量大于这一数值，那么天体之间的引力将使宇宙停止膨胀，并且慢慢收缩，形成宇宙"大坍塌"，直至再一次成为一个温度极高、体积极小的火球。

## 外星人之谜

外星人在驾驶飞碟飞行于地球上空或者到地球上时，免不了发生事故，因而有些飞碟的残骸以及外星人的尸体，甚至是活外星人就落到了地球上。

1950 年美国在新墨西哥州回收了几具外星人尸体。这是地球上的人类首次有记载的发现外星人尸体的事件。这年年底，在该州的一个空军基地，降落了一个不明飞行物。二三辆吉普车迅速朝那个不明飞行物驶去，发现那是一个非常典型的圆状飞碟。飞碟里走出一个乘员，上了一个军官的吉普车，接着就开往了该基地的指挥部。这个乘员在指挥部待了约一个小时就回到了飞碟上，不久飞碟垂直起飞离开了地球。这显然是一次面对面的直接接触，但是没有人出来证实这件事。直到 40 年后，即 1989 年 11 月末，才有一位科学家出来证实此事。这位科学家曾参与外星人的尸体处理工作。他说，有 4 具外星人的尸体一直保存在俄亥俄州的空军基地里。当时在任的杜鲁门总统曾下令所有相关人员严守这一机密，并同意对外星人的尸体进行研究。

透露这条消息的科学家叫斯通·弗里德曼，当年他直接参加了对外星宇宙飞船残骸及外星人尸体的处理工作。据他讲，这 4 个外星人个头很小，呈深灰色的皮肤满是皱纹，但头和眼睛都很大。他们的耳朵和鼻子深陷于脸内部，从手肘到手腕的那截手臂特别短。很明显，外星人与人类长得很不一样，看起来也很恐怖。

此后，美国又发现了数具外星人尸体。1953 年夏，在美国亚利桑那上空一个飞碟发生了故障，其中一部分碟体陷在沙子里。美国军方派人赶到时，发现里面有 5 个外星人。这几个人和地球人长得比较像，只是胳膊特长，而且每只手只有 4 个手指，指间还有蹼，看起来像青蛙的蹼。其中一个还活着，但伤得很重，不久就死了。

另一艘坠毁于 1962 年的飞碟直径有 17 米，由一种在地球上找不到的金属制成。在飞碟残骸里发现两个类人的生命体，身体比地球人矮，只有 1 米左右，但头比地球人的头大，鼻子只有小小的突起，嘴唇很薄，还有一对没有耳廓的小耳朵。

据美国 "20 世纪不明飞行物研究会" 主席巴利先生透露：目前，美国回收的外星人尸体并被冷藏处理的至少有 30 具，分别放在几个秘密的地方。

外星人的尸体在世界其他许多地方也被发现过。1950 年有一个飞碟坠毁在阿根廷荒无人烟的潘帕斯草原。这个飞碟的圆盘高约 4 米、直径约为 10 米、座舱高约 2 米，有舷窗，表面光亮严整。这个飞碟正好被驱车经过的建筑师塔博博士发现了。在强烈的好奇心的驱使下，他停车走近物体，他从圆形物体的舷窗往内看，发现舱内有四张座椅。其中三张各坐着一个小矮人，他们一动也不动，显然已经死了。这些小矮人长得与地球人差别不大，有鼻子、眼睛和嘴巴，头发呈棕色，长短适中，皮肤黝黑，穿一身铝灰色的服装。只是第四张座椅空着。

第二天，等到他与朋友们再来看时，地上只留下了一堆灰烬，温度很高，站在旁边也能感觉到。他的一个朋友抓起了一把灰，手立刻就变紫了。后来，塔博博士患上了一种非常怪的疾病，连续发高烧，好几个月不退，皮肤破裂，像老树皮一样，一直无法治愈。

这三个外星人的尸体被人们发现却未能回收到。于是就有人推测，可能第四张座椅上的那个外星人当时还活着，为了不让自己和飞碟落入地球人之手，就把飞碟和三个外星人的尸体悉数烧掉了。

苏联科学家杜朗诺克博士在南斯拉夫宣布：苏联一支科学探险考察队于 1987 年 11 月在戈壁沙漠中发现了飞碟。当时，它的一部分已埋在沙堆中，直径有 22.78 米。让人吃惊的是，这次发现的外星人尸体达 14 具之多，而且都没有腐烂，可能是沙漠中气候干燥的缘故。

设在法国巴黎的 "UFO 报告真实性科学协会" 主席狄盖瓦曾经在喜马拉雅山峰的冰雪中发现一个飞碟残骸和 6 个外星人的遗体。当时法国政府大力支持他们回收外星人遗体和飞碟残骸的工作，回收工作持续了数月才结束。从回收的外星人遗体看，它们身材矮小，只有 1 米左右，四肢瘦弱，但头和眼睛都比地球人大很多。他们还收集到许多金属残片，大的有 2~3 平方米，而这些金属在地球上仍没有发现。

在这一回收过程中，他们还找到了一些动物，如马、牛、狗、鱼，甚至还有一头大象和几百个鸟蛋，这让人感到莫名其妙。由于这些残骸都是被冰雪封冻起来的，因此很难确定其失事的时间，可能是几年前，也可能是在几千年甚至上万年前。

回收飞碟和外星人尸体数量最多的美国，但由于这涉及科技和军事机密，美国政府总是千方百计地掩盖事情的真相。日本著名作家矢追纯一，曾经拜访过一些回收过外星人尸体的科研人员，从而掌握了大量相关资料，写成了《外星人尸体之谜》一书。该书受到世界飞碟研究界的高度重视。在这本书中，他详细叙述了自己在美国调查访问的情况。他认为这些年来美国回收飞碟和外星人尸体的事件有 46 起之多，现在存放在美国的外星人尸体仍有数十具，他们被冷冻在地下室的秘密器皿中，美国对外星人的尸体进行过解剖等等。

由此似乎可以判断，外星人的存在是确定无疑的，然而他们到底来自何方呢？据参加解剖的人说，外星人的肺与地球人是一样的，由此断定，他们的"家乡"也是一个氮气多于氧的地方。哪个星球有这种条件呢？目前尚未找到答案。

## 神秘冰人奥兹之谜

冰人的发现地点在奥兹山谷，因此人们将他称为冰人奥兹。他年约30岁，身上有很多纹身，对于当时恶劣的环境来说，他的服装显得较完整。由于他看来较完整，被冻在冰层里，人们一开始以为他刚刚死去，甚至没有想到要咨询考古学家的意见。

结果研究发现奥兹属于青铜时代（公元前3500年~公元前1000年）。他死时埃及的金字塔还未建好，欧洲人正在尝试车轮的发明。他死后不久被冻结在冰中，当人们发现他时，阿尔卑斯山上的冰雪已经把他制成了木乃伊。他身体上皮肤的孔仍清晰可见，甚至连眼球都保存完好。他身高约为1.59米，身上穿着由羊皮、鹿皮和树皮及草制成的三层服装，戴着帽子和羊皮护腿。他身旁还放置了一把铜制的斧头和一个装有14支箭的箭袋。

研究家们试图利用这些线索发现他以何为生，从何处来，受到什么样的袭击，最后一餐吃了些什么，而死因究竟是什么。奥兹是目前保存最完好的史前人遗体。在奥兹身上不断获得的发现，总会引起广泛的关注，而他的死因则始终是科学家争论的一大焦点。一些科学家认为奥兹在死后不久就被冻结在冰中，所以遗体才能保存得如此完好。他们发现奥兹的结肠里有花粉，由此猜想他死于夏末。最后被秋季的一场突如其来的暴风雪袭击，在寒冷恶劣的天气里变成了冰人。

但奥地利因斯布鲁克大学古人种学家奥格教授的研究使得从前有关奥兹死因的猜测受到了质疑。他通过对冰人结肠内的物质用显微镜分析发现，从奥兹结肠中提取的内容物含有完整的蛇麻草角树的花粉颗粒。这种树在3~6月开花，并且只生长于低海拔的温暖地区。由于花粉在空气中分解得很快，因此可以推断奥兹应该死于春季或初夏。花粉应是在奥兹离开蛇麻草角树后才被吸收，附近最近的蛇麻草角树位于南边的一个山谷，徒步走大约需6个小时。另外，对他的皮肤分析表明，奥兹的躯体在冻成冰人前，曾在水中浸泡了几个星期。奥格教授相信，奥兹在死前8个小时正通往山谷，在那里吃的最后一餐是未发酵的单粒小麦面包，一种草或绿色植物、肉。由于单粒小麦并非天然在欧洲生长，这说明当时农业社会的一些状况。小麦是被研成粉做成面包，而不是做成麦粥。

新的证据还促使研究人员重新思考奥兹是如何陈尸于高山之上的。奥兹的死亡之旅依然显得相当神秘。一些研究人员甚至猜测，他是作为新石器时代的某种献祭被拽到那里的。然而奥格教授的思绪并没有走那么远："我们可以肯定的是，在奥兹死前的12小时中，他曾在长有蛇麻草角树的山谷底部待过，他是在一天之内来到他的长眠之地的。"

另外，科学家们还吃惊地在冰人的身上发现了47处纹身，其背部和腿部的纹身甚至接近于或者就在缓解背疼或腿疼的针灸位置。X 射线分析表明奥兹的骨关节炎曾对针灸有过反应。问题是针灸起源于 2000~3000 年前的中国，冰人的发现说明针灸或类似针灸的治疗法在 5300 年前就在远离中国的地方出现。

奥兹的帽子是由熊的皮毛制成，当时此地较现在有更多的熊出没，人们也许会组成狩猎队猎捕熊。奥兹的鞋引起了研究者的较大兴趣，其具有较佳的保暖性、保护性，在高山上还能防水。其底部较宽，且防水说明是专门用于在雪地行走用的。鞋底用熊皮制成，鞋面则是鹿皮制成。

奥兹身上最令人吃惊的莫过于那把铜斧。因为科学家们一直以为人类在 4000 年前才掌握这样的熔炉及成型技术。此外，对奥兹头发的分析显示他参加过冶炼铜的工作。这个冰人令考古学家不得不重新考虑青铜时期的问题。这把铜斧长 2 英尺，斧把由浆果紫杉木制成。斧的顶部不到 4 英寸，斧头边略弯。斧头表面的分析表明其含 99% 的铜、0.22% 的砷、0.09% 的银。含砷和银说明此种铜来自当地的铜矿。

据意大利考古博物馆的研究人员认为，奥兹是在雪地里睡着了冻死的或是死于雪崩。而一份《华盛顿邮报》的报道则称，在对冰人经过一种被称作层面 X 线照相术的技术测试后，科学家发现冰人的左肩下有一枚箭头，在骨骼上还发现箭头射入他身体后留下的痕迹。

研究人员称，奥兹很可能是死于战争，因为他身上武装着斧头、刀和弓箭。箭头进入体内的角度表明他是被人从下方击中。这柄箭不到 1 英寸长，穿过他的背部，切断臂上的神经和血管，停在肩膀和肋骨之间。由于箭没有射到任何重要器官，研究人员估计奥兹流了很多血，最后在痛苦中死去。

迄今为止，神秘的冰人不仅因其神秘的死亡留给了科学家发挥想象的巨大空间，还因而留下了无休无止的争论和无穷无尽的探索。路漫漫其修远兮，攀登科学高峰的道路是无止境的，关于冰人死亡的争论和猜测还会进行下去。重要的，也许不是结果，而是这种在追求真理过程中所感到的快乐。

## 吉萨高地的神秘古墓

吉萨高地许多古墓的形状与金字塔非常相似，并且它们的神秘程度丝毫不逊色于金字塔，其中蕴含着什么样的秘密呢？

吉萨是埃及的一个省，位于尼罗河下游左岸，同开罗隔河相望。吉萨有很多举世瞩目的古代建筑，如吉萨金字塔、孟菲斯遗迹等。其中，吉萨的三座金字塔是古代七大奇迹之一，它们耸立在尼罗河两岸的沙漠之上。金字塔如此高大，使人们很容易相信它们是神或巨人所建造的古代传说。然而，现在让人们感到更加神秘的是却是金字塔周围的古墓。

从 1991 年开始，吉萨高地先后发现了 160 多个古墓，许多古墓的形状与金字塔的外形非常相似。考古学家们虽然直到今天也不能解读这些墓壁上的象形文字，但它们显然跟金字塔有关。遗憾的是，这些古墓多半遭到盗墓贼的光顾，因此有价值的文物所剩无几。

后来，人们在吉萨发现了一座特殊的古墓。这座古墓有 4600 多年的历史，并且保存完好，没有任何遭盗遭毁的迹象。据说，这座古墓是传说中埃及第四王朝三代国王大祭司们的下葬地。虽说目前还无法证实墓主的真实身份，但如果真是国王大祭司墓葬的话，那么墓中一定藏有大量跟第四王朝有关的历史资料，因为埃及古王朝的历史与文化当年只掌握在这些大祭司们的手中，象形文字和解释历史是他们特有的权力。

然而，吸引人的不是古墓的历史，而是古埃及的谚语和美国大预言家埃德加·凯西的预言。埃及古谚语说，每当在世纪之交的时候，埃及的一些神秘古墓就会被发现，在人类打开古墓的同时，也同时打开了一个新的世纪。

埃德加·凯西是20世纪的大预言家，他自称接到过有关大金字塔和狮身人面像来历的超自然信息，预言每当世纪之交的时候，有关金字塔或者其他古信息就会被发现，他所预言的人类在十九世纪末将发现胡夫金字塔入口的消息后来被证实是准确的。1881年，胡夫金字塔的原始入口被英国探险家霍华德·维斯打开。埃德加更大的预言是：在狮身人面像的爪子底下或金字塔底下有一个规模浩大的地下"档案馆"，"档案馆"里收藏着有关人类起源和智慧发源的原始资料！这个地下的"档案馆"被发现的时间将是20世纪的90年代末！让人感到吃惊的是，美国和英国科学家通过地震勘测法得到的结果表明：在狮身人面像的地底下，确实存在一个规模庞大的地下建筑群！

这次发掘的神秘古墓就位于被怀疑有地下"档案馆"的区域内，所以引起世人的关注。古墓共有3层，最神秘的第三层曾经被水淹过。墓穴里有4根巨大的神柱，包围着一个被水淹着的石棺。虽说这里没有让人看到预言家所说的关于人类的秘密，但如此宏大的地下建筑却让人们叹为观止。而且，地下工程的挖掘工作还远远没有完成，也许那里才隐藏着真正的秘密。

不过，埃及政府和文物部门却严禁任何人接近这块"禁地"。埃及政府的做法让许多人议论纷纷，有人猜测，埃及政府一定在古墓里发现了什么，也许发现了一个惊天秘密，所以没有向公众展示。许多人甚至断言：人类有可能找回过去那段失落而又高度发达的文明！

## 神秘的马耳他地窖

马耳他地窖究竟是庙宇还是墓穴，在生产力极其落后的石器时代，马耳他的岛民为何耗费如此巨大的精力来建造这座庞大的地下建筑？

马耳他是一个小岛国，位于地中海，面积316平方千米，人口30多万，由五个小岛组成。1902年，马耳他岛繁荣兴旺的佩奥拉镇发生了一起轰动世界的大事：一群建筑工人在施工的时候，发现了一座人工开凿在坚硬岩洞里的地窖。闻讯赶来的考古学家们对洞穴进行了挖掘和清理，一个规模宏大、设计独特的史前建筑逐渐清晰地呈现在世人面前。更令人惊奇的是，里面竟然存有7000具骨骸！沉寂的马耳他岛由此一时名声大噪。

这座巨大的地窖共分三层，最深处距地面12米，构造错综复杂，仿佛一座地下迷宫。它由上下交错、多层重叠的多个房间组成。里面有一些进出洞口和奇妙的小房间，旁边还有一些大小不等的壁孔。中央大厅耸立着直接由巨大的石料凿成的大圆柱、小支柱，支撑着半圆形的屋顶。整个建筑线条清晰、棱角分明，甚至那些粗大的石架也

不例外，没有发现用石头镶嵌补漏的地方。地窖的石柱、屋顶风格与马耳他其他许多古墓、庙宇如出一辙，但别的庙宇都建在地上，这座建筑却深藏于地下的石灰岩中。

这座地窖是"庙宇"还是"坟墓"？在生产力极其落后的石器时代，马耳他的岛民为何耗费如此巨大的精力来建造这座庞大的地下建筑？它引发了人们无数的联想。

有人认为，它是一座地下庙宇。在这座地下建筑中，有一个奇妙的石室，人们称之为"神谕室"。由于设计独特，石室内产生了一种神奇的传声效果，因此石室又被称之为"回声室"。这个石室有一堵墙壁被削去一块，后面有一间状似壁龛、仅容一个人的石室。一个人在里面讲话，声音可以传遍整个石室，而且一点儿也不失真。在石室靠近顶处，沿四周墙壁凿了一道壁，人的声音就顺着这条壁向四处传播，设计人显然明白这样设计能产生特殊的传声效果。

正因为有这个回声室的存在，考古学家便推测这座地窖是有宗教用途的建筑，它可能是祭司的传谕所。当时祭司一定是男性，但崇拜的对象大概是个女神，因为在地窖里考古学家发现了两尊女人卧像和几尊肥大的、可能是以孕妇为蓝本的侧卧像。这些证据表明，地窖可能是个崇拜地母的地方。

然而，这座建筑真的就是一座地下庙宇吗？事实并非如此简单。越往地下深层发掘，考古学家发现它越不像是庙宇所在，根据与其风格相似的庙推测，这座地窖可能建成于4500年前。尤其是在一个宽度不足12米的小石室里，竟然发现埋藏有7000具骸骨。恐怕不能仅仅用宗教用途来解释。骸骨不是一具具完整的尸骨，因为那么狭小的地方根本容不下那么多尸体。室内骨骼散落，表明是从其他地方移葬过来的，这种埋葬方式，在原始民族中非常普遍。

根据挖掘出来的牛角、鹿角、凿子、楔子、两把石槌以及做精工细活用的燧石和黑曜石判断，再根据其建筑风格推测，此地下建筑约建于公元前2400年前后，当时岛上正处在石器时代。那么，这座地下庙宇到底是供人祭祀之地，还是供死者安息之地呢？岛上居民什么时候把骨殖放到这个地方来的？没有人知道。也许，这是一座仿效地上建筑而建的一座地下庙宇，也许它就是死者的安息之地。这些问题均无从回答。随着历史车轮的滚滚向前，一切都将尘封在历史的记忆之中，神秘的马耳他地窖将永远是一个未解之谜。

## 被诅咒笼罩着的图坦卡蒙陵墓

由于侵犯了图坦卡蒙的陵墓，许多人莫名其妙地死去，据说他们都是死于法老的诅咒，这是真的吗？

在埃及尼罗河岸边沙漠中的帝王谷内，有一座属于法老图坦卡蒙的陵墓，在墓道的门上镌刻着这样一行铭文："谁打扰了法老的安宁，死神之翼将降临到他的头上。"这就是著名的"法老咒语"，也是一些帝王在他们死后惯用的手法，即通过了另一种极为独特的方式，试图震慑胆敢骚乱自己陵寝的后来者而进行的诅咒。那么，这位试图用诅咒保护墓葬的神秘的图坦卡蒙法老，又是什么样的人物呢？

公元前16世纪，古埃及出现了一个强大的第十八王朝。公元前1361年，第十八王朝倒数第三位、时年仅九岁的法老图坦卡蒙登基了。他自幼多病，死时只有十九岁。

由于在以前的记载中，几乎没有关于图坦卡蒙的文字记载，甚至在第十八王朝法老世系表上，他的名字也曾被删除，因此后人对他的了解少之又少。只是在他的陵墓被发现以后，人们才知道曾有一位小法老存在。

图坦卡门的陵墓并没有藏在高高的金字塔中，而是建在地下，所以在很长时间里都没有被发现。直到 1922 年 11 月 5 日，英国考古学家霍华德·卡特终于找到了图坦卡蒙陵墓的入口。它竟然开凿于断崖底下，位于另一个著名法老拉美西斯六世的陵墓下面。在卡特的合作者卡纳冯赶到后，他们一连打开了两道门，无数的奇珍异宝让所有在场的人几乎窒息。

1923 年 2 月 17 日，陵墓的第三道门被发现了。在这里，他们打开了图坦卡蒙无比豪华的棺椁。同时，卡特还发现了一个用黏土做成的匾额。几天以后，匾额上的文字被翻译出来了："谁扰乱了这位法老的安宁，'死神之翼'将在他头上降临。"从此，图坦卡蒙的诅咒似乎从远古的阴影中扩散开来。数十年来，凡是胆敢进入法老墓穴的，几乎一一应了咒语，不是当场毙命，就是不久后染上奇怪的病症而痛苦地死去。

第一个遭到法老咒语诅咒的人是卡纳冯。一次，当卡纳冯进入图坦卡蒙陵墓入口时，他的左侧面颊突然被什么东西蜇了一下，伤口顿时肿胀且疼痛难忍。几天后，卡纳冯住进了开罗的一家医院。1923 年 4 月 15 日凌晨，值班护士突然听见卡纳冯大声叫喊道："我完了！我完了！我已经听见召唤了……"没等护士赶到他身边，医院突然停电了，变得一片漆黑。5 分钟过后，当电灯重放光明时，人们奔到卡纳冯的床前，只见他极为惊恐地瞪大眼睛，半张着嘴，已经断气了。奇怪的是，后来人们用 X 光检查图坦卡蒙的木乃伊时，发现在他左脸颊上也有一个伤痕，其形状、大小和部位都与卡纳冯左脸颊上的肿块一模一样。难道真的是法老诅咒了卡纳冯？

卡纳冯死后不久，在开罗那家医院护理过卡纳冯的护士也突然死去了，死因不明。而曾给图坦卡蒙法老遗体做 X 光透视的亚齐伯尔特·理德教授在拍了几张照片后，突然发起高烧，返回伦敦不久就一命呜呼。此后，卡纳冯的助手以及参加国挖掘和调查的学者、专家纷纷神秘死亡。

此外，曾经由卡特陪同参观过图坦卡蒙墓室的一个美国人在参观墓室的次日便发高烧死亡。一个南非富豪参观完陵墓的挖掘现场后，在归途中从游艇跌进风平浪静的尼罗河中淹死了。最诡异的是，1929 年卡纳冯的遗孀也死了。据报道她也是被虫子叮蜇而死的，叮蜇的部位也在左侧面颊。仅 6 年的时间里，就有 20 多人莫名其妙地死去。

这个令人不寒而栗的使咒语法老墓更蒙上了神秘恐怖的黑面纱，人们对法老墓中的财宝跃跃欲试而又望而生畏。那么，这些考古学家是真的死于法老的咒语吗？

有人认为，埃及人很早就了解了铀的特性，为了处罚那些盗墓者，就在墓中放了铀等放射性物质，从而造成了考古学家离奇的死亡。还有人认为陵墓的主人把一些有毒的东西涂在墙壁、陪葬品和木乃伊上，使那些在有毒环境中工作的人得一些怪病死去。

开罗大学生物系教授阿扎丁·塔哈曾为部分死去的考古学家和工作人员做过身体检查，他发现他们体内存有一种能引起呼吸道疾病和使人发高烧的病毒。进入墓穴的人由于感染上这种病毒，将导致呼吸道发炎最终窒息而死。但墓穴中的这种病毒生命力为什么如此顽强，竟能存活 4000 年之久，科学家们就无法解释了。

1983 年，一位法国女医生经过长期研究，得出是接触者们对墓中真菌过敏反应的结论。古埃及法老死后，随葬品除了珍宝外，还有各种水果、蔬菜和大量食物，它们经过千百年的腐烂产生一种肉眼看不见的真菌。无论是谁，只要吸入这种真菌，就会引起肺部疾病，因呼吸困难而死去。

对于考古学家的死亡原因，人们现在还在进行不懈的探索。至于到底是什么原因，目前还没有定论，神秘的图坦卡蒙诅咒仍然披着它神秘的面纱。

## 亚历山大墓之谜

亚历山大的陵墓自四世纪末以后就从历史上消失了，当远方来的旅行者向当地人打探这位征服者的陵墓时，亚历山大里亚没有人能回答这个问题。

公元前 323 年 6 月 10 日亚历山大在巴比伦去世。他的去世引起了一片哗然，士兵无法相信，将领陷入震惊，大家都希望能目睹亚历山大的遗体以确证国王是否确实过世了。皇宫里骑兵和步兵掀起了冲突，亚历山大的遗体反倒被搁置一旁。当冲突停止，人们来视察遗体时，发现它还完好无损，根本没有任何腐烂迹象，没有一块尸斑，看起来就像陷入深度昏迷的样子。负责处理遗体的医生看到这幅情景，相信有神灵在保护遗体，于是向天神祈祷允许他对遗体进行防腐措施。

亚历山大的尸体经过防腐处理后，一直放在巴比伦宫殿的地下室。一年之间，他的部下展开了激烈的皇位争夺战，致使他的尸体久久得不到安葬。一年之后，争夺战结束，亚历山大帝国被三家瓜分：托勒密占领了埃及，塞留古占领亚洲部分，中央马其顿及希腊部分由亚历山大的遗腹子（亚历山大四世）继承，实际大权则掌握在安提柯和其子卡山德手里。亚历山大的妻子罗克珊长期得不到太后奥林匹亚斯的承认，但太后答应保护亚历山大四世。这时候人们开始注意到尚未安葬的亚历山大大帝，于是新国王都争要遗体，以表明他是亚历山大名正言顺的继承人。

按照马其顿王室的规矩，亚历山大由卡山德护送前往马其顿王陵谷，在培拉举行葬礼并安葬在古都埃盖（腓力二世的陵墓不久前在这里被发现）。但是，在灵车到达大马士革附近的时候，托勒密派人劫持了它并秘密地转移了方向，亚历山大的灵车消失了。

然而，几个月之后，亚历山大大帝的陵墓奇迹般地出现在埃及亚历山大城，里面放着著名的亚历山大金棺。这个陵墓此后几个世纪一直在这里，吸引了无数名人、游客前去拜访，包括恺撒、屋大维、提比略等罗马皇帝。传说，恺撒进入陵墓前，守陵人告诉他陵墓一般漆黑幽深，只有在大晴天日光垂直照射时才能进去，而且只能维持两三小时，一旦过时出不来，就会迷路死在里面。恺撒不信，手打火把欲进入，但刚走到墓门火把便自然熄灭，试了好几次都不行。恺撒便在心里乞求亚历山大容他一见，陵墓便奇迹般地通体透明，恺撒只身而入，在里面待了很久，陵墓依然通体透明，直至恺撒出来。

公元前 30 年，埃及艳后的统治被推翻，屋大维以胜利者的姿态来到埃及并朝拜了亚历山大陵墓。他让人把石棺从墓室里搬出来，自己亲自将王冠放在亚历山大的木乃伊身上，又在石棺里洒满了鲜花，但是他却不小心把木乃伊鼻子的一部分弄坏了。

在这之后几个世纪，亚历山大的陵墓一直是罗马皇帝的朝圣地。公元19年，7岁的盖乌斯·卡里古拉随同其父前往埃及，目睹了亚历山大陵墓，此人后来成了罗马皇帝；69年左右，韦斯巴乡皇帝和提图斯皇帝都见到了亚历山大陵墓；130年左右哈德良皇帝和安提努斯皇帝先后参观了亚历山大陵墓。然而，200年的时候，塞维鲁皇帝在参观亚历山大陵墓时，被墓道里的阴森气氛吓怕了，下令封锁墓室。最后一次关于亚历山大陵墓的明确记载是塞维鲁的儿子卡拉卡拉皇帝的来访，他把自己的戒指和佩带留给亚历山大，然后策划一场镇压叛乱活动，几乎要灭绝所有亚历山大里亚城的年轻人，亚历山大的陵墓从此在历史中消失了。有人说是因为海水吞没了它，也有人说是异教徒破坏了它。但是，在今天的埃及亚历山大城，人们压根没有发现任何有可能是亚历山大大帝陵墓的遗迹。

有人认为，埃及亚历山大城所谓的陵墓根本不曾存在过，它是历史学家的杜撰，以迎合罗马皇帝的欢心，说明他们是亚历山大的事业继承者。真正的亚历山大尸体在那次拦截案中被托勒密秘密地转移到不为人知的地方。亚历山大陵墓的秘密是托勒密一手策划的，那么他有没有留下有关陵墓的只言片语呢？遗憾的是，后来亚历山大城图书馆遭遇一场大火，大火早已将这些机密文件烧成灰烬，没有任何线索留下来。人们推测，托勒密有可能根本没为亚历山大造墓，而是把他的遗体放在毫不起眼的石棺里埋在不为人知的地方。

亚历山大墓究竟在哪里呢？人们一直在寻找，但愿有一天能够解开这个秘密。

## 神牛墓之谜

孟菲斯的公牛塞拉皮斯是埃及最著名的神兽，古埃及人不但给公牛举行隆重的葬礼，还为它们修筑了豪华的陵墓。

埃及是个信仰拜物教的国度，在埃及的历史上，神具备人形是后期的事了。古代的埃及神都以符号、植物或动物的形象出现，并且多数的神是以动物形象出现的，如赫农是公羊；赫卢斯是隼；托斯是朱鹭；赛贝克是鳄鱼。

动物神是埃及重要的信仰，除各种动物神外，有些动物只要具备一定的条件也会成为崇拜的对象。孟菲斯的公牛塞拉皮斯就是最著名的神兽，它受到的崇拜礼仪也最为隆重。公牛活着的时候，由牧师在庙里喂养，死后尸体用药剂进行保护，举行隆重的葬礼，然后被同样花色的公牛接替。这些神兽的墓地规模不亚于神祇和帝王的陵墓，孟菲斯的地下神牛墓就是一个典型的例证。

提到神牛庙就不能不提一个人——法国人马利耶特。马利耶特年轻时就研究埃及学，对埃及的历史很感兴趣。1848年他来到埃及，偶然间发现了一个非常奇怪的现象：无论埃及官僚们豪华的私人花园里，还是亚历山大、开罗或吉萨的一些较新的寺庙前的狮身人面像，雕刻的风格显然都是一样的。马利耶特在开罗附近的撒卡拉城里的古代遗迹间漫步时，偶然看到一座埋在沙里只露着头部的狮身人面像，他觉得这座狮身人面像和开罗以及亚历山大港的那些像十分相似。

事情就是这么的巧，在狮身人面像上，马利耶特看到一段记载有关孟菲斯的神牛塞拉皮斯的铭文，这使他想起了斯特拉蓬的一段话："在孟菲斯还有一座塞拉皮斯神庙。当地沙子极多，到处都是被风吹成的沙堆。沙里埋有各种斯芬克斯的雕像，有些露出一半，有些只露出头部。由此可以想象，在走向这座神庙的路上，如果刮起一阵风来是相当危险的。"

"斯特拉蓬这段话，不正是为了他去世 18 个世纪之后，帮助我们发现塞拉皮斯神庙吗？眼前这座陷在沙里的斯芬克斯，再加上我在亚历山大城见过的另外十五座雕像，显然就是一条指引我通向孟菲斯神牛墓的大道！"马利耶特断定有一支湮没了的狮身人面像的行列，其尽头就是传说中的西拉皮斯神庙。

经过艰辛的考察，直到 1951 年 2 月 11 日。马利耶特的发掘小组才找到了孟菲斯神牛墓。在神牛地下墓室的入口处有一座安葬之前放置遗体用的教堂，其规模较之埃及贵族的平顶墓前的教堂不相上下。一条很陡的甬道通向长形墓室，里面安放着从拉美西斯大帝起数百年来无数具神牛的尸体。这些尸体各占一间墓室，许多墓室沿着三百二十英尺长的通道排成长列，加上后来出土的直至托勒密时代的墓葬，墓道总长达到一千一百二十英尺。对神牛的崇拜竟然到了如此地步！

神牛墓的主长廊是个在裸露的岩石上挖成的大墓穴，实际上是由几条互相交叉的长廊组成，大份长廊的左右两边都有墓室，里面安放着神圣的神牛木乃伊。孟菲斯的神牛庙里共有 64 间墓室。每一个墓室里，中央都竖着一个阿玛西斯时期以后的巨大石棺。这些石棺都是用光亮平滑的黑色或红色的花岗岩凿磨制成，每个约高九点六英尺，宽六点四英尺，长十二点八英尺，估计重七十二吨。

可惜神牛庙里的许多石棺盖早已被人掀去，所以马利耶特和以后的考古者一共只找到两只内部完整无损的石棺，其他都已遭受粗暴的劫掠。这是几时发生的呢？谁也说不清，盗墓的人也并没有留下姓名。不断移动的流沙湮没了多少庙宇、墓葬和古城，盗墓者留下的痕迹早已被沙盖得无影无踪了。

## "墓岛"之谜

在南太平洋波纳佩岛的东南侧，复活节岛的西侧有一个名叫泰蒙的小海岛，人们也管它叫作"墓岛"，这是为什么呢？

南太平洋波纳佩岛的东南侧有一个名叫泰蒙的小岛，上面有一处往大海里伸出去的珊瑚浅滩，浅滩上耸立着89座高大雄伟的建筑物。这些建筑物全都是用巨大的玄武岩石柱纵横交错搭起来的，大约有 4 米那么高。远远望去怪石嶙峋，还以为是大自然鬼斧神工留下的杰作，近看又仿佛像是一座座神庙，这就是南马特尔遗迹。传说，这是居住在波纳佩岛上历代酋长死后的坟墓，大大小小共有 89 座，散布在长达 1100 米、宽 450 米的太平洋海域上，它们之间环水相隔，形成了一个个小岛。所以，人们管泰蒙岛也叫作"墓岛"。

泰蒙岛是一个非常小的小海岛，岛上没有玄武岩石头，人们建造那些建筑物用的玄武岩石头都是从波纳佩岛运送过来的。当地人把这些建筑物叫作"南马特尔"，按波纳佩语有两个意思，一个意思是"集中着众多的家"，另一个意思是"环绕群岛的宇宙"。

泰蒙岛上的南马特尔遗迹有一半都是漫没在海水里。所以，人们只有在海水涨潮的时候，划着小船进去。海水退潮的时候，这些建筑物的周围就会露出一大片特别泥泞的沼泽地，小船根本进不去，人要是走上去特别容易发生危险。

与同在太平洋上的复活节岛上的石像遗迹相比，南马特尔遗迹鲜为人知，它那充满了离奇的传说，更使它蒙上了一层神秘的色彩，令人困惑不解。南马特尔遗迹到底是怎么建造起来的，更是一个难以解开的谜团。

南马特尔遗迹的那些古代坟墓，从来就没有一点儿文字记载。据当地的人们说，关于那些古代坟墓的来历，都是靠当地酋长一代一代地口头传授下来的。只有酋长和酋长的继承人才知道，而且口授的内容从不向外人泄漏，哪怕是自己的亲属，否则就会遭到诅咒，死神就会降临到他们的头上。

南马特尔遗迹是神秘的，那些诅咒显得更加神秘！在 1907 年德国统治南洋群岛时，波纳佩岛第二任总督伯格对南马特尔遗迹发生了兴趣，根据酋长的口授对伊索克莱凯尔酋长的墓进行发掘，可是下令还不到一天，就应验了不吉的预言，总督突然暴死。19 世纪，德国考古学家卡伯纳两次来波纳佩群岛发掘文物，第一次，当他将挖掘的大批珍贵文物装船运回德国时，在航行途中，船被巨浪掀翻，人与文物全都被掀入海中。幸运的是，卡伯纳逃过了这场劫难。第二次，他又来波纳佩岛挖掘文物，但不久后他就得了精神病，悲惨地死于岛上。

第二次世界大战期间，日本人占领纳佩岛。东京大学教授杉浦健一利用占领者的权势，强迫酋长说出古墓的秘密。几天之后，酋长遭雷击身亡。杉浦回日本后，正打算将古墓的秘密整理成书出版，可书未成就暴死了。后来，杉浦家族委托一位对印加人有研究的泉靖一教授继续整理出版，奇怪的是，泉靖一教授不久也突然暴死。手稿笼罩着阴影，从此无人敢问津。

莫名其妙的暴死使南马特尔遗迹笼罩着一种神秘的色彩，但是它的神秘也吸引了不少学者前来调查。对于这些人来说，首先面临的问题就是：南马特尔遗迹究竟是怎么建造起来的呢？

近些年来，一些学者陆陆续续到了波纳佩岛，对泰蒙岛南马特尔遗迹进行了考察。他们都认为，南马特尔遗迹整个工程用了大约 100 万根玄武岩石柱。这些石柱是从波纳佩岛北岸的采石场开凿下来的，经过加工以后再用木筏子运送到泰蒙岛上。专家们估计，如果每天有 1000 名壮劳力从事开凿，那么光是采石就需要 655 年，加之还要用人力加工成五角形或六角形棱柱需要二三百年，最终要完成这项建筑的话，需要 1550 年的时间。然而，在遗迹建造时代，该岛人口不足 2500 人，何况人们还得从事农业劳动以确保生存。因此，这项工程很难凭借人力完成。

有的考古学者认为，玄武岩是岩浆冷却的火山岩，试图将建造遗迹用的五角形、六角形石柱解释为冷却凝固成型的，但从石柱实际的表面来看，很难解释是自然成型的。

专家们对遗迹的年代进行了碳 14 测定，结果表明，南马特尔遗迹是在距今 800 年前，即公元 1200 年左右建造的。公元 13 世纪初是萨乌鲁鲁王朝统治波纳佩的时期，但是萨乌鲁鲁王朝在经历了 200 多年的繁荣时期后就灭亡了，在这样短的时间内能完成

历史之谜

如此巨大的工程吗？专家表示怀疑。

从南马特尔遗迹被发现的那一天，南马特尔建筑就成了一个未解之谜。直到今天，关于南马特尔遗迹的假说众多，但都矛盾重重，可信度不高。研究发掘者暴死的真正原因是什么？它是如何被建造的？南马特尔遗迹神秘的面纱，还等待着人们去进一步揭开。

## 自移位置的棺材

在巴巴多斯岛上的一个墓穴中，先后送进了 6 位蔡斯家族成员的棺木，但让人想不到的是，在没有被人闯入的情况下，墓穴里的棺木居然前后自行移动了四次位置！这是怎么回事呢？

19 世纪，位于大西洋中部的西印度群岛中，有一个名叫巴巴多斯的小岛，岛上教区有一个蔡斯家族的墓穴，墓穴用非常坚固的珊瑚石垒成，再用水泥加固，门口用大理石封住，平时都用大锁紧紧地锁住。按照巴巴多斯当时的风俗，富有的种植园主家族通常用厚厚的铅板包裹棺材，因而棺材十分沉重，至少需要十几个成年人才可以移动。可就在这样严密的保护下，墓穴里的棺材多次发生了移动，而且墓穴入口在被打开前完好无损，丝毫没有受破坏的痕迹，人为因素的破坏，似乎是不大可能的事，这引起了人们极大的好奇。

1807 年 7 月 30 日，第一个棺柩葬入这座坟墓，死者是托马西娜·戈达德夫人。翌年二月，2 岁的女孩玛丽·安娜·蔡斯也被安葬在这里。1812 年，玛丽的姐姐多丽丝又随她而去，亲属们也决定将她葬入蔡斯家的坟墓内。举行葬礼这天，人们打开了沉重的大理石墓门，两个抬棺的人刚要放下棺木，突然"啊"地惊叫起来，早先安葬在墓内的戈达德夫人和玛丽的棺木竟离开了原先安放的位置，移到墓穴的墙边上了！

看到棺材被移动了位置，墓穴主人的家族还以为是仇人的恶作剧。他们将棺材全部放回原处，又在大理石门上加了锁和封条，并且加强了墓穴的守卫，期望这种令人不安的事不要再发生。四年后，蔡斯家族中的托马斯·蔡斯死了。当人们拆去墓穴完好的封印，打开沉重的大理石墓门，准备把他的棺材葬入墓穴时，不禁大为吃惊，前些年安葬的三个棺材全都离开了原来的位置。横七竖八地搁置在墓穴内。教区于是派人调查，他们将墓穴彻底搜查了一遍，所有的墙和地面都没有裂缝的迹象，更没有暗道。有人猜测，可能是地下水的渗入产生浮力让棺木移动了位置，但墓穴中的每一处看起来都相当干燥。最后，沉重的墓门又被水泥封死，而且加盖了封印。

1820 年 4 月 18 日，为解开棺木移动之谜，教区人员准备主动打开陵墓。人们首先检查墓穴大门的封印，并没有被动过的痕迹。水泥封印被敲开后，不同以往的是，这次大理石墓门居然无法顺利打开，原来，蔡斯铅封的沉重棺材以一个很陡的角度顶在了门上，而没用铅板的棺材却纹丝未动。墓穴里没有入侵者的脚印、地下水的痕迹。墓室每一个部分，都像刚建造时一样坚固，没有裂痕和石头的松动。

多少年来，人们为了解释巴巴多斯移棺之谜提出了许许多多理论。一些无神论者开始怀疑事件的真实性。他们怀疑这是地方长官、蔡斯家族和当地一些人为了出名共同策划的一起阴谋，巴巴多斯棺材事实上根本没动过或者是人为摆好的。这种猜测立刻受到了指责，因为很多目击者都出来作证，他们相信巴巴多斯人的诚实。

由于墓室的封闭，排除了人为的可能。那么，会不会是地震或地下水等自然力所谓呢？不可能是地震，因为周围其他的墓穴都没有发生类似的情况，而且地面上的人也没有任何地震的感觉。也不会是地下水，虽然有专家指出铅封棺材完全可以在水里漂浮，但是墓室里没有一点儿遭水的痕迹。

棺木被移动了四次，让蔡斯家族成员个个骇然，于是便把墓穴内所有的棺材全部搬移出，这里便成了一座充满传奇的空墓。如今，这空墓穴依然存在，成了巴巴多斯岛上一个有名的场所。但棺木为何会移动，到现在仍旧是一个谜。

## 寻找消失的大西洲

公元前 4 世纪，柏拉图曾在他的两本对话集《蒂迈乌斯篇》《克里提亚斯篇》中提到一个大西洲的故事。这个故事立即引起了人们的兴趣：世界上真的有大西洲吗？大西洲是一个什么样的陆地呢？

柏拉图在故事中讲道：远在古代，在海的对岸，有一个名叫亚特兰蒂斯的岛屿。它是海神波塞冬赐给长子大西的礼物，后来大西在岛上建国，取名为大西国。于是，亚特兰蒂斯岛变成了大西洲，而大西洋就是大西洲四周的海。

据柏拉图说，大西洲的所在地位于直布罗陀海峡对面的大西洋中部。根据这一说法，大多数大西洲学专家推测，失落的大西洲应该就位于大西洋中部。和其他后来的许多学者一样，美国考古学家康纳利认为亚速尔群岛一定是这片湮灭大陆的唯一的幸存者，它之所以幸存，是因为它是全城的最高峰。但是，尽管考古学家们对亚速尔群岛进行过详细勘探，海洋学家也对毗邻的海床进行了认真勘察，但还是没能找到任何能够证明那里曾经有一个王国或大岛的证据。

柏拉图在书中对大西洲的描述几近完美：大西洲位于副热带，全岛面积大约在 40 万平方千米左右，人口估计有 2000 万。岛的北部有绵延不断的崇山峻岭，是全岛的天然屏障。大西国的鼎盛时期大约在公元前 1.2 万年左右，当时风调雨顺，国泰民安，因此很快成了文明世界的中心。

对岛国的情况柏拉图是这样描绘的：大西洲的面积大于小亚细亚和利比亚之和。那里物产丰富，人们会冶炼、耕作和建筑。那里道路四通八达，运河交错成网，交通发达，贸易兴盛。他们凭借强大的经济势力四处扩张，他们的船队，曾经征服了包括埃及在内的地中海沿岸的大片区域。

但盛极必衰，就在此时，大西洲突然间天降灾祸，一场强烈的地震和随之而来的海啸铺天盖地，使整个大西洲遭到了毁灭性的打击。一切曾经代表繁荣的都市、寺院、道路、运河及所有的国民，在顷刻间沉陷海底，不复存在。

柏拉图 2000 多年前的描述使人们一直为大西洲的神秘所深深吸引。人们一直在问：大西洲真的存在过吗？如果存在过，那么究竟是什么力量使得大西洲毁于一旦呢？

1882 年，依内提乌斯·康纳利写了一本名叫《大西洲：大洪水前的世界》的书。在该书中，他十分肯定地认为大西洲确实存在，而且他还指出，大西洲位于大西洋上，世界文明最早就是在这里发祥的。

通过对欧洲和美洲的动植物以及化石的大量比较，康纳利发现了一个有趣的现象：在大西洋两岸都有骆驼、穴熊、猛犸和麝牛的化石；埃及的金字塔也并非独一无二，在它的对岸，墨西哥、秘鲁也有与之相似的金字塔；西班牙的巴斯克人和南美的玛雅人都有一个大大的鹰钩鼻，而且所使用的松土泥锹也一模一样……所有这些，都不难证明世界上有过这样一个大陆，它将欧洲、美洲和非洲全都联系起来了。

1898 年，人们又意外地发现，在亚速尔群岛周围海域有一块海底高地，其大小、形状都与柏拉图笔下的大西洲十分相像。勘探人员将取出的岩石送到科研中心鉴定，结果证明这一带海域在 1 万年之前确实是一片陆地。

1968 年，在巴哈马一带海域的水面下人们发现了规模很大的城墙和金字塔，其中城墙约有 1600 米长，金字塔约有 200 米高，底边长达 300 米。1974 年，苏联的一艘海洋考察船又拍摄了这一带的许多海底照片。从照片上人们可以清晰地看到许多古代建筑的断墙残垣以及从墙缝中长出的海藻。

这一切似乎已经证实了大西洲的真实存在。如果真是这样，大西洲又怎么会突然沉没了呢？

康纳利认为同时发生的火山爆发、地震和洪水泛滥是大西洲毁灭的原因。但是现代物理学家对此提出了质疑，他们认为这一类灾变不可能毁灭整个大洲，更不可能使一片大陆在 48 小时内毁于无形。而德国物理学家穆克则认为大西洲的毁灭源于火星和木星轨道间的一颗大行星的撞击。但这些都是无法证实的假设。

尽管大西洲的存在已经证据确凿，但也有不少人对此持否定态度。他们指出，如果真如柏拉图所说，大西洲当时已经达到高度文明，并且也已经懂得使用金、银、铜制品，那么为什么考古学家至今找不到这方面的任何证据。另一方面，如果大西洲的确存在，那么必然会有一些商品，诸如陶器、大理石雕刻、戒指和其他装饰品等随着商品贸易流通到邻近地区，可类似的遗物人们一件也没找到。而且根据大陆漂移说，现有的大陆都能巧妙吻合连接成一个完美的整体，这样大西洲似乎又成为多余的了。

地质学家认为大西洋里是不可能存在着沉没的大陆的。按照地质学说，在 1.8 亿年至 2 亿年前，南北美洲与欧洲、亚洲、非洲是连在一起的整块大陆，之后，由于天体引潮力的作用，熔融物质从地壳的一条巨大裂缝中涌出，它不断推动大板块分裂开来。熔岩穿过海底裂缝从炽热的地球中心向上涌出，在这个过程中，熔岩逐渐冷却变成岩石，堆积在两边，新涌上的熔融物质不断堆积，造成岩石沿东西向不断延伸，形成海底平原。由于冷却熔岩不断增长所产生的推力与天体引潮力的共同作用，整块的大陆开始逐渐分裂，裂缝越来越大，最终形成了今天的五大洲。从这种理论出发，那么大西洋里是不可能存在沉没的陆地的。

目前，大西洲之谜仍然没有完全被人类解开，各种各样的争论仍在不断进行，但结果并不重要，人类对未知事物强烈的好奇心和执着顽强的探索精神才是永远闪耀的珍宝。

## 古印度人制造宇宙飞船之谜

在人们的印象中，高速飞行器械肯定是现代人的发明。但是，考古学家的发现却给出了不同的答案。因为，考古发现，古人不但能够造飞行器械，还能造宇宙飞船。

近年来，人们竟然根据印度古文献仿造出了飞行速度达 5.7 万千米/小时的飞船。当然，从现代科技的角度去看，也许这是小事一桩。这份文献是从一座倒塌的史前时代的庙宇地下室中发现的，这份资料以古代梵文木简写成。而这种飞船就是大名鼎鼎的"战神之车"。

这份资料详细记载了"战神之车"飞船的驱动方式、构造、制造飞船的原料乃至飞行员的训练与服装等众多细节，篇幅达 6000 行之多。据记载，"战神之车"的飞行速度如换算成现代计算单位应为每小时 5.7 万千米。

这就是说，当人类发明了火车、飞机、飞船并为自己的发明所陶醉的时候，他们根本就没有想到，这些看来非常现代化的工具在几千年前就可能已经存在了，这真让科学家们尴尬了一回。

说起"战神之车"，还要从印度南部古城甘吉布勒姆的 424 座神庙说起。这些神庙据说最多时曾达到 1000 座，因而"寺庙之城"就成为这座城市的当之无愧的称号。在这些神庙中，除了湿婆、毗湿奴、黑天、罗摩等众多古印度的神灵雕像外，还有一种飞船的雕塑。这种被雕成不同样式的飞船上面刻有众多神话人物，但"战神之车"却是它们共同的名称。据说这些飞船就是这些神话人物乘坐的坐骑。

研究者们发现，"战神之车"是一种多重结构的飞船，绝缘装置、电子装置、抽气装置、螺旋翼、避雷针以及喷焰式发动机都装备在了飞机上。文献中多次指明飞船呈金字塔形，顶端覆盖着透明的盖子。这简直就是传说中的飞碟。

这份文献是 1943 年从印度南部的迈索尔市梵语图书馆一座倒塌的庙宇地下室中发现的。这些神话故事因为它的发现开始变得更加扑朔迷离了，究竟这些人是神话人物还是真实人物？究竟这种飞船是地球人所造还是外星人所造？连科学家们也无法回答这些问题。

驾驶方法也被记在这份文献中，也就是说早在史前时代，飞船和飞船驾驶员就出现在了印度这个地方，这样看来，人类的科技真像魔鬼一样神奇。

当然，人类科技的发展是从当代和现代才开始的，这已被众多的事实所证明，那么，对古印度的飞船就只有一种解释看上去显得合理一点，那就是根本就不是人类建造了这些飞船。也许那时的人们看到了一个这样的飞船，而这个飞船却是外星人乘坐着到地球上来考察的，然后根据这个也许被外星人废弃了的飞船，当地人仿造出了其他的飞船，而他们将那些外星人当成了神仙供奉起来了。

### 古希腊人制造过齿轮计算机吗？

在 20 世纪初，一位采集海绵的希腊潜水员在安蒂基西拉海峡的水底看到一个巨大的黑影。他游过去一看，发现是一艘古代沉船的残骸，这令他大吃一惊。这个突然的发现使他十分激动，他又一次潜下水，仔细察看，发现有大理石雕像和青铜雕像装在古船里面。

不久人们打捞上这条沉船，经专家考证，这艘古船沉没在水下已达 2000 年之久。也就是说，它沉没于公元之初。有关组织马上采取措施保护船上珍贵的古代艺术珍宝。

然而，又发生了另一奇迹，而它的价值，所有雕像都不能及。

在工作人员分析、清理船上物品时他们发现有一团沾满锈痕的东西夹在无用的杂物中。在认真的处理后，人们发现那里面有青铜版，还有一块上面刻有精细的刻度和奇异的文字，有被机械加工的铜圆圈残段。专家们马上意识到这圆圈意义重大，这种东西怎么会出现在古代船上呢？

在认真地拆卸、清洗它2次之后，专家们更加惊异了。那许多的细节部分清洗后竟是一台由复杂的刻度盘、活动指针、旋转的齿轮和刻着文字的金属版组成的机器，经复制发现它由20多个小型齿轮、一种卷动转动装置和1只冠状齿轮组成，一根指轴在一侧，指轴的转动会带着刻度盘以各种不同的速度转动。青铜活动版保护着指针，版上面有供人阅读的长长的铭文。

美国学者普莱斯用X光对这台机械装置进行了检查，最后断定它是一台计算机，太阳、月亮和其他一些行星的运行都可以用它来计算。据检测，它制造于公元前82年。世人都为之惊异。要知道，是在1642年帕斯卡才发明了计算机，而且当时他制造的计算机械十分不准确。虽然希腊人被人们公认是古代最有智慧的民族，但人们对这台古代计算机的出现，还是感到不可理解。

还有，这个机械装置全部是由金属制成的，精密的齿轮转动装置也在其中使用。而人们都知道是在文艺复兴时代才使用金属齿轮转动的。这涉及必须具备钳、刨、铣等机械加工工具才可以制作它，而在古希腊是根本就不存在这些工具的。

于是人们又提出这样一个问题：到底是谁制造了这台"安蒂基西拉机器"？

有人说，如果确是古希腊人制造了它，那么恐怕要彻底改写古希腊科学技术的历史。但又无法进行这样的改写，因为只有这个计算机的证据，人们并不知道它的制造者。在古希腊和其他一切古代民族的文献中，关于计算机机械的记载也从未发现过。

如果不是古希腊人制造了它，那么必定是远比古希腊人更聪明、工艺水平和科学技术水平也要高得多的智慧生命制造了它。

## 印第安人的人头缩制术是怎样发明的？

西方人想躲避灾祸，会敲敲木头或采取一些什么魔法对付给自己造成威胁的人，你会认为他们的做法很可笑吗？可能你的嘲笑十分有道理。但有时不少抵挡敌人的原始仪式和方法又似乎能起作用，或者以前曾经起作用，也许正因为大家知道这些方法被别人用过，所以可以恫吓敌人。希瓦罗族印地安人的事例就说明了这一点。南美洲被西班牙人征服之后，希瓦罗族是少数残存下来而且保留自己民族特征的印第安部族之一。

公元前1450年前后，姆卡部队在尤潘基的率领下攻打基多王国南厄瓜多一个省份，当时军中传说这一次征战意义重大。本来印卡士兵全部训练有素，勇猛好战，但这一次是一帮特殊的希瓦罗族战士作为他们的对手，因此印卡部队不免有点犹豫。希瓦罗人对缩制敌人人头很在行，并且满足于砍下敌人脑袋留作战利品，这人头被他们缩成拳头那样大小，死者不散的灵魂也永不得翻身。

印卡人倒不怕被人砍掉脑袋拿去当战利品炫耀，因为这也是他们的惯施之技。

3000年前这种习俗在南美洲十分普遍，没有什么可奇怪的。但印卡人相信头脑内藏有灵魂，所以最怕灵魂受制不得脱身。希瓦罗人缩制人头为的正是要把敌人的灵魂牵制住。希瓦罗人在把人头缩制之前，仿佛要举行某种仪式，以使脑袋里的灵魂不能报复杀死他的人。

尤潘基取得了那场战争的胜利，可是希瓦罗人并不屈服，希瓦罗人原在丛莽中居住，打败后随即躲入丛莽中。

为了炫耀胜利，别的部落民族战士才砍下敌人脑袋，而希瓦罗人却要举行仪式来缩小敌人的脑袋，使干瘪头皮困住敌人的灵魂，不再兴风作浪。否则，死者的灵魂即会报复杀害他的人。希瓦罗人相信死者灵魂若不用这种方法禁锢起来，自己将永无宁日。因此，如果说希瓦罗人也有害怕的事物，那就是敌人那逃掉的灵魂。

希瓦罗人割取的脑袋大都是近邻阿希亚利族人的，因为这两个部落水火不容，世世代代互相仇杀。如果找不到阿希亚利人，希瓦罗各部落之间也会爆发战争，但是战斗中只限一般的打斗，一条规定被双方严格遵守，就是不得把脑袋砍掉。缩制猎回的人头通常要好几天的时间，或者是在武士回乡后，再进行缩制工作，不然就常在凯旋途中举行缩制仪式。在每一次缩制过程中，都要有大吃大喝和跳舞的仪式。缩制好的人头，要缝合两眼上下眼皮，以使一心想报复的灵魂无法看到外间世界。

## 莱布尼茨发明二进制与《周易》有关吗？

莱布尼茨是德国自然科学家、唯心主义哲学家、数学家。世人都称他和牛顿是微积分的创造人。他对帕斯卡的加法器进行了改进，设计并制造了一种手摇的演算机，提出了他认为吻合中国"先天八卦"的二进制，后代计算技术的发展受到影响。

关于莱布尼茨发明二进制与《周易》是否有关，至今仍说法不一，几种观点较为常见：英国剑桥大学的李约瑟——《中国科学技术史》的作者，曾经深入地研究过莱布尼茨的生平，认定二进制应起源于八卦和《易经》。李约瑟说正是受到了东方这些古老图书的启示，莱布尼茨才完成了他的创造。传说莱布尼茨年轻时，曾在巴黎游历，在那里发明了对数表，感觉自己非常伟大，恰好一个曾经到过中国传教的教士带了一轴以拉丁文翻译的名为《伏羲六十四卦方位图》的画卷送给他。对此莱布尼茨非常感兴趣，他认真地研读它，经常苦思其中的奥秘，终于有一天他想通了，想到建立二进制，并将自己的数学发明弃置一旁，对东方人的智慧赞不绝口。他以二进制数学把六十四卦的奥秘说得很明白；八卦中一两个符号及其排列方法，可以使等比级数、等差级数、二元式（二进位）、二项式定理、逻辑数学以反电磁波、音响、连锁反应等原理贯通起来。

另一种观点认为，17世纪末叶，与在华传教士白进、闵明我等人的通信联系中莱布尼茨知道了八卦图和《周易》。

还有一种观点认为，莱布尼茨发明二进制与《周易》无任何关联。这种观点认为，《周易》卦序与二进制数学毫无关系，甚至有学者指出宋代邵雍所创制的六十四卦方位图"不能算二进制数学"，它们"只不过可以译成二进制数码，却没有二进制算法蕴含其中"。郭书春在1987年11月17日《科技日报》著文认为只要把莱布尼茨发明二进制与他和传教士白进的交往时间表列出来，一切都可解释清楚。1679 年 3 月 15 日，莱布尼茨的《二进制数学》初稿完成，1696 年，莱布尼茨对二进制问题再次给予了关注，送给奥古斯特大公一枚以二进制表为背面图案的纪念章。他还向赴中国的传教士详细介绍了二进制原理。莱布尼茨与在中国的法国传教士白进交往始于 1697 年。1701 年 2 月 15 日，莱布尼茨给白进写信，对二进制原理进行了详细说明，白进收到信后发现了中国的六十四卦图与二进制的共同之处。4 月 7 日，莱布尼茨将他的论文《关于仅用 0 与 1 2 个记号的二进制算术的说明，并附其应用及据此解释古代中国伏羲图的探讨》进行修改补充后再送到巴黎科学院，要求公开发表，二进制才被众人所知。然而，莱布尼茨和白进都不知道，他们所说的"伏羲六十四卦图"既不是伏羲创造，更不是《周易》的，而是北宋哲学家邵雍创作的。

## 火箭是哪个国家最先发明的？

首先在《兵法十二篇》中提出拜占庭皇帝列奥六世（公元 866～912 年）时士兵用的一种投火器，很有可能是火箭，是意大利人瓦尔图在 1450 年提出来的。这便是火箭源于拜占庭说而开始。此后有不少英法学者对这一观点表示赞同。

18 世纪的英国东方学者哈尔海德则提出了印度是火箭发明国的说法。1776 年，在哈尔海德翻译印度《摩奴法典》时，有"火炮或任何种类火器""火炮"的句子。《摩奴法典》汇编了古印度的宗教、哲学和法律，编成时间大约在公元前 3～前 2 世纪间。如果那时已有火炮或其他种类的火器的话，火药的产生当比此时早。众所周知，世界公认火药是中国古代的四大发明之一。与唐初炼丹家和药物学家孙思邈最早记录火药的配方时间相隔千年，众多学者因此对之提出质疑，印度学者赖伊即指出哈尔海德的译文中存在错误。

美国学者维特认为以上是因为传说、神话被学者当成了史料，因而结论自然是错误的。他这样分析是不无道理的。但那些相信印度起源说的人并不以之为然，因而也只能代表一种观点。在《论火箭的起源》一文中潘吉星认为在 1222 年印度本土最早出现火箭，那时火箭曾被蒙古军在对花剌子模国王札兰丁实施追击时曾在北印度使用过。这就是说，在 1222 年以前印度人根本搞不清楚火箭是怎样的东西。

对火箭源于中国这一观点表示赞同的中外学者，一般认为宋代是火箭的最早发端年代。

在鱼豢的《魏略》中始见"火箭"一词，《魏略》中记载魏明帝太和二年十二月，诸葛亮攻郝昭，郝昭射诸葛亮的云梯的武器即是火箭。不过那时的火箭并非用火药来推进的，而是在普通的箭上扎上一些耐烧的艾叶、松香和油脂一类的东西，然后用弓箭射出。

印度火器史学家戈代认为火药和火箭的起源地均是中国，是在 14 世纪以后才陆续传入印度，而这时中国的火箭已出现很长时间了。

著名的科技史学家李约瑟也说："中世纪中国的最伟大的成就之一是火药和火药武器的发展。"在中国古代典籍中关于火箭的记载也有很多，诸如《宋史·兵志》《武经总要》等。但仍有人质疑中国是火箭发明国的说法。质疑的根据是丘濬的《大学衍义补》，丘濬（公元 1420~1492 年）这样说："宋太祖时始有火箭，真宗时始有火球之名，然或假木箭以发，未知是今之火药否也？历考吏制，皆所不载。不知此药于何时仿于何人？意者谓在隋唐以后始自西域，与俗谓烟火者同至中国钦？"中国火箭西来说是由英国汉学家梅辉立首先提出的，他认为公元 6 世纪火箭才传入中国。然而仅凭此一条史料，似乎又有点势单力薄，难以说明问题。因此火箭到底起源于哪一国，还有待于进一步深入研究。

## "泰坦尼克号"沉没之谜

影片《泰坦尼克号》取得了十几亿美元的票房佳绩，轰动世界每一个角落。观众们在被电影中壮观的沉船场面所震撼并深深地为露丝和杰克的爱情所感动之余，不禁对"泰坦尼克号"沉没故事本身发生了浓厚的兴趣，那么，这到底是怎么回事呢？

1912 年 4 月 15 日凌晨 2 点 20 分，"永不沉没的泰坦尼克号"连同 1500 多名乘客的船员，一起葬身大西洋底，灾难发生后，西方国家媒体迅速对沉船事件予以大篇幅的报道，对于沉船的原因和场景有许许多多的说法。而世界上许多国家的船舶设计工程师们也对这一沉船事件极为关注，为了揭开这个谜，他们搜索并分析了当时各种报道，推断造成泰坦尼克号沉船的原因应该是部分船舱施工建造不符合要求，以至于船遇到冰山后船体内的钢板被撞得变了形，撞松了铆钉，并从接缝处将船体撕开了一个大口。当然，也并不是所有工程师都认同这一观点，这也只是一种可能。

海洋地质学家在 1985 年 8 月找到了泰坦尼克号的残骸。他们发现，泰坦尼克号沉没时船体已被分裂成船头和船尾两部分。可喜的是，1991 年，海洋地质学家史蒂夫·布拉斯科和他的同伴们在泰坦尼克号沉没现场又把一块船壳钢板打捞上来，他们发现，这块钢板碎块的边缘参差不齐，随后，他们在实验室里检验了这块钢块，冶金学家肯，卡利斯利用 charpy（即简支梁部击试验）技术检测了该钢板的易碎性。实验结果显示，泰坦尼克号船壳钢板的质地出奇地脆。人们由此认定，是冶炼技术问题导致了船体的沉没。因此史蒂夫"那时的造船技术超前了，但冶金技术没有跟上"的说法得到了证实。

这些观点都是基于科学和事实认定的。对于泰坦尼克号沉没的原因，还有其他带有迷信性质的说法，那就是被"诅咒沉没"的说法，其中最有名的说法是沉没于"木乃伊的诅咒"。

大约在 1900 年前后，考古学家在埃及古墓中发掘出一具石棺，石棺上有"凡是碰到这具石棺的人，都会遭难"这样的咒语，可科学家们才不会理会这些，他们打开了石棺，一具木乃伊在他们的面前展现。

石棺很快被运回英国并在大英博物馆中展出。10 年后，一位富有的美国人希望英国能将石棺和木乃伊卖给他，英国人也真把它卖给了这位美国人。正当他考虑如何将这"宝贝"运回美国的时候，恰逢泰坦尼克号首航，于是他便将他的"宝贝"带上了泰坦尼克号。可惜谁都没有注意到，在石棺上刻着的最后一句咒语是"将被海水吞没"，与前面的连在一起就是"凡是碰到这具石棺的人，都会遭难，将被海水吞没"。

不管怎样，泰坦尼克号毕竟沉没了，作为人类航海史上的一大悲剧，其原因虽然

## 美国"阿波罗号"到底登没登上过月球？

宇宙飞船"阿波罗号"登上月球，一直都作为人类航天史的一大里程碑而载入史册，更使冷战中的美国一下在航天领域让苏联望尘莫及，它不仅仅是美国人的成就，更是全人类的骄傲，随着时间的消逝，人们在感受到这一前所未有的狂喜之后，似乎更关心这一壮举的真实性，究竟是伟大的成就还是弥天大谎。

1961年5月25日美国总统肯尼迪代表美国政府向国会宣布在这10年内，将把一个美国人送上月球，并使他重返地面。这就是20世纪著名的美国"阿波罗"登月计划。

这一计划是当时在应对苏联空间技术挑战的形势下提出的。

可是自从20世纪70年代以来，一直有人怀疑登月只不过是美国政府一手导演的一个骗局。怀疑者认为，当时美国在与苏联的太空竞赛中始终处于劣势。美国政府在当时技术条件不具备的情况下，一手导演了美国人首次登月的骗局来重振国威，欺骗国际舆论。

还有一些人公开怀疑整个"阿波罗"登月计划本身就是一个大骗局，人类从来没有登上过月球。据美国盖洛普公司在1999年的民意调查，有6%的美国人怀疑"阿波罗"登月是否真的发生过。

2000年7月中旬，墨西哥《永久周刊》科技版刊载了《20世纪最大的伪造》一文，作者俄罗斯研究人员亚历山大·戈尔多夫对美国31年前拍摄的登月照片提出质疑，立刻引起了广大读者的密切关注。

戈尔多夫认为，所谓美国宇航员在月球上拍摄的所有的照片和摄像记录，都是在好莱坞摄影棚里制造的。他的主要理由如下：

第一，"阿波罗"宇航员在月球表面拍摄的照片，背景都没有星星。月球没有大气遮掩，天空又是乌黑的，星星跑到哪儿去了呢？

第二，照片上物品留下影子是多方向的，而太阳光照射物品所形成的阴影应该是一个方向。

第三，摄像记录中那面插在月球上的星条旗在迎风飘扬，而月球上没有空气，根本不可能有风把旗子吹得飘起。

第四，从摄像纪录片中看到宇航员在月球表面行走犹如在地面上行走一样，实际上月球上的重力要比地球上的重力小很多，因而人在月球上每迈一步就相当于人在地球上跨越了5~6米长。

戈尔多夫说，他并不否定当年美国宇航员登月的壮举。他认为，美国宇航员当时是接近了月球表面，但由于技术原因未能登上月球。可是，美国为了表功，为了压倒苏联的锐气而伪造了多幅登月照片和一部摄影纪录片，蒙蔽和欺骗世人几十年。

2001年2月15日，美国的福克斯电视台播放了《阴谋论：我们登上月球了吗？》，通过采访"专家"出示"证据"，最终向大众"披露"了美国航空航天局于20世纪六七十年代在内华达州的沙漠中伪造"阿波罗"登月的真相。

不过，更多的人认为"阿波罗"登月是不可能造假的，最确凿的证据就是历次登月带回来的 300 多千克月球岩石。月球岩石非常独特，在许多方面和地球岩石不同。

此外，美国传媒神通广大，假如美国政府有欺骗行为，不可能会保密如此之久。

在各方争执不休时，美国于 1999 年 7 月 20 日在华盛顿国家航空航天局博物馆举行仪式，纪念人类首次登月 30 周年。这也多少表达了美国政府对争论的态度。但是，首次登上月球的尼尔·阿姆斯特朗拒绝参加任何记者招待会、签名或合影，第一个踏上月球的人却如此沉默。这种行为给人们留下了更多的迷惑和不解。

如此看来，真假登月仍是未解之谜，证明登月的只有美国政府，有谁撒过弥天大谎会轻易认错的，提出反驳的最权威的戈尔多夫又是俄罗斯人，谁知道其中又掺杂了多少政治的或个人的因素？解开这个谜团，还有待更多的材料和参与者的证明。

## 破译人体辉光之谜

在自然界里，很多东西都能发光。除了我们所熟知的海洋里的鱼类和浮游生物能发光外，一些腐败的细菌菌丝也能发光。现代科学证明：每个人的身体都能发出不同程度的辉光，只是一般人发出的光太弱了，肉眼根本无法看见。

人们曾在中国古代的一些宗教画中发现一些周身总是笼罩着一层薄薄光辉的圣人形象。在早期的西方，基督徒将他们神圣的始祖——耶稣用美丽的光环来围绕。在其他一些国家的古老宗教图画中这种光环也会被看到。

那些圣人们是否周围真的有一层辉光，我们不得而知。但是到了近代，却屡屡有人发现人体辉光的现象。

丹麦著名医生巴尔宁早在 1669 年就发现一个身体会发光的意大利女子。意大利在 20 世纪 30 年代，也发现过一个发光的女子。她的全身好像有光环环绕，特别在她晚上外出时，光环就更为明显。

这些奇特的现象引起了人们极大的关注。

为了证明人体光环是否存在，英国伦敦的华尔德·基尔纳医生做了一个实验。他用一块用一种双青花染料刷过的玻璃观察人体，结果发现的确有一圈约 15 毫米宽的光晕存在于人体周围，若隐若现，色彩丰富，非常奇妙。而且随着人的健康状况的变化，光晕的具体形状和色彩也会发生改变。

后来很多仪器被科学家们发明出来，用来观察人体辉光。在对人体辉光的进一步研究中，科学家们取得了不少成果。

在 20 世纪 80 年代以后，美、日等国的许多科学家在对人体辉光的研究中大量使用了高科技仪器。日本的科学家就成功得到了人体辉光的图像显示，他们所采用的光电倍增管和医学装置，是世界上灵敏程度最高的，可用于检测微弱光线，现在这一学术研究成果已被医学和保健所广泛采用。

苏联生物学家塞杰耶夫用其发明的一种仪器将与心电图相连的静电和磁场变化进行了完全记录，这种仪器发现了人体某些部分显示出明亮闪光点，而令人惊奇的是针灸图上的 741 个穴位与这些点的位置完全一致。

科学家们对人体辉光的研究已不仅仅作为一种出于好奇所做的人类探索或科学研

究，而是一种具有很高的实用价值的科学行动。

有人曾对一个饮酒者的手指进行辉光拍摄，结果发现在饮酒过程中，此人的手指辉光是逐步变化的。开始饮酒时，此人手指辉光发亮、清晰，而后辉光逐渐不调和，并开始向暗淡发展，随着饮酒者饮入酒量的增多，辉光便无力地闪烁。

日本医学专家稻场文夫教授发现饮食不同的人其辉光也不相同。他是通过一种能准确计算物质光子个数的仪器得到这一结果的。北欧、北美人生活水平高，其辉光较亮；生活水平低的南美人，其辉光则相对较暗。

科学家们随后又发现，人体不同部位、同一人体所处不同状况时，辉光都存在着巨大的差异。如手臂辉光较人的头部浅蓝色的光晕稍深，为青蓝色，胳膊、腿、躯干的辉光亮度相对手脚辉光亮度要弱。人在不同精神状态下辉光也不同，如平静的时候，为浅蓝色辉光，发怒时呈橙黄色辉光，恐惧时辉光为橘红色。另外，年龄的变化也会使辉光发生相应变化，辉光会随年龄的增长而增强，到中年以后辉光呈减弱趋势。此外，普通人的辉光弱于身体强壮的运动员的辉光。

有趣的是，人体辉光还可用以衡量爱情达到的程度。美国学者曾在一家照相馆用一种高科技微光检测仪对准备结婚而来拍结婚照的男女进行观测，发现女性指尖上的辉光会在双方挽手时特别亮，并向男方的指尖延伸；男性指尖上的辉光顺应女性光圈向后缩。双方彼此的辉光在拥抱接吻时格外明亮。还有一个同样有趣的发现，当单恋的人与对方在一起时，两人的辉光会一暗一亮，一弱一强，出现正好相反的现象。因而科学家们得出结论，可以利用人体辉光检测出恋人是否真心相爱或能否组成家庭。

科学家还发现，随着行为意向、思维方式的改变，人体辉光也会相应变化。若一个人产生用刀子去捅死另一个人的想法时，会有红色的辉光出现在他的指尖；与此同时，有预感的受害者会在指尖出现一团橘红色，产生十分痛苦的弯曲状，此人的身上也会出现蓝白色的辉光。当犯人说谎时，身上则会交替闪耀各种色彩的辉光。

辉光呈红亮色说明身体健康，辉光呈灰暗色则说明病情严重。健康状态下的人体辉光类似太阳的"日冕"，辉光为很强的"之"字形则表明此人已得了癌症。

教练员在体育比赛或训练时，可利用人体辉光了解运动员的身体状况。然而科学家们至今也无法解释神秘的人体辉光是怎么产生的。

有的科学家持这样的观点，认为人体发光仅仅是荧光现象。原因是这些人血液里含有特别强的有丝分裂射线，这种射线能激发体内的某些物质，于是荧光便产生了。还有人认为，人体辉光的产生是由于体表的某种物质射线和空气的复合。有的科学家则提出，辉光产生于人体盐分和水汽以及人体高频电场的作用。当然也有人认为，当虔诚的信徒全神贯注在宗教信仰之中的时候，神经系统高度兴奋，皮肤也会发出光来。另有观点认为，人体的光导系统或经络系统的外在显现是产生辉光的原因所在。在心灵学家看来，辉光是人的灵魂不死的精神证明，但这显然是一种具有迷信色彩的说法。

无论何种解释，都没有充分的科学证据来说明辉光的真正成因，至于为什么只有少数人才能发出可见光来，更是一个不解之谜。

## 艾滋病来自何方？

艾滋病是由名为"人体免疫缺损病毒"引起的被科学界称为"20世纪的瘟疫"。从20世纪80年代正式发现第一位艾滋病患者以来，其蔓延速度之快，患者死亡率之高都令人谈"艾"色变。而到目前为止，人类还不能生产出有效的预防和治疗艾滋病的药物。

那么，这种被认为人类有史以来最凶悍的病毒究竟是来自何方呢？

起初人们认为同性恋是致病的根源。可是，研究发现，在西方，同性恋问题早在希腊罗马时代就有记载，东方国家古代也有士大夫养娈童的逸闻。如果同性恋导致艾滋病的产生，那么必定古代就流行了，为何直到当代才传播开呢？于是，科学家认为同性恋只是艾滋病传播的一个途径，艾滋病另有根源。

目前，人们在研究艾滋病时，提出了以下几种可能的致病原因：

一种是"外空传入地球"的假说，这种推断是由英国天文学家提出的，他们认为艾滋病毒可能早已存在于地球之外，但因千百年来缺乏传播媒介，所以人类一直没有感染上。后来这种病毒随流星进入地球，将这种可怕的病毒带给了地球上的人类。

另一种是"猴子传给人类"的假说，法国学者在中部非洲大湖地区研究艾滋病时，偶然了解到当地居民有将猴血注入人体的习俗。然而，这种假说的不足在于无法解释艾滋病的历史，这种奇特的习俗的历史比艾滋病史长得多。研究者进而假设，可能在很早以前，猴子就将艾滋病病毒传给人类，但缺乏必要的传播途径，因偶然的原因几度自生自灭。在现代，由于大量欧美人员到过非洲，于是艾滋病病毒就随之到了欧美，加之性生活混乱和吸毒等的流行，所以艾滋病在欧美地区就广泛传播开来。

还有一种是"美国制造"的说法。20世纪80年代中期，有报纸声称是美国研究细菌武器制造了艾滋病。后来，英国一家素来以消息来源可靠著称的报纸刊载了英国反对活体解剖学会的看法。该学会成员声称：美国在制造一种新型生物武器，艾滋病是美国生物研究中心利用遗传工程基因重组的新技术制造出来的新病毒，研究者首先在中非的绿猴身上做试验，后来又以减刑为条件在一些服重刑的囚犯身上试验病毒，囚犯中不少是同性恋者。他们回到社会后，艾滋病病毒也就开始了泛滥，这是试验者和被试验者始料不及的后果。这一消息见诸报纸后，至今已被数十个国家和地区的报纸转载，并引发了一场轩然大波，对此，美国有关方面也断然否认。

20多年过去了，人类已经迎来了21世纪的曙光，而对艾滋病的研究也已取得了重大成就，但研究它的起源问题依然摆在科学家的面前，人们只有充分地认识它，才能更快更好地消灭它，人类应有理由相信，凭着人类的智慧力量一定能消灭这"世纪瘟疫"。

## 是否存在"野人"？

千百年来，关于"野人"的记载，在许多的历史古籍中都出现过，而且还有许多的人坦言目击过"野人"。"野人"既是古代神话和民间传说的题材，也是自然科学的研究对象，人类揭示了很多的真理，但是"野人"之谜至今仍未揭晓，现有的我国和世界研究"野人"的状况、材料、证据，让科学家们既不能肯定也不能否定，它仿佛是一个"半睡半醒的梦"。人类持之以恒地探索"野人"的问题，是因为"野人之谜"的揭开将对研究人类的起源具有重要的科学价值。无数考察人员、科学工作者和人民群众，为了披露"野人"的秘密，有组织地或自发地进行了长期而艰苦的努力。

中国是世界上传闻"野人"比较多的国家之一。"野人"在我国流传的历史大约有 3000 多年。有人考证，在世界上有关"野人"最早的传说，是我国古代的《周书》。《周书》中记载说，周成王曾抓到过"野人"。在比《周书》稍晚的《山海经》中，也出现过"野人"的记载。

尽管关于"野人"的记载出现得很早，但是对于"野人"的研究却是近几十年的事。我们所谓的"野人"究竟是怎么来的呢？

在我国明清两代编纂的湖北《房县志》中，多次提到在房县一带有"毛人"出没的传闻。这种"毛人"身材高大，满身是毛，并且经常"食荤"，"时出啮人鸡犬"，《房县志》中所描绘的"毛人"的子孙或许就是现今传疑的"野人"。但是还有的人认为，这种说法是毫无科学性的，他们认为，"野人"是人类远祖腊玛猿或南猿残存下来的后代，也有人认为它是人猿科范围的生物，更有可能是在中国南部地区繁盛的巨猿或褐猿残存的后代。

我国对于野人的考察也进行了多年。在刚刚解放的时候，国家组织了对野人的大规模的考察，虽然历尽千辛万苦，但是却没有得到令人满意的结果。

1959 年的 5~7 月，我国派出的考察队在西藏进行了调查，据说曾获得了一根"雪人"的毛发，长 16 厘米，经过显微镜的检定，认为它和猩猩、棕熊、牦牛的毛发在结构上都不相同，但是也没有办法证明它就是"雪人"的毛发。

1961 年，传说在西双版纳的一个筑路工人击毙了"野人"，据说这个"野人"身高在 1.2~1.3 米之间，全身覆盖着黑毛，能够直立行走，手、耳、乳等都和人类相似。但是，经过中科院有关单位的考察没有获得直接的证据。有人认为，传说中的"野人"有可能是生活在原始森林中的长臂猿。

1977 年中科院组织考察队对鄂西北、陕南地区进行了为期一年的考察，但是只是获得了一些疑为"野人"的脚印、毛发和粪便，并没有找到关于"野人"真实存在的证据。

在欧洲，关于"野人"的文字记载开始于 12 世纪，进行形象的描述却开始于 13 世纪中叶。1820~1843 年，英国派驻尼泊尔的驻扎官霍奔森首次在西方的文献中提到"野人"。1953 年，英国的约翰·亨特勋爵曾经率领探险队到珠穆朗玛峰地区考察"野人"的踪迹。他确信有"野人"的存在。他在一本关于"野人"的书中写道，"我相信有'耶提'，我看到过他们的足迹，听到过'野人'的喊叫声，还吸取过当地有声望的人提供的第一手资料……这些证据迟早会起作用，使那些持怀疑看法的人放弃成见。"

但是，仍然有人对于亨特勋爵确信有"野人"存在的证据——那些印在雪地上的脚印，表示了不同的看法，认为那些脚印不过是印度的朝圣者们留下的。因为这些不穿衣服的苦行僧们在西藏很少见，他们住在高山的洞穴中，依靠瑜伽功来抵御严寒。修炼的地方离住处是很远的，所以，这些僧人留下的脚印，很可能就被登山运动员发现，误认为"野人"的脚印。

随着科学技术的发展，世界各国关于"野人"的研究已经不仅仅是局限于目击者的表述，而是采取了一些科学的手段。1972年，一位加利福尼亚州的记者艾伦·贝利，用录音机录下了一段"沙斯夸之（流传于美国北部的野人）"的叫声。录下来的叫声听起来音域很广，有些像人的声音，又有些像口哨的声音，通过对磁带的研究，从音调的范围和呼叫的长度上看，可以得出这个动物的发音系统比人的发音系统宽广得多的结论。

无独有偶，在1978年的9月，一位妇女开着小车在俄亥俄州西边的一个地方，与3米多高的野人相遇，并且录下了他的声音。他的声音听起来像狗叫，又好像是人在痛苦的时候的叫声，很难听。经过专家的鉴定认为，这种声波的范围属于动物，不是机械声或人声，有可能是一种灵长类动物的叫声。

到目前为止，现有的资料还不能证明"野人"的存在，但是关于"野人"的传说和资料又找不到可以否定的依据，所以，"野人"的存在与否仍然是一个未解之谜。但是我们相信，随着时间的推移，"野人"之谜终究会被人们揭开的。

## "魔鬼三角"百慕大的"魔鬼"是谁？

素有"魔鬼三角"之称的百慕大迄今为止仍为众多科学家们日思夜想，百思不得其解。特别是近几十年来，许多飞机、战舰常常会无故失踪。谜底何在，众说纷纭。

苏联科学家最早提出海底水文地壳运动说。他们说，由于百慕大海底地貌十分复杂，这样就造成了百慕大海域的洋流纵横交叉，变幻不定，形成了多个巨大的旋涡流。后来，美国科学家又进一步证实了这种说法。他们认为，百慕大海域不仅有巨大的旋涡，而且这些涡流在阳光照耀下会产生极高的温度，这是使飞机爆炸、船舰沉没的原因。

那么，为什么会找不到沉船和失踪的飞机的残骸呢？持海底水文地壳运动学说的学者们分析说，在百慕大地区的海底地壳上有因天长日久而形成的一个个地陷坑或空穴，这里地壳运动十分频繁，百慕大附近的陆地地震不断，原因就在于此。当地震发生，这种空穴的顶部就会坍塌，其状如同海底突然"张开大口"，碰巧航行此地的轮船、舰艇随之被卷入，沉入"大口"之中，这样，舰艇就会沉没而不留任何痕迹。

次声波地磁引力说。苏联地球物理学家 B. B. 舒列金在20世纪30年代提出次声波由海浪产生的。他们认为，在火山爆发、地震、风暴等自然灾害发生的同时，次声波也随之震荡，次声波虽然是人耳听不见的一种声音，但是，它的破坏力却大得惊人，当人处在振荡频率为6赫左右的环境中，便会产生强烈的疲劳感，随后又出现焦躁不安和本能的恐惧，而当人处在频率为7赫时，人的心脏和神经系统陷入瘫痪，而百慕大正是次声波最活跃的地区，导致种种惨剧发生的"魔鬼"就是这一致人死地的次声波，它是罪魁祸首。

"天外来客说"。1965年6月5日，一架大型双引擎军用飞机"飞行车厢C119"

号，在飞越百慕大时，突然失踪。正在这时候，美国宇宙飞船"双子座-4"也正好飞越此地，宇航员麦克维特发现了一只触手外露的类似"飞碟"的不明飞行物正在离他不远处飞行，他立即用电影摄影机把那飞行物拍摄下来。据此，美国天文学家 M. K. 杰塞浦以及一些其他学者认为，神秘失踪的飞机和船舰可能是"天外来客"乘坐飞碟所为。

20 世纪 70 年代中期，美国科学家拉里·库什提出了"虚幻之谜"说，他说，在百慕大三角发生的这些奇异现象，并不只是近几十年来才发生的事情，是在 16 世纪哥伦布探险时期就有记载。这些记载大多说，凡在此遇到空难或海难均是由于遇上了飓风、狂浪、海啸等自然灾害所造成的，这些记载；很多从事研究百慕大的学者也知道，但并没有引起重视，甚至于有些学者为了猎奇，有意或无意地删去这些情节，更有些人为了一鸣惊人还把本不在百慕大发生的海难、空难事故的发生地移花接木，欺骗世人。

## 鲸"集体自杀"之谜

百余头伪虎鲸于 1970 年 1 月 11 日冲上美国佛罗里达州皮尔斯堡附近的海岸的海滩。海岸警卫队为了救助这批搁浅的鲸，从中午 1 点到深夜，尽一切努力想把它们往海里赶，可是它们屡次重新冲上海滩。最后，150 头伪虎鲸全部死去。

同样的情况也发生在 1979 年 7 月 16 日加拿大波林半岛上。当时，上百头鲸拼命地冲上海滩。渔民奋力挽救这些鲸，把它们硬往海里赶，但是徒劳，这些鲸在原地不动，直到死去。

在荷兰、墨西哥和美国等地的海岸上这种类似的情况也时有发生。

关于鲸自杀的记载始于古希腊哲学家普卢塔赫（公元 46～126 年）写的《各种动物的才能》一书。

鲸是因为被狂风大浪推到海滩上，是因为被凶恶的鲨鱼或受到其他动物的威胁而仓皇逃命窜上海滩，是因为在海滩觅食或一时贪玩而在海滩上搁浅而要"集体自杀"？人们对此百思不得其解。

生物学家们为了揭开这个谜，多年来一直进行广泛探索。

荷兰科学家范·希尔·杜多克是研究鲸自杀原因的专家，1962 年他研究了包括成群的和单只的 26 种鲸的 133 桩"自杀"事件。研究发现，鲸一般选择低洼的海滨浴场、海岸、浅滩和凸出的海角作为"集体自杀"的场所。

鲸又为何要在这些地点"自杀"呢？

原来，鲸的视觉并不发达，其判别方向和识别东西主要是靠它身上的一套回声定位系统具有反射声音的作用而进行的。

在低洼的海岸等地，使鲸回声测位的条件恶化，妨碍了鲸对反射信号的接收，有时鲸鱼不能收到落到缓斜砂质的海底的信号，而水浅使鲸的喷水孔不能浸没在水里，这也减弱了它的回声定位能力，因此，在这些地方，鲸鱼常因飓风、暴雨而搁浅。

这种说法是单头鲸"自杀"的原因，但是鲸为什么"集体自杀"呢？

苏联科学家托米林认为鲸的集体自杀牵涉到动物学和生理学的因素，即鲸之所以会"集体自杀"是为了保护同类。

由此可以推测到鲸"集体自杀"：首先，个别鲸因环境条件原因而使回声定位系统失灵，落入海滩；其次，搁浅的鲸为求生而向同伙发出遇难的信号，其他的鲸接到信号后为救护同类而上海滩；最后，所有的鲸都投入了死亡的深渊，造成"集体自杀"。

但是，法国、英国、美国的一些科学家对鲸"集体自杀"的原因做出不同的解释：军舰产生的发动机声音、爆炸声等噪声以及军舰上的回声测探仪和水声测位仪（声纳系统）发射的声波，扰乱了鲸的回声定位系统，鲸即因发生这种紊乱而发生搁浅。他们举例说，1986 年在兰沙罗德岛附近正在进行军舰演习时，有 4 条鲸在该岛搁浅；1989 年，在加那利群岛的一个海岛附近游弋的军舰导致不同种类的 24 条鲸在该岛边集体搁浅。此外，委内瑞拉湾发生的鲸"集体自杀"与当时水下爆炸几乎同时发生。他们认为这是证明他们观点的力证。

不论如何，鲸的搁浅只是环境条件以及它们的习性造成的无意的结局，而不是它们有意识的自杀。鲸"自杀"的说法只是古代人们对鲸搁浅的一种不科学的说法。

## 尼斯湖怪兽之谜

在苏格兰北部，有一个尼斯湖，湖深 200 多米，是一个终年不冻的淡水湖。表面上看，尼斯湖与其他湖泊毫无异处，但传说中湖里却住着一种不为人类所知的动物——尼斯湖水怪。早在距今 1500 多年前，就开始流传尼斯湖中有巨大怪兽常常出来吞食人畜的故事。古代一些宣称曾经目击过这种怪兽的人把它描绘得多种多样，有人说它长着大象的长鼻，浑身柔软光滑；人有说它是长颈圆头；有人说它出现时泡沫层层，四处飞溅；有人说它口吐烟雾，使湖面有时雾气腾腾……各种传说颇不一致，既神奇，又恐怖。

1972 年，美国应用科学院专家赖恩斯带领他的研究组，在对尼斯湖进行探险时，曾利用水下照相机，拍下了一个珍贵的镜头，这张照片上现出了一只活怪兽的轮廓（躯体和头部）：躯体呈菱状，一个细长的脖子成拱形地伸展，脖子的一部分被阴影挡住而模糊不清，最后是一个斑点，表明是怪兽好奇地转向照相机的头部，两个鳍脚从躯体上端伸出，整个画面看上去像是怪兽正吃惊地扑向照相机。据估计，这只怪兽大约长 6.5 米。不久怪兽向水下照相机发起了一系列的攻击和碰撞，并将其打翻。有些学者根据这张水下照片来证明尼斯湖里确实存在着怪兽。

后来，美国隐蔽动物学会会长贝佐宣称他"已发现尼斯湖怪兽"。贝佐长期以来一直力图尝试证实尼斯湖怪兽的存在。这一消息究竟是否真实可靠？因为缺少证据而不能被得到肯定。

事实上，从古至今，虽然有许多人宣称自己亲眼看到过此怪兽，但都只能粗略地说出怪兽露出水面的只鳞片角，都不能准确地说出怪兽的全貌，因为谁也没有见过。

近一二十年来，为了找到尼斯湖水怪，人们用尽了各种方法，有的潜水员潜入尼斯湖，但混浊的湖水阻挡了人的视线，人眼难以辨认水下的世界；有的使用潜水艇，也毫无收获；有的使用自动摄影装置，仍徒劳无效；有人想起了海豚，因为海豚有非常灵敏的声呐系统，在任何条件下它都能够准确无误地分辨出 3000 米以内的水中生物，但由于尼斯湖是淡水湖，海豚也难以施展技艺，因此，尽管海豚是海洋动物中最

## 死人心跳之谜

人被冰雪冻死的并不稀奇，罕见的是人们发现了一具被埋在冰雪下70年而仍然活着的僵尸。心脏跳动是人活着的标志，可是为什么僵尸还有心跳呢？

一个有血有肉有感情的活生生的人，忽然停止了呼吸，停止了心跳，变成了一具僵硬冰冷的、永远沉默的尸体。这就是人的最终结局——死亡！死亡，是生命不受欢迎却又无法改变的结局。

数千年来，人类一直把心脏视为"神明之府""君主之官"。原始人通过日常观察和狩猎活动，形成了人的心脏停止跳动就是死亡的这一模糊概念。

但是，以心跳停止作为死亡的标准，在实践中常常出现矛盾的现象。非洲的古老民族希须曼人，心脏停止跳动后，家人或同伴们会把死去的人先浅埋于墓穴里，因为他们发现有的心跳还可能恢复。在欧洲的阿尔卑斯山上，就曾经发生过一起死人恢复心跳的奇异事件。

冰雪覆盖的阿尔卑斯山，以其险峻的山峰称雄于欧洲，被人们称誉为"欧洲第一峰"，是登山家的乐园、冒险者的圣地，每年都吸引着上千名勇敢的攀登者来到它的脚下，从各个不同的角度向这座高峰挑战。

1968年7月，一支英国登山队在阿尔卑斯山脉进行登山探险活动。山上常年积雪，冰川很厚，常年以来很少有人独自到山上来。

一路上，队员们一边兴致勃勃地向山上攀登，一边欣赏山上的雪景，很快就攀到了海拔5100米的高度。当他们来到一条雪崩形成的冰川下游时，突然有人发现远处的冰山下好像有一个人，躺着一动也不动。队员们赶紧跑过去一看究竟。在冰川下面，队员们发现了一具男性尸体，令人奇怪的是，他竟然穿着第一次世界大战时的法国军装，看来应该是个参加战斗的法国士兵。从他身上所带的一本《士兵手册》可知，此人名叫福里斯，生于1890年，是法国步兵团的一名下士。那么这位下士的尸体是如何留在了这冰山雪峰之岭的峡谷之中的呢？队员们猜测也许是由于战败溃逃，士兵无路可走，就跑到阿尔卑斯山上躲了起来，谁知由于气候寒冷，他被活活冻死了。

登山队员决定将这名法国士兵埋葬，毕竟他也是一名军人。可是队员们在翻动士兵尸体的时候，突然感觉到他的心脏竟然还在跳动。队员们觉得不可思议，立即叫来登山队的随行医生。医生对福里斯进行了详细的检查，意外地发现他的心脏还在有规律地跳动。也就是说，从医学的角度讲，福里斯还活着！这可太奇异了，一个被冰雪覆盖了半个世纪的人竟然还活着！这从医学的角度讲是不可能的事情，可是它真真切切地发生在了眼前。在场的医生马上把福里斯放在氧气罩中保护起来，以延续他的"生命"。

登山队返回基地后，立即请来了几位专家对霍里斯进行救治。专家们经过研究，没有办法让他复活，于是决定将这具"活着"的尸体交给世界著名医学专家哈克鲁斯博士抢救。然而，哈克鲁斯博士尝试了所有的方法，都无法令福里斯复活，只能宣布他已经死亡。可是他的心脏一直都在跳动，还是那么的有规律……

福里斯在一战中为什么会来到阿尔卑斯山，又是怎样被"速冻"起来，他的心脏为什么保持着如此强大的动力？他是否还能够恢复生前的活力？这些都是未解之谜。

## 木乃伊铅中毒之谜

装备精良的远征队失踪百年之后，三个冰冻的木乃伊让人们弄清了发生在海上的一次悲惨事件的秘密，由此解开了历史上最大的航海之谜。

18世纪是英国自由贸易资本主义发展的鼎盛时期，经过工业革命的洗礼，英国的经济获得飞速的发展。这个时期，英国率先完成工业革命，成为"世界工厂"，其时正值维多利亚女王在位，有"维多利亚时代"之称。处于鼎盛时期的大英帝国为了进一步开拓市场，在1845年委任探险家约翰·富兰克林为队长，进行一次探险，目标是找到穿越北极圈、通往东方的捷径。

在当时，这样的探险足以和现在人类登月的壮举相媲美。此前曾有过57次寻找通道的行动，但均告失败。所以这次英国政府让富兰克林带队，再进行一次新的尝试，而且命令只许成功。远征队由129个人组成，经过一番精心的准备，信心满满地出发了。英国远征队的装备非常先进，称得上是当时的高科技远征队。比如甲板下面有热水管道，可以保持船内的温度。他们还带有充足的食品。罐头在当时可是新事物，这两条船一共携带了8000听罐头——足够129名船员吃上5年。

然而令人意想不到的是，尽管他们出发前准备得非常充分，但过了很长时间，已经远远超过了预计时间，他们还是没能回来，人们起了疑问：为什么这配备最好的船只，拥有最先进技术的远征队会一去不复返？政府猜测他们已经出了意外，就开始四处寻找。

在接下来的10年里，英国政府派遣多支营救小组寻找过这支远征队。后来，有人在一座荒芜的冰岛上发现了一艘远征队的救生艇。显然，由于遇到了意外，水手们弃船逃生了，使用救生艇上了荒岛。但是艇里的东西令人费解。艇里有窗帘杆、香皂和书。正常人逃命时是不会想着带这些东西的。人们不得其解。140多年来，这个谜一直悬而未决。

在远征队出发早期，有3名水手死在了位于北极圈以北400英里的比奇岛上。于是有人提出也许他们的尸体能够提供线索。1986年夏天，一个调查小组登上了加拿大西北部的比奇岛，开始寻找3名水手的尸体，这是解开富兰克林远征队之谜的最后一线希望。找到坟墓后，调查小组的科学家就开始挖掘尸体，经过20个小时的努力。他们才挖开石灰石泥板岩碰到了棺材。由于冰雪的保护，细菌无法侵入他们的身体组织，比奇岛上的尸体已经变成了木乃伊。

尸体被解冻后，仍然保存良好，科学家们拍了X光片，还采集了尸体的组织、骨头和头发的样本。验尸的时候，科学家们发现了一个疑点：有两名船员体内的铅含量是普通人的5倍。科学家分析那些遇难水手很可能是死于铅中毒，但问题是，两人是怎样中毒的呢？

经过四处寻找，科学家们找到了远征队多年前堆放在坟墓附近的垃圾，经过化验垃圾中的东西，调查人员们终于找到了水手死亡的答案。水手们携带的罐头是用铅焊接的，他们在远征过程中，总是吃这些罐头，最终导致了体内铅蓄积过量因而中毒。更可怕的是，铅还损害了他们的心智。由于铅中毒，队长以及船员的判断能力都降低了，导致他们无法清晰地思考，所以当船员们在试图走到安全的地方时，竟会在救生艇上装一些无用的奢侈品。后来，因为疾病、心智丧失后的疯狂和严寒，这些可怜的队员慢慢死去。一番哀悼之后，人们把这两具为富兰克林失踪之谜提供了侦破线索的水手木乃伊重新安葬。

由于冰雪的保护作用，科学家们得以从木乃伊身上找到了远征队失踪之谜，因此解开了英国航海史上的一个大秘密。看来不管过多少年，木乃伊都是会"讲话"的。然而，人们仍有一个疑问：是不是其他远征队员也是因为铅中毒而死去呢？他们的尸体在哪里呢？如果他们没有死亡，后来又去了哪里呢？

### 心脏跳动的木乃伊

古埃及文明也许真的是外星人创造的，否则又如何解释千年木乃伊身体中依然跳动的心脏起搏器呢？难道用所有人的幻觉来解释？

埃及是一块神秘的土地，这里保存了世界上最完好的木乃伊，规模之大着实让世人为之惊叹。到目前为止，在埃及这块神秘的土地上，人们已经挖掘出了多少木乃伊，无确切的统计。究竟还有多少未被发掘的木乃伊也无法估计。然而，随着一具具木乃伊的出土，一件件令人震惊、神秘的蹊跷事也不断涌现出来。在卢索伊城郊外出土的一具木乃伊里装有一个奇特的心脏起搏器，便让世人为之震惊。

一天，在埃及卢索伊城郊外出土了一具木乃伊，当人们将木乃伊抬出墓穴，准备对其进行初步处理，再交由国家文物部门收藏。

一名参与处理工作的祭司似乎觉得这具木乃伊存在某些与众不同的地方，于是他就仔细地检查眼前的木乃伊。令人震惊的是，从这具木乃伊体内发出了一种奇特的有节律的声音。他循着声音找去，仿佛是心脏在跳动时所发出的声音。难道是这个死者的心脏还在跳动吗？这实在令人难以置信。那么究竟是什么东西被藏到了这木乃伊的心脏里了呢？在场的人无法解开声音之谜，也不敢去拆开那缠满白麻布的尸体。于是将这具奇特的木乃伊送到了具有丰富经验的开罗医院。

接到这具转送来的木乃伊后，开罗医院非常重视，立刻组织了一批经验丰富的专家进行检查，然而，经过仔细检查，他们仍然无法从尸体的表面查清声音存在的原因，于是决定进行解剖检查。医生们将缠满尸体的白麻布拆开，对尸体进行了解剖，在尸体心脏附近发现有一具起搏器。虽然这具两千五百多年前的心脏早已干枯成为肉干，但它还是随着起搏器的韵律而跳动不止。它那"怦怦"的跳动很有节奏，每分钟跳动80下，人们可以清楚地听到。这是一个什么样的起搏器，它是以什么作为起搏的动力呢？这个能在两千多年后仍然跳动的黑色起搏器引起了医生们的极大兴趣，他们利用先进的仪器对其进行了测试，发现这个起搏器是用一块含有放射性物质的黑色水晶制造的。由于这黑色的水晶含有放射性物质，故而能凭借自身的功能不断地跳动。在世界上现存的水晶中，人们从未见到过黑色的水晶，而只见过白色的和少数浅红色的或紫色的水晶。那么这块水晶是从哪里来的呢？专家无法给出答案。

开罗医院将这个起搏器重新安放到木乃伊体内，并将他们的这一重大发现公布于众，任由人们前来参观。这一惊人的消息震惊了世界，众多的考古学家纷纷来到开罗医院参观这具木乃伊，大批电子学家也对这个心脏起搏器产生了极大的兴趣。面对这具木乃伊，人们只能用"叹为观止"来形容。

那么，在2500多年前能懂得黑水晶含有放射性的物质并可以使心脏保持跳动的是些什么人呢？有人提出，作为协助心脏工作的心脏起搏器，一定是在人活着的时候被安放到人体内的。那么在古埃及落后的医学条件下，人们又是如何将如此先进的起搏器放入人的胸腔里去的呢？这令人百思不得其解。

面对这一系列难题，所有的专家都陷入了深深的思考，然而却都无法给出一个令人信服的答案。有人认为，在文化发达的古埃及可能存在过一些具有特殊能力的术士，这一历史奇迹就是这些术士利用奇异的手段创造出来的。更有人认为，在很早之前，外星人曾来到过这里，并带来了他们用自己特有的黑色水晶所制成的心脏起搏器，在地球人的身上进行了一项特殊的试验，从而使这只起搏器永远留在了这具木乃伊的体内。然而事实的真相究竟如何呢？看来还要继续寻找答案。

## 身披黄金外衣的木乃伊

一只小毛驴偶然的失足，竟然会踩出埃及最神秘的"黄金木乃伊谷"，它足以成为最奇特的木乃伊发现者而因此被载入《吉尼斯纪录》了。

1996年，一个负责古迹保护的巴哈利亚警卫正骑着自己的小毛驴在沙漠里巡逻，突然，小毛驴不知怎么摔倒了，警卫低头一看，突然发现小毛驴的一条腿居然陷在一个大洞里。他蹲下来往那个大洞里看，但是什么也看不到。这个小警卫怎么也没有想到，他的小毛驴竟然会踩出埃及最神秘的"黄金木乃伊谷"。

巴哈利亚古文物调查委员会在得到这一惊人消息时，立即意识到其重要性，于是组织了一支考古队在毛驴踩出的大洞周边地区开始进行勘测。然而三年时间过去了，考古学家们却没有一点新的发现。正当以哈瓦斯为首的这支考古队准备放弃的时候，挖掘行动却取得了进展。

1999年，哈瓦斯带着自己的队友对神秘洞口所在的方圆6公里的地区进行细致的搜索，终于发现了4个墓穴，共105具木乃伊，这些被发现的木乃伊保存得非常好，几乎没有任何的损坏。自此，日后名扬国际的"黄金木乃伊谷"拉开了发现的序幕。

按照哈瓦斯考古队的归纳，生活在"黄金木乃伊谷"中的木乃伊可以分为四类：第一类木乃伊是黄金木乃伊，也就是在身上镀了一层金；第二类木乃伊的脸上都被涂画成众神的样子，其中有埃及神话中的豹头人身神、司阴府之神、司生育和繁殖的伊希斯女神以及太阳神的四个孩子，这些均是掌管人间的神；第三种木乃伊则是躺在制作成人体形状的石棺中，这种木乃伊脸上的面具不是黄金而是用陶瓷制作而成；最后一种就是用亚麻布直接缠住的木乃伊，应该是阶层很低的平民。

在发掘过程中，考古队员们除了发现数具木乃伊，还发现了很多远古的器物，诸如状若服丧的年轻妇女雕像，做工非常精细，就连女子的悲伤表情也被表现得淋漓尽致。还有一些模仿众神制作而成的小雕像，最显眼的非喜神贝斯莫属。

除此之外，还有一些珍贵的饰品，比如说手镯、耳环以及一些古币。通过对古币的研究，哈瓦斯断定这些木乃伊应该是生活在希腊到古罗马时代。从这一系列的陪葬品来看，这4个墓穴的主人应该都是贵族。

在挖掘期间，哈瓦斯注意到在一个大的埋葬墓中，只有两具木乃伊，从装饰可以分辨出这两具木乃伊可能是一对夫妻，而且女木乃伊的脸朝向丈夫的脸。两具木乃伊都镀了厚厚的一层黄金，他们脸上的黄金面具非常的精美。女木乃伊的头上戴着一个精美的花冠，但是因为时间的关系，花冠的大部分已经被毁掉了。

2004年12月9日，考古学家们在埃及开罗西南290公里撒哈拉沙漠的一个绿洲边挖掘出一个墓穴，其中也有一具黄金木乃伊。据墓穴中的资料介绍，他是生活在公元前500年巴哈利亚地区的大祭司巴迪·赫卡赫伯。据考证，巴迪是巴哈利亚当地一个极其显赫的家族成员，很可能同时也是巴哈利亚地方长官杰德·库胡苏的孙子。这一发现使得考古学家们得到了一个很好的研究曾经统治了巴哈利亚数年的当地名门望族的机会。

从墓穴的整体构造以及巴迪·赫卡赫伯所居的石棺来看，可以看出其家族的奢华和富有——整具石棺是用当地极其罕见的石灰石制成的，石棺的厚度足有好几英尺，净重达15吨。更主要的是，石棺的做工非常精细，从外观上根本就看不出任何的打磨痕迹！

然而，令人奇怪的是，后来经过查证，在巴迪·赫卡赫伯家族的族谱上根本就没有他这个人存在，这究竟是为什么呢？或许这后面又蕴藏着一个不为人知的秘密。

据专家透露，"黄金木乃伊谷"已经有234具镀金木乃伊，堪称"阵容庞大"。2000年发现"黄金木乃伊谷"的专家哈瓦斯透露说，这一黄金谷至少有1000多具镀金木乃伊，现在发现的只是一小部分而已。不过令考古学家们感到痛心的是，因为曾经被洗劫过，所以大部分的木乃伊已经被毁坏，有的甚至已经是残缺不全。

"黄金木乃伊谷"是继图坦卡蒙法老坟墓发现以来埃及考古史上最大的发现，更令人惊奇的是，这1000具木乃伊上全都穿着厚薄不一的黄金打造的外衣！但是，没有人知道2500年前的这个黄金木乃伊墓群到底是怎么形成的，也没有人知道这个"黄金木乃伊谷"里还埋藏着多少的秘密。

## 印加木乃伊之谜

印加木乃伊多是一些沉睡的孩子，他们也许是部落送给山神的礼物，以祈求山神的保佑，让人奇怪的是，印加人为什么会如此热衷于制作木乃伊呢？

早在公元前4000年，安第斯地区就会将死人做成木乃伊，此风流传甚久。在印加帝国，人们并没有把木乃伊当作死人看待，他们相信木乃伊仍会像活人一样思想，会继续发育长大，甚至还具有了活人没有的本领——和神灵沟通。因此，印加的木乃伊又被称作"活死人"。对印加人而言，祖先的木乃伊不但不可怕，反而非常亲切，能赋予他们更多信心和安全感。

从印加王到家族长老，所有伟大人物的木乃伊都被精心保存，穿上衣服，布置成双手在胸前交叉的坐姿。一些木乃伊会被保存在干燥的岩洞里，接受人们的定期探视和膜拜，而那些更重要的木乃伊则会被保存在自家房屋里。人们仍然视木乃伊为首长，请他们为自己解惑，甚至裁决彼此间的争议。负责保存木乃伊、并能与木乃伊"对话"的尊长，也因此具有崇高的地位。

印加人为什么会如此热衷于制作木乃伊呢？他们的木乃伊又是如何制作的，竟然能保持几百年甚至一千多年不会腐烂？

有人推测，印加人制作木乃伊，也许只是在模仿自然，因为很多人住在海岸沙漠地带，干燥的气候使得尸体千百年不会腐烂。德国考古学家曾在秘鲁利马附近发现过一个木乃伊包裹，里面是一个小女孩，她死后被放在包着羊驼毛寿衣的篮子里，埋在干燥的土壤里，却未曾涂以任何香料，但五百年来她几乎毫发无损。

1570年，西班牙籍的印加早期编年史家埃尔·印加·加西拉索·维嘉曾亲眼看见了一组印加皇帝和皇后们的木乃伊。令他奇怪的是，这些尸体还覆满了皮肉，并且没有任何防腐处理的痕迹。他猜想这些尸体曾被放到高山上一段时间，在寒冷、稀薄的空气中干燥。当然，他的解释不过是一种有根据的猜测，因为印加人从未解释防腐的秘密。所能确定的只是发现的大多数木乃伊无论是属于印加时代之前还是印加统治期间，都是自然干燥的，只在少数几个文明中使用了人工手段。有的氏族干脆取出尸体的内脏，有的还放入植物等东西，有的则利用树脂、油膏和香草进行处理。

木乃伊包裹的埋葬风格体现了死者的地位。地方贵族的坟墓有几间，埋在一起的还有他们的妻妾、仆人和奴隶。平民一般则埋葬在该地区偏僻、简单的坟墓里，谨慎地包好，旁边放几件他们在世时的尊贵物品。

秘鲁南海岸曾经出土了很多裹着四层棉布的木乃伊，这些木乃伊可以追溯到公元400年。一位学者指出，可能每层寿衣都象征这同一尸体的不同安葬仪式，反映了前印加人想象死者通向天堂的路有四个阶段。紧紧裹着尸体的布就像吸油绳一样，排去液体。

1976年，在秘鲁安孔城附近发现的一位女人的木乃伊包裹极为细致复杂，考古学家几乎花了整整两天时间才看到里层的骨骼。这个女人下葬时身穿无袖外衣，放在一大块布上面，头枕着装有棉花的枕头，赤足盘腿，双手放在胸前，手上戴有三枚戒指——两枚金属的，一枚珠子的，齿间还夹着一枚银片。考古学家从包裹里的陶瓷小雕像断定这位女人葬于印加帝国时期（1476年到1572年间）。

由于印加木乃伊多是一些沉睡的孩子，长期以来，人们都怀疑印加在地震或重大军事胜利以后把人作为牺牲献给神灵；也有人认为他们是部落送给山神的礼物，以祈求山神的保佑，这个问题一直争论了几百年，但一直没有得到解决。

## 奥兹冰人——冰山上的来客

奥兹冰人在冰山下封存了几千年，却仍然保存完好，然而他的死因尚未被揭开，却又陷入了一场恐怖的诅咒之中。

1991年，一群德国游客在意大利和奥地利边界的阿尔卑斯山奥兹山谷的冰川上发现了一具有5300年历史的男性遗体。他年约45岁，身上有很多文身，服装显得较完整。由于他看来较完整，被冻在冰层里，人们一开始以为他刚刚死去。

然而研究结果却令人震惊，奥兹冰人属于青铜时代（公元前3500年~公元前1000年）。他死时埃及的金字塔还未建好，欧洲人正在尝试车轮的发明。

奥兹冰人是目前保存最完好的史前人遗体，他引起人们的广泛关注。冰人被发现时，已被阿尔卑斯山上的冰雪制成木乃伊。他身体上皮肤的孔仍清晰可见，甚至连眼球都保存完好。他有159厘米高，身上穿着由羊皮、鹿皮和树皮及草制成的三层服装，戴着帽子和羊皮护腿。他身旁还放置了一把铜制的斧头和一个装有14只箭的箭袋。

奥地利因斯布鲁克大学古人种学家奥格教授领导的研究小组证实，冰人患有关节炎，体内有鞭虫寄生。在遇难前的几个月，他还曾患过三次严重疾病。由残留在他头发中高含量的铜和砷可以推断，他曾经做过冶炼铜的工作。

在奥兹冰人身上，最令人吃惊的莫过于那把铜斧。科学家们一直以为人类在4000年前才掌握这样的熔炉及成型技术，这个冰人令考古学家不得不重新考虑青铜时期的问题。这把铜斧长2英尺，斧把由浆果紫杉木制成。斧的顶部不到4英寸，斧头边略弯。斧头表面的分析表明其含99%的铜，0.22%的砷，0.09%的银，含砷和银说明此种铜来自当地的铜矿。

此外，人们还在冰人的身上发现了47处文身，其背部和腿部的文身甚至接近于或者就在缓解背疼或腿疼的针灸位置。X射线分析表明奥兹的骨关节炎曾对针灸有过反应，但是一般来说，针灸起源于2000~3000年前的中国，冰人的发现说明针灸或类似针灸的治疗法在5300年前就在远离中国的地方出现。

奥兹冰人的死因始终是科学家争论的一大焦点。据意大利考古博物馆的研究人员认为，奥兹是在雪地里睡着了冻死的或是死于雪崩。华盛顿邮报的报道则称，在对冰人经过一种被称作层面X线照相术的技术测试后，科学家发现冰人的左肩下有一枚箭头，在骨骼上还发现箭头射入他身体后留下的痕迹。研究人员称，奥兹很可能是死于战争，因为他身上武装着斧头、刀和弓箭，箭头进入体内的角度表明他是被人从下方击中。这柄箭不到1英寸长，穿过他的背部，切断臂上的神经和血管，停在肩膀和肋骨之间。由于箭没有射到任何重要器官，研究人员估计奥兹流了很多血，最后在痛苦中死去。

奥格教授发现，从奥兹结肠中提取的内容物含有完整的蛇麻草角树的花粉颗粒。这种树在春季开花，并且只生长于低海拔地区。由于花粉在空气中分解得很快，因此可以推断奥兹应该死于春季或初夏。另外，对他的皮肤分析表明，奥兹的躯体在冻成冰人前，曾在水中浸泡了几个星期。奥格教授的发现使得从前有关奥兹死因的猜测受到了质疑。过去科学家认为史前人受到秋季的一场突如其来的暴风雪的袭击，最终死于寒冷恶劣的天气。新的证据还迫使研究人员重新思考奥兹是如何陈尸于高山之上的。奥兹的死亡之旅依然显得相当神秘。一些研究人员甚至猜测，他是作为新石器时代的某种献祭被拽到那里的。

冰人死亡之谜尚未被完全解开，目前冰人被保存在意大利小城的木乃伊博物馆，科学家正通过各种研究弄清他的情况，希望有一天奥兹冰人的诸多秘密能够被解开。

然而，关于奥兹冰人的故事并没有结束，自从冰人被偶然发现后，5名曾经接触过这具干尸的人相继死亡，于是"奥兹诅咒"开始在民间流传开来，而且越传越邪乎。传说认为，这些人之所以死亡是因为中了奥兹的咒语。去年4月18日，奥地利因斯布鲁克大学"冰人研究小组"负责人康拉德·斯宾德勒也不幸谢世成为第六个死亡者。尽管教授不相信所谓的诅咒能把人咒死。但是，他确实去世了，虽然死因是因患多发性硬化症医治无效而死亡，但他的死还是在当地引起了不小的议论。

据当地人说，奥兹具有无边的神力，自从十几年前他的沉睡梦被打破后，就开始一步一步地向那些打扰他的人采取报复行动，并以一些神秘的方式让他们死亡。一具几千年前保存下来的干尸，真的会有如此神力？如果有，下一个目标会是谁？如果没有，"奥兹诅咒"又是如何产生的？制造"奥兹诅咒"的人，动机何在？

## 印加冰冻少女之谜

印加少女静静地躺在包裹里，她还尚未成年就被当作祭品供到了雪山，难道天神真的忍心让如此美丽的少女葬身冰天雪地之中吗？

安帕托火山位于秘鲁境内安第斯山区，是印加的神山。在古印加王朝时期，人们经常用活人作为祭品，祈求神山赐予生命之水，带来谷物丰收。1995 年，人们在安帕托山发现了一具迄今为止发现的保存最为完整的印加冰冻木乃伊，也是第一个女性冰冻木乃伊。这具处于冰冻状态的木乃伊尸体很显然是由五百多年印加牧师向天神祭祀的礼物，她有乌黑的长发，修长的脖颈，丰满的双臂；她身披绚丽的羊驼毛披肩，静静地躺在安帕托峰顶，其冰冻状态已保存了至少 500 年。

1995 年 9 月 8 日，登山运动员和人类学家约翰·瑞哈得与米盖尔·扎瑞特登上了安帕托山脊。当时，附近的奈瓦多火山正在喷发，山顶涌出的火山灰高达一英里，纷纷扬扬地落在安帕托的山脊上。约翰和米盖尔偶然间在山坡的岩石中发现了一件印加小雕像、用金、银和珍稀的海菊蛤贝壳雕成，裹在外面的五彩服饰看起来像新的一样，显而易见，它才露出地面不久。约翰和米盖尔继续前行，快抵达峰顶的时候，一个布包裹吸引了他们的视线，他们打开裹得紧紧的布包裹，是一张已经风干的印加女孩的脸，她身体的大部分还未解冻。她是一位印加少女，有乌黑的长发。修长的脖颈，丰满的双臂，身披绚丽的羊驼毛披肩，静静地躺在包裹里。

此前，考古学家在安第斯山区仅发现过几具冰冻木乃伊，而且其中没有一具是女性。这个女孩，估计年龄有十几岁，可以猜测得到，她是作为祭祀仪式上的祭品，被掩埋在安帕托山顶。由于近年来的山脊崩塌，冰层和岩石顺着山坡下滑，将她从墓穴中捎带出来。这具木乃伊的发现无疑是一个世界性的重大发现，科学家给她起名为胡安妮塔。据推测，胡安妮塔大约死于五百年前。

据考证，在公元 15 世纪中叶，秘鲁利马附近的一个土著印第安人部落，通过不断兼并邻近部落，建立起了一个奴隶制国家——印加帝国。它的首都建立在一个叫库斯科的地方。据说，印加人非常崇拜太阳神。印加民族于 1450 年来到这个地区，而西班牙在 1532 年征服了他们，因此可以推测，胡安妮塔大约死于 500 年前。

胡安妮塔的身体组织和器官完好无缺，并且是自然风干，她冰冻的身体就像是一个生物学资料仓库：接下去的研究可以揭示她的死亡原因和过程。通过她的 DNA 可分析出她来自何方，属于哪个部族。而她胃里的残存物，为科学家研究古印加的食物结构提供了资讯。在胡安妮塔身边发现的羽毛编织袋里，科学家发现了五百年前的供品——古柯叶，与现在的古柯植物没有什么不同，但利用先进的生物化学分析技术，科学家试图确定这些植物最初的发源地。

胡安妮塔的外衣引起了纺织考古专家的兴趣，每一件织物都图案精美、色彩绚丽，她亮丽的红白条纹披肩是世界上最精美的印加织物，衣服上面用细线吊着各种小木刻：盒子，酒器、类似狗和狐狸的器物。在科学家分离胡安妮塔身上织物的时候，发现女孩的辫子被一根黑色的细驼毛线系在腰带上，由此可以推断她死前或死后，有人为她精心装扮。她是印加人献给神山的珍贵礼物，是联系族人与山神的使者，因此人们对她充满了敬重，为她穿上了盛装。最令科学家震撼的是女孩的右手，紧紧地攥住自己的衣角，这是紧张、痛苦，还是决心呢？胡安尼塔的命运也许并不是她自己所愿，更不是她自己所能掌握的。她当时的心情，我们不得而知。

胡安妮塔的保存也成了一个大问题。保存冰冻木乃伊，并不是简单地将它放进冷藏室。冰冻木乃伊的保存并没有规范的先例标准。从理论上来说，冰冻木乃伊的身体和其外部的织物，应该贮藏在比较潮湿的环境，而头部贮存湿度相应较小。经讨论研究，来自几个国家的专家们达成一致：将冷藏温度保持在摄氏 0 度 ~ 7 度，湿度保持在 80%。

胡安妮塔身上还有许多未解之谜，进一步的研究，还需要更多科学家的参与，不仅是考古学家和人类学家、病理学、微生物学、陶瓷考古、等诸多领域的专家都要投入进来，或许才有可能解开冰冻木乃伊胡安尼塔之谜。希望通过科学家的共同努力，这位印加冰冻少女身上的谜团能尽早解开，也能够使我们进一步了解神秘的印加帝国。

## 棺材千里返乡之谜

一口棺材随波漂流，历经28年，行程3000公里，终于返回故乡，这是多么不可思议的事！如果不是亲眼看到，谁又会相信呢？

人生在世，生老病死是不可避免的事情。人死后，都讲究落叶归根，安葬在自己的故乡。但是在美国，一口棺材被海浪卷走后，飘荡了28年，最后回到了故乡，不能不令人惊讶和感慨，这也许就是灵魂的力量吧，假如灵魂存在的话。

事情发生在1899年，当时美国著名演员查尔斯·阔夫兰不幸逝世，家人非常伤心。一番哀悼后，由于路途遥远，无法将其安葬在他的故乡爱德华王子岛，家人就将其安葬在他生活在德克萨斯州的加尔维斯顿。

可是，一件意想不到的事情发生了。阔夫兰死后第二年的九月，一场罕见的风暴席卷加尔维斯顿，并由此引起了海啸，许多沿海地区因此受灾。不幸的是，剧烈的风暴掀起了滚滚巨浪，海水漫上堤岸，冲毁了海滨墓场，把阔夫兰的棺材从墓穴中冲了出来，卷入了大海，不知所踪，只留下了一片狼藉的墓地和无数的墓碑。

可怕的风暴过后，阔夫兰的女儿凯尔德尔德得知父亲的棺材被冲走后，非常伤心。她来到海滨墓场，看着被破坏殆尽的墓穴，想到父亲死后竟然不得安宁。不禁失声痛哭。凯尔德尔德是个孝顺的女儿，父亲虽然去世，但是她还是要守在父亲的身边，所以决定无论如何都要找到父亲的棺材。于是，她每天四处沿着海岸寻找，并且多次在报纸上刊登广告，表示只要有人帮她找回棺材，一定重谢。但是，她一直没有找到，而且也没有人提供有价值的消息。

年复一年，时间就这样过去了，凯尔德尔德一直没有找到父亲的棺材，可她始终没有放弃寻找棺材的念头，一直在想方设法寻找。光阴荏苒，转眼二十多年过去了，棺材还是没有任何线索，凯尔德尔德却为此花费了几百万美元，她的孝心令很多人感动，但是人们爱莫能助，只能祝她好运。

然而，奇迹发生了！就在阔夫兰逝世的第 28 个年头，1927 年 9 月 15 日早上，凯尔德尔德打开报纸，突然，一条新闻跳入眼帘："著名演员查尔斯·阔夫兰在 28 年前的 1899 年去世，葬于加尔维斯顿。翌年，该地遭到特大风暴，加尔维斯顿的墓穴被海水冲开，棺材被卷入大海。死者家人长期来四处寻找，一直未曾发现。可是，令人惊异的是，现已查明，这只棺材随着墨西哥湾的海流，绕过佛罗里达海岸，已抵达阔夫兰诞生的故乡爱德华王子岛。棺材竟安然无恙漂流了 3000 公里！"

看到新闻，凯尔德尔德心里有一种抑制不住的高兴，但她又有点不太相信，于是半信半疑地给报社打了电话。报社的回答十分肯定："是的，事实正是如此。我们已经经过证实，绝对没错！"凯尔德尔德欣喜若狂，赶忙奔赴父亲的故乡爱德华王子岛。到了爱德华王子岛，她果然见到了阔别近三十年的父亲的棺材。为了让父亲落叶归根，凯尔德尔德重新为父亲举行了隆重的葬礼，可是她心里的疑问一直没有消除。

一只棺材随波漂流，在大海上"航行"了 28 个年头，行程 3000 公里，最后返回死者的故乡，这是多么不可思议的事啊！难道是死者落叶归根的念头在支配着棺材？谁也说不清楚。也许阔夫兰在临死的时候就想回到自己的故乡，但家人没有完成他的遗愿。也许是他的意念感动了上帝，上帝使他落叶归根，当然这只是人们善良的想法，因为人们实在无法解释这件事情。

# 离奇巧合

## 同时逝世的两位总统

约翰·亚当斯和托马斯·杰弗逊曾经签署了《独立宣言》，也都曾担任过美国总统，正是这样两位功勋卓著的人物，却在同一天死去，他们一生的缘分在天堂得以延续。

昆西是一个美丽的小城，它位于昆西海湾的南岸，因海湾而得名，距离波士顿只有七英里。这里出现了许多美国历史上伟大的人物，除了亚当斯父子，因在美国独立战争期间任大陆会议主席被一些历史学家称为美国"真正的第一总统"的约翰·汉考克也诞生在这里，因此，昆西也被人们称作"总统城"。

美国革命发起于北方的马萨诸塞，亚当斯是革命初期最主要的领导人。1775 年 6 月，第二届大陆议会期间，正是在约翰·亚当斯的提议和促成下，来自弗吉尼亚的乔治·华盛顿被任命为大陆军队总司令。一年以后，又是约翰·亚当斯的极力举荐，来自弗吉尼亚的托马斯·杰弗逊得以参加以亚当斯为首的五人起草小组，并且执笔起草美国历史上第一个最重要的文献——独立宣言。

独立战争胜利后，1789 年，乔治·华盛顿当选为美国第一任总统，约翰·亚当斯担任副总统。在只有四个人组成的内阁里，托马斯·杰弗逊被任命为国务卿。然而建国以后，约翰·亚当斯和托马斯·杰弗逊在治国理念和方略上的分歧开始浮出水面。

1796 年，乔治·华盛顿发表《告别演说》，坚辞连任总统，回归故里。1796 年大选，亚当斯当选为总统，而和他政见不合的杰弗逊成了副总统。治国理念的不同，引出方略的背离，尤其是政治活动中的个人作为，损害了他们之间长久的私人友谊。1800 年，由于反颠覆法侵犯民众新闻言论自由而引起普遍不满，亚当斯在大选中败北，杰弗逊则获得了胜利。1801 年 3 月 4 日，杰弗逊宣誓就任总统。

在就职演说中，他或许有所触动，向亚当斯一方发出了和解的信息，他说："我们都是联邦党人，我们也都是共和党人"。可是，亚当斯听不到杰弗逊的呼吁。这个时候，亚当斯的马车正孤独地颠簸在回往北方昆西小镇的路上。他的心已经碎了。

约翰·亚当斯回到昆西的时候，沮丧而愤懑。可是，两人仍然怀着老友之间复杂的感情，私人关系并没有真正破裂。直到差不多四年以后，一个偶然的机缘，双方内心的不满被挑开，两个多年好友终于断绝来往。

1808 年杰弗逊卸任回归弗吉尼亚故里后，仍然十分忙碌。与此同时，亚当斯却痛苦不堪。在这些年里，除了家人，给予亚当斯最大安慰的，是他的另一位老朋友，美国《独立宣言》的另一位签署者——本杰明·拉什。作为一个开国者，他自然是亚当斯和杰弗逊两人共同的朋友。他在亚当斯最痛苦的日子里，持续不断地和他通信。

1809 年，拉什在给亚当斯的信中，描绘了自己有生以来最奇妙的一个梦。他梦到亚当斯写了一封短信给杰弗逊，祝贺他终于能够从公职上退休。然后杰弗逊回了一封充满善意的信。他梦到在此后的在几年里，亚当斯和杰弗逊相互通信，对他们犯过的错误有所认识，分享美国革命的成果，并且弥合了他们众所周知的友谊。他甚至梦到了他们的死亡：他们俩满载人们的赞誉，双双同时沉入坟墓。

后来，亚当斯和杰弗逊逐渐消除了矛盾，恢复了昔日的友谊，两人之间不断通信。从此，在此后的 14 年里，北方马萨诸塞州的海边小镇昆西和南方弗吉尼亚的杰弗逊庄园之间，开始了美国历史上最著名的通信。整整 14 个春秋，美国的第二任总统约翰·亚当斯和第三任总统托马斯·杰弗逊一直保持了紧密的联系，再也没有了针锋相对。

在筹备庆祝国庆 50 周年的时候，弗吉尼亚和马萨诸塞的人们分别向杰弗逊和亚当斯发出邀请，可是两位老人的健康都不允许他们出席任何公众场合了。7 月 3 日傍晚，托马斯·杰弗逊突然昏迷。7 月 4 日下午，这位卸任总统终于停止了呼吸。几乎就在杰弗逊死去的同一时刻，远在北方的昆西小镇，约翰·亚当斯坐在椅子上突然中风，失去知觉。下午，约翰·亚当斯去世。五十年前的这个时候，美利坚合众国正式诞生，五十年后的今天，曾经在独立宣言上签字的两位美国总统辞别人世。

独立宣言的两位签署者，在独立宣言五十周年的同一天离开这个世界，相隔不到五小时，这难道不是一个天大的巧合吗？

## 林肯与肯尼迪的惊人巧合

林肯和肯尼迪是美国遭遇刺杀的两位总统，然而，在这两起刺杀案件中，竟有许多无法解释的巧合，难道冥冥之中真的有人在支配着他们的命运？

亚伯拉罕·林肯是第16任总统，也是首位共和党籍总统。在其总统任内，美国爆发了内战，史称南北战争。林肯击败了南方分离势力，废除了奴隶制度，维护了国家的统一。但就在内战结束后不久，1865年4月14日晚，林肯在华盛顿的福特剧院遇刺身亡。他是第一位遭到刺杀的美国总统。

约翰·菲茨杰拉德·肯尼迪是美国第35任总统，美国著名的肯尼迪家族成员。他在1960年当选为美国总统，成为美国历史上最年轻的当选总统，1963年11月22日，肯尼迪在副总统约翰逊陪同下到得克萨斯州的达拉斯市访问。12时30分，肯尼迪乘坐一辆敞篷汽车游街拜会市民，行至一个拐弯处时，埋伏的枪手向他开了枪，子弹击中头部，肯尼迪在被送往医院后很快不治而亡，成为又一个遇刺身亡的总统。

亚伯拉罕·林肯和约翰·菲茨杰拉德·肯尼迪两位总统被刺事件常被相提并论，因为他们两人之间有一系列惊人的巧合之处。

1846年，亚伯拉罕·林肯首次当选为国会议员，100年后，也就是1946年，约翰·肯尼迪参加了众议院选举并获成功，成为一个国会议员。

林肯于1860年11月6日以不满50%的选票战胜出生于1813年斯帝芬·道格拉斯而当选为美国第16任总统。肯尼迪于1960年1月8日不满50%选票战胜出生于1913年理查德·尼克松，当选为国家第35任总统，两人之间相差100年。

两位总统不幸遇刺身亡，林肯是在一个星期五，而肯尼迪遇刺的时间恰好是相隔了100年后的一个星期五，都是下午3点30分，而且两位总统夫人都在出事的现场。林肯是在福特大戏院遇刺的，肯尼迪则是在福特汽车上被刺的，商标是林肯牌。更令人惊奇的是两位总统的继承人名字相同，都叫约翰逊，两人都是南方人，民主党参议员。安特鲁·约翰逊生于1808年，而林肯·约翰逊生于1908年，两人还是相差100年。更令人不可思议的是：杀害林肯的凶手——约翰·威尔克斯·布思生于1838年，而杀害肯尼迪的凶手李·哈维·奥斯瓦德生于1938年，恰好又是100年。布思在剧院犯下罪行，逃入一座谷仓。奥斯瓦德是在一座仓库的窗口对准肯尼迪扣动扳机的，然后逃进一家剧院。而且，两名凶手对自己的死亡都有着奇特的预感，两人都是在开庭审判之前遭人杀害。

在被刺的那一天，林肯对他的卫兵威廉·H·克鲁克说："我相信有人要谋杀我……我毫不怀疑他们会动手……如果发生这样的事，是无法阻止的。我没有任何办法。"而肯尼迪毫不怀疑地对他的妻子杰姬（杰奎琳）以及他的私人顾问肯·奥唐纳尔说："如果谁想从窗口用步枪向我射击，谁也无法防止，因此又何必多操心呢？"他讲这话是在1963年11月22日。肯尼迪是在讲了这话几个小时之后被枪击中的。

林肯的秘书叫肯尼迪，而肯尼迪的秘书叫林肯。两位秘书都劝告总统不要在星期五到场，两位总统都不听劝告。

这些巧合的不可思议之处让人怀疑这些事情，可是，这些确实都是真的。这些巧合将林肯和肯尼迪紧密地联系在了一起。

## 肯尼迪家族为何悲剧不断？

肯尼迪家族是美国政界的常青树，然而这个家族也充满了悲剧色彩，许多家族成员莫名地遭遇了灾难，这是为什么呢？

在美国人的理念里，极为推崇成功人物和政治人物之类的明星，而在这些明星人物中，肯尼迪家族无疑是一个精英家族，或者可以说是一个童话般的家族。肯尼迪家庭的成员都是杰出的政治人才，影响美国社会近半个世纪。约翰·肯尼迪当选美国第三十五任总统，罗伯特·肯尼迪当选纽约州参议员，爱德华·肯尼迪当选马萨诸塞州参议员等等，他们积极投身于服务国家和人民，为弱势群体争取权益，变成了忠诚、魅力、希望和理想的象征，被人们誉称为美国的皇室。

肯尼迪家族来自爱尔兰，信奉天主教，曾长期被排除于新英格兰富有的新教徒俱乐部之外。在新大陆，肯尼迪家族的地位与王室家庭相当，但命运将肯尼迪家族暴发户们的传奇变成了悲剧。

1963 年 11 月 22 日下午，美国第三十五任总统约翰·菲茨杰拉德·肯尼迪在夫人杰奎琳·肯尼迪和德克萨斯州州长约翰·康纳利陪同下，乘坐敞篷轿车驶过德克萨斯州达拉斯的迪利广场时，遭到枪击身亡。约翰·肯尼迪是美国历史上第四位遇刺身亡的总统，也是第八位在任期内去世的总统。负责总统遇刺案调查工作的沃伦委员会在经过了长达 10 个月的调查之后，于 1964 年 9 月发表了一份官方报告，在此份报告中指出，刺杀肯尼迪的凶手是德克萨斯州教科书仓库大楼的雇员李·哈维·奥斯瓦尔德，正是他从教科书大楼六层上的窗口向乘坐敞篷车正从楼下经过的总统开枪将其刺杀的。按照官方的说法，肯尼迪之死没有什么秘密，只有一个神经有点不正常的杀手李·哈维·奥斯瓦尔德躲在一个书库的六楼上。

然而，就在肯尼迪遭暗杀的当天，达拉斯出版的《达拉斯晨报》曾刊出过一个整版的广告。这则广告四周被围上了黑框，就像是一副讣告，而广告的标题是《欢迎光临达拉斯，总统先生!》，内容是向肯尼迪提出了 12 个问题。据说，在肯尼迪遇害的那天早上，他和他的夫人杰奎琳都曾阅读过这张报纸。第二天早晨，全美国的报纸都画出了黑框。对于亿万美国人来说，约翰·肯尼迪总统遇刺身亡代表着"未来的一种难以估量的损失"。难道肯尼迪的死与《达拉斯晨报》的广告只是一个巧合？

肯尼迪的家族虽然有着"美国皇室"之称，但是这个家族也充满了悲剧，许多家族成员因为这样那样的原因死去。通过这个家族所遭遇的漫长悲剧，我们可以看出这个家族遗传着用人的努力无法解决的问题。

1944 年肯尼迪总统的哥哥——29 岁的小约瑟夫·肯尼迪在第二次世界大战中以海军飞行员的身份参加空袭时，他驾驶的飞机因故障在英国上空爆炸，他和副驾驶被炸得粉身碎骨，死后连尸首也没有找到。这是以后多灾多难的肯尼迪家族所遇到的第一个灾难。两个星期后又传来噩耗。肯尼迪的妹妹凯瑟琳新婚不久的丈夫英国人哈廷顿勋爵在法国作战时遭德国枪手狙击中弹身亡。

1948 年，肯尼迪的妹妹凯瑟琳在一起飞机坠毁事件中结束了 28 岁短暂的人生，她的姐姐劳兹玛丽因智能障碍做手术，但不料手术失败而成为残疾人，1941 年后被收容到公共设施；再加上美国第 35 届总统约翰·肯尼迪 1963 年在德克萨斯州被暗杀，更加深了家门的悲剧色彩。

这暗杀的阴影还未褪去时，1968 年 6 月，他的弟弟伯罗特·肯尼迪被提名为民主党总统候选人，可是在参加总统竞选时在洛杉矶遭枪杀身亡。

1969 年 7 月 18 日，爱德华·肯尼迪在恰帕魁狄克岛酒宴之后，驾车坠桥，自己九死一生活了过来，但同车的年轻女助理柯普珍却溺死车中。

肯尼迪总统的 9 名兄妹中有 2 名被暗杀，2 名因飞机事故而死，1 名没能过上正常的生活。

肯尼迪家族的悲剧也持续传给后代。肯尼迪总统膝下 3 兄妹中儿子都死于非命。他的次子在父亲被暗杀的 3 个月前因早产出生，但 3 天后死去。罗伯特·肯尼迪的儿子于 1984 年在佛罗里达州疗养院被家人赶出后，在附近宾馆里被发现因服药过多而死亡；1997 年 12 月，他的弟弟迈克尔在科罗拉多滑雪时受伤，翌日在医院不治身亡。

还有爱德华·肯尼迪的长子——爱德华·肯尼迪 2 世在 1973 年因癌症切断右腿，次子派垂克·肯尼迪，现任众议员，1986 年曾因使用可卡因成瘾接受治疗。

1999 年 7 月，随着小约翰·肯尼迪驾驶飞机一头栽进海中，一个谈不尽的话题再次被炒得沸沸扬扬：这个著名家族为何如此多灾多难？

2009 年 8 月 25 日晚，在与恶性脑瘤顽强搏斗逾一年后，美国政治世家肯尼迪家族族长、马萨诸塞州联邦参议员爱德华·肯尼迪去世，享年 77 岁。他也是肯尼迪四兄弟中唯一因自然原因死亡的人。

## 难以"分开"的隆美尔和蒙哥马利

隆美尔和蒙哥马利既是战争的死对头，又是惺惺相惜的英雄。他们不仅在战场上互相拼杀，在硝烟的背后也有诸多巧合之事。

隆美尔是第二次世界大战期间纳粹德国的三大名将之一，深得希特勒的器重。在他的祖国，他的名声甚至盖过了元首希特勒。隆美尔被公认为是少年天才，他出身一个普通的中学校长之家，曾经参加过第一次世界大战。由于在第二次世界大战的北非战场中，他指挥德国的非洲军团在兵力相差悬殊，战场环境恶劣的情况下屡次打败英军，遂获"沙漠之狐"的称号。在他 49 岁时，被提升为德国历史上最年轻的元帅。从军事角度来看，隆美尔确实有过人的军事素质和出色的军事指挥艺术。

蒙哥马利是英国陆军元帅，著名的阿拉曼战役、诺曼底登陆为其军事生涯的两大杰作。1942 年 7 月，在北非沙漠中的英国第 8 集团军，被"沙漠之狐"隆美尔的德国非洲军团击败，退守埃及境内的阿莱曼地区。在英军濒临崩溃之际，1942 年 8 月蒙哥马利临危受命，正式接管英国第八集团军。同年 10 月至 11 月间蒙哥马利组织向德军发动了阿拉曼战役，一举击溃隆德国非洲军团，扭转了北非战局。随后又挥师乘胜追击，随后率领第八集团军与盟军配合于 1943 年 5 月在突尼斯全歼北非残敌。蒙哥马利由此声誉大振，被人们称之为捕捉"沙漠之狐"的猎手，誉名沙漠之鼠。1944 年 6 月，蒙哥马利率领第 21 集团军在诺曼底登陆，取得了诺曼底登陆战役的胜利。巧合的是，他隆美尔和蒙哥马利,一个被称为"沙漠之狐",一个被称为"沙漠之鼠",二战的爆发使他们成为彼此最重要的对手,但是除去战争因素,蒙哥马利和隆美尔相互仰慕。蒙哥马利甚至在他的活动指挥部的墙上挂了一幅对手隆美尔的肖像;而隆美尔在提起蒙哥马利时,则经常对人说:"我的朋友蒙哥马利。"

但是,他们两人的巧合不仅仅都是天蝎座,两人之间的故事还很多:两人的性格都很孤僻,在自己周围的同伴中敌人多于朋友;他们都很专横、傲慢,是缺少文化教养的职业军人;在受指挥的情况下两人都会像一匹难以驯服并经常违抗命令的烈马,然而当由他们来全权指挥时,又都是最优秀和最有独到见解的头脑清醒的指挥官,都能独当一面;两人都不抽烟,也从不喝烈性酒,即使在严冬;他们都很喜爱运动,注重保持身体健康;两人都比较注意培养与军政要人的友谊;两人都乐于挑选出类拔萃、年轻英俊的军官组成自己的参谋班子。隆美尔一直戴着那顶著名的帽子和有机玻璃风镜以示与众不同;蒙哥马利则是用上面带有团队徽章的怪异的澳大利亚丛林帽子来显示自己的与众不同。历史将他们两个人的名字和命运紧紧地连在了一起。

隆美尔

1944年6月6日盟军在诺曼底登陆,6周后,也就是1944年7月17日,时任德国陆军元帅的隆美尔在拜访完党卫队第一装甲部队司令塞普·迪尔瑞奇将军的司令部后,登上汽车向位于巴黎北部塞纳河边的司令部驶去。隆美尔旁边是他多年的助手赫姆特朗上尉,前排坐的是贴身保镖华斯·胡克,他正瞪着一双机警的眼睛朝各处观望,以防不测。然而就当隆美尔的汽车在路上行驶的时候,被美国空军飞行员豪诺德·米勒从空中用照相机拍摄到,从照片来看,其中显示的静止物体有可能是隆美尔元帅的汽车。

下午4点钟,隆美尔的吉普车正行驶在巴黎来乌特大街上,在接近利瓦诺特时,他们发现了8架盟军飞机。隆美尔命令司机丹尼尔把车子转进与公路平行、树叶繁茂的有隐藏物的小路,但行驶几公里后,那条狭路又与大路汇合了。出了利瓦诺特,他们随即上了第179号公路。突然,胡克大声叫起来,有两架盟军飞机朝这辆汽车飞了过来。从北非战争以来就担任隆美尔司机的丹尼军士立刻加大油门,就在汽车刚要冲进前面村庄的时候,盟军的"台风"式战斗机俯冲下来,飞机上的机枪劈头盖脸就是一阵扫射,隆美尔的左颊和左边的太阳穴中弹,失去了知觉,司机丹尼尔当场中弹死亡,吉普车失去控制,冲出马路翻倒在路旁的一个水沟里。

当盟军飞机补充弹药准备再次射击的时候,赫姆特朗上尉和胡克保镖冲了过来,抱起人事不省的隆美尔躲到沟渠里去了。隆美尔当天便被急送进离出事地点50多公里远的贝尔内空军医院实施紧急抢救。他这一次伤得不轻。X光检查结果显示，他的头部有4块碎骨，可仍旧奇迹般地活着，只是此后他永远地离开了战场。

然而在这起偶然的事件中，隆美尔还是没有逃脱与蒙哥马利的恩怨纠葛，就在隆美尔受伤的地方，有一个牌子，上面写着前头那个村庄的名字：蒙哥马利村。也许命运注定了他们俩要如此纠缠不清，从北非战场到诺曼底，他们两人始终是战争的对立双方，只是后来蒙哥马利赢了战争，成了英雄，而隆美尔却惨遭希特勒的毒药，成了战争的牺牲品。如果没有战争的话，两人或许能成为朋友。

### 同一天发生海难，生还者姓名相同

相隔多年的几次海难都只有一个幸存者，奇怪的是，这几个幸存者都叫同一个名字，也许只有上帝能够解释了。

1665年12月5日，阳光明媚，海面上风平浪静，一艘船正在米内海峡进行着一次愉快的航行。经过长时间的旅途，乘客们都已经非常疲劳，此时能够沐浴在温暖的阳光下，他们心情都非常愉快，兴致勃勃地观赏着海峡周围的美景。美丽的风景消除了人们多日旅行带来的疲累，大家都非常放松，快活地交谈着。这艘船一向行驶安全，可是，令所有人都始料未及的是，船只突然被卷入一个巨大的旋涡，还没来得及发出求救信号，就渐渐沉没了。由于事发突然，船上81名乘客几乎全部遇难，只有一个名叫休奇·威廉斯的人活下来。至于休奇·威廉斯为什么能够幸免于难，至今还是一个谜。总之，他是一个非常幸运的人。

1785年12月5日，即上次海难发生120年后，一艘载有60名乘客的船在大海中快速的航行。起初，天气很好，万里无云，能见度很高。可是，没过多久，海上逐渐出现了大雾，能见度很差，虽然船只小心翼翼地行驶着，但还是不幸撞上了礁石，船身被撞开一个大洞，进了许多水，船慢慢沉没了，59名乘客由于来不及逃生而不幸遇难。与百年前的海难同样巧合的是，这次事故也只有唯一一名生还者，他居然也叫休奇·威廉斯！

75年后，即1860年，还是不变的12月5日，灾难再次发生了。一艘海船在正常的航行中突然下沉。由于下沉得比较缓慢，在下沉的过程中，大家都没有察觉。当大家意识到这一点的时候，为时已晚。至于船为什么会下沉，谁也不知道究竟是什么原因。海船沉没后，船上的许多乘客丧生了。不过，这一次船上有25名船员幸存了下来。其中一名幸存者也叫休奇·威廉斯。

如果将这三起海难放到一起看的话，绝对是一条震惊世人的消息。难道休奇·威廉斯是一个受到上帝特殊眷顾的名字？这一系列"巧合"就像一道神秘的锁链，把一连串的灾祸连在一起。这些离奇的"巧合"现象早已不再属于"概率"的范畴，谁能对它做出令人满意的解释呢？也许，只有命理这把钥匙才能打开"巧合"这座神秘的大门。

### 巧合的两起空难事件

2004年俄罗斯坠机事件并不是普通的空难，它与3年前的9·11事件有诸多的相似之处，难道这也是恐怖袭击？是谁发动的呢？

2001 年 9 月 11 日是一个灾难的日子，恐怖分子劫持了四架飞机，在美国制造了数起骇人听闻的恐怖事件，震惊了国际世界。然而，三年后，俄罗斯也发生了一起类似的恐怖事件，令人奇怪的是，它与 9·11 恐怖事件有诸多巧合之处。

2004 年 8 月 24 日晚间，由莫斯科飞往该国南部的两架俄民航客机几乎同时从雷达上消失。后来证实，其中一架图—134 客机于当晚 11 时左右在莫斯科以南的图拉坠毁；大约 9 个小时以后，救援人员在俄南部的罗斯托夫附近找到了另一架一度失踪的图-154 残骸，两机上至少有 89 名乘客和机组人员，可能已全无生还希望。这明显是一起严重的恐怖袭击事件，恐怖分子的袭击行为造成了大量无辜百姓的死亡。

事件发生后，尽管俄罗斯官方三缄其口，始终不透露事件的真实情况，但俄罗斯国内和国际社会立即将此事件与"9·11"进行了对比，得出的结论是两者之间有许多"惊人相似之处"。

首先，空难发生前官方都接到了警告。"9·11"事件发生时，美国联邦航空管理局也发出了飞机可能遭劫持的警告，但包括其中一架被劫航班在内的各航班都不愿意相信这一事实。而此次是俄罗斯的航空监管部门也向西伯利亚航空公司发出了警告，声称已接到劫机信号，要求各家航空公司提高警惕，但最终悲剧还是发生了。

而且，俄罗斯的两起空难事件都是同时同地发生的，在同一个国家、同一天夜晚、同时发生两次空难——这样的巧合很少发生。这与 2001 年 9 月 11 日发生在美国的恐怖袭击事件十分相似。当时，被恐怖分子劫持的两架客机在几分钟的时间里冲向了世贸大厦，还有一架撞向了五角大楼，第四架则坠毁在空地上。这次，在两架客机坠毁之前，莫斯科发生了一起爆炸事件。

两次恐怖事件的策划精细度如出一辙。据美国分析，9·11 恐怖袭击事件是阿富汗境内的恐怖头目本·拉登策划的，并因此发动了阿富汗战争。事实上，俄罗斯境内的恐怖组织与拉登领导的"基地"组织有着千丝万缕的联系：俄罗斯车臣地区是"基地"组织的训练场，不少"基地"骨干都是在车臣获得了实战的经验，而车臣的恐怖组织又多半是从"基地"组织那里获得了经济和人员的支持，因此，当"基地"组织策划了"9·11"之后，车臣的恐怖势力很自然地仿效。车臣恐怖分子不久前就曾威胁说，要用"飞机"对俄罗斯进行袭击。据此推断，俄罗斯这次空难事件很有可能是车臣恐怖分子所为。

两次事件注重的都是心理威慑。恐怖分子劫持飞机当袭击工具并非因为杀伤力大，而是看重它所造成的心理震撼效果。"9·11"事件中恐怖分子用飞机撞击的目标是五角大楼、白宫和世贸大厦，这是美国的政治、经济和权力象征，一旦遭打击，那么所产生的心理震撼力不言而喻。这次坠毁的两架客机其中一架就是飞往索契的，而时任俄罗斯总统的普京就在索契度假，这无疑是在向俄罗斯发起挑衅。

当然，俄罗斯官方没有说两起空难事件与恐怖有关，许多人也是根据俄罗斯的地区形势进行推测。无论怎样，俄罗斯空难事件与 911 恐怖事件还是有很多巧合的地方。

## 国王与平民的不解之缘

意大利国王翁贝尔托一世与一个店主有诸多惊人的相似之处，然而第二天店主在枪击中意外中弹丧身，国王亦在同一天被刺客用枪杀死，世界上真有如此巧合的事情吗？

1900 年 7 月 28 日，意大利国王翁贝尔托一世在副官的陪同下抵达距米兰几英里的蒙察。由于第二天这里将举办一次运动会，为了体现对臣民的体恤，国王特意来到这里，准备在次日给运动会中为获奖的选手颁发奖品。国王的到来，引起了这个城市居民的热烈欢迎。

为了显示自己的平易近人，国王到达蒙察的当晚，就由副官陪他来到一家小饭馆用膳。在点菜的时候，国王发现在一旁候旨的店主无论在面貌或体格上都跟自己十分相像，要不是穿着悬殊，还真以为是双胞胎。看着店主，国王感到十分亲切，便热情地招呼店主坐下来聊天。在闲谈中国王发现他们彼此有许多相同之处，他们两人都感到非常惊奇，在一旁的副官也觉得不可思议。

两人都是 1884 年 3 月 14 日生于同一个地方，名字都叫翁贝尔托；二人同在 1868 年 4 月 22 日结婚，他们的妻子都叫玛格丽塔，各有一个取名叫维托里奥的儿子。在翁贝尔托一世加冕称帝之日，另一个翁贝尔托的饭馆则恰好开张营业。

国王听完这些巧合，眼睛都瞪圆了，仿佛面前的这个人是自己的化身。在惊异这些巧合之余，他向店主问道："既然我们有那么多的相同之处，为什么我们以前从未相遇过呢？这不能不说是一个遗憾啊。"店主告诉国王说："事实上，我们以前遇到过，只是您贵人多忘事罢了。我们曾经两次同时获得英雄勋章，第一次是在 1866 年，那时我是一名二等兵，国王您则是一名上校。第二次是在 1870 年，那时晋升为中士，而您则高升为军长。"听完店主的话，国王努力地回忆了以前的事情，似乎有那么点印象，但由于年代久远，早已模糊不清了，不过他还是对店主的话非常相信。

谈话完毕，国王高兴地对副官说："这个人跟我非常有缘，我想明天给他颁发意大利王室骑士衔。你记住，明天一定要让他出席运动会，你明天专门负责此事。"接到国王的旨意，副官马上去安排相关的事宜了。

第二天，运动会按照计划热烈地进行着，国王饶有兴致地看着比赛。在运动会进行的过程中，国王突然想到了那个店主，就向副官问起来，准备给他颁发奖章。可是副官告诉他，昨天晚上国王离开后，店主突然在一次枪击事件中意外丧生，枪击的原因正在调查中。国王听后大吃一惊，连忙吩咐副官："你去查清楚他的葬礼什么时候举行，我要亲自参加。怎么会这么巧合呢？偏偏是这个时候，真是太遗憾了！"

就在国王为店主的死感到惋惜的时候，突然运动员中有个刺客向他连发三枪，第一枪未射中国王，其余两枪却穿过他的心脏，国王当场倒毙。国王还没有参加店主的葬礼，自己却迎来了一场葬礼，看来国王和店主要在阴间再续前缘了。

## 专克法官的犯人

在英国，有一个号称专克法官的人，凡是审问过他的法官无一例外地死去，他也因此莫名其妙地成了法官杀手。

专克法官的人是英国伊斯特本的劳工领袖布莱克曼，结婚多年后，因为与妻子性格不合，他向法院请求判二人离婚。法院在审理二人案件的时候，要求伊斯特本付钱赡养妻子。但是，布莱克曼总是找这样那样的借口，一直不肯付钱赡养妻子。他觉得既然已经离婚了，妻子应该自己养活自己，怎么能再让他付钱赡养呢？这太不公平了！于是他一直拒绝支付赡养费。

由于工作不稳定，布莱克曼的前妻生活非常拮据，她就以布莱克曼不付赡养费为由将其告上法院。离奇的是，那些判他付钱的法官，一个个都遭到了厄运，付出了生命的代价。

由于布莱克曼坚决拒付赡养费，所以在1922年4月首次遭到起诉，并被判入狱。审判他的一名地方法官名叫杜克，在案件结案后不久就去世了。

虽然如此，布莱克曼出狱后仍拒绝付钱，因而再遭判刑。这次聆讯后，地方法官莫林诺斯郎莫名其妙地得了重病，很快就逝世了。很多人已经开始觉得奇怪了。

布莱克曼第三次为此事出庭受审时，在宣判后几分钟，地方法官法内尔突患脑出血，不省人事，就此与世长辞。连克三名法官，布莱克曼已经小有"名声"了。

事情还没有完，布莱克曼仍坚持自己的观点是对的，就是不付赡养费，于是又于1923年10月在伊斯特本郡法院由法官麦卡尼斯审讯。他再度入狱。可怕的是，这位法官再次死亡。布莱克曼出狱时，正赶上这位法官的葬礼。

1924年7月末，布莱克曼五度被判刑。布莱克曼让法院的人伤透了脑筋，没有法官敢审批他的案件了。后来，一位勇敢的法官赫尔比不信这个邪，主动要求担当该案件的法官。不幸的是，到9月间，赫尔比也没有任何征兆地死了，他的勇敢抵不过"诅咒"。

有记者因此采访了布莱克曼，问他为什么会有如此奇怪的事发生，这些事情是不是与他有关。布莱克曼就5名法官的死亡事件给了确切的解释，他说："那可能只是个无意义的巧合，我对他们绝无半点恶意。这些事情跟我没有任何关系的。"看来这些法官只能自认倒霉了。

## 双胞胎同日生同日死

一对双胞胎不但同日同地生，而且还同日同地死，死因也是一样的。难道双胞胎的心理感应还能在死亡上得到印证吗？

在芬兰，有一对70高龄的双胞胎兄弟在同一天先后因车祸丧生，两人都是骑自行车穿越同一条马路时被卡车突然撞死的，出事时间只差2小时，如此多的巧合发生在两个人身上，而且是两个双胞胎兄弟身上，真的可以说是一件奇事了。

据了解，这对不幸的双胞胎兄弟生于1931年，一个住在帕蒂约基，另一个住在拉海，两家的距离仅有2~3公里。这两起不幸的车祸发生在距芬兰首都赫尔辛基市北方约600公里的拉阿镇。

这一天，孪生兄弟中的哥哥骑自行车外出办事，在通过一条马路时，由于正刮着暴风雪，能见度很差，他没注意到马路上驶来的一辆卡车，而卡车司机由于着急赶路也没有看见他。当卡车冲到自行车面前的时候，已经来不及刹车了，当场将孪生兄弟中的哥哥撞倒在地。由于天气恶劣，再加上公路比较拥堵，影响了救护车的行驶速度。当医生赶到时，他已经停止了呼吸。

然而，两小时后，令人遗憾的事情再次发生了。孪生兄弟中的弟弟在中午时分也骑自行车外出，当时天气虽然已转晴，但路面很滑。弟弟小心翼翼地骑着车，就在他距哥哥死亡地点南边一公里多的地方穿越同一条马路时，也被撞身亡。当时正巧一辆汽车通过，弟弟减速让过了汽车，但他没有看到汽车后面还有一辆卡车，在着急穿过马路的时候被卡车撞倒。由于路滑，救护车也没有及时赶到。当医生到来时，他也早已经停止了呼吸。当时，参与救护的医生还感到非常奇怪，因为这两个人太相像了，简直就是同一个人，他还以为自己产生了幻觉。经过调查，才知道原来两个死者是孪生兄弟，在场的人无不为这对苦命的孪生兄弟嗟叹惋惜。

事后，据处理事故的交通警察表示，第二起车祸的丧生者不可能知道孪生兄弟遇难的事情，因为警方直到第二起车祸发生前不多久，才辨认出第一起车祸的死者身份，并没有来得及将他遇难的消息通知他的家人。这名警察感叹道，这样的双胞胎兄弟还真少见，不但同日同地生，而且还同日同地死。难道真的是心理感应吗？但谁又能解释得清呢？

### 同日结婚同日死亡的印度孪生姐妹

印度的一对孪生姐妹在同一天恋爱同一天结婚，活到114岁时在同一天去世，这个惊人的巧合在历史上能有几回？

这对创造奇迹的孪生姐妹卡利和巴图利出生于印度中部西耶市，姐妹两人从小感情就非常地深厚，非常地有默契。由于是双胞胎，她们两人不但长得一模一样，连兴趣爱好也几乎是一模一样的：两人都喜欢穿绿色的衣服，都喜欢跳舞等等。当然，这可能在双胞胎里不算是特别稀奇的事，可是后来发生的事情就不同寻常了。

在感情方面，姐妹俩同时爱上了自己的男友。与男友相恋一段时间后，两人又同时与男友谈婚论嫁。更为巧合的是，她们在同一天结婚，分别嫁入两个家庭，从此分开生活。不过，结婚后，姐妹俩的感情依然非常好，两个家庭之间经常来往，关系融洽得就像是一家人。

后来，她们的丈夫相继因病去世。姐姐卡利知道妹妹的丈夫也去世后，就对妹妹提议两个人搬到一起住，这样，相互之间也有个照应。妹妹很高兴地同意了。于是，姐妹两人又像小时候一样再次住在一起，继续姐妹之间的亲情。两姐妹共有125名孙和曾孙，可谓儿孙满堂，她们在体味姐妹情深的时候，也享尽了天伦之乐，着实令人羡慕。

由于心态好，生活幸福，姐妹俩都非常长寿，活到了114岁，被当地人称为"人瑞"，深受人们的尊敬。有一天，卡利突然感觉身体不舒服，家人赶紧把她送往医院。可是，不幸的是，当他们把卡利送往医院后，医院经过简单的检查，遗憾地宣布她已经停止呼吸了。家人非常伤心，顿时哭作一团。可能是巴图利和卡利心有灵犀，她也差不多同一时间在家中寿终正寝。两姐妹生前一起度过了114年，死后还将继续在一起，双胞胎之间的感应真是一种神秘的事情。

卡利和巴图利逝世后，她们的后人知道姐妹情深，决定将她们合葬，让两人永不分离，在地下也不会寂寞。生能同室，死能同穴，姐妹俩真的可以含笑九泉了。

## 迟到也是幸事

如果不是因为各种各样的原因迟到，15个人或许会死于奇怪的爆炸，这是怎么一回事呢？

1950年，阿比特丽斯市的一个教堂定于3月1日晚上举行一次唱诗排练。因为这是一个非常重要的排练，事先，组织者通知所有的15名唱诗成员一定要在7点15分准时参加。可是令负责人没有想到的是，当晚15人全部迟到，到了7点15分，竟然没有一个人到达教堂。

负责人非常恼火，就通过各种方式联系到这15个成员，询问他们迟到的原因。令负责人吃惊的是，参加排练的15名唱诗成员各有其无法预测的小事故发生，而且这些原因听起来似乎都不太合理，有点像是编造的。

有的人的理由是这样的：下午他的同学突然来拜访他，因为他们有3年多没有见面了，所以一见面都非常高兴，聊得非常起劲。许多往事让他们都既兴奋又怅惘。正因为如此，他才忘记了时间，等他发现的时候，已经晚了。本来他也知道迟到是一件不好的事情，而且也知道自己快迟到了。可是，就是不知道是什么原因，他竟然没有跟同学说清楚晚上的排练，这似乎不符合他平时的风格。

有的人说："我没有准时去教堂是因为服装还未熨好。我不太会熨衣服，本来要我妈妈熨的，可是，下午我妈妈为了给妹妹梳头发，就把给我熨服装的事忘记了。而我自己也因为准备晚上的排练而化了好长时间的妆，没有提醒妈妈给我熨衣服。等我要出门的时候才发现衣服没有熨。等妈妈给我熨好了衣服，已经过了集合的时间了。我还因为这个埋怨了我妈妈呢。"

有人说，也不知道是什么原因，他的汽车傍晚总是发动不起来。但是汽车平时都好好的，而且，今天上午他还开车出去遛了一圈，也没发现汽车有什么故障。

还有的人说，他下午本来准备好了要早一点过来排练的，可是，由于准备的时间比较长，中午都没顾得上吃饭，于是来教堂前就到饭店去吃饭。谁知在饭店吃饭的时候被粗心的服务员把衣服给弄脏了，等他跑回家换好衣服的时候时间已经过了……

然而，令所有人都想不到的是，好在他们7点15分一个也未到，因为7点25分教堂就不知道因为什么原因爆炸了，而这15名唱诗成员因为迟到全部幸免于难。像这样15人同时全部迟到的离奇巧合，似乎概率已经无法解释了，可能是上帝组织了这场灾难的发生吧。

## 神秘的北纬30°事件

在北纬30°，从古到今都是灾难深重的地带，在北纬30°，地震、海难、火山和空难等时常有发生。在这一纬度线上，奇观绝景比比皆是，各种奇怪的事情也频频发生。

1893 年 10 月 25 日夜里，一个西班牙籍的士兵在菲律宾总督府门前站岗时，突然神志不清昏睡了过去。次日清晨，当他醒来时，发现自己在墨西哥的政府大厦前。由于他的举动非常反常，墨西哥人认为他是精神失常者，就将他交给教会处理。受冤枉的士兵别无他法，只好向墨西哥人打赌：昨天夜里，菲律宾总督被人用斧子暗杀了，这个消息总有一天会传到墨西哥。两个月后，消息传来证实了士兵所讲的属实。人们才不得不相信他的话，将他从教会里放了出来。这到底是怎么回事？

1955 年，一架在飞机在飞越百慕大三角海区时失踪，然而不可思议的是，这架飞机于 1990 年完整无损地飞回到原定目的地机场，早被推断死亡的两个飞行员也安然返回。机场官员对此事感到吃惊，飞机上的飞行员也对被围观的情形感到大惑不解，他们还以为现在是 1955 年，因为他们刚穿越墨西哥湾，从诺福克来到墨西哥坦皮科。一名叫帕伯劳的飞行员的出生证表明他现在已有 77 岁，但他的脸看起来只有 40 岁出头。难道真的存在时空隧道吗？

1958 年 9 月的一个晚上，阿根廷一名青年司机开着汽车来到布兰卡港的公路上时，突然被一道强烈的光晃得睁不开眼睛，他赶紧将汽车停在路旁。他感到有些困，就在车里睡着了。不一会当他从沉睡中惊醒过来时，却发现自己的汽车不见了。年轻的司机跟跟跄跄地走在公路上，他截住一辆汽车向车上的司机求救。然而令他意想不到的是，汽车司机说这里是萨尔塔，也就是说这个青年人在半个小时里走了 13000 公里！司机以为他有些精神失常，就来到附近的警察局。在警察局里，警察马上打电话给布兰卡警察局。得到的回复是，他们的确在一条公路旁的洼地里发现一辆汽车，它的型号同那个司机讲的一模一样。这是怎么回事呢？

1968 年 6 月 29 日，吉拉尔德·波达携夫人搭乘 DC-3 客机飞往达拉斯。波达先生往洗手间走去，却再也没有回来。乘务员找遍了飞机上所有的地方，飞机上一切门窗正常。但是波达先生仍然毫无踪影。事后乘客们回忆道："那时飞机正飞过密苏里州罗拉的北部上空，见波达向洗手间走去，客机忽然意外地晃动一下，但很快就恢复正常。"

1970 年，一架乘 127 名旅客的美国 727 客机经过百慕三角海区飞往迈阿密机场，在着陆前 20 分钟，飞机突然从雷达荧屏上消失，约 10 分钟后又重新出现并安全在机场着陆，机上人员安然无恙，只是飞机提前到达机场，飞机上所有计时器也都慢了 10 分钟。

1981 年 8 月，一艘英国游船在百慕大三角海区失踪，当时船上有六个人。然而，这艘名叫"海风号"的游船竟在 1989 年原失踪海域出现，而船上的六人都安然无恙。只是这些人已失去了时间感，他们对流逝的近八年时光毫无察觉，仅以为是一霎间。当询问他们这些人有什么遭遇时，他们都无法回答，因为他们都认为"刚才"什么都没做。

1990 年 10 月，有人在佐治亚州的高速公路旁发现了一位受伤的战士。然而奇怪的是，医生从他的腿上取出了美国北方军旧式步枪的子弹。精神病理学家认真检查了他的神智，认为他神志清醒而且讲的都是事实。那么他属于而且来自至少 127 年前的 19 世纪。这又是怎么一回事呢？

北纬 30 度接连发生这些巧合的事情，但绝对不仅仅用一个巧合就能解释得清，是一种什么样的神秘力量在使这一切发生呢？

## 躲不过车祸的人

几乎每次出门都会遇到车祸，不是世界太疯狂，而是我们的思想还没有进化到可以接受这种事情的程度。

与车祸结缘的这个人是一名英国男子，名叫内尔，是一名建筑业经理。迄今为止，内尔总计遭遇多达 127 次包括坠机和撞车在内的重大交通事故，是一个不折不扣的"车祸迷"。

据了解，由于工作关系，内尔经常要出差，他去过世界许多地方，但不管是在国内还是在国外，车祸就仿佛幽灵一般跟随着他，怎么躲也躲不掉。几十年中，他总共遭遇了大大小小共计 127 次包括坠机和撞车在内的重大交通事故，以至于他都不敢出门了。

据内尔透露，第一次车祸是在他 17 岁时发生的。当时他正在考驾驶执照，本来汽车行驶得非常正常，不料手中的换挡杆突然脱落，汽车像脱缰的野马一般横冲直撞，最终猛地撞到一堵墙上才停住，现场的考官都吓得目瞪口呆，幸运的是他最终通过了考试，否则就不会有以后的故事了。

对于内尔来说，每一天都是一个特殊的日子，因为每一天都可能发生车祸，如果他出门的话。在他印象中最恐怖的事故发生在 2002 年 2 月，当时他正在乌克兰工作。在短短的 3 天时间里，他一共遭遇了 3 次交通事故。第 1 天，他乘坐的飞机坠落在一片野外的雪地上，幸好他本人只受了一点轻伤。第 2 天，他乘坐汽车去办事，结果汽车在冰面上失去控制，猛地撞上了一棵大树，车上所有乘客都受了伤，唯独他毫发无损。第 3 天，内尔亲自开着一辆崭新的马自达汽车出门。然而，当他在一个汽车维修站加油时，一辆乌克兰司机开的大卡车从后面狠狠地撞中了他的汽车。由于冲力过大，他的马自达汽车一头栽进了路边的阴沟。坐飞机不行，坐汽车不行，自己开汽也不行，内尔都不知道该怎么办了。

然而，没有最背，只有更背，这还不是最不可思议的。内尔说，他的"最高车祸纪录"是在 1969 年——在短短 8 个小时内，他竟出了 3 次车祸。当天早上 8 点，内尔正开车前往上班途中，突然，一辆摩托车从后面猛地撞向他的汽车尾部，那名摩托车司机则因巨大的惯性从他的汽车顶部飞过，落地后当场死亡，但事故并不是内尔造成的，因此他没有引起麻烦。由于心烦意乱，半小时之后，内尔第 2 次与人撞车，幸好这次未造成伤亡。当天下午 4 点下班回家的路上，第 3 次车祸发生了——另一辆摩托车鬼使神差地再次撞中了内尔的汽车。一天发生三起事故，并造成了一人死亡，这使得久经车祸的内尔也差点疯掉了。

2004 年 12 月 8 日，内尔经历了平生第 127 次交通事故——由于一时疏忽。他的汽车掉进了一个 2 英尺宽的洞中，汽车前灯被撞坏。不过，内尔仍然是大难不死，没有生命危险。现在，内尔和妻子瓦莱丽居住在英国哈尔地区，不过他已经不敢开汽车了。

内尔遭遇了这么多次事故，却没有受到很大的伤害，即使是幻想家也未必能想象出这么巧合的事情。

## 屡屡发难的木乃伊

一具古埃及的木乃伊似乎隐含着诅咒，凡是接触过它的人都莫名地死去，是真的有诅咒，还是仅仅是巧合？

早在 3000 多年前的埃及，有一位叫亚曼拉的公主去世之后，其遗体按照古埃及习俗被制成了木乃伊，葬在尼罗河旁的一座墓室之中。

1890 年末，四个年轻的英国人到埃及旅游。途中，一个当地的走私犯子向他们兜售一具古埃及棺木，棺木中就是已逝的亚曼拉公主的木乃伊。一番讨价还价之后，四人中最有钱的那个人以数千英镑的高价买下这具木乃伊。然而从此以后，这位在古埃及历史上默默无闻的公主便给许多人带来了一连串离奇可怕的厄运。

那个英国人买下木乃伊后将棺木带回旅馆，然而几个小时后，他竟然无缘无故地离开了饭店，走进附近的沙漠，从此消失了踪影，再也没有回来，没有人知道到底发生了什么。第二天，他的一位同伴在埃及街头遭到枪击，受了重伤，最后不得不将手臂切除。剩下的两个人也没能逃脱厄运，其中一人回国后无缘无故地破产，另外一个人则生了重病，最后沦落在街头贩卖火柴。

这具神秘的木乃伊后来被运到英国本土后，一位钟爱古埃及文化的富商买下了它。可是厄运从埃及跟随到了英国，不久后，富商有 3 位家人在一场离奇的车祸中受了重伤，富商的豪宅也惨遭火灾。在经历了这样的变故之后，这位富商迫不得已，只好将这具木乃伊捐给了大英博物馆。

在载运木乃伊入馆的过程中，载货卡车突然失去控制，撞伤了一名无辜的路人。然后，两名运货工人在将公主的棺木抬入博物馆时失手掉落，压伤了其中一个工人的脚，而另外一个工人则在身体完全健康的情况下，两天后离奇地死亡。

亚曼拉公主的棺木后来被安置在大英博物馆的埃及陈列馆中，从此，陈列馆再也没有了安宁。在陈列期间，夜间的守卫报告常常在棺木附近听见敲击声和哭泣声，更可怕的是，连陈列室中的其他古物也常发出怪声。不久之后，一名守卫在执勤时死去，吓得其他守卫打算集体辞职。由于怪事层出不穷，大英博物馆最终决定将木乃伊放入地下贮藏室。然而，一个星期还没过完，决定将木乃伊送入地下室的博物馆主管无缘无故地送了性命。至此，这具充满诅咒的木乃伊已经声名大噪。

不久以后，大英博物馆将这具木乃伊送给了一位收藏家，这位收藏家当即请了当时欧洲最有名的巫婆拉瓦茨基夫人为这具木乃伊驱邪。在经过了繁杂的驱邪仪式后，拉瓦茨基夫人宣布这具木乃伊上有着"大量惊人的邪恶能量"，并且表示要为这具木乃伊驱邪是不可能的事，因为"恶魔将永存在她的身上，任何人都束手无策。"最后，拉瓦茨基夫人给这位收藏家提出忠告：尽快将它脱手处理掉。但是，由于在以往 10 年的时间里，已经有 20 人因为她而遭到不幸，甚至失去了生命，鉴于这种情况，已经没有任何博物馆愿意接受亚曼拉公主的木乃伊了。

然而，厄运没有就此结束。不久以后，一位不信邪的美国考古学家不顾亚曼拉公主以前的可怕历史，仍然花了一笔可观的费用将她买下，并且打算将她安置在纽约市。

1912 年 4 月，这位考古学家亲自护送她，将她运上一艘当时轰动造船界的巨轮，也就是"泰坦尼克号"。为了慎重起见，他还将她安置在船长室附近，希望她能安安稳稳地抵达纽约。可是，后来的事情大家都知道，"泰坦尼克号"沉没了。难道正是这未驱散的邪恶祸害了这艘"不沉之船"，葬送一千余条人命？其中的真假，世人又怎可得知？

## 神秘宝藏

### 北欧海盗的宝藏藏在哪里？

经过多年的疯狂掠夺，北欧的海盗积累了许多的财富，可在他们被绞杀之后，这些宝藏的下落也永远成了秘密。

北欧海盗曾经长时间横行于北欧海域，令往来的船只闻风丧胆。其实，这些北欧海盗绝非平庸之辈，他们的祖先早在几百年前就在大不列颠岛和欧洲大陆之间扮演着举足轻重的角色。早在公元前 6000 年，他们的祖先维京人就已经乘着简陋的小船，走遍斯堪的纳维亚半岛。8 世纪末，维京人作为海盗开始崭露头角。他们很快变成了征服者和殖民者，四处抢劫、攻掠，其海盗船纵横北大西洋，几乎袭击了整个西方世界，令欧洲各国闻风丧胆。

到 14 世纪下半叶，虽然维京人的狂飙已经过去，北欧的海盗活动却有增无减。无数独立的海盗各行其是，他们几乎全部来自北欧的港口。在北欧水域，一支熟悉大海的野蛮海盗队足以令所有在北海来往的船只望风而逃。他们自称是"上帝的朋友和全世界敌人"，组成了"粮食兄弟"联盟。

克劳斯·施托尔特贝克尔就是属于"粮食兄弟"同盟的最大胆的海盗之一。他出生在德国的维斯马，常年指挥着五十艘船只在北海和波罗的海劫掠。对有些人来

北欧海盗

说他是一只可怕的海狼，但在另一些人眼里他是"海上的罗宾汉"。这些海盗们的势力日益强大，在海上肆虐的过程中，他们不但积聚了数量众多的珍贵物品，而且还攫取了巨大的金银宝藏。为了把抢来的金银财宝尽可能多地运走，海盗们便掏空船桅杆，把一部分贵重的金属如大量的黄金等熔铸成金锚链，藏匿在桅杆之中。

当"粮食兄弟"的海盗船在北海变得越来越肆无忌惮时，英格兰国王理查德二世

和丹麦女王玛格丽特为了共同打击海盗行径而有意联合起来，共同对敌。

1401 年夏天，经过一场激烈的海战，海盗们遭到惨败，包括克劳斯·施托尔特贝克尔在内共有七十三名海盗被投进监狱，四十名海盗被打死。随后，这位海盗船长被送回德国审判，并被判处砍头的极刑。1401 年 10 月，被捕之后的克劳斯·施托尔特贝克尔和他的七十二名海盗兄弟一起被押往格拉斯布鲁克断头台。行刑之前，克劳斯·施托尔特贝克尔向汉堡的议员提出了条件：他许诺拿出无数的金币来赎买海盗们的自由，但是这个请求被断然拒绝了。

施托尔特贝克尔死后，他的海盗船"红色魔鬼"号被一个普通的渔民买了下来。当渔民在锯断三根桅杆时，在凹处发现了大量的金币和银币。原来这是"粮食兄弟"抢来的战利品。但这个渔民并没有留下宝藏，而是把装满财宝的桅杆埋到了一个秘密的地方。然而，这只是海盗财宝的一小部分，真正的财宝后来一直没有找到。也许当时有人初进入俄国，后建立了新俄罗斯，定都于基辅汉堡的议员确信他们一定会找到施托尔特贝克尔的宝藏，因此没有对海盗网开一面。但后来的事实证明他们的想法错了，直到今天，海盗的所有财产仍然下落不明。那么，海盗们所说的财宝是真的吗？它们到底被隐藏在哪儿呢？

有人根据海盗们的活动区域分析，认为施托尔特贝克尔那批巨大的宝藏可能隐藏在古老的哥特兰港口城市维斯拜，因为这个地方曾经是"粮食兄弟"一度攻占的目标。这个城市设防十分牢固，有众多的堡垒、强大的保护墙和二十八座碉堡包围。

也有人认为，财宝隐藏在波罗的海的乌泽多姆。在那个小岛上有一条从沙滩通向腹地的"施托尔特贝克尔山谷"山峡。过去。这条山路曾经通往海盗的一处藏身地。另一个被人们认为可能的地点，是东佛里斯兰海岸雷伊布赫特东部的位于马林哈弗的那座古老的圣母教堂。教堂建有六十多米高的钟楼。在 14 世纪时，这里也是海盗们最喜欢的栖身之处。那时，大海从这里一直延伸到离陆地很远的地方。海盗们有可能把他们的海盗船固定在坚固的石环上，然后把抢来的东西放到高高的钟楼里。

进入 20 世纪以后，受到宝藏吸引的探险家和寻宝者们先后找到了这几个地点，却未发现这笔宝藏。海盗们究竟把珍宝埋藏在哪儿呢？也许是因为他们掩埋得太严密，而埋藏地点的可能性又很多，使得人们暂时无法找到财宝。如果能把这些地方彻底找一遍，也许有一天人们真的会找到海盗的宝藏。

## 日本赤诚山宝藏之谜

明治维新推翻了幕府的统治，然而赤城山的藏金也就随着幕府的垮台而成为一个世纪之谜了。幕府的宝藏究竟埋藏在哪里呢？

在日本，赤城山不以高大或雄秀出名，而是以传说中天文数字般的藏金量出名。据说，赤城山的黄金埋藏量高达 400 万两，相当于现在的 100 兆日元（兆在古代指 1 万亿），而 1987 年日本的国家预算也不过 54 兆日元。

在 1866 年，正值日本幕府统治行将覆灭之际。1 月 14 日，赤城山附近突然出现了 30 名武士，监督着七八十个雇工运来了 22 个沉重的油桶和 20 捆重物。这件秘密工作进行了将近一年，完事后大部分人被灭口。据后人调查，他们所藏匿的这批东西。就

是德川幕府准备用作军费储备的 400 万两黄金，负责该计划的是幕府最高执政官井伊直弼。

原来，由于当时日本黄金兑换率大大低于世界水平，黄金外流严重，为了阻止这种消极现象，也为了贮备财产以利于军备，当局高度秘密地制定了埋藏黄金计划。赤城山被选为藏金之地，因为它是德川幕府为数不多的直辖领地之一，属德川家族世代聚居地，易于保守机密，而且地处利根川与片品川两河之间，有连绵起伏的高山作屏障，是易守难攻的军事安全地带。然而计划尚未开始，井伊就于 1860 年被倒幕派刺杀身亡，此后计划由其属下小粟上野介等人负责。1868 年 7 月，明治维新成功，天皇重掌大权，赤城山的藏金也就随着幕府的垮台而成为一个世纪之谜了。

这批作为军费而被埋藏的黄金总数到底有多少？据知情者披露，当时从江户运出了 360 万两黄金；小粟上野介的仆人中岛藏人，在遗言中又说从甲府的御金藏中还运出几万两黄金，加之其他金制品，估计埋藏总数达 400 万两。

一个多世纪以来，有不少想一夜之间成为富翁的人纷纷来到赤城山探宝。有人曾经在此寻找到几个装有黄金的木樽，后来在修路过程中也曾有人寻到过日本古时纯金薄片椭圆形的金币 57 枚，但大批的宝藏并没有立即随之出现。

对发掘赤城山藏金最热衷的，莫过于水野一家祖宗三代了。第一代水野智义是中岛藏人的义子，中岛藏人临终前曾告诉他，赤城山藏有德川幕府的黄金，藏宝点与古水井有关。从此水野一家开始了几代人的寻宝之旅。1890 年 5 月，水野智义从一口水井北面 30 米的地下挖出了德川家族的纯金像，推测金像是作为 400 万两黄金的守护神下葬的。不久，又在一座寺庙地基下挖出了水野智义认为是埋宝地指示图的 3 枚铜板，但它们所含之谜却无人读懂。昭和八年四月，水野智义又发现一只巨型人造龟。后来他的儿子水野爱三郎在人造龟龟头下发现一空洞，洞内有五色岩层，不知是自然形成还是人为造成，但是他们开掘了近 22 千米的坑道，依然没有寻到藏金点。

近年来，有人用最新金属探测机在水野家挖的坑道内发现有金属反应，经分析此处地层内又极难存在天然金属，有可能是德川的藏金所在，但由于地质松软，要挖掘需要有强力的支撑物，只能作罢。看来这一宝藏之谜短时间内还不能揭开。

## "黄金船队" 海底沉宝之谜

"黄金船队" 究竟装载了多少珠宝？谁也不知道；这些珠宝到底沉没到了什么地方，更是一个不解之谜。也许它们神秘地隐藏在某一方，等待着幸运儿的发现。

自从 15 世纪末哥伦布首次发现美洲之后，西班牙、葡萄牙的冒险家们便往来不停地穿梭在新旧大陆之间。欧洲人用先进的枪炮征服了古老的美洲大陆，屠杀当地人民，掠夺了大量沾满血腥的财宝。

十八世纪初，由于西班牙财政状况日渐窘困，国王菲利普五世年命令南美洲西班牙殖民政府把上缴和进贡的金银财宝用船火速送往西班牙塞维利亚。但是。由于西班牙和英国正处在交战之中，运宝船在穿越大西洋时要冒很大的风险，更何况这是一支运送价值几百亿法郎财宝的船队。

尽管如此，十七艘满载着从秘鲁和墨西哥掠夺来的金银珠宝的大帆船还是在 1702

年 6 月 12 日离开了哈瓦那，朝西班牙领海进发了。这就是西班牙历史上著名的"黄金船队"。

这支"黄金船队"一路小心翼翼，历尽艰辛，终于在 6 月驶到了亚速尔群岛海域，这里离西班牙领海已经不远。正当船员们心中暗暗欣喜的时候，突然一支英、荷联合舰队拦住去路，这支 150 艘战舰组成的舰队迫使"黄金船队"驶往维哥湾躲避。面对强敌的包围，最好的办法是从船上卸下财宝，从陆地运往西班牙首都马德里，但偏偏当局有个奇怪的规定：凡从南美运来的东西必须首先到塞维利亚市验收。显然不能违令从船上卸下珍宝，侥幸的是，在皇后玛丽·德萨瓦的特别命令下，国王和皇后的金银珠宝被卸下，改从陆地运往马德里。

在被围困了一个月后，英、荷联军约 3 万人在鲁克海军上将指挥下对维哥湾发起猛攻，3115 门重炮的轰击，摧毁了炮台和障碍栅，西班牙守军全线崩溃，由于联军被眼前无数珍宝所激奋，战斗进展迅速，港湾很快沦陷。此时，"黄金船队"总司令贝拉斯科绝望了，他下令烧毁运载金银珠宝的船只，维哥湾瞬间成为一片火海，除几艘帆船被英、荷联军及时俘获外，绝大多数在火海中慢慢消失，沉入深不可测的海水之中。

这批财宝究竟有多少？据被俘的西班牙海军上将恰孔估计：约有 4000～5000 辆马车的黄金珠宝。尽管英国人冒险多次潜入海下，希望能打捞起这些财宝，但由于当时潜水技术及打捞手段的落后，他们仅仅能捞上极少的一些战利品。于是，这批宝藏强烈吸引着无数寻宝者。

近 3 个世纪以来，一批又一批的寻宝者都在搜索着这笔丰厚的沉宝，黑暗的大西洋海底，冒险家们的身影接连不断。有的捞起已空空如也的沉船，空耗了力气一无所获，也有的极幸运地捞起许多珍贵的绿宝石、紫水晶等珠宝翡翠。然而。这些也都是一些零星的收获，绝大部分的宝藏依旧静静躺在深深的海底。随着岁月推移，风浪海潮已使宝藏蒙上厚厚泥沙，并且位置也有了很大改变，使人难以确定。

尽管现代化的潜水打捞技术不断提高，但这批宝藏依然仿如置身于一个迷局之中，让人们无从下手。变幻莫测的海底世界里，到底何处是这些财宝的藏身之地呢？也许它们神秘地隐藏在某一方，等待着幸运儿的寻觅、发现。

## 可可岛上的珍宝

神秘的宝藏诱惑着众多人前往可可岛，试图找到深藏的宝藏。也许太神秘，也许太虚假，也许太隐蔽，这些传说中的宝藏仍然不见天日，依旧使人着魔。

苏格兰作家斯蒂文森的著名小说《金银岛》是以太平洋的可可岛为背景写的，该岛位于距哥斯达黎加海岸 480 千米的海中，曾是 17 世纪海盗的休息站。海盗们将掠夺的财宝在此装装卸卸，埋埋藏藏，为这个无名小岛平添了神秘色彩。据说岛上至少埋有 6 处宝藏，其中，最吸引寻宝者的是秘鲁利马的宝藏。

自从 1535 年西班牙殖民头子弗朗西斯科·皮萨罗占领秘鲁直到 1821 年秘鲁独立，利马始终都是南美西班牙殖民地总督的驻地。当年，殖民军到处大肆杀害印第安人，并从他们那里搜刮了大批金银饰物，聚敛到利马，然后定期装船运回西班牙。所以，利马号称富甲南美洲。

1820 年，当被称为"解放者"的秘鲁民族英雄玻利瓦尔所率领的革命军即将进攻利马时，利马的西班牙总督仓皇出逃。他将多年搜刮的财宝，包括黄金烛台、金盘、真人般大小的圣母黄金铸像装上一艘"亲爱玛丽"号的帆船上逃走。

不料，到了海上，船长汤普逊见财起意，杀死了西班牙总督。为了安全起见，船长将财宝藏进了可可岛上的一个神秘的洞穴内。这主要是因为几个世纪以来，可可岛与世隔绝的地理位置有助于摆脱任何海上监控和追踪，成为南美洲海盗们一个颇有吸引力的避风港。

汤普逊将船上的主要财宝小心翼翼地埋藏在可可岛之后，毁掉了"亲爱玛丽"号帆船，与船员们分乘小艇去了中美洲。他们谎称在海上遇到了无法抗拒的狂风暴雨，船触礁沉没了。但是，尽管汤普逊大肆宣扬了很久，他的海盗行为还是被完全识破了。他的同伙们在酷刑下供出了实情，并受到了惩罚。而在以后的日子里，汤普逊一直没有找到适当的机会重返可可岛取走宝藏。

1844 年，汤普逊病入膏肓，也许为了摆脱良心上的谴责，在临死前他向自己的好友基廷透露了可可岛上的藏宝秘密，并且给了基廷一份平面图和有关藏宝位置的资料。基廷按照汤普逊所说的，先后 3 次登上可可岛，带回了价值 5 亿多法郎的财宝。但是"亲爱玛丽"号船上的主要财宝却始终没能找到。后来，基廷又将可可岛的秘密告诉了好友尼科拉·菲茨杰拉德海军下士。由于菲茨杰拉德太穷，就一直没有雇船去可可岛寻宝。菲茨杰拉德临死前，将藏宝情况告诉了柯曾·豪上尉。不过，柯曾豪上尉也是由于种种原因，没有去成可可岛。

就这样，有关可可岛上藏宝的资料年复一年地遗赠着、传递着，后来还被盗窥过、交换出售过。神秘的宝藏诱惑着众多人前往可可岛，试图找到船长的藏宝。也许太神秘，也许太虚假，也许太隐蔽，这些传说中的宝藏仍然不见天日，依旧使人着魔。

1927 年法国托尼·曼格尔船长得到了藏宝资料。他带着得到的这些资料，曾于1927 年和 1929 年两次去可可岛上寻找藏宝。托尼经过分析认为，汤普逊的那笔财宝就埋在希望海湾南边和石磨岛西北边的海下。他在那里还确实找到了一个在落潮时近一个小时里可以进入的洞穴。而在那个地方，水流特别急。他在洞里寻宝的时候差点被淹死，拼命挣扎了半天总算回到了岸上。他以为"这是对藏宝寻找者的诅咒"，从此再也不敢去那里冒险了。

1931 年，一个比利时人叫贝尔受，他根据托尼·曼格尔的资料，在希望海湾找到了一尊 0.6 米高的金圣母塑像。这尊圣母金像被贝尔曼在纽约以 11000 美元的价钱卖掉了。

随着时间的推移，有关可可岛藏宝的资料越来越多，而且都自称是可靠材料。美国洛杉矶一个有钱的园艺家詹姆斯·福布斯拥有一份藏宝图。他曾经带着现代化的先进器材 5 次去过可可岛，但最终一无所获。

1978 年，一件意料不到的事情使所有寻宝者目瞪口呆：哥斯达黎加政府以保护生态环境为理由，封闭了可可岛，严禁任何人挖掘。然而，这之中又隐藏了一个怎样的新秘密呢？

当年利马城里的无价之宝究竟藏在哪里呢？它们会永远被埋葬吗？也许它们仍然

沉睡在可可岛上某个神秘的角落。

## 鲁滨孙岛的 846 箱黄金

鲁滨孙岛不仅有著名的《鲁滨孙漂流记》，埋藏在岛上的 846 箱黄金几百年来更是吸引了无数人的目光，可是直到现在人们也没有找到它们。鲁滨孙·克鲁索岛又叫鲁滨孙漂流岛，位于智利海港瓦尔帕莱索以西 670 公里的南太平洋上，是胡安·费尔南德斯群岛中的第一大岛。它原名马萨蒂埃拉岛，后来以英国作家丹尼尔·笛福的著名小说《鲁滨孙漂流记》中主人公鲁滨孙的名字重新命名。

1547 年 11 月 22 日，西班牙船长胡安·费尔南德斯在途经太平洋时发现了一个海上火山岛。他根据天主教历法把这个小岛命名为"圣·塞西莉亚"。1704 年，一艘名为"五港号"的船到南太平洋进行私人考察，苏格兰水手亚历山大·塞尔柯克因与船长发生纠纷，被赶上该岛。他带着一支猎枪、一把匕首、一把斧头、一磅火药、一些烟草和一本《圣经》，凭借惊人的毅力和旺盛的求生本能，孤身一人生活了 4 年零 4 个月。英国记者丹尼尔·笛福据此写成著名的《鲁滨孙漂流记》。塞尔柯克独居的小岛因此得名"鲁滨孙·克鲁索岛"。他居住的山洞，后来被称作"鲁滨孙山洞"，这个深达 9 米的山洞至今犹存。

从 1940 年开始，鲁滨孙·克鲁索岛突然变得热闹起来。一批又一批寻宝者带着大量的古代文献资料和现代化的开采工具来到这个小岛，开始在岛上各处日夜不停地挖掘。

原来，有人根据史料发现，二百多年前，英国海盗安逊曾在这个小岛埋藏下 846 箱黄金和大量的宝藏。

乔治·安逊是一位被英国女王加封的勋爵，但他同时又是一个声名显赫的海盗。1774 年，英国海军部委托这名海盗去掠夺非洲南部西班牙帆船和殖民地上的财物。安逊把鲁滨孙·克鲁索岛作为大本营和避难所，每次出海都是从鲁滨孙·克鲁索岛出发。

一次，安逊掠夺了一艘西班牙运宝商船。据说，他那次共抢得 846 箱黄金和宝石，总价值高达 100 亿美元，属于历代以来最为巨大的一笔海盗财宝。后来，在西班牙当局穷追不舍的追捕之下，安逊撤回到鲁滨孙·克鲁索岛隐藏起来。最终，他打定主意，把这批黄金埋藏起来。于是，安逊趁夜间将宝藏埋藏在一个洞穴里，并在羊皮纸上详细记录了洞穴周围的环境、沿途的各种地形、地貌特征，决定以后一旦时机成熟就来岛上挖掘宝藏。

后来，由于"战绩"显赫，安逊被英国女王收封为勋爵。碍于冠冕堂皇的身份，安逊没有机会再到鲁滨孙·克鲁索岛来寻找那批黄金，只能玩味着那张他当年画下的藏宝图。

1940 年，这个小岛开始变得热闹起来。一批又一批各种身份的寻宝者带着不知从哪得来的大量的文献和史料来到鲁滨孙·克鲁索岛，开始搜寻那里的每一寸土地，日夜不停地挖掘。然而，经过几年折腾之后，这些人全都两手空空地离开了。

到了 20 世纪 80 年代，鲁滨孙·克鲁索岛上的一场瓢泼大雨再次点燃起寻宝者热情的火焰。原来，大雨在岛上造成了泥石流。雨过天晴之后，有人在山谷中意外发现了裸露在外的很多银条和少数几粒红宝石。于是，人们立刻联想到是大雨把安逊当年埋藏的宝藏从高处冲刷出来又散落在山谷里。这个消息没几天就像长了翅膀，随即，大批的寻宝者再次来到这个小岛，但是他们又一次失望而归。

20世纪90年代。一位荷兰裔的美国人贝尔纳得·凯泽对安逊当年埋藏的黄金产生了强烈的兴趣。他从岛上的居民那里获得了有关"安逊黄金"的信息，便立即开始了搜寻，并自称找到了那个当年埋宝的深达七米的藏宝洞的确切地点。

智利政府有关部门也很快得到了这个消息，并立即发表声明，称这个岛属于智利领土，没有智利政府批准任何人不得私自挖掘宝藏。随后，贝尔纳得·凯泽与智利政府达成协议：假如他找到那846箱黄金，必须把所得宝藏的75%归智利政府及鲁滨孙·克鲁索岛上的居民，剩余的25%归他自己所有。然而，贝尔纳得·凯泽动用了各种现代化的挖掘工具在岛上昼夜不停地挖掘，但收获的除了石头还是石头，最后只好宣布放弃。智利政府等待的利润分成也泡了汤。

当然，贝尔纳得·凯泽走了，并不等于别的寻宝者不来。可以确信，在以后的岁月中，只要传说中安逊的那846箱黄金不见天日，鲁滨孙·克鲁索岛就永远无法安静。

## 拿破仑珍宝之谜

拿破仑从莫斯科撤退时，大军的辎重队里那二十五辆车里到底装了什么？后来又被隐藏在何处呢？拿破仑至死也没有说出这个秘密。

1812年拿破仑远征俄国失败，在从莫斯科撤退时，带走了从克里姆林宫掳取的战利品。因严冬来临，法军在撤退途中又不断遭到俄军的袭击，饥寒交迫，法军庞大的辎重队中有二十五辆装满了在莫斯科掠夺的战利品的马车突然失踪了。拿破仑得知这一消息气急败坏，连忙命令手下部将火速赶到出事地点，但一切都无济于事，士兵们此时想的只是逃命，哪里还顾得上什么"辎重"。

拿破仑大军的辎重队里那二十五辆车里到底装了什么？后来又被隐藏在何处呢？曾任当时俄军统帅库图佐夫元帅副官的达尼列夫斯基说：这批战利品约重10~15吨，包括大炮、餐具、毛皮、金银币以及伊凡大帝纪念塔上的大十字架。拿破仑深知在莫斯科所掠夺的珍贵物品已无法带走，但又不甘心让俄军夺去，所以就命令将这些东西埋藏在维亚兹马附近的一个小湖——斯托阿切湖的湖底。

拿破仑在败退时，曾和两名亲信乘着雪橇往西疾驰，其中一人名叫阿伦·德·哥朗格尔。此人在他的回忆录中写道："11月1日，拿破仑从比亚吉玛退走。11月2日，我们来到了萨姆廖玻。第三天，到达斯拉普柯布。在这里，我们遇到大雪的侵袭……拿破仑命令把战利品沉入斯托阿切湖里。"

后来，有人查阅了一些俄国人、英国人和法国人所记述的有关这方面的材料，那些材料一致认为拿破仑是1812年11月2日把从莫斯科掠夺的战利品扔进了湖中。

如果拿破仑真的把这二十五辆车的宝藏沉入湖中，那些参与此事件的法国士兵不会无一幸存，那么，他们为什么后来不到此地寻找呢？要知道法国人是很勇于冒险和追逐财富的。还有，二十五辆车的宝藏绝不是一个小数目，这么大的事情，俄国人后来难道真的会一点也不知道？也有人分析认为，将战利品沉入湖中的决定是在前无退路后有追兵的特殊情况下，拿破仑无奈之下突然做出的。或许对参与此事的法国士兵来说，他们再也不愿意去这个噩梦般的地狱。而当地人即使知道此事，在兵荒马乱的战争期间他们恐怕也只能望湖兴叹。

据斯托阿切湖所在地方政府内政管理局记录保存室提供的一份材料说：1835年，根据斯摩棱斯克地区长官的命令，由夏瓦列巴奇中校率领工兵部队曾对这个湖进行勘查。他们先测量了湖水的深度，在离水面五米深的地方，有堆像岩石般的堆积物，铅锥碰上去，似乎听到一种金属的声音。地区长官向国务大臣报告，国务大臣又呈报给沙皇。尼古拉一世拨款四千卢布，用来建立围堰，以便把水抽干。后来，围堰完成了，水也抽干了，但呈现在眼前的仅是一堆岩石。搜寻到此就中止了。

20世纪60年代初，应苏联《共青团真理报》的倡议，一批专家前往斯托阿切湖边。在长约40米、宽5米的地带发现了大量的金属矿藏，化学家化验出湖水中的银含量要比一般银矿中含的含量高出百倍。随之探宝者接踵而来，但他们下到湖中的深度从未超过5～6米，原因是湖里淤泥太多，结果什么珍宝也没找到。苏联解体后，一些俄罗斯专家决定再次开始寻找拿破仑的珍宝，但当地村庄的居民对此事却远没有这么大的热情，他们担心湖会被挖空，使生态系统发生变化。

拿破仑被人们称之为"骑在马背上的世界灵魂"，他在欧洲可谓所向披靡，无往而不胜，可以说，他在更大的范围内重新组合了整个欧洲，并使整个欧洲为之臣服。谁能想到他在莫斯科大撤退之后，又兵败滑铁卢，并被放逐到南大西洋中的圣赫勒拿岛。一位征服整个欧洲并企图征服世界的天才经过五年的监禁之后病逝于该岛。临终前，他说道："除了我的名字，我什么也没有留下。"其实，从某种意义上说，自那时起，一个半世纪以来，拿破仑隐藏的这批无价之宝就给后人们留下了一个似乎永远无法破解的谜。

## 圣殿骑士团宝藏之谜

当年威风凛凛的圣殿骑士团究竟把宝藏隐藏在哪儿了呢？他们那些刻在石头上的神秘符号到底意味着什么呢？

中世纪欧洲发动的十字军东侵对东、西方社会历史发展均产生了重大而深远的影响，其中圣殿骑士团的历史作用不可忽视。然而，由于圣殿骑士团的官方档案已经随着圣地的丧失而丢失，人们只能通过罗马教廷档案的侧面记载以及一些零散的资料来了解它的历史。

1096年圣城耶路撒冷被十字军攻占后，很多欧洲人前往耶路撒冷朝圣。而这时十字军的主力已经回欧洲去了，朝圣者在路上常常会遭到强盗的袭击。1119年，一位法国贵族和其他八名骑士为了保护欧洲来的朝圣者，发起成立了一个宗教军事修会。由于该教会总部设在耶路撒冷犹太教圣殿，所以叫作"圣殿骑士团"。圣殿骑士团大多都是由基督教骑士组成，也包括少数军官、教士和神甫。

圣殿骑士团的最初职能是保护朝圣者和保证朝圣道路的安全，不久其职能就得以扩展，军事职能遂成为其基本职能。随着军事力量的增长，其政治作用也不断增强。它不仅在十字军国家的政治中具有举足轻重的地位，而且不同程度地影响了欧洲政治。

　　圣殿骑士团成立后，由于对伊斯兰教徒同时也对基督教徒进行敲诈勒索，加上朝圣者大量无私的捐赠以及教皇给予的种种特权，从而积聚了相当可观的财富。由于他们生活奢侈，贪得无厌，热衷秘术，又密谋参与政治活动，终于引起欧洲各国国王和其他修会的不满。1312 年，罗马教皇克雷芒五世不得不正式宣布解散圣殿骑士团。

　　1307 年 10 月 5 日，法国国王菲利普四世下令逮捕所有在法国的圣殿骑士团成员，想通过没收圣殿骑士团的巨额财富来补充日趋窘困的财政开支。但是，圣殿骑士团却巧妙地把大量财富隐藏了起来。有人说，罗马教皇在法国国王采取行动的前几天，曾经悄悄地给圣殿骑士团通风报信。

　　据历史记载，当圣殿骑士团大祭司雅克·德·莫莱在狱中获悉法国国王要彻底摧毁该修会时，便让自己的侄儿基谢·德·博热伯爵秘密继承了大祭司的职位，并让他发誓将来拯救圣殿骑士团，将一些财宝一直保存到"世界末日"。据说，在他墓穴里珍藏着圣殿骑士团的档案，通过这些档案，就可以找到许多圣物和珍宝，其中包括：耶路撒冷国王们的王冠、所罗门的七支烛台和四部有圣·塞皮尔克勒插图的金福音。同时，在大祭司墓穴入口处的祭坛边上有两根大柱子，柱子的顶端能自行转动，在柱身里藏着圣殿骑士团积蓄的巨额财宝。

　　1314 年，雅克·德·莫莱大祭司被法国国王处死后，基谢·德·博热伯爵成立了一个"纯建筑师"组织，并请求法国国王准许把莫莱的尸体埋葬到另外的地方。国王同意了。于是，博热乘机从圣殿骑士团教堂的大柱子里取走了黄金、白银和宝石。他把这些财宝藏在棺材和箱子里，转移到了安全的地方。由于圣殿骑士团长期热衷于秘术，有自己独特的一套神秘符号体系，他们就是用这种符号体系和秘密宗教仪式来隐藏和重新取出他们的珍宝。正因为这样，对于圣殿骑士团巨额财宝的下落至今仍然众说纷纭，成了一个难解的历史之谜。

　　有人根据当地的传说和发现的圣殿骑士团的神秘符号，认为藏进棺材和箱子里的财宝现仍在法国罗纳省博热伯爵封地附近的阿尔日尼城堡里。据称，那里除秘藏着圣殿骑士团的金银珠宝外，还有大量的圣物和极其罕见的档案。

　　1952 年，对圣殿骑士团神秘符号体系颇有研究的考古学家和密码学家克拉齐阿夫人，在对阿尔日尼城堡进行实地考察后声称"我深信圣殿骑士团的财宝就在阿尔日尼。我在那里找到了可以发现一个藏宝处的关键符号。这些符号从在进口大门的雕花板上开始出现起，一直延续到阿尔锡米塔楼，那里有最后一些符号。我认出了一个埃及古文字符号，它表明，除有宗教圣物外，还有一笔世俗财宝。"

　　巴黎人尚皮翁对圣殿骑士团的宝藏深感兴趣，曾经在秘术大师、占星家阿芒·巴波尔和对圣殿骑士团秘术有专门研究的作家稚克·布勒伊埃的指导下，对阿尔日尼城堡进行过发掘。由于对刻在建筑物正面的神秘符号的内涵始终束手无策，结果一无所得。

　　法国"寻宝俱乐部"根据最新发现的资料认为，圣殿骑士团的财宝可能隐藏在法国夏朗德省巴伯齐埃尔城堡。城堡四周曾有三大块圣殿骑士团的封地，人们通过发掘墓穴发现了许许多多令人晕头转向的圣殿骑士团留下的符号。还有人认为。圣殿骑士团的另外一些财宝可能隐藏在法国的巴扎斯、阿让以及安德尔—卢瓦尔的拉科尔小村庄附近。因为在法国瓦尔市的瓦尔克奥兹城堡的墙上也刻着圣殿骑士团的神秘符号，也有关于圣殿骑士团把财宝隐藏在那里的传说。

总之，人们认为，圣殿骑士团确实把一大批财宝隐藏起来了，但是，当年威风凛凛的圣殿骑士团究竟把宝藏隐藏在哪儿了呢？他们那些刻在石头上的神秘符号到底意味着什么呢？其谜底也许就像刻在石头上的神秘符号一样令人难以捉摸！

## 神秘的印加宝藏

在辽阔的南美大陆上，世界上最大的河——亚马逊河畔的莽莽林海，便以其变幻莫测的面容，神秘诱人的传说，吸引了一批又一批的冒险家。其中最被探险者关注的，莫过于亚马逊丛林中印加帝国的宝藏了。

在公元15世纪中叶，秘鲁利马附近的一个土著印第安人部落，通过不断兼并邻近部落，建立起了一个奴隶制国家——印加帝国。它的首都建立在一个叫库斯科的地方。据说，印加人非常崇拜太阳神，他们看到黄金发出光泽与太阳的光辉同样璀璨，因此特别钟爱黄金。印加国内有用黄金和宝石装饰成的宏伟的太阳神庙，有金碧辉煌的"黄金花园"……在印第安人的传说中，印加帝国便是一个金子的国度。

有关印加国黄金的传说，在当时，引起了一些殖民主义者的占有欲望。为了追寻这神话般的国度——印加帝国，贪婪的西班牙冒险家们一批批地涌入了这莽莽密林。公元1525年1月，西班牙殖民者弗朗西斯科·皮萨罗，率领西班牙殖民军，开始入侵印加帝国，一心想把印加帝国的巨量黄金掠为己有。1532年，皮萨罗率军攻占了印加帝国的卡哈马卡城后。用计把印加帝国的皇帝阿塔瓦尔帕交出40万公斤黄金来赎身。阿塔瓦尔帕被迫答应了皮萨罗的要求，下令要国民向皮萨罗交纳黄金。可是。就在印加人忙于向卡哈马卡城运交黄金，眼看着巨量黄金就要落入皮萨罗之手时，谁知心狠手毒的皮萨罗却感到不满足起来，他突然变卦，竟出人意料地以谋反罪名，把阿塔瓦尔帕皇帝在卡哈马卡城文场给处决了。

当运送赎金的臣民获悉皇帝已被处死的时候，就将黄金隐藏起来了。而皮萨罗并不知道，于是率领手下士兵一路烧杀抢掠开进了印加帝国的首都库斯科，但是找来找去，就是没有能找到传说中那么多的黄金。这些双手沾满了血腥与罪恶的强盗，最终都没有落到好下场。他们从印加人民那儿掠夺的大量金银，因分赃不均而引起了激烈的内讧。侵略者内部展开了为期几年的野蛮冲突，结果几乎所有的首领，包括皮萨罗的伙伴阿尔马格罗，皮萨罗的4个兄弟以及他本人，都被杀死或囚禁。那批数额惊人的印加财宝，也最终不知下落。但可以肯定的是侵略者最后带到欧洲的只有一少部分，大量黄金依然留在了印加人的土地上，也就是广阔无垠的热带丛林里。

关于皮萨罗所勒索的这批巨额黄金的下落，还有人传说，当时皮萨罗并未能拿走它。这些黄金随着阿塔瓦尔帕的尸体一起，被印加人夺回后藏了起来。藏宝的地点，据说就在今天厄瓜多尔利安加纳蒂的山中。传说中印加王国不可估量的财宝吸引着许多寻宝者冒着性命危险进入利安加纳蒂地区探险，无数人因此失去了生命。

在亚马逊丛林中另一处令世人关心的印加宝藏，便是传说中的印加"黄金湖"。据传古时印加王的加冕仪式都在这湖畔举行。王位继承人首先须周身涂满金粉，耀眼夺目、金光闪闪的新国王，显示着太阳之子的光辉。然后，国王再在湖中洗去金粉，臣民们纷纷把自己最珍贵的黄金、宝石献于国王的脚前。这位新国王把这所有的一切都投入湖中，祭献给至尊的太阳神……如此世代积累的珍宝，在黄金湖中会有多少呢？

从 16 世纪西班牙征服印加帝国后，对黄金湖的寻找和打捞就一直未曾中断。最后，人们确定今天哥伦比亚的瓜达维达湖便是传说中的黄金湖。1545 年，一支西班牙探险队在较浅的湖水中捞起了几百件黄金制品，这一收获证实了黄金湖的传说，也愈加吸引了更多的寻宝者。1974 年，为保证湖中宝藏不落入外人之手，哥伦比亚政府下令禁止在湖中打捞，并派军队封锁了该湖。神秘的黄金湖珍宝便成了一个不可接近的谜了。

传说中的印加宝藏还不仅仅是这两处，但是，无论这笔财富如何巨大与诱人，面对着浩渺恐怖的亚马逊丛林，冒险家也只能无可奈何地叹息。难道正如当地土人所说：这些古老的珍宝上，附着死去的印加王的魂灵，它们在这密林中牢牢看守着这些宝藏，不让世人发现吗？人们期待着终有一天能解开这个谜团。

## 橡树岛上的藏宝洞

世界上大概没有任何一个地方能像橡树岛这样，在仅仅几十平方米的范围内，在长达二百多年的岁月中，一直吸引着一批又一批怀揣着黄金梦的探索者，想挖掘出那个传说中的藏宝洞……

橡树岛又名奥克岛，是位于加拿大东部的一个极小的小岛，大约 1.2 公里长，最宽的地方 800 米，总共也就是一个中型体育场那么大。据说这个名字的来源，是因为岛上曾生长着一棵很大的橡树。虽然今天那里已经没有橡树了，但橡树岛这个名字却留了下来。假如从空中俯瞰，这个小岛的形状像是一个问号。事实上，这个小岛对寻宝者来说，的确是世界上最大的问号，二百多年来，困惑着一代又一代的寻宝者。

据官方统计，从 1795 年至今，这些探宝队在岛上的藏宝洞中一共只挖掘出三个铜链、一小片羊皮纸、一块刻着奇怪符号的石头。其中，羊皮纸碎片的发现很快引起了轰动。据专家鉴定，"它是用装着印度黑墨水的羽管写的"，尚可辨认的字符"看上去是 ui，vi 或 wi 或是这些音节的一个部分"。于是有人断定，这些羊皮纸可能是 17 世纪常出没此地区的海盗船长基德在此埋下的一大笔宝藏。

尽管在此之前，这一带就有岛上藏宝的传闻，说这个地区一百年前曾是基德船长及其他海盗的安乐窝，他们可能把劫掠来的东西埋藏在这儿。但直到这时，寻宝者才恍然大悟，原来，在整个藏宝洞中布下迷魂阵的竟然是英国历史上最为引人关注的海盗船长——基德。

自从橡树岛上"奥克岛寻宝公司"挖掘出的羊皮纸和基德的名字联系在一起之后，橡树岛似乎突然长出了翅膀，很快传遍了世界各地，引起无数寻宝者们的强烈关注和极大兴趣。

羊皮纸的发现，也极大地鼓舞了布莱尔和他手下工人的干劲。1897 年 10 月，他们开始挖新的 14 号井。这口井是八角形的，但挖到 37 米深处遇到了 1866 年的寻宝者所挖的一条坑道。水从这个坑道进来淹没了这个新井，最终不得不放弃这个井。他们又锲而不舍地开始挖第 15 号井，但挖到 53 米深处时又突然进水。再以后，他们又孤注一掷地挖了 16、17、18 和 19 号井，深度分别是 44 米、32 米、53 米和 48 米。但遗憾的是，每一次井里都会因突然涌入大量的海水而失败。

从 18 世纪麦坚尼发现这个藏宝洞到 20 世纪初，探索橡树岛宝藏的历史已长达将近两个世纪。但基德的幽魂及他的藏宝洞却一直在和寻宝者们捉迷藏。二百多年以来，无数的寻宝者带着他们世代积累起来的钱财，像打水漂一样只是在奥克岛旁的海水中轻轻划了几道弧线，就伤筋断骨般悲惨离去，好多条鲜活的生命也永远留在了藏宝洞前，但这并不妨碍寻宝队一茬接一茬决不放弃。

也有人认为橡树岛上的这个宝藏洞，也许根本不是基德埋藏的财宝。因为，不论基德的航海技能有多高超，他也没有能力来建造这么重大的工程。他们认为，这项规模宏大的工程显然是由专家和正规的专业技术人员所完成的。再说，从 1795 年发现的滑车和绳子的样式来看，藏宝洞建造时期不会早于 1780 年。

所以，又有一种观点认为，这个藏宝洞的建造时期可能是在美国独立战争期间。1778 年，英国在纽约的驻防军受到华盛顿麾下部队的威胁。当时，英国总督手中握有驻美洲全部英军的军饷，可能他出于安全考虑，下令建造了一个秘密藏宝洞，而受命担任这项工程任务的，可能是英国皇家工程队的一支小分队。因为，在这地区有能力建造这种秘密宏大工程的，只有英国皇家工程队队员。

但也有人反对说，截至目前，没有任何能证明英国陆军在 1778 年前后遗失过一大笔金钱的记录。如果真有此事，必将受到英国军方的追究。

如今已有二十五个探宝公司因投入巨额资金最后两手空空而破产。在二百多年的反复挖掘中，有的人仰天长叹知难而退，有的人锲而不舍一意孤行，有的人倾家荡产，有的人抱恨终生，有的人葬身海底，但没有一个能够如愿以偿。经过两个多世纪徒劳无功的挖掘，人们不禁要问：这个岛上是否真的埋藏着巨额的宝藏呢？对这个问题，在取得最后的结果以前，任何人都无法回答。但是，橡树岛对寻宝者的诱惑却是永恒的。也许，人们寻找的并非宝藏，而是一个永远无法挖掘的秘密。

## "大德意志之宝" 的纷扰

当纳粹德国即将崩溃前夕，希特勒为日后东山再起而有计划地隐藏起来的一大笔德国政府的财产，被称为"大德意志之宝"，但谁也无法知道，神秘的"大德意志之宝"最后究竟会落到谁家之手。

1944 年底，当纳粹德国即将崩溃前夕，希特勒为日后东山再起而有计划地隐藏起来的一大笔德国政府的财产，这笔财产包括大量钱币、大批首饰、金条、宝石、稀世艺术珍品，以及纳粹头子们的私人财产，教会财产，从意大利、南斯拉夫、希腊和捷克等国犹太人身上掠夺来的财产等，其总价值估计可达 7000 亿法郎，被称为"大德意志之宝"。

这批财宝有一部分已经找到和收回，其中主要是 1945 年 5 月隐藏在上奥斯一座盐井底下的财宝，价值达 100 亿法郎。随后又找回了秘密警察头子卡顿布伦纳隐藏在奥斯克里加别墅花园里价值 10 亿法郎的财产，以及 1946 年埋藏在萨尔茨堡的总主教府邸地窖里的赫尔穆特·冯·希梅尔子爵的财产。后来，在纽伦堡附近韦尔顿斯坦别墅的钢筋水泥地窖里还找到了戈林元帅的部分私人财产：36 只大金烛台、一个银浴缸、一批大画家的名画和极其罕见的白兰地酒等。

1946 年的一天，有一个曾经参加隐藏财产行动的前中尉弗朗兹·戈德利奇透露说：有一笔相当大的财宝埋藏在奥地利伦德附近。他说："我知道此事，因为我参加了那次行动。有 30 只货物箱被俄国战俘们埋藏了起来。不过，活干完了之后，他们再也不会讲话了，因为他们已经命归黄泉！"

以后，又有几十人为了寻找这些巨宝而死于非命。

1960 年成了以色列人阶下囚的、被纽伦堡国际法庭判处死刑的埃兴曼，曾在布拉亚·阿尔默的高山牧场区埋藏了价值 190 亿法郎的财宝。人们在富斯施克城堡附近的一个谷仓里找到了 1945 年纳粹党卫队头子萨瓦德埋藏的两只大箱子。在一个今天已成了屠宰场的混凝土地下室里，发现了当年纳粹德国外交部长的一个藏有黄金、外币和珍宝的小藏物处。

也有人认为，"大德意志之宝"的主要财宝已经多次转移，其主要藏宝处分散在山区，主要是在奥地利加施泰因、萨尔茨堡、萨尔茨卡梅尔克附近地区。这些藏宝受到非常严密的监控，非熟悉内情的人看来是不大可能找到它们的。有人认为，主要藏宝点是在奥斯小城周围。该城离萨尔茨堡的直线距离约 60 公里，处在两个长 10 公里的湖的西南尽头。奥斯在战争期间是纳粹德国最后顽抗的据点之一，是希特勒在 1945 年拟定的一个方案中的主要战略点。在纽伦堡审讯期间，人们估计有价值 2 亿多马克的财产被隐藏在奥斯地区。

1946 年，两名寻找藏宝者赫尔穆特·迈尔和路德维格·皮切尔带着精确的平面图走进了奥地利山区。可是不久，人们就发现了他们的尸体。在离两具尸体不远的地方，人们找到了几处已经空空如也的埋藏财宝的秘密地点。这表明，被寻找的财宝已经被谨慎地转移到其他地方埋藏起来了。1952 年，有一个叫约瑟夫·马泰的野营者，在里弗莱科普山区神秘地失踪了，只有他的野营帐篷被遗弃在一片空旷的山谷里。1953 年5 月，在里弗莱科普山区还发现过另一具尸体和 8 个已经空空洞洞的藏宝处。

所有这些稀奇古怪的暗杀和失踪事件明显地表明，隐藏在奥地利阿尔卑斯山区的财宝是被一些秘密的突击队严密控制和守卫着。这肯定是一笔相当巨大的财宝，因为，人们从一个当年被美国人逮住的德国嫌疑犯身上，找到了一份有纳粹德国党卫队将军弗罗利奇正式批示和签名的如下清单：66 亿瑞士法郎，99 亿美元，13.5 吨金条，294颗钻石和数万件艺术品。

原联邦德国政府和奥地利政府都在竭力寻找这批财宝。法国、美国、苏联和以色列的秘密机构也曾窥视这批藏宝。因为，从法律上来讲，各方几乎都可以有权要求得到这笔财产。不过，谁也无法知道，最终谁会得到这批神秘的"大德意志之宝"。

# 天灾人祸

## 火炬岛自焚事件之谜

凡是踏上火炬岛的人大多都会莫名其妙地自燃，美丽的小岛因此披上了一层恐惧的面纱，让好奇的人们望而却步。这火焰到底是怎样点着的呢？

在东太平洋上，加拿大北部地区的帕尔斯奇湖边，有一个面积仅1平方公里的圆形小岛。当地人称之为普罗米修斯的火炬，这就是美洲广为流传的死亡之岛——"火炬岛"。"火炬"两字并没有人类手执火炬，为世界带来光明，或为海上航船指明方向的美好含义，而是踏上此岛的人将变成一把火炬，被燃烧殆尽的警告。在美洲一直流传着一些有关此岛的骇人听闻的故事。

有这样一个古老的传说：当年，把火种带给人类的普罗米修斯准备返回天宫的时候，顺手将已经没用了的火炬扔进了北冰洋，然而有火焰的一端并没有沉下去，而是露在水面继续燃烧，天长日久，便形成了一个小岛。经过风吹雨打，小岛上的火渐渐熄灭了。但是，即使过了许多年，它依旧有一种神奇的力量，这就是人一旦踏上小岛，就会如烈焰般地自焚起来，火炬岛也就由此得名。传说岛上埋藏有印第安国王的宝藏。

据说早在17世纪50年代，有几位荷兰人来到帕尔斯奇湖。当地人再三叮嘱他们：千万不要去火炬岛。有位叫马斯连斯的荷兰人觉得当地居民是在吓唬他们。他认为：帕尔斯奇湖处在北极圈内，即使想在岛上点上一堆火，恐怕也要费些周折，更不用说是使人自焚了。

因此，马斯连斯固执地邀了几个同伴向火炬岛进发，希望找到所谓的印第安人埋藏的宝物。来到小岛边时，马斯连斯决定上岛探视一下。于是独自一人登上火炬岛去，船上的同伴目送着他向火炬岛的深处走去，他的身影渐渐地在同伴的视野中消失了。

时隔不久，他们突然看到马斯连斯浑身是火地从岛上飞奔过来，一下子跃进湖里。但在水中马斯连斯还在继续燃烧。同伴立即冲了上去，但谁也不敢跳下去救他，只能眼睁睁地看着他被活活烧死。

1974年，加拿大普森量理工大学的伊尔福德组织了一个考察组前往火炬岛考察，为了安全起见，他们都穿上了特制的绝缘耐高温的服装。在岛上，他们并没有发现什么怪异的地方。然而，就在两个小时的考察即将结束时，考察组成员莱克夫人突然说她心里发热，腹部发烧。结果莱克夫人的口鼻中喷出阵阵烟雾，同时有一股烧焦的肉味。待焚烧结束后，那套耐火服装居然完好无损，而莱克夫人的躯体已化为焦炭。

此后，仍有5个考察队前往火炬岛考察，每次都有人丧生。于是，当地政府不得不下令禁止任何人以科学考察的名义进入火炬岛。美丽的小岛更披上了一层恐惧的面纱，让好奇的人们望而却步。

人在火炬岛上究竟为何会燃烧？这火焰到底是怎样点着的？很多人以各种科学理论来解释这个问题，做了各种假设和推测。

有人认为，火炬岛上有一种特殊的植物，它在新陈代谢的过程中会排出甲烷之类的可燃性气体，这些可燃性气体在岛上特别茂盛的灌木丛中聚集，浓度越来越大，只要有一个火种就能立即引发熊熊烈火。探险寻宝者上了火炬岛，他们所带的金属器具相互碰撞，特别是金属挖掘工具与石块的碰撞，甚至鞋钉与岛上岩石的摩擦都会产生火花，瞬间点燃可燃性气体。火焰从地面蹿起来，人也就变成了一把火炬。

还有人认为，在火炬岛的空气土壤中，存在着一种奇特的细菌。当人大量地吸入这种细菌时，它们就会在一些人身上发生作用，使人体内的某些物质发生一些奇妙的化学变化，产生一种物质，然后最终导致人体的自燃。但这种奇特细菌终究是一个谜。

如今，火炬岛已是人迹罕至了。然而，它仍旧静静地坐落在帕尔斯奇湖畔，似有意等待着人们去揭开笼罩在它身上的神秘面纱——这奇特的自然之谜到底因何而起？

## 肆虐全球的麻风病

肆虐全球的麻风病使无数人失去了生命，它是人类史上分布地域最为广泛的传染病之一。麻风病究竟起源于何处呢？

雅典瘟疫被认为是史书最早详细记载的疫病，但却算不上最早留有记录的疫病。人类文明史上最早留有记录的疫病之一，便是麻风病。

世界上有关麻风病起源的地点、时间和原因的推测众说纷纭。关于麻风病起源的地点和时间的推测，多数认同最有可能源于南亚的印度，因为公元前600年前的古印度文献已经有了明确记载。另有一些人认为，麻风病发端于埃及，时间上至少在公元前1552至前1350年，然而这被认为只是一种很具想象力的猜测。也有人认为，此病约于3000年前来自古代文明的中国、埃及及印度等地，后来传播到欧洲、亚洲其他地方，以及最终遍布世界各地。

引起麻风病的根本原因至今不详，但尽管如此，人们还是认为营养不良、卫生状况差、古老的结核病菌感染、酒精中毒、或许还有遗传变异等诸种健康保健和生活环境因素的综合作用，助长了麻风病的产生和传播。

麻风病可以说是人类史上分布地域相当广泛的传染病之一，几乎世界上各大洲都有过麻风病的传播。

在亚洲，印度出现麻风病后不长时间，中国便成了下一个受麻风病传染的国家。此后，该病从中国传到日本、越南，并逐渐传遍了东南亚。但让人疑惑的是，印度同中国之间隔着世界最高山脉喜马拉雅山，麻风病又是怎样翻越过这条山脉而在中国内地传播的呢？是翻越山脉的野牛成就了传播链，还是人与人直接接触感染的呢？没人对此提供确凿答案。

那么，麻风病如何在北非流传，此后又怎样传入欧洲的呢？古老传说中称希伯来人是一个麻风病群体，埃及人骑马经过他们的土地而染上了麻风病。因而认为古埃及的麻风病来自希伯来人。另一种传说则描述了相反情景，认为是希伯来人出埃及时因遭到污染物的污染而感染上了麻风病。这些传说从《圣经》中都能找到痕迹。

麻风病传出埃及后的进一步扩散，被认为同腓尼基人有关。腓尼基航海者漂洋过海，把麻风病带入叙利亚及其他同他们经商的国家或地区，所以古希腊名医希波克拉底才把麻风病称之为"腓尼基病"。公元前 8 至前 5 世纪，爱琴海地区战争不断，并波及北非和西亚，有大量北非及西亚人沦为奴隶而被带入希腊半岛，因而多数学者认为是希腊人将麻风病由埃及传入欧洲的。

也有人认为是亚历山大大帝远征印度时带回了麻风病。地中海周围地区是欧洲最早受麻风病影响的地区，尔后从地中海向西传播。后来阿拉伯人的入侵、十字军征伐等都大大加重了欧洲的疫情，无任何地方幸免。

整个欧洲的麻风病的高峰期是在中世纪。13 世纪初，蔓延开来的麻风病使这一时期的欧洲估计有 19000 个用于隔离麻风病的禁锢所。14 世纪中期起，麻风病疫情开始在欧洲中部和西部逐渐消退。到了 17 世纪末，除少数几个地方外，动辄感染麻风病的现象在欧洲已很罕见。19 世纪挪威又出现过一次疫情高峰，但到了 20 世纪 50 年代，那里的最后一座麻风病医院也终于关闭。

在美洲，土生土长的印第安人原本没有麻风病流行，到了 15 世纪末和 16 世纪初，哥伦布发现"新大陆"后不久，才由西班牙人传入南美洲。1543 年，哥伦比亚首先发现了麻风病人。此后欧洲殖民者贩卖非洲黑人奴隶至美洲，造成了麻风病在南美传播的扩大。以致美洲大陆中部的墨西哥、西印度群岛等地麻风病也开始盛行。

19 世纪初，太平洋一些岛屿遭受麻风病的袭击。麻风病途经菲律宾，沿着太平洋诸岛向夏威夷挺进，同来自美洲的传染源一同夹击了夏威夷，随后传向新卡里多尼亚，1912 年又抵达瑙鲁。

大洋洲澳大利亚和新西兰的麻风病，可能是 16 世纪经由西班牙和葡萄牙人带入。也可能是由中南半岛、印度尼西亚及波利尼西亚的移民传入。至于各大洋中那些岛屿上的麻风病最早的传播者，则被认为是"地理大发现"时期来自欧洲的所谓"发现者"。

## 1384 年欧洲鼠疫

为什么老鼠过街，人人喊打？如果你见到了鼠疫的灾难，恐怕就明白了。

1348 年开始，一场大瘟疫开始肆虐整个欧洲，它首先发难于地中海沿岸，后在 1348~1451 年间陆续蔓延到欧洲各国。该病 1347 年发现于西西里，立即传播到北非、整个意大利和西班牙，接着于次年传到法国。1349 年传播到奥地利、瑞士、德意志和尼德兰；1350 年传播到北欧斯堪的纳维亚和波罗的海沿岸诸国。后来又在 1361~1363 年，1369~1371 年，1374~1375 年，1390 年，1400 年时有发生，前后超过 50 年。历史研究证明这些地区的人口死亡近三分之一，整个欧洲有 2500 万人死于这次瘟疫。死亡人数之多超过了历史上任何一种流行病。这种瘟疫就是鼠疫。

意大利文艺复兴时期人文主义的先驱薄伽丘在 1348~1353 年写成了《十日谈》，他在引言里谈到了佛罗伦萨特别严重的一场瘟疫，这场灾难在当时称作黑死病，实际上是鼠疫。他描写了病人怎样突然跌倒在大街上死去，或者冷冷清清的在自己的家中咽气，直到死者的尸体发出了腐烂的臭味，邻居们才知道隔壁发生的事情。

在那可怕的日子里"葬礼连绵不断，而送葬者却寥寥无几"。扛夫们抬着的往往是整个死去的家庭，把他们送到附近的教堂里去，在那里由教士们随便指派个什么地方埋葬了事。当墓地不够用的时候，他们就将占地较大的老坟挖开，然后再把几百具尸体层层叠叠地塞进去，就像往船舱里堆放货物一样。在长达6个月的鼠疫期间，佛罗伦萨的居民死掉一半以上。鼠疫对锡耶纳的蹂躏也同样残酷，为了使大量的死者尽快入土为安。那里不得不加盖新的教堂。

没过多久，这种残酷的现象在欧洲已经比比皆是。法国的马赛有56000人死于鼠疫的传染；在佩皮尼昂，全城仅有的8名医生只有一位从鼠疫的魔掌中幸存下来；阿维尼翁的情况更糟，城中有7000所住宅被疫病弄得人死屋空，以至罗马教皇不得不为罗纳河祈祷，请求上帝允许把死者的尸体投入河中；巴黎的一座教堂在9个月当中办理了419份遗嘱，比鼠疫爆发之前增加了40倍；甚至历史上著名的英法百年战争也曾由于爆发了鼠疫被迫暂时停顿下来。

据历史记载，鼠疫给荷兰和法兰德斯地区（欧洲大陆濒临北海的一个区域，后来分属于荷兰、比利时和法国）带来的灾难也异常惨重，死亡人数之多令人难以置信。从那里经过的旅行者们见到的是荒芜的田园无人耕耘，洞开的酒窖无人问津。无主的奶牛在大街上闲逛，当地的居民却无影无踪。在比利时的图尔耐城，主教大人成了鼠疫的第一个受害者。下葬时，教堂为他敲响了丧钟。从这天起，每天早晨、中午和晚上，送葬的钟声不停地为新的死者哀鸣。

1348年年底，鼠疫传播到了德国和奥地利的腹地，瘟神走到哪里，哪里就有成千上万的人被鼠疫吞噬。维也纳曾经在一天当中死亡960人，德国的神职人员当中也有三分之一被鼠疫夺去了生命，许多教堂和修道院因此无法维持。

在英国，由于鼠疫的蔓延，1349年1月英国国王爱德华三世（1327～1377年）决定把国会推迟到4月27日；接着又在3月发出通知，宣布由于鼠疫会议无限期推迟。鼠疫造成了人力奇缺，为了对付鼠疫带来的慌乱，爱德华时期还制定了英国著名的劳工法案。法案的序言中写道："鉴于大部分人民，主要是工人和雇工死于鼠疫，并且某些人趁主人需要和缺乏雇工之机，要求主人付给他们极高的工资，否则不愿为主人劳动；而另一些人游手好闲，宁愿乞讨度日，也不愿为主人劳动。根据我们的高级教士和贵族及其他有技能者之建议，特规定：王国境内凡身强力壮之男子和女人，年龄在60岁以下者，无论自由或非自由的，若非靠做活为生，或无钱以维持生计……若需要为别人工作，其工资须按朕即位后第20年的惯例支付。"但是，这项法令的后果是强迫人们劳动，而不增加工资，于是发生了英国历史上最重要的一次农民大起义，即瓦特·泰勒起义。据记载，在伦敦，沃尔特·曼尼爵士出于慈悲为伦敦市民购置墓地埋葬了5万具尸体，这个地点后来建起了沃尔特修道院作为纪念。

欧洲其他地方的情况也大致相同。鼠疫使拜占庭皇帝失去了一个儿子；在斯普利特有些人虽然从瘟疫中挣扎着活了下来，却没有逃过狼群的残害；西班牙国王阿尔方斯也未能逃脱瘟神的魔掌，染病死去。

1351年，鼠疫渐渐地平息下去，欧洲的人口大约损失了三分之一。后来的三百年当中，鼠疫曾经一再重新爆发，成为欧洲死亡率最高的传染病之一。

## 1863 年的霍乱幽灵

19 世纪的世界病，一旦沾染，非死即伤。这就是霍乱。

马尔克斯在《霍乱时期的爱情》中这样描述疫情的爆发：当乌尔比诺医生"踏上故乡的土地，从海上闻到市场的臭气以及看到污水沟里的老鼠和在街上水坑里打滚的一丝不挂的孩子们时，不仅明白了为什么会发生那场不幸，而且确信不幸还将随时再次发生。""所有的霍乱病例都是发生在贫民区……设备齐全的殖民地时期的房屋有带粪坑的厕所，但拥挤在湖边简易窝棚里的人，却有三分之二在露天便溺。粪便被太阳晒干，化作尘土，随着十二月凉爽宜人的微风，被大家兴冲冲地吸进体内……"

霍乱在 1817～1923 年的 100 多年间，在亚、非、欧美各洲。曾先后发生过 6 次世界性大流行。只要染上，生还的机会极小。

1817 年，印度大部分地区连降暴雨。在人口稠密的恒河两岸洪水淹没了田野。5 月份，出现的第一例霍乱病人死亡，表明这种可怕的瘟疫又开始作孽了，但在当年它还只限于在印度流行。

1817 年，霍乱终于越过了印度边界来到了邻国和邻国的邻国。任何山川峡谷都不能阻挡它，任何国度都可成为它传播的舞台。它传向日本、中国、阿拉伯国家，进入波斯湾和叙利亚，然后又向北指向欧洲的门户里海。幸亏 1823～1824 年冬天酷冷，暂时阻隔了它的传播。

1829 年夏季，霍乱又开始复活，向东、向西、向北沿着贸易路线和宗教朝圣路线迅速地向欧洲的人口密集中心推进。1830 年，霍乱传到了莫斯科；1831 年春天，它到达了波罗的海沿岸的圣彼得堡，从那儿它又轻易地跳到芬兰、波兰，然后向南进入匈牙利和奥地利。差不多同一时间，柏林出现了霍乱，紧接着汉堡和荷兰也报告出现了病情。

在欧洲大陆到处报警的情况下，英国的政治家、医生、科学家以及广大民众都忧虑地注视着疫情的发展。1831 年 6 月 2 日，国王威廉四世在国会开幕式上说："我向诸位宣布一下众所关心的可怕疾病在东欧不断发展的情况。我们必须想方设法阻止这场灾难进入英国。"可是，国王的话没有说多久，他说的想方设法还没有一丝头绪，8 月份，疾病已进入英国。

英国第一个死于霍乱的人是在濒临北海的港口城市森德兰郊区被发现的。一个制陶业的画师患病后上吐下泻，排泄物就像是大麦粉加水那样的白色液体。他的手脚发凉、体出虚汗、面色青黢、两眼下陷、嘴唇青紫、口渴难耐、鼻息阴冷、讲话无力、嗓音嘶哑，脉搏细弱得几乎感觉不出它的跳动。除此之外，这位画师还发起高烧。尽管病情很严重，他还是渐渐好了起来。可是两天以后邻居家的一个仆人出现了同样的症状，结果却未能逃脱死亡的命运。

此后死亡连绵不断。对于死亡的原因，那些仅会治疗一般肠胃传染病的英国医生们只能含含糊糊地把它解释为严重的"夏季腹泻"。从 1831 年 10 月 23 日至 12 月 31 日，仅在森德兰一地就有 202 人死于霍乱，第二年的 1 月初，英国东北部其他地区也出现了霍乱传染。2 月份，霍乱蔓延到伦敦港口区，到了夏天，整个英国首都的疫情已经相当严重。1832 年一年当中，伦敦共有 11000 人受到传染。其中死亡人数占一半左右，而这个数字占当年英国全国的霍乱死亡人数的四分之一。

霍乱漫游英国之后，又跨过圣·乔治海峡，来到了爱尔兰，从那里它渡过大西洋一直传到加拿大和美国。在欧洲它遍及法国、比利时、挪威、荷兰。

1832 年春天，德国著名诗人海涅正在巴黎，他留下了活生生的描述："3 月 29 日当巴黎宣布出现霍乱时，许多人都不以为然。他们讥笑疾病的恐惧者，更不理睬霍乱的出现。当天晚上多个舞厅中挤满了人，歇斯底里的狂笑声淹没了巨大的音乐声。突然，在一个舞场中，一个最使人逗笑的小丑双腿一软倒了下来。他摘下自己的面具后，人们出乎意料地发现，他的脸色已经青紫。笑声顿时消失。马车迅速地把这些狂欢者从舞场送往医院。但不久他们便一排排地倒下了，身上还穿着狂欢时的服装……"

海涅的描述可谓相当经典，短短的篇幅，十分生动准确地呈现了霍乱传播之快、之严重，以及面对瘟疫的众生百态。

在大西洋彼岸，美洲人早已得到了警告，他们组成了专门委员会对付疾病。医生们凑在一起相互交换一旦霍乱出现的应对措施。霍乱首先在加拿大的魁北克省和蒙特利尔登陆。1832 年 6 月 26 日，纽约市的一名爱尔兰移民带着霍乱病症死去。不到一星期，他的妻子和两个孩子也相继死去。纽约市立即采取了严格的隔离检疫措施。商店关门，枢车来回穿梭于大街小巷之间。由于死亡率急剧上升，街沟中常见一些尸首。

不少纽约人纷纷逃离城市，去乡下寻找避难之所，但他们发现，连逃跑也不是件容易之事。刚刚跨过长岛海峡，迎接他们的是罗德岛人连珠炮似的枪声，谁也不愿让疾病传入自己的家园。以纽约州为中心，霍乱向四周扩散。它通过伊利运河到达美国中西部地区，又乘着内地的马车和海岸线边的船只到达新奥尔良，并夺去新奥尔良 5000 人的生命。密歇根州伊普西兰蒂的当地民兵竟向来自底特律的邮车开枪，只因为底特律已经出现了霍乱。在随后的两年中，霍乱时起时伏，夺去了美国上千万条生命。

从 1863 年开始，沉寂一时的霍乱又开始死灰复燃，这次霍乱大流行历时十余年，到 1875 年才逐渐平息。到 1881 年，该病又由印度开始猛烈流行，后传至世界各地，死者不计其数。

## 旧金山多地震之谜

也许是受到了地震的"眷顾"，1868 年、1898 年和 1900 年，旧金山都曾发生过几次严重的大地震，20 世纪初的一场地震几乎毁灭了旧金山市。旧金山为何如此多灾多难呢？

1906 年 4 月 18 日早上 5 点 13 分，一场强度为里氏 8.3 级的大地震袭击了位于美国西海岸的旧金山，整个城市化为一堆废墟，造成了大量的人员伤亡。更加可怕的是，地震过后不久，一场大火燃起，使震后的旧金山雪上加霜。在烈火和地震双重打击之下，旧金山经历了一场前所未有的浩劫。

这场大地震是从海岸北面的 300 多公里的海面突然向旧金山袭来的。虽然旧金山时常发生地震，1868 年、1898 年和 1900 年曾发生过几次严重的大地震，但 1906 年的这场地震却是最严重的一次，全市 488 人在这场天灾中遇难。

然而，祸不单行，旧的灾难尚未终止，新的灾难又降临这座海滨城市，这就是可怕的大火。这场大地震仅仅持续了 75 秒钟，在毁灭性的 75 秒过后，地震终于停止了，人们相信一切都已过去了。但是，地震之后的大火却是人们始料未及的。大火开始蔓延，开始吞没旧金山。旧金山许多街区成了一片火海。凶猛的火势在缺水的城市肆意蔓延，为了扑灭四下蔓延的大火，旧金山人想尽了一切办法，但却无济于事。最后人们决定用炸药封锁火势，然而，这一做法在房屋众多的旧金山城内并未收到预期的效果。反而加剧了火势的蔓延和扩大。大火整整烧了三天三夜。火魔无情地吞噬旧金山大部分地区，约 8 平方公里范围万物俱焚。整座城市在燃烧了三天后，终于迎来了一场大雨，火势逐渐减弱。

地震、火灾毁灭了 20 世纪初的旧金山，重建后的旧金山又成了世界著名的大都市。作为一座现代化城市，虽然近几年也曾遭到过地震的袭扰，但人们最不能忘怀的则是 1906 年的那次大灾难。

那么，旧金山为什么是一个多地震的城市呢？

人们认为，是圣安德列斯大断层导致旧金山地震频繁发生。圣安德列斯大断层全长 960 多公里，从旧金山附近斜向墨西哥的加利福尼亚湾。地质考察证明，在最近 8000 多万年间，这个断层东侧的地块相对于西侧的地块，向东南方向滑动 200 多公里，平均每 10 年大约移动 25 厘米。在这两个巨大的块相互错动中，接触面的有些部分就会产生能量的积累，当这种能量突然释放时，就产生了地震。

实际上，断层两侧地块移动的速度是不均匀的。当它们移动慢、处于相对稳定状态时，发生大地震的机会就相对少一些，反之，发生大地震的频率机会就会增高。20 世纪 60 年代以来精确的大地震测量结果表明，圣安德列斯大断层两侧地块相对移动速度高达每年 5 厘米左右，是它第三纪以来平均移动速度的加倍。

圣安德列斯大断层导致地震，那么，又是什么力量使这个大断层的两侧地块不断地移动呢？

近几十年海洋地质科学研究的成果告诉我们，太平洋的海岭在加利福尼亚海湾附近插入到北美大陆之下，这条海岭两侧的洋底正在不断地互相分离开来。因此，在其上的美洲陆地的有些部分随海岭西北侧洋底缓缓向西北移动，另一部分则随海岭东南侧洋底相对地滑向东南方。这种观点能圆满地解释圣安德列斯大断层的移动情况。

但是，太平洋底为什么会在海岭处不断生成并向两侧扩张，至今仍是一个谜。

1995 年日本神户大地震，地震的毁灭性是彻底的，经历了地震的神户如何才能恢复元气呢？

1995 年 1 月 17 日 5 时 46 分，位于日本国关西兵库县南部的淡路岛（在从神户到淡路岛的六甲断层带上），发生了里氏 7.2 级的地震。这是自 1923 年来在日本城市发生的最为严重的一次地震，共造成数千人死亡，地震给日本造成的全部损失达数万亿日元。

神户大地震造成全市断水、断电、断煤气，还造成了蔓延不止的火灾。地震破坏最为严重的就是交通，神户地震过后，日本列岛南北高速公路和铁路运输大动脉被切断，阪神高速公路神户段也遭受了严重的破坏，高速路桥下的巨大的钢筋混凝土桥墩都被扭断，神户人引以为傲的无人驾驶电车的专用道也被毁坏，修复工程十分艰巨。地震几乎使这个日本第六大都市完全失去了城市的机能，灾后进行了大规模的重建才使这座美丽的港城恢复了生机。

神户市地处日本重要的工业区，是重要的经济中心，该工业区对日本来说十分重要。在地震发生后，神户停水断电，交通瘫痪，神户市很多中小企业房屋倒塌，还影响到了周边其他工业区和一些港口。神户经济的瘫痪对日本的整个经济都有很大的拖累，这些对连续三年不景气的日本经济来说无疑是雪上加霜。

据灾后统计资料反映，全震灾区共死亡 5400 余人（其中 4000 余人系被砸死和窒息致死，占死亡人数的 90%以上），约 2.7 万人受伤，近 30 万人无家可归。地震毁坏了大约 10.8 万幢建筑物，电煤气、公路、铁路和港湾也都遭到严重破坏。据日本官方公布，这次地震造成的经济损失约 1000 亿美元。总损失达国民生产总值的 11.5%。这次地震死伤人员之多、建筑物破坏之多和经济损失之大，是日本关东大地震之后 72 年来最严重的一次，也是日本战后 50 年来所遭遇的最大的一场灾难。

地震过后，据专家分析，主要有以下因素造成了这场灾害：

一是该地震的性质所致。神户地震为直下型地震，这种类型的地震能量积累慢、周期长，就目前的条件基本无法预测。同时，地震的震动方式特殊，垂直、水平均有振幅，烈度强，对城市的破坏性极大，而且神户市与震中距离近。

二是地理环境因素和基础设施较脆弱。神户市大都建设在山坡、斜坡和人工填海造地上，经过强震，地基发生形变。神户的房屋大都是 80 年代以前的建筑，很容易倒塌。神户市抗震设防较差，使交通设施及生命线工程大量被毁坏，并引起了火灾等次生灾害。

三是震后救灾工作十分困难。震后，神户市通讯不畅，道路阻塞。人们陷入了巨大的恐慌中。客观上给救灾工作带来了极大的困难，使救灾无法按预定设想组织展开。同时，震后救灾工作也反映出日本政府对震灾情况估计不足，准备不到位，行动迟缓。在实际救援中，出现了救灾指挥体系不协调、救贫物资供应混乱和火灾无法及时扑救等情况。

神户地震发生后，神户地区修改了防灾计划并积极研究防灾对策，在此后的暴雨、台风和火山喷发等自然灾害中神户均经受了考验。震灾教训在应付后来的灾害时应被有效利用，这是每个人从那次震灾中学到的最宝贵的东西。

## 12 月 26 日的地震巧合

2003 年 12 月 26 日地震悲剧异地重演，是恐怖的巧合还是另有原因？或是地震根本就难以捉摸？

2003 年 12 月 26 日，伊朗巴姆古城发生了一场强烈的地震，全城 8 万居民中有 5 万人死于地震。古老的巴姆顷刻间成了一座悲情城市。这次地震震惊了世界。一年之后的同一天，也许是巧合，可怕的悲剧在另一个地方竟然再次重演。

当地时间 2004 年 12 月 26 日上午 7 时 59 分，印度尼西亚苏门答腊岛附近海域突然发生了强烈地震。据当地人表示，地震前天空晴朗，万里无云，没有任何异常征兆。

但突然间，海边的城市就遭到了巨浪袭击。在部分地区，海水甚至涨到了人们的胸口。

印尼地震监测机构最初公布的报告称，这次强烈地震的震级为里氏6.8级，震中位于北纬3.6度，东经96.28度。然而位于美国科罗拉多州戈尔登的美国地质勘探局公布的监测结果却表明，这次地震的震级为里氏8.5级。数小时后，该机构又对震级进行了更新，将其调高至里氏8.9级。专家表示，26日印尼大地震发生后，整个地球仿佛都在震动。此次地震甚至对地球的自转运动都产生了一定的干扰。如此强烈的地震近百年来都十分罕见，这是自1964年美国阿拉斯加发生里氏9.2级地震以来的震级最高的地震，也是自1900年以来震级排名第5的强震。

根据美国地质勘探局网站公布的资料，自1900年以来世界各国遭遇的最强烈地震是1960年发生在智利的地震，震级达到了里氏9.5级，随后分别是发生在阿拉斯加威廉王子湾（1964年，里氏9.2级）、阿拉斯加安德烈亚诺夫群岛（1957年，里氏9.1级）和俄罗斯堪察加半岛（1952年，里氏9.0级）的大地震。

由于印尼这次强震的震中位于海域，所以地震本身造成的人员和财产损失相对有限。然而地震引发的浪高达10米的海啸却给许多亚洲国家的沿海地区带来了可怕的灾难，许多国家受灾严重。

这次罕见的强烈地震及其引起的海啸在东南亚的印度、斯里兰卡、孟加拉国、印度尼西亚、泰国、马来西亚、缅甸和马尔代夫等国造成数千人死亡，受伤和失踪者人数更是惊人。一次恐怖的海啸毫无征兆的出现，横扫南亚和东南亚。瞬间把一个个旅游胜地、人间天堂扫平，同时带走了数以十万计的生命。如此大的海啸实为罕见。

在印尼北部的亚齐省，地震和随后引发的海啸造成了至少数百人死亡。在最高达10米的巨浪的袭击下。当地有多家商店和小型建筑物倒塌，数千人在惊慌中撤离家园。

斯里兰卡的受灾程度最为严重。从该岛国东部沿海城市亭可马里到位于南部的首都科伦坡，这一段超过800公里的海岸线都遭到了海啸巨浪的袭击，部分地区的海浪高度超过5米。沿线的旅游胜地遭到严重袭击，其中多数被淹。斯里兰卡北部的姆图尔和亭可马里地区的部分地区也遭到袭击。

在印度泰米尔纳德邦，迷人的海滩受到海啸袭击后简直就变成了露天停尸场。由于海啸发生的时候许多人正在海滩上玩耍，海浪袭来的时候许多人躲避不及。被卷进海里丧生了。海啸过去后，海浪卷着尸体冲向岸边，将尸体留在了沙滩上，惨不忍睹。该国南部已经有至少2016人在海啸和洪水中丧生。在该国受灾最为严重的泰米尔纳德邦，已经有700至800人死亡。在另一个灾情严重的安得拉邦，死亡人数也达到了200人左右。此外，在喀拉拉邦和其他地区，也都有数十人罹难。

海啸形成的巨浪像一头猛兽迅速扑向泰国南部地区，泰国著名的旅游地普吉、攀牙和甲米府都未能幸免，其中又以普吉岛受灾情况最为严重。这次海啸在泰国造成至少310人死亡，超过2000人受伤，死伤者中包括多名外国游客。

马来西亚也遭受了海啸的袭击，位于马来西亚西北的槟榔屿州和吉打州受灾情况最为严重，共有42人被巨浪夺走性命，包括多名外国人。

地震引起的巨浪还袭击了印度洋珊瑚岛国马尔代夫，首都马累大部分地区被海水淹没。马累岛上2/3地区被淹，部分地区水深达到1.2米。马尔代夫全国33万人口中的 1/3 居住在马累岛上。

12 月 26 日再次地震，是巧合还是规律？或是地震根本是难以捉摸，有待科学家进一步的研究。

## 泰坦尼克号沉没之谜

泰坦尼克号真的是与冰山相撞而沉入大海的吗？几十年来，人们一直在寻找答案。这是一个令人费解的世纪之谜，要知道，泰坦尼克号当时堪称"世界上最大的不沉之船"。

1912 年 4 月 14 日是个悲惨的日子——这一天，英国豪华客轮泰坦尼克号在驶往北美洲的处女航行中不幸沉没，震惊了世界。这么多年来，泰坦尼克号沉没的真正原因，一直是人们探索的焦点。

泰坦尼克号曾经是人类的一个奇迹，它共耗资 7500 万英镑，吨位 46328 吨，长 882.9 英尺，宽 92.5 英尺，从龙骨到四个大烟囱的顶端有 175 英尺，高度相当于 11 层楼。是当时一流的超级豪华巨轮，被称为是"永不沉没的客轮"或是"梦幻客轮"。

1912 年 4 月 10 日，泰坦尼克号从英国南安普敦出发，途经法国瑟堡—奥克特维尔以及爱尔兰的昆士敦，计划中目的地为美国纽约，开始了这艘"梦幻客轮"的处女航。4 月 14 日晚 11 点 40 分，泰坦尼克号在北大西洋撞上冰山，两小时四十分钟后，4 月 15 日凌晨 2 点 20 分沉没，由于只有 20 艘救生艇，1523 人葬身海底，造成了当时在和平时期最严重的一次航海事故。

"泰坦尼克号"沉没的原因最流行的说法是冰山撞上船头后大量进水，船体"头重脚轻"，船尾翘起，船身最终裂成两半。可是美国探险家对"泰坦尼克号"残骸的底部结构进行了检查，结果发现"泰坦尼克号"残骸底部的切口非常整齐，而这样的切口不可能是断裂形成，而应是由一种特殊的外来压力造成的。换句话说，"泰坦尼克号"是因为被冰山撞中了船身，而非船头；巨大的冲击力使"泰坦尼克号"裂成两半，转瞬沉入水底。

1985 年，海洋勘察人员在大西洋底发现了已沉睡 73 年的泰坦尼克号。他们在对其残骸进行勘察时，在其右舷的前下部发现一个直径恰好是 90 厘米的大圆洞，叫人百思不得其解的是，这个大圆洞边缘十分光滑规整，好像是被一种圆规状切割工具加工后形成的。舰艇专家研究后认为，泰坦尼克号是被一种功率强大的激光束击穿后，底舱进水而遇难，理应在船体的球鼻首处或其周围部位留下不规则形痕迹，或船体钢板出现不规则的开裂现象，可是事实并非如此。其实，90 厘米的圆洞根本不能对泰坦尼克号构成任何威胁，众所周知泰坦尼克号有 16 个隔水舱，任意 2 个进水都不会沉没，90 厘米甚至只要一把雨伞就能补全的洞口是不可能使船沉没的。

美国《旧金山纪实报》记者获得的一份绝密档案中说："据幸存的泰坦尼克号船员证实，海难发生时，他们站在泰坦尼克号的甲板上观察，发现大海中有一些奇怪的'鬼火'神出鬼没地运动着，这些扑朔迷离的'鬼火'像是从一艘来历不明的'幽灵船'上跑出来的。"一直被人们指责为见死不救的"加利福尼亚者"号船长洛尔德当时所指挥的船就在附近海域，他到死也坚持认为，当时从船上能清楚地看到另一艘来历不明船只的"鬼火"。这一神秘的幽灵船当时正处在泰坦尼克号与加利福尼亚号之间的水域。

后来，科学家们在对船体拍摄的 6 幅水下照片中，发现 8 个来历不明的神奇发光体。最初，研究人员认为，这可能是某种深水鱼群，不过，当研究人员借助电脑再次对这些水下照片进行更详细分析后发现，确实有一些来历不明的人造发光体围绕着"泰坦尼克"号游弋，它们很像在空中飞行的那些 UFO，但又有区别，不是那种典型的飞碟，而是类似世界各地的许多目击者见过的那种能量凝聚体。

科学家由此得出一个令人震惊的结论：泰坦尼克号是意外遭到不明潜水飞行物射出的激光束的攻击而进水翻沉的。当泰坦尼克号沉没后，"幽灵船"便飞离这里，或潜入大海深处，这些海中不明潜水飞行物似乎来自地球外。

一切探索、讨论都在进行之中。所有的说法都似是而非，真假难辨。人们希望这一谜底能尽早揭开，但是真相也许将是个永远的谜，但正因如此，泰坦尼克号才会始终会在我们的心中留存一份神秘……

## "圣迭戈"号爆炸之谜

正当人们以为危险已经解除的时候，"圣迭戈"号突然被炸沉，它到底是被潜艇鱼雷击沉的还是被潜艇布设的水雷炸沉的呢？

1918 年 7 月 19 日，在美国纽约长滩军港附近，一艘大型战舰缓缓地驶入港口，这就是正从美国北部新罕布什尔州普茨茅斯军港驶来的美国海军大型战舰"圣迭戈"号战列巡洋舰。

"圣迭戈"号最初在 1904 年下水，当时它叫"加利福尼亚"号。该舰于 1907 年正式服役，全长 100 米，宽约 23 米，人员编制为 829 名。1914 年一战爆发后，它正式更名为"圣迭戈"号，成为美国海军太平洋舰队的旗舰，巡游在浩瀚的太平洋上。"圣迭戈"号是美国海军的一大骄傲，排水量高达 1.5 万吨。它既有战列舰的身躯又有巡洋舰的作战性能。它的最大优势在于拥有强大的火力作战系统，配备有 32 门火炮，包括14 门 150 毫米火炮和 18 门 70 毫米火炮。一旦开战，它可以对多个方向的敌舰进行猛烈轰击，可谓一座威力巨大的海上作战平台。美国参战后，"圣迭戈"号加入了对德海战，于 1917 年 7 月通过巴拿马运河进入大西洋，负责护卫美国海军战舰作战。

19 日 10 时左右，正当"圣迭戈"号准备入港的时候，负责海面观察的水兵突然发现海面上有个东西在快速地上下移动。战舰官兵认为这很可能是德军潜艇的潜望镜。所有官兵紧急进入作战状态。舰长克里斯迪下令火炮进行攻击。转瞬间，一枚枚炮弹飞了过去，水面掀起巨浪。很快，那不明物体消失了。

危险似乎排除了，但是灾难很快降临了。大约 11 时 5 分，正当"圣迭戈"号继续向长滩行驶的时候，巡洋舰下面突然传来了巨大的爆炸声响，所有水兵都被巨大的震动震得东倒西歪，跌倒在地。爆炸虽然发生在水下，然而，声音太大了。附近的岛民和海军后备站的军官都听到了。爆炸发生在巡洋舰发动机舱左舷，舰身被炸出一个巨大的窟窿，海水顺着汹涌而入，发动机舱很快就灌满了水，战舰的头部开始下沉。

附近的美军其他战舰见状驶来救援，然而，巡洋舰进水太多，根本无法挽救它的下沉。28 分钟后，"圣迭戈"号沉入了海底。由于其他战舰的营救工作，巡洋舰最后共死亡 6 名水手，1177 名官兵被救起。

事后，美国海军成立了调查小组，对此事展开调查。调查认为，巡洋舰很可能遇到了德军一艘代号为 U—156 的潜艇，还有可能是遇到了水雷，因为那艘德国潜艇后来也沉没了。美国海军最终仍无法确定"圣迭戈"号到底是被潜艇鱼雷击沉的还是被潜艇布设的水雷炸沉。

几十年过去了，"圣迭戈"号一直躺在海底，它当初的离奇沉没仍是个谜。为了摸清它沉没的原因，有关部门多次派人下海查看情况，可是，迄今为止，至少有 6 名潜水员在水下探摸巡洋舰情况时死亡。这样，这艘巡洋舰先后导致了 12 人死亡。也许，将来美国海军力把"圣迭戈"号巡洋舰打捞出水的时候，真相才会大白于天下。

## 希特勒屠杀犹太人之谜

希特勒不仅是狂热的战争分子，更是残忍的杀人恶魔，他对犹太人犯下了不可饶恕的罪行，可是他为什么如此痛恨犹太人呢？

二战期间，德国法西斯对犹太人的血腥屠杀和迫害在人类历史上是少见的，对犹太民族实行种族灭绝政策也是二战中最多人知道的暴行之一。二战中，共有超过 600 万犹太人被纳粹屠杀。

二战期间，欧洲各国人民包括德国人民在内，为了反对希特勒争霸世界的企图及其法西斯暴行，进行了英勇不屈的斗争。欧洲各国民族人民的反法西斯斗争，已经构成了希特勒横行的严重障碍。但是纳粹党徒们自始至终却没有像对待犹太人那样来对待这些欧洲当地民族，也就是说，希特勒自始至终没有对这些当地民族采取种族灭绝政策和暴行。

人们不禁要问，希特勒为了实现自己的罪恶目的，为什么只对犹太人采取了这一惨绝人寰的暴行，反而对有碍于其目的实现的其他民族"网开一面"呢？

在西方文化中，自古存在着一种排犹的情绪，犹太人被说成是：出卖耶稣的人、投机商人、不洁的人。犹太民族原为古代闪族的一支，曾建立古以色列国及犹太王国，后为罗马帝国所灭，导致犹太人四处迁徙，散居世界各地。

犹太人没有自己的国家和土地，只能靠经商维持生计，而在中世纪的西欧，商业是人们鄙视的行业，所以犹太人迁到西欧后，遭到当地封建主的歧视。公元 13 至 15 世纪，欧洲开始进入资本主义社会，当地新兴资产阶级同那些经商致富的新兴的犹太人资本家们，产生了利益冲突，噩运再次降临到犹太人的头上。现实利益的冲突加上宗教信仰的差异，大批犹太人被迫流往东欧及美洲各国，开始了历史上的犹太人第二次逃亡。

基督教与犹太教有着密切的历史渊源，基督教的《旧约全书》原是犹太教的经典。基督教教义认为，耶稣的 12 门徒之一犹大出卖了耶稣，是犹太人将耶稣钉死在十字架上，这就造成基督徒在情感上仇视犹太人。信奉基督教的欧洲人在宗教感情上很难接纳犹太人。这种宗教感情的社会化，又逐渐衍化成一种大众化的厌恶犹太人的社会心态。同样，这种社会心态也作为一种文化沉淀，并随着岁月的推移，逐渐与社会经济政治相结合，使之成为一种随时可以被利用的社会政治的潜在力量。

在欧洲，尤以德国的反犹情绪最为严重。在普遍信仰基督耶稣、反犹的大环境下，德国统治者认为自己肩负着领导欧洲各君主国反对犹太教的任务。这种宗教感情的社会化，又逐渐衍化成一种普遍厌恶犹太人的社会心态，这种反对犹太人的意识，在德国从中世纪一直"遗传"到现代。

一战后，德国成为战败国。20世纪20年代末30年代初世界经济危机中，德国受到严重打击，国力渐衰。深刻的经济危机不仅激化了国内的阶级矛盾，而且刺激了垄断资产阶级对外扩张的野心。于是，希特勒争霸世界的主张得到了德国垄断资产阶级的拥护和支持。为了满足建立一个德意志帝国计划所需要的巨额资金，纳粹于是将罪恶之手伸向了富有的犹太人。

以希特勒为首的纳粹党打着当时在德国流行的民族主义和社会主义两块招牌，宣扬德意志民族是优秀民族，把犹太民族视为劣等民族。在希特勒的蛊惑下，德国人反犹太的情绪日益高涨。纳粹党还利用当时德国群众痛恨《凡尔赛和约》的心理，煽动复仇主义情绪，并把这种情绪转移到犹太人身上。正因为如此，希特勒一上台，便顺利推行了一整套疯狂的反犹灭犹政策，造成人类历史上一个民族屠杀另一个民族的罕见浩劫。

二战期间，600万犹太人惨遭杀害，希特勒当属罪魁。希特勒对犹太人特有的种族仇恨和政治嫉恨，是政治狂人病态心理的一种特殊反映。而导致希特勒严重病态心理的"菌种"就是来自历史成见和宗教情结，恰好又得到了当时德国社会环境的孕育。确切地说，希特勒的严重病态心理与当时德国社会政治生活的疯狂病态是相辅相成的。正如一些历史学家指出的，德国纳粹屠杀犹太人的罪行，是"德国虚伪的政治家为其侵略战争对民众进行系统的政治愚弄和教化的结果"。

"前事不忘，后事之师"，历史是一面镜子，但愿世界永久和平，让所有民族平等和睦地生活在同一片蓝天下。

## 阿丽亚娜火箭为何多次爆炸

阿丽亚娜火箭是欧洲航天界的骄傲，它的性能完全可与美、苏的航天运载工具匹敌。可是它为什么会多次突然爆炸呢？仅仅是因为技术问题吗？

阿丽亚娜火箭是1973年7月由法国提议并联合西欧11个国家成立的欧洲空间局着手实施、研制的火箭计划。阿丽亚娜系列火箭在国际航天市场的角逐中占有重要地位，世界商业卫星的发射业务大约有50%由阿丽亚娜火箭承担。

欧洲航天局成立于1975年5月，参加国有比利时、丹麦、法国、西德、意大利、荷兰、西班牙、瑞士、瑞典和英国。阿丽亚娜火箭的诞生，是欧洲联合自强的一个象征。

阿丽亚娜在传说中是古希腊一位美丽公主的名字，她帮助热恋中的雅典王子塞休斯逃出魔鬼把守的迷宫，一起奔向自由。现在，阿丽亚娜则成为火箭的名字。经过不断改进，阿丽亚娜火箭的运载能力和其他性能不断提高，完全可与美、苏已有的航天运载工具匹敌。然而，在阿丽亚娜火箭的发展史上也发生过多次重大事故。

1979 年 12 月 24 日第一枚阿丽亚娜 I 型火箭发射成功。阿丽亚娜 I 型火箭共发射 11 次，其中 1 次失败。这唯一的一次失败发生在 1980 年 5 月 23 日，当时火箭发射地圭亚那合作共和国的城市科鲁天气晴好，阿丽亚娜 I 型火箭将在这里的一个火箭发射基地进行第二次试射。基地上一片紧张气氛，因为这次试射成功与否对阿丽亚娜火箭的质量和所能达到的商业化程度具有决定性的意义。专家们事先做了充分准备，火箭的"心脏"发动机经过 200 次的试验都未发生故障。可是事与愿违，尽管专家们丝毫未曾懈怠，但火箭升空才几秒钟就突然爆炸。

据调查者报告，遥测仪记录显示第一级火箭四台发动机中有一台失灵，可能是导致火箭爆炸的原因。发动机制造者、欧洲火箭发动机推进协会的设计师们耗费了几个月的时间对他们制造的 37 台发动机做了检查、试验，均未能找到令人满意的答案。于是，有人便认为是发射平台有问题，也有人认为是发动机里被放入异物导致爆炸。

两年之后，法国国防部负责安全事务的官员让·克洛欧就阿丽亚娜火箭的这次事故拟就一份调查分析报告，克洛欧在报告中指出了蓄意破坏的可能性。据说有个参与试射的工作人员将一个重仅 2.4 克的微型雷管放入了火箭燃料舱，他曾与一个美国记者接触过。火箭发射前夕，这个美国记者离开了法国。然而后来负责全面调查这次事故的法国国家航空研究中心也一直没有公布他们的调查结果，人们对于此次事故的真正原因也一直议论纷纷。

1986 年 5 月 31 日，在圭亚那科鲁基地进行了阿丽亚那火箭的第 18 次发射，也是阿丽亚娜 II 型火箭的第一次试射。这枚火箭只要运载一颗 2175 公斤重的通信卫星，而以往发射的阿丽亚娜火箭一般要同时运载两颗卫星。

火箭原定于格林尼治时间 0 点 3 分升空，但在点火之前出现故障而被迫推迟了 50 分钟，点火指令下达后，计时倒数至零，火箭脱离发射平台直插天空，一切似乎都很顺利。谁知升空 4 分 36 秒之后，第三级火箭发动机骤然熄火，火箭很快离开预定轨道。这时，地面控制中心只好通过遥控设施将火箭携带的卫星炸毁。阿丽亚娜火箭一再出事故无疑损害了她的信誉。此后，发射试验停止了 16 个月，阿丽亚娜火箭公司因此损失了 7 亿法郎。至此，阿丽亚娜火箭在 18 次发射中已遭到 4 次失败，多数是因为第三节火箭的问题造成的。

在火箭发射前期，火箭制造厂实行了非常严格的保安措施，火箭周围设置了电视监视系统，严密观察安装工作的全过程。同时，公司还成立了专门的调查组，防止有人进行蓄意破坏。但是，调查人员发现，进入发射基地的人员和可以接近火箭发射系统的人均难以统计。由于缺乏证据，无法确定可疑分子，调查结果只能将"5.31"爆炸归因于技术上的疏忽。

后来，虽然采取了一系列旨在避免遭到人为破坏或出现技术疏忽的措施，但是阿丽亚娜 IV 型火箭于 1990 年 2 月 22 日第三次发生空中爆炸，火箭运载的两颗日本卫星也一起被毁。几个星期后，据有关人士透露，事故系一块布片堵塞供水管道一个阀门，造成一个涡轮机完全停火运转所致。人们自然要问："布片是怎样进入火箭的？""是谁放进去的？"为此，调查人员审查了负责安装水管的工人，但至今未有结果。

至 1994 年 1 月底，阿丽亚娜火箭共发射 63 次，其中 6 次失败。其中有的是因为技术故障，而有的则被怀疑是人为破坏，但一直未能破案。阿丽亚娜火箭屡次爆炸的背后究竟隐藏着什么呢？这成为现代航天史上的一个谜团。

## 库尔斯克号核潜艇海难之谜

2000年的库尔斯克号沉没事件震惊了整个世界，这艘被誉为"航母终结者"的核潜艇代表了俄罗斯海军最先进水平，可是它为什么会突然爆炸沉没呢？或许这不是一次意外的爆炸事故。

2000年8月12日，一则爆炸性新闻传遍了全球。各国广播、电视、报纸和网络都在第一时间播报了一则消息：当天上午11点28分，俄罗斯"奥斯卡"级战略核潜艇库尔斯克号在北冰洋巴伦支海演习时沉没，船上118名船员全部丧生。一时间，全世界的目光都聚焦到了巴伦支海。

据报道，事故发生当天，俄罗斯北方舰队正在巴伦支海域进行军事演习。上午11：20分，根据北方舰队司令部的命令，参加演习的库尔斯克号正奉命准备向它们的假设敌彼得号巡航舰编队发射鱼雷。然而就在库尔斯克号接到发射鱼雷命令8分钟后，它突然发生了大爆炸。当时，距离库尔斯克号56海里处监测这次演习的俄罗斯指挥舰通过雷达监测到了这次爆炸。然而，就在第一次爆炸发生仅仅2分钟后，库尔斯克号潜艇上又发生了第二次爆炸，这次爆炸的威力和强度超过第一次爆炸50多倍。两次爆炸后，库尔斯克号迅速沉入了巴伦支海……

事故发生后，俄立即组织营救。政府组成了由副总理克列巴诺夫挂帅的事故调查与处理小组，海军派出"彼得大帝"号重型航母巡洋舰和"库兹涅佐夫海军上将"号航母在内的10余艘舰船以及各型飞机在出事海域进行紧张的救援活动。俄北海舰队司令波波夫赶赴出事地点，直接指挥营救。俄海军曾采取种种措施，多次积极营救"库尔斯克"号核潜艇，但因天气恶劣等原因均未成功。

库尔斯克号这艘被誉为"航母终结者"的"奥斯卡"级万吨核潜艇，代表了俄罗斯海军最先进水平，为什么会突然爆炸沉没呢？一时间，社会舆论进行了各种猜测，有人认为是库尔斯克号自载的鱼雷发生爆炸，导致艇首鱼雷舱内鱼雷发生连锁爆炸，使其沉没海底；有人认为库尔斯克号可能与外国核潜艇相撞，引起艇上鱼雷爆炸；还有人认为库尔斯克号在水下撞上了二战时期遗留下来的深水炸弹，引发了艇上鱼雷爆炸。

俄罗斯政府经过半年多的调查后宣称，"库尔斯克"号核潜艇沉没的原因是因为核潜艇内部的鱼雷系统发生故障、导致潜艇爆炸所致。当时的俄罗斯副总统克列巴诺夫称，调查人员对"库尔斯克"号所用的同类型鱼雷进行了实验，并经过认真研究。认为核潜艇内部的故障是造成核潜艇沉没、118名艇员丧生的直接原因。

当然，这只是官方说法，很多人认为库尔斯克号的沉没另有隐情。一家俄罗斯电视台报道说，库尔斯克号在试射1枚鱼雷时发生卡壳现象，这枚鱼雷最终自行滑入水中发生爆炸，引爆了其他鱼雷，炸沉了库尔斯克号。西方媒体在报道中推断，库尔斯克号的沉没是因为艇载鱼雷发生了燃料泄漏，鱼雷燃料泄漏导致鱼雷发生爆炸，炸沉了核潜艇。当然，对于这两种说法，库尔斯克号事故调查委员会都坚决予以驳斥，称之为无稽之谈。

还有人认为可能是"库尔斯克"号在演习中撞上了另外一艘船只或舰艇，致使潜艇发生严重损毁而沉没。不过，俄军方表示，"库尔斯克"号出事之时，当地海域除了参加北方舰队演习的船只之外，没有其他船只，民船更是离演习区很远，唯一的可能性就是与同在海底的一艘不明身份的潜艇相撞。据悉，12日俄罗斯海军演习之时有3艘外国潜艇在巴伦支海域游弋，其中两艘为美国潜艇，一艘为英国潜艇。俄罗斯方面认为肇事者可能是英国潜艇，因为俄军方在离"库尔斯克"号事故现场330米远的巴伦支海海底发现了不明潜艇驾驶舱栏杆的残余，并且在"库尔斯克"号失事之后在海面上发现了据认为是英国潜艇的事故浮标。

有专家分析，爆炸也有可能与该海域二战时期遗留的水雷有关。在第二次世界大战之时，德军和盟军在该海域布置了众多的水雷，近几年在该海域就发现了十几枚水雷，"库尔斯克"号有可能碰上了一枚水雷而受到重创。

然而，最令人震惊的"内幕"是由一部法国纪录片披露的，这部名为《库尔斯克号：一艘汹涌海水下的潜艇》的纪录片宣称：库尔斯克号其实是被一艘美国潜艇发射鱼雷击沉的，俄罗斯政府早已调查清楚真相，然而当时的美国总统克林顿硬是通过外交手段和俄罗斯总统普京达成了一项秘密协议：为了掩盖"库尔斯克号"沉没的真相，美国政府愿意放弃借给俄罗斯的100亿美元的债务。一名曾参与"库尔斯克"号遇难调查的英国国防部前高官也对法国纪录片披露的惊人内幕予以了证实。

当然，这一"内幕"也没有得到俄罗斯政府的回应，也许库尔斯克号核潜艇如同以前沉没的核潜艇一样，沉没原因永远是个谜。

## 波斯军队为何突然失踪

浩浩荡荡五万人，难道真的就这样默默地沉浸在沙漠之海了？谁能解开这一谜底呢？

公元前6世纪，古波斯帝国——阿契美尼德王朝在伊朗高原崛起。公元前522年，波斯皇帝冈比西斯二世率领大军入侵埃及，并在边境上击溃了由希腊雇佣兵组成的埃及军队。平定埃及后，冈比西斯又派出大军远征埃及西边的绿洲之国——阿蒙。

据欧洲历史学家希罗多德记载，一支5万人的波斯军队从底比斯出发向阿蒙进军，经过六天跋涉，部队抵达了沙漠中的一个绿洲小镇——幸福之岛。但到了第七天，这支大军却神秘消失了。

根据阿蒙人的传说：远征军团离开小镇后进入通向阿蒙的沙漠地带。军团行进到阿蒙与绿洲小镇间的中途时停下来吃饭，这时突然刮起猛烈的南风，铺天盖地的沙子把波斯军团活埋了，远征军就此消失了踪影。

波斯军队离奇失踪引起考古界的极大兴趣，18世纪以来，不断有人在寻找这支部队，但是没有人找到任何线索。波斯军队的失踪难道又会成为一个永远的谜？

幸运的是，无论何时，总是有对迷踪感兴趣的人。意大利考古学家安格诺和阿尔福雷多从1996年就开始研究失踪的波斯军队，2004年，他们组织考察队，在沙漠地带展开调查，按希罗多德的史传分析逐步缩小范围，并且用探地雷达寻找士兵携带的金属，以此来限定失踪的地点。

不久考查队在哈尔嘎的一个洞穴里发掘出了干尸、骨骼和铜兵器，并在洞穴附近发掘出银臂环、耳坠和项圈。专家们经过与此前在土耳其出土的阿契美尼德文物比较，确信这些文物是属于公元前五世纪冈比西斯二世时期的。另外考查队还发掘出葬有数百件白骨的墓葬，相信在这个地区还能找到更多古波斯军队的遗迹。

当伊朗政府听到这一消息以后，也开始要求参与挖掘行动，因为这一考古发现将再次证明伊朗灿烂的古代文明，所以他们中不会放过这一机会的。

然而谜团究竟需要何时才能解开，恐怕还是需要人们耐心等待。几千年的谜底岂是一朝所能揭晓的？

## 富兰克林的海图失踪之谜

名人之所以成为名人，不仅因为其伟大，也因为其人生的神秘。

杰明·富兰克林是美国 18 世纪的实业家、科学家、社会活动家、思想家、文学家和外交家，是仅次于华盛顿的最著名的人物。为了对电进行探索曾经做过著名的"风筝实验"，在电学上成就显著，为了深入探讨电运动的规律，创造的许多专用名词如正电、负电、导电体、电池、充电、放电等成为世界通用的词汇。他最先提出了避雷针的设想，由此制造的避雷针，避免了雷击灾难，破除了迷信，他参加起草了《独立宣言》和美国宪法，积极主张废除奴隶制度，深受美国人民的崇敬。他是美国第一位法国驻外大使，所以在世界上也享有较高的声誉。

除了以上种种成就，富兰克林还是一位海洋学家。1737～1753 年，在他任宾夕法尼亚邮政局长的近 20 年中，他对墨西哥湾暖流发生了兴趣。于是他在 64 岁时，即 1770 年前后，绘制了世界上第一幅墨西哥湾暖流海图。1978 年 9 月，美国海洋学家里查逊在法国国立巴黎图书馆发现了这幅海图的两份副本。然而让人们疑惑的是，为什么 200 多年过去了，人们发现的仅仅是两份海图副本，这幅海图原本到哪里去了呢？

杰明·富兰克林

有疑问自然就会有探索，经过专家的多方考证认为：当时这份海图原本刚刚在伦敦出版，北美人民抗击英国殖民者的战争就爆发了。富兰克林不愿意让英国皇家海军利用这幅海图快速横渡大西洋去镇压北美人民，于是就把这份海图销毁了。与此同时，富兰克林在销毁海图之际，将海图的两份副本藏于巴黎图书馆，所以今天才被发现。

事情真的如此简单吗？人们似乎对这个答案并不满意，但是又找不到其他合理的解释。难道这只能是一幅"永远消失的海图"吗？

## 不明原因的离奇消失之谜

如果站在你面前的一个人，突然间消失得无影无踪，你的第一反应会是什么呢？

1880 年 9 月 23 日的傍晚，在美国东部的田纳西州，有个叫卡兰迪的乡间小镇。大卫兰克先生正邀请贝克法官以及其妻弟洛伊先生到家里共进晚餐，受邀的两人便乘着马车来到兰克家的前面。

当时，站在大门前面的兰克听到马车声，便与妻子及两个 12 岁与 8 岁的儿子，一同前往迎接。

"欢迎！欢迎！"兰克先生一边热忱地挥着手，一边朝正从马车走下的客人靠近。谁知，就在这一瞬间，兰克先生就失去踪影，消失了。

出事的地点刚好在马车的正前方。

对于这突发的景象，在场的客人以及他的妻子无不瞠目结舌、惊讶不已。

在夕阳斜照、光线明亮的院子里，好端端一个人竟然消失得无影踪了。

"兰克先生！兰克先生！"

"爸！爸！你跑到哪里去了！"

法官与孩子们大声地呼喊，可是却一点回音也没有。这桩离奇事件就像噩梦一般。

当然，兰克是不可能进到马车里的。而且即使他走进去，从外面也能一目了然。而且从庭院到牧场，尽是一片宽广草原，根本没有可藏身的地方。兰克的妻子一时受到过度的刺激，也因此失去理智。

"怎么会有这么不可思议的事呢？"

贝克法官除了吃惊之外，也茫然不知所措。

接到报案飞奔而至的警方人员，对于此事件刚开始也是左思右想、多所怀疑。不过，再怎么说，堂堂的法院法官也是目击者啊！

刑警们开始将整栋建筑物的里里外外做彻底搜查，更动用猎犬到处搜索，可是始终没有发现兰克先生的踪影。

一个月过去了，整个事件仍然没有头绪。经过数月之后，兰克先生的儿子来到父亲消失的马车之前，忽然听到一阵奇怪的声音"我好苦啊！好苦啊！"于是一度又使警方紧张起来，不过最后还是像谜一般无法解开。

一个大活人，在众目睽睽之下，事先没有任何征兆，就悄然消失了，确实让人费解。不知警方何时能破此案，将真相大白天下。

## 神秘的四维空间

地球和某种神秘世界之间，存在着一种不可捉摸的通道。通道另一侧的神秘世界就是四维空间。

1968 年 6 月的一个夜晚，阿根廷的毕达尔律师夫妇驱车行驶在去往买普市的路上，竟然神秘失踪，当被发现的时候，竟然远在千里之外的墨西哥！这是怎么回事呢？

1968 年 6 月 1 日深夜，两辆高级轿车在南美阿根廷首都布宜诺斯艾利斯市郊疾驰着。六月天，在南美是冬季渐渐降临的季节。然而，阿根廷的滨海地区几乎没有经历过严冬。那里离赤道的距离与东京相仿，可是，在最寒冷的七月，平均气温也保持在十度。而在盛夏的一月，也难得有达到二十五度的日子。这或许是大西洋海洋流起了调节气温的作用所致吧。这天夜里，浓雾正笼罩着四野，两辆轿车中后面车上坐着布宜诺斯艾利斯的律师盖拉尔德·毕达尔博士和他的妻子拉弗夫人，前面车上坐着的夫妻二人是他们的朋友。为了探望熟人，他们由布宜诺斯艾利斯南面的查斯科木斯市，向南一百五十公里的买普市彻夜驱车而行。

阿根廷的西部有险峻的安第斯山，由中部直到东部是绵延的大平原，那是南美最大的谷仓。道路穿过连绵无际的麦田，又直插沙尘漫漫的荒野。不知是因为前面的车速度太快了还是由于博士夫妇的车发动机有点毛病，两辆轿车的距离渐渐拉开了。

前面的车临近买普市郊时，两人回首顾望，后面浓雾迷漫，什么也看不见。于是他们决定停车等候后面的博士夫妇。可是，等了半小时、一小时，迷雾中依然茫无所见。道路平坦而无分叉，他们心中狐疑，掉回车头来寻望。然而，既没有车开来，也没有车停在路旁，甚至连出了故障或破损的车的碎片都没有见到。就是说，博士夫妇乘坐的车在奔驰途中，忽地化作云烟消失了。

第二天，亲戚朋友们找遍了查斯科木斯市与买普市之间。然而，道路东西两边，在广袤无垠的地平线上，连车和人的影子都不曾见到。

两天过去了，正当最后要报警时，由墨西哥打来了长途电话，说："我们是墨西哥城的阿根廷领事馆。有一对自称是毕达尔律师夫妇的男女正在我们的保护中。您认识他们吗？"博士夫妇的亲戚们接到电话很是诧异，于是请毕达尔本人来通电话，一听，果真是失踪的毕达尔博士的声音。这就是说，博士夫妇六月三日确实在墨西哥城。

博士夫妇不久被送回了阿根廷，听着他们的谈话，那简直成了光怪陆离的事。据说，博士们坐的车离开查斯科木斯市不久，大约夜里十二点十分，车前突然出现白雾状的东西，一下子把车包围了。他们惊慌中踩下刹车，不一会儿，便麻木失去了知觉。

不知过了多长时间，两人几乎同时苏醒过来。这时已是白天，车在公路上行驶着。可是，车窗外面的景色与阿根廷的平原已迥然不同了，行人的服装也多未曾见过。他们急忙停下车来打听，居然打听到这里是墨西哥！"这真是怪事！"他们这样想着，又开动起车来，这时，街道和建筑物都无可置疑地说明确是墨西哥城。带着梦境未醒的神态，两个人跑进阿根廷领事馆求助。惊魂稍定后才知道，他们的表在他们失去知觉的时刻——十二点十分已停住了，而跑进领事馆则是六月三日了。这是完全如谎言一般的故事，可是，博士在待人接物上都是十分讲信用的，不可能说出如此谎言。

由阿根廷的查斯科木斯市到墨西哥城，直线距离也在六千公里以上，即便利用了船舶、火车和汽车之类，要在两日内抵达也是不可能的。若只是人，还可以认为是乘飞机飞去的，可是，连轿车一起在墨西哥出现，确实让人无法理解。

类似的事情很多，1893 年 10 月 25 日夜里，一个西班牙籍士兵在菲律宾总督府门前站岗时，突然神志不清昏睡过去。次日清晨，当他醒来时，发现自己在墨西哥的政府大厦前。他感到十分奇怪。可墨西哥人认为他是精神失常者，把他交给教会处理。受冤枉士兵别无他法，只好向墨西哥人打赌："昨天夜里，菲律宾总督被人用斧子暗杀了，这个消息总有一天会传到你们这里，那时你们就会相信我没有说谎。"两个月后，消息传来证实了士兵所讲的属实。人们才不得不相信他的话，将他从教会里放了出来。

这些事究竟怎么解释呢? 科学家认为，地球和某种神秘世界之间，存在着一种不可捉摸的信道，信道的两边是两个不同层次的世界，通道另一侧的神秘世界就是"四度空间"。即毕达尔律师夫妇被卷进了突然出现的空间的窟窿里。就是说，由于空间发生了某种反常，使得地球上某一处的某一物体陷落到另外的时空，穿越了四维空间，又返回到现实的空间。四维空间真的存在吗?

宇宙是无穷无尽的，在浩瀚无涯的宇宙中，科学家们将如何解开"四度空间"这个神秘世界，我们拭目以待。

## 恐怖预言

### 海尔梅斯大预言

在海尔梅斯的预言里，只有敬畏神，人类才能存在和发展。人们想知道的是，他预言的人类历史进程是真的吗?

海尔梅斯是希腊神话中的一个神，也称赫尔墨斯，是希腊神话中众神的使者。据说他是宙斯与女神玛娅的儿子，刚生下来不久就爬出摇篮偷走了阿波罗的五十头神牛。他偷牛的方法很巧妙，在牛蹄和自己脚上都捆上树叶和树枝，然后赶着牛群倒着走，既没留下脚印，又混淆了牛群的去向。宙斯很喜欢他，让他当了使者，从此他拿着一根盘着两条蛇的短杖，穿着有翼的飞行鞋，来往于宙斯与众神及凡人之间，传达命令，引梦驱梦，接引亡魂，是奥林帕斯山上的主要成员之一。

希腊和拉丁文中有关海尔梅斯的学说收录在《Hermetica》中。《Hermetica》的成书年代相当久远。埃及考古学家认为，《Hermetica》源自公元前 500—200 年，是古埃及哲学的希腊译本，因为书中论述和引用的例子都是发生在埃及，甚至早于埃及，有许多描述是以尼罗河流域的生活为素材的。因此认为《Hermetica》虽是希腊的文本，但却是埃及的学说，但是真正的埃及原本已无从考证，据推测可能早已毁于战火。

作为上帝的使者，海尔梅斯在历史上是一名成功的预言家。海尔梅斯的论述是人类文明所记录的最早的有关宇宙和生命的认识体系之一。他有完整的宇宙观，对宇宙、不息的生命、时间、神与人、世界的归宿等都有十分深刻的认识。他深知宇宙与神的伟大以及自己能力的局限，因而心中充满了对神的敬畏与感激。在海尔梅斯看来，人的思想是低能的，而神的智慧则是圣洁、永恒的。他认为主神是一切生命的缔造者，而生命一经产生，必须通过符合宇宙不变的法来维持。"没有什么不是神的意愿，同时他拥有一切。他的意愿都是美好的，善的。""那就是神，宇宙是他的形象，神是善的，宇宙也是一样。"

海尔梅斯认为，"时间的进程也完全由法而定。""（时间）按照定好的程序更新宇宙中的一切。""一切都在这一进程中，不论是在天上还是地上。""永恒不受时间限制，而时间却在种种限制下，往复循环着。""我们人所看到的天国景象，就像穿过漆黑的迷雾（去看），也只能是符合人的思想状态的（景象）。以我们的能力，我们看到的那么多的事物，都是有限的、狭隘的，但好在我们能看到。"

海尔梅斯还说道："地球不再稳固；大海不再有行船；天空不再扶持星星；星球也不再按轨道排列；地上的水果将腐烂；土地将贫瘠；空气将停止流动。灾难之后，世界将衰老。没有宗教，一切将无规律所寻，好的东西将消失……黑暗胜于光明，生不如死，没有人会抬眼看一下天，对神虔诚的人被认为是精神病……一个新的扭曲的社会将产生，人们走向精神错乱。他们的思想言行不再有爱，而是充满了私心，人们将极度追求物质生活，这种追求将使他们脱离精神世界。一个黑暗的王朝将诞生，人们将被邪恶、腐败自私的政治家统治，他们只对金钱和权力感兴趣。自然会失去平衡，大难将临头，因为人们将自食其果。"

但是，海尔梅斯接着又说："当所有这一切降临时，一位上师、父亲、上帝、主神，至高无上的创始神将来纠正这一切，他将会把那些走入迷途的人拉回来。水灾、火灾、战争、瘟疫出现，最后清除邪恶。这样，整个世界将恢复原样，宇宙又成了一个值得朝拜、尊敬的地方。人们将时刻爱戴、赞美、祝福神。新宇宙诞生了。所有的一切将被重建，变得美好、神圣。这是上帝的意志。因为上帝的意志是没有始点的，他永远是一样的，主神将以自己的意志再建这一时代正确的精神道路。"

海尔梅斯在预言中表示，当人们失去对神的敬仰之后，世界将会陷入混乱。人们会被邪恶的思想所控制，将来有一段时间大自然会失去平衡，人们的生活将失调，其结果将导致人类精神世界崩溃、战争、瘟疫、致命的疾病、自然灾害、干旱和各种各样的灾难。整个世界届时会有一个根本的更新，旧的时代成为过去，一个全新的时代将会来临。

很多预言都预测地球会在人类的贪婪中遭受大灾难，这也许是为了劝告人们多行善事，善待他人。海尔梅斯的预言无疑带有浓厚的宗教色彩，他的目的旨在让人们相信神，崇拜神，认为世界的一切是由神主宰的。

## 神秘的霍比预言

霍比民族是一个神秘的民族，它的预言石刻似乎揭示了人类历次的文明交替，在我们目前所处的文明交替中，真的会发生灾难性的事件吗？

北美印第安人不是一个单一的民族，而是由许多不同的部落组成，这些部落之间的语言、文化、历史彼此相似而又不尽相同。在印第安人的民族中流传着许多预言和传说，尤其是其中的霍比部落，更被喻为历史的记录者。在美国亚利桑那州奥莱比附近，有一块被称为"预言石"的石刻，所刻画的内容以象征手法表达了许多霍比部落据说已有上万年历史的古老预言。对于珍贵的预言石刻，霍比民族认为那是人类起源时神告诉他们的话。

霍比部落是一个古老的印第安部落。"霍比"的原意是"和平的人民"。他们的祖先大约在五千到一万年前从墨西哥迁移到亚利桑那州。目前，霍比族主要生活在美国亚利桑那州北部的霍比保留地。他们是一个拥有悠久信仰传统的民族，他们一年四季都会举行不同的宗教圣典。霍比文化所涉及的历史渊源很深，霍比族从祖先那里流传下来许多关于人类的起源、历史及未来的预言。20世纪50年代有人把它第一次用英语公布于世，预言中很多关于历史大事如前两次世界大战的预言都很准确，这引起了人们的广泛兴趣，许多人开始研究霍比族的预言，以期能够发现后世的秘密。

霍比族认为，我们人类已经过了四次不同的文明交替。他们说："矿物质、岩石有一个循环周期，植物也有。而我们现在正处在动物循环周期的结束和人类新一轮循环周期的开始。""当我们进入这一轮人类的轮回，我们与生俱来的伟大的潜能将从我们的光与灵中释放出来。但是我们现在正接近这一轮动物轮回周期的结束。""在此次循环里，我将给你们每一方向上的人种两个石刻。你们不得把它丢弃，否则，不仅仅是人类将承受很大的磨难，整个地球都将会消亡。"

霍比族有关人类起源的传说，和西方《圣经》中的说法有类似之处。刚开始的时候，世界本来是无。造物主首先造了一个被称为造物主侄儿的神，然后，在造物主的指导下，造物主的侄儿创造了各种固态物质、七个宇宙、水和空气，之后又用泥土造了四种不同肤色（黄、红、白、黑）的人，并给了这四种不同肤色人智慧、再生能力和不同的语言，让他们向不同的方向迁移和生活。造物主的侄儿告诉四色人种："我给你们的这一切，就是让你们幸福生活。但有一个要求，你们在任何时候都要尊敬造物主。尊敬造就你们造物主的博爱，只要你们活着，就别忘了这些。"

但是，随着时间的流逝，人们的私欲越来越大，他们逐渐不再相信造物主，失去了对造物主的尊敬。不久后，造物主为了惩罚人类，就用冰冻把第二世界毁掉。接着，造物主又造了第三世界。从第二世界幸存下来的人就在第三世界里生活，繁衍后代。可是后来，人们的道德又下滑了，把自己的创造力用在了邪恶的方面，从而导致第三世界被大洪水毁掉。从洪水中幸存下来的人进入了第四世界。第四世界就是我们现在所处的人类文明。

在前两次人类文明中，由于人类的腐败、私心的变重，以及不相信伟大神灵的教诲，从而被造物主淘汰。所以，霍比族认为，上次大洪水几乎淹没了所有人类，只有少数几个相信伟大神灵的人活了下来，这是伟大的神灵告诫他们要坚信伟大神灵的教诲。于是，霍比族在伟大神灵面前立下了神圣的誓约——"我们永远遵照你的教导去做"。对霍比族而言，造物主的天法是永恒不变的。霍比人认为，能够在这个时候生活在地球上的人是最幸运的，此时一切物质都处在淘汰净化期。虽然这会是一个十分艰难的过程，可是，能生存在这个时代并见证这一切，却是无比荣耀的。

霍比民族在北美大陆的历史有多久远还无人能知，由于霍比族没有文字，所有的预言都是靠代代以口述之法相传，由于年代久远，有些连现在的印第安人也都无法理解。由于预言比较晦涩，难以翻译，因而很多预言都还未被公众知晓。

## 玛雅预言——2012年人类毁灭

2012年12月22日，人类真的灭亡吗？电影《2012》中的恐怖情景真的会发生吗？

从墨西哥东南角尤卡坦半岛向南方延伸，到危地马拉、伯利兹、萨尔瓦多、洪都拉斯，在这片被当年玛雅人称之为"美洲豹"的神圣土地上，他们创造了在世界上占有重要地位的文明，其历史大概可追溯到公元前3000年，鼎盛时期是在公元600到900年之间。玛雅人创造了令人不可思议的文明，直到今天还在被人们争论，同时玛雅人也给人类文明留下了两大谜案：一是消亡之谜；二是玛雅人的预言。

玛雅文明虽然离奇消亡了，但玛雅人留下很多石碑，上面记载着玛雅的预言。其中有一句话流传甚广："时间的终结是2012年12月22日。地球并非人类所有，人类却是属于地球所有。"电影《2012》的热映让人们知道了恐怖的玛雅预言，那么灾难真的会在2012年12月22日发生吗？

玛雅人认为第四个太阳纪会在灾祸之中结束，而第五个太阳纪象征了人类的终结。根据玛雅预言上表示，现在我们所生存的地球，已经是在所谓的第五太阳纪了。到目前为止，地球已经过了四个太阳纪，而在每一纪结束时，都会上演一出惊心动魄的毁灭剧情。据说，前四个太阳纪都被玛雅人预测到了，那么，玛雅人所预言的第五纪的灾难真的会发生吗？

第一个太阳纪是根达亚文明（马特拉克堤利）。这是一个超能力文明的时代，人的身高在1米左右，男人有第三只眼，翡翠色，功能各有不同，有预测的，有杀伤力的，等等。女人没有第三只眼，所以女人害怕男人。但是女人的子宫有神的能力，女人怀孕前会与天上要投生的神联系，双方谈好了，女人才会要孩子。根达亚文明毁于大陆沉没，但是很少有资料提到过根达亚文明，所以没有什么现代的理论依据。

第二个太阳纪是穆里亚文明（奎雅维），玛雅人所推测的地球上的第二次文明，也称生物能文明，它是根达亚文明逃亡者的延续。穆里亚的先祖开始注意到植物在发芽时产生的能量，这个能量非常巨大，经过一个世纪的改良，发明了利用植物能的机器，这个机器可以放大能量。该文明毁于大陆沉没。但以上内容只有少数资料提到过，也没有什么现代的理论依据。

第三个太阳纪是米索不达亚文明（伊厄科特尔），米索不达亚文明是穆里亚逃亡者的延续。但是人们把以前的事忘却了，超能力也渐渐消失了。在米索不达亚文明时期，男人的第三只眼开始消失。他们对饮食特别爱好，发展出各色各样的专家，所以又被称为饮食文明。米索不达亚文明发生在南极大陆，毁于地球磁极转换。但以上只有少数资料提到过，并没有什么现代的理论依据。

第四个太阳纪是亚特兰蒂斯文明（宗德里里克），也称光的文明。这个文明继承了上个文明，之所以说继承是因为亚特兰蒂斯是来自猎户座的殖民者。他们拥有光的能力，是在火雨的肆虐下引发大地覆灭。

第五个太阳纪是我们存在的文明（情感的文明），将会于2012年12月冬至灭绝。玛雅预言也说，从第一到第四个太阳纪末期，地球皆陷入空前大混乱中，而且往往在一连串惨不忍睹的悲剧下落幕，地球在灭亡之前，一定会先发出警告。

据"卓尔金历"所言：我们的地球现在已经在所谓的"第五个太阳纪"了，这是最后一个"太阳纪"。在银河气候的这一段时期中，我们的太阳系正经历着一个历时5100多年的"大周期"。时间是从公元前3113年起到公元2012年止。在这个"大周期"中，运动着的地球以及太阳系正在通过一束来自银河系核心的银河射线。这束射线的横截面直径为 5125 地球年。换言之，地球通过这束射线需要 5125 年之久。2012年 12 月 21 日将是本次人类文明结束的日子。此后。人类将进入与本次文明毫无关系的一个全新的文明。

虽然很多民族都有末日预言，但为何玛雅人所说的末日预言会受到人们的重视呢？原因是玛雅历法的计算非常准确，他们虽然不曾拥有我们现代的科学技术，但他们对天文及数学的精通令人叹为观止。从玛雅人的历法得知，他们早已知道地球公转时间，是 365 日 6 小时 24 分 20 秒，误差非常之少。另外对于其他星体的运行时间，在计算上亦非常准确，对于数学上"0"的单位数字，早在 3000 多年前，玛雅人已经使用。此外，还有很多令人猜不透的谜。玛雅人在他们文明的鼎盛之际不留痕迹地遁去，使后人费尽心机也猜不出其中的原因。

美国航空航天局曾经发布过一个推测：2012 年，因为一系列天体运动的干预，太阳和地球的磁极互相影响，使地球南北极的磁极发生转换。若此时再遇上周期为 11 年的太阳两极磁场颠倒，地球上所有动物的免疫系统将大为降低，而且还会发生火山喷发、地震、泥石流等剧烈的自然灾难。这是否意味着玛雅人的预言要变成现实呢？

事实上，玛雅历法并没有结束于 2012 年，玛雅人自己也没有把这一年当作是世界的末日。据研究玛雅文化的科学家看来，玛雅预言中关于 2012 年 12 月 21 日是"世界末日"的说法是一种被误解的说法。那一天是玛雅历法中重新计时的"零天"，表示一个轮回结束，一个新的时代的开始，而并非指"世界末日"。

## 恺撒遇刺前的诅咒之谜

盖乌·尤利乌斯·恺撒，如此传奇的人物，如果恺撒相信预言，那么，他可能就不会被谋杀。可惜，他没有机会再做出选择了。

公元前 44 年 3 月 15 日，古罗马共和国著名的军事家、政治家恺撒在罗马元老院议事厅里准备召开会议的时候，被一群手拿短剑和匕首的阴谋家团团围住，在身中 23 剑之后，倒在了庞培雕像的脚下。这就是历史上赫赫有名的恺撒遇刺事件。

传说中，恺撒在去元老院的途中曾碰见过一位占卜师，据说此人过去曾警告他 3月 15 日会有危险。恺撒本人不相信占卜，就开玩笑地对他说："3 月 15 日已经到了！"占卜师反驳道："是啊，已经到了，但还没有过去。"其实，这个预言不过是恺撒遇刺前一系列奇异预言中微不足道的一个。

恺撒出身于一个破落的贵族家庭，从小就有着非常远大的志向和抱负，渴望取得最高权力。他聪明能干，工于心计，各方面的才能都很卓越。由于他是属民主派的执政官马略的内侄，也是大贵族秦那的女婿，这些关系使他从年轻的时候就很同情民主派。苏拉当权后，曾令恺撒与秦那的女儿离婚，恺撒不从，因此受到迫害。为此，恺撒长期躲避在外，并在罗得斯岛学了修辞学和哲学。

公元前 60 年，恺撒在罗马当时的权势人物庞培和克拉苏二人的支持下，与元老院贵族相抗衡，史称"前三头同盟"，并先后出任执政官和高卢总督。尤其是他在高卢总督任内，通过 10 年征战，共征服了 300 个部落，占领了 800 多个城市，歼灭和俘虏了

200 多万人，使高卢全境成为罗马的一个省份。同时，恺撒还为罗马搜罗了大量的财富和奴隶，也为自己积攒了丰厚的政治、军事资本。在转战埃及等地后，公元前 45 年 9 月，恺撒胜利凯旋。回到罗马后，他获得了至高无上的权力和荣誉。他集军、政、司法和宗教大权于一身，并且还获得了"祖国之父"的荣誉称号。

但是，当时的罗马是一个城邦制共和国，国家权力集中在元老院，国家事务都是元老院集体民主决议，而且人们在很早就定下不成文的规矩：如果谁想当国王，罗马神人共戮之。恺撒当然不敢公开称王称帝，但他的权势已胜似一国之君。得势的恺撒一改往昔讨好人民的政策，使得过去许多拥护他的人脱离了他。他还遭到一部分元老贵族的反对。这些人身居要职，留恋城邦共和制度，不满恺撒的独裁统治。他们暗中串通起来，组成了一个阴谋集团，准备伺机刺杀恺撒。

公元前 44 年 3 月，恺撒正在全力准备对小亚细亚地区的帕提亚人的一场战争。在此之前早有一则许多罗马人都信奉的预言：只有国王才能打败帕提亚人。于是社会上流言四起，认为恺撒是在找一个公开称王的机会。在他出发之前，元老院准备在 3 月 15 日召开一个会议，密谋分子们决定在会上动手刺杀恺撒。这群刺客中，就有他一向器重有加、深信不疑的部将布鲁图和加西阿斯。

3 月 15 日的前夜，恺撒到他的部将雷必达家里赴宴。宴会上，部下有人劝告恺撒，让他小心些，他们列举了许多"不祥的预兆"。恺撒虽然表面上装得满不在乎，内心似乎已预感到了死亡的阴影。

晚上恺撒回到自己家里安寝，他躺在床上，久久不能入睡。突然之间，走廊里"哗啦"一声，恺撒出来一看，原来是自己的塑像倒在地上摔碎了。后来才知道，这是仆人为了警告恺撒而故意摔碎的。

第二天早晨，恺撒的妻子从噩梦中惊醒，她告诉恺撒，昨晚她做了一个噩梦，梦见恺撒在自己的怀里被别人刺死了，并且在流血。日有所思，夜有所梦。罗马共和国后期政坛凶险，妻子担心丈夫会遭人暗算，也在情理之中。但罗马人相信，梦是神灵的"启示"。

天亮以后，妻子因梦中出现的"凶兆"，要求他不要离家，取消元老院会议。在妻子的坚持之下，恺撒决定派他的亲信马克·安东尼去通知取消会议。这时密谋分子之一布鲁图来到恺撒家，居心叵测地极力劝说恺撒不要给人留以指责他高傲的印象，请求他自己去元老院亲自宣布取消这次会议。在布鲁图的再三劝说下，恺撒最后答应由其陪同前往元老院。

恺撒进入议事厅后，密谋分子把恺撒团团围住，纷纷拔出匕首刺向恺撒。起初恺撒还在奋力抵抗，当他看到自己一向深信不疑的布鲁图也拿着匕首向他走过来的时候，他绝望地喊道："布鲁图，连你也这样吗？"在这之后，他便用衣服裹住了头，停止了反抗。早在恺撒打败庞培后，罗马就有"恺撒笑，庞培哭"的说法，而他倒下的地方，也恰好安放着一尊庞培的雕像。那位占卜师难道真的能预知未来吗？恺撒死在庞培雕像旁真的只是巧合吗？这一切巧合将恺撒之死渲染得异常神秘。

## 尼禄弑母的预言

在母亲的帮助下，尼禄成功地继承了王位，然而，他为了控制大权，竟然杀害了自己的母亲。这一切，似乎都被占星学家预言到了，这是真的吗？

尼禄·克劳狄乌斯·恺撒（公元 37—68），罗马帝国克劳狄乌斯王朝最后一个皇帝，以暴虐、荒淫著名。他曾杀死父母、妻子及师长。公元 64 年罗马城遭大火，他有唆使纵火之嫌。在位期间，各地民众起义不断爆发，又为近卫军及元老院所唾弃，日暮途穷之下，自杀身亡。

尼禄是靠宫廷政变当上皇帝的。公元 37 年，尼禄出身于罗马的贵族家庭，他的母亲叫阿格丽品娜，是一个富于心计、权力欲极大的女人，儿子的出生使她看到了飞黄腾达的希望。尼禄三岁时父亲就去世了，他的母亲后来嫁给了当时的罗马皇帝。当了皇后以后，阿格丽品娜便鼓动老皇帝废太子，立尼禄为王储。为了防备老皇帝改变主意，她把老皇帝毒死了。后来，她通过贿赂近卫军的方式让年仅十六岁的尼禄登上了王位。

谋杀老皇帝，让自己的儿子尼禄继承王位，是阿格丽品娜一生最得意的杰作。她以为从此以后罗马就是自己的天下，她尽可以享受到权势带给她的快乐和满足。但阿格丽品娜万万没有想到，她交给儿子权力的同时，也把残忍教给了他，而她自己最终也死在这种残忍之下。

阿格丽品娜拥有相当强烈的权力欲望，企图用自己的意志来控制尼禄，与他共掌大权，经常以女皇身份自居。她严格控制和监视尼禄的言行，甚至连他的婚姻她也要一手操办，这一切都激起了尼禄对她的反感。起初，尼禄以假装退位和隐居来威胁母亲，并设法使人们对她产生憎恨。一次，尼禄在一场亚美尼亚使臣谒见的场合中，以皇帝的身份阻止母亲进入会场。

阿格丽品娜没有想到自己的一切努力竟换来如此的待遇，她扬言要用暴力对付尼禄，并以扶助即将成年的幼弟不列塔尼库斯来威胁尼禄。55 年，不列塔尼库斯在用餐之后中毒死亡，后人猜测是尼禄所下的毒。

后来，尼禄指控帕拉斯参与一项阴谋，流放了帕拉斯，帕拉斯是阿格丽品娜的朝中密友，此举表明尼禄对抗母亲。59 年，尼禄突然大献殷勤，邀请母亲到坎帕尼亚海边的拜亚别墅度假。尼禄特别订制了一艘豪华的小船去接阿格丽品娜，他预先在船上做了手脚，当船在深水中航行时突然沉没。但阿格丽品娜善于游泳，被路过的渔船救起。阿格丽品娜派她的奴隶向尼禄报安，尼禄得知之后，命人将一把匕首偷偷地藏在奴隶的身旁，然后下令把这个奴隶抓起来，说他是阿格丽品娜派来谋杀皇帝的刺客，便派兵到阿格丽品娜的别馆杀死了她。同时，尼禄向全国宣称，阿格丽品娜是因刺杀行动暴露而逃离皇宫的。

值得一提的是，暴君尼禄一生与星占学纠缠，结了不解之缘。他自幼就受到星占学的教育，已知他的老师有三人：一位是来自亚历山大城的喀雷蒙（Chaeremon），一位是历史上著名的作家、斯多噶派哲学家、大名鼎鼎的塞涅卡（Seneca），还有一位就是一个占星学家。

尼禄出生时恰逢旭日东升，这被认为是大异之兆。据此，占星家据此做出包括关于他将当上皇帝并弑母的预言。他母亲曾请占星学家为他算命，占星学家告诉她：尼禄可以当上皇帝，但他为帝之后，却会弑母！据说阿格丽品娜当时表示："只要是能做皇帝，杀就杀吧。"后来这一预言果然成真。

## 神秘的预言诗集《诸世纪》之谜

在那个科技并不发达的时代，为什么他能看到如此真切的未来？他究竟是骗子，还是预言家？谁能证明？

公元1551年，有一天，法国国王亨利二世召见了一位地方医生，让他为自己算命。医生仔细地端详了一阵国王那沉醉于酒色的双眼。然后用低沉而冷静的声音说："陛下，有那么一天，会发生这样一件事：陛下的脑部被锐利的武器刺进去，也许此伤要夺走陛下的生命。这一天，依我看来，今后十年之内必将到来。"亨利二世听后怏怏不乐，但也没把他的话放在心上。

时光渐渐流逝，十年即将过去，一切平安。人们早已忘记那位地方医生的预言。可是，就在这十年期限的最后一夜，令人意想不到的悲剧发生了。那晚，亨利二世一时兴起，提出要和他的卫队长比试枪法。当卫队长举枪向国王刺去时，枪头上保险用的包皮突然脱落，锋利的枪尖，一下刺透了国王的头盔，刺中了他的眼睛，并伤及他的脑部，亨利二世惨叫一声倒在地上。九天之后，他断了气。这时，人们才回忆起十年前那位医生的预言，不禁胆战心惊。这位医生的名字叫努斯特拉达木斯。

努斯特拉达木斯于1503年生于法国普罗旺斯的圣雷梅，曾在医学院求学。他可以说是近代医学的始祖。他第一个发现了血清；他曾同当时流行于法国南方的黑死病做过卓有成效的斗争。

努斯特拉达木斯的预言家生涯亦是从他行医时开时的。他在给病人诊断、治疗时，心中常常获得一种自己也不明白的启示，一种直觉，一种灵感。这些发自内心的声音比他所学的医学知识更能指导他给人看病。于是，他开始追踪他的"心声"。并运用一些方法加强了这种声音的清晰度。渐渐地，他掌握了随时捕捉这种声音的方法。努斯特拉达木斯有着广博的占星知识。他通过对天文星相的研究，检验他的预言，大大提高了预言的精确度。在此基础上，他写出了《诸世纪》一书。

不过，数百年来，人们对努斯特拉达木斯还是争论不休。许多人称他是"有史以来最狡猾的骗子"，但有很多人赞誉他为"世界历史上最伟大的天才"。1566年7月他在法国南方萨朗逝世前曾自信地说："在今后数百年内，人类将越来越重视我。"这句话本身就是一个预言。事实应验了他的话。《诸世纪》在1781年曾经遭到罗马教廷禁书目录的谴责，然而200多年后，这部预言书却传遍整个西方世界。

《诸世纪》这部奇书用押韵的诗体写成：每4行一小节，每100小节预言一个世纪。预言书把法文、西班牙文和希伯来文的词汇糅合在一起。由于它的语言完全是象征性的，大多数情况下含糊其词，所以后人对某一预言总会有各种不同的解释。

下面是《诸世纪》中的几首预言诗：

崇拜偶像的强大党徒，

把整个多瑙河两岸征服，

他们挂着弯成"卐"字形的铁十字架，

从无数废墟的碎片中去寻求黄金、宝石和奴仆。

（二次世界大战时德国法西斯曾一度称霸欧洲）

数年之后战争在法国了结，

越过卡斯蒂利亚领土的境界，

胜利尚未定，三大巨人得桂冠，

鹰、鸡、月亮、狮子攻击的目标只留下太阳未摘。

（苏美英三国首先在欧洲打败了德国，这时法西斯轴心国只剩下了日本）

女子乘船在天空里飞翔，

其后不久，

一个伟大的国王在他鲁斯把命丧……

（1963年7月，苏联出现了女宇航员，同年11月，肯尼迪总统在达拉斯遇刺身亡）

诗中叙述了二次大战中盟军诺曼底登陆，墨索里尼暴尸街头，原子弹迫使日本投降；对希特勒名字的推测仅一字之差（希斯特），而佛朗哥的名字则完全吻合。

20世纪几乎所有对人类命运产生了重大影响的事件：第一次世界大战、俄国革命、纳粹集中营、原子弹爆炸、肯尼迪遇刺、伊朗革命、中东战争、石油危机……努斯特拉达木斯都预言到了，有80%是正确的。

任何一个有头脑的人都不会忽略中国的存在，更何况努斯特拉达木斯呢？他预言中国将在21世纪初完成政治、经济、军事等一系列重大的改革，成为世界强国，并"不断扩大她决定性的影响"。

但是，努斯特拉达木斯的预言究竟从何而来？要解开这个谜，似乎同预言一样困难。

## 著名女占卜师的死亡之谜

她一生，占卜了无数的人，包括拿破仑、约瑟芬、罗伯斯庇尔、马拉、圣鞠斯特，等等。然而，她的死亡却似乎是完全顺从命运的安排。

玛利亚·亚德莱达·勒诺曼是历史上著名的女占卜师。她的一生都在为各色人等占卜命运：她预言了拿破仑皇帝和约瑟芬皇后的邂逅和结识后的命运，预言了法国大革命时期不可一世的领导人罗伯斯庇尔、马拉和圣鞠斯特的悲惨结局……这些当时令人难以想象的预言，如今都成了我们现在熟知的历史。

这个似乎拥有超强预知能力的女人，1772年3月出生于法国巴黎附近的小城镇亚兰森。她的人生不平凡并充满神异色彩：刚从娘胎里出来就有一头乌黑的长发和满口牙齿，接生婆被她吓了个半死。幸好她的父亲，一个早就祈望有孩子的棉花富商并没有把她当成怪物丢弃，父母都很疼爱她。但"怪物出生"的消息迅速传遍了城镇，深恐会带来什么灾祸的民众坚持把她送掉。尽管父母都辩称他们的女儿又没有长角和爪子，并不是怪物，但迫于众人的压力只好把她送到附近的本笃天主教修道院，每月付生活费请修女抚养她。玛利亚在幼年的时候就展示了她神奇的预知能力，令人们对她刨目相看，使她一举成名的是预知本笃修道院院长的命运。

在她6岁时突然逢人便说修道院长将离职，被这条消息困扰的修道院长以为这只是谣言，于是就去责问玛利亚，谁知玛利亚竟告诉她，她将结束修女生涯与一个富家子弟结婚，修道院长当然不信。一个月后，事情真的发生了，而且与玛利亚预测的一模一样！

正所谓"上天真是公平的。"在它赋予玛利亚神奇的预言能力的同时，却让玛利亚的容貌越长越丑：两个肩膀一高一低、瘦弱的罗圈腿，还有一点斗鸡眼。人们都在私底下议论这个预言大师恐怕只能在修道院终老一生了。

没多久，玛利亚的父亲去世了，家里不再给修道院里的她支付生活费。虽然很多人请玛利亚预测命运，但是她都不要报酬，也不许修道院收钱。这下生活来源断绝了，玛利亚干脆离开修道院，去巴黎闯天下。正好曾被她预测命运的修道院院长出嫁后搬到了巴黎，在她的帮助下，玛利亚成立了一个占卜沙龙。由于她的预测相当灵验，玛利亚的名气在巴黎上流社会的生活圈子里越来越大，找她占卜的人身份也越来越高贵。

在法国大革命时期，正值雅各布宾派掌权。一天，著名的领导人罗伯斯庇尔、马拉和圣鞠斯特到占卜沙龙，玛利亚告诉他们都将死于非命，位高权重的罗伯斯庇尔他们自然不相信，还轻松地互相打趣。看到这幅景象，玛利亚突然靠近马拉身边，在他耳边低声说："看着我的眼睛！"马拉感觉自己顺从地照做，只一会儿，马拉突然一脸惊骇地倒退几步，罗伯斯庇尔和圣鞠斯特赶紧问他发生了什么事。心知不妙的马拉立刻拉着同伴

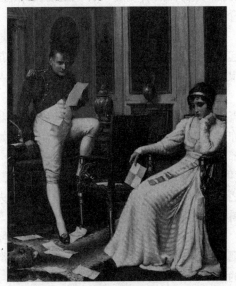

**拿破仑与约瑟芬**

离开，并小声地告诉他们："我在这个丑陋妇人的眼里看到一片血海！"话音未落，刚走到门口的马拉他们就听到玛利亚冷冷地说："你们被砍掉头后恐怕也英俊不到哪去！"1793年7月13日，患有皮肤病正在浴盆内泡药澡的马拉被女刺客夏洛蒂刺杀身亡。1794年7月27日，罗伯斯庇尔和圣鞠斯特被"热月政变"赶下台，并于次日被送上了断头台。玛利亚的预言又一次应验了。

罗伯斯庇尔的雅各布宾派专政被热月党人的统治取代了，法国建立了法兰西第一帝国。但是改朝换代并没有影响玛利亚的占卜事业，她的占卜沙龙依然门庭若市。

某日，两个妇女走进了占卜沙龙，其中一个名叫特雷莎的想知道她是否会嫁个富人，玛利亚告诉她将拥有公主的头衔，还有一段刻骨铭心的爱情。特雷莎随即转过头去对同伴约瑟芬抱怨说："她只是看穿了我急切想嫁人的心情，然后信口开河"。听到特雷莎的抱怨，约瑟芬决定放弃请眼前这个又矮又肥的丑妇人占卜的打算。正当她想转身离开时，突然听到玛利亚淡淡地说："夫人，你最好留下来，在一段时间里，法国

的命运掌握在你手里。"这番话顿时激发了约瑟芬的好奇心，她决定留下来听听玛利亚会说些什么。玛利亚郑重其事地动用了一些占卜用的辅助器材（平时她不需要这些器材的帮助），预言宣示约瑟芬这个有两个孩子的寡妇是个"天命之人"，不久她将遇到会令她全身心去爱恋的男人，这个男人会让她无比出名，但是最后又会被他抛弃。

听着玛利亚的喃喃细语，约瑟芬向她提出自己的疑问，看到约瑟芬还不相信。玛利亚拿起约瑟芬的手臂，用一根金针戳破一个小指头，然后对她说："你既然还不相信，我就给你看一些东西，以前来占卜的人可没有这个福分，你要记着，以后你大富大贵了要保护我。"玛利亚从手指头上挤出一滴血，滴到一个装着不知名液体的碗里。这滴血在碗里也不扩散，只是不停地变化形状，最开始像紫罗兰和郁金香（约瑟芬最喜爱的花），然后变成丁香，最后凝结成王冠的形状。"你将成为皇后"，玛利亚用毋庸置疑的语气对约瑟芬说。

约瑟芬感觉就像在做梦，神情恍惚地准备离开，走到门口的时候，她突然看见在起居室的阴暗角落里坐着一个打扮得像花花公子的男子，但她并没怎么留意，她还在想着刚才的遭遇："我不可能成为皇后，不过再没有比今天遇到的事更奇怪的了"。

"我的皇上，你来了！你将要成亲了，不久你将遇到你的新娘。你将成为皇帝，名震天下，过着奢华的生活。但这只是你40岁之前的事，40岁时，你将忘却天意安排给你的爱人，这将是你悲惨的后半生的开始。你将痛苦地死去，而且你所有的亲戚朋友都会声明从不认识你！"炮兵军官拿破仑·波拿巴想起玛利亚的预言时仍然非常恼怒，"我怎么会相信占卜师的鬼话，她对我怎么会有帮助呢"，但是，在拿破仑脑海里，挥之不去的仍然是在沙龙门口邂逅的那位夫人的倩影。以后事态的发展，正如玛利亚所料，正是历史上所发生的。

五年后，俄罗斯军队攻进了法国，使玛利亚又一次出现在历史上。许多俄国军官都久闻玛利亚的大名，但是他们大多数都不敢找玛利亚占卜，因为都怕会有什么不好的结果。但是也有人不信邪，军官卢宁、雷利夫和穆拉维耶夫就是这极少数中的一员。他们结伴去占卜沙龙找玛利亚预测命运，玛利亚预言他们的命运极其相似，迅速获得提升，开始成功的政坛生涯，最后悲惨地死去。

"你将会被吊死！"她用一种很可怕的语气对穆拉维耶夫说，而穆拉维耶夫并没有被可怕的预言吓倒，他泰然自若地说："可能你把我当成了英国人，但我是俄国人，在我们那里死刑早就被废除了。"事实上也没有人会认为这个出生于著名的贵族家庭的天才军官会被吊死，然而所谓世事难料。终于有一天，穆拉维耶夫穿着囚衣，与其他图谋推翻沙皇的同谋者一起被推上绞刑架。行刑士兵敲着鼓，粗大的绞绳圈落到他的脖子上，当绳圈收紧，他逐渐失去意识时，或许他才会想起玛利亚的预言。

尽管世间诸多事情都在她的预料之中，但玛利亚自己的命运却仿佛是个例外。她深知自己一生的命运已经注定，即使有位高权重者如皇帝也无法令其躲过命运的劫数。她躲过了占卜沙龙失火，她所乘坐的小艇在塞纳河上沉没，但是她却不可思议地逃生了，她的腰带缠在船板上，阻止已经昏迷的她下沉，并且在她淹死之前被渡轮工人救起。离奇的是，1843 年，玛利亚莫名其妙地卷进了一次暴乱中，被一个她从未见过的狂怒的年轻人掐住脖子，窒息而亡。

## 罗伯特·安森·海因莱因的预言

罗伯特·海因莱因是世界政治舞台风云变幻的神奇预言家，也正是因为他辛勤的笔耕所记载的种种预言，给人们留下了一个不解之谜。

1907年7月7日，罗伯特·安森·海因莱因生于密苏里州的巴特拉市，曾就读于密苏里大学。1925年进入安那波利斯海军学院学习，毕业后作为航空母舰和驱逐舰的士官在海军服役五年。1934年因病复员。他一度在加利福尼亚大学洛杉矶分校攻读物理。第二次世界大战期间，他在费城海军航空试验所任工程师。海因莱因被誉为"美国现代科幻小说之父""美国科幻空前绝后的优秀作家""美国科幻黄金时代四大才子之一"。

说来有趣，海因莱因和写作结缘完全出于偶然。当他因没有工作而穷困潦倒之时，一天，他在一家杂志上看到一则征文广告，便坐下来写了一篇小说《生命线》。写完后海因莱因就把它寄给了科幻界的头牌杂志社——约翰·坎贝尔主编的《惊奇科幻》，后来被出版，并引起了良好的反响。

**彼得大帝**

海因莱因的早期作品大多属于他的"未来历史"系列，如《出卖月亮的人》《地球青山》《2100年起义》《梅瑟斯拉神的孩子们》和《天堂的孤儿们》。

1947年起，他的短篇作品出现在《星期六晚邮报》及其他高价杂志上，而他的长篇则是一系列少年儿童科幻故事，如《伽利略号火箭飞船》《太空军官候补生》《红色的行星》《星球人琼斯》《星球兽》和《银河系的公民》。这些作品不仅吸引了青少年，而且拥有成年读者，一些评论家甚至认为这些是他的杰作。

自50年代起，海因莱因基本上转向长篇小说的创作，如《傀儡主人》《双星》《进入盛夏之门》和《星际船上的部队》。《星际船上的部队》的发表在科幻界引起了不小的争议，尽管它获得了雨果奖，但有不少人认为这部描写星际战争的作品内容过激，带有军国主义倾向。当然，也有评论家认为这是一部爱国主义的科幻小说。

值得注意的是，海因莱因不仅是一个著名的作家，还是一个神奇的预言家。他的第一个预言是，首先使用原子弹的国家必定是美国而不是其他国家。他还在1940年就断定美国必然要和苏联结成盟军；第二次世界大战将在"原子爆炸声"中结束。这些预言都一一变成现实：二战爆发后，为了抵抗强大的法西斯集团，美英苏等大国结成同盟国；二战末期，美国研制成功了原子弹，并将其中的两个投掷在了日本的广岛、长崎，迫使日本侵略者投降。这与海因莱因的预言惊人的一致。

20 世纪 60 年代当中美关系异常紧张时，海因莱因又令人不可思议地宣称：不出 20 年，中美极有可能成为"关系友好"的国家，虽然这两个大国不一定成为盟国。果然，尼克松执政以后，中美关系开始松动，不再处处针锋相对。1972 年，尼克松总统访华，中美发表了《中美联合公报》，两国开始了外交关系。1979 年，两国签署了《中美建交公报》，正式建交。当时，中国在北面遭受苏联的侵略，与美国建立外交关系也是为了遏制苏联。虽然中美不是盟国，但就像海因莱因所说的那样，"关系友好"。也许，这根本就不是预言，可能海因莱因认真地观察了国际局势，认为中美恢复正常关系是顺应历史潮流的，毕竟这是世界上的两个大国，所以他才做出了这样的"预言"。

海因莱因另一个神奇的预言是：很早以前，他就认定日本将在经济上异军突起，并以毋庸置疑的口吻宣称，东南亚地区将是一个多事的角落。二战期间，日本的经济遭受了毁灭性的打击，但战后，日本经济迅速崛起，取得了不可思议的进步。而东南亚地区也是战乱不断，如美越战争、柬埔寨内乱等等。海因莱因大大小小的预言竟一个接一个地变成了现实，这不能不使人们感到惊讶。

## 美国总统遭遇的诅咒

160 多年来，逢年份当选的美国总统中除里根和布什外，其他人都死在任上，这一诅咒是不是还要继续呢？

特科抹人诅咒（Tecumseh's curse）是据说引致美国每隔 20 年便有总统在任期内死亡的诅咒。该诅咒自 1840 年开始，结尾数字是 0 的年份当选的美国总统，都会遇到危及生命的大灾大难，死在任上。这个"诅咒"闻名世界。迄今为止，先后有 7 位美国总统在任期内死去，而且他们又恰巧都是相隔 20 年后在逢 0 年份当选的。

很久以前，在俄亥俄州的印第安人中间流传着一个神秘的传统，这个传统的发起者名叫 Tenskwatawa，他也被人称作"先知"。他和他的哥哥，也就是伟大的 Shawnee 部落首领特科抹人都觉得整个印第安部落的人其实是一个人，只有通过了部落所有人的同意，这块土地才能够被别的部落拥有。特科抹人和先知曾努力地使印第安各个部落联合起来，以抵御日益发展壮大的来自西部的殖民者以及美国士兵的侵略，从而保卫他们守护了几千年的土地。通过多年的努力，特科抹人成功地使许多部落联合在一起，力量逐渐壮大。

威廉·亨利·哈里森是 1841 年上任的第九位美国总统。他最初学医，后来弃医从军。1790 年，他在美国西北地区的印第安人战争中作战勇敢当了官。1811 年，身为印第安人领地的总督，他带了一帮职业军人和民兵在蒂皮卡诺战役中对 Shawnee 部落的印第安人大开杀戒。他由此而名噪全国，江湖人称"Old Tippecanoe"，指他在蒂皮卡诺战役消灭印第安人的胜利。

由于白人们大量屠杀印第安人，于是，特科抹人就开始了对白人的永久的报复。在蒂皮卡诺战役之后，特科抹人对威廉·亨利·哈里森总统做出了预言性的诅咒，即"特科抹人诅咒"："哈里森将在第二年获得伟大的胜利，成为首领……但他将死在他的任期中……能够让太阳变得灰暗、让烈酒变得平淡的我告诉你们，哈里森会死在任期上。自他以后，每隔二十年，将有一个美国总统死在他的任期上。每一任总统的去世都将使大家记住我的族人的牺牲。"美国每4年选举一任总统。所以从1840年算起，每20年就有一任在结尾数字是0的年份当选。

1840年，哈里森在总统大选中获胜。在他就职演说那天，风很大，天也非常冷，他的演说持续了1小时40分钟，这位新总统因此感冒。1个月后他因肺炎死亡。这恰恰应验了"特科抹人诅咒"，因此白人们开始恐慌不安。

20年后的又一次总统大选"证明"这不是一次偶然事件。亚伯拉罕·林肯在1860年首次当选总统。也是在任时被南部同情者约翰·威尔克斯·布斯枪杀。

1880年当选的第20位总统、共和党人嘎菲德在1881年上任4个月后就遭精神病患者查尔斯·古提奥枪杀。

1900年当选总统的威廉·麦金莱是第二次出任总统。他上任1年半后被枪杀，杀人凶手柯佐罗兹对谋杀供认不讳，并称麦金莱是"人民的敌人"。

1920年共和党人哈丁当选为美国第29位总统，但哈丁被公认为是最糟糕的美国总统之一。1920年，他在"了解美国人民"的旅行中，于旧金山突发心脏病，最后死在总统酒店的房间内。

1940年民主党人罗斯福连任第32位总统，但在1945年第四次当选总统后不久就因大脑动脉瘤不治身亡。

1960年肯尼迪当选为美国第35位总统，他是美国最年轻的总统。众所周知，1963年11月22日他在达拉斯遭枪杀。

1980年共和党人里根当选为第40位总统。1980年里根遇刺，身负重伤大难不死，是唯一逃过"特科抹人诅咒"的总统。但他最后还是死于外伤造成的阿尔兹海默氏症，因此一些人认为他也受到了这个"诅咒"的惩罚。

2000年，布什当选为美国第43任总统，幸运的是，他没有像前任遭受诅咒的那些总统一样，而是平安地度过了任期。其实，布什在佐治亚州进行演讲时曾躲过一次暗杀。当时弗拉基米尔·阿鲁丘尼扬向布什的演讲台扔掷了一枚手榴弹，手榴弹扔到了距离演讲台20米的地方，但是由于炸弹出现故障，并没有爆炸。

从华盛顿总统开始，到布什总统，美国历史上已经进行了49次总统选举。事实上，美国已经有54位总统就职，但是，在被诅咒后的年份中，9位总统已经有7位死于任期，只有里根总统和布什总统幸免于难。这是不是意味着从1980年里根总统开始，"特科抹人诅咒"就失效了呢？这一切还需要时间来证明。

## 希特勒的神奇预言

希特勒不仅发动了惨绝人寰的二次大战，更成功预言了自己的结局，这些预言是希特勒亲口所讲的吗？

希特勒，第二次世界大战的发动者和头号战犯，也是世界近代历史上具有举足轻重影响的人物。在二战中，希特勒犯下了滔天的罪行，不但对许多国家发动了侵略战争，还大肆屠杀犹太人，妄图消灭犹太民族。就是这样一个令人恐惧的法西斯分子，除了丧心病狂的发动战争，还会莫名其妙地说一些预言。据希特勒的私人医生记载，他会进入一种虚妄的状态，说出一些连他自己也不明白的预言，但这些预言经常是会

发生的。当然，也有许多人对这些预言的真实性提出了质疑。

也许是蓄谋发动战争已久，希特勒已经进入了迷幻的状态。有一年夏天他在法国的郎斯突然对人说道："1935年后，人类将分成两类，无论国家社会，无论男女，都将两极分化。"1939年8月末的一个夜晚，希特勒突然从睡梦中跳下床来大叫："就是现在，我已接到指令！"几天之后，德国军队以闪电般的速度占领了波兰，发动了第二次世界大战。不久，整个世界分化为以同盟国和轴心国为核心的两极，进行血与火的生死搏斗，和希特勒的预言几乎相同，让世人震惊。但是，很多人认为这是希特勒为自己的侵略战争寻找借口，并不可信。

在德国战败的不久前，希特勒也曾经做出一个令人震惊的预言。当然，这次希特勒预言的是自己的命运。在1944年12月的一次英美空军对柏林的空袭时，希特勒在他地下大本营中的午餐会上突然对赫尔曼和海因里希两人说出了这样的话："喂，赫尔曼，海因里希，你们觉得这儿的地下生活怎么样？我不觉得丝毫不悦。正相反，我觉得非常舒适，头脑也比以前清晰多了。你们呢？好像也不错嘛！你们和戈培尔都是我们纳粹最高级的领导人，是我最忠实的朋友。不过，我看得很清楚，在距我最后的日子到来之前的第七天，你们两人会共谋背叛我，那时你们和美国人同一鼻孔出气。"希特勒连自己的死亡日期都说出来了，的确让人觉得不可思议。

赫尔曼·戈林和海因里希·希姆莱是纳粹的党魁，两人都是希特勒的心腹。当时戈林是纳粹的空军大臣，希姆莱则是希特勒的元首卫队和秘密警察的总头目。这两位希特勒的死心塌地的追随者当时对希特勒并无二心，不知他们的元首为什么会突然说出这样的话语。听到希特勒的话，两人立刻变得脸色发青，如临大敌，不知希特勒有什么意图。一向爽快、身材高大的戈林则足足颤抖了15分钟。而希特勒似乎也被自己的话怔住了，似乎觉得有些突兀，就半天没说话，当时的气氛用"死寂"来形容也是远远不够的。

据说，就在希特勒做出上述预言之后的一天，他突然对他的私人医生莫勒尔说："莫勒尔，你不是军人，因此我什么都可以对你说。而这些如果对军人说了就会让人丧失斗志的。你听着，根据我的预知力，纳粹就快战败了。战败后什么都会失去，这里将变成一块美丽的草坪。但谁也不会到这儿玩，或者来参观。在这附近，将会筑起一面长长的墙壁，德意志会一分为二。这将继续到本世纪末。世界上前来参观的人也不会到这里来。在草坪的一角会竖立着一块木牌，上面写着'纳粹总部'"。作为希特勒的私人医生，莫勒尔医术高明，希特勒在战败之前一直患有强烈的精神恐慌症和胃肠道障碍以及失眠等，只因靠着莫勒尔独特的治疗才勉强支撑着，因此他深得希特勒的宠信。后来，莫勒尔博士将这些话记入了自己的日记，也许他当时确实想验证希特勒的预言。

时隔不久，希特勒的战败预言很快就应验了。尽管当时戈林和希姆莱对希特勒很忠诚，但是这两位纳粹死党却确实在希特勒战败自杀之前的第七天，即1945年4月23日，为了给自己找条生路，私下秘密与美国方面进行谈判，他们提出的条件竟是："只要能够让我们免受战争审判，我们愿捉住元首并引渡给美军。"也许希特勒的预言只是幌子，他确实看透了当时自己的处境和身边人的心思，但是谁又知道呢？

二战后，希特勒的纳粹大本营原所在地确实变得如他所预言的那样成了一片草坪，边上不远是苏军修筑的分割东西德国的柏林墙。在几乎无人问津的草坪上，孤零零地竖立着一块石碑，上面刻着："这里曾经是纳粹的总部。"而且在二十世纪末，德国人民推倒了柏林墙，分裂了近半个世纪的东德和西德重新统一成了一个国家。除了预言中的"一块木板"和现实中的石碑稍有出入之外，整个情景和预言惊人的相似。希特勒和他的纳粹早已成为历史，然而他的预言却令世人震惊。

更令人更奇怪的是，早在约三千年前就曾经有人预测了希特勒的存在及他的命运。当时，一位名叫丹尼斯的埃及人在狮身人面像的前足下埋下了一本用古拉丁文写成的羊皮手稿，上面写着："我不知那是什么时候，人类中出现了一位魔王，他拥有旷世的权力，他的子民们为了满足他的欲望而屠杀、侵略和掠夺……我亲爱的孩子们哪，你们千万不要听信他说的话。他的每一句话，都将把你们带到不可回复的罪恶和灾难之渊。"这位先哲实际上是预言了希特勒的出现和他将发动的侵略战争，难道人类真的有先知？

当然，关于希特勒的预言也许只是传言，也许是有人为了增加希特勒的神秘感而故意编造的谎言。但是，希特勒给人类造成的巨大损害是确确实实地发生了，而这个侵略者的命运即使没有预言，也最终将是失败的下场，因为胜利往往属于正义的一方。

**特别提示：**

　　本书在编写过程中，参阅和使用了一些报刊、著述和图片。由于联系上的困难，和部分作品的作者（或译者）未能取得联系，对此谨致深深的歉意。敬请原作者（或译者）见到本书后，及时与本书编者联系，以便我们按照国家有关规定支付稿酬并赠送样书。

　　联系电话：010-80776121　联系人：马老师